U0948149

中国经济哲学评论

Chinese Economic Philosophy Review

2015 · 政治经济学批判专辑

● 主编 / 张雄　鲁品越

社会科学文献出版社
SOCIAL SCIENCES ACADEMIC PRESS (CHINA)

编 委 会

序　言

在全国各界学者的鼎力支持之下，我们的《中国经济哲学评论》在陆续推出《货币哲学专辑》《资本哲学专辑》《财富哲学专辑》之后，今天又隆重推出新的专辑——《政治经济学批判专辑》。这一进程可以说是我国经济哲学研究领域的思想进程的一个缩影。我国的经济哲学研究，从 20 世纪 90 年代关于其存在的合法性与合理性的探索之后，自 21 世纪初以来，其研究对象从最基本的经济哲学范畴开始，正走向它们的辩证的综合——这就是作为整体的社会的政治经济体系：本专辑以作为整体的社会政治经济体系为研究对象，而这正是马克思主义研究始终不渝的风格及特点。

一

经济学（economics）的词源学本意是关于“家庭”（eco -）的“规则”（nom）的学问。然而在经济学说史上，它却是以“政治经济学”这个名称而成为一门理论学科的。法国重商主义者 A. 蒙克莱田在 1615 年出版的《献给国王和王太后的政治经济学》据说是最早使用“政治经济学”一词，其后无论是重商主义者还是重农主义者，都称其所研究的学科为“政治经济学”，因为其理论旨趣不仅在于研究人们的经济行为的规律，更在于研究社会经济系统的规律，从而提出关于国家经济政策的政治主张。正是在这种情况下，亚当·斯密和大卫·李嘉图建立了古典政治经济学。这一事实表明，“经济”与“政治”之间具有割不断的联系。而马歇尔于 1890 年出版的《经济学原理》，将“经济学”理解为“个人的财富行为的科学”，使“经济学”与“政治”脱钩。此后在西方经济学界，“经济学”完全取代“政治经济学”。1962 年，詹姆斯·麦基尔·布坎南（James Mcgill Buchanan）发表了公共选择理论的奠基著作——《赞同的计算》，建立了另一种意义上的“政治经济学”——用经济分析的方法研究政府的政治行为，而不是研究社会的政治经济体系。虽然这一理论获得了诺贝尔经济学奖，但从其研究对象来说，其更倾向于一门政治行为学。

西方经济学中“政治”一词在“经济学”名称上的隐匿，并不表明现实生活中从此“经济”与“政治”相脱离。至少在凯恩斯革命之后，一切经济学理论，不论是国家干预主义，还是新自由主义，都有自己的鲜明的政治主张。新自由主义经济学表面上主张经济要“去政治化”，不把经济问题上升为政治问题与意识形态问题，实际上正是西方政治制度与意识形态的最积极的推行者。例如，主张减少政府对市场干预的所谓“华盛顿共识”，也与政治不可分离，其明明白白地干涉各国内政，提出有利于国际垄断资本扩张的一系列政治主张，如在发展中国家推行贸易自由化，开放市场、放松对外资的限制、对国有企业实施私有化、保护私人财产权等等一系列政策，从而使发展中国家成为按照霸权国家意志施政的附庸国。与表面上脱离政治、实际上却力图影响各国政治的西方经济学不同，马克思主义经济学从来都旗帜鲜明地称自己为“政治经济学”，这是因为马克思主义者清楚地认识到：社会经济基础必然决定政治上层建筑，而政治上层建筑必然会服务于一定的经济基础，没有能够置身于政治之外的社会经济生活，也没有不依赖于社会经济生活的政治制度。恩格斯说过：“政治经济学，从最广的意义上说，是研究人类社会中支配物质生活资料的生产和交换的规律的科学。”① 表面上看其关心的仅仅是社会经济生活，但是物质生活资料的生产、交换与分配无不处于政治制度的管制之下，同时也深刻地决定着社会政治制度。在当代，随着生产力的社会化程度越来越高，随着个人经济生活越来越依赖于社会共同体，经济与政治的关系日益血肉相连。因此从这个意义上说，一切“经济学”本质上都是政治经济学。在世界各国之间的联系日益紧密、竞争日益激烈的今天，各国的经济与其国内政治与国际政治更是不可分离。如围绕着国际汇率与股市的波动，不仅有各种经济力量之间的较量，更有各种政治

① 恩格斯：《反杜林论》，《马克思恩格斯选集》第 3 卷，人民出版社，1995，第 489 页。

力量的博弈。政治与经济本来就是一个整体系统，只有将二者紧密结合起来，把社会经济系统置于一定的政治制度之下来考察，才是“政治经济学”的题中应有之义。

而对于社会经济系统进行政治经济学的批判、对各种经济学与政治经济学理论进行批判，是发现与揭示社会经济系统的深层规律的基本路径。德国哲学是富于批判精神的哲学。伟大的康德以其著名的“三大批判”（《纯粹理性批判》、《实践理性批判》和《判断力批判》）作为自己毕生的学术贡献。比康德更加伟大的划时代的思想家马克思毕其一生写出的巨著《资本论》，其标题原本也是“政治经济学批判”，直至出版前夕，才确定书名的正标题为“Das Kapital”（资本，中文译为“资本论”），而原来的“政治经济学批判”则降为副标题，其内容就是“英国人称为‘政治经济学原理’的东西”。[①] 所谓“批判”，用马克思的话来说，就是“在对现存事物的肯定的理解中同时也包含对现存事物的否定的理解”。[②]《资本论》正是通过“政治经济学批判”，即对资本主义经济系统的批判和对古典政治经济学的批判，从而发现了资本主义经济体系的内在矛盾及其演化规律，从而发现了支配当代历史进程的根本力量。因此，《资本论》的副标题——政治经济学批判，乃是马克思发现真理的路径，而“资本”及其辩证发展规律则是其发现的结果。

在当代，国际资本主义体系发展到新的发展阶段。那种单纯依靠武力征服与商品输出的殖民主义时代已经结束，而霸权国家用其制定的“普世价值”及其政治经济规则来统治世界的全球化时代正在推行过程中。在生产剩余价值的实体经济之上，产生了由过剩资本的集中与积累而形成的虚拟经济支配着全球剩余价值的分割，进而用他们所瓜分的作为社会关系的剩余价值支配全球物质财富与资源，由此形成了当代的全球政治经济体系。正如当代美国学者克莱顿所说：“压倒性的证据表明，世界上最富的国家设计出了能给他们自身带来最大收益的世界经济体系。”[③] 中国以具有自身特色的社会主义市场经济体系加入这样的经济体系中，正面临着前所未有的巨大挑战

① 见马克思1862年12月28日致库格曼的信，《马克思恩格斯文集》第10卷，人民出版社，2009，第196页。

② 《马克思恩格斯文集》第5卷，人民出版社，2009，第22页。

③ 菲利普·克莱顿、贾斯廷·海因泽克：《有机马克思主义——生态灾难与资本主义替代选择》，孟献丽等译，人民出版社，2015，第4页。

与机遇。这就需要我们以马克思主义的政治经济学批判为武器，继承马克思未竟的事业，批判当代经济体系，批判各种错误的经济意识、学说及其体系，“为天地立心，为生民立命，为往圣继绝学，为万世开太平”。

二

这本《中国经济哲学评论·政治经济学批判专辑》分为三个组成部分。

第一部分是“《资本论》政治经济学批判”，研究的是马克思如何通过“政治经济学批判”来发现近现代社会经济体系的深层秘密，由此发现近现代社会的宏大的历史规律。在西方经济学铺天盖地而成为国际“主流经济学”的今天，这种对《资本论》经济思想的研究，可以说是“为天地立心，为生民立命，为往圣继绝学”。我国著名经济学家顾海良教授的《通向〈资本论〉的思想驿站——读〈政治经济学批判（1857～1858 年手稿）〉》深入分析了马克思经济思想发展的“三个重大转折”。著名哲学家张一兵教授的《政治经济学逻辑中的政治哲学颠覆》指出了青年恩格斯的《政治经济学批判大纲》对马克思的政治经济学批判的影响与贡献，特别是他指出了私有制造成的资本与劳动的分裂是劳动本身的分裂，而作为过去的劳动本身的资本又分裂为原始资本和利润，利润再分裂为利润与利息。“这一切微妙的分裂现象，都产生于资本与劳动的最初分离和完成这一分离的人类分为资本家和工人的分裂”。[①] 其他许多学者也对《资本论》的思想本质进行了深入的思想探寻。从这些研究中，人们有充分的理由大声疾呼：马克思主义才是真正能够透视当代经济系统的伟大科学理论，应当成为当代经济学的主流理论！

第二部分是“当代政治经济学批判”，对当代各类经济学理论进行理论分析与哲学的批判。我们指出，政治经济学批判的本质是追求经济的“政治和哲学实现”，在此基础上对西方新古典主义经济学、凯恩斯经济学理论的本质及其哲学基础做出了深入的剖析，并且对当代西方有影响的经济学家与哲学家，如齐泽克、鲍德里亚、阿尔都塞、皮凯蒂的理论与思想进行了批判性的分析，既指出其在哲学与经济学上的局限性，又承认其在一定范围内的合理性，以此作为养料，进一步发展马克思主义经济学。

---

① 《马克思恩格斯全集》第 1 卷，人民出版社，1956，第 610 页。

第三部分是“政治经济学批判与重大现实问题”。当今中国经济与社会发展的新常态，正是我国充分发挥社会主义基本制度的优越性，毫不动摇地坚持公有制的主体地位与国有企业的主导地位，既充分发挥各种资本的巨大动力作用，又要用社会主义力量克服资本扩张过程中产生的各种矛盾与危机，由此使中国经济结构与发展方式发生根本性变革。对此，张宇教授的《关于构建中国经济学体系和学术话语体系的若干思考》一文，对如何在中国当代实践中推动马克思主义经济学的发展创新提出了系统化的见解。其他学者则就当代实践中利润率下降与两极分化问题，关于现代化过程中人们的伦理转型问题，分配正义问题、跨国资本和全球治理问题，生态文明建设问题、经济生活中的性别问题、经济危机的周期问题，等等，提出了一系列具有理论价值与实践价值的见解。

三

在此专辑杀青之际，恰逢中国共产党十八届五中全会召开，随后中共中央政治局就马克思主义政治经济学基本原理和方法论进行第28次集体学习。在这个实现中华民族伟大复兴的中国梦的关键时刻，中国现代化的转折点上，以习近平同志为总书记的党中央给中国经济的“新常态”制定了根本性的战略方针，为中国实现小康社会绘制了宏伟的“十三五”规划蓝图，指明了马克思主义政治经济学在这个历史征程中的伟大作用。习近平指出，要坚持以人民为中心的发展思想，这是马克思主义政治经济学的根本立场。要坚持新的发展理念，创新、协调、绿色、开放、共享的发展理念是对我们在推动经济发展中获得的感性认识的升华，是对我们推动经济发展实践的理论总结。要坚持和完善社会主义基本经济制度，公有制主体地位不能动摇，国有经济主导作用不能动摇，这是我国各族人民共享发展成果的制度性保证，也是巩固党的执政地位、坚持我国社会主义制度的重要保证。要坚持和完善社会主义基本分配制度，努力推动居民收入增长和经济增长同步、劳动报酬提高和劳动生产率提高同步，不断健全体制机制和具体政策，调整国民收入分配格局，持续增加城乡居民收入，不断缩小收入差距。习近平总书记的这一系列指示，为当代马克思主义政治经济学的发展指明了方向。

当今中国经济与社会发展的新形势，正是我国充分发挥社会主义基本制度的优越性，毫不动摇地坚持公有制的主体地位与国有企业的主导地位，既充分发挥各种资本的巨大动力作用，又要用社会主义力量克服资本扩张过程中产生的各种矛盾与危机，由此使中国经济结构与发展方式发生的根本性变革。因此，这个过程，正是中国大地上正在发生的活生生的当代“政治经济学批判”的过程——不仅是理论的批判，而且是实践的批判，是 13 亿中国人民用自己的伟大实践活动进行的现实的、物质的批判。本专辑既是这种物质批判的理论反映，也是其伟大进程的组成部分。我们希望，她能够成为这一伟大历史洪流中的一朵思想的浪花、我们时代的伟大交响乐中的一个音符，为中国梦的实现尽其一分微力。

是为序。

张 雄 鲁品越

上海五角场同新楼

2015 年 11 月 8 日

目　　录

《资本论》政治经济学批判

当代政治经济学批判

政治经济学批判与重大现实问题

《资本论》政治经济学批判

通向《资本论》的思想驿站

——读《政治经济学批判（1857～1858年手稿）》

顾海良

马克思在1857年7月到1858年5月写的一系列经济学手稿，被统称为《1857～1858年经济学手稿》。在这一系列手稿中，除了著名的《〈政治经济学批判〉导言》外，就是以“政治经济学批判”为题的手稿正文，通常被称为《政治经济学批判（1857～1858年手稿）》（以下简称为《手稿》）。《手稿》写作之前十年，马克思和恩格斯发表了《共产党宣言》；《手稿》写作之后十年，马克思《资本论》第一卷德文第一版正式面世。《手稿》是继《共产党宣言》之后马克思思想发展的重要路标，也是马克思向《资本论》进展的思想驿站。

一 《手稿》是马克思自1843年之后15年间经济学研究的结晶

1843年底，马克思在巴黎开始经济学研究时，就研读了大量的经济学文献，认真研读了恩格斯的《国民经济学批判大纲》。到1845年11月离开巴黎前夕，马克思已经写了七本涉及政治经济学原理、政治经济学史、政治史和现实经济等问题的笔记。这些笔记现在被称作《巴黎笔记》。

1844年上半年，马克思撰写的《1844年经济学哲学手稿》，是他对政治经济学理论阐述的第一次尝试。这部手稿实际上是由后人根据马克思写于1844年的三个分散的手稿整理并编辑而成的。手稿通篇主要运用的是哲学语言，如“异化”“异化劳动”“类本质”等就是来自黑格尔、费尔巴哈著作的概念，但是它所表达的以及所运用的主要材料却是经济学的。把这样一部用哲学语言阐述经济学问题的手稿，称作"经济学－哲学"手稿显然是合适的。在这部手稿中，马克思以反映当时社会经济关系的两个基本范畴——私有财产、异化劳动为基础，展开他"从当前的国民经济的事实出发"① 的批判。

1845～1846 年间，马克思同恩格斯合作撰写的《神圣家族》和《德意志意识形态》奠定了马克思唯物史观的基础，形成了理解整个社会的系统方法。依据这一方法理解的经济社会形态的整体结构，成为马克思经济学范式的基础。唯物史观的创立，使马克思经济思想发生了重要转折，取得了经济学初步研究的三个方面的重要成就：一是在唯物史观基础上，政治经济学方法有了根本性突破，体现为马克思在《哲学的贫困》中对基于唯物史观的政治经济学方法的提出及运用。当然，从马克思经济思想的全部历史过程来看，这部著作只是用唯物史观的方法来理解劳动价值理论等经济学的基本问题，特别是由劳动价值理论的质疑者转变为赞成者，但对劳动价值理论本身还没有创新性的见解。二是马克思准确地把握了资本主义经济关系据以旋转的轴心，即资本与雇佣劳动的关系，首次揭示了资本主义经济关系及其运行的本质。这突出地体现在《雇佣劳动与资本》的系列演讲中。这一系列演讲主要是一种针对现实存在的经济问题的批判，还不是一种更为深刻的、根本性的理论体系的批判。三是对现实经济问题的探索，马克思发表的《关于自由贸易的演说》就是最有意义的例证。1848 年初，马克思和恩格斯合著的《共产党宣言》对资本主义经济关系的内在矛盾、历史地位及其发展趋势做了深刻论述，这实际上也是 19 世纪 40 年代马克思经济思想的总结。在《共产党宣言》中，马克思还没有提出和创立科学的劳动价值理论和剩余价值理论。

1848 年欧洲革命使马克思一度中断经济学研究。1849 年 8 月底，马克思移居伦敦后，一方面继续从事共产主义者同盟领导机关的重组工作，总结 1848 年欧洲革命的新鲜经验；另一方面着手经济学理论的重新研究，以实现他创立无产阶级政治经济学理论的夙愿。从 1850 年 8 月开始，马克思利用大不列颠博物馆图书馆收藏的各种经济学著作和资料，再次研读了能够发现的所有重要的经济学文献。马克思这时的研究不只限于政治经济学原理和

① 《马克思恩格斯文集》第 1 卷，人民出版社，2009，第 156 页。

政治经济学说史问题，还深入工业、农业、商业、财政、信用、外贸等现实经济问题以及土地关系史、技术史和发明史等相关问题。到1853年底（其中主要是1851年），马克思已写了包括24个笔记本的读书笔记。这些读书笔记除了对原文的摘录外，还包括一些评论、注释和相对独立的短篇文论。这些笔记现在被称为《伦敦笔记》。

《伦敦笔记》对以下四个方面的理论问题做了重点探讨。一是对货币、信用和危机问题的研究。当时欧洲经济学界围绕英国1844年皮尔银行法实施的争论，实质上涉及的是货币和危机问题的基本观点。马克思研读了大量相关理论资料和实际资料，对八十多位经济学家关于货币流通问题论著的有关论述做了摘录，对货币、信用和危机问题做了初步但深入的研究，写了《完整的货币体系》手稿。二是对导致李嘉图学派解体的原因做了初步研究，特别是对李嘉图《政治经济学及赋税原理》的主要内容做了摘录和评注，对通货和货币流通问题的论述做了研究，推翻了他的货币数量理论。三是对雇佣劳动与资本的关系及工人阶级的状况、农业问题做了研究。马克思在收集有关资本原始积累材料和工人阶级为争取正常工作日斗争等材料的基础上，研究了当时流行的各种工资基金理论，强调了工会斗争对缓解工人阶级贫困状况的意义。马克思在研究了大量的农业经济著作的基础上，对土地肥力递减规律理论的失误做了深入分析。四是对人类社会多种经济形态的发展历史做了初步研究。对古罗马社会、中世纪封建社会等各种社会结构以及拉丁美洲的社会经济状况、亚细亚生产方式做了初步研究；对经济史、社会史以及技术史、工艺史、法制史、风俗史、文化史等做了研究。这些研究为马克思后来研究殖民地理论、亚细亚生产方式理论以及资本原始积累理论准备了重要的材料。

1852年底，马克思中断了经济学研究，靠为报纸写稿谋生，主要为《纽约每日论坛报》撰写评论文章。这些文章的内容，大多是关于英国和欧洲大陆突出的政治经济事件的。显然，这对马克思熟悉当时资本主义经济社会发展的新动向和面临的新问题有着重要的意义。1854年底到1855年初，马克思重读了他以往十余年间写的经济学笔记，并对这些笔记做了简要的索引。但是，由于家庭经济上的困难和接连的不幸事件以及马克思本人身体状况的恶化，他不得不再次中断经济学的研究和写作。贫困和家庭的不幸，给马克思留下了深切的忧伤，但他并没有因此而放弃自己的崇高理想和科学追求。

1856 年上半年，英国面临着一场新的严重的经济危机。这年 9 月，马克思在给恩格斯的一封信中提道："我不认为，一场大的金融危机的爆发会迟于 1857 年冬天。"① 为了迎接危机后可能来临的无产阶级革命（他当时认为，危机之后革命即将来临），马克思决心在革命的"洪水"到来之前，至少把经济学的一些基本问题搞清楚。1856 年下半年，马克思再次回到经济学研究上来，开始通宵达旦地总结他的经济学研究成果，撰写以《政治经济学批判》为题的著作。后来，尽管经济危机之后并没有爆发马克思所预期的新的革命，但是，马克思在此期间写下的一系列经济学手稿，却实现了经济科学史上的一场真正的革命。

二 《手稿》实现了马克思经济思想发展的三个重大转折

《手稿》写在马克思自己标明的Ⅰ～Ⅶ的七个笔记本上，其主体内容包括"货币章"（从第Ⅰ笔记本第 1 页到第Ⅱ笔记本第 7 页）和"资本章"（从第Ⅱ笔记本第 8 页到第Ⅶ笔记本第 62 页）。最后，马克思又写了"价值章"（第Ⅶ笔记本第 63 页），并在"价值章"前写上"Ⅰ"，表示这是第一章，回过头来在"货币章"前写上"Ⅱ"、在"资本章"前写上"Ⅲ"，表示它们分别为第二章和第三章。"价值章"只写了一页，它是以商品范畴为逻辑起点的。《手稿》还包括马克思为自己以后写作方便而编写的手稿索引和提要。这些索引和提要，对我们现在理解手稿的结构有很大的帮助。

从马克思经济思想的历史发展来看，《手稿》实现了马克思经济学的三个重大转折。

1. 马克思从对现存的经济学理论批判为主的研究向以经济学体系构建为主的理论叙述的转变

马克思在论及经济学研究方法和叙述方法时曾指出："在形式上，叙述方法必须与研究方法不同。研究必须充分地占有材料，分析它的各种发展形式，探寻这些形式的内在联系。只有这项工作完成以后，现实的运动才能适当地叙述出来。这点一旦做到，材料的生命一旦在观念上反映出来，呈现在

① 《马克思恩格斯全集》第 29 卷，人民出版社，1972，第 72～73 页。

我们面前的就好像是一个先验的结构了。"① 研究方法包括充分地占有材料、分析所有材料的各种发展形式和探寻这些形式的内在联系等主要环节。经过这些主要环节，就能得出一些理论结论。接着，把这些理论结论以思维的方式表达出来、再现出来，就是叙述方法。研究方法和叙述方法既有同时性也有继起性。从继起性上来看，研究方法的结果是叙述方法的起端，只有运用研究方法得出的理论结论，才有叙述方法的理论阐述和理论体系表达。从马克思经济思想成熟的历史过程来看，在《手稿》之前，马克思经济学的发展主要是研究过程，是马克思充分地占有经济学的各种材料、分析所有这些材料的各种发展形式以及寻求这些形式的内在联系的过程。以《手稿》为起点，开始以叙述为主的经济学发展的新阶段，如从《导言》开始、从批判巴师夏和凯里开始或从批判达里蒙货币理论开始的连续尝试，一直到确立以商品范畴为逻辑起点的过程，都反映了马克思经济学发展的这一重大变化。这一重大变化的最直接的成果就是出版于 1859 年的《政治经济学批判》第一分册，最重大的成果就是出版于 1867 年的《资本论》第一卷德文第 1 版。

2. 提出《政治经济学批判》"六册结构"的恢宏构想

这也是上述转变的集中体现。在《导言》中，马克思第一次提出关于《政治经济学批判》的"五篇结构"，这就是："（1）一般的抽象的规定，因此它们或多或少属于一切社会形式，不过是在上面所阐述的意义上。（2）形成资产阶级社会内部结构并且成为基本阶级的依据的范畴。资本、雇佣劳动、土地所有制。它们的相互关系。城市和乡村。三大社会阶级。它们之间的交换。流通。信用事业（私人的）。（3）资产阶级社会在国家形式上的概括。就它本身来考察。'非生产'阶级。税。国债。公共信用。人口。殖民地。向国外移民。（4）生产的国际关系。国际分工。国际交换。输出和输入。汇率。（5）世界市场和危机。"② "五篇结构"第一篇中"一般的抽象的规定"，指的是"一些有决定意义的抽象的一般的关系，如分工、货币、价值等等"，或者说是"劳动、分工、需要、交换价值等等这些简单的东西"③。第二篇重点论述的是资本、雇佣劳动和土地所有制这三个形成资产

① 《马克思恩格斯文集》第 5 卷，人民出版社，2009，第 21～22 页。

② 《马克思恩格斯全集》第 30 卷，人民出版社，1995，第 50 页。

③ 《马克思恩格斯全集》第 30 卷，人民出版社，1995，第 41～42 页。

阶级社会内部结构，并且成为基本阶级的依据的范畴及其相互关系。在现代资产阶级社会中，资本具有支配一切的经济权力，只有在考察资本范畴之后，才能考察其他两个范畴及其相互关系。第三篇主要探讨资产阶级社会在国家层面的概括，如对国家的本质及其经济职能一般性质的研究，对国家和经济发展、经济结构关系的研究，对国家经济职能形式，其中包括对税、国债、公共信用、人口等问题的研究。第四篇和第五篇从国家对外经济关系和世界市场整体关系上，考察资本主义经济更为具体的规定性。

大约在 1858 年初，在“五篇结构”的基础上，马克思提出了《政治经济学批判》的“六册结构”。这六册依次为：《资本》、《土地所有制》、《雇佣劳动》；《国家》、《对外贸易》（或称《国际贸易》）、《世界市场》。原来“五篇结构”的第二篇，现在扩展为“六册结构”中的前三册，原来第一篇则成为第一册《资本》的绪论性的内容。在分三册对当时社会三个主要方面的经济关系、当时社会三大阶级之间关系展开叙述的基础上，进一步研究“资产阶级社会在国家形式上的概括”。最后达到世界市场这一最具体的层面，这时，整个资本主义经济关系才能从整体上展现出来。

在“六册结构”中，第一册“资本”又分作四篇：一是“资本一般”篇，对资本的最抽象、最本质的规定性的研究；二是“竞争”篇，即相互竞争的许多资本之间的关系；三是“信用”篇；四是“股份资本”篇，股份资本是资本的最高形式，是包含着扬弃自身的资本形式。“资本一般”篇又分作三章：第一章研究商品，第二章研究货币，第三章研究资本本身。其中第三章又分作资本的生产过程、资本的流通过程和总过程的各种形式三项内容。这也就是说，商品是马克思经济学体系的始基范畴，通过对商品的叙述才能理解货币的本质，通过对货币的叙述才能理解资本的本质。从最抽象的、最简单的商品范畴开始，一直到最具体的、最复杂的世界市场范畴，其间存在从抽象逐次上升到具体的逻辑过程。

《手稿》是马克思按“六册结构”撰写他的经济学著作的第一次尝试。1859 年出版的《政治经济学批判》（第一分册），就是“六册结构”的开头部分，即第一册《资本》第一篇“资本一般”的起首两章。1860 年下半年和 1861 年上半年，马克思着手撰写《政治经济学批判》第二分册，并在 1861 年至 1863 年上半年间完成了一部卷帙浩繁的经济学手稿，现在通常称之为《1861～1863 年经济学手稿》。按照原先的计划，第二分册主要论述第一册《资本》第一篇“资本一般”的第三章资本。但在对资本的深入论述中，大约在1862年底，马克思对原先的写作计划做了调整，决定把他正在写作的经济学著作定名为《资本论》，原先的《政治经济学批判》改作副标题。这样，马克思把他的经济学著作正式定名为《资本论·政治经济学批判》。其实，马克思只是对他原先的写作计划做了调整，并没有改变“六册结构”的写作思路。马克思似乎感到，在他有生之年难以按“六册结构”完成全部经济学著作，但首先要完成属于“基本原理”的第一册《资本》，这是他整个著作中最难叙述的部分，也是他整个著作的“精髓”。这一部分论述清楚了，其余部分后人就可能较为容易地做出进一步的叙述了。1863年之后，马克思就是以《资本论》为标题写作他的经济学著作的。因此，现在的《资本论》前三卷，其实只相当于“六册结构”中第一册《资本》的第一篇“资本一般”（商品、货币、资本）的内容。“六册结构”为当代马克思主义经济学的发展留下宏大的理论空间。

3. 第一次对劳动价值论、剩余价值论和资本主义经济运动趋势理论做了较为系统的论述

完成了劳动价值论的科学革命，首次提出剩余价值范畴，初步阐述了剩余价值的来源、生产方式、流通过程和资本主义经济危机等重要问题，成为马克思经济学理论创新的重要标识，奠定了《资本论》理论大厦的基石。

三 《手稿》“货币章”实现了劳动价值论的科学革命

劳动价值论是马克思经济学说的基础，也是马克思实现经济学科学革命的最辉煌的成果之一。《手稿》的“货币章”，是马克思在《资本论》第一卷中做了全面叙述的劳动价值论的第一份科学实验记录。

“货币章”以对蒲鲁东主义者达里蒙《论银行改革》中的货币理论的批判为起点。针对达里蒙货币理论的错误，马克思提出了关于货币理论的两个“基本问题”。①是否能够通过改变流通工具或流通组织，使现存的生产关系以及与这些关系相适应的分配关系发生革命呢？蒲鲁东主义者的回答是肯定的，马克思的回答是否定的。因为流通的每一次“改造”，都是以生产条件的“改变”和社会“变革”为前提的，蒲鲁东主义者根本不了解生产关系、分配关系和流通关系之间的内在联系，根本没有从经济关系总体上来理解资本主义经济运行中个别环节的社会性质。②是否能够在保留货币的某一形式（如金属货币、纸币、信用货币、劳动货币）的同时，消除货币关系固有的矛盾呢？马克思认为，“一种货币形式可能消除另一种货币形式无法克服的缺点；但是，只要它们仍然是货币形式，只要货币仍然是一种重要的生产关系，那么，任何货币形式都不可能消除货币关系固有的矛盾，而只能在这种或那种形式上代表这些矛盾。”①

针对达里蒙对资本主义危机原因及其出路理解的“偏见”，“货币章”分析了货币关系和资本主义经济危机根源的关系问题。危机的直接原因在于社会供给和社会需求的尖锐矛盾，因而可以归结为“供求规律”作用的结果。但是，危机的根本原因则在于资本主义经济关系的内在矛盾。金银货币本身从两个方面影响危机，使危机更加恶化：一是银行针对金银的输出采取的措施，对国内流通产生了不利；二是外国只愿意以金银的形式，而不是以任何其他形式得到资本，加剧了国内流通的矛盾和危机的严重程度。在马克思看来，金银货币的存在并不是资本主义经济危机产生的原因；资本主义经济的内在矛盾才是金银货币内在矛盾深化的原因。

在对蒲鲁东主义“劳动货币”理论的批判中，“货币章”对价值的本质、价值和价格的关系做了初步论述，提出了劳动价值论中的三个基本的观点：①一切商品的价值决定于制造这些商品所需要的劳动时间。②由劳动时间决定的商品价值，只是商品的“平均价值”。商品的“市场价值”不同于商品的平均价值，即“市场价值”总是低于或高于“平均价值”。货币所表现的是商品的“市场价值”，即商品的价格。③价值是作为价格运动的规律而出现的；价值和价格的差别既不是名和实的差别，也不是由于价格的金和银的名称引起的。价值和价格的不一致，与供求的变化有关系。

“货币章”对达里蒙货币理论批判的逻辑思路就是：从对货币关系的探讨中，揭示出交换价值的内在规定性；从对交换价值的探讨中，揭示出价值的内在规定性以及价值向货币转化的内在必然性。由此，“货币章”进一步揭示出价值、交换价值作为商品的内在要素和机能的性质，货币成为商品内在矛盾运动的产物。在这一逻辑思路的转换中，商品作为最抽象的范畴必然成为逻辑起点。

原先以货币或以价值为理论起点的叙述方法，不免带有某些唯心主义的痕迹。“货币章”据此强调：“有必要对唯心主义的叙述方式作一纠正，这种叙述方式造成一种假象，似乎探讨的只是一些概念规定和这些概念的辩证

① 《马克思恩格斯全集》第 30 卷，人民出版社，1995，第 69 ~ 70 页。

法。因此，首先是弄清这样的说法：产品（或活动）成为商品；商品成为交换价值；交换价值成为货币。”① 以此为新的阐述基点，马克思第一次确定了以商品作为他的经济学理论体系的起始范畴，即以商品范畴为理论逻辑叙述的起点。从商品范畴到货币范畴的转化，反映了理论逻辑中从具有简单规定性范畴向具有复杂规定性范畴的转化，反映了从抽象上升到具体的总体方法在马克思经济学理论体系中的成功运用。

“货币章”进一步围绕商品的内在矛盾以及商品向货币转化的问题做了详尽论述。这些论述，是马克思实现的劳动价值论革命的重要内容。“货币章”首先揭示了商品的二重存在形式——内在存在形式和外在存在形式的对立统一关系。商品的“二重存在”包含了以下两层含义：其一，商品本身和商品价值的二重存在。商品本身指的是商品的“自然存在”，它是商品经济关系上的质的规定性。马克思提到的“商品的自然差别必然和商品的经济等价发生矛盾”②，这就是他之后不久提到的商品使用价值和价值的两重规定及其矛盾。其二，商品的内在价值和外在交换价值的二重存在。价值不仅是商品的一般交换能力，同时也是一种商品交换其他商品的比例的指数，后者就是商品的交换价值。这就是说，“交换价值所表现的正是这个商品换成其他商品的比例；在实际的交换中，商品只有在和自己的自然属性相联系的并且和交换者的需要相适应的数量上，才是可交换的。”③ 马克思对价值和交换价值关系的分析，不仅揭示了价值的内在规定性和外在表现形式之间的联系，而且还为货币和货币关系的产生确定了逻辑前提。因为商品的交换价值实质上是商品内在的货币属性；货币同商品脱离的过程，就是这种内在属性取得外在独立存在的过程。在经济学说史上，马克思第一次从商品价值的内在规定中，揭示货币的起源和本质，从而使货币理论建立在科学的劳动价值论基础之上。

商品的二重存在形式一方面是商品的自然存在形式，另一方面是在质上不同于另一种商品存在的作为交换价值符号的形式，即一方面是作为交换的商品本身，另一方面是与交换的商品本身相分离的，并作为交换价值独立存在的特殊商品。这种特殊的商品就是货币。因此，货币是商品内在的二重存

① 《马克思恩格斯全集》第 30 卷，人民出版社，1995，第 101 页。
② 《马克思恩格斯全集》第 30 卷，人民出版社，1995，第 90 页。
③ 《马克思恩格斯全集》第 30 卷，人民出版社，1995，第 90 页。

在形式外在化的结果，是交换过程中商品内在矛盾发展的必然结果。据此，马克思初步得出了劳动价值论的两个重要结论。

第一个结论是："产品的交换价值产生出同产品并存的货币。因此，货币同特殊商品的并存所引起的混乱和矛盾，是不可能通过改变货币的形式而消除的……同样，只要交换价值仍然是产品的社会形式，废除货币本身也是不可能的。"①

第二个结论是：货币作为同其他一切商品相对立的特殊商品，作为其他一切商品的交换价值的化身的规定性，使货币具有四个重要属性：①商品交换价值的尺度；②交换手段；③在契约上作为商品的代表；④同其他一切特殊商品并存的一般商品。马克思强调："所有这些属性都单纯来自货币是同商品本身相分离的和对象化的交换价值这一规定。"② 货币在其第四个属性上，已表现为资本在历史上的"最初"形式。在转入"资本章"时，马克思专门论述了"货币转化为资本"的历史逻辑过程。

货币是商品内在矛盾发展的结果。同时，货币的产生也进一步发展了商品的内在矛盾。这就是说，货币制度下商品交换出现的新的矛盾，只是商品内在矛盾进一步的外在化形式。马克思把这些进一步发展的新的矛盾归结为以下四点。

第一，商品内在的二重形式，一旦外在地表现为商品和货币的对立形式，商品内在的可交换性就以货币形式存在于商品之外，从而货币就可能成为某种与商品不同的、对商品来说是"异己的东西"。

第二，商品的交换行为也因此而分为两个互相独立的行为，即分为在空间上和时间上彼此分离的、互不相干的两个存在形式：卖和买。商品交换行为的直接同一已经消失。

第三，随着交换价值脱离商品而在货币形式上独立化，随着卖和买在空间上和时间上的分离，整个交换过程也开始同交换者、生产者相分离，在生产者之间出现了一个商人阶层。这一商人阶层参与交换的目的，不是为了占有作为产品的商品，而是为了取得交换价值本身。商人阶层的产生，形成了交换的"二重化"：一是为消费而交换，二是为交换而交换。后一种新的"不协调"的形式，已经包含了"商业危机"的可能性。

---

① 《马克思恩格斯全集》第 30 卷，人民出版社，1995，第 94 ~ 95 页。

② 《马克思恩格斯全集》第 30 卷，人民出版社，1995，第 95 页。

第四，交换价值一旦采取货币这一独立的形式，它就不再作为商品的一般性质而存在，它必然在与商品的并列中“个体化”，即成为一种与其他商品并列的“特殊商品”。从商业中分离出来的“货币经营业”就是专门经营这种“特殊商品”的。①

“货币章”还提出了货币作为价值尺度、作为交换手段和货币作为货币这三种规定的理论，实现了货币理论的创新。

四 《手稿》“资本章”奠定了剩余价值理论的重要基础

1858年1月，马克思正在写作《手稿》的“资本章”，他在给恩格斯的信中提道：“我取得了很好的进展，例如，我已经推翻了迄今存在的全部利润学说。”② 这里提到的“很好的进展”和“推翻了迄今存在的全部利润学说”，指的就是“资本章”在剩余价值理论研究上的重大突破，其重要标志就是剩余价值范畴的提出。

“货币章”已经提到，货币的第三种规定使金银积累取得了货币积累的形式，“W—G—G—W”的简单商品流通形式，转化为纯粹为了货币积累的“G—W—W—G”形式。在后一种形式中，生产过程的内容已经发生了根本的变化，成为为交换价值的生产。“资本首先来自流通，而且正是以货币作为自己的出发点。”“货币是资本借以表现自己的最初形式。”③ 一旦货币表现为不仅与流通相独立，而且在流通中保存自己的交换价值，它就不再是货币，而是资本了。同直接的交换价值或货币相比较，资本的特征就是，“在流通中并通过流通保存自己，并且使自己永存的交换价值的规定性。”④

在货币转化为资本的论述中，“资本章”的逻辑就是：商品和货币是考察资本主义经济的必要前提，货币的完成形态表现为资本的最初规定性；要以流通作为考察资本形成及其根本性质的前提；资本运动的首要的一般特征，首先表现为资本和劳动能力相交换的特殊规定，“劳动能力”的使用价值是价值增值的“媒介”。因此，资本的生产过程表现为二重性：一方面表

① 《马克思恩格斯全集》第30卷，人民出版社，1995，第96~101页。
② 《马克思恩格斯全集》第29卷，人民出版社，1972，第250页。
③ 《马克思恩格斯全集》第30卷，人民出版社，1995，第208页。
④ 《马克思恩格斯全集》第30卷，人民出版社，1995，第218页。

现为一般生产过程中的活劳动和它的物质对象之间的自然联系，也就是表现为“简单生产过程”或“劳动过程”；另一方面表现为资本占有劳动而实现价值增值的特殊的社会关系。劳动力商品理论是揭示资本运动过程根本性质，进而创立剩余价值理论的重要基础。

在对资本主义生产的价值的简单保存和价值增值过程的分析中，“资本章”首次提出剩余价值范畴。从价值的简单保存过程来看，商品价值只相当于生产商品的生产费用，即“产品的价格等于它的生产费用，也就是＝在生产过程中消费掉的各商品的价格总和”[①]。假如资本以生产费用等于商品价值为界限，资本就不具有生产性，资本主义生产过程也就不可能发生。但要使预先存在的资本价值得到增值，就必须使劳动能力使用所创造的价值大于劳动力自身的价值。“资本章”指出：“价值所以能够增加，只是由于获得了也就是创造了一个超过等价物的价值。”因此，“在资本方面表现为剩余价值的东西，正好在工人方面表现为超过他作为工人的需要，即超过他维持生命力的直接需要的剩余劳动。”[②] 马克思第一次把这一“超过等价物的价值”称作剩余价值。资本的使命就是创造这种剩余劳动，攫取剩余价值。剩余价值范畴是马克思经济思想发展中的一次“术语的革命”。恩格斯指出：“一门科学提出的每一种新见解都包含这门科学的术语的革命。”[③] 马克思通过剩余价值揭开了资本主义生产方式的秘密，进而“发现了现代资本主义生产方式和它所产生的资产阶级社会的特殊的运动规律”。[④]

正是在这种历史的和社会的意义上，剩余价值理论在马克思思想中的突出地位真正地得到彰显，剩余价值理论在《资本论》体系中的地位也由此而确定。

“资本章”在提出剩余价值概念以后，分别考察了绝对剩余价值和相对剩余价值问题。但是，“资本章”还没有对这两种剩余价值生产方式的历史的和逻辑的转化关系做出阐述。一方面，马克思没有论及资本主义生产从简单协作到工场手工业，再到机器大工业的发展阶段问题，因而还不能说明绝对剩余价值到相对剩余价值转化的历史过程；另一方面，马克思也没有提出超额剩余价值概念，因而还不能说明从绝对剩余价值到相对剩余价值转化的

① 《马克思恩格斯全集》第30卷，人民出版社，1995，第272页。
② 《马克思恩格斯全集》第30卷，人民出版社，1995，第285～286页。
③ 《马克思恩格斯文集》第5卷，人民出版社，2009，第32页。
④ 《马克思恩格斯文集》第3卷，人民出版社，2009，第601页。

逻辑中介。在“资本章”中，马克思论述的只是剩余价值量的绝对和相对增加的问题。

在对劳动生产力的变化同剩余价值绝对量和相对量变化的相互作用问题的探讨中，“资本章”提出了关于生产力提高和剩余价值量增加之间关系的三条规则。这三条规则对于理解资本主义经济的动态过程有着重要意义。

规则一：生产力的提高之所以能够增加剩余价值，只是因为它缩小了必要劳动和剩余劳动的比例。“剩余价值恰好等于剩余劳动；剩余价值的增加可以用必要劳动的减少来准确地计量。”①

规则二：生产力“乘数”对剩余价值量增长的影响。生产力的“乘数”是指生产力增长的倍数。“资本章”指出：“资本的剩余价值的增加数并不是生产力的乘数……的增加数，而是活的工作日中原来代表必要劳动的部分超出该部分除以生产力的乘数之后的余额。”② 假如在生产力提高以前，必要劳动和剩余劳动各占工作日的1/2，在生产力乘数为2时，剩余价值的增加数就等于必要劳动占工作日比例的1/2，减去该比例1/2除以生产力乘数2之后的余额，即 $1/2-1/2\div2=1/4$，现在剩余劳动占工作日的比例就从原来的1/2，增加到 $1/2+1/4$ 即3/4。显然，原来必要劳动占全部工作日的比例越大，由一定生产力乘数引致的剩余价值增加数也就越大。这表明，同一生产力乘数对不同国家或不同产业部门剩余价值增加数的影响，是各不相同的。

规则三：从上述规则二可以推导出，在生产力提高以前，剩余劳动在全部工作日中所占的比例越大，由生产力提高而增加的剩余价值就越少。这就是说，“资本已有的价值增殖程度越高，资本的自行增殖就越困难。”③ 在资本主义经济中，生产力的提高和剩余价值的增加之间，存在着一种内在的对立关系。

“资本章”进一步论述了不变资本和可变资本之间比例关系变动对剩余价值生产和剩余价值量变化的影响。通过对不变资本和可变资本比例变化的动态研究，“资本章”揭示了利润和剩余价值、利润率和剩余价值率之间的内在联系：一是不变资本和可变资本的划分及其对利润率和剩余价值率的影

① 《马克思恩格斯全集》第30卷，人民出版社，1995，第303页。
② 《马克思恩格斯全集》第30卷，人民出版社，1995，第303页。
③ 《马克思恩格斯全集》第30卷，人民出版社，1995，第305页。

响；二是不变价值和可变价值比例变化的趋势及对利润和剩余价值的影响；三是同时并存的工作日剩余价值量的变化。“资本章”还没有使用“资本有机构成”这一用语，但是，关于资本有机构成理论的基本观点已经形成。不变资本和可变资本的比例及其变动趋势理论的形成，是马克思理解利润和剩余价值性质及其内在联系的必要理论前提。

在上述对资本生产过程考察的基础上，“资本章”进一步提出资本再生产和积累问题。资本的特殊社会性质及其基本矛盾的作用，必然在使资本不断扩张的同时，造成资本以“生产过剩”为基本特征的一系列“限制”。“如果说创造资本的剩余价值是以创造剩余劳动为基础的，那么资本作为资本来增加（即积累，而如果没有积累，资本就不可能成为生产的基础……）则取决于这种剩余产品的一部分转化为新资本。”①

剩余价值是资本积累的源泉。同时，积累的资本进入生产过程时，必须分为实现劳动所需的客观条件和“劳动基金”两部分。“劳动基金”成为新剩余价值的源泉。“资本章”指出，作为资本主义扩大再生产的源泉，资本积累的不断增长具有两重性质：一方面，资本积累是资本扩张的基础，它直接表现为资本物质生产能力的不断增长，因而包含着“进步的因素”；另一方面，资本积累也是资本主义关系再生产的过程。在这两重性质中，资本积累的意义首先就在于：“资本和劳动的关系本身的，资本家和工人的关系本身的再生产和新生产。这种社会关系，生产关系，实际上是这个过程的比其物质结果更为重要的结果。”②

“资本章”通过剩余价值生产和实现过程的分析，揭示资本对生产力发展的四个限制因素：①必要劳动是活劳动能力的交换价值的界限；②剩余价值是剩余劳动和生产力发展的界限；③货币是生产的界限；④使用价值的生产受交换价值的限制。实质上，这四个限制反映了资本主义经济关系发展中生产的扩张和雇佣工人的消费萎缩、资本价值增值的生产目的和手段、价值生产和价值实现等一系列矛盾。在资本主义基本矛盾的作用下，资本再生产过程的结果必然是：“资本的发展程度越高，它就越是成为生产的界限，从而也越是成为消费的界限，至于使资本成为生产和交往的棘手的界限的其他

① 《马克思恩格斯全集》第 30 卷，人民出版社，1995，第 434 ~ 435 页。
② 《马克思恩格斯全集》第 30 卷，人民出版社，1995，第 450 页。

矛盾就不用谈了。”① 由于这些限制因素的强制作用，资本在不断推动生产力发展的同时，必然使资本遭到一次比一次更大的危机。

资本的原始积累属于资本的“形成史”，不属于资本的“现代史”，不属于受资本统治的生产方式的实际体系。但是，在论及资本主义生产方式“超越自己”的历史必然性时，有必要对资本主义生产方式的历史形成过程做一考察。因为通过这一考察，可以揭示资本主义生产方式发生、发展和灭亡的历史必然性。“资本章”指出：“如果说一方面资产阶级前的阶段表现为仅仅是历史的，即已经被扬弃的前提，那么，现在的生产条件就表现为正在扬弃自身，从而正在为新社会制度创造历史前提的生产条件。”②

“资本章”从对资本周转问题的研究切入，对资本流通过程理论展开论述。在一开始涉及的“资本流通和资本周转”问题中，集中探讨了以下三个问题。

第一，对资本周转构成的要素的分析。从“整体”上考察，资本流通包括生产过程和流通过程两大要素。这里的资本流通指的是“出发点就是复归点，复归点就是出发点”的资本运动过程，实际上就是周而复始、不断重复的资本周转。资本周转时间取决于生产过程经历的时间（生产时间）和流通过程经历的时间（流通时间）。其中的生产时间“直接同生产力的发展相一致”，流通时间指的是“资本从转化为产品到产品转化为货币所经历的期间”。③ 流通时间决定和制约着生产过程，因而也影响着一年内资本自行增值的次数，影响着年利润率的高低。

资本周转由四个要素构成：Ⅰ. 实际生产过程及其持续时间；Ⅱ. 产品转化为货币；Ⅲ. 货币转化为生产资本各要素；Ⅳ. 资本同活劳动能力相交换。在这四个要素中，“第Ⅰ个要素不在这里进行考察，因为它和价值增殖的一般条件相重合。第Ⅲ个要素只有当不是谈论资本一般，而是谈论许多资本的时候，才予以考察。第Ⅳ个要素属于工资等等那一篇。”④ 因此，资本周转要讨论的只是第Ⅱ个要素，即资本由产品转化为货币的问题。

第二，对资本周转第Ⅱ个要素的分析。资本由产品转化为货币这一要素

① 《马克思恩格斯全集》第30卷，人民出版社，1995，第397页。
② 《马克思恩格斯全集》第30卷，人民出版社，1995，第453页。
③ 《马克思恩格斯全集》第30卷，人民出版社，1995，第514页。
④ 《马克思恩格斯全集》第30卷，人民出版社，1995，第517页。

对资本周转的影响，“只能是由于价值实现的较大困难而引起的”。[①] 这一实现过程，首先涉及产品到销售地，即市场距离问题，这也就涉及“运输费用”问题。马克思指出，运输中耗费的劳动时间，同直接生产过程中物化在产品中的劳动时间一样，都是产品“生产费用”的组成部分。

第三，流通过程和生产过程的内在联系。在资本周转限度内，流通本身不仅是一般生产过程的要素，而且也是直接生产过程的要素，如运输作为直接生产过程的继续，就是在流通过程中完成的；而且流通过程的时间、速度，对资本再生产过程中的价值增值也具有决定性影响。同时，资本生产过程只有顺利地通过流通阶段，才能开始资本的再生产过程。因此，流通过程也是对资本再生产过程的一种限制因素。

在资本的总体运动中，资本的价值增值过程，实际上也就是资本“丧失”货币资格的“价值丧失”过程。这种“价值丧失”过程只有在被生产出来的包含了增值价值的商品再度进入流通过程，并顺利地得到“实现”时，资本才重新取得了货币形式。可见，资本的再生产过程表现为“价值增殖—价值丧失—价值增殖实现”的序列转化过程。显然，从“价值丧失”到“价值增殖实现”的转化，对资本再生产有着极其重要的意义；而这一转化的关键，就在于各资本彼此按照一定的和限定的比例进行交换。

“资本章”最后从“生产和流通的统一”的意义上，对“资本的总运动”问题做了论述。剩余价值是利息、利润的“纯粹”形式，利润是剩余价值的第二级的派生的和变形的形式。这里“第二级的”一词，不仅具有由原生的生产关系转化而来的意义，而且还具有在形式上脱离原生的生产关系，形成更高层次的“非原生的生产关系”的意义。利润作为剩余价值的“第二级的”转化形式，不仅说明剩余价值是利润的源泉、是利润的本质，而且还说明，在剩余价值转化为利润时，利润已较剩余价值具有更复杂、更具体的规定性。

从“资本的总运动”来考察资本运动的性质，即产生剩余价值向利润转化问题。一旦剩余价值表现为利润，剩余价值率也就转化为利润率。循着这一逻辑思路，“资本章”进一步对两个重要的理论问题做了初步论述。

一是通过对利润率变化趋势的考察，提出了利润率趋向下降规律的基本内容。就利润率趋向下降规律而言，“从每一方面来说都是现代政治经济学

---

① 《马克思恩格斯全集》第 30 卷，人民出版社，1995，第 518 页。

的最重要的规律，是理解最困难的关系的最本质的规律。从历史的观点来看，这是最重要的规律。这一规律虽然十分简单，可是直到现在还没有人能理解，更没有被自觉地表述出来。"①

二是通过对利润率形成过程的考察，提出了利润率"平均化"的问题："在各个不同的产业部门中，数量相等的各个资本的利润不相等，即利润率不相等，这是竞争的平均化作用的条件和前提。"② 但是，"资本章"对这两个理论问题并没作展开论述。因为马克思这时已制定了分册出版《政治经济学批判》的计划，并打算尽快出版论述商品和货币理论的第一分册。这样，许多应该在"资本的总运动"中做详尽论述的问题，只做了一些提示性的说明。

五 《手稿》对探寻马克思整体思想的重大意义

《手稿》不仅在马克思经济思想的历史发展中有着重要的地位，而且在马克思整体思想的发展中也有着重要的意义。《手稿》涉及马克思关于哲学、政治学、社会学、历史学的一系列重要理论观点，许多重要观点在马克思以后包括《资本论》在内的著述中，没有再度出现或没有再次直接论及。《手稿》无疑是探索"中年马克思"整体思想及其内在联系的历史档案和重要文献。

一是《手稿》提出的人的发展的三大形式，是以人为主体的社会发展观，是马克思关于经济的社会形态演进理论的重要内容。"货币章"指出，在社会生产过程中，根据"社会条件"的变化，作为生产主体的人的发展，第一大形式以"人的依赖关系"为特征。这时，人的生产能力只是在狭窄的范围内和孤立的地点上发展着，人直接从自然界再生产自己。第二大形式是以物的依赖性为基础的人的独立性的形成为特征的。这时，一方面，生产中人的一切固定的依赖关系已经解体；另一方面，毫不相干的个人之间的互相的全面的依赖，构成人们之间的社会联系，而这一联系的纽带就是普遍发展起来的产品交换关系，从而"人的社会关系转化为物的社会关系；人的

---

① 《马克思恩格斯全集》第 31 卷，人民出版社，1998，第 148 页。

② 《马克思恩格斯全集》第 31 卷，人民出版社，1998，第 164 页。

能力转化为物的能力"①。正是在这种普遍的社会物质交换关系中，才形成了人们之间的"全面的关系、多方面的需要以及全面的能力的体系"②。第三大形式是以自由个性发展为特征的。这一社会形态中的"自由个性"，具有两方面的规定性：一是个人的全面的发展，二是人们共同的社会生产能力成为他们共同的社会财富。第三大形式的发展是以上述第二大形式的发展为基础的。

三大社会形式理论没有改变马克思对经济的社会形态（即后来马克思主义文献中所说的生产方式）演化关系的理解。相反，这凸显了两者之间的内在联系。例如，"货币章"把第二大形式看作"资产阶级社会"，它同这一社会形态之前存在的家长制、古代的或封建的制度是相对立的，同时也与第三大形式中的以共同占有和共同控制生产资料为基础的、以联合起来的个人为特征的那种经济的社会形态相对立。"货币章"认为，在第二大形式中，个人之间的交换关系以及他们之间的社会关系，成为独立于他们之外并与他们对立的物与物之间的关系。在物的形式上，交换价值作为一种异己的力量与人相对立。三大社会形式理论突出了对资产阶级社会条件下社会关系物化性质的论述。因此，在第二大形式中，"物的依赖关系无非是与外表上独立的个人相对立的独立的社会关系，也就是与这些个人本身相对立而独立化的、他们互相间的生产关系"③。

二是《手稿》考察的前资本主义社会的各种所有制形式，主要如亚细亚的所有制形式、古代的所有制形式、日耳曼的所有制形式等，展示了马克思理解的"世界历史"的理论视阈，彰显了马克思对东方社会理解的理论意蕴。

"资本章"在对资本的直接生产过程问题的最后探讨中，考察了资本主义生产以前的一些形式——亚细亚的所有制形式、古代的所有制形式和日耳曼的所有制形式。在这些所有制形式中，对劳动的客体条件的占有，不是通过劳动进行的，而是劳动的前提，"劳动的主要客观条件本身并不是劳动的产物，而是已经存在的自然"④。这时，劳动的主体条件是作为某一公社的成员，作为其从事劳动的基础，劳动主体（个人）是以公社为媒介才与劳

① 《马克思恩格斯全集》第 30 卷，人民出版社，1995，第 107 页。
② 《马克思恩格斯全集》第 30 卷，人民出版社，1995，第 107 页。
③ 《马克思恩格斯全集》第 30 卷，人民出版社，1995，第 114 页。
④ 《马克思恩格斯全集》第 30 卷，人民出版社，1995，第 476 页。

动客体（土地）发生关系的。

对这些所有制形式的历史考察，深刻地揭示了资本主义生产方式中劳动主体和客体关系的基本性质及其历史趋势。马克思的结论就是："在资本对雇佣劳动的关系中，劳动即生产活动对它本身的条件和对它本身的产品的关系所表现出来的极端异化形式，是一个必然的过渡点，因此，它已经自在地、但还只是以歪曲的头脚倒置的形式，包含着一切狭隘的生产前提的解体，而且它还创造和建立无条件的生产前提，从而为个人生产力的全面的、普遍的发展创造和建立充分的物质条件。"① 这时，马克思主要是从经济的社会形态发展的自然历史过程的角度，展开对前资本主义生产方式探索的。

三是《手稿》对异化劳动和资本、机器体系和科学技术的资本主义使用方式和劳动过程的异化、资本主义的普遍化趋势与异化以及对异化和经济社会危机等问题的论述，是"青年马克思"思想的赓续，也是理解当代资本主义社会关系本质的理论指南。

《手稿》的异化理论是建立在劳动价值论和剩余价值论的基础之上的，是对《1844 年经济学哲学手稿》中异化理论的拓展。"货币章"指出：货币作为交换价值的外在化形式，从"最初作为促进生产的手段出现的东西，成为一种对生产者来说是异己的关系"，货币的异化关系是人们生产中的社会关系发展的结果，"货币所以能拥有社会的属性，只是因为各个人让他们自己的社会关系作为对象同他们自己相异化。"② 在资本主义商品货币关系中，这种异化更为严重地发展起来。货币的异化作为一种"历史的产物"，在资本主义的"基地"上是不会自行消除的，但它的发展会"带来一些关系和联系，这些关系和联系本身包含着消除旧基地的可能性"。③

例如，资本主义经济危机作为货币关系发展到一定阶段的产物，和世界市场的"独立化"有着密切的联系，是货币的异化在世界市场上的体现。正是由于货币关系的异化和世界市场独立化的交互作用，才使生产和消费的普遍联系与全面依赖同消费者和生产者的相互独立与漠不关心形成鲜明的对立，由此导致资本主义普遍的生产相对过剩的经济危机。货币异化的抽象特征，在"世界市场"上才获得最为具体的展开形式，也才使得资本主义生

① 《马克思恩格斯全集》第 30 卷，人民出版社，1995，第 511～512 页。

② 《马克思恩格斯全集》第 30 卷，人民出版社，1995，第 95、110 页。

③ 《马克思恩格斯全集》第 30 卷，人民出版社，1995，第 111 页。

产的“一切矛盾都展开”[①]。

“资本章”指出，资本主义生产过程就是“劳动本身的力量变成对工人来说是异己力量的必然过程”。[②] 由活劳动的使用形成的生产力，成为与劳动力相脱离的资本的生产力，“文明的进步只会增大支配劳动的客体的权力。”[③] 剩余价值完全成为人格化的资本对活劳动的权力，使得工人的活劳动“变成失去实体的、完全贫穷的劳动能力而同与劳动相异化的、不属于劳动而属于他人的这种实在相对立”[④]。在资本再生产过程中，机器和机器体系作为资本的物质力量，成为与活劳动相对立的，并最终成为活劳动的支配力量，“在机器体系中，对工人来说，知识表现为外在的异己的东西，而活劳动则从属于独立发生作用的物化劳动”。可见，“资本的趋势是赋予生产以科学的性质，而直接劳动则被贬低为只是生产过程的一个要素。”[⑤] 马克思的异化劳动理论并没有终止于《1844 年经济学哲学手稿》。如果说《1844 年经济学哲学手稿》通过对异化哲学意义的理解来解释资本主义经济关系，那么，《手稿》则通过对异化经济学意义的阐述来解释资本主义整体的社会关系。

四是《手稿》对科学技术是生产力的重要判断、对机器体系的发展及其社会应用意义的理解，凸显了马克思对科学技术革命社会意义的准确判断、对自动化时代人类文明进步与挑战的天才预测，是马克思留下的弥足珍贵的理论遗产。

科学技术在生产力发展中的作用之一，就是加大了个别劳动转化为社会劳动的速度和规模，从而为现代化大生产和全社会的协作提供基础。《手稿》指出：“在大工业的生产过程中，一方面，发展为自动化过程的劳动资料的生产力要以自然力服从于社会智力为前提，另一方面，单个人的劳动在它的直接存在中已成为被扬弃的个别劳动，即成为社会劳动。”[⑥] 随着时间的推移，科学技术的进步和社会生产力的发展，可能使原来的生产发展的基础——直接劳动被“社会活动的组合”所代替。这同科学所具有的独立性、

---

① 《马克思恩格斯全集》第 30 卷，人民出版社，1995，第 181 页。

② 《马克思恩格斯全集》第 30 卷，人民出版社，1995，第 268 页。

③ 《马克思恩格斯全集》第 30 卷，人民出版社，1995，第 267 页。

④ 《马克思恩格斯全集》第 30 卷，人民出版社，1995，第 445 页。

⑤ 《马克思恩格斯全集》第 31 卷，人民出版社，1998，第 93、94 页。

⑥ 《马克思恩格斯全集》第 31 卷，人民出版社，1998，第 105 页。

渗透性、互补性和传导性的特点分不开。现代社会生产力发展的实践证明了这一点。由于科学技术的发展，尤其是信息技术的发展，使得生产和交换的全过程真正地被联结起来了，这是生产社会化的高级形式。

在资本主义的早期发展中，虽然人本身是生产力中最革命的因素，但人始终是围绕着生产工具或机器进行活动的。在一般的意义上，这被看作生产工具在生产力发展中重要作用的体现；在特殊的意义上，这被看作劳动力对机器的一种隶属关系，这是人与物的异化。自从科学技术被广泛使用，人及其智力在经济发展中的作用日益显著。创造较少地取决于劳动时间和已耗费的劳动量，较多地取决于在劳动时间内所运用的作用物的力量，而这种作用物自身——它们的巨大效率——又和生产它们所花费的直接劳动时间不成比例，而是取决于科学的一般水平和技术进步，或者说取决于这种科学在生产上的应用（这种科学，特别是自然科学以及和它有关的其他一切科学的发展，本身又和物质生产的发展相适应）。在耗费的劳动时间和劳动产品之间惊人的不成比例上，最主要的表现就是："劳动表现为不再像以前那样被包括在生产过程中，相反地，表现为人以生产过程的监督者和调节者的身份同生产过程本身发生关系。"①

五是《手稿》对未来共产主义社会的预测，特别是对人的自由而全面发展理论的阐述，对人的现实关系和观念关系的全面性的探讨等，成为全面理解马克思关于未来社会理论的必修读本。

马克思从来不打算教条式地预言未来社会，更不打算用未来社会的幻想图景作为救世之道；他只是希望在批判旧世界中发现新世界，只是希望在对现实的资本主义社会的批判分析中，对未来社会做出科学的预测。《手稿》强调：未来社会的产生是以现存的"物质条件和精神条件的发展为前提的"；资产阶级社会内部产生的"一些交往关系和生产关系"，是"炸毁这个社会的地雷"，是未来社会产生的现实基础。因此，"如果我们在现在这样的社会中没有发现隐蔽地存在着无阶级社会所必需的物质生产条件和与之相适应的交往关系，那么一切炸毁的尝试都是唐·吉诃德的荒唐行为。"②

《手稿》充分肯定资本主义制度中生产力发展的巨大社会意义，认为"资本是生产的，也就是说，是发展社会生产力的重要的关系"。首先，资

① 《马克思恩格斯全集》第31卷，人民出版社，1998，第100页。
② 《马克思恩格斯全集》第30卷，人民出版社，1995，第109页。

本主义生产力的发展，大大增加了超过工人维持生命力的直接需要而形成的剩余劳动，从而使“超过必要劳动的剩余劳动本身成了普遍需要，成为从个人需要本身产生的东西”，为人的需要的丰富性和人的发展的全面性创立了坚实的物质前提。其次，资本主义生产力的发展培育了劳动过程的“严格纪律”，并使之发展成新一代的“普遍财产”。再次，资本主义生产力的发展，为科学在直接生产过程中的运用开辟了广阔前景，科学力量成为不费资本分文的生产力。最后，资本对科学力量的占有是通过使用机器而实现的，资本主义生产力的发展越来越多地表现为机器和机器体系的广泛运用，结果可能就是：“劳动的社会将科学地对待自己的不断发展的再生产过程，对待自己的越来越丰富的再生产过程，从而，人不再从事那种可以让物来替人从事的劳动”。① 马克思一直坚持从人的现实关系和观念关系的全面性上把握未来社会的根本特征。《手稿》指出，个人的全面性绝不是“想象的”或者“设想的”，而是以社会生产力的全面发展为基础的，“要达到这点，首先必须使生产力的充分发展成为生产条件，不是使一定的生产条件表现为生产力发展的界限”。②

《手稿》坚持认为：“新的生产力和生产关系不是从无中发展起来的，也不是从空中，也不是从自己设定自己的那种观念的母胎中发展起来的，而是在现有的生产发展过程内部和流传下来的、传统的所有制关系内部，并且与它们相对立而发展起来的。”③ 未来社会产生的必然性，存在于资本主义所有制关系内部，存在于高度发展的社会生产力和越来越狭隘的生产关系的矛盾冲突中。

在对未来社会经济关系的科学预测中，《手稿》对资本主义私有制向未来社会公有制过渡的历史必然性做了探讨。在一定的历史条件下，资本主义所有制有其“伟大的文明作用”，它突出表现为“创造出社会成员对自然界和社会联系本身的普遍占有”。资本按照这种趋势，破坏以前社会中存在的一切的地方性的发展和对自然的崇拜，“资本破坏这一切并使之不断革命化，摧毁一切阻碍发展生产力、扩大需要、使生产多样化、利用和交换自然力量和精神力量的限制”。④

① 《马克思恩格斯全集》第 30 卷，人民出版社，1995，第 286 页。
② 《马克思恩格斯全集》第 30 卷，人民出版社，1995，第 541 页。
③ 《马克思恩格斯全集》第 30 卷，人民出版社，1995，第 236 页。
④ 《马克思恩格斯全集》第 30 卷，人民出版社，1995，第 390 页。

但是，资本力图克服以往社会阻碍生产力发展的限制，并不等于它“实际上”已经克服了它们。因为旧社会存在的每一种限制，在本质上与生产资料私有制有着天然的联系。因此，资本在克服旧有限制的同时，新的限制又不断地产生。“资本不可遏止地追求的普遍性，在资本本身的性质上遇到了限制，这些限制在资本发展到一定阶段时，会使人们认识到资本本身就是这种趋势的最大限制，因而驱使人们利用资本本身来消灭资本。”①

从社会发展的整个历史过程来看，资本主义所有制与先前存在的所有制是相对立的。在这之前的所有制，表现为劳动和所有权的“同一性”，即劳动主体以私人形式占有生产资料，并对自己的劳动产品拥有所有权；而资本主义所有制则表现为劳动主体不占有自己的劳动产品，劳动产品表现为他人财产，即“劳动表现为被否定的所有权，或者说所有权表现为对他人劳动的异己性的否定”②。因此，资本主义私有制是对之前存在的小私有制的否定。资本主义私有制的发展，又必然造成对自身的否定，形成社会经济史发展中的否定之否定的过程。这时，与资本主义私有制相对立的就是劳动主体共同的生产能力，成为他们共同的社会财富的所有制形式，亦即在共同占有和共同控制生产资料的基础上，以联合起来的个人所进行的自由交换为特征的社会所有制形式。当然，这种新型的所有制形式，完全是以物质和精神条件的发展为前提的。马克思的这一探讨，深刻地揭示了资本主义私有制发展的历史趋势和未来社会公有制产生的客观必然性。

《手稿》只是从最一般的意义上概述了未来社会公有制的本质规定，着重指出了三个方面的特征：其一，对社会生产资料的“共同占有和共同控制”；其二，“共同的社会生产能力”成为社会的共同财富；其三，占有和控制这些生产资料的主体是“社会化的工人”，即以高度的“社会性”和“科学性”为基础的结合劳动主体，或者说是“联合起来的个人”。生产资料公有制是未来社会全部生产关系和社会关系的“基础”。首先，在这一基础上，社会宏观经济活动发生了本质的变化，形成了以有计划分配社会劳动时间为特征的经济运行模式。这就是说，“劳动时间在不同的生产部门之间有计划的分配”，成为这一社会经济运行的“首要的经济规律”。其次，在“共同生产”的基础上，形成了新的消费品分配原则。这时，由于“单个人

① 《马克思恩格斯全集》第30卷，人民出版社，1995，第390~391页。

② 《马克思恩格斯全集》第30卷，人民出版社，1995，第463页。

的劳动一开始就被设为社会劳动"，"因此，不管他所创造的或协助创造的产品的特殊物质形态如何，他用自己的劳动所购买的不是一定的特殊产品，而是共同生产中的一定份额。"① 这种以共同生产为基础的，以社会劳动时间为尺度的个人消费品的分配原则，包含了马克思后来作了详尽阐述的按劳分配理论的基本思想。最后，在生产资料公有制基础上，社会生产的目的发生了根本的变化，社会生产完全是为了"实现符合社会全部需要的生产"②。

于是，人及其需要、人的全面发展，就成了社会经济发展的最高目标——"人不是在某一种规定性上再生产自己，而是生产出他的全面性"。如个人的需要、才能、享用的普遍发展，人对自然力的统治和充分利用，人的创造天赋的绝对发挥等等，都成了社会经济发展的"目的"。③ 社会发展、社会享用和社会活动的全面性，也为社会生产力的全面发展提供了更高层次的主体因素。

参考文献

《马克思恩格斯文集》第 1 卷，人民出版社，2009。
《马克思恩格斯全集》第 29 卷，人民出版社，1972。
《马克思恩格斯文集》第 5 卷，人民出版社，2009。
《马克思恩格斯全集》第 30 卷，人民出版社，1995。
《马克思恩格斯文集》第 3 卷，人民出版社，2009。
《马克思恩格斯全集》第 31 卷，人民出版社，1998。

（作者单位：教育部）

① 《马克思恩格斯全集》第 30 卷，人民出版社，1995，第 122 页。
② 《马克思恩格斯全集》第 30 卷，人民出版社，1995，第 123 页。
③ 《马克思恩格斯全集》第 30 卷，人民出版社，1995，第 480 页。

政治经济学逻辑中的政治哲学颠覆

——青年恩格斯的《政治经济学批判大纲》解读

张一兵

在传统马克思主义哲学史研究中，对青年恩格斯并非不重视。可是，有些学者总是愿意相信是马克思影响恩格斯，而忽略了后者的《政治经济学批判大纲》在特定时期中十分关键地影响前者的一面。特别需要指出，这是1843年促使马克思站在无产阶级立场去研究经济学的重要原因。

1842年9月，恩格斯结束兵役之后，从德国赴英国曼彻斯特（去其父开的工厂）途中在科伦停留，当他去《莱茵报》报社时第一次拜访了马克思，由于被误认为柏林自由撰稿人的代表，恩格斯受到了马克思的冷遇，可是恩格斯与赫斯进行了长时间的交谈。后来赫斯在英国时，恩格斯与他关系极为密切。所以，赫斯的思想更多更深地首先影响了青年恩格斯。因此，恩格斯比马克思更早地转向哲学共产主义（1843年10月恩格斯的《大陆上社会改革运动的进展》），并先期开始接触经济学。所以，当时在赫斯的影响下，青年恩格斯特别是由于他直接身处工人阶级劳作和生活之中，再加上他通过对资产阶级政治经济学的批判，其生发出的社会政治思想自然是比同期的马克思要深刻的。事实上反倒是赫斯与青年恩格斯的思想影响了马克思，促使他转而研究经济学，从而在1844年以哲学研究经济学的过程中创立著名的劳动异化理论，再从此生发出去，1845～1846年最终实现了伟大的思想革命。

在也受到马克思肯定的恩格斯于1843年底到1844年初写下的《政治经济学批判大纲》（以下简称《大纲》）一文中，我们很容易就发现了赫斯的影子。开篇之初，恩格斯同样称资产阶级经济学官许的欺诈办法是一门完整的“发财致富的科学”。[①] 我们看到，与赫斯不同，恩格斯一开始就持有了一种历史的观点，他明确指出资产阶级政治经济学是“商业扩张的结果”，重商主义必然发展到斯密、李嘉图的自由贸易学说。如果在重商主义那里，人们还着眼于流通领域的贵金属，并指望贸易顺差中的财富增值，而在 18 世纪则出现了政治经济学的革命。青年恩格斯的经济学研究在最初就不同于赫斯那样形而上学的轻浮。同时我们可以注意到，恩格斯早就深刻地体认出 18 世纪这种资产阶级的片面性：不仅在政治上，而且在哲学基础和方法上！以当时恩格斯的理解，这种片面性就是简单的形而上学的“对立性”，“抽象的唯物主义与唯灵论相对立，共和国与君主制相对立，社会契约与神权相对立”。他发现，作为资产阶级政治经济学前提的抽象的唯物主义，并“不干预基督教轻视人类和侮辱人类的现象，它只是把自然当作一种绝对的东西来代替基督教的上帝并把它和人类对立起来”。苏联学者卢森贝认为，这时的恩格斯是运用辩证法来批判资产阶级政治经济学的，这种判断是有一定道理的。[②] 恩格斯实际上一针见血地发现了资产阶级经济学的这种非批判的方法论前提。虽然经济学从资本主义经济现实出发，但却是将资本主义经济作为现成的事实来肯定的（哪怕是科学的分析！）。所以，在这种学说的背后，资产阶级的人道主义和唯物主义虽然反对了神权，甚至反对了重商主义“旧教”，但却仍然将私有制当作一种自然的东西接受下来了，它至多是一种“一半的进步”的“新教”。恩格斯深刻地指出，“政治经济学没有想到私有制的合理性的问题”，因为它恰恰是要维护新的资本主义“工厂制和现代的奴隶制”。这样，这种“科学”可称之为“私经济学”。[③] 恩格斯这里是将西斯蒙第的批判大大地向前推进了一步。

恩格斯在《大纲》中，把资本主义的全部经济现象和资产阶级经济学的全部范畴和规律都归结为私有制（这里又有蒲鲁东的影响）。他是试图通过揭示私有制的非人性，从而认证消灭私有制的必然性问题。并且，恩格斯的确是从政治经济学本身的直接批判出发的，这比赫斯的那种纯哲学的逻辑演绎少得多。这也是青年恩格斯与同样开始进入政治经济学研究的马克思的不同之处。

---

① 《马克思恩格斯全集》第 1 卷，人民出版社，1956，第 596 页。

② 卢森贝：《十九世纪四十年代马克思恩格斯经济学说发展概论》，方钢等译，三联书店，1958，第 36 页。

③ 《马克思恩格斯全集》第 1 卷，人民出版社，1956，第 600 页。

恩格斯分析道，如果重商主义的“旧教”还没有掩盖商业的不道德本质，而这种当前经济学“新教”却是虚伪的意识形态，即人道化的平等的交换原则和一整套对经济规律的科学分析。这是一种更深的欺诈！这种东西越是科学就越反动，所以，“李嘉图的罪过就比亚当·斯密大，而麦克库洛赫和穆勒的罪过又比李嘉图大”。[①] 恩格斯此时还没有把古典经济学与庸俗学派区分开来。恩格斯这里直接站在西斯蒙第的立场上批判性地提出，必须抛弃这种抽象唯物主义“纯经验主义和纯客观主义的研究方法”，使经济学也能科学地对私有制经济生活的结果负责。这里，恩格斯也没有注意区分暗含在政治经济学中正确的社会唯物主义前提与作为这种逻辑必然结果的资产阶级意识形态的拜物教。[②]

恩格斯认为，亚当·斯密是资产阶级政治经济学中的“路德”（注意青年马克思在《1844 年经济学哲学手稿》引言中的指认）。众所周知，在宗教改革中，路德的意义是将中世纪那种外在于人的神（上帝）直接化解在人的内心中，让教条的神学教义变成个体生存的内省自悟，从而使彼岸世界融于此岸现世。恩格斯这里的比喻，是说斯密把原来重商主义的那种公开的不道德买卖（“商业就是一种合法的欺诈”）变成一种人道一些的自由的平等的互利贸易。笔者以为，恩格斯这一指认还是哲学式的。因为，斯密所倡导的如果真的是一种“路德革命”，实际上是在经济学中将私有财产的本质从财富的客体形式移到了人的主体活动中来，而且这首先是重农主义使财富指认从流通转向了农业生产领域里的劳动，而斯密是用一切生产中的劳动指认了财富。这就是劳动价值论。可是，这个时候恩格斯并没有意识到古典经济学这一重要理论对社会主义革命的深刻意义。后面我们将看到，他的这一观点直接影响到初涉经济学研究的青年马克思。

不同于仅仅停留在哲学社会批判中的赫斯，恩格斯的研究的确是深入经济学具体批判的。但是我们要指出，这时恩格斯的经济学批判仍然是不准确的。一起步他就没有正确地理解经济学中的价值问题。由于恩格斯此时手中持有的是一种以现实总体统一性为逻辑尺度的辩证具体，所以在他眼里，资产阶级经济学家都是戴着“运用对立性”有色眼镜的虚假抽象者，李嘉图

---

① 《马克思恩格斯全集》第 1 卷，人民出版社，1956，第 599 页。

② 参见拙文《社会唯物主义：古典经济学的隐性哲学构架》，《南京社会科学》1998 年第 4、6 期。

和麦克库洛赫片面地将抽象价值决定于生产费用，而萨伊则片面地押宝于效用。他们对价值的看法都是离开了竞争这一资本主义经济客观现实中“主要的东西”的抽象结果，而恩格斯说，“价值是生产费用对效用的关系”，并且，价值实际上是不可能从现实的竞争中抽象出来的，因为在竞争中真实出现的只是价格。所以从现实的存在出发，“作为基本东西和价格泉源的价值倒要从属于它自己的产物——价格了”。[①] 在这个意义上恩格斯说，资产阶级的政治经济学是“本末倒置”的，而这正是由这一理论深层的唯心主义抽象决定的。“这种颠倒黑白构成了抽象的本质。”

这里我想指出这样几点：一是恩格斯这里从根本上还是从费尔巴哈式感性唯物主义哲学立论的，他反对资产阶级经济学家不从客观现实出发的“抽象”唯物主义（这一点后来也影响到青年马克思，而马克思最终通过自己的经济科学分析再一次回到科学的抽象）；二是他已经天才地指出资产阶级经济学理论的颠倒，但却没有意识到这种颠倒是资本主义经济关系现实颠倒的真实反映；三是他肯定了价值的存在，但对价值的看法却是错误的，因为他还没有区分出李嘉图劳动价值论与萨伊庸俗效用论的根本不同点。所以很自然，恩格斯在这里是不可能科学地批判资产阶级经济学的，即便他直接遭遇到那个著名的命题：资本是积累起来的劳动！劳动价值论还是与他擦肩而过了。

面对经济学家提出的生产费用三要素论（地租、利润和工资），恩格斯剥离出生产中的土地——客观的方面和劳动（包括资本）——人的主观方面，这也就是自然与人。以他之见，自然与人本身都应该是统一的，可是在私有制的条件下，先是自然（土地）与人的分离，然后是人自身活动——劳动的自我分裂。这种分离与分裂都造成了统一性的外在对立。恩格斯特别关注这第二种对立，即劳动活动自身的自我分裂。首先，“劳动是生产的主要因素，是‘财富的泉源’，是人的自由活动”。但是在资本主义生产过程中，人的活动又被分成了劳动与资本。而如果“资本和劳动本来是一个东西”，经济过程中十分混乱的现象就得到了一定意义上的澄清。因为，资本不过是人们过去的劳动，可是最初作为劳动结果的资本，后来却颠倒过来表现为劳动的基础、劳动的材料。他精辟地剖析道：“由私有制造成的资本与

① 《马克思恩格斯全集》第1卷，人民出版社，1956，第605~606页。

劳动的分裂，不外是与这种分裂相适应的并从这种分裂产生的劳动本身的分裂。"[①] 其次，作为过去的劳动本身的资本又分裂为原始资本和利润，利润再分裂为利润与利息。最后，正是在这种反常的分裂中，"劳动的产物以工资的形式和劳动对立起来了，它和劳动分离开来，并且通常也是由竞争来决定"。[②] 恩格斯认为："这一切微妙的分裂现象，都产生于资本与劳动的最初分离和完成这一分离的人类分为资本家和工人的分裂。"[③] 请注意，恩格斯一旦抓住资本这个重要经济学规定，就使他的批判处于一个极重要的前沿地带。从资本与劳动的对立出发，实际上也是从生产出发，这一点的理论意义是远在劳动与财富、劳动与货币关系批判之上的。

面对这种本质分裂，恩格斯仍然坚持了辩证的统一总体性，重新达到这一总体的途径只有消灭私有制！恩格斯明确指出，消除了私有制，"所有这些反常的分裂现象就不会存在"。对于资本来说，没有私有制，利息与利润的差别就会消失，利润也不会从资本中分离出来，而成为它的"固有部分"，就像资本重新还原为它与劳动的最初统一体一样。而对于劳动本身来说，"只要我们消灭了私有制，这种反常的分裂状态就会消失；劳动就会成为它自己的报酬"，而分离出去的工资也会显示出它真正的意义。[④] 显然，正是这一源于经济学视界的对资本主义生产方式的批判观点，后来由马克思以人本主义劳动异化理论的哲学投射更完整地表述出来。

我们发现，在最初面对古典经济学时，也由于这种人本学的逻辑导引和共产主义的批判指向，恩格斯未能正确地对待这一经济理论中的重要基础，即劳动价值论。恩格斯这时是站在资产阶级经济学的反面，以否定的立场来观察其一切维护私有制的理论逻辑的。他根本没有意识到，在他否定的经济学理论中正包含着消灭自身的基础（以后我们将看到，这一问题是马克思在 19 世纪 50 年代才科学地解决的）。恩格斯不承认李嘉图的价值学说，似乎这种以生产费用决定价值的观点与萨伊的效用决定价值的见解，都是一种脱离了现实经济运作（竞争）的抽象。他此时还没有意识到古典经济学的科学抽象的必要性，也同样没有意识到自己的劳动规定恰恰是另一种意义上

① 《马克思恩格斯全集》第 1 卷，人民出版社，1956，第 610 页。
② 《马克思恩格斯全集》第 1 卷，人民出版社，1956，第 611 页。
③ 《马克思恩格斯全集》第 1 卷，人民出版社，1956，第 610 页。
④ 《马克思恩格斯全集》第 1 卷，人民出版社，1956，第 611 页。

的人本学抽象。

更重要的方面是，恩格斯早于马克思从经济学中指认出资本主义经济规律的不合理（这一点使他远远地超出了赫斯）——在私有制的前提下，自由竞争为核心的市场经济的价值法则的不合理性。恩格斯指出："只要私有制存在一天，一切终究都会归为竞争。"① 如前所述，私有制导致了生产的主体与客体的分裂与对立，主体活动自身的分裂与对立，以及人与人之间的分裂与对立，这种反常的"敌对状态"使"人类目前状况的不道德达到了登峰造极的地步，而竞争就是顶点"。② 请注意，在此时恩格斯的理论地平线中，竞争正是资本主义经济运作中的最大也是最重要的客观现实。他正是以这个感性现实来反对资产阶级经济学家的"抽象"的。这时他不可能发现，资本主义生活关系必须通过科学的抽象才能呈现出来，并且再说明它在现实经济运作中的颠倒表现。这是马克思在后来的《1857～1858 年经济学手稿》中通过"资本一般"与"资本现实"的区分解决的。但是我们可以看到，恩格斯这里对竞争的分析是他这一文本最深刻的内容之一。

以他之见，首先，竞争正是资本主义经济运作中垄断的对立面。与私有制一样，它本身就是自相矛盾的。因为在竞争中，"个人的利益是要占有一切，社会的利益是要使每个人所占有的利益相等。所以人群共同体利益和私人利益是直接对立的"。③ 其次，竞争的规律是"供与求始终力图互相适应，但是正因为如此，就从来不会互相适应。双方又重新脱节，并转而成为尖锐的对立"。④ 这是因为资本主义生产过程的本质是经济规律的"不自觉"性和不健全性，竞争的规律永远是一种自发的无法控制的非主体性调节。可是，资产阶级经济学却将这种类似自然界运动的盲目起作用的规律看成真正的自然规律。这恰恰是资产阶级经济学不是为了"真正人的目的"的反动。所以，在资产阶级经济学家奉为自然规律的地方，恩格斯深刻地指出了它的非人性质："这个规律是纯自然的规律，而不是精神的规律。"请注意，恩格斯这里的"自然规律"已经有了一种反讽的意味，因为"这是一个以当事人盲目活动为基础的自然规律"，而不是"像人一

① 《马克思恩格斯全集》第 1 卷，人民出版社，1956，第 611 页。
② 《马克思恩格斯全集》第 1 卷，人民出版社，1956，第 612 页。
③ 《马克思恩格斯全集》第 1 卷，人民出版社，1956，第 613 页。
④ 《马克思恩格斯全集》第 1 卷，人民出版社，1956，第 613 页。

样有意识地进行生产”（这是后来我将其显性地表述为马克思主义历史辩证法主体向度中的“似自然性”观点的真正前身）。[①] 一方面，恩格斯说正是这一规律“造成了人们今日所处的相互奴役的状况”；另一方面，他则谈到了由于自由竞争带来的社会经济生活的“无秩序”性，特别是这种无秩序性所必然导致的周期性“波动”和“商业危机”，并且指出，如果这样“无意识地毫不思考地全凭偶然性来进行生产，那么商业危机就会继续下去；而且一定是一次比一次更普遍，因而也一次比一次更严重”，最终，必将导致资本主义社会自身的彻底毁灭，“势必引起一次社会革命”。所以，恩格斯也说资本主义的经济规律是一个“孕育着革命的规律”。[②]

苏联学者卢森贝认为，恩格斯此时的研究受到了英国空想社会主义的影响。他在这本书中还常常“从首先正义永恒规律的眼光批判资本主义；他往往用首先的谴责来结束对某些经济现象的深刻的理论的分析”。[③] 我想指出一点，青年恩格斯这时的研究方法是值得认真注意的。他的批判方法中，经济学那种从现实社会生活出发的客观逻辑实际上是占主导地位的，而人本学的构架只是对他起到了一定作用。所以青年恩格斯后来的思想转变不像马克思那样艰难。

恩格斯自己在 1871 年 4 月 5 日给李卜克内西的信中反对再次刊登这一文本，因为“那篇文章已经完全过时，而且在许多不确切的地方，只会给读者造成混乱。加之它还完全是以黑格尔的风格写的，这种风格现在也根本不适用。这篇文章仅仅具有历史文件的意义”。[④] 马克思在此不久前给李卜克内西的一封信中也同样指认了恩格斯的这一说法。[⑤]

参考文献

《马克思恩格斯全集》第 1 卷，人民出版社，1956。

《马克思恩格斯全集》第 33 卷，人民出版社，1973。

① 《马克思恩格斯全集》第 1 卷，人民出版社，1956，第 641 页。

② 《马克思恩格斯全集》第 1 卷，人民出版社，1956，第 641 页。

③ 卢森贝：《十九世纪四十年代马克思恩格斯经济学说发展概论》，方钢等译，三联书店，1958，第 49 页。

④ 《马克思恩格斯全集》第 33 卷，人民出版社，1973，第 209 页。

⑤ 《马克思恩格斯全集》第 33 卷，人民出版社，1973，第 208 页。

卢森贝：《十九世纪四十年代马克思恩格斯经济学说发展概论》，方钢等译，三联书店，1958。

张一兵：《社会唯物主义：古典经济学的隐性哲学构架》，《南京社会科学》1998年第4、6期。

（作者单位：南京大学）

回归政治经济学批判

陈学明

无论从理论发展视角还是从现实实践演进来看，当今中国确实需要回归马克思主义的政治经济学批判，这是基于以下三点得出的认识：其一，对马克思主义“真精神”的认识；其二，对“西方马克思主义”的意识形态文化批判的社会政治效应的反思；其三，对当今社会现实的理论需求的考察。

一

究竟什么是马克思主义“真精神”，什么才是马克思留给我们的最宝贵“遗产”？通过现实和学理两方面的不断探索和领会，我们认为，必须回归到马克思主义的政治经济学批判中寻找答案，尤其要正视马克思和恩格斯的思想发展史上的两次重大的转折①。

第一次转折发生在19世纪40年代末50年代初，这是马克思和恩格斯从历史唯心主义向历史唯物主义的转折时期。在此之前，他们的共产主义理论主要是从黑格尔的辩证法和费尔巴哈的人本主义直接推导出来的。他们运用德国古典哲学的成就，推测社会变革的趋向，向当时弥漫着资本主义是永恒的、合乎理性的迷雾的理论界，投射了一道明亮的光。很显然，当时他们的社会主义思想还是不科学的，原因就在于他们走向社会主义、共产主义的观念主要植根于人本主义和唯心主义的基础之上。19世纪40年代末50年

① 《马克思恩格斯文集》第5卷，人民出版社，2009，第34页。

代初，他们清算了德国哲学包括自己身上的唯心史观和人本主义的影响，完成了从历史唯心主义向历史唯物主义的转折。他们运用生产关系与生产力的辩证发展关系的方法，把人类历史的发展看作一个合乎规律的过程，既论证了资本主义生产方式存在的必然性，同时也说明了这种生产方式必然被新的生产方式，即社会主义、共产主义生产方式所替代。这一方面从根本上清算了从人的本性、异化及其复归等来批判资本主义的历史唯心主义的影响，另一方面把共产主义的学说直接建立在历史唯物主义的基础之上。

显然，看不到马克思和恩格斯思想发展的这一重大转折，百般抬高马克思和恩格斯早期思想的价值，对他们的思想一味地做人本主义的解释肯定是不对的。但把对马克思和恩格斯的思想发展过程的理解仅仅停留在这里也是肤浅的。实际上，在他们的思想发展进程中，还有一次重大的转折。

第二次转折发生在 19 世纪 50 年代末和 60 年代初。生产关系一定要适合生产力的性质是人类社会发展最一般的规律，运用它可以论证资本主义必然灭亡、社会主义必然胜利的规律，《共产党宣言》正是这样做的。但显然，这一最一般的规律是不能直接说明特定的经济制度的变革和未来新制度的特征的。也就是说，要说明人类社会发展必然是以社会主义替代资本主义，除了有赖于关于人类社会发展最一般的规律之外，还得依靠实在的根据，必须把一般的规律与实在的根据结合在一起。当马克思和恩格斯写作《共产党宣言》时，是缺少这种实在的根据的。当时，他们还没有自己的科学的劳动价值论，更没有剩余价值理论，也没有对资本主义生产关系内部结构及其运动规律的全面系统的认识，这表明他们当时对资本主义制度还没有达到完全科学的理解，这样，他们所得出的关于“两个必然”的结论在一定意义上也只能看作一种科学假设或高尚的价值追求。为了真正达到对资本主义的深刻理解，马克思和恩格斯开始致力于着重从经济上研究“这一个社会”，即资本主义社会。于是就有了马克思的《1857～1858 年经济学手稿》，特别是有了马克思的《资本论》。这样，马克思和恩格斯的“两个必然”的结论，便有了科学方法论的指导：不仅有关于人类社会的一般规律的支撑，而且还有关于资本主义经济运动和发展规律的理论基础。《资本论》以剩余价值理论为基础把资本主义经济运动规律展现在人们面前，其中有价值规律、剩余价值生产规律、平均利润率的形成及其下降趋势的规律等。人们透过这些规律，可以深切地知道资本主义生产关系是如何从推动生产力的发展变为生产力发展的障碍的。正是这第二次重大转折，马克思和恩格斯关于资本主义的结论真正有了科学的依据。恩格斯称《资本论》是“工人阶级的‘圣经’”，认为该书所做的结论“日益成为伟大的工人阶级运动的基本原则”①；列宁认为科学社会主义就是以《资本论》“为起点”，以《资本论》“为中心”“发展起来的”②；法国的“西方马克思主义”理论家阿尔都塞也认为，人们“都以各自不同的方式在《资本论》这个茫茫森林中为自己开辟道路”。③

恩格斯在马克思墓前的演说中，对马克思一生的贡献做出了经典的表述，提出了马克思一生的贡献主要是两个“伟大的发现”，一是唯物史观，二是剩余价值理论，并表明正是这两大发现“使社会主义从空想变成了科学”。以前我们有时候只强调马克思唯物史观的形成使社会主义从空想变成了科学，而忽视了剩余价值的作用，这是错误的。这两大发现是一个整体，应当同时强调其对确立科学社会主义理论的作用，不能撇开剩余价值理论单纯强调唯物史观的作用。

前段时期，学术界，特别是马克思主义哲学界从现代性批判的角度去研究和认识马克思的思想。最初，我们把马克思的现代性批判理论单纯理解为马克思对传统哲学、对形而上学观念的批判。马克思成长于一种浓厚的启蒙精神的氛围之中，这是毫无疑问的，但把马克思的现代性批判归结为主要是对传统哲学、对形而上学观念、对意识形态的批判，显然是对马克思的误解。后来，我们终于认识到马克思的现代性批判还应包括对资本的批判。问题在于，我们在看到马克思的现代性批判有着两大内容，即对形而上学观念的批判和对资本的批判时，又把这两种批判相提并论。其实，尽管对形而上学观念的批判为后来对资本的批判奠定了基础，但真正代表马克思的现代性批判的肯定是他对资本的批判。

马克思的现代性批判的历程是与他整个思想的转折相一致的。马克思青年时期追随启蒙现代性，批判专制的德国现实制度，从传统走向理性的现代性是青年马克思的基本的政治诉求。其后，马克思很快发现了现代解放的限度，认为现代性只是一种政治意义上的形式解放，于是马克思转向了批判现代性的立场。可是，当时马克思的这一切转向都是在哲学，尤其是法哲学领

① 《列宁选集》第 1 卷，人民出版社，1995，第 51 页。

② 路易·阿尔都塞、艾蒂安·巴里巴尔：《读〈资本论〉》，李其庆等译，中央编译出版社，2008，第 2 页。

③ 卢卡奇：《历史与阶级意识》，杜章智等译，商务印书馆，1992，第 90 页。

域之内发生的。最终，马克思转向了经济学的研究。马克思使得资本现代性概念成为一个基本的范畴，现代性与资本之间建立起了内在的联系。对资本的经济学分析和批判实际上就是现代性批判在政治经济学领域的展开。虽然我们不能说马克思后来是“摒弃”了早期的对形而上学观念的批判，不能简单地说把马克思的现代性批判简化为经济学批判，但马克思晚期的政治经济学批判确实构成了马克思现代性批判的基本维度。

笔者这里要表明的一个核心观点是：政治经济学批判是马克思思想的核心部分，是马克思和恩格斯留给我们的最重要的理论遗产。我们千万不能抛开了马克思的这一核心思想而奢谈马克思主义，更不能用马克思的其他理论来消解和“矮化”马克思的政治经济学批判。我们当然不能停留在用马克思第一次转折之前的理论观点来理解马克思主义，即不能停留在马克思早期以黑格尔的辩证法和费尔巴哈的人本主义为基点的思想上，不能停留在马克思早期局限在哲学领域对现代性的批判上，甚至我们也不能停留在用马克思在第二次转折之前的理论观点来理解马克思主义，不能停留在马克思以“抽象劳动”为核心的现代性批判上。我们对马克思的理解必须进入政治经济学这一层面，把马克思的政治经济学批判，把马克思的《资本论》《1857～1858 年经济学手稿》等著作从马克思主义中凸显出来。

二

通过对西方马克思主义的文化理论、社会批判理论的反思，特别是对这一理论的实际社会政治效应的估量，笔者认为是到了逐步摆脱这一理论的束缚、回到马克思主义政治经济学批判的时候了。

在 20 世纪 70 年代末 80 年代初，中国学界开始引介西方马克思主义。西方马克思主义传入中国时，它的主要形态就是一种社会批判理论，而这里所谓的“社会批判”实际上主要是文化批判、意识形态批判、哲学批判。这一理论由卢卡奇等开创，法兰克福学派继承和发展。我们研究西方马克思主义实际上主要就是研究这种社会批判理论，在国内流传最广的西方马克思主义观点实际上也都是社会批判方面的观点。

无论在国内还是在国际上，影响最大的研究西方马克思主义的著作之一当属佩里·安德森的《西方马克思主义探讨》，它在概括西方马克思主义的主要特征时阐释得十分清楚：西方马克思主义倒转了马克思本人的思想发展路向，即马克思从重点研究哲学发展为重点研究经济学，而西方马克思主义则从重点研究经济学又倒回去，变成重点研究哲学和美学；马克思从对资本主义的哲学批判发展为主要对资本主义的经济批判，而西方马克思主义则又从经济学批判重新倒回去，变成主要从事哲学和美学的批判。西方马克思主义的主要特征是把马克思主义归结为哲学，是一种“哲学的马克思主义”。应当说，佩里·安德森对西方马克思主义特征的这一概括是符合西方马克思主义的实际的。

总体而言，近几十年来，中国的马克思主义研究对马克思主义的政治经济学的研究日益衰落，以致在一些高等院校马克思主义政治经济学到了没有声音、没有立足之地的地步。与此相比较，对马克思主义哲学的研究则比较活跃。究其原因有很多。20 世纪下半叶，特别是 20 世纪八九十年代以后发生的一系列事件和当时客观的真实历史状况，似乎构成了对马克思的经济理论和科学社会主义的否证，从而导致马克思主义的研究似乎只能退缩到较为抽象的哲学领域，这当然是一个重要原因。但不可否认的是，这种局面的出现与西方马克思主义作为一种侧重哲学的思潮在中国的广泛传播是分不开的。也就是说，西方马克思主义把马克思主义归结为哲学，把马克思主义的批判主要归结为文化批判、意识形态批判、哲学批判，对中国的马克思主义研究产生了强烈影响，造成了哲学研究的“一枝独秀”。西方马克思主义目前在国内几近成为显学，但我们还是要对西方马克思主义的文化批判、哲学批判的真正效应做出深入思考和正确评估。

笔者的基本看法是，西方马克思主义的文化批判、意识形态批判、哲学批判尽管不能说完全没有历史作用和积极意义，但总体而言，这种批判的消极面大于积极性。无论是考察这种批判的理论意义，还是估量它的实际效应，都不可避免地得出这一结论。现实告诉我们，单纯地从事文化和意识形态批判，不把这种批判与政治经济的批判结合在一起，或者说不把这种批判推进到政治经济的层面，不把这种批判落实到政治经济的现实上来，那么，这种批判往往会干扰我们对社会真正弊端的认识，无法真正抓住社会问题的要害，最终便不能实现我们作为批判者的最初宗旨。

卢卡奇开创了西方马克思主义，当然也开创了这种文化批判、意识形态批判、哲学批判。非常有意思的是，他本人对这种批判路向的实质与危害曾经做出过深刻的揭露，这就是他在《历史与阶级意识》中对“伦理反对派”的批判。他所说的“伦理反对派”就是那些热衷于只是从文化、伦理、意识形态方面批判和反对资本主义的人。他认为，这些人相信资本主义在经济上具有生命力，但又认为资本主义还有“坏的方面”，因而寄望于一种没有“坏的方面”、没有“弊病”的资本主义，他们还从事对资本主义的批判。在这种情况下，他们“有必要为自我堵塞了的客观革命道路寻找和找到一种主观代用品”，也就是说，他们求助于“伦理反对派”这种“主观代用品”，即仅仅出于伦理、文化上的要求去反对资本主义。他们使自己的行为完全向内，也就是说，试图在人本身上改变世界。他这样说道：“有些‘马克思主义者’在考察社会－经济现实时放弃了对历史过程作总体的考察，即黑格尔和马克思的方法。任何一个这样的‘马克思主义者’一提出行动问题，他就必然回到康德学派抽象的要求伦理学上去。”①

另一个西方马克思主义的文化批判、意识形态批判的开创者柯尔施也似乎意识到单纯地从事文化、意识形态批判既有悖于马克思的宗旨，也无法击中社会的要害。柯尔施竭力推崇文化批判、意识形态批判，但他不否认，在马克思和恩格斯那里，“政治经济学的批判在理论上和实践上都是首位的”，“政治经济学的批判是马克思主义社会理论的最重要的理论的和实践的组成部分”，比起文化批判、意识形态批判，马克思的政治经济学批判是一种“更为深刻、更为彻底的革命的社会批判”②。他认为，马克思本人实际上在他的中后期已深刻地认识到不能像“直到 1843 年所认为的那样”，“可以把‘任何’一种理论的或者实践的意识作为出发点”，而是强调“法律关系、制度结构或者社会意识的诸形式，都不能从它们自身或者根据黑格尔的人类精神的一般发展来理解的”，“因为它们是根植于构成作为整个社会组织的‘物质基础的骨骼’的生活的物质条件之中的”③。基于这种对马克思理论的基本判断，尽管柯尔施作为一个西方马克思主义的开创者，还是一再提出不能把马克思的政治经济学批判视为他对资产阶级社会批判的“全部”，不能认为马克思在中后期所进行的哲学的批判“仅仅是以一种偶然的、临时的方式进行的”，不能否定马克思在中后期“实际上在更深刻、更彻底的方向上发展了他的哲学批判”④。但是，柯尔施强调的是必须把文化批判、意识形态批判与对物质生产关系的批判结合在一起，甚至把文化批判、意识形态

① 柯尔施：《马克思主义和哲学》，王南湜、荣新海译，重庆出版社，1989，第 46 页。
② 柯尔施：《马克思主义和哲学》，王南湜、荣新海译，重庆出版社，1989，第 45 页。
③ 柯尔施：《马克思主义和哲学》，王南湜、荣新海译，重庆出版社，1989，第 46 页。
④ 柯尔施：《马克思主义和哲学》，王南湜、荣新海译，重庆出版社，1989，第 48 页。

批判纳入“政治经济学批判”的框架内来论述，认为政治经济学批判“不仅包括对资本主义时代的物质生产关系的批判，而且还包括对它的社会意识的特殊形式的批判”①。在他看来，如果不这样做，文化批判、意识形态批判则只是在“虚妄的世界里兜圈子”，而丝毫不能触动现实社会。

令人遗憾的是，作为西方马克思主义文化批判、意识形态批判的继承者，法兰克福学派将这一批判的开创者当初的告诫置若罔闻，使他们的担忧变成了现实。西方马克思主义的社会批判理论变成了单纯的文化批判、意识形态批判理论。流传到中国的，正是这样一种西方马克思主义，对中国学术界产生的影响，也主要体现在对其文化批判、意识形态批判理论的评介上。

西方马克思主义的著名代表人物阿尔都塞似乎预感到这样放弃马克思主义的政治经济的批判，热衷于文化和意识形态的批判，与此相应把马克思主义归结为主要是从事文化批判和意识形态批判的、以人道主义为出发点和宗旨的哲学理论，将带来什么样的严重后果。阿尔都塞在 1967 年《保卫马克思》一书的英文版“序言”中提出，他之所以要出版这一著作，是为了“对一种特定局势的干预”。他所说的“特定局势”是指苏联共产党二十大以后，国际共产主义运动中出现了把马克思主义人道主义化、致力于对资本主义文化批判和意识形态批判的倾向。他强调，这既混淆了成熟的马克思历史唯物主义与青年马克思的人道主义之间的界限，也混淆了马克思主义理论与前马克思的资产阶级理论之间的界线，其结果是割裂、葬送了马克思的真精神。他还预言，这样做必然产生严重的政治后果，使马克思主义“没有能力解决自苏共二十大以来形势所提出的现实的（其基础是政治的和经济的）问题，这样就产生了用一些仅仅是意识形态公式的虚假‘结论’来掩饰这些问题的危险”。② 按照阿尔都塞的观点，由于这些社会主义国家没有能力解决现实的政治和经济问题，而是用文化、意识形态公式的虚假“结论”来掩饰这些问题，所以这些社会主义国家易帜是早晚的事。后来的历

① 复旦大学哲学系现代西方哲学研究室编译《西方学者论〈1844 年经济学—哲学手稿〉》，复旦大学出版社，1983，第 205 页。

② 上海社会科学院权衡研究员于 2012 年 5 月 3 日在由中共上海市委宣传部等单位举办的题为“马克思主义在当今中国：面临的问题与挑战”的马克思主义论坛上，就马克思主义的劳动与资本的关系的理论对认识和解决当今中国两极分化的意义作了演讲。这里的一些观点和材料引自这一演讲。

史发展不幸被阿尔都塞所言中。20 世纪 90 年代初，苏东社会主义国家果真像阿尔都塞所预料的那样纷纷垮台和解体。其原因是否如阿尔都塞所说的那样完全是由于丧失了用马克思主义的政治经济学分析问题的能力，那是需要研究和探讨的。但无疑，阿尔都塞所说的确实是其中一个重要的因素。

实际上，只要我们认真地思考一下西方马克思主义的文化批判、意识形态批判，以及我们追随这种批判所进行的哲学活动、所产生的实际的社会效应，便不难知晓我们是否还应当继续坚持这样的理论路向。自从卢卡奇开创这种理论路向以后，西方社会已经走过了近一个世纪的历程。这种文化批判、意识形态批判究竟有没有，以及在多大程度上触动了西方社会的根基，包括一些西方学者在内的许多有识之士都做出过公正的评论：否定的多，肯定的少。至于国内学者在西方马克思主义的影响下所展开的文化研究、文化批判，平心而论，其积极意义也十分有限。

为什么撇开了政治经济学批判，单纯进行文化、意识形态的批判很难触动社会的根基，并且不能抓住问题的要害？关键在于，构成社会的基础确如马克思所说的是经济关系、生产关系，对社会进行政治经济学的分析一定程度上就是着眼于生产关系的分析，而单纯进行文化、哲学的分析，则是游离于生产关系的分析之外，对社会进行政治经济的批判，就是着眼于生产关系的批判。如果不从生产关系这一社会的根基上来进行分析、批判，必不能掌握关键。这本来是属于马克思主义理论中的基本常识，但常常被我们忽视。马克思主义的历史唯物主义引导我们从物质生产条件的生产和再生产来了解社会，了解社会的文化特征及其价值取向等；而西方马克思主义的文化批判、意识形态批判却相反，它诱导人们只是从社会的文化观念来理解社会。西方马克思主义的文化批判、意识形态批判促使人们滑向了“观念论”的泥沼，这无疑会产生广泛的消极影响。

这里，我们必须重审历史唯物主义的两个基本原理：其一，我们平时所说的“人性”、人的价值取向和行为方式，是由人所处的经济关系决定的，从而我们必须在历史形成的社会经济结构的整体制约中来分析人的价值取向和行为方式。我们在进行文化批判、意识形态批判时，头脑中总有一个用来评判真假、善恶、对错的标准，这个标准往往与对“人性”、人的价值取向的理解联系在一起。问题在于，这样的标准是如何确立的？如果放弃了政治经济学的分析，而只是满足于哲学和文化的分析，那就势必撇开了社会生产关系，以某种抽象的人性假设为出发点，并以此作为评判标准。单纯的文化和意识形态批判，最后都会变成以脱离社会关系的个人的所谓“理性”作为出发点。其二，政治制度、法律制度以及道德规范，这些上层建筑都是建立在经济关系这一基础之上的，我们必须根据经济关系来理解政治、法律制度以及道德规范。对社会进行文化和意识形态的分析与批判，其对象当然是政治、法律和伦理等上层建筑领域的现象。问题在于，如果我们缺少政治经济学的视角，那么在分析和批判这些上层建筑现象时，就往往有可能把这些现象与人的意志联系在一起，认为它们取决于人的意志，而不是依据作为不以人的意志为转移的社会存在的经济关系，来对它们做出说明。

总之，西方马克思主义以文化批判、意识形态批判为主要内容的“社会批判理论”，最后之所以不可避免地丧失理论效应，其症结就是违背了马克思主义的历史唯物主义基本原理。

三

通过对中国社会现实的考察，特别是在这一基础上对中国社会现实的理论需求的考察，笔者深刻领会到马克思主义，特别是马克思主义的政治经济学批判对当今中国的至关重要性。

众所周知，一种理论在一个社会中的实现程度与这一社会对这种理论的需求程度是成正比的。我们看到，当今中国存在强烈的对马克思主义，特别是对马克思主义的政治经济学的理论呼唤。经历 30 多年的改革开放实践，中国取得了举世瞩目的成就。但是当今也面临着一些亟待解决的难题，两极分化和生态危机是其中两个比较突出的问题。这里笔者尝试分析何以只有马克思主义政治经济学才能使我们认识这两个难题的实质和根源，并找到解决这两个难题的路径。

（一）两极分化问题

对于两极分化在当今中国的严重性和危害性有目共睹，问题在于对两极分化究竟是如何造成的，以及究竟如何加以解决，则众说纷纭。比较流行的一种意见是把两极分化主要视为一个涉及公平的道德问题。一方面，由于他们往往是在道义和虚妄的世界里谈论中国当前的不公平和两极分化现象的，由此，他们对当今中国的两极分化现象的分析批判纯粹是一种文化、伦理的分析批判。另一方面，由于他们把研究公正与不公正作为一个纯粹伦理道德问题，热衷于在伦理学范围内研讨公平与不公平现象，从而顺理成章地把解决不公平现象寄希望于人们道德观念的变革，寄希望于人们良心的发现。在笔者看来，这仍然是中国多年来远离政治经济的分析批判、热衷于文化和意识形态的分析批判的理论路向，在对待两极分化问题上的自然延伸。事实越来越清楚地表明，只有马克思主义的政治经济学理论才是我们认识和解决当今中国两极分化现象的思想武器。①

恩格斯曾经指出，“资本与劳动的关系，是我们全部现代社会体系所围绕旋转的轴心”，“资本与劳动”关系理论的提出，使马克思“攀登最高点”，“把现代社会关系的全部领域看得明白而且一览无遗，就像一个观察者站在最高的山巅观赏下面的山景一样”②。因此，只要我们以马克思的政治经济学核心理论——“资本与劳动”关系的理论来观察当今中国的两极分化现象，就能真正厘清产生两极分化的根源。

只有弄懂马克思是如何揭示雇佣劳动与资本关系的实质，就不难理解马克思何以认为把雇佣劳动与资本结合在一起的那种资本主义生产方式，必然导致资本家对工人的无情剥削，必然导致资本家与工人的两极分化。当然，马克思所说的那种劳动与资本的关系具有历史性，即那是属于资本主义历史阶段的劳动与资本的关系，马克思所分析的那种劳动与资本相结合的生产方式是指以社会化大生产与生产资料私人占有为主要特征的资本主义的生产方式。按照马克思的理论，在社会主义条件下，劳动不再是雇佣劳动，劳动力也不再是商品，从而生产资料和货币也不能成为资本。这样，传统意义上的或资本主义社会中的劳动与资本的关系也就失去了存在的前提和基础。但现实情况是：我们仍然处于社会主义初级阶段，我们实施与这一历史阶段相适应的社会主义市场经济，就必然要发挥市场在资源配置、工资形成和劳动力流动中的基础性调节作用，而这就意味着一方面劳动又成了商品，另一方面生产资料与货币又成了资本。劳动力市场的形成以及雇佣制度化、契约化，使传统意义上的劳动与资本之间的雇佣关系在一定范围和程度上仍然存在。这样，马克思所分析的在资本主义社会中出现的那种劳动与资本的关系，在当今社会似乎又再现了。

我们必须清醒地认识到，中国现阶段的劳动与资本的关系，即在社会主

① 《马克思恩格斯选集》第 2 卷，人民出版社，1995，第 589 页。

② 《马克思恩格斯文集》第 3 卷，人民出版社，2009，第 79 页。

义市场经济体制下的劳动与资本的关系，与马克思当年所研究的劳动与资本的关系有本质区别：马克思所研究的劳动与资本的关系是建立在生产资料私有制基础上的，它体现的是无产阶级与资产阶级的对抗性的阶级关系；而我们今天面临的劳动与资本的关系，更多地体现为一种劳动与资本双方共同利益的诉求，是在社会主义劳动所有权与资本所有权实现过程中所发生的对立与统一的关系。当然，我们还需直面和处理好当下中国存在的劳动与资本的关系：一方面不能把社会主义与资本主义条件下的劳动与资本的关系混为一谈，另一方面也不能回避现实，不重视甚至不承认这种劳动与资本的关系的存在。

既然当前中国还存在劳动与资本的关系，那么马克思当年从劳动与资本的关系的角度来探索两极分化的基本思路对今天就仍有借鉴作用和启示意义。只要我们真正从劳动与资本关系的角度去观察当今中国存在的两极分化，就能把握问题的根本所在。确实，当今中国存在城乡、地区、行业等多种差距，但核心还是“劳动者与各种形式的生产资料的占有者之间的差距”，甚至可以说，所有差距都是围绕着这一“轴心”旋转。当今中国存在的两极分化现象其根源还在于所谓“强资本、弱劳动”，即当今中国劳动与资本在收入分配中所占的比重存在较大差异，而且呈急剧扩大的趋势。在国家经济整体发展扩张时，劳动者并没有公平地得到应有的利益，经济发展的成果主要被资本侵吞了。无论是国有企业，还是民营企业、外资企业，因为存在资本稀缺等因素，分配上向资方倾斜十分明显，资方经营者或管理者往往通过持股、年薪制、技术入股等形式，把更多利润装进自己的口袋，其收入所得远远高于普通劳动者的劳动所得。当代中国经济发展正处于由传统资本高回报所刺激的高投资推动的快速工业时代，这一时代的格局就是“强资本、弱劳动”，这种格局决定了资本在分配制度中处于强势，而劳动者无法获取与其劳动价值相当的劳动报酬。这就是当今中国两极分化现象出现并扩展的主要根源。

（二）生态危机问题

近年来，随着人与自然矛盾的不断加剧，生态伦理学逐步成为显学，一些学者把出现生态危机归因于人对自然缺乏道德观念，即人没有把自然作为伙伴，而是作为奴役对象。于是，他们试图通过道德改革、建立生态伦理来解决所有环境问题，更有一些人正在呼吁展开一场“将生态价值与文化融为一体的道德革命"，把消除生态危机寄托于人的思想观念的改变。

与此相反，越来越多的人认识到，以伦理革命消除生态危机不过是一种幻想。那么，人们对自然的"不道德"行为纯粹是由某种道德观念导致的吗？改变对自然的"不道德"行为，只要建立起某种新的对自然的道德观就可以做到吗？事实十分清楚地表明，仅仅在哲学、伦理学、文化学的范畴内，永远无法理解当今的生态危机如何形成、本质如何、何以如此日益严重，也永远无法知道人类走出生态危机的道路究竟在哪里。

我们必须重新回到马克思的政治经济学，借助于马克思主义的政治经济学批判来观察和思考当今的生态危机问题。可以肯定的是，造成当今生态危机的原因有很多，但主要根源是资本逻辑，资本是生态出现危机的罪魁祸首。马克思的政治经济学通过对资本属性的分析，阐明资本在本质上是反生态的。马克思认为资本有两大属性：一是"效用原则"，资本必然在有用性的意义上看待自然界，使之成为工具。二是"增殖原则"，资本对利润的无止境的追求决定了它对自然界的利用和破坏也是无止境的。资本的"效用原则"使自然界丧失了自身的价值而成为一种单纯的工具，资本的"增殖原则"又使自然界的这种工具化变得越来越严重。

马克思的政治经济学批判让我们清醒地认识到，消除生态危机必须围绕着消灭"资本逻辑"做文章。对资本不能采取放任的态度，已经建立社会主义制度的国家，也不能彻底否定资本的作用。按照马克思的政治经济学批判，资本是一个社会的、历史的范畴，在资本的概念中既包含着资本的消极方面，也包含着为人类所带来的"文明化趋势"；尽管随着历史的进程，它的正、负效应之间的比例会发生变化，即正效应日益下降、负效应不断增加，但只要资本还存在，它必然给我们带来各种灾难，其中就包括对自然界的损害，这种灾难不可避免地会导致人们的生存困境。然而，只要资本的历史使命尚未完成，只要它给人类带来"文明化趋势"的功能尚存，那么就不可能人为地消灭它。另外，不可否认，正是资本带来了生态环境的破坏；同样不可否认，修复生态环境在一定意义上还得依靠资本的力量。既然资本给生态环境带来了如此严重的损害，那么这一后果也应当由资本来承担。有人因此把资本视为"中性"的东西，似乎它只是人们手中的一种工具，任由人们处置。这是一种误解，资本绝不是"中性"的，它在本质上是反生态的，人们借助它来修复与保护生态环境并不表明它的本性改变了。

按照马克思主义的政治经济学，当我们面对生态环境的日益恶化，需要同造成这一局面的“元凶”即资本展开斗争时，应当持一种谨慎的态度。“对资本加以批判并与之展开斗争”这一态度是明确的、不可动摇的，但至于“如何批判”“如何斗争”则须有一种务实的、科学的态度。具体地说，就是在限制与超越资本逻辑、发挥与实施资本逻辑之间保持合理的张力。这一点，对已经建立社会主义制度的国家来说尤其重要。对于资本，我们唯一正确的选择就是既要利用又要限制，把资本在实现利润的最大化的过程中对自然环境造成的伤害降到最小的程度。对资本的这种科学的、务实的态度，只有在深刻领会和运用马克思主义的政治经济学的基础上才得以确立。

参考文献

《马克思恩格斯文集》第 2 卷，人民出版社，2009。

《马克思恩格斯文集》第 5 卷，人民出版社，2009。

《马克思恩格斯选集》第 2 卷，人民出版社，1995。

《列宁选集》第 1 卷，人民出版社，1995。

路易·阿尔都塞、艾蒂安·巴里巴尔：《读〈资本论〉》，李其庆等译，中央编译出版社，2008。

卢卡奇：《历史与阶级意识》，杜章智等译，商务印书馆，1992。

柯尔施：《马克思主义和哲学》，王南湜、荣新海译，重庆出版社，1989。

复旦大学哲学系现代西方哲学研究室编译《西方学者论〈1844 年经济学 - 哲学手稿〉》，复旦大学出版社，1983。

（作者单位：复旦大学哲学系）

《资本论》的真谛及其曲解*

——兼论《资本论》与西方经济学的关系

鲁品越

《资本论》是深刻影响人类历史进程的巨著，这是不可否认的客观事实，无论人们对它是反对还是赞同。而一种理论有如此伟力，必有其因。这个原因就是：这部巨著站在历史哲学的高度，分析了自工业革命以来支配整个现代社会的最根本的力量——资本，提供了对现代世界从本质到现象的全景式解释路径，从而指出了当代社会各种现象的总根源，人类历史前进的总趋势。可以说，只要资本还在人类社会占据支配地位，《资本论》所要“表达的历史时代未被超越”，它的思想“就不会被超越”①。当代世界出现的每一次重大历史发展，每一次冲突与危机，都使人们不能不想起马克思，想到《资本论》。

然而这部把握了我们时代的本质、影响人类历史进程的巨著，却常常受到误解，以至于在当代世界竟然处于需要自我捍卫的被动地位。与此相反，那种仅仅局限于分析市场交换中个体利益得失的肤浅的西方经济学理论却处于主流地位。这种现象，可以说是人类思想史上的咄咄怪事。产生这种奇怪现象的原因当然十分复杂。就社会基础而论，在全球占据支配地位的资本主义生产方式及其“拜物教”社会意识，潜移默化地支配着人们的思想。而就学理层次而言，用与《资本论》本质上不相容的形而上学世界观来解读与评判《资本论》，把它的深刻的立体性理论纳入平面化的思想框架中，以

* 国家哲学社会科学基金重点项目“《资本论》的哲学思想及其当代价值”（12AZD066）的阶段性研究成果。

① 让-保罗·萨特：《辩证理性批判》，林骧华等译，安徽文艺出版社，1998，第10页。

致其理论真谛遭受湮灭与曲解，则是产生这种怪现象的直接原因。因此，应当首先分析对《资本论》的形而上学世界观解读方式，厘清其是非曲直，然后才有可能拨开迷雾来重新发现《资本论》的真谛，发现这一理论所揭示的我们时代的秘密。

一 近现代形而上学世界观及其缺陷

《资本论》从其诞生之日起，就处于与其格格不入的社会意识形态环境中，与占据统治地位的“主流思潮”不相容。这种“主流思潮”即与17和18世纪英法革命相伴而生的启蒙思潮——个人主义的理性化思潮。在社会科学领域，表现为以个人主义的抽象人性论和社会契约论为基础的各种理论，在自然科学领域，则表现为以形而上学唯物主义为基础的牛顿力学和其他经典科学理论。这种思潮将相对论与量子力学等高深的当代自然科学纳入实证主义哲学框架来理解，仅仅从认识论上将它们理解为对观察数据的处理方案，否认其背后的本体论意义，试图以此回避这些自然科学新成就与形而上学世界观的冲突。而在社会日常生活的文化环境领域，依靠垄断资本力量支撑的国际主流传媒体系每时每刻都在向人们灌输着建立在抽象人性论基础上的“自由、民主、平等”的观念，以及《资本论》所批判的种种“拜物教”——对商品、货币与资本的拜物教。尽管这些启蒙时代的意识形态老调，已经被现代社会财富分配上的两极分化、国际秩序上的战争暴力等无情的现实冲击得千疮百孔，但在西方发达国家仍然居于主流价值的强势地位，程度不同地烙印在几乎所有人的头脑中，占据人们的精神世界。于是，“几乎所有关于资本主义制度的理论论证都会以市场经济作为其理论支撑，力图利用市场经济所带来的巨大的经济社会发展效应为资本主义制度本身进行辩护”①。这样的思想环境导致人们有意无意地用个人主义的形而上学世界观来解读《资本论》，必然导致对其观点的误解、曲解和反对。

“形而上学”本来是一种思维方法，其实质是“把世界概念化”：对客观世界的事物及其性质进行分解和抽象，以形成外延清晰、内涵确定、意义单纯的概念，然后遵循形式逻辑进行整理与演绎，以得到关于客观事物的条分缕析的理论。这是认识世界的科学方法的第一步，它不但在人类思想史上

① 刘荣军：《市场经济的意识形态还原与中国实践》，《马克思主义研究》2015年第1期。

起过重大的革命性作用，而且即使在今天，仍然是人们认识事物的必经之路：因为它可以简化世界以达到对事物表面现象的初步的理性认识。现实事物是在彼此之间的复杂的内在联系中生成的复杂事物，因而事物之间的边界总是因相互纠缠而难以分清。这种内在联系使每个事物都处于不断发展变化的过程中，因而事物所处的状态以及所具有的性质总是变动不居而难以确定。事物的各个方面的性质因彼此内在关联形成极其复杂的整体而难以把握。因此，为了达到对事物的简单而清晰的理性认识，需要对处于复杂的相互联系中、变动不居的运动过程中、各方面性质相互纠缠中的复杂的客观事物进行“舍象”和抽象，以得到一个个外延清晰、内涵确定、意义单纯的关于事物的概念，分析这些概念之间的逻辑关系与因果关系，用这个概念体系来把握客观事物的确定的表层现象。这正是形而上学在方法论上的功能。其最典型的成功案例是牛顿力学：它将世界理解为一个个独立的既成物体的机械总和，每个物体都是其各个部分的机械总和，一切物体只有在外力作用下才改变自己的运动状态，时间、空间和物质被理解为相互独立的存在，物体的其他各种性质（质量、能量、动量等等）都是相互独立的，由此得到了关于物质世界机械运动的条分缕析的理论体系。

然而，如果把形而上学的方法绝对化，把由这种方法所得到的结果理解为关于世界“本来面目”的真理，那就会使我们陷入形而上学世界观的泥潭。这种形而上学世界观在西方思想史上源远流长，柏拉图可视为它的鼻祖：他将由确定的、单纯的、理想化的概念构成的“理念世界”作为唯一真实的世界。但是柏拉图哲学并没有完全祛除现实的感性世界本身，他把感性物质世界看成理念世界的摹本，因而潜在地含有理念世界通过物质表现自身的辩证法因素。到了近代，启蒙运动兴起，新兴资产阶级在与神权和封建特权的斗争中，需要用个人理性来祛除宗教神权的“迷魅”，以得到“纯粹的客观世界本身”，由此取得意识形态的话语权。这的确是巨大的历史进步。然而这样一来，柏拉图哲学中保留的理念世界与感性世界的对立统一运动的辩证法也就被作为“迷魅”而祛除了，世界成为与人的主体相对立的“纯粹客体”。这就形成了马克思所说的旧唯物主义的主要缺陷：“对对象、现实、感性，只是从客体的或者直观的形式去理解，而不是把它们当作感性的人的活动，当作实践去理解，不是从主体方面去理解。”① 这种外在于人

① 《马克思恩格斯文集》第1卷，人民出版社，2009，第499页。

的“纯客观世界”，乃是“孤立、静止、片面的”的形而上学的物质世界。

其一，这是由“自我存在”之物组成的世界，每个事物都具有“不可入性”，事物之间的联系只能是基于“不可入性”的外在联系，因而是一个个“孤立”的存在物，这是事物本质上的“孤立性”；其二，这样的世界是由既成事物组成的世界，事物每一时刻都处于某一确定状态，所谓运动乃是从一个确定状态过渡到另一个确定状态，因而运动说到底就是无数静止状态之总和，这是事物本质上的“静止性”；其三，每个事物是各方面的性质的机械总和，由此可以得到事物的某种纯粹的性质——如纯粹的时间、空间和颜色，等等，同一事物不可能同时具有相互对立的性质与方面，这就形成了形而上学世界观的“片面性”。因此，我们说形而上学世界观“孤立、静止、片面地看待世界”。在这里，客观事物由界限明确、内涵确定、意义纯粹的概念所描述，由此形成条分缕析的逻辑体系。当我们认识客观世界的某一确定的事物、事物的确定状态、事物的某一方面的性质时，这种形而上学方法能够清楚地进行描述，并且使之科学化、系统化。这正是形而上学方法的功能所在。

但是，由于这些确定的事物、确定的状态、事物的某一方面性质，只是事物整体运动过程的一个瞬间结果，因而只是事物的表层现象。在其背后，掩藏着它们的产生根源——事物之间相互渗透的内在联系过程、客观的运动本身（而不是作为运动结果的从一种既定状态过渡到另一种既定状态）、事物的各方面性质之间的内在联系。于是，当我们用这种“孤立、静止、片面”的世界观来追溯这些表层现象的产生根源之时，便会陷入荒谬的悖论之中。例如，这种形而上学世界观只能理解事物外部联系，无法理解事物之间相互渗透的内在联系——某物通过进入他物内部，在改变他物的过程中实现自身存在，于是在解释事物之间如何进行非接触性相互作用时（如电磁力、万有引力、量子关联等等）便陷入困境。这种形而上学只能描述运动的外在表现——从一种确定状态转化为另一确定状态，而无法解释运动过程本身，于是在解释哪怕是最简单的机械运动时，也会陷入古希腊的芝诺悖论（如飞矢不动），更不用说解释世界的历史演化过程了。用这种形而上学把世界万物都归并到界限分明、条分缕析的事物概念体系中，于是出现了彼此毫不相干的“绝对时间”和“绝对空间”，因而无法理解空间与时间之间的相互转化与联系、时空与物质的内在关联，等等。而在认识论上，这种形而上学将主体与客体分裂开来，二者每一方都只能存在于自身内部，因而客体永远处于主体的彼岸世界，于是人们所认识的只是主体内部产生的感觉，而不能认识客体本身，由此陷入认识论困境，最后陷入否认客观世界的可知性的实证主义哲学泥潭。而若将这种基于个人主义的形而上学世界观投射于社会经济，则产生孤立、静止、片面的社会本体论与社会认识论，它们只看到人类历史活动的产物与结果，而看不到产生这些历史产物与结果的深层过程——人类实践活动过程及其创造的社会关系，于是同样陷入悖论之中而难以自圆其说。新古典经济学便是这类社会科学的理论之一。

二 形而上学世界观对《资本论》的误读

形而上学的世界观在祛除对“神权”的崇拜中诞生，在对“物权”的崇拜中成长。资本主义生产方式“把宗教虔诚、骑士热忱、小市民伤感这些情感的神圣发作，淹没在利己主义打算的冰水之中。它把人的尊严变成了交换价值，用一种没有良心的贸易自由代替了无数特许的和自力挣得的自由”①。于是以一种世俗的崇拜取代了对天国的崇拜——这就是《资本论》所揭示的“拜物教”——对商品、货币和资本的“拜物教”，当今社会又出现了股市与房市的“虚拟资本拜物教”。其产生根源是资本主导的社会中，人们的社会生活被商品、货币、资本、金融证券的巨大的“神奇魔力”所支配，这些“物”如同万能的上帝决定着人们的命运。至于这种“神奇魔力”从何而来，则被归诸“万能的”市场机制。因此，我们可以将上述各种“拜物教”统统都归结为“市场拜物教”。《资本论》揭示了这种拜物教的真谛，指出这种“物的魔力”说到底来源于人的社会劳动，来源于人们在社会劳动中所生产的社会关系力量，它们负载于物上，从而使这些“物”具有了“神奇魔力”。人的社会劳动及其生产的社会关系，才是掩藏在“物”的背后的真正决定社会历史发展的深层力量。而形形色色的“拜物教”则见物不见人，只看到物对物、物对人的力量，看不到它们背后的人与人的社会关系的力量，看不到生产这种社会关系的社会劳动，由此陷入“物本主义”②。而这种“市场拜物教”正好与形而上学世界观相呼应：二

① 《马克思恩格斯文集》第2卷，人民出版社，2009，第34页。

② “拜物教”可以称为“物本主义”。而马克思主义经济学主张最基本的社会关系力量来源于人的劳动，但其反对抽象人性论的“人本主义”。为了避免概念混淆和争议，我不主张将其理解为“人本主义”学说。

者都只看到表层的结果与现象，而看不到产生这些结果与现象的深层本质与来源。可以说，“拜物教”是形而上学世界观的社会基础，而形而上学世界观则是拜物教的关于“物”本身的逻辑化与理性化的产物。于是世俗生活的肤浅的“拜物教”支撑形而上学世界观，而形而上学世界观受到世俗生活的“拜物教”滋养而成为资本主义生产方式下的主导性文化。

以“拜物教”为社会基础、以形而上学世界观为学理根据来分析社会经济现象，必然产生出以新古典经济学为代表的西方经济学理论。站在这一立场解读《资本论》，必然产生对它的误读与反对。

首先，在理论性质上，秉持形而上学世界观的西方经济学将《资本论》误读为违背客观事实的道德说教，而非反映客观规律的科学理论。这种世界观将人从社会关系中抽象出来，立足于抽象人性论来解释经济现象，将经济规律理解为具有永恒人性的人（即所谓“理性经济人”）的经济行为规律，企图建立超越社会关系及其意识形态的、超历史的、基于人类共同本性的“科学”理论。市场经济被看成一个个原子式个体的集合体，每个人都是追求自身利益最大化的“理性经济人”，因此公正的经济制度就是维护每个人平等地争取自身最大利益的权利的制度，即自由竞争市场制度。因此一切由买卖双方自愿达成交易的行为都是公平的行为，不论其产生怎样的结果。从这种观点出发，他们将《资本论》解释为反对“公认的”理性经济人假设、将资本家追求自身利益的行为说成不公正的剥削行为的道德说教，因而是一种意识形态偏见，并非关于市场经济的客观规律的科学理论。这种曲解的错误在于没有看到最根本的事实：市场经济体系表面上由孤立的“平等”的原子式的个人组成，每个人都“自由平等”地追求自身利益，但隐藏在这表面平等的背后的是不平等的社会关系：不同的社会成员拥有不同的社会资源与权力，从而只能在一定的社会关系约束条件下争取自身利益。因此，并不存在普遍的抽象人性，只存在追求自身生存的生物本能，而这种生物本能在社会关系的支配下生成了不同的人性：资本家在追求资本积累的自由竞争中，演变出特殊的人性——利用其占有的生产资料支配工人劳动，以追求资本增值最大化；而失去生产资料的工人阶级在生存压力下，这种本能导致其必须出卖劳动力而依附于生产资料进行劳动，由此获取生存必需的生活资料。因为所拥有的资源不同，人们拥有的经济权力也就不平等。因此资本主义市场经济的基于人性论假设的“平等”只是一种表面的幻象，掩藏在其背后的是由现实的人所组成的社会关系结构。因此，《资本论》才是最深刻而客观地反映客观事实的科学理论，西方经济学至多只是关于表层事实的形而上学理论。

其次，在理论内容上，秉持形而上学世界观的西方经济学把《资本论》仅仅解读为一种价格理论，用价格的多元决定理论来反对劳动价值论的一元决定论。这种世界观只承认事物的可观察的外在性质，而商品世界可观察的性质正是效用与价格，于是认为商品的效用价值、交换价值、价格与价值是同一层次的东西，进而否认价格背后的作为社会关系的"价值"的存在。他们从表面现象出发，将价格的最终决定因素归结为供给方与需求方的博弈：供给方所花费的边际成本决定价格的最低值，需求方所得到的边际效用决定价格的最高值，二者讨价还价后达到的平衡态最终决定商品的均衡价格。因此，在他们看来，这种作为均衡价格的商品价值是由众多的生产要素共同创造的，每种生产要素所创造的价值等于该要素做出的边际贡献（其他要素不变的情况下，增加该要素所增加的产值），并以此决定各个要素应当获取的报酬。因此，在这一理论看来，投入商品中的劳动只是决定商品价格的众多因素之一，因此认为劳动价值论主张的"活劳动是创造价值的唯一源泉"是一种罔顾事实的意识形态偏见，其目的是证明唯有劳动者才有获得商品价值的权利。即使通过各种"补救"途径能够用劳动价值解释商品价格，劳动价值也不过是一种"多余的形而上学假设"，是"不必要的弯路""虚构的故事"[①]。然而，持这一观点的人未能看到：商品价格的形成过程是立体式的社会权力结构进入市场分割剩余价值的复杂过程。《资本论》并非仅仅是一种关于商品价格的理论，而是通过从商品价值到价格的生成过程来揭示资本主义社会关系结构及其规律的科学理论。

再次，在理论结论上，秉持形而上学世界观的西方经济学主张：由所有人平等地争取利益最大化所形成的"帕累托均衡"就是全社会利益最大化状态，是最有效率的资源配置形式，因而无法理解《资本论》关于资本积累与贫困积累的非均衡发展过程。形而上学将世界理解为各个孤立事物的集合体，社会整体利益等于个人利益的总和，通过自由的市场交换而实现的每个人利益最大化的均衡态构成了全社会总利益最大化状态，即所谓的"帕

① 米克：《劳动价值学说的研究》，陈彪如译，商务印书馆，1962，第 265 页。类似的见解也见于：*The Collected Scientific Paper of Paul A. Samuelson*, Edited by Joseph E. Stiglitz, The M. I. T Press, 1972, p. 277。

累托最优”（“帕累托均衡”）。有些人由此认为自由竞争的市场经济制度是最具有效率的社会经济制度，反对《资本论》将资本主义市场制度看成资本积累和贫困积累的两极分化，进而导致经济危机的制度。他们没有看到掩藏在理论上的“帕累托最优”背后的客观现实：市场经济是由资本权力决定资源配置的经济，资本追求自身无限增值的欲望，使其将尽可能多的剩余价值投入再生产中，由此产生的社会经济状态本质上是非均衡状态，而不是所谓的“帕累托均衡”状态，这种均衡只是总体上的非均衡运动中的一种局部的表面的趋势，是个别资本为了追求自身的非均衡扩张而进行的生产要素的组织方式。资本在总体上的非均衡扩张具有两面性：一方面，资本追求自身的扩张和积累，必须通过物质生产过程来实现，因而成为促进社会生产力发展和社会经济扩张的强大动力。另一方面，这种对生产力的巨大推动作用，必然以占有劳动者创造的剩余价值、消耗自然资源、破坏生态环境为代价，从而不可避免地产生资本自我否定的危机。因此，资本主导的市场经济既有高效率地实现自身扩张的一面，也有低效率、无效率甚至反效率的破坏性的一面。《资本论》超越了形而上学世界观视域，自然无法被坚持形而上学世界观的人们所接受，导致他们只承认自由竞争带来的资源配置的优化，却看不见这种自由竞争被各种资本力量所主导，以及由此付出的代价。

最后，在理论形式上，秉持形而上学世界观的西方经济学不仅用上述表面上的“客观性”来显示其科学性，还用微积分之类的数学工具包装自己，以显示其严密性，甚至以此作为学术价值的评判标准，从技术上排斥马克思主义经济学。实际上，西方经济学这种数学包装并不适当，从总体上说，它恰恰违背了客观现实本身。经济学变量都是非连续性的间断变量：面包只能以“个”为单位、住房只能以“室”为单位、机器只能以“台”为单位买卖，而不可能无穷分割。这种非连续性并非无关紧要的属性，而是产生经济的非均衡运动的极其重要的特征。《资本论》第 2 卷通过精密细致的科学分析指出，正是生产资料的这种非连续性（类似于量子力学中的能级跃迁），导致剩余价值不可能连续不断地转化为资本，由此造成资本流通过程必须经过“货币贮藏”阶段和“投资”阶段的交替，从而造成扩大再生产只能以跃迁性的间歇方式进行，这就造成了资本主义经济体系的本质特征——非均衡发展。而西方经济学把所有经济学变量都设定为连续变量，用无穷小量之比来定义各种边际量（边际效用、边际收益、边际成本、边际生产力等等），由此使其理论穿上微积分的外衣而实现数学化。然而，这种数学化实际上已经背离了现实经济数量的本性，从而沦为脱离实际的"黑板经济学"，并正在失去其科学价值。为了维护西方经济学的特权地位，西方的教育机构把这种缺乏科学价值的数学化游戏确定为经济学人才的衡量标准，这实质上是维护西方经济学霸主地位的制度设计。

总之，形而上学世界观以及作为其社会基础的"市场拜物教"，只看到作为事物间内在联系和发展过程的产物的既成事物的表层现象，看不到掩藏在这些表层现象背后的内在联系与发展过程本身：只见物的效用价值、交换价值与价格，看不到物的背后作为人与人的社会关系的价值，以及分割全社会剩余价值的社会权力结构；只看到现象间的各种经济数量之间的关系，看不到隐藏在这些数量背后的深层的社会关系及其引发的社会经济运动。他们将现象背后的本质直接当作"形而上学的假设"予以拒斥，其理由是这种本质看不见、摸不着，因而不能用感觉经验来检验。他们没有认识到：由物质产品所负载的社会关系并非"看不见、摸不着"的抽象概念，并非所谓"形而上学臆想"，而是真正的活生生的客观存在，其作为物质力量每时每刻支配着人们的行为，并且通过货币与资本表现为活生生的社会现实。真正应当被冠以"形而上学"称号的，不是马克思主义的"价值"概念，而恰恰是这种只看到表层现象的"拜物教"与形而上学世界观：因为它们将人从其活生生的社会关系中抽象出来，作为概念化的"理性经济人"，由此演绎出一套关于"理性经济人"行为的理论，形成罔顾客观现实的"黑板经济学"。正是这种对社会现实的表层的概念化的理解，使《资本论》宏伟的立体性理论构架陷入西方经济学狭窄而肤浅的"洞穴"之中，从而被扭曲、变形。多层次立体模型被压缩在商品交换领域中而被平面化了，商品交换背后的错综复杂的社会关系结构被压缩过滤而消失了。《资本论》经过这种形而上学的解读后成为残缺不全的理论，然后又被形而上学世界观所攻击。由此使那些抽象地、表面地、简单化地解释价格现象的西方经济学处于主流地位，马克思主义经济学则被边缘化。

对《资本论》的另一种形而上学解读，是与上述解释在表面看来相互对立、水火不容，但本质上却很相近的空想社会主义的解读。正如恩格斯在《社会主义从空想到科学的发展》中所说，资产阶级启蒙思想（现代西方经济学从其发源而来）和空想社会主义思想虽然价值立场不同，但在学理上都是以形而上学唯物主义作为哲学基础的，二者都把世界看成既成事物的集合体，每个事物具有其与生俱来的天然本性，它们按照自然法则形成永恒秩序，这种自然法则是“永恒真理”和“永恒正义”的体现。而空想社会主义与资产阶级启蒙思想的区别在于对这种“永恒真理”和“永恒正义”的具有“天壤之别”的理解。① 在对《资本论》的形而上学解读方式中，也同样有这两种态度：一是坚持抽象人性论，将“人”理解为抽象平等的“理性经济人”，用西方经济学的话语体系来解读《资本论》；二是奉行社会主义价值观，但其哲学上仍然自觉不自觉地停留于形而上学唯物主义，由此解读《资本论》。后者虽赞成劳动价值论，但对其加以形而上学唯物主义的曲解，使其沦为空想社会主义的经济学说。他们与西方经济学一样，将经济规律理解为具有永恒人性的人们的经济行为规律，因而是超社会、超历史的形而上学规律。他们用这种眼光来看待劳动价值论，将它理解为符合所谓“天然理性”的“永恒真理”。在他们看来，马克思主义经济学与西方经济学是关于“永恒真理”的两种不同主张：西方经济学将“理性经济人”作为“永恒真理”，由此演绎出为资本家追求利润最大化、为资本剥削劳动提供依据的理论；而劳动价值论主张“劳动创造价值”是“永恒真理”，因此只有按照劳动分配价值才是合乎天理的“自然法则”，按照这种自然法则建立的社会主义社会是符合永恒真理的理想社会。在这里，“价值”并非始终被理解为一种人与人之间的社会关系，而是有意无意地在实质上将其理解为一种社会财富。因此这种观点把“活劳动是创造价值的唯一源泉”这一关于人与人的社会经济关系的原理，曲解为马克思在《哥达纲领批判》中所批判的“劳动是创造财富的唯一源泉”的人与物的关系的原理，进而在此基础上设想出各种“合乎永恒理性”的社会制度——没有剥削的社会主义制度。在他们看来，这种制度之所以要实现，并非资本主义内在矛盾的必然结果，而是因为它合乎人类理性，合乎永恒的自然法则。② 用这种眼光所解读的“马克思主义经济学”，已经不是马克思主义本身，而是乌托邦化的马克思主义。

上述两种表面上相互对立的对马克思主义经济学的理解，都以肤浅的形

① 《马克思恩格斯文集》第3卷，人民出版社，2009，第526页。

② 这一类将马克思劳动价值论理解为“抽象正义论”的思想，实质上是马克思批判的“哥达纲领”在当今的表现，其散存于社会大众意识之中，默认劳动价值论只是主张劳动者占有其全部劳动产品的正义论。他们不理解，“正义”概念是个历史范畴，是由社会关系决定的，在不同的生产方式下有不同的正义观。国内持此观点的理论文章如陈春萍、刘伟雄：《论劳动正义的合理性》，《湖南科技大学学报》（社会科学版）2010年第5期；杨桂森：《以劳动为主轴的价值论革命》，《学术研究》2009年第10期。

而上学世界观作为其哲学基础，因而都将《资本论》解读为一种道德学说。它们之间的争论结果，必然是西方经济学因为其具有“客观性”而在论战中占据优势，被乌托邦化的马克思主义经济学则处于劣势：因为一旦把商品的“价值”等同于“财富”，就不可能拒绝各种生产要素都“创造价值”的结论，“劳动价值论”的底线就必然失守。西方经济学理论由此长期占据上风，马克思主义政治经济学理论则处于被动的地位，以致一些自称坚持《资本论》的人也跟随西方经济学对《资本论》的批评与指责的节拍来跳舞：一些人表面上坚持劳动价值论，实际上站在形而上学的立场上，用“生产资料创造价值”“死劳动创造价值”等违背劳动价值论底线的观点来“发展劳动价值论”①，其实质是动摇了《资本论》的根基，从根本上抛弃了马克思主义经济学。因此，用这种乌托邦观点来解读《资本论》，将会导致马克思主义经济学在与西方经济学的论战中失败。但在这类论战中“失败”的并不是《资本论》本身，而是以形而上学唯物主义作为哲学基础的乌托邦理论。因此，对《资本论》的形而上学解读方式，才是马克思主义政治经济学理论长期处于被压抑状态的内在原因。

三　《资本论》的深层哲学思想和社会物质的双重结构

人类所面临的真正的活生生的物质世界，绝不是形而上学所揭示的离开人类的实践活动、从而离开人类社会关系的“纯客观世界”。这种把物质世界看作人的直观对象的“纯客观世界”的观点，把最直接、最根本的真实存在——作为人与外部客观世界的联系的实践活动过程，排除在现实世界之外。而这种实践活动之所以本身是真实的物质存在，是因为它是活生生的物质过程，是人类社会的真实的物质世界的产生之根。因此，形而上学的所谓“纯客观世界”至多只能是片面化客观世界，仅仅是真实的客观物质世界的一部分——作为实践结果的表层结果的部分，因而是无根的部分。因此，形而上学世界观不可避免地陷入逻辑困境，最后必然滑入贝克莱和休谟的主观唯心主义的泥潭。新古典主义经济学也是如此：由于只看到产品及其效用价值，看不到物的背后的人与人的关系，最后也必然堕入以人的主观感觉

① 钱伯海：《一夫当关，万夫莫开——对深化劳动价值理论的思考》，《学术月刊》2002 年第 1 期。

（效用）为基础的唯心主义哲学的泥潭。

那么，人类社会到底是怎样的世界？唯一的答案是：人类社会是人类实践活动过程及其所生产的社会与自然的统一体，其核心是人们的实践活动。实践活动是人与周围物质世界之间的内在联系过程：人类将自己的主体力量对象化到外部自然界之中，通过自然界来表现自身；而外部自然界也将自己对象化到人的主体之中，通过人类主体世界表现自身。“只要这样按照事物的真实面目及其产生情况来理解事物，任何深奥的哲学问题……都可以十分简单地归结为某种经验的事实。”① 正是在这种主体与客体的对象化生存的过程中，包括人类主体与自然界在内的整个物质世界不断发展，由此形成了人类历史。因此，“整个所谓世界历史不外是人通过人的劳动而诞生的过程，是自然界对人来说的生成过程”②。这才是关于“事物的真实面目”的唯物主义，马克思称之为“新唯物主义”，其本质正是辩证唯物主义和历史唯物主义。这里顺便提及学术界长期热议的问题：以实践为基础的唯物主义是否承认实践之外的物质世界的客观存在性？这其实是一个伪问题，因为“实践”本身必须以实践外的物质世界的客观存在为前提。没有实践外的物质世界，就没有实践的对象，哪有什么实践？实践过程就是不断把预先存在的实践外的自然界的物质纳入实践中的过程，由此实现“人和自然的统一”③。

而实践活动的主体并非孤立的个人，或者具有共同人性的抽象人类总体，而是由社会关系结成的“社会人”④，个人主体都处于一定的社会关系中。马克思恩格斯在《德意志意识形态》中，通过对人的历史活动的分析指出，“生命的生产，无论是通过劳动而达到的自己生命的生产，或是通过生育而达到的他人生命的生产，就立即表现为双重关系：一方面是自然关系，另一方面是社会关系：社会关系的含义在这里是指许多个人的共同活动，不管这种共同活动是在什么条件下、用什么方式和为了什么目的而进行的”⑤。当社会分工发生以后，出现了人们之间相互服务的劳动，由此产生了人与人之间通过劳动结成的社会关系。《资本论》正是以这种辩证唯物主

① 《马克思恩格斯文集》第1卷，人民出版社，2009，第528页。
② 《马克思恩格斯文集》第1卷，人民出版社，2009，第196页。
③ 《马克思恩格斯文集》第1卷，人民出版社，2009，第529页。
④ 《马克思恩格斯文集》第5卷，人民出版社，2009，第429页。
⑤ 《马克思恩格斯文集》第1卷，人民出版社，2009，第532页。

义和历史唯物主义哲学为基础来分析资本主义生产方式的。“马克思主义理论的形成基于世界观方法论，没有唯物史观，不可能有马克思对资本主义经济关系的解剖，也不可能有对人类社会发展客观规律的揭示。”[①]

因此，用现实的物质生产实践活动来理解人类面临的物质世界，必然产生出劳动二重性的思想：劳动不仅生产物质产品及其使用价值，而且生产以物质产品为载体和媒介的人与人的社会关系。于是，作为劳动的产物的社会物质，也就必然具有双层结构：一是表层的自然物质结构，它包括由各种生产要素所组成的社会生产力系统、物质产品系统，它在经济学中体现为商品（包括消费品与生产资料）的使用价值。这种看得见、摸得着的物质体系构成社会的表层结构。二是凝结于或负载在这些物质产品（使用价值）之上的社会关系力量，它构成了社会的深层结构。这二者的统一形成了物化的社会关系，这正是历史唯物主义中的物质。西方经济学的根本缺陷在于：在形而上学世界观与“拜物教”的社会意识引导下，不知道社会物质的双重结构，只看到表层的物质结构，而看不到物质所负载的深层的社会关系结构。

在市场经济中，构成这种“人与人关系”的最基本“元素”，正是人与人之间相互为他人生产产品和服务的社会劳动。它具有二重性：首先是在人与自然的关系上，它是作为具体的自然－技术过程的具体劳动，生产产品的使用价值；与此同时，它还是人与人之间“用生命生产他人生命”的无差别的抽象劳动，由此产生人与人之间最基本的内在联系——负载于使用价值之中的价值。因此，活劳动是创造这种社会关系的唯一源泉，其他一切生产要素不可能产生人与人之间的内在联系。商品价值是在活劳动中形成的、以商品的使用价值为物质载体与媒介的人与人之间生命活动的关系。这种社会关系在物质生产过程中被创造出来、在市场交换过程中表现出来，最后通过消费过程实现，因而是通过自然物质过程结成的社会关系，即“物化”的社会关系，又称为“物化劳动”的社会关系。这才是劳动价值的哲学内涵。

劳动价值作为一种社会关系，既有人与人之间相互创造和生产彼此生命的一面（这是“价值”一词的原始内涵），也有相互依赖与相互支配的权力关系的一面：因为你依赖他人提供生活资料与生产资料，意味着他人对你具有某种权力。在市场交换中，这种权力意味着他人可以支配你进行劳动，以

① 张雷声：《〈资本论〉与马克思主义理论的整体性》，《马克思主义研究》2010 年第 2 期。

创造出含有等量价值的商品与他人交换。然而在物物交换中，这种权力潜含于商品之中而没有显示出来。一旦货币出现之后，“卖”与“买”之间分离，价值的权力属性便显现出来：“卖”成为通过出售商品获得货币权力的过程，而“买”则成为使用货币权力支配社会劳动的过程。作为社会关系权力的货币一旦投入社会生产系统中支配各种要素（归根到底支配生产这些要素的劳动）以追求自身增值，便形成资本。竞争着的资本与社会的其他各种权力形成了社会权力体系，它们进入市场分割由劳动创造的剩余价值，形成全社会各种商品的价格体系。由此形成以创造价值的劳动为基础、竞争性的资本积累过程为主轴的全社会的资本运行过程，进而形成资本主义生产方式的辩证发展的历史过程。在这个历史过程中，竞争着的资本既是推动社会生产力发展的巨大动力，因而“资产阶级在它的不到一百年的阶级统治中所创造的生产力，比过去一切世代创造的全部生产力还要多，还要大”①。与此同时，资本推动社会生产力发展的过程也是资本的自我否定过程：竞争的资本竞相吮吸“人的自然力”“自然界的自然力”“社会劳动的自然力”，追求无限积累，结果必然导致上述各个方面的“自然力”贫困的积累，从而产生资本主义生产方式的内在矛盾。这些“自然力”的贫困积累最终通过社会关系集中于穷国与穷人身上，由此产生了社会矛盾。金融危机、经济危机、生态危机和人的发展危机等正是这种内在矛盾的结果，最终将导致社会主义制度取代资本主义制度。

以这种历史哲学的视野来解读《资本论》，将使我们理解它的真谛。这种基于马克思的辩证唯物主义与历史唯物主义的对《资本论》的解读方式，是深层解读方式，它把《资本论》视为对资本主义生产方式系统的多层次社会关系结构的逻辑展示，而以这种方式解读的《资本论》就成为鲜活的唯物史观巨著。

四 《资本论》：从深层本质到表层现象的理论

——兼论西方经济学的单层次理论性质

不同的世界观与方法论建立起不同的经济学理论。如上所述，以形而上学世界观与方法论为基础、以“拜物教”（物本主义）思想为灵魂建立的经

① 《马克思恩格斯文集》第2卷，人民出版社，2009，第36页。

济学必然是新古典经济学，特别是马歇尔《经济学原理》奠定的“第一代新古典经济学”。这种经济学将社会经济看成由一个个孤立的原子式的“理性经济人”组成的集合，他们奉行的是对商品、货币和资本的“拜物教”，通过边际分析来计算自己的利益得失，由此产生其经济行为，而社会经济则是这些孤立个体行为的集合体。这种只看到物与物、物对人的关系，而完全忽视人与人的社会关系的理论，明显违背客观现实。于是后来出现的科斯的新制度经济学、阿克洛夫等人的信息不对称理论、纳什等人的博弈论就从不同的角度部分地弥补这些缺陷，产生了“第二代”新古典经济学。这些新理论考虑到了“理性经济人”之间不同方面的关系，从而在一定程度上克服了第一代新古典经济学的错误结论，但是其坚持“理性经济人”的人性论基本立场并没有本质的变化。我们并不否认这些西方经济学在解释一些表面的价格现象时的科学意义，对于由供求关系引起的价格波动现象，它们能够进行表层的解释，并能由此提出治标性政策措施。但是，对于这些表层现象背后的深层原因和内在矛盾，以及由此引发的社会历史运动，西方经济学理论就失之肤浅，乃至失灵了。

因此，上述西方经济学的根本缺陷在于：在社会的两层次结构中，它所奉行的“拜物教”物本主义和形而上学世界观，只看到社会经济的表层结构，而看不到以此表层结构为载体的深层的社会关系结构。它所致力解释的商品世界的价格体系，只是社会经济系统权力结构在交换系统中的表层现象。正如列宁所说：“凡是资产阶级经济学家看到物与物之间关系的地方，马克思都揭示了人与人之间的关系。”[①]《资本论》正是透过这种表层结构揭示了深层社会关系结构的理论，其使命是透过交换系统的商品价格体系，展示由资本主义条件下的物质生产过程所产生的错综复杂的社会关系。它通过人与人之间最基本的市场关系——凝结在商品中的劳动价值——来解释市场价格的形成机制，即劳动所创造的价值以劳动产品为载体，构成支配人们行为的最基本的物化的社会关系力量。这种物化的社会关系力量通过货币符号表现出来，因此全社会的商品的价格总额是全社会的劳动价值总额的货币表现。而各种社会关系权力——资本权力、土地和各种自然资源所有权、货币所有权和各种金融权力，等等，在竞争中通过争夺货币来分割全社会的劳动价值，以取得对社会财富和

① 《列宁选集》第 2 卷，人民出版社，1995，第 312 页。

社会劳动的支配权，由此形成了商品价格。因此，商品的价格在本质上是商品的卖者所分割到的劳动价值，它由该商品所有者在市场竞争中所拥有的对全社会的劳动价值的分割能力所决定。该商品本身所凝结的社会劳动价值只是决定因素之一，而非全部。这个过程并非各种权力平行地、同等地分割全社会剩余价值的过程，而是立体化的、多层次的社会历史运动。概括地说，在各个层次的社会权力分割全社会的劳动价值的过程中，必然产生出各层次的社会经济体系的两种方向的运动：一是由资本流动以及它所支配的各种生产要素的流动所导致的趋向平衡的运动，它在总体上使产品的市场价格趋向于价值或生产价格①；二是各个层次上各种阻碍这种流动的客观力量的运动，它在总体上导致价格对价值发生偏离。二者矛盾运动的结果，产生了利润、地租、利息等经济现象，产生了社会价格体系相对于价值体系的偏离，产生了远离平衡态的均衡体系（上述两种力量之间的均衡）。于是，价格对于价值的偏离通过深层的社会权力结构而得到解释。由此可见，价格对价值的偏离不仅不构成对《资本论》的证伪，恰恰相反，它正是这一理论的深刻与伟大之所在：因为它通过这些偏离揭示出资本主义市场经济体系的社会权力结构及其运行规律。正如相对论和量子力学能够从更为深刻的内在机理解释一切牛顿力学现象一样，《资本论》的基本思想能够从更深刻的内在层次上解释西方经济学所能解释的一切价格现象。那些企图用商品价格与其价值的差异来否定马克思主义经济学理论的企图，在逻辑上是讲不通的，因而是不可能的。

我们说《资本论》是关于社会经济结构的深层理论，并不是说它只讲本质，不讲现象，恰恰相反，《资本论》揭示深层本质的目的正在于从根本上把握社会经济现象，找到这些现象的根本原因，进而从根本上找出应对变化莫测的社会经济现象的方略，这才是马克思主义经济学的社会功能之所在。如果说《资本论》第一卷的主要目的在于揭示资本主义生产方式的深层本质，那么《资本论》第二卷的主旨就是解释资本流通过程的各种现象，《资本论》第三卷则是从本质到现象，对资本主义生产方式的种种现象——利润、利息、地租，乃至虚拟资本，等等，提出全景式解释方案。在今天，

① 这是相当复杂的多层次过程。从总体上较准确地说，劳动力趋向于平等交换的流动使产品的市场价格趋向于价值，资本趋向于利润平均化流动使产品的市场价格趋向于生产价格，这些都是趋向于平衡的过程。

资本主义生产方式发生了巨大的历史性演变，产生了极其丰富而复杂鲜活的经济现象：从现货商品价格波动到期货市场的风云变幻，从跨国公司的全球产业链到全球金融网络，从席卷全球的美国金融风暴到欧洲各国的债务危机，从石油价格起伏到俄罗斯卢布贬值风暴，等等，都需要我们用《资本论》所提供的社会关系分析范式来解释。我们不仅要从表层的供求关系等方面解释这些现象，更要从深层的社会权力关系上分析它们的产生原因，并据此提出应对方略。以最近发生的国际油价连续下跌来说，这并非仅仅是石油供求关系上的变动。用《资本论》的观点来看，其深层原因是石油商品分割全球剩余价值的能力急剧下滑，而其背后是西方垄断资本权力与俄罗斯的政治经济权力之间的博弈。因此，油价下跌与接踵而来的卢布贬值，是正在演绎的全球政治力量博弈的历史活剧。

尽管《资本论》是关于当代市场经济从深层本质到表层现象的伟大理论，但当代马克思主义经济学决不能满足于它自身的理论深刻性，而应当以《资本论》为工具，从本质到现象，对当代经济现象做出远超过西方经济学的全景式解释，并且在此基础上提出新的历史性方略，由此通过社会实践来展示其伟大生命力。在此过程中，以社会经济体系深层结构为核心的马克思主义经济学理论，应当成为最高的经济学理论，它将充分吸收西方经济学解释现象的合理成分，从而立足于深层本质来精确而全面地解释表层经济现象，以驾驭社会经济的发展之道。这一伟大理论任务已经历史地落在当代马克思主义继承者的肩上。

参考文献

《马克思恩格斯文集》第 1 卷，人民出版社，2009。

《马克思恩格斯文集》第 2 卷，人民出版社，2009。

《马克思恩格斯文集》第 3 卷，人民出版社，2009。

《马克思恩格斯文集》第 5 卷，人民出版社，2009。

《列宁选集》第 2 卷，人民出版社，1995。

米克：《劳动价值学说的研究》，陈彪如译，商务印书馆，1962。

The Collected Scientific Paper of Paul A. Samuelson, Edited by Joseph E. Stiglitz, The M. I. T Press, 1972.

钱伯海：《一夫当关，万夫莫开——对深化劳动价值理论的思考》，《学术月刊》2002 年第 1 期。

陈春萍、刘伟雄:《论劳动正义的合理性》,《湖南科技大学学报》2010 年第 5 期。

杨桂森:《以劳动为主轴的价值论革命》,《学术研究》2009 年第 10 期。

张雷声:《〈资本论〉与马克思主义理论的整体性》,《马克思主义研究》2010 年第 2 期。

刘荣军:《市场经济的意识形态还原与中国实践》,《马克思主义研究》2015 年第 1 期。

(作者单位:上海财经大学人文学院)

《资本论》哲学思想与马克思的现代史观

孙承叔

资本是打开现代社会密锁的一把钥匙。随着改革开放的深入，《资本论》哲学思想越来越受到学界的重视，然而如何真正把握《资本论》哲学的内在精神，却依然仁者见仁、智者见智。本文认为，《资本论》的真正的思想核心是马克思的现代史观。正是在《资本论》及其手稿中，马克思通过资本与财富的运动与发展，全方位地揭示了人与人之间关系的变化和发展，揭示了现代社会的运动发展规律。

一　《资本论》哲学思想研究的三个阶段与三个维度

我国对《资本论》哲学思想的研究大致经过了三个阶段。第一阶段是改革开放前30年，重在辩证法。主要的代表作是1963年吴传启的《〈资本论〉的辩证法问题》（三联书店），这是这一阶段国内唯一相关专著。1983年章士嵘的《〈资本论〉的逻辑》和2006年李建平的《〈资本论〉第一卷辩证法探索》在内容上也属于这一阶段，主要是从研究与叙述角度研究辩证法。第二阶段是改革开放初期，人们从历史唯物主义角度研究《资本论》。主要的代表作有1981年景天魁的《打开社会奥秘的钥匙——历史唯物主义逻辑结构初探》，1987年陈先达的《走向历史的深处——马克思历史观研究》和冯景源的《马克思异化理论研究》，1988年笔者和王东共同合作的《对〈资本论〉历史观的沉思》，1990年冯景源、顾海良、丰子义合作的《新视野——〈资本论〉哲学新探》以及2002年唐正东的《斯密到马克思——经济哲学方法的历史性诠释》。这一阶段人们已经突破一般认识论和方法论的局限，而是深入社会生活深处，从历史唯物主义角度理解马克思的哲学思想，这是哲学思维的一次飞跃，是真正意义上的哲学革命。第三阶段则加强了对《资本论》手稿的研究。1988 年笔者和王东共同合作的《对〈资本论〉历史观的沉思》实际上已经包含了对《资本论》三大手稿的研究。1991 年汪水波的《马克思黄金时代的理论结晶——〈资本论〉最初手稿的研究》是明确研究《1857 ~ 1858 年经济学手稿》的专著。此外，1991 年赵洪主编的《〈资本论〉第一稿研究》、1992 年李善明主编的《〈资本论〉第二稿研究》、1993 年汤在新的《马克思经济学手稿》、1994 年顾海良的《马克思"不惑之年"的思考》、1999 年张一兵的《回到马克思》，都是这方面的力作。尤其是汤在新的《〈资本论〉续篇探索——关于马克思计划写作的六册经济学著作》，在思想深度上代表了这一方面的真正思考，2009 年笔者也发表了专著《真正的马克思——〈资本论〉三大手稿的当代意义》。

21 世纪初，尤其是金融危机以来，一批国外研究《资本论》的力作相继在国内出版。例如阿尔都塞、艾蒂安·巴里巴尔的《读〈资本论〉》，艾蒂安·巴里巴尔的《马克思的哲学》，乔恩·埃尔斯特的《理解马克思》，马塞罗·默斯托编著的《马克思的〈大纲〉——〈政治经济学批判大纲〉150 年》等。尤其是关于资本当代发展的专著，如艾伦·伍德的《资本的帝国》、大卫·哈维的《新帝国主义》以及哈特和奈格里的《帝国：全球化的政治秩序》，把我们的视野引向了《资本论》六卷计划的后三卷。

这三个阶段正好反映了《资本论》研究的三个维度。第一阶段，重心在《资本论》的研究方法和叙述方法；第二阶段，重心在《资本论》的唯物史观；第三阶段，由于拓展到《资本论》的手稿，因而重心不在于论证传统的哲学教科书的基本原理，而在于如何完整地理解马克思的哲学思想。在第二、第三阶段中，最值得肯定的是如下突破性观点：明确提出了三大社会形态理论是马克思理解现代社会的总纲，从而奠定了市场经济和改革开放的理论基础；不再局限于物质生产这一种生产，而是从物质生产、人类自身再生产、精神生产、社会关系再生产和人与自然关系再生产五种生产统一的角度理解社会有机体的全面生产，奠定了区别于市民社会立场的人类社会立场；从人类历史上第一个活动的角度确立了"现实的人"为历史唯物主义的出发点，从而批判了"理性经济人"的形而上学立场；从人的全面需求和全面生产的角度确立了生活世界的概念，并把生活世界理解为一切人类行为和活动的始发性根源与最终目的；从生活世界的高度，重新理解国家的起源和功能，从而为批判国家功能的异化奠定了基础；在生产方式的基础上加强了交往方式的研究；在劳动时间的基础上加强了自由时间的研究；在社会意识的基础上加强了社会心理和个体心理的研究；在物质生产的基础上，加强了人类自身再生产、精神生产、社会关系再生产和人与自然关系再生产的研究；在一国发展的基础上加强了国与国之间关系的研究；在现代社会基础上加强了古代社会的研究，值得指出的是人们更加重视对商品、交换、货币、资本历史地位和作用的研究。但是如何真正把握《资本论》的哲学思想，还必须从《资本论》著作的学科性质以及马克思研究的完整意图进行理解。

二 《资本论》哲学思想的内核是马克思的现代史观

《资本论》不是传统意义的经济学著作，也不是传统意义的哲学著作，而是马克思意义上的真正的“历史科学”，它通过资本与财富的运动与发展，全方位地揭示人与人之间关系的变化和发展，揭示现代社会的运动发展规律。它的真正的思想核心是马克思的现代史观。

马克思的现代史观就是马克思对现代社会的根本看法，这里的现代社会就是马克思所发现的第二大社会形态，即以市场经济为基础、以人对物的依赖性为特征的历史阶段。由于资本是市场经济的内核，是市场经济的竞争主体，是导致现代社会迅速发展以及一切矛盾冲突的根本原因，因而深刻揭示资本、市场经济、现代社会的关系构成马克思现代史观的主要内容。长期以来，我们过于强调对贯穿于自然、人类社会、人类思维的普遍规律的研究，而相对忽视了对马克思现代史观的研究，这是造成马克思主义哲学研究脱离时代、脱离现实的重要原因。我们有时说人民群众对哲学不感兴趣，其原因也在这里。

资本是打开现代社会密锁的一把钥匙。资本与阶级、国家一样是一个哲学范畴，是在人类历史的第二大社会形态（历史阶段）影响人类生存和发展的主导性因素，因而资本不是一个一般的经济范畴，也不是一个贯穿于人类历史始终具有普遍意义的哲学范畴，而是一个影响人类历史第二大历史阶段的基础性范畴。第二大历史阶段就是以市场经济为基础的历史阶段。劳动力成为商品是市场经济的真正起点，因而资本构成市场经济的真正灵魂。资本不是物，而是人与人之间的关系，“资本是对劳动及其产品的支配权”，正是这种权力决定了资本在生产与竞争中的主体地位。现代社会是以市场经济为基础的社会，因而是以资本为竞争主体的社会，正是这种主体地位决定了资本与经济、资本与民生、资本与国家、资本与社会的权力关系，决定了资本与世界经济一体化的关系，因而离开了资本，我们既不能理解现代社会的形成和发展，也不能理解当代世界的一切矛盾和冲突。如何承认资本、发展资本、引导资本、驾驭资本构成现代社会一切国家行为的本质，构成一切政治、经济、思想、文化矛盾与冲突的内核，构成当代世界每一个企望和平幸福生活的人的思考中心。资本构成理解现代社会的最核心范畴。

强调对人类历史普遍规律的研究，是马克思主义哲学的基本要求，但是停留于普遍的规律，而不研究每一历史阶段的特殊规律，我们就有可能陷入马克思所批评的庸俗唯物主义立场。正像马克思在研究精神生产时所指出的：“如果物质生产本身不从它的特殊的历史的形式来看，那就不可能理解与它相适应的精神生产的特征以及这两种生产的相互作用。从而也就不能超出庸俗的见解。”① 马克思的历史观是建立在现代史观基础上的，并且以现代史观为最高表现。关于普遍规律与每一历史阶段的特殊规律之间的关系，马克思在《资本论》第二版《跋》中作了深刻说明。在《跋》中，马克思肯定了考夫曼对自己辩证方法的概括。考夫曼说：“在马克思看来，只有一件事情是重要的，那就是发现他所研究的那些现象的规律……在他看来，这样的抽象规律是不存在的……根据他的意见，恰恰相反，每个历史时期都有它自己的规律。一旦生活经过了一定的发展时期，由一定阶段进入另一阶段时，它就开始受另外的规律支配。”马克思对考夫曼的描述非常满意，在作了以上引证后，说：“这位作者先生把他称为我的实际方法的东西描述得这样恰当……那他所描述的不正是辩证方法吗?”② 因此，真正辩证的方法，不是停留于揭示一般的普遍规律，而是揭示不同历史阶段的特殊规律，这正是历史唯物主义“历史”二字的真正含义。也就是说，当历史已经进入以资本与劳动关系为内核的现代社会，我们的思维却依然停留于前资本主义的原则和方法，或者停留于贯穿于自然、人类历史、人类思维的最普遍规律，我们就可能犯庸俗唯物主义的错误。马克思主义哲学必须与时俱进，以揭示

① 《马克思恩格斯全集》第26卷，人民出版社，1972，第296页。

② 《马克思恩格斯选集》第2卷，人民出版社，1995，第110～111页。

现代社会的特殊本质与特殊规律，离开了这种特殊本质和特殊规律就没有马克思主义哲学的时代性。

哲学是时代精神的精华，马克思主义哲学的生命力就在于它的时代性和人民性，如果一种哲学脱离当下时代、回避时代问题，那么它在本质上就是背离马克思精神的。在一定意义上，我们今天的时代依然是资本统治的时代，资本已经成为影响人类生存和发展的最主要权力，如果一种哲学对资本的统治视而不见，对人民的疾苦不闻不问，这种哲学如何表征时代精神呢？马克思主义哲学的使命就是解决时代的课题。因此，坚持历史唯物主义必然包含坚持马克思的现代史观，并把马克思的现代史观看作马克思哲学的最高表现。也就是说，马克思一生奋斗的目标不是为了建立某种普遍规律的体系，而是要解决当下人的生存问题。只有站在时代的高度和人民的立场，我们的哲学才能不脱离人民，才能真正实现哲学的大众化，因为哲学关心的问题，正是人民的切身利益。因此，真正的哲学革命必然是面向时代、面向人民的革命。

在当今时代，资本对现代生活的影响是双重的。一方面，它极大地推进着经济的发展。改革开放以来，我国经济取得了前所未有的突破性发展，已经证明了资本在经济领域的地位和作用。另一方面，资本又极大地伤害着劳动主体，两极分化、生态危机、腐败已成为社会毒瘤腐蚀着我们的肌体。尤其是当前，由金融危机引发的经济危机和政治危机震荡着整个世界，资本已演化成一种任何一国都无法单独驾驭的国际力量，因而回避对资本的研究必然意味着对马克思主义的背离。因此，在马克思的现代史观与马克思的人类史观的关系问题上，我们必须把马克思的现代史观看作马克思人类史观的一个重要的组成部分，反对离开现代史观对人类历史做抽象研究。不仅如此，我们还必须把马克思的现代史观看作马克思人类史观的最高表现，是最真、最活的历史唯物主义，因为正是在这里才真正体现着马克思哲学的时代性和人民性。离开了现代史观，我们就不能真正把握马克思的历史唯物主义。因而从一般唯物史观上升到马克思的现代史观，是历史唯物主义思维方法的革命，是实现马克思主义哲学革命化、大众化的必由之路。

三　马克思的现代史观与《资本论》的总体框架

过去我们学《资本论》，重心放在第一卷，因为正是这一卷，揭示了剩余价值的来源，揭示了当代社会一切矛盾的根源。也就是说，从阶级斗争的角度，这一卷已经清晰揭示了阶级斗争的根源，但是从完整地把握马克思哲学思想、马克思现代史观、马克思的人类史观而言，却是远远不够的，因为第一卷只是在抽象的意义上揭示了现代社会的矛盾，要回答现实问题，就必须从抽象上升到具体，上升到资本主义的现实生活，而这则是第三卷的任务。《资本论》第一卷讲资本的生产过程，第二卷讲资本的流通过程，第三卷讲资本的再生产或总生产过程。只有第三卷才展现出剩余价值是如何被具体瓜分的，展现出资本主义活生生的生活现实。正因为如此，恩格斯在整理第三卷时十分兴奋，他在致友人的信中说："我正在搞第三册。它是卓越的，出色的。这对整个旧经济学确实是一场闻所未闻的变革。"[①] "这是圆满完成全著的结束部分，甚至使第一卷相形见绌。" "这个第三卷是我所读过的著作中最惊人的著作……"[②] "第三卷……第一次从总的联系中考察了全部资本主义生产，完全驳倒了全部官方的资产阶级经济学。"[③] 但是，从今天的眼光看，停留在《资本论》三卷也是不够的，因为《资本论》在某种意义上讲是一部未完成的著作。要真正了解马克思的现代史观，了解马克思的完整世界观，还必须深入《资本论》总体计划的后三卷，因为《资本论》最初的写作计划是六卷，即"（1）资本；（2）地产；（3）雇佣劳动；（4）国家；（5）国际贸易；（6）世界市场"[④]。目前出版的《资本论》至多只包含前三卷内容。《资本论》后三卷内容，即国家、国际贸易、世界市场，在当今具有特别重大的意义。由于马克思没有留下后三卷现成的手稿，因此，我们的研究必须深入马克思的手稿，深入马克思、恩格斯关于《资本论》的书信以及马克思为写作《资本论》而作的关于资本、货币、银行、股份制、国际贸易、世界市场、前资本主义的大量笔记。正是在手稿、书信、笔记中透露着马克思对现代社会的完整思考。从《资本论》内在的逻辑讲，前三卷主要揭示资本与劳动在一国之内的对立，这一矛盾如何必然地演化为关于国家权力的斗争以及如何必然地演化为世界范围的斗争，则是后三卷的任务。这是马克思总的、完整的世界观，因为正是在这里，马克思揭示了资本主义为什么还有生命力，为什么无产阶级争取解放的斗争必然要上升为政

---

① 《马克思恩格斯全集》第 36 卷，人民出版社，1974，第 292 ~ 293 页。
② 《马克思恩格斯全集》第 36 卷，人民出版社，1974，第 299 页。
③ 《马克思恩格斯全集》第 36 卷，人民出版社，1974，第 322 页。
④ 《马克思恩格斯全集》第 29 卷，人民出版社，1972，第 299 页。

治斗争，社会主义在一国之内建设为什么是十分艰难的，市场经济为什么是一个非常长期的发展过程。一句话，研究资本不能局限于经济，不能局限于一国之内，必须拓展到政治，拓展到整个世界。

在后三卷中，国家理论具有特别重大的意义。国家是上层建筑，在传统经济学看来，这不属于经济学研究范围，而马克思认为这是资本研究的题中应有之义。为什么马克思要研究国家呢？这里有三方面的原因应引起我们的思考。第一，《资本论》不是传统的经济学著作，而是真正意义的“历史科学”，以资本为原则的经济学是无法理解这一任务的。第二，国家对资本的发展具有特别重大的意义，因为资本的每一步发展都离不开国家，无论是资本的原始积累，还是资本主义秩序的建立，也无论是资本向外拓展、建立殖民地，还是建立金融帝国，资本都必须要依靠国家。第三，无产阶级要想追求自己的幸福，也离不开国家，因为在市场经济条件下，任何个人都无法与资本抗衡，唯有建立真正的人民国家，才可能引导资本并驾驭资本，使资本更好地为人民服务。就是说，在市场经济基础之上，国家是站在资本的立场上，还是站在人民的立场上，这一点将决定一个民族的命运。在改革开放30 多年后的今天，这一点特别重要。

在后三卷中，世界市场的理论也格外重要。因为按照《资本论》三卷的理论，资本只要局限在一国之内发展，资本与劳动的矛盾必然要导致资本的灭亡，因为在一国范围之内市场极其狭小，资本无法克服生产过剩和消费不足这一根本矛盾，生产越多，越易发生经济危机。唯一使资本主义活下来的原因，就是资本向国外拓展，建立世界市场，这是理解资本历史命运的关键一环。马克思认为，在资本的概念中就已经包含着建立世界市场的内在趋势。要解释当今世界，离开世界市场是不可能的。马克思曾指望 1848 年革命能成功，但是最后革命失败了，原因在哪里？原因就在于资本在国外找到了生命之源，这正是马克思退回书房的原因。正是资本的向外拓展导致了资本主义的大发展，同时也必然导致了第一次、第二次世界大战。二战后，发达资本主义国家由竞争走向垄断，建立维护资本主义的世界秩序，其目的也在于要建立更加充分的世界市场。世界市场是马克思认识和分析世界的极重要环节，它构成马克思现代历史科学的重要组成部分。也就是说，分析资本，不能局限于一国之内，在第二大社会形态中，资本与劳动的矛盾本质上是世界性的，无产阶级的历史使命和社会主义的发展战略本质上是与世界经济一体化相联系的。

马克思虽然没有留下后三册的专门手稿，但是却留下了后三册的总体思路，这一思路就保存在《资本论》手稿、书信、笔记中，尤其是《1857～1858年经济学手稿》，对于了解马克思的总体思路具有极重要的意义，因为这一手稿是对资本的最完整的哲学思考。全面地把握马克思的思想是极其艰难的任务，但却是坚持和发展马克思主义的当代需要，因为无产阶级在取得政权以后，国家发展的总体战略都与后三卷有关，这是当代最真、最活的马克思主义。

四 马克思的现代史观与《资本论》手稿的独特地位

在这里特别要提出手稿在马克思哲学思想研究中的独特地位。《资本论》在形式上是一本经济学著作，但真正的思想大家却在经济学的字里行间读出了马克思的哲学思考，正如恩格斯所说“德国的经济学本质上是建立在唯物主义历史观基础上的。”① 普列汉诺夫针对论敌责难马克思没有专门的哲学著作，明确指出要想了解马克思的哲学学说和历史学说，最重要的材料首推《资本论》②。《资本论》作为历史著作是非常精彩的，其中关于历史的理论第一次给了我们了解人类进化的钥匙，是当代最重要的历史理论③。拉布里奥拉则更深刻地认识到《资本论》在马克思思想形成中的作用，他明确指出马克思的整个学说是到《资本论》时期才最终成熟的，认为这部历史哲学的巨著是丰富、复杂、包罗万象的，从资产阶级历史时期的整个内部结构入手，详尽地研究了这个时期的发生过程，并在思想上超越了这个时期。梅林也认为《资本论》是“完美的艺术品”、“完整历史观的有机体”，并告诫后人要认真研究《资本论》中的历史观点④。列宁则将辩证法与唯物史观结合起来，要求人们必须坚持辩证法，认为辩证方法是要求我们把社会看作活动着和发展着的活的机体的。因此，在马克思那里哲学与经济学是不可分的，《资本论》的成功其原因就在于哲学与经济学的结合，它是这种结合的丰碑，割断这种联系，不能说真正读懂了《资本论》。正是在

① 《马克思恩格斯全集》第13卷，人民出版社，1962，第526页。

② 普列汉诺夫：《论一元论历史观之发展》，博古译，三联书店，1965，第179页。

③ 普列汉诺夫：《普列汉诺夫哲学著作选集》第1卷，汝信等译，三联书店，1961，第562页。

④ 梅林：《保卫马克思主义》，吉洪译，人民出版社，1982，第4～5页。

《资本论》时期，马克思的历史观才真正达到成熟的地步。也就是说，马克思历史观的真正确立是在剩余价值学说产生以后，是在资本主义运行规律被科学揭示以后，是在马克思现代史观形成以后。

如果说在《资本论》中马克思的哲学思想还主要是隐藏在经济学语句中，那么《资本论》手稿就不一样，手稿与正式发表的正本不同，正本由于受论述主题的限制和出版环境的制约，它的主题无法跳跃，它的内容无法随思想而自由驰骋。手稿却不同，手稿是马克思的思想实验室，在手稿中，随处可见马克思思想的大幅跳跃，从一个主题引申出另一个主题，从而得出令人惊叹的结论。在手稿中，马克思的思想是原生态的，思想的张合和凝聚不受章节的限制，然而却反映出与世界的强烈对话。马克思是思想大家，他不仅在哲学、经济学领域，而且在数学、文学、政治、历史、法律诸多领域颇有研究，因此他的思想是无限丰富的，每一种思想在他那里都不是孤立的，而是统属于整个世界观的，正是具体问题与世界观的不断碰撞导致了马克思思想的发展，手稿的优点就是真实地记录下他的思想发展过程。马克思的剩余价值学说就是在历史唯物主义指导下对私有制与异化劳动的追问中发现的，而对于人类历史具有重大指导意义的三大社会形态理论则是在马克思研究货币理论时发现的。由于手稿真实地记录了这一过程，因而与正本相比就显得更加重要。

在马克思的一生中曾经留下了许多著名的手稿，如《1844 年经济学哲学手稿》《关于费尔巴哈的提纲》《德意志意识形态》，这些手稿成为理解马克思早期思想发展的最主要文本，谁也不能因为它是手稿而贬低它的地位。同样，在《资本论》创作时期，马克思也留下了大量手稿，这些手稿成为我们理解马克思成熟时期哲学思想的最经典文本，尤其是《1857～1858 年经济学手稿》。在《资本论》三大手稿中，《1857～1858 年经济学手稿》具有特殊地位。《1857～1858 年经济学手稿》是《资本论》第一手稿，由三章构成，即《货币章》《资本章》《价值章》，写在七个笔记本上，计 309 页。《价值章》马克思实际上只写了一页，因而实际上集中讨论了货币和资本两个问题，其中又以资本为主，在余下的 308 页中，讨论货币的占 55 页，讨论资本的占 253 页。由于资本问题是现代社会的核心问题，因而马克思在对资本的深入分析中展开了对资本主义方方面面的重新认识，展开了对现代社会发展规律的重新认识，展开了对人类历史的重新认识。如果说《1844 年经济学哲学手稿》是马克思青年时期思想的发源地，那么马克思的

《1857～1858年经济学手稿》则是马克思中年时期的思想汇聚地，它在风格上与《1844年经济学哲学手稿》非常相似，并且在许多方面延续了《1844年经济学哲学手稿》的主题，不过是在一个更高的层面的延续。正是在这里，马克思形成了剩余价值学说，形成了完整的资本理论，形成了对资本主义本质的深刻认识，形成了马克思的现代史观和人类史观。因此，它的内容是任何一种经济学思想所不能涵盖的。麦克莱伦在《卡尔·马克思传》中充分地注意到了这一点，他发现马克思在手稿中讨论了许多与经济学无关的问题，例如“个人和社会，劳动的性质，自动化对社会的影响，空闲时间的增加和劳动分工的消灭问题，在资本主义社会的较高阶段上异化的性质，资本主义的革命性质以及它固有的普遍性，等等。正是这些离题的讨论赋予了《经济学手稿》以根本性的重要作用，它表明对一项庞大的研究来说，这只是一部初稿；马克思后来呈现给世人的著作《资本论》只包含了《经济学手稿》明确标明基本内容中的一小部分。”这一小部分即马克思最初六册计划“资本、土地所有制、雇佣劳动；国家、对外贸易、世界市场”中的前三册，而手稿则展现出马克思对六册内容的总体构想。“论述诸如对外贸易和世界市场的部分显示出马克思一定程度上逐渐勾勒出了他的其他五部‘经济学’著作的基本论题。”① 因此，要真正理解《资本论》，就必须了解马克思的整个写作计划、了解马克思的整个写作思路，必须深入《资本论》手稿。而真正领会马克思的写作目的和意图，又必须把《资本论》的全部六卷内容放入马克思对整个人类史尤其是现代史的深刻理解的背景中，与马克思的现代史观和人类史观相结合。因此，《1857～1858年经济学手稿》是一部真正的经济学哲学手稿，是马克思的历史唯物主义与经济思想相结合的最经典表述，它的明晰度要远远超过《资本论》正本和以后的马克思著作，是我们研究马克思的不可多得的经典文本。它的重要性要远远超过《1844年经济学哲学手稿》，对于它的学术地位，马克思自己也非常重视，用马克思自己的话来讲，“它是十五年的，即我一生的黄金时代的研究成果”②。《资本论》三大手稿从本质上讲都具有这种性质，它从经济问题入手，然而它的视野、它的高度却是哲学的。对于三大手稿的哲学地位，可以初步概括为以下几个方面。

---

① 麦克莱伦：《卡尔·马克思传》，王珍译，中国人民大学出版社，2005，第274页。

② 《马克思恩格斯〈资本论〉书信集》，人民出版社，1976，第137页。

（1）形成了最高意义的现代史观。在《货币章》里，马克思在研究货币的历史起源过程中，第一次发现并提出了人类历史的三大社会形态，从而从历史哲学高度指出了市场经济的世界历史意义。马克思指出："人的依赖关系（起初完全是自然发生的），是最初的社会形态，在这种形态下，人的生产能力只是在狭窄的范围内和孤立的地点上发展着。以物的依赖性为基础的人的独立性，是第二大形态，在这种形态下，才形成普遍的社会物质变换，全面的关系，多方面的需求以及全面的能力的体系。建立在个人全面发展和他们共同的社会生产能力成为他们的社会财富这一基础上的自由个性，是第三个阶段。第二阶段为第三阶段创造条件。因此，家长制的，古代的（以及封建的）状态随着商业、奢侈、货币、交换价值的发展而没落下去，现代社会则随着这些东西一道发展起来。"① 这是对市场经济历史地位的最高概括，是对现代社会本质的最深刻揭示。

（2）发现了现代社会的基础，发现了雇佣劳动这一异化劳动的最新形式，发现了剩余价值，发现了市场经济的真正起源，从而打开了现代社会历史之门。正像马克思所说："最大的交换，不是商品的交换，而是劳动同商品的交换。"② "一旦劳动人口不再作为商品生产者进入市场，不再出卖劳动产品，而是出卖劳动本身，或者更确切地说，出卖他们的劳动能力，那么，生产就会在整个范围内，在全部广度和深度上成为商品生产，一切产品都变成商品，每一个个别生产部门的物的条件本身都作为商品进入该部门……只是在劳动能力本身对它的所有者来说已经成为商品，而工人成为雇佣工人，货币成为资本的地方，产品才普遍采取商品形式。"③ 现代社会一切发展、一切矛盾的根源均在于此。

（3）第一次在哲学的意义上肯定了商品交换、货币、资本的历史地位和作用。认为商品交换是人类文明的一大进步，它"完全改变了先前的整个社会"④，使人类从野蛮走向和平。"人们彼此间的世界主义的关系最初不过是他们作为商品所有者的关系"⑤。货币使人类产生了致富欲，发掘了人类真正的财富源泉，并成为当代社会"发展一切生产力即物质生产力和精

① 《马克思恩格斯全集》第 46 卷上册，人民出版社，1979，第 104 页。
② 《马克思恩格斯全集》第 46 卷上册，人民出版社，1979，第 101 页。
③ 《马克思恩格斯全集》第 47 卷，人民出版社，1979，第 353 页。
④ 《马克思恩格斯选集》第 4 卷，人民出版社，1995，第 174 页。
⑤ 《马克思恩格斯全集》第 13 卷，人民出版社，1962，第 142 页。

神生产力的主动轮”[①]。资本的本性是卑劣的，然而它却是一种文明的剥削方式。正因为如此，资本创造了一个时代。与古代一切经济形式相比，资本是最有效的经济发展方式，它以雇佣劳动为基础，使人摆脱政治的、地域的、宗教的人身束缚，通过交换而不是强制的方式，把一切人力、物力组合进社会化机器大生产，通过发展社会生产力的方式积累相对剩余价值，发展交通、通信、信贷，激励教育、科学为直接的生产过程服务，通过竞争，瓦解着一切传统的生产方式和生活方式，激发起一切人的致富欲望，并把市场交换推向全世界。自资本诞生以来，资本创造了无数人间奇迹。但是资本又是与构成其基础的那部分人的利益相冲突的，只要资本存在，社会的两极分化就不可避免，这是理解现代社会一切发展和矛盾冲突的根源。

（4）在研究资本、货币历史起源过程中，第一次系统地研究了前资本主义社会，研究了亚细亚生产方式，奠定了历史唯物主义的古代社会基础。在《1857～1858 年经济学手稿》第二篇《资本的流通过程》中，马克思专门用一节研究了“资本主义生产以前的各种形式”，重点研究了人类走向定居后，农村公社的三种不同的土地所有制形式，即亚细亚的、古代的及日耳曼的三种公社土地所有制形式，这些内容不属于政治经济学批判范畴，然而对我们理解古代社会、理解马克思的历史观，却是极其珍贵的资料。

（5）第一次从生存论角度提出了时间概念，提出了衡量财富的两个尺度。在《1861～1863 年经济学手稿》中，马克思第一次从生存论角度提出了时间概念，认为“时间是生命本身的尺度”[②]。不仅如此，马克思还进一步指出：“时间实际上是人的积极存在，它不仅是人的生命的尺度，而且是人的发展的空间。”[③] 任何一个人，为了生存，他必须要有劳动时间，为了发展，他必须要有自由时间。然而在资本主义社会里，工人终身不过是劳动者，他的自由时间被剥夺了。“这些不劳动的人从这种剩余劳动中取得两种东西：首先是生活的物质条件……其次是他们支配的自由时间，不管这一时间是用于闲暇，是用于从事非直接的生产活动（如战争、国家的管理），还是用于发展不追求任何直接实践目的的人的能力和社会的潜力（艺术等等，

① 《马克思恩格斯全集》第 46 卷上册，人民出版社，1979，第 173 页。

② 《马克思恩格斯全集》第 47 卷，人民出版社，1979，第 52 页。

③ 《马克思恩格斯全集》第 47 卷，人民出版社，1979，第 532 页。

科学）……不劳动的社会部分的自由时间是以剩余劳动或过度劳动为基础的，是以劳动的那部分人的剩余劳动时间为基础的；一方的自由发展是以工人必须把他们的全部时间，从而他们发展的空间完全用于生产一定的使用价值为基础的；一方的人的能力的发展是以另一方的发展受到限制为基础的。迄今为止的一切文明和社会发展都是以这种对抗为基础的。”① 在未来的社会里，“表现为生产和财富的宏大基石的，既不是人本身完成的直接劳动，也不是人从事劳动的时间，而是对人本身的一般生产力的占有，是人对自然界的了解和通过人作为社会体的存在来对自然界的统治，总之，是社会个人的发展。现今财富的基础是盗窃他人的劳动时间，这同新发展起来的由大工业本身创造的基础相比，显得太可怜了。一旦直接形式的劳动不再是财富的巨大源泉，劳动时间就不再是，而且必然不再是财富的尺度，因而交换价值也不再是使用价值的尺度。群众的剩余劳动不再是发展一般财富的条件，同样，少数人的非劳动不再是发展人类头脑的一般能力的条件。于是，以交换价值为基础的生产便会崩溃，直接的物质生产过程本身也就摆脱了贫困和对抗性的形式。个性得到自由发展……那时……由于给所有的人腾出了时间和创造了手段，个人会在艺术、科学等等方面得到发展。”② 正是在这里，马克思对人类历史的本质作了新的概括。

（6）第一次提出了社会有机体学说，并以社会有机体为总概念贯通历史唯物主义一切其他概念、范畴。《资本论》时期是马克思思想发展的高峰时期，这一时期的最大特点，就是马克思在历史唯物主义的指导下，具体研究了一个历史上最发达的社会形态，不仅通过本质性的分析再现了它的丰富具体，而且推古论今，发现了前资本主义社会的特殊规律和人类历史的共同发展规律，从而极大地丰富和发展了历史唯物主义。马克思的视野是全世界的，正是这种深邃而广阔的视野使马克思的历史观具有了无限的穿透力，从而使历史唯物主义的每一个概念和范畴获得了生命力。辩证性、总体性、有机性是他的最主要思想特征。立场、观点、方法在他那里也是高度统一的，我们只有站在马克思的立场上，才能真正理解马克思的观点和方法，这就是我们今天研究《资本论》哲学思想的最主要结论。

① 《马克思恩格斯全集》第 47 卷，人民出版社，1979，第 215 页。

② 《马克思恩格斯全集》第 46 卷下册，人民出版社，1980，第 218 ~ 219 页。

参考文献

《马克思恩格斯全集》第 26 卷（1），人民出版社，1972。
《马克思恩格斯选集》第 2 卷，人民出版社，1995。
《马克思恩格斯全集》第 36 卷，人民出版社，1974。
《马克思恩格斯全集》第 29 卷，人民出版社，1972。
《马克思恩格斯全集》第 13 卷，人民出版社，1962。
普列汉诺夫：《论一元论历史观之发展》，博古译，三联书店，1965。
《普列汉诺夫哲学著作选集》第 1 卷，汝信等译，三联书店，1961。
梅林：《保卫马克思主义》，吉洪译，人民出版社，1982。
麦克莱伦：《卡尔·马克思传》，王珍译，中国人民大学出版社，2005。
《马克思恩格斯〈资本论〉书信集》，人民出版社，1976。
《马克思恩格斯全集》第 46 卷上册，人民出版社，1979。
《马克思恩格斯全集》第 47 卷，人民出版社，1979。
《马克思恩格斯选集》第 4 卷，人民出版社，1995。
《马克思恩格斯全集》第 46 卷下册，人民出版社，1980。

（作者单位：复旦大学哲学系）

《资本论》的理论空间与哲学性质

卜祥记

一般而言，任何有重要影响的著述都包含了一定的哲学思想，因而我们都可以对其做哲学的分析。但是，就《资本论》而言，当我们试图将其视作哲学巨著时，这却并不仅仅由于它内在地蕴含了丰富的哲学思想，更在于它本身就是马克思唯物史观创立与发展进程中的关键性环节，是贯穿于唯物史观建构完整历程中的理论要求、环节的产物。这就需要我们破除这样一种误解，即认为在理论的基本性质上“早期马克思”与“成熟马克思”是断裂的，只有这样，我们才能弥合作为经济学家的马克思与作为哲学家的马克思之间的裂隙，从而站在唯物史观之思想史的高度，确证《资本论》实则为历史哲学的巨著。这将是我们讨论《资本论》当代意义的前提性工作。

一 “双重断裂”视域中的《资本论》

所谓“双重断裂”视域，指称的乃是一种主要发生于国外学术界，同时在国内马克思主义研究中也同样存在的对待马克思及其学说的理论态度。在这一视域影响下，《资本论》被解读为：尽管《资本论》包含丰富的哲学思想，但它本质上不过是一个单纯的经济学文本；无论是《资本论》直接呈现出来的经济学理论范式，还是它内在蕴含的哲学原则，都与马克思的早期思想有着根本性的界限。前者表现出来的是作为理论巨著的《资本论》在哲学与经济学思想性质之间的断裂；后者则意味着作为马克思成熟期著作的《资本论》所体现的思想与其早期思想间的断裂，或者说“早期马克思”与“成熟马克思”的断裂。理所当然，这种“双重断裂”视域必然造成对《资本论》以及马克思的哲学思想的双重误读。

第一，如果仅仅把《资本论》作为纯粹的经济学文本，并因而制造出作为哲学家的马克思与作为经济学家的马克思的断裂，那么，不仅马克思哲学成为脱离人类最鲜活的现实——经济活动或经济生活——的抽象教条而丧失其生命力，而且《资本论》也必将成为一部纯技术性的经济理论著作。毫无疑问的是，对于《资本论》，我们当然是可以也应当提出技术性的要求，因为它毕竟是对资本主义生产方式以及和它相适应的生产关系和交换关系的研究，并且通过这一研究，旨在揭示现代社会的经济运动规律。但是，如果我们仅仅把它作为纯粹经济学意义上的技术性理论体系，那么，在《资本论》诞生近 150 年后，在资本主义发展已经呈现出鲜明当代性特征的今天，在讨论《资本论》的当代意义时，就一定会面临一个让我们非常被动的挑战：正像许多国外学者以及一些国内经济学家不断公开表明的那样，《资本论》已经不再能够科学解释当代资本主义的经济运行机制，因而已经过时了。

从总体上看，长期以来，在国外马克思主义学者的眼中，马克思的确更多的是被视作经济学家，而不是哲学家。《资本论》也更多地被看作经济学著作，而不是哲学巨著。20 世纪 90 年代以前，国外仅仅专注于研究马克思哲学思想的学者是非常少的，他们更多地把对马克思的研究聚焦于《资本论》，并紧紧围绕《资本论》所蕴含的经济理论设计的严密性进行纯粹的经济学分析。其中，最有代表意义且产生重要影响的乃是俄国学者拉迪斯·冯·鲍特凯维兹发表于 1907 年 7 月的《论〈资本论〉第三卷中马克思的基本理论结构的改正问题》，该文指出，马克思关于价值到生产价格转形的计算有误。英国学者本·法因和劳伦斯·哈里斯在回应对《资本论》的技术性指责——其中就包括了这一指责——时撰写的《重读〈资本论〉》（1979），也同样是紧紧围绕《资本论》的经济理论设计展开的。纵观国外马克思主义研究者对待马克思和《资本论》的基本理论态度，我们可以看到，从 19 世纪末 20 世纪初的庞巴维克对马克思劳动价值论和剩余价值论的批判，到 20 世纪 50 年代吉尔曼对利润率下降规律的统计检验并得出相反的结论，再到 20 世纪七八十年代获得迅速发展的“分析的马克思主义”学派的科恩、布伦纳、罗默、埃尔斯特等人，分别从技术决定论、财产关系决定论、理性选择决定论的角度，试图推翻马克思的劳动价值论和剩余价值论，他们无不仅仅依据马克思对资本主义经济活动规律的技术性理论设计及其与当下资本主义经济现实之间的间距和张力，试图从整体上或局部上证伪、推翻马克思的《资本论》。不论是主观上的故意为之，还是客观上的误读，对于他们来说，只要把《资本论》视作单纯的经济学文本，就总是可以便捷地得出他们所需要的《资本论》“过时论”的结论。

对于马克思主义的研究者来说，如何科学地回应这一挑战则是一个严峻复杂的理论课题。事实上，自《资本论》诞生至今，这一挑战不仅从没有消失过，而且有愈演愈烈的趋势。这一事实本身就说明，这一挑战已经使马克思主义研究者陷入被动，而其根源之一就在于：作为马克思经济学说捍卫者的国外马克思主义者不自觉地落入了资产阶级经济学家设定的理论陷阱，也仅仅把《资本论》作为诠释资本主义经济运行机制的技术性理论设计，并因之或者顽固地坚持与捍卫，或者依据当代资本主义的新发展对这一技术性理论设计做一些修修补补的工作。就前者而言，我们看到以多布、曼德尔、内格里等为代表的正统马克思主义者以反批判的方式，通过捍卫马克思的劳动价值论、剩余价值论和资本积累理论等，去论证马克思资本主义批判的科学性以及资本主义由于自身内在矛盾而走向灭亡的历史必然性；就后者而言，我们看到与他们同时代以及稍后的一些新马克思主义者试图基于对《资本论》核心理论的再诠释，以确保《资本论》的当代效用。如美国垄断资本学派的代表人物巴兰、斯威齐主张用“经济剩余”来代替“剩余价值”，用经济剩余增长的规律代替利润率下降趋势的分析，用外延更广的概念取代“工人阶级”以有效剖析现代垄断资本主义；美国学者奥康纳主张用“双重矛盾”理论与国家财政危机理论分析当代资本主义经济危机的起因及其性质；“不发达政治经济学”的一部分学者借用马克思的经济学理论去分析发达资本主义与经济落后地区在二战后差距扩大的原因，形成了垄断停滞理论（巴兰）、依附论（弗兰克）、世界体系论（沃勒斯坦）和不平等交换论（伊曼纽尔和阿兰）、边缘资本主义理论（阿明），等等。

毋庸讳言，他们的理论应战对马克思经济学说的推进与发展是有意义的。但遗憾的是，他们的所有努力却都本质性地缺失了唯物史观的理论维度与理论视野，仅仅局限于经济学的理论视域，因而只是或只能被动地应对挑战，却无法从根本上驳倒由来已久的《资本论》“过时论”。实际上，对于这种断裂论可能导致的严重后果，一些国外马克思主义研究者已经有所警觉和意识。譬如，随着20世纪90年代《马克思恩格斯全集》历史考证版第二版（MEGA2）整理与研究工作的复苏，国外学者们围绕《资本论》研究，成立了一个重读马克思的小组，已经开始有哲学家介入其中。但是，从其研究成果《重读马克思——历史考证版之后的新视野》（2009）一书的内容来看，除了一些有关哲学方法论问题的讨论外，其研究重心依然主要聚焦于《资本论》的经济学思想，因而依然为《资本论》“过时论”保留了存在的空间。

第二，当另一部分国外马克思主义研究者试图超越《资本论》的纯粹经济学性质，赋予其哲学意义时，却陷入了“青年马克思”与“成熟马克思”的“断裂论”泥潭。在《1844年经济学哲学手稿》（以下简称《手稿》）于1932年被发现后，国外马克思主义研究中出现了关于马克思早期著作与成熟期著作之间关系的争论，这一争论在20世纪五六十年代达到高潮。某些西方学者和马克思主义者把该《手稿》的哲学立场完全归结为费尔巴哈式的人本主义，并视其为马克思思想的顶峰，而此后的著作则意味着马克思思想的退化。这是一种以人本主义重新解释马克思，用“青年马克思”否定“成熟马克思”，进而否定马克思唯物史观和剩余价值学说的“断裂论”。它在苏共“二十大”后的“非斯大林运动”中也有所反映——在批判斯大林教条主义、个人迷信的口号下，马克思的人道主义、黑格尔主义理论传统的复活成为理论热点。

正是在这种时代和理论背景下，阿尔都塞撰写了《保卫马克思》《读〈资本论〉》等著作，坚决反对把马克思人道主义化，极力捍卫马克思的《资本论》，并认为“我们可以读到马克思真正的哲学的地方是他的主要著作《资本论》”。[①] 但是，阿尔都塞却由此走向另一个极端，即用成熟马克思否定青年马克思，用《资本论》否定《手稿》。在阿尔都塞看来，“在1842～1844年间，不仅马克思所使用的术语是费尔巴哈的术语（异化、类存在、整体存在、主谓‘颠倒’等等），而且更重要的显然是：他的哲学总

① 路易·阿尔都塞、艾蒂安·巴里巴尔：《读〈资本论〉》，李其庆、冯文光译，中央编译出版社，2001，第24页。

问题在本质上也是费尔巴哈的总问题”，而关于马克思的“新的总问题”，我们“可以阅读《德意志意识形态》、《哲学的贫困》、《资本论》等马克思成熟时期的著作”。[①] 在这里出现的同样是马克思早期哲学思想（意识形态哲学）与后期历史科学（历史唯物主义）、《手稿》与《资本论》的对立，只不过真正有价值的思想不再是早期思想，而是后期思想而已。这也就难怪阿尔都塞要通过阅读《资本论》重建马克思主义哲学——既然已经把马克思的早期哲学思想归结为意识形态的乌托邦，那就只能在后期著作中去挖掘与重建《资本论》的哲学基础了。[②] 然而，对于这一断裂论而言，严重的后果在于，即使赋予《资本论》以唯物史观的哲学性质，作为《资本论》前史的马克思早期哲学思想事实上也已被排除在理论讨论的范围之外，而《资本论》则成为一部没有理论前提和理论准备的论著。对于任何严肃的理论探索来说，这显然是让人无法理解和接受的，这必然无助于对《资本论》当代意义的科学呈现。

在国外的马克思主义研究中存在的如上双重“断裂论”思潮在国内马克思主义研究中均有程度不同的反映。

首先，就第一重断裂来说，即作为理论巨著的《资本论》在哲学与经济学思想性质之间的断裂而言，在国内主要表现为两个特点：其一，在形式上，即在学科设置上，哲学与经济学长期以来被归属于两个界限分明的研究和教学领域。尽管人们并不否认马克思的哲学与经济学、《资本论》与唯物史观的内在关联，甚至我们还非常强调这种内在关联的本质重要性，但却无法掩盖它实际上被割裂的事实。近年来，由于西方主流经济学在国内经济学界的理论殖民以及随之而来的政治经济学研究的萧条，哲学与经济学的学科界限不仅没有缩小，反倒空前地扩大，这也是一个不争的事实。其二，从内容上看，即从哲学与经济学研究者的知识结构和理论视域看，僵硬的传统学科划界造成了教学科研主体“哲学－经济学”知识结构的断裂和理论视阈的狭隘，加之西方主流经济学的“高深莫测”，使得我们在有效应对西方主

① 路易·阿尔都塞：《保卫马克思》，顾良译，商务印书馆，2006，第28、31页。

② 需要注意的是，阿尔都塞所理解的需要给予重建的、作为《资本论》基础的哲学是“辩证唯物主义”。在他看来，马克思主义理论由科学（历史唯物主义）与哲学（辩证唯物主义）组成。既然马克思的早期哲学思想被归结为“意识形态哲学”，而从《德意志意识形态》到《资本论》，马克思给我们提供的是作为科学的“历史科学”，即历史唯物主义，因而在阿尔都塞看来，在马克思主义理论中，哲学落后于科学，需要通过《资本论》的阅读，再建马克思的辩证唯物主义哲学。

流经济学质疑《资本论》的时候，面临着空前的理论无奈：哲学工作者由于不懂得经济学——尤其是西方主流经济学，只能回避必不可少的技术性环节而抽象地讨论《资本论》的哲学寓意；从事政治经济学研究的经济学家由于缺乏深厚的哲学素养，则无法呈现《资本论》作为哲学巨著的哲学品格和唯物史观立场，只能把《资本论》作为纯粹的经济学著作，仅仅纠缠于琐碎的技术性环节，被动地疲于应对来自西方主流经济学的“步步逼近”的技术性挑战。

其次，就“青年马克思”与“成熟马克思”的断裂而言，用“青年马克思”否定“成熟马克思”或者用“成熟马克思”否定“青年马克思”的理论倾向，在国内理论界也都有所反映。可以说，把以《手稿》为代表的马克思早期思想“人道主义化”，就是典型代表。这其实也是制造“青年马克思”与“成熟马克思”思想断裂的共同根源。早在20世纪80年代的人道主义与异化问题的讨论中，一部分学者竭力把马克思人道主义化，并试图用《手稿》中的人道主义填补马克思后期思想中所谓人学理论的空场。也正因为如此，萨特的存在主义在当时的国内理论界盛行一时。尽管这一理论态度对于反思“文革”之惨痛历史教训，重新认识马克思的人学思想有着不可忽视的积极意义，但却会导致这一问题的出现：用“青年马克思”否定“成熟马克思”。与此同时，更多学者坚守传统立场，他们也把《手稿》中马克思的理论立场人道主义化，但却把它作为批判与反思的对象，并试图用《德意志意识形态》（以下简称《形态》）并主要地体现在《资本论》中的作为革命家的“成熟马克思”立场否定《手稿》中的“青年马克思”的抽象人道主义。迄今为止，这一争论不仅没有消失，而且以各种理论变形——“复调逻辑”、“以海解马”、“走进马克思”、“走近马克思”以及“回到马克思”、“马克思是我们的同时代人”，等等，呈现出日益激烈的争论格局。

综上所述，我们可以得出两点基本判断：①对《资本论》当代意义的科学讨论，绝不可以在哲学与经济学断裂的视域中，紧紧围绕《资本论》所蕴含的经济理论设计的严密性及其当下可行性进行纯粹技术性的经济学论证，必须引入关键性的哲学分析的维度，把《资本论》同时视为马克思唯物史观的哲学巨著，彰显《资本论》的唯物史观品格。②深度呈现《手稿》与《资本论》之间的内在思想关联，把《资本论》的理论源起回溯到作为唯物史观理论发源地的《手稿》，由此赋予《资本论》之作为哲学巨著以合法性根据，并据此彰显《资本论》的当代意义，推进马克思主义哲学和经济学理论创新。

二 思想史空间中的《资本论》

对《资本论》基本理论性质的判定，必须植根于马克思思想史行程的完整理论空间；基于这一理论空间，如果我们有充分的理由把《资本论》的理论源起回溯到《手稿》，就不仅能够弥合所谓“青年马克思”与“成熟马克思”的思想断裂，而且将从根本上打通马克思的哲学与其政治经济学之间的理论通道；只要我们充分地展示出《资本论》研究的理论诉求在《手稿》中的源起以及这一源起如何经过《形态》、《哲学的贫困》（以下简称《贫困》）和《共产党宣言》（以下简称《宣言》）中的逐步发展，就足以本质性地呈现《资本论》之作为唯物史观哲学巨著的理论根据。这将是嵌入《资本论》“过时论”的旧观念棺材上的最后一颗也是最关键的一颗“铁钉”。

（一）《资本论》研究总问题的初始表达

如果我们借用阿尔都塞“总问题”的说法，那么《资本论》的总问题就可以表述为马克思在《资本论》第一版序言中为自己所设置的目标：通过对“资本主义生产方式以及和它相适应的生产关系和交换关系”的研究，以“揭示现代社会的经济运动规律”。[①] 如果把《手稿》归置于马克思思想发展前后相继的理论空间中，那它的总问题将毫无疑问地表现为“对国民经济学的哲学批判”。《资本论》的总问题就孕育或发源于这一哲学批判。

从本质上来说，正如我们试图论证的整个《资本论》研究乃是一个哲学事件一样，作为《资本论》总问题之源起的“对国民经济学的批判”本身就是一个哲学事件：它在一开始提出问题并开启批判道路时的焦点与路向就是哲学的。与一般理论家基于私有财产的当然事实去思考或批判当下异化的现象不同，马克思在一开始指向的则是国民经济学的理论前提本身——作

① 《马克思恩格斯文集》第5卷，人民出版社，2009，第8、10页。

为事实的私有财产，[①] 并把揭示私有财产的来历作为批判的任务。显而易见的是，这是一个只有置身于人类社会演进的历史空间才能根本解决的任务，因而是一个唯物史观的任务。整个《手稿》，尤其是其中的“异化劳动”学说，就是围绕这一根本任务展开的。并且，正是在这一研究中，在异化劳动学说逐步递进的理论逻辑中，诞生出作为初始表达形式的《资本论》总问题的理论诉求。

我们看到，马克思首先是从国民经济学已经看到的如下经济事实，即劳动产品的异化出发的，异化劳动首先表现为劳动产品的异化。其次，劳动产品对劳动者而言之所以是异化的存在，原因在于劳动活动本身的异化——“如果工人不是在生产行为本身中使自身异化，那么工人活动的产品怎么会作为相异的东西同工人对立呢？”[②] 再次，劳动活动本身的异化也就意味着人的本质的异化，因为在马克思看来，劳动乃是现实个人的本质所在——“正是在改造对象世界的过程中，人才真正地证明自己是类存在物。”[③] 最后，马克思从异化劳动的前三重规定性推导出第四重规定性——人与人社会关系的异化。马克思指出：“人同自己的劳动产品、自己的生命活动、自己的类本质相异化的直接结果就是人同人相异化。”[④] 所谓“人同人相异化”，乃是人与人社会关系的异化，而这种异化的社会关系的本质表现不过是现实的私有财产关系。

在这里，我们看到的是一个与国民经济学完全不同的理论分析范式的诞生——私有财产并不是异化劳动的根据和原因，而是异化劳动的结果。私有财产并不是一个有人类存在以来始终如一地存在的事实，因而也不能作为经济学研究的当然理论前提；私有财产是有来历的，它是一个以异化劳动为根据的历史性存在；只是在由于异化劳动而导致了私有财产关系从而表现为经验性的共存，并且当私有财产发展到它最后的最高阶段——“资本”或“工业资本”[⑤] 的时候，它们之间才表现为相互作用的关系；只有这时，我

① 对此，马克思指出：“我们是从国民经济学的各个前提出发的。我们采用了它的语言和它的规律。我们把私有财产，把劳动、资本、土地的互相分离，工资、资本利润、地租的互相分离以及分工、竞争、交换价值概念等等当做前提。”（《马克思恩格斯文集》第 1 卷，人民出版社，2009，第 155 页。）

② 《马克思恩格斯文集》第 1 卷，人民出版社，2009，第 159 页。

③ 《马克思恩格斯文集》第 1 卷，人民出版社，2009，第 163 页。

④ 《马克思恩格斯文集》第 1 卷，人民出版社，2009，第 163 页。

⑤ 《马克思恩格斯文集》第 1 卷，人民出版社，2009，第 177、182 页。

们才可以说，在经验的层面上，私有财产（资本）既是异化劳动的产物，又是劳动异化的根据。正是基于全新的理论分析范式，马克思合乎逻辑地提出："正如我们通过分析从异化的、外化的劳动的概念得出私有财产的概念一样，我们也可以借助这两个因素来阐明国民经济学的一切范畴，而且我们将重新发现，每一个范畴，例如买卖、竞争、资本、货币，不过是这两个基本因素的特定的、展开了的表现而已。"①

在这里出现的乃是一个值得关注的重大思想事件——因为正是在这段话中，我们看到了马克思对"资本论"研究总问题的初步自觉；或者说，看到了马克思对《资本论》研究课题之理论诉求的初始表达。尽管它还远非明确而清晰的，但所谓借助于异化劳动与私有财产这两个范畴阐明国民经济学一切范畴的来历，直接地说来，就是从异化劳动和私有财产出发，推导出由买卖、竞争、资本、货币等范畴所组成的整个国民经济学的理论体系；间接地但却是本质地说来，则是从异化劳动和私有财产出发，以异化劳动和资本为前提，揭示出现实资本主义经济活动的规律。作为对现实经济过程之理论表达的国民经济学，由于把私有财产关系预设为既定的历史事实，从而造成了一系列的理论困难，以至于不能真实地反映现实经济过程的规律。在本质地达成对私有财产与异化劳动的科学理解后，马克思也就奠定了研究现实经济活动的科学理论前提，并因而能够从全新的理论前提和理论范式出发，呈现现实经济过程的客观规律。其实，在此 23 年之后的《资本论》，就是这一研究诉求的真实表达，就是以工人的异化劳动和资本逻辑为前提，通过对"资本主义生产方式以及和它相适应的生产关系和交换关系"的研究，来"揭示现代社会的经济运动规律"。②

当然，从《手稿》到《资本论》的理论过渡尚有着遥远的距离，并因而存在一系列需要解决的基础性课题。事实上，对此马克思也是意识到了的。因而，在提出这一理论诉求之后，马克思至少已经意识到有两个任务是必须首先给予解决的。马克思指出："但是，在考察这些范畴的形成以前，我们还打算解决两个任务：（1）从私有财产对真正人的和社会的财产的关系来规定作为异化劳动的结果的私有财产的普遍本质。（2）我们已经承认劳动的异化、劳动的外化这个事实，并对这一事实进行了分析。现在要问，

① 《马克思恩格斯文集》第 1 卷，人民出版社，2009，第 167 页。

② 《马克思恩格斯文集》第 5 卷，人民出版社，2009，第 8、10 页。

人是怎样使自己的劳动外化、异化的？这种异化又怎样由人的发展的本质引起的？我们把私有财产的起源问题变为外化劳动对人类发展进程的关系问题，就已经为解决这一任务得到了许多东西。”①

当然，对马克思来说，这样两个任务在《手稿》中还是不可能完成的。对于私有财产的本质来源问题，马克思试图给予初步性的思考，但是这一思考还仅仅局限于经济学说史的分析；至于它如何生成于人类经济活动的历史中，马克思尚无力展开分析；对于异化劳动发生根据的问题，马克思的讨论则根本没有展开，他只是提示：我们把私有财产的起源问题变为外化劳动对人类发展进程的关系问题，就已经为解决这一任务得到了许多东西。这一提示意味着异化劳动发生于人类历史上的某一时期，因而对这一任务的解决就必须到人类发展的历史长河中去探寻；在这里出现的既是《形态》的必然性，更是《资本论》研究愈发鲜明地成为一个哲学事件的必然性。

（二）对“工业资本”来历的唯物史观追问

众所周知，《形态》是马克思唯物史观草创的里程碑式的作品。但是，时至今日，它在《手稿》与《资本论》之间承上启下的历史性作用却依然是晦暗不明的，以至于它反倒成了一些学者做出判断——指认存在“早期马克思”与“成熟马克思”、马克思的哲学与经济学发生断裂——的界线依据。当我们把《资本论》研究总问题的历史性源起追溯到《手稿》时，这一界线将不复存在。我们将看到：一方面，整个《形态》不过是围绕《手稿》所遗留的这两个任务深度展开的理论结果，是作为《形态》总问题的以唯物史观的草创为代表的关于人类历史的宏大叙事；另一方面，由于《手稿》中所言的“异化劳动”和“私有财产”本质上不过是“机器大工业生产”与“工业资本”的代名词，因而《形态》中依据人类历史宏大叙事对异化劳动和私有财产关系之本质来历的分析，实际上聚焦于对工业资本主义来历的分析，是对工业资本主义之前史的探索。正是在这个意义上，《形态》才一方面表现为唯物史观草创的重要作品，同时又成为《资本论》研究必不可少的根本性环节，即成为从《资本论》研究总问题的初步自觉到对资本主义前史的梳理，再到即将到来的对资本主义本身经济活动规律研

① 《马克思恩格斯文集》第1卷，人民出版社，2009，第167~168页。

究的过渡性环节。

具体说来，我们在《形态》第一章看到如下基本理论环节：①“现实个人的劳动”是人类历史的前提。这一前提的生成绝不像阿尔都塞所说的那样意味着与马克思早期思想的断裂，实际上它恰恰是马克思早期思想的继续与完善。如果说在《手稿》中，马克思已经初步达成了对劳动的本质以及劳动创造人类社会的伟大创见，那么历经《神圣家族》的思想沉淀与《关于费尔巴哈的提纲》而本质性确立起的实践唯物主义原则，使得其已经可以熟练地运用这一理论原则，并空前巩固地把劳动作为把握人类历史的一把钥匙了。②“自发分工”既是“劳动”蜕变为“异化劳动”的条件，也是异化劳动创生出私有财产关系的根据。马克思指出：“只要分工还不是出于自愿，而是自然形成的（又译为‘而是自发的’[①] ——引者注），那么人本身的活动对人来说就成为一种异己的、同他对立的力量，这种力量压迫着人，而不是人驾驭着这种力量。”[②] 换言之，正是自发分工，使得人类的劳动活动成为异化劳动。马克思又指出：“与这种分工同时出现的还有分配，而且是劳动及其产品的不平等的分配（无论在数量上或质量上）；因而产生了所有制。”[③] 据此，马克思认为分工和私有制是两个同义语或“相等的表达方式”，讲的是同一件事情，“一个是就活动而言”——就活动而言的分工或分工活动乃是“异化劳动”，“另一个是就活动的产品而言”——就活动的产品而言的分工乃是劳动产品的不平等分配，就是“私有制”。[④] 与“自发分工”所导致的感性活动或劳动的分裂即异化劳动的生成相适应的，必然是一部分人使用和支配另一部分人的劳动的权力，是积累起来的劳动对现实活劳动的统治权，即作为社会权力的私有制。③“工业资本”是“自发分工”历史演进的必然结果。马克思指出：“分工的各个不同发展阶段，同时也就是所有制的各种不同形式。”[⑤] 为此，马克思详细展开了分工形式的历史进展——“自然分工”的扩大、“工商业劳动”与“农业劳动”的分工、“农业”和“手工业劳动”的分工、“商业”和“生产”的分离

① 《马克思恩格斯全集》第 3 卷，人民出版社，1960，第 37 页。

② 《马克思恩格斯文集》第 1 卷，人民出版社，2009，第 537 页。

③ 《马克思恩格斯文集》第 1 卷，人民出版社，2009，第 536 页。请注意，马克思这里所说的“所有制”其实就是指“私有制”。

④ 《马克思恩格斯文集》第 1 卷，人民出版社，2009，第 536 页。

⑤ 《马克思恩格斯文集》第 1 卷，人民出版社，2009，第 521 页。

以及“机器大工业”所导致的广泛的全面的社会分工——以及与此相适应的所有制关系的历史展开——“部落所有制”，“古代公社所有制”和“国家所有制”（希腊与罗马），封建的或“等级（资本）”的所有制（日耳曼），中世纪末期的“活动资本”的所有制以及作为“工业资本”的现代所有制。④据此，马克思认为，绝不能把私有财产的权利视为“一个错觉”，“仿佛私有制本身仅仅以个人意志即以对物的任意支配为基础”;[①] 私有财产的社会权力发源于由于分工所导致的现实个人劳动活动的异化，而一切政治权力、法的权力不过是对私有财产的社会权力的理性表达，即“意识形态”,[②] 共产主义则表现为对一切以往的理性科学有关社会权力之理性出身的神话学本质和理性主义意识形态之虚幻性的彻底颠覆，而这又只有通过自发分工、异化劳动和私有财产关系的现实扬弃才是可能的。

这就是马克思在《形态》中对《手稿》所提出的两个理论任务的解答。我们从中不仅看到了马克思草创中的唯物史观的《资本论》性质——发端于《手稿》中的作为《资本论》研究总问题的“两个前提性任务”成为贯通整个《形态》的理论红线，对异化劳动和私有财产本质来历的追问成为《形态》的核心线索，对“工业劳动”和“工业资本”本质来历的说明成为《形态》的理论聚焦点，也看到了《资本论》研究总问题的唯物史观性质——借助于异化劳动与私有财产这两个范畴阐明国民经济学一切范畴的来历或者对现代社会经济运动规律的揭示，只能置身于人类历史宏大叙事的唯物史观视域才是可能的。如果说在《手稿》中对私有财产来历的追问本质上是一个哲学事件，《资本论》研究总问题的缘起乃是这一事件的理论后果，因而本身就具有哲学的禀赋，那么在《形态》中对异化劳动本质来历的追问则把这一哲学事件决定性地导入对人类历史的宏大叙事，即导入唯物史观的理论建构，那么《资本论》研究则已经成为马克思唯物史观建构的理论要件。因此，在《形态》之后，摆在马克思面前的重大理论任务就是，基于已经形成的对人类历史发展规律的宏大叙事，以初步奠基的唯物史观为指导，把对资本主义前史的研究推进到对资本主义本身经济运行规律的探

① 《马克思恩格斯文集》第1卷，人民出版社，2009，第585页。

② 对此，马克思非常经典地表述为：“不是意识决定生活，而是生活决定意识”，“意识在任何时候都只能是被意识到了的存在，而人们的存在就是他们的现实生活过程。”（《马克思恩格斯文集》第1卷，人民出版社，2009，第525页。）

索，揭示由“工业资本”所主导的资本主义经济活动的运行机制及其内在规律。

（三）对《资本论》研究哲学性质与哲学定向的再确认

如果说《资本论》研究的总问题萌发于《手稿》，聚焦于《形态》，那它的公开宣示则是在《贫困》和《宣言》中。在此一研究的历史推进中，《贫困》与《宣言》的重要性和必要性在于：《手稿》中对国民经济学哲学的批判只是初步的；《形态》所草创的唯物史观基本理论框架以及《资本论》研究课题的理论聚焦事件尚未公开问世；蒲鲁东经济学理论哲学立场的国民经济学已在社会主义运动中造成恶劣影响。为此，在全面进入《资本论》课题研究之前，马克思还有两个工作是必须要完成的。

第一，通过对蒲鲁东经济学理论的哲学批判，公开申明即将展开的《资本论》研究工作的哲学性质与路径。早在《手稿》中，马克思就已经给予蒲鲁东以原则高度的批判，明确指证了蒲鲁东“强制提高工资”与“工资平等”主张的国民经济学本质——“强制提高工资……无非是给奴隶以较多工资”，工资平等“也只能使今天的工人对自己的劳动的关系变成一切人对劳动的关系”。[①] 这种从私有财产的普遍性看待私有财产，并以其为基点反对私有财产的经济学主张，其实完全分享着国民经济学的理论前提和理论预设——作为原始状态、当下事实和永恒存在的私有财产及其在哲学立场上的错误。然而，由于此时蒲鲁东的经济学主张不过表现为国民经济学的理论碎片，因而对国民经济学的哲学批判实际上已经涵盖了对蒲鲁东的批判。然而，随着《贫困的哲学》的出版以及蒲鲁东经济学主张在当时社会主义运动中影响的不断扩大，马克思意识到了认真对待蒲鲁东的重要性：在其现实性上，蒲鲁东经济学立场的国民经济学性质决定了他只能给工人阶级提供资产阶级的理论工具，并把工人运动引向歧途——马克思的这一担忧在后来的《哥达纲领》中变成了现实。在其理论意义上，对现代经济运动规律的探寻必须植根于不同于国民经济学的全新哲学立场。任何经济学家只要像国民经济学家一样“以私有财产为前提”，并且“把这个基本前提当作确定不移的事实”，[②] 都不可能真正揭示资本主义经济活动的规律和实质——马克

---

① 《马克思恩格斯文集》第 1 卷，人民出版社，2009，第 167 页。

② 《马克思恩格斯文集》第 1 卷，人民出版社，2009，第 255 ~256 页。

思的这一担忧在现代西方主流经济学以及国内的某些经济学家那里其实依然在延续。

据此，通过对蒲鲁东经济学理论的哲学批判，再度确认并公开申明发端于《手稿》，并在《形态》中初步奠基的《资本论》研究的哲学性质，就成为一个必要的工作。这就使得《贫困》成为《资本论》课题研究演进历程中的又一个关键性环节，它之区别于《手稿》、《神圣家族》和《形态》的特殊性在于：如果说后者主要是围绕私有财产的起源问题而展开的对国民经济学哲学立场的批判，并最终呈现出《资本论》课题研究的唯物史观前提，那么《贫困》则聚焦于《资本论》课题研究的哲学路径。

因此我们看到，尽管《贫困》对蒲鲁东经济学理论的批判多有涉及，但这些批判无不从属于对蒲鲁东经济学研究路径的哲学迷误的批判，并紧紧围绕"蒲鲁东先生和其他经济学家有什么不同呢？黑格尔在蒲鲁东先生的政治经济学中又起什么作用呢？"① 这两个问题展开，而马克思的如下论断则可以作为这一批判精神的集中表达："蒲鲁东先生自以为他既批判了政治经济学，也批判了共产主义；其实他远在这两者之下。说他在经济学家之下，因为他作为一个哲学家，自以为有了神秘的公式就用不着深入纯经济的细节；说他在社会主义者之下，因为他既缺乏勇气，也没有远见，不能超出（哪怕是思辨地也好）资产者的眼界。"② 具体言之，就蒲鲁东低于经济学家的水平而言，乃在于"经济学家的材料是人的生动活泼的生活；蒲鲁东先生的材料则是经济学家的教条"。③ 尽管"经济学家蒲鲁东先生非常明白，人们是在一定的生产关系范围内制造呢绒、麻布和丝织品的。但是他不明白，这些一定的社会关系同麻布、亚麻一样，也是人们生产出来的。"④ 在这里出现的是，马克思对即将展开的《资本论》研究的如下哲学路径的基本界定：以鲜活的经济事实为依据，通过对支配着这一经济事实的"生产方面社会关系"，即"资本主义生产方式以及和它相适应的生产关系和交换关系"的研究，"揭示现代社会的经济运动规律"，⑤ 由此呈现资本主义生产方式的暂时性和历史性。就蒲鲁东低于社会主义者而言，是由于在马克思看

① 《马克思恩格斯文集》第1卷，人民出版社，2009，第598页。

② 《马克思恩格斯文集》第1卷，人民出版社，2009，第617页。

③ 《马克思恩格斯文集》第1卷，人民出版社，2009，第599页。

④ 《马克思恩格斯全集》第4卷，人民出版社，1958，第143~144页。

⑤ 《马克思恩格斯文集》第5卷，人民出版社，2009，第8、10页。

来，“贫困不过是贫困，他们看不出它能够推翻旧社会的革命的破坏的一面。但是一旦看到这一面，这个由历史运动产生并且充分自觉地参与历史运动的科学就不再是空论，而是革命的科学了”。[①] 因而，在马克思这里，不是就贫困讨论贫困，而是要探讨贫困的根源，以揭示出“解放无产阶级和建立新社会必备的物质条件”和“能够推翻旧社会的革命的破坏的一面”。[②] 在这里出现的乃是马克思对即将展开的《资本论》课题研究之哲学定向的根本要求，也正是在全面进入《资本论》研究领域之前，这使得马克思必须去完成第二个工作。

第二，基于对蒲鲁东经济学理论的哲学立场的批判，《宣言》公开申明即将展开的《资本论》课题研究工作的哲学定向。所谓《资本论》课题研究的哲学定向，乃是作为一项哲学工程的“资本论”研究的根本指向、目的和旨归。早在《德法年鉴》时期，马克思就把为人类解放提供哲学头脑作为哲学工作的最高目标。[③] 在《手稿》中，以私有财产的积极扬弃为前提的“自然主义＝人道主义”的共产主义诉求，被明确界定为国民经济学哲学批判的理论灵魂，因而自然也成为基于国民经济学的哲学批判而萌发的《资本论》课题研究的初始诉求的理论旨归——既然工人所遭受的奴役根源于由异化劳动及其所导致的私有财产关系，因而以异化劳动和私有财产为前提阐明国民经济学一切范畴之来源的工作，就是为了论证使“社会从私有财产等等解放出来、从奴役制解放出来”[④] 是何以可能的。此后，从《形态》到《贫困》，从对“工业资本”本质来历的唯物史观追问到对蒲鲁东私有财产立场的国民经济学本质的集中批判，从《资本论》研究课题成为理论聚焦点到它的公开宣示中，无不贯穿着这一根本性的科学价值指向。正是在《宣言》中，马克思不仅明确地把“异化劳动”与“私有财产”作为资本主义存在的前提，而且依据《形态》中发生的对资本主义生成历史的分析，去讨论“现代资产阶级本身是一个长期发展过程的产物，是生产方式和交换方式的一系列变革的产物”，[⑤] 由此指证出，“资产阶级的灭亡和无产

① 《马克思恩格斯文集》第 1 卷，人民出版社，2009，第 616 页。
② 《马克思恩格斯文集》第 1 卷，人民出版社，2009，第 616 页。
③ 参见《马克思恩格斯文集》第 1 卷，人民出版社，2009，第 18 页。
④ 《马克思恩格斯文集》第 1 卷，人民出版社，2009，第 167 页。
⑤ 《马克思恩格斯文集》第 2 卷，人民出版社，2009，第 33 页。

阶级的胜利是同样不可避免的”。①

据此，我们认为，无论就其缘起与演进，还是就其直接研究对象的理论归属、研究路径和根本旨归，《资本论》课题研究都是一个毫无疑问的哲学事件。然而，《宣言》依然给我们留下了一个问题，即资本主义社会如何由于它自身内在的生产力与生产关系的矛盾而必然灭亡呢？换言之，这一人类社会的基本矛盾在资本主义社会的特殊运作机制何在，以至于它必然导致资本主义制度的崩溃呢？显然，这一问题只能在对资本主义经济活动之内在秘密的直接探讨中给予决定性的解答。《资本论》就是这一解答的扛鼎之作。

三 基于思想史理论空间的《资本论》的哲学性质

在马克思思想发展的如上完整历史视野中，双重“断裂论”已无立足之地。在其理论前史的意义上，《资本论》课题研究已经成为一个贯通马克思思想演进的早期与后期、哲学与经济学的重大事件。在其即将全面展开的意义上，《资本论》也将不再是一部单纯的经济学作品，而是一部同时具有哲学性质的，甚至主要地或本质地表现为唯物史观禀赋的哲学巨著。

（一）《资本论》既是对资本主义经济规律的阐释，因而是一部经济学著作，同时还是唯物史观建构中的重要内容组成及其科学论证环节，因而是唯物史观的理论巨著

如果说马克思的哲学就是实践唯物主义，就是致力于破解人类历史之谜的唯物史观，那么《资本论》就是唯物史观的理论主干，即作为洞悉资本主义生产之谜与社会之谜的“资本哲学”，并因而表现为“浓缩版”的唯物史观。

首先，从整体与部分的关系看，当马克思在《形态》中草创出唯物史观的基本理论体系时，摆在马克思面前亟待解决的重大课题，就是对这一基本理论体系所展开的人类历史宏大叙事中的当下环节——现实的资本主义经济运行机制以及基于其上的社会运行机制给予透彻的分析。这种分析的必要

① 《马克思恩格斯文集》第2卷，人民出版社，2009，第43页。

性在于：如果不能对资本主义社会的经济运行机制做出科学的说明，那么《形态》所提供的关于人类历史的宏大叙事就不仅是不完整的，而且其内容也是空虚的，因而还只能是一种理论设想，而作为这一宏大叙事之本质旨归的共产主义诉求也就只能是缺乏科学根据的空想了。这决定了，马克思必然要走向《资本论》研究的理论逻辑，而旨在“揭示现代社会的经济运动规律”[①] 的《资本论》研究，就是马克思对唯物史观基本原理的具体论证，因而本质地表现为唯物史观理论建构的重要环节。

其次，从一般与个别的关系看，作为唯物史观理论主干的“资本哲学”，同时还是一个浓缩版的、具象化了的唯物史观，它不仅严格地遵循着本源于《手稿》、草创于《形态》、宣示并发展于《贫困》和《宣言》中的唯物史观原理，而且完整地蕴含了唯物史观的所有核心理论要素：①劳动。正如马克思的唯物史观理论体系一样，马克思对资本主义商品生产的特殊劳动的分析，也是从“人类生活的一切社会形式所共有”的“一般劳动”，即作为“人和自然界之间的物质变换的一般条件”和“人类生活的永恒的自然条件”[②] 的劳动出发的。②分工（自发分工）。它是人类劳动向商品生产活动进展的根本性因素。正是“自发分工”而不是亚当·斯密所谓的人类交易的禀赋，使得起初作为偶然事件的商品交换成为必然性的现实，并逐步推动着使用价值的生产向交换价值的生产，即“产品生产”向“商品生产”的历史性跨越。[③] ③私有财产关系的历史演进：从货币到资本。作为一系列极不相同的发展阶段后的历史性产物，资本的产生标志着社会生产过程的一个新时代，而对货币转化为资本的历史陈述与实证分析则从根本上揭示了资本的秘密——它同时就是剩余价值的秘密。④资本无限增值的生命驱动及其内在否定性，最终必然导致资本主义经济制度以及奠基于其上的整个政治制度的消亡。据此，我们认为，《资本论》绝不仅仅是包含了丰富的哲学思想，它本身就是真正的哲学巨著，是浓缩版的、小写的唯物史观；并且，正

① 《马克思恩格斯文集》第 5 卷，人民出版社，2009，第 10 页。

② 《马克思恩格斯文集》第 5 卷，人民出版社，2009，第 215 页。

③ 马克思指出：“产品要表现为商品，需要社会内部的分工发展到这样的程度：在直接的物物交换中开始的使用价值和交换价值的分离已经完成。但是，这样的发展阶段是历史上完全不同的经济的社会形态所共有的”（《马克思恩格斯文集》第 5 卷，人民出版社，2009，第 197～198 页）；马克思还指出：“产品成为商品，需要一定的历史条件。要成为商品，产品就不应作为生产者自己直接的生存资料来生产。”（《马克思恩格斯文集》第 5 卷，人民出版社，2009，第 197 页）。

是由于它，马克思的大写的唯物史观才真正成为现实的科学。正是在这个意义上，我们认为，不论是基于主观故意，还是源自于客观误解，那种把《资本论》仅仅视作单纯经济学著作的做法，都是不能成立的。

（二）作为唯物史观理论巨著的《资本论》，其唯物史观的哲学性质本质地表现为对资本逻辑的批判

事实表明，对资本的历史性肯定从属于对资本逻辑的批判，而对这一逻辑的批判直接表现为基于特定理论前提与理论归宿而发生的对资本现实罪恶的控诉，内在地表现为基于唯物史观的理论范式对资本主义的病理学诊断。

第一，在马克思思想发展的几乎每一个历史时期，都有对资本逻辑历史生成的必然性、合理性及其历史功绩的确认，但所有这些确认无不从属于对资本逻辑的批判。《资本论》的本质立场并不是“一方面”肯定了资本的历史功绩、“另一方面”又有对资本的批判，而是正如《资本论》的副标题——“政治经济学批判”——所表明的那样，是作为其整体性特质的对统治资本主义经济活动的资本原则或资本逻辑的批判。澄清这一本质，就杜绝了貌似完整理解《资本论》、实则淡化《资本论》批判立场与批判意义的种种折中主义企图；明确这一本质，就彻底拒斥了貌似全面把握《资本论》、实则把《资本论》曲解为对资本存在永恒性证实的实证主义倾向；指明这一本质，就坚决划清了与貌似丰富发展《资本论》、实则已经蜕变为“非批判的实证主义”① 的所谓马克思主义现代经济学的界限；申明这一本质，就彻底回击了貌似科学地解释现代资本主义、实则是“同样非批判的唯心主义”② 立场之再现的现代西方主流经济学对《资本论》的歪曲与指责。

第二，《资本论》对资本逻辑的批判既是经济学的批判，更是哲学的批判，而且经济学的批判从属于唯物史观的哲学批判。就《资本论》的研究对象而言，它所研究的“是资本主义生产方式以及和它相适应的生产关系和交换关系”，③ 而作为资本主义生产方式直接历史前提的东西则是雇佣劳动与资本逻辑。在这里出现的必然是马克思对资本主义经济活动的技术性分

---

① 《马克思恩格斯文集》第1卷，人民出版社，2009，第204页。

② 《马克思恩格斯文集》第1卷，人民出版社，2009，第204页。

③ 《马克思恩格斯文集》第5卷，人民出版社，2009，第8页。

析。但所有这些发生于经济理论层面上的技术性分析无不从属于《资本论》的研究宗旨，即揭示以雇佣劳动和资本逻辑为直接历史前提的资本主义生产的秘密及其必然走向灭亡的历史命运。放弃了《资本论》的这一活的灵魂，即使对资本主义局部经济活动做出了正确解释，它也只能是单纯的实证主义和目光短浅的实用主义的表现。这样一来，我们也就完全可以理解，为什么马克思在《手稿》中给自己提出这一研究任务之前严厉批判蒲鲁东“强制提高工资”和“工资平等”的主张——这种批判并不意味着马克思一概拒斥工人生存条件的改善，而是由于把它设定为唯一目标则只能意味着“使今天的工人对自己的劳动的关系变成一切人对劳动的关系”；[①] 为什么当德国工人党在其纲领中以“劳动价值论”作为争取无产阶级利益的斗争武器时，马克思却在《哥达纲领批判》一开始就给予无情地批判了[②]——这种批判并不意味着马克思不赞同“劳动价值论”，而是为了鲜明地指出作为“劳动价值论”之主体的“劳动”本质上乃是“雇佣劳动”，《哥达纲领》却使得雇佣劳动合法化了。

（三）只要资本逻辑依然是在人类的生活中发挥着作用，作为唯物史观理论巨著的《资本论》的批判性立场及其科学性，就绝不会因为其个别理论判断的现实局限性而有丝毫动摇

这就意味着，虽然马克思唯物史观的科学性有赖于《资本论》对资本主义经济活动规律的技术性论证，但所有这些经济学层面的技术性说明都本质地从属于作为《资本论》理论内核的唯物史观的本质立场，即资本逻

---

① 《马克思恩格斯文集》第1卷，人民出版社，2009，第167页。

② 马克思指出：“劳动不是一切财富的源泉。自然界同劳动一样也是使用价值……的源泉，劳动本身不过是一种自然力即人的劳动力的表现。上面那句话（即《哥达纲领》中有关“劳动是一切财富和一切文化的源泉”的说法——引者注）在一切儿童识字课本里都可以找到，并且在劳动具备相应的对象和资料的前提下是正确的。可是，一个社会主义的纲领不应当容许这种资产阶级的说法回避那些唯一使这种说法具有意义的条件。只有一个人一开始就以所有者的身份来对待自然界这个一切劳动资料和劳动对象的第一源泉，把自然界当做属于他的东西来处置，他的劳动才成为使用价值的源泉，因而也成为财富的源泉。资产者有很充分的理由硬给劳动加上一种超自然的创造力，因为正是由于劳动的自然制约性产生出如下的情况：一个除自己的劳动力以外没有任何其他财产的人，在任何社会的和文化的状态中，都不得不为另一些已经成了劳动的物质条件的所有者的人做奴隶。他只有得到他们的允许才能劳动，因而只有得到他们的允许才能生存。”（《马克思恩格斯文集》第3卷，人民出版社，2009，第428页）

辑统治人类社会的历史性与暂时性以及人类解放的历史必然性。因此，即使《资本论》的某些理论判断不再适用于当下资本主义经济活动的现实，它也并不就直接证伪了马克思的唯物史观。恰恰相反，在这里出现的乃是要求我们依据《资本论》的基本哲学立场对当代资本主义的新发展、新动向、新特点给予新的科学说明，推进马克思主义经济学的理论创新。我们坚信，马克思既是一位经济学家，但他也永远是一位哲学家。当萨特试图用人道主义去填补马克思理论中的所谓人学空场时，海德格尔犀利地评论道：萨特根本无法与马克思对话，因为只有马克思深入那历史的一维中去了。[①] 不懂得历史，没有历史的观点，这是萨特的理论症结，也是当今某些自负的经济学家的症结；当他们仅仅纠缠于对当下经济事实的证实而坚决拒斥任何宏大历史叙事，失去了历史方向而迷失于实证主义迷宫时，我们有必要再度申明马克思对费尔巴哈理论症结的诊断："他没有看到，他周围的感性世界绝不是某种开天辟地以来就直接存在的、始终如一的东西，而是工业和社会状况的产物，是历史的产物，是世世代代活动的结果，其中每一代都立足于前一代所奠定的基础上，继续发展前一代的工业和交往，并随着需要的改变而改变他们的社会制度。"[②] 这就是马克思唯物史观的理论底线，是马克思提供给这个世界的，并且不会由于《资本论》某些理论判断的现实局限性而发生改变的唯物史观的理论精髓。在这个意义上并且仅仅在这个意义上，我们赞同卢卡奇的如下观点："我们姑且假定新的研究完全驳倒了马克思的每一个个别的论点。即使这点得到证明，每个严肃的'正统'马克思主义者仍然可以毫无保留地接受所有这种新结论，放弃马克思的所有全部论点，而无须片刻放弃他的马克思主义正统。"[③]

---

① "因为马克思在体会到异化的时候深入到历史的本质性的一度中去了，所以马克思主义关于历史的观点比其余的历史学优越。但因为胡塞尔没有，据我看来萨特也没有在存在中认识到历史事物的本质性，所以现象学没有、存在主义也没有达到这样的一度中，在此一度中才有可能有资格和马克思主义交谈。"（孙周兴选编《海德格尔选集》上卷，上海三联书店，1996，第 383 页）

② 《马克思恩格斯文集》第 1 卷，人民出版社，2009，第 528 页。

③ 卢卡奇：《历史与阶级意识——关于马克思主义辩证法的研究》，杜章智、任立、燕宏远译，商务印书馆，1992，第 47 页。

余　论

立足于马克思思想发展的完整理论空间，彰显《资本论》的哲学性质，把《资本论》作为马克思唯物史观的哲学巨著，对于推进当代哲学和政治经济学的理论创新，正确认识当代资本主义，正确看待中国特色社会主义市场经济，具有重要意义。

第一，包括哲学研究在内的任何学科的学术理论创新必须植根于对丰富多彩的生活现实的理论反思。马克思的哲学研究从来就不是纯粹的学术话语。在哲学的圈子里思考哲学，在其最好的意义上得到的依然不过是另一种较好的哲学而已。把哲学的利器指向对现实经济生活的深刻反思，这是马克思能够实现伟大哲学革命的全部根据所在。作为哲学巨著的《资本论》就是这一"哲学 - 经济学革命"的象征。在马克思思想史的理论空间中，还原并呈现《资本论》的哲学性质，不仅让我们看到了马克思的哲学研究始终指向对现实经济生活的高度关注，并达到了他那个时代所能达到的哲学与经济学研究的最高水平，更要求我们今天的哲学研究必须摆脱封闭的文本解读，密切关注重大社会现实问题，在思想史与现实的双向互动中，推进马克思主义哲学的基础理论创新。

第二，中国经济学的理论创新必须坚守马克思唯物史观的基本理论立场。经济学的理论创新毫无疑问包含着技术性的理论创新，但所有这些创新都必须以马克思的唯物史观立场为前提。因此，当人们仅仅试图通过设定技术性约束条件去回应国外学者对《资本论》中的利润率下降规律、劳动价值论的有效性等问题的挑战，并给出如下解释——利润率下降特指由技术进步、劳动生产率提高、资本有机构成提高所造成的经济事实，劳动价值论回答的是商品价值的来源而不是价值分配问题，因而不能因为生产要素有权参与分配就等于生产要素创造价值等等——时，当人们仅仅从国有资产流失，或者从私有企业并购中的产权交易并不都是有效益的角度反驳私有化的主张时，他们恰恰忘记了最根本的东西：他们忘记了西方主流经济学从技术性角度对《资本论》发起的所有挑战，其根本目的是推翻马克思的唯物史观；他们没有看到，劳动价值论是否依然有效等诸如此类的《资本论》问题，已经主要地不是一个单纯技术性的问题，而是一个有关资本逻辑的本性以及如何看待资本逻辑的历史哲学立场问题，是一个是否依然坚守唯物史观基本理论立场的原则性问题，是一个既需要给予技术性论证，但又必须跳出纯粹的技术性环节，时刻清晰地意识到所有这些理论性争议的历史哲学立场的本质性归属问题。我们只有立足于并继续毫不动摇地坚守《资本论》的唯物史观立场，才能以世界历史的眼光和全球化的理论视野，直面不断变化的资本主义经济、政治、文化的鲜活事实，推进马克思政治经济学理论的时代性创新，建构具有中国特色、中国气派、中国风格的当代政治经济学。

第三，《资本论》的唯物史观精髓，依然是我们正确认识当代资本主义和中国特色社会主义市场经济的理论利器。作为唯物史观的哲学巨著，《资本论》的理论精髓可以概括为资本逻辑的历史性以及基于这一判断的对共产主义的科学指认。然而，随着当代资本主义调整改良经济组织手段而来的暂时繁荣，随着我们引入了市场经济作为资源配置方式而带来的经济大发展，一些人开始质疑马克思对资本逻辑历史性的指认，并倾向于认为资本逻辑将是一个支配人类经济社会生活的不可替代的永恒原则，而共产主义则不过是早在人类历史初期就已经存在的历史目的论的现代翻版。这是严重的理论迷误和目光短浅的实用主义。难道因为计划经济在一个发生了历史错位时期的暂时性失败，就据此断言社会资源的计划配置永远不可行吗？难道因为我们今天不能给出未来社会不同于资本原则的资源配置的具体方案，就只能意味着资本原则的永恒性吗？难道仅仅由于共产主义与历史上的乌托邦、理想国甚至宗教意义上的“千年复国”具有形式上的可比性，它就是一个历史宿命论的东西吗？他们完全不懂得，马克思对资本逻辑的历史性和共产主义历史现实性的指认绝非单纯的价值判断，而是一个基于事实判断，即基于唯物史观关于人类历史宏大叙事的科学论断。只有完全无视《资本论》的唯物史观禀赋，并从根本上推翻《资本论》或放弃马克思的唯物史观，才可以非历史地谈论资本逻辑的历史永恒性。反之，只要我们坚持《资本论》的唯物史观精髓，就一定可以清醒地认识到，当代资本主义的新发展并没有从根本上突破资本逻辑的全面统治，也一定可以清醒地认识到，资本逻辑本身不是目的，它不过是推进中国特色社会主义经济繁荣的手段。

参考文献

《马克思恩格斯全集》第 3 卷，人民出版社，1960。

《马克思恩格斯全集》第 4 卷，人民出版社，1958。

《马克思恩格斯文集》第 1 卷，人民出版社，2009。

《马克思恩格斯文集》第 2 卷，人民出版社，2009。

《马克思恩格斯文集》第 5 卷，人民出版社，2009。

卢卡奇：《历史与阶级意识——关于马克思主义辩证法的研究》，杜章智、任立、燕宏远译，商务印书馆，1992。

路易・阿尔都塞、艾蒂安・巴里巴尔：《读〈资本论〉》，李其庆、冯文光译，中央编译出版社，2001。

路易・阿尔都塞：《保卫马克思》，顾良译，商务印书馆，2006。

（作者单位：上海财经大学人文学院）

对《资本论》的九个根本性误读

马拥军

研究《资本论》的人在增多，相信《资本论》的人在减少。这在很大程度上是由于人们虽然知道《资本论》的重要性，但无法把握《资本论》的研究目的和研究对象、研究方法。正是研究目的确定了一门科学的研究对象和研究方法，而研究对象和研究方法则确定了这门科学本身。《资本论》的“序言”和“跋”指明了它的研究目的和研究对象、研究方法。只要读过《资本论》的“序言”和“跋”，对这一点就不可能有什么疑问。然而，日常生活对人们的影响如此强大，传统科学对人们的影响如此巨大，以至于连专门研究《资本论》，从而熟知《资本论》的研究目的和研究对象、研究方法的人，也常常不自觉地背离它们，导致对《资本论》的种种根本性误读。

本文将集中探讨对《资本论》的九个根本性误读。其中包括两个对《资本论》研究目的的误读，四个对《资本论》研究对象的误读，三个对《资本论》研究方法的误读。

一 对《资本论》研究目的的误读

马克思在《资本论》德文“第一版序言”中明确指出：“本书的最终目的就是揭示现代社会的经济运动规律。”①

① 《马克思恩格斯文集》第5卷，人民出版社，2009，第10页。

表面上看，这同其他经济科学没有什么区别，因为很多经济学家都声称他们是在研究“经济规律”。然而，很多人注意不到，在马克思的著作中，“经济运动规律”“现代社会”等概念都具有与日常生活、与传统科学不同的含义，从而导致对马克思的研究目的的误读。

1. 误读之一：对“经济运动规律”的误读

早在1844年，马克思刚刚开始对国民经济学进行批判的时候，他就意识到，国民经济学不是从整个经济现实出发，而是“从私有财产的事实出发”的，“它把私有财产在现实中所经历的物质过程，放进一般的、抽象的公式，然后把这些公式当作规律”。[①] 具有马克思主义哲学常识的人都知道，事实与现实的区别在于：现实是处于联系和发展中的相关事实的总和，事实不过是现实的感觉碎片。马克思和恩格斯主张“从现实的前提出发”，反对“抽象的经验主义者”把“历史”理解成“僵死的事实的汇集”[②]，要求“按照事物的真实面目及其产生情况来理解事物”[③]。由此可以理解，马克思为什么指责国民经济学，说它不理解自己的规律：因为“它没有指明这些规律是怎样从私有财产的本质中产生出来的”；“国民经济学没有向我们说明劳动和资本分离以及资本和土地分离的原因”[④]。马克思对国民经济学的这一看法，同他在《资本论》中对庸俗经济学的批判是完全一致的：“庸俗经济学所做的事情，实际上不过是对于局限在资产阶级生产关系中的生产当事人的观念，当作教义来加以解释、系统化和辩护。因此，我们并不感到奇怪的是，庸俗经济学恰好对于各种经济关系的异化的表现形式……感到很自在，而且各种经济关系的内部联系越是隐蔽，这些关系对普通人的观念来说越是习以为常，它们对庸俗经济学来说就越显得是不言自明的。”[⑤] 这说明，马克思认为，当资产阶级经济学家自以为掌握规律时，他们实际上掌握的只是异化现象的规律，也就是说，他们只不过是把现象概括为一些可以量化的公式，以便更精确地测量现象，而不是试图去把握本质，更不要说把握真正的规律了。

在马克思看来，规律表现的是事物之间的“内部联系”以及事物在这

① 《马克思恩格斯文集》第1卷，人民出版社，2009，第155页。

② 《马克思恩格斯文集》第1卷，人民出版社，2009，第525～526页。

③ 《马克思恩格斯文集》第1卷，人民出版社，2009，第528页。

④ 《马克思恩格斯文集》第1卷，人民出版社，2009，第155页。

⑤ 《马克思恩格斯文集》第7卷，人民出版社，2009，第925页。

种联系中的发展。因此，它涉及的只能是本质层面的现实，而不是现象层面的事实。“如果事物的表现形式和事物的本质会直接合而为一，一切科学就都成为多余的了”①。现象固然可能与本质一致，但也可能与本质不同，甚至以歪曲的、颠倒的形式表现本质。资本主义经济规律是以拜物教的方式表现出来的，因此必须把资本主义条件下的经济事实当作“经济关系的异化的表现形式”。可是，庸俗经济学家却“只是在表面的联系内兜圈子，它为了对可以说是最粗浅的现象做出似是而非的解释，为了适应资产阶级的日常需要，一再反复地咀嚼科学的经济学早就提供的材料”②，他们“丝毫没有想到，被它当作出发点的这个三位一体：土地-地租，资本-利息，劳动-工资或劳动价格，是三个显然不可能组合在一起的部分”③，因为从现象形态上看，它们具有异质的特点。要在本质层面上把握它们，就必须看到：地租、利息（利润）和工资，采取的都不是使用价值的形式，而是货币这种交换价值形式，必须找到交换价值背后的“价值”本质，然后再进一步探索决定价值和剩余价值生产、交换、分配、消费的规律，也就是“经济运动规律”。资产阶级经济学家恰恰相反，把价值的决定混同于价格的决定，有的甚至完全舍弃价值概念，仅仅从价格层面考虑问题。这表明，资产阶级经济学不仅满足于把握经济现象，而且不是从经济运动中，而是从单一经济环节（通常是从分配或者流通）出发研究经济现象。有些懂哲学的经济学家（如雷蒙·阿隆），还从反本质主义的立场对此进行了哲学论证④。

2. 误读之二：对“现代社会”的误读

资产阶级经济学家附和人们的感觉，把“现代社会”即资产阶级社会当作唯一正常形态的社会，极端自由主义经济学家甚至形成“自由市场的乌托邦”，把市场社会描绘成现代社会的唯一理想形态。在他们看来，经济学的研究目的，甚至人生存的唯一目的就是发财致富。因此，他们研究的只是发财致富的规律。至于市场的本质，以及以市场为基础形成的社会的本质，则被视为天然合理和不容置疑的，从而排除到他们的视野以外。与此相反，马克思研究“现代社会的经济运动规律”，恰恰是为了解剖现代社会的

① 《马克思恩格斯文集》第7卷，人民出版社，2009，第925页。

② 《马克思恩格斯文集》第5卷，人民出版社，2009，第99页注（32）。

③ 《马克思恩格斯文集》第7卷，人民出版社，2009，第925页。

④ 参见雷蒙·阿隆《从一个神圣家族到另一个神圣家族》，姜志辉译，上海译文出版社，2012，第180~181、193~195页。

本质，即狭义的“市民社会”——资产阶级社会，论证市场对社会的塑造导致人本身的割裂和人的整体存在的异化，以及扬弃这种异化的必然性和途径。

马克思在谈到自己研究政治经济学的缘由时说，他在担任《莱茵报》编辑时，第一次遇到“要对所谓物质利益发表意见的难事”，这是促使他去研究经济问题的最初动因；同时他看到，对“法国社会主义和共产主义”的认识也需要以经济学研究为基础。为了解决使他苦恼的问题，马克思首先对黑格尔的法哲学进行了批判性的分析，他的结论是：无论是法的关系，还是国家的形式，都既不能从它们本身来理解，也不能从所谓人类精神的一般发展来理解，相反，它们根源于市民社会，“而对市民社会的解剖应该到政治经济学中去寻求”①。可见，马克思的政治经济学研究，目的非常明确：解剖市民社会。而解剖市民社会的动因，不仅是“对所谓物质利益发表意见”，更重要的是为社会主义和共产主义奠定经济学的基础。这就同发财致富的经济学彻底区别开来了。

马克思的研究缘起，决定了他研究政治经济学的指导原则根本不同于资产阶级经济学。他是把“现代社会”作为众多“经济的社会形态”之一，在它们的发展变化中进行研究的。马克思区分了生活的经济、社会、政治、文化层面，认为“物质生活的生产方式制约着整个社会生活、政治生活和精神生活的过程”。他提出：“大体说来，亚细亚的、古希腊罗马的、封建的和现代资产阶级的生产方式可以看作是经济的社会形态演进的几个时代。”马克思认为，对“经济的社会形态”的研究，只有当它处于接近完成形态的时候，才有可能进行。“现代社会”也是这样。马克思指出，现代社会已经走到了它的尽头：“资产阶级的生产关系是社会生产过程的最后一个对抗形式……在资产阶级社会的胎胞里发展的生产力，同时又创造着解决这种对抗的物质条件。因此，人类社会的史前时期就以这种社会形态而告终。”②

既然如此，如何发财致富，就完全不在马克思的视野里。因为要在“现代社会”发财致富，就必须把“现代社会”当作固定不变的社会形态，而不是行将走向灭亡的社会形态进行研究。这同马克思的研究目的根本对

① 《马克思恩格斯文集》第 2 卷，人民出版社，2009，第 591 页。

② 《马克思恩格斯文集》第 2 卷，人民出版社，2009，第 591～592 页。

立。从对“现代社会”的这种误读出发，只能导致对《资本论》的误读，而不可能真正理解《资本论》。

在《1857～1858年经济学手稿》中，马克思不仅对现代社会同它之前的社会作了区分①，而且设想了一个“自由人联合体”，认为在那里，现代社会的经济运动规律根本不可能存在。在《资本论》中，马克思指出，拜物教的形式“恰好形成资产阶级经济学的各种范畴”；“对于这个历史上一定的社会生产方式即商品生产的生产关系来说，这些范畴是有社会效力的、因而是客观的思维形式”，但是，“一旦我们逃到其他的生产形式中去，商品世界的全部神秘性，在商品生产的基础上笼罩着劳动产品的一切魔法妖术，就立刻消失了”。② 马克思不仅设想了脱离现代社会，但以现代人方式思考问题的鲁滨逊在孤岛上计算劳动时间，以及“中世纪人们在相互关系中所扮演的角色”和他们“在劳动中的社会关系始终表现为他们本身之间的个人的关系”③；而且设想了自然经济条件下和自由人联合体中的个人关系与社会关系如何以其本来面目直接表现出来，而不是以物的形式表现出来。由此可以理解，所谓“揭示现代社会的经济运动规律”，意味着马克思必须像哥白尼以日心说代替更为“合乎常识”的地心说一样，把现代社会放在特定的历史情境中，超越经济运动的现象对本质的颠倒关系。

《资本论》的研究目的，决定了它同资产阶级经济学具有不同的研究对象和研究方法。

二　对《资本论》研究对象的误读

《资本论——政治经济学批判》的书名既表明了它的研究对象，也表明了它的研究方法——它的研究对象是“资本”，它的研究方法是“政治经济学批判”。马克思试图通过对“政治经济学”的“批判”来研究“资本”。

马克思在《资本论》德文“第一版序言”中明确指出：“我要在本书研究的，是资本主义生产方式以及和它相适应的生产关系和交换关系。”④ 很

① 例如，在《1857～1858年经济学手稿》中，马克思就曾专门研究了资本主义生产以前的各种形式。参见《马克思恩格斯全集》第30卷，人民出版社，1995，第465～510页。

② 《马克思恩格斯文集》第5卷，人民出版社，2009，第93页。

③ 《马克思恩格斯文集》第5卷，人民出版社，2009，第94～95页。

④ 《马克思恩格斯文集》第5卷，人民出版社，2009，第8页。

多人注意不到，马克思所说的“交换关系”，不仅是指商品与商品的交换关系，而且指“商品化”的交换关系，即那些不是商品的对象也被当作商品进行交换；相应的，人们从纯抽象的“经济人”的视角看待资本家和工人，没有看到他们都是特定生产关系中的人，因而不过是生产关系的人格化；最终，人们往往忽略了马克思讲的是建立在“资本主义生产方式”基础上的生产关系和交换关系，从而导致对《资本论》的误读。

1. 误读之三：对“交换关系”的误读

一谈到“交换”，人们就会想到那两个著名的渔夫和猎人。人们习惯于脱离渔夫和猎人所处的社会环境，从微观经济学角度去考察他们的交换。马克思指出：甚至李嘉图也离不开他的鲁滨逊故事，“他让原始的渔夫和原始的猎人一下子就以商品占有者的身份，按照对象化在鱼和野味的交换价值中的劳动时间的比例交换鱼和野味。在这里他陷入了时代错乱之中，他竟让原始的渔夫和原始的猎人在计算他们的劳动工具时去参看 1817 年伦敦交易所通用的年息表。看来，除了资产阶级社会形式以外，‘欧文先生的平行四边形’是他所知道的唯一的社会形式”。① 至于庸俗经济学家，则连李嘉图的抽象水平都达不到；甚至《资本论》的许多当代阅读者，竟然也只是用渔夫和猎人的自由意志和“边际效用”原理来理解他们的鱼和野味的价值，对于与“价值实体”相关的一切茫然无知，更不用说“劳动力的价值”了。

早在《哲学的贫困》中，马克思就分析过交换发展的历史：“曾经有这样一个时期，例如在中世纪，当时交换的只是剩余品，即生产超过消费的过剩品。”“也曾经有过这样一个时期，当时不仅剩余品，而且一切产品，整个工业活动都处在商业范围之内，当时一切生产完全取决于交换。”“最后到了这样一个时期，人们一向认为不能出让的一切东西，这时都成了交换和买卖的对象，都能出让了。这个时期，甚至像德行、爱情、信仰、知识和良心等最后也成了买卖的对象，而在以前，这些东西是只传授不交换、只赠送不出卖、只取得不收买的。这是一个普遍贿赂、普遍买卖的时期，或者用政治经济学的术语来说，是一切精神的或物质的东西都变成交换价值并到市场上去寻找最符合它的真正价值的评价的时期。”②

---

① 马克思：《政治经济学批判》第 38、39 页。转引自《马克思恩格斯文集》第 5 卷，人民出版社，2009，第 94 页。

② 《马克思恩格斯全集》第 4 卷，人民出版社，1958，第 79 ~ 80 页。

在《资本论》中，马克思又从逻辑上专门研究了价值形式或交换价值从个别的价值形式（偶然的物物交换）到特殊的价值形式（总和的或扩大的价值形式），再到一般价值形式，最后到货币形式的发展过程。马克思指出："劳动产品分裂为有用物和价值物，实际上只是发生在交换已经十分广泛和十分重要的时候，那时有用物是为了交换而生产的，因而物的价值性质还在物本身的生产中就被注意到了。"① 如果不理解这一点，也就不可能把握抽象劳动即"一般人类劳动"的概念。所谓抽象劳动，不仅是指生产商品的劳动，而且是指作为私人劳动的总和，全部社会劳动在被视为一个单一的人类劳动力的活动结果时才能够存在的那种现实劳动。否则，它就真的只是一个"抽象"。例如，有的学者居然认为在自然经济条件下，劳动也可以被抽象为人类体力和脑力的耗费，因此也是抽象劳动；这说明他们根本没有注意"普遍交换"这一历史条件，因而也没有注意到马克思所说的抽象劳动并不是指经济学家的主观"抽象"，而是私人劳动在通过市场转化为社会劳动的过程中所导致的客观抽象。这怎么可能不误读《资本论》呢？

只有在这一基础上，我们才能进一步理解"劳动力的价值"这一概念：马克思所说的交换不仅是作为劳动产品的商品与商品之间的交换，而且是商品化的交换，即不管是不是劳动产品，通通被视为商品后所进行的交换，比如劳动力就被视为商品，可以与可变资本相交换。随着劳动力市场的出现，交换关系不仅与生产关系紧密联系在一起，而且由生产关系所决定。世界体系论者往往缺乏对资本主义交换关系的真正理解，不是从形式平等，而是从实质平等方面要求发达资本主义国家，从而得出所谓"不平等交换"的结论。从《资本论》的立场看，虽然商品是天生的平等派，但在资本主义生产关系下，平等本来就是形式平等，指责这种形式平等违背了实质平等的原则，实际上是误解了资本主义交换关系的本质。

2. 误读之四：对"生产关系"的误读

众所周知，斯密既写作了《国富论》，又写作了《道德情操论》，这虽然比那些仅把人抽象为"经济人"的经济学家要高明得多，但在马克思看来，人的本质的这种分裂，本身表明的是人的异化的存在状态："每一个领域都用不同的和相反的尺度来衡量我：道德用一种尺度，而国民经济学又用

① 《马克思恩格斯文集》第5卷，人民出版社，2009，第90页。

另一种尺度。这是以异化的本质为根据的，因为每一个领域都是人的一种特定的异化，每一个领域都把异化的本质活动的特殊范围固定下来，并且每一个领域都同另一种异化保持着异化的关系……国民经济学和道德之间的对立也只是一种表象，它既是对立，又不是对立。国民经济学不过是以自己的方式表现道德规律。"① 至于资产阶级的道德，就像它的法律一样，正是在特定生产关系制约下形成的人与人之间客观联系的主观表现。

马克思早年的这种观点在《1857～1858 年经济学手稿》中延续了下来，他明确地对斯密和李嘉图的"经济人"进行了批评："在社会中进行生产的个人，——因而，这些个人的一定社会性质的生产，当然是出发点。被斯密和李嘉图当作出发点的单个的孤立的猎人和渔夫，属于 18 世纪的缺乏想象力的虚构。"② 生产关系总是历史地形成的："产生这种孤立个人的观点的时代，正是具有迄今为止最发达的社会关系（从这种观点看来是一般关系）的时代。"③ 既然如此，对价值和剩余价值的研究就决不能从孤立个人的角度入手。实际上，马克思在考察单个商品价值量的决定时，"单个商品是当作该种商品的平均样品"④，正如他考察单个工人的必要劳动时间与剩余劳动时间时，他是把单个工人当作所有工人的样本一样。

在《资本论》的序言中，马克思进一步说明了他所研究的"经济人"同古典经济学的"经济人"的区别。马克思指出："我决不用玫瑰色描绘资本家和地主的面貌。不过这里涉及的人，只是经济范畴的人格化，是一定的阶级关系和利益的承担者。我的观点是把经济的社会形态的发展理解为一种自然史的过程。不管个人在主观上怎样超脱各种关系，他在社会意义上总是这些关系的产物。同其他任何观点比起来，我的观点是更不能要个人对这些关系负责的。"⑤ 在马克思看来，只有通过从抽象到具体的过程再现整个资本主义生产方式之后，才能在理解资本家和工人的关系基础上，进一步理解包括地主和食利者等其他剥削者作为"经济人"的面貌，而不是像分析的马克思主义者所认为的那样，把个人的"理性选择"作为理解整个经济现象的基础。

---

① 《马克思恩格斯文集》第 1 卷，人民出版社，2009，第 228～229 页。

② 《马克思恩格斯文集》第 8 卷，人民出版社，2009，第 5 页。

③ 《马克思恩格斯文集》第 1 卷，人民出版社，2009，第 6 页。

④ 《马克思恩格斯文集》第 5 卷，人民出版社，2009，第 52 页。

⑤ 《马克思恩格斯文集》第 5 卷，人民出版社，2009，第 10 页。

3. 误读之五：对“生产方式”的误读

作为《资本论》研究对象的生产关系和交换关系，是与特定的生产方式——资本主义生产方式相适应的。因此，对“生产方式”的误读是比对生产关系和交换关系的误读更根本的误读。

马克思所说的生产方式，是指“物质生活的生产方式”，因此不仅包括生存资料的生产或人与自然关系的再生产，而且包括人与人的关系的再生产。从“再生产”的角度看，生产方式是一个包括生产、分配、交换、消费各环节在内的有机整体。有些《资本论》的读者把生产方式只理解为生存资料的生产方式，由此对这些环节的把握必然落入资产阶级经济学家“正规的三段论法”，即“生产是一般，分配和交换是特殊，消费是个别，全体由此结合在一起”。[①] 马克思认为，仅仅从生存资料生产角度出发，把四个环节割裂开来和并列起来的方法是肤浅的。他从作为有机整体的生产方式的各环节的角度，分析了生产与消费、生产与分配、生产与交换的关系。

在马克思看来，无论是生产，还是消费、分配和交换（流通），都应当既从人与自然的关系，又从人与人的关系进行研究。首先，从人与自然的关系着眼，马克思认为不仅应当从生存资料的再生产，而且应当从生产资料和劳动力的再生产角度，研究生产与消费、生产与分配、生产与交换的关系，并通过这些关系考察体现在使用价值生产中的生产效率的提高；其次，从人与人的关系着眼，马克思认为不仅应当从交换价值生产角度，而且应当从价值生产和剩余价值生产角度，研究生产与消费、生产与流通、生产与分配的关系。这样做，就是把整个生产方式当作一个有机体，既从整体上研究它的同化和异化作用，更要着眼于整体的各个部分，研究整个生产方式的细胞、组织和器官，以及它们在形成整个有机体过程中的结构和功能。《资本论》第一卷研究“资本的生产过程”，第二卷研究“资本的流通过程”，第三卷研究“资本主义生产的总过程”，就是从资本主义生产方式如何实现使用价值和价值（包括剩余价值）两种循环着眼的。其中，细胞层面的分析表现为商品的使用价值和价值的关系、生产它们的具体劳动和抽象劳动的关系；组织层面的分析表现为必要劳动和剩余劳动的关系、绝对剩余价值和相对剩余价值的关系；器官层面的分析包括

① 《马克思恩格斯文集》第 8 卷，人民出版社，2009，第 13 页。

资本的生产作为劳动过程与价值增值过程的统一、资本的流通作为资本的循环和资本的周转的统一以及社会总资本再生产的条件等；最后，剩余价值的分割与各种收入的来源的分析，政治经济学说史的分析，则使整个生产方式有机体的面貌完整地显现出来。

人们不习惯从社会有机体的角度理解生产方式，导致对《资本论》研究对象的把握支离破碎：有的把《资本论》仅仅理解为对劳动价值论和剩余价值理论的研究，有的仅仅理解为市场经济学批判，有的甚至指责《资本论》仅研究生产关系，不研究生产力。

所有这一切，都说明人们对“生产方式”的误读后果有多么严重。

4. 误读之六：对“资本主义”的误读

资本是能够带来剩余价值的价值。马克思研究的是资本主义生产方式以及与它相适应的生产关系和交换关系。有学者区分了“资本”和“资本主义”，认为这是两个不同的概念。这当然是正确的。但是资本的生产、分配、交换和消费，恰恰构成资本主义生产方式的各环节。研究这些环节及与其相适应的生产关系和交换关系，才是《资本论》的任务。

值得关注的是市场经济与资本主义市场经济，或劳动价值论与剩余价值理论的关系问题。直到今天，在“社会主义市场经济”的概念提出二十余年后，仍然有学者认为，根据《资本论》，市场经济就是资本主义市场经济，两者是一回事，因此“社会主义市场经济”的提法，从《资本论》的立场上看是根本错误的。这仍然是基于对《资本论》研究对象的误解。实际上，反倒是那些强调“普照的光”的学者，更加接近《资本论》的本义，因为“社会主义市场经济”并不排除资本主义，它只是强调社会主义生产方式作为普照的光，使其中的资本主义改变了颜色而已。

剩余价值生产是资本主义生产的本质。因此，资本主义生产方式的特征就是剩余价值生产。凡是能够生产剩余价值的劳动就是生产性劳动，凡是不能生产剩余价值的劳动就是非生产性劳动。利润至上是资本主义生产的特征。资本的生产过程和流通过程，本质上就是剩余价值的生产过程和实现过程。既然如此，作为理想模型，资本主义市场经济与一般意义上的“市场经济”就有一条确定不移的界线：价值生产过程，还是价值增值过程？一般意义上的“市场经济”属于前者，而资本主义市场经济属于后者。用马克思的话说：“我们的资本家所关心的是下述两点。第一，他要生产具有交换价值的使用价值，要生产用来出售的物品，商品。第二，他要使生产出来的商品的价值，大于生产该商品所需要的各种商品即生产资料和劳动力……的价值总和。”[①] 考虑到马克思所讲的“资本家”无非是资本的人格化，这里显然是从资本主义市场经济主体标本的角度研究资本家的。在马克思看来，作为经济主体，市场经济条件下的普通商品生产者满足于生产价值，而资本主义市场经济条件下的资本家“不仅要生产价值，而且要生产剩余价值”[②]。

马克思当然知道，在现实生活中，资本主义市场经济是完成了的市场经济，因而是市场经济的完备形态、典型形态。因为通过对交换关系即市场的历史发展的考察就可以看到，只有随着商品化时代的到来，才会出现劳动力市场[③]，从而具足货币市场、商品市场和劳动力市场这三个市场组成部分，形成现代市场体系。但是市场经济在劳动力市场不具备的情况下也可以存在。马克思指出：“要成为商品，产品就不应作为生产者自己直接的生存资料来生产……产品要表现为商品，需要社会内部的分工发展到这样的程度：在直接的物物交换中开始的使用价值和交换价值的分离已经完成。但是，这样的发展阶段是历史上完全不同的经济的社会形态所共有的。”[④] 市场经济不仅在奴隶社会、封建社会和资本主义社会都存在，而且在前两种“经济的社会形态”中，还是随着生产力的发展，在这两种“经济的社会形态”的基础上自然形成的。资本主义市场经济不过是原来局部的、不完备的市场经济的完成。

但正因为资本主义市场经济是市场经济的完成形态，因而它也是市场经济的最后形态，标志着市场经济的自我扬弃时代的到来。市场经济的自我扬弃经历的是同市场经济发展相反的过程：首先是去资本化，然后才是去商品

---

① 《马克思恩格斯文集》第5卷，人民出版社，2009，第217页。

② 《马克思恩格斯文集》第5卷，人民出版社，2009，第218页。

③ 参见《资本论》中关于货币转化为资本的部分。马克思首先从商品流通的角度指出：“如果我们进一步研究，在什么样的状态下，全部产品或至少大部分产品采取商品的形式，我们就会发现，这种情况只有在一种十分特殊的生产方式即资本主义生产方式的基础上才会发生……即使绝大多数产品直接用来满足生产者自己的需要，没有转化为商品，从而社会生产过程按其广度和深度来说还远没有为交换价值所控制，商品生产和商品流通也能够产生。”然后，他又从货币转化为资本的角度指出：“货币是以商品交换发展到一定高度为前提的。货币的各种特殊形式……表示社会生产过程的极不相同的阶段。但是根据经验，不很发达的商品流通就足以促使所有这些形式的形成。资本则不然。有了商品流通和货币流通，绝不是就具备了资本存在的历史条件。只有当生产资料和生活资料的占有者在市场上找到出卖自己劳动力的自由工人的时候，资本才产生……因此，资本一出现，就标志着社会生产过程的一个新时代。”（《马克思恩格斯文集》第5卷，人民出版社，2009，第197、198页）

④ 《马克思恩格斯文集》第5卷，人民出版社，2009，第197～198页。

化。在分析拜物教时，马克思设想了未来“自由人联合体”的生产方式，认为即使自由人联合体中的人们“用公共的生产资料进行劳动，并且自觉地把他们许多个人劳动力当作一个社会劳动力来使用”，个人消费品的分配方式仍然“会随着社会生产有机体本身的特殊方式和随着生产者的相应的历史发展程度而改变”，其中在第一阶段有可能实行按劳分配①，第二阶段才可能实行按需分配。在《哥达纲领批判》中，马克思明确地把按劳分配称为“资产阶级权利”。这令很多人感到困惑。其实这种困惑完全来自对《资本论》研究对象的误解。从去资本化和去商品化的角度来看，马克思所谈的按劳分配时代只是完成了去资本化，还没有完成去商品化，因为按劳分配虽然比按劳动力价值分配进步，但人仍然只是被从劳动者或工人的角度看待的，正如社会被当作总资本家看待一样，换言之，这仍然是一种“市民社会”，至少是其残余形态或过渡形态，还不是完整意义上的“人类社会”。人仍然只是被当作劳动者，意味着人还没有获得全面发展和自由发展的权利，在这一意义上，人仍然是一种“经济人”，按劳分配只能被称为“资产阶级权利”。

人的全面发展和自由发展，意味着不仅要满足人类的物质需要或自然需要，而且要满足社会需要、精神需要或个性需要。显然，它要求一种全面的生产，而不仅是“物质生活的生产”。只有在这种情况下，价值生产才能还原为使用价值生产，物化了的价值观才能被消除，建立一种不是以劳动而是以人的全面发展和自由发展为评价标准的共产主义价值观。

要真正理解这一切，就必须运用《资本论》的方法研究整个人类历史。遗憾的是，对《资本论》的研究方法同样存在严重的误读。

三 对《资本论》研究方法的误读

马克思在《资本论》德文“第二版跋”中不仅明确指出，他的研究方法是“辩证方法”，而且指出，他的辩证方法，“从根本上来说，不仅和黑格尔的辩证方法不同，而且和它截然相反”；《资本论》的方法是唯物辩证法②。

---

① 《马克思恩格斯文集》第5卷，人民出版社，2009，第96页。

② 《马克思恩格斯文集》第5卷，人民出版社，2009，第22页。

马克思指出，“人们对《资本论》中应用的方法理解得很差。”[①] 正是为了应对人们的误解，马克思才明确提出他的研究方法是唯物辩证法。遗憾的是，直到今天，对《资本论》方法的误读状况并没有得到根本的改善。不仅资产阶级学者误把马克思的方法理解为“抽象分析法”，就连试图从唯物辩证法方面理解《资本论》的方法的马克思主义学者，对《资本论》的“辩证法”性质和“唯物主义”性质也存在误读。

1. 误读之七：对“抽象力”的误读

马克思在《资本论》第一版序言中明确指出：“分析经济形式，既不能用显微镜，也不能用化学试剂。二者都必须用抽象力来代替。”[②] 遗憾的是，人们缺乏的恰恰是这种抽象力。很多人误以为，马克思所说的“抽象力”只是一种知性思维能力。他们做梦也想不到，马克思讲的“抽象力”不仅限于单纯的形式逻辑，它更是一种由研究对象的理性存在所决定的辩证的抽象，或者用黑格尔的话说，是作为“思辨理性”起点的抽象。这种抽象力要求从理性抽象开始，经过一个“从抽象到具体”的过程，达到理性具体，因此，它与从感性具体中抽取出来的知性抽象不同，不是机械的、僵死的东西，而更像是一粒种子，一颗萌芽，具有自己的生命。

马克思自己承认，《资本论》中关于价值形式的那一部分比较难懂：“以货币形式为完成形态的价值形式，是极无内容和极其简单的。然而，两千多年来人类智慧对这种形式进行探讨的努力，并未得到什么结果，而对更有内容和更复杂的形式的分析，却至少已接近于成功。”[③] 之所以如此，是由于已经发育的身体比身体的细胞容易研究些，而“对资产阶级社会说来，劳动产品的商品形式，或者商品的价值形式，就是经济的细胞形式。”[④] 然而，分析生物细胞，可以借助于显微镜和化学试剂，研究经济的细胞形式却没有这种便利。

要研究资本主义经济的形体，只需“形而下”的认识能力；要研究资本主义经济的“细胞”，就必须凭借“形而上”的思考能力，也就是马克思所说的“抽象力”。这是因为，作为劳动产品，“商品取得了二重存在，除了它的自然存在以外，它还取得了一个纯经济存在；在纯经济存在中，商品

① 《马克思恩格斯文集》第5卷，人民出版社，2009，第19页。

② 《马克思恩格斯文集》第5卷，人民出版社，2009，第8页。

③ 《马克思恩格斯文集》第5卷，人民出版社，2009，第7~8页。

④ 《马克思恩格斯文集》第5卷，人民出版社，2009，第8页。

是生产关系的单纯符号，字母，是它自身价值的单纯符号”①。商品的自然存在是它的使用价值，商品的社会存在、它的纯经济存在是价值。“价值是商品的社会关系，是商品的经济上的质。”② 由于价值是看不见摸不着的，在计算、记账等等时，我们需要把商品转化为价值符号，把商品当作单纯交换价值固定下来，而把商品的物质和商品的一切自然属性抽象掉：“在纸上，在头脑中，这种形态变化是通过单纯的抽象进行的；但是，在实际的交换中，必须有一种实际的中介，一种手段，来实现这种抽象。”③ 这种中介和手段就是货币：“作为价值，商品是货币。”④ 经过价值形式或交换价值的从个别到特殊，再从特殊到一般的发展，抽象的商品价值最终在货币中获得了它的具象的存在。

通过货币表现的商品的社会存在，必然在人们眼前采取拜物教的形式。人们对货币的依赖，实际上是对通过货币体现出来的他人活动的依赖，只不过，他人的活动现在采取了对象化在货币这种“物”中的形式。正由于这样，马克思把个人凭借货币所获得的独立性称为“以物的依赖性为基础的人的独立性”⑤，把个人受货币统治称为“个人现在受抽象统治”⑥。遗憾的是，正是拜物教使人们沉迷于货币夺目的光辉中难以自拔，从而更容易丧失抽象力。

如果理解了货币作为商品的价值，本质上只是物化在商品中的抽象人类劳动，那么，剩余价值理论自然就变得可以理解了，因为货币转化为资本和商品转化为货币遵循的是同一逻辑。如前所述，在一般商品经济、市场经济中，“形成价值实体的劳动是相同的人类劳动，是同一的人类劳动力的耗费”，“体现在商品世界全部价值中的社会的全部劳动力，在这里是当作一个同一的人类劳动力，虽然它是由无数单个劳动力构成的。每一个这种单个劳动力，同另一个劳动力一样，都是同一的人类劳动力，只要它具有社会平均劳动力的性质，起着这种社会平均劳动力的作用”⑦。同样，当马克思谈到某个资本家在劳动力市场购买到工人的劳动时，当他谈到在工厂里某个工

① 《马克思恩格斯文集》第 8 卷，人民出版社，2009，第 38 页。
② 《马克思恩格斯文集》第 8 卷，人民出版社，2009，第 38 页。
③ 《马克思恩格斯文集》第 8 卷，人民出版社，2009，第 39 页。
④ 《马克思恩格斯文集》第 8 卷，人民出版社，2009，第 38 页。
⑤ 《马克思恩格斯文集》第 8 卷，人民出版社，2009，第 52 页。
⑥ 《马克思恩格斯文集》第 8 卷，人民出版社，2009，第 59 页。
⑦ 《马克思恩格斯文集》第 5 卷，人民出版社，2009，第 52 页。

人不仅要付出必要劳动时间，而且要付出剩余劳动时间，要为雇用他的资本家创造可变资本和剩余价值时，马克思所说的单个的资本家和单个的工人，实际上也是整个资本家阶级和整个工人阶级的标本。

辩证的"抽象力"对知性的"抽象力"的扬弃和超越，不仅表现在社会有机体的细胞、组织和器官层面，而且表现在有机体的系统层面。在这里，马克思仍然将自然科学的知性抽象与政治经济学的理性抽象作了对比："物理学家是在自然过程表现得最确实、最少受干扰的地方观察自然过程的，或者，如有可能，是在保证过程以其纯粹形态进行的条件下从事实验的。我要在本书研究的，是资本主义生产方式以及和它相适应的生产关系和交换关系。到现在为止，这种生产方式的典型地点是英国。因此，我在理论阐述上主要用英国作为例证。"① 但马克思特别指出：这决不意味着他所揭示的规律只适用于英国。相反，正如知性科学的对象只存在于知性抽象中，并不妨碍知性科学的应用一样，辩证科学的对象只存在于理性抽象中，并不妨碍辩证科学的应用。不理解这一点，就必然导致对《资本论》的误读。

要理解这一点，就必须把握辩证法。

2. 误读之八：对"辩证法"性质的误读

《资本论》第一卷出版以后，人们果然未能理解它独特的"抽象"性质。有的学者认为《资本论》的方法是"整个英国学派的演绎法"，有的认为是"分析的方法"。这实际上恰恰是把理性抽象混同于知性抽象。马克思所基本认可的则是一位俄国学者的评论，这位学者认为马克思的研究方法是严格的现实主义的，而叙述方法不幸是德国辩证法的。② 马克思承认研究方法和叙述方法确有区别，但他认为，不能把研究方法和叙述方法截然分开，相反，他改造了黑格尔的辩证法，把它由唯心主义辩证法改造为唯物主义辩证法。

在黑格尔看来，"实体即主体"，马克思在《资本论》第一章即关于价

① 《马克思恩格斯文集》第5卷，人民出版社，2009，第8页。

② 参见《马克思恩格斯文集》第5卷，人民出版社，2009，第19～21页。遗憾的是，中文译者显然也没有把握马克思的方法，居然把"现实主义"翻译成"实在论"。甚至在恩格斯《路德维希·费尔巴哈和德国古典哲学的终结》一文中，在恩格斯专门分析了"凡是现实的都是合乎理性的"（参见《马克思恩格斯文集》第4卷，人民出版社，2009，第268页）之后，谈到黑格尔和费尔巴哈的现实主义，也翻译成了"实在论"（参见《马克思恩格斯文集》第4卷，人民出版社，2009，第290页）。

值理论的一章，也“卖弄起黑格尔特有的表达方式”[①]，讨论起“价值实体”。但是黑格尔把实体理解为“绝对精神”，马克思却把价值实体理解为感性的人的抽象活动。因此，黑格尔谈到“现实的就是合乎理性的，合乎理性的就是现实的”，从而把“现实”与“理性”联系在一起[②]，马克思却像费尔巴哈那样，把“现实”与“对象”、“感性”联系在一起，认为对“对象、现实、感性”，应当“当作感性的人的活动，当作实践去理解”[③]。因此，尽管马克思自己说，“对价值实体和价值量的分析，我已经尽可能做到通俗易懂”，[④] 但由于人们缺乏对黑格尔哲学背景的了解，很容易造成对《资本论》的误读。

为了帮助人们理解，在第二版中马克思“明确地突出了在第一版中只是略略提到的价值实体和由社会必要劳动时间决定的价值量之间的联系”；对第一章第三节，即价值形式部分，则“全部改写了”；“第一章最后一节《商品的拜物教性质及其秘密》大部分修改了”；“第三章第一节《价值尺度》作了仔细的修改”[⑤]。这些部分，恰恰是涉及与“实体即主体”相关的、最明确地“卖弄黑格尔特有的表达方式”的部分。

黑格尔逻辑学的方法，是“从抽象到具体”的方法。对于黑格尔来说，只有从“是”（“存在”或“有”）上升到“所是”（“本质”），然后再扬弃“所是”（“本质”），才能到达“总念”（“［总］概念”）。其中，“是”（“存在”或“有”）是作为起点的理性抽象。既然“规定即否定”，“是”（“存在”）就意味着“不是”（“非存在”或“无”）。但对于作为知性抽象的“是”（“存在”或“有”）来说，显然不会有这样的转化过程，因而也不可能通过“不是”（“非存在”或“无”）扬弃为下一个范畴，即“生成”（“变易”）。可见，当黑格尔谈到思想的“生命”时，他谈的实际上是思维通过自我否定、自我扬弃来把握“现实”[⑥] 的能力，这也就是马克思所说的“抽象力”。但这种抽象力只有通过黑格尔的肯定、否定、否定之否定的辩

① 《马克思恩格斯文集》第 5 卷，人民出版社，2009，第 22 页。

② 原文出自黑格尔《精神现象学》的序言，恩格斯对它的辩证含义的解释（参见《马克思恩格斯文集》第 4 卷，人民出版社，2009，第 268～269 页）同马克思对黑格尔辩证法的解释（参见《马克思恩格斯文集》第 5 卷，人民出版社，2009，第 22 页）完全一致。

③ 《马克思恩格斯文集》第 1 卷，人民出版社，2009，第 499 页。

④ 《马克思恩格斯文集》第 5 卷，人民出版社，2009，第 7 页。

⑤ 参见《马克思恩格斯文集》第 5 卷，人民出版社，2009，第 14 页。

⑥ 不要忘记，黑格尔讲的“现实”是理性现实，而不是“对象、现实、感性”。

证方法，才能表现出来。

这种方法之所以是辩证的（Dialectical），是因为它源于两种相反观点的对话（Dialogue）。通过对话使相反的观点达成一致的方法，就是最初意义上的“辩证法”（Dialectic），因此辩证法也被称为“对话术”。黑格尔辩证法的特点，在于他认为任何事物内部都有对立的双方，因而事物本质上是束缚在同一事物中的两种相反的倾向的斗争。发展就是两种倾向的自我对话过程。不成功的对话表现为主体在两个相反极端之间的摇摆，成功的对话则表现为一个中庸的过程。马克思把使用价值和价值视为商品的二重性，把具体劳动和抽象劳动视为生产商品的劳动的二重性，从而为资本主义生产方式的研究找到了最初的种子、萌芽。但具体到“资本”，则是由“价值”从商品分离出来、固定成为货币开始的。商品转化为货币，货币再转化为资本，即能够带来剩余价值的价值。然后，马克思再从剩余价值的生产方面考察资本的生产过程，同时在对资本循环和资本周转的现实考察中，又要重新把使用价值的循环和周转作为实物补偿综合进来。从整个社会有机体的角度看，剩余价值必然导致剩余使用价值，最终形成过剩经济危机，从而为资本主义的自我否定奠定物质基础。

列宁曾经指出：“不钻研和不理解黑格尔的全部逻辑学，就不能完全理解马克思的《资本论》，特别是它的第 1 章。”① 由于不理解黑格尔的对立统一的辩证逻辑和自我扬弃的思辨逻辑，人们往往从形式逻辑角度去把握辩证法，这是导致对《资本论》误读的一个重要原因。

3. 误读之九：对“唯物主义”性质的误读

马克思认为，“在形式上，叙述方法必须与研究方法不同”；但在实质上，两者必须统一起来：“研究必须充分地占有材料，分析它的各种发展形式，探寻这些形式的内在联系。只有这项工作完成以后，现实的运动才能适当地叙述出来。这点一旦做到，材料的生命一旦在观念上反映出来，呈现在我们面前的就好像是一个先验的结构了。”② 马克思认为，这个先验的结构只是研究对象在思维中由理性抽象生成为理性具体的结构，而不是研究对象自身的生成过程。马克思试图通过政治经济学批判，来考察资本主义生产方式以及与之相适应的生产关系和交换关系的发展过程，而不是用前者代替后

① 《列宁全集》第 55 卷，人民出版社，1990，第 151 页。

② 《马克思恩格斯文集》第 5 卷，人民出版社，2009，第 21 ~ 22 页。

者。这种自觉的问题意识和学科意识，正是马克思“唯物主义”方法的具体体现。

早在《德意志意识形态》中，马克思和恩格斯就把唯物主义方法界定为“按照事物的真实面目及其产生情况来理解事物”[①] 的方法，恩格斯在《路德维希·费尔巴哈和德国古典哲学的终结》中，又把唯物主义方法界定为“在理解现实世界（自然界和历史）时按照它本身在每一个不以先入为主的唯心主义怪想来对待它的人面前所呈现的那样来理解”[②]。与黑格尔的“精神现象学”相比，这显然是一种通过现象把握本质的“唯物主义现象学”方法。为此，马克思在《资本论》第二版的“跋”中，专门引用了《资本论》的俄国评论者对《〈政治经济学批判〉序言》的评论[③]。在第二版“序言”中，马克思讲的正是“经济的社会形态”的“产生情况”。在马克思看来，只有在这种背景中，才能应用唯物辩证法去把握《资本论》的研究对象。

黑格尔的辩证方法的缺陷，恰恰在于它混淆了思维把握具体、“把它当作一个精神上的具体”再现出来的过程和“表象中的具体”即现实事物的自身产生过程，从而陷入了唯心主义。马克思指出：“具体总体作为思想总体、作为思想具体，事实上是思维的、理解的产物；但是，绝不是处于直观和表象之外或驾于其上而思维着的、自我产生着的概念的产物，而是把直观和表象加工成概念这一过程的产物。”[④] 因此，如果说《资本论》的“叙述方法”只是体现了研究的第二条道路即“从抽象到具体”的道路，那么，“研究方法”却要把第一条道路即“从表象中的具体到越来越稀薄的抽象”的道路也包括进来。只有这样，才能体现《资本论》唯物主义方法的全部

---

① 《马克思恩格斯文集》第 1 卷，人民出版社，2009，第 528 页。

② 《马克思恩格斯文集》第 4 卷，人民出版社，2009，第 297 页。注意：恩格斯讲的“现实世界”包括现实的自然界和现实的人类历史，因此，当恩格斯谈到“自然辩证法”时，他同强调“现实”是实践活动产物的马克思并不矛盾。相反，自然辩证法只能是现实的自然界的辩证法，而在恩格斯看来，现实的自然界本身就是人类活动的产物。

③ 参见《马克思恩格斯文集》第 5 卷，人民出版社，2009，第 21 ~ 22 页。评论者指出：“在马克思看来，只有一件事情是重要的，那就是发现他所研究的那些现象的规律。而且他认为重要的，不仅是在这些现象具有完成形式和处于一定时期内可见到的联系中的时候支配着它们的那个规律。在他看来，除此而外，最重要的是这些现象变化的规律，这些现象发展的规律，即它们由一种形式过渡到另一种形式，由一种联系秩序过渡到另一种联系秩序的规律。”

④ 《马克思恩格斯文集》第 8 卷，人民出版社，2009，第 25 页。

含义。然而，由于人们很少把全部四册《资本论》当作一个有机整体[①]进行研究，马克思“唯物主义”方法的性质被歪曲了。

马克思早在《〈黑格尔法哲学批判〉导言》中，就已经提出了对资本主义进行理论和实践双重批判的任务，在《1844年经济学哲学手稿》中首次通过对国民经济学的批判展开对资本主义生产方式的批判，在《哲学的贫困》中则明确地提出了政治经济学批判的方法：唯物辩证法。这种方法在《1857~1858年经济学手稿》中初步得到总结，到《资本论》第一卷出版时已经完全成熟。可笑的是，卡弗这位鼎鼎大名的“马克思学”学者，竟然认为唯物辩证法是恩格斯在1859年对《政治经济学批判》第一卷第一分册的评论中首次提出的[②]，而且这种在文献学上漏洞百出的考证，居然得到了国内马克思文本学研究者的首肯。可见，对《资本论》唯物主义方法的误读已经达到何等严重的程度。

《资本论》作为一门完整、严密的新科学——批判理论或实践科学[③]，具有与发财致富的科学完全不同的问题意识。它不是致力于在现有经济的社会形态之内去发财致富，而是致力于现存社会形态的自我否定、自我扬弃。这并不是由于马克思反对发财致富本身，而是由于在他看来，资本主义生产方式以及与之相适应的生产关系和交换关系决定了，在获取剩余价值意义上的发财致富永远只能是资本家的事，而不可能是工人阶级的事情。工人阶级有可能通过阶级斗争改善自己的生活处境，但除非一个社会不再以剩余价值或利润作为生产的目的，否则永远不可能只有资本家，没有工人。

只有从马克思的问题意识出发，才能避免对《资本论》的研究目的和研究对象、研究方法的误读，真正理解《资本论》。

---

① 马克思原计划在《资本论》的第一卷（即第一册）研究“资本的生产过程”，第二卷分两册，分别探讨“资本的流通过程”（第二册）和“总过程的各种形式”（第三册），第三卷（第四册）探讨理论史。我们现在见到的第一至四卷，分别相当于马克思计划中的第一至四册。马克思的这一计划参见《马克思恩格斯文集》第5卷，人民出版社，2009，第13页。

② 对卡弗的批判，参见刘珍英《唯物辩证法是谁“发明”的？——评卡弗对马克思主义辩证法的攻击》，《科学技术哲学研究》2011年第6期。

③ 众所周知，法兰克福学派把这种新的科学理论称为“社会批判理论”。马拥军在《“马恩对立”论之根源何在》中首次阐明了马克思和恩格斯理论的“实践科学”性质，认为导致“马恩对立”论的根源就在于未能理解这种独特的“实践科学”性质，参见《学术月刊》2013年第3期。

参考文献

《列宁全集》第 55 卷，人民出版社，1990。

《马克思恩格斯全集》第 4 卷，人民出版社，1958。

《马克思恩格斯全集》第 30 卷，人民出版社，1995。

《马克思恩格斯文集》第 1 卷，人民出版社，2009。

《马克思恩格斯文集》第 2 卷，人民出版社，2009。

《马克思恩格斯文集》第 5 卷，人民出版社，2009。

《马克思恩格斯文集》第 7 卷，人民出版社，2009。

《马克思恩格斯文集》第 8 卷，人民出版社，2009。

雷蒙 · 阿隆：《从一个神圣家族到另一个神圣家族》，姜志辉译，上海译文出版社，2012。

刘珍英：《唯物辩证法是谁“发明”的？——评卡弗对马克思主义辩证法的攻击》，《科学技术哲学研究》2011 年第 6 期。

（作者单位：上海财经大学人文学院）

论马克思的政治经济学研究与世界观形成的关系

宫敬才

一　问题的提出

从 25 岁开始，马克思几乎终生研究政治经济学。他的政治经济学研究与世界观形成有无关系？有什么关系？前者对后者是否产生了影响？产生了什么影响？人们既不提出也不研究这些问题。这样的事实造成了严重后果，马克思主义哲学原理和马克思主义哲学史两个学科的教科书，在讲到马克思的世界观形成问题时就哲学论哲学，似乎马克思的政治经济学研究与世界观形成之间没有关系。或者，确实意识到了关系的客观存在，但并不进一步地探讨和说明。似乎不作探讨和说明，仍然能真正地搞清楚和说明白马克思世界观的形成问题。

上述做法及其结果与马克思的心迹剖白不一致："1842～1843 年间，我作为《莱茵报》的编辑，第一次遇到要对所谓物质利益发表意见的难事。莱茵省议会关于林木盗窃和地产析分的讨论，当时的莱茵省总督冯·沙培尔先生就摩泽尔关于农民状况同《莱茵报》展开的官方论战，最后，关于自由贸易和保护关税的辩论，是促使我去研究经济问题的最初动因。另一方面，在善良的'前进'愿望大大超过实际知识的当时，在《莱茵报》上可以听到法国社会主义和共产主义的带着微弱哲学色彩的回声。我曾表示反对这种肤浅言论，但是同时在和奥格斯堡《总汇报》的一次争论中坦率承认，我以往的研究还不容许我对法兰西思潮的内容本身妄加评判。""为了解决使我苦恼的问题，我写的第一部著作是对黑格尔法哲学的批判性的分析，这部著作的导言曾发表在1844年巴黎出版的《德法年鉴》上。我的研究得出这样一个结果：法的关系正像国家的形式一样，既不能从它们本身来理解，也不能从所谓人类精神的一般发展来理解，相反，它们根源于物质的生活关系，这种物质的生活关系的总和，黑格尔按照18世纪的英国人和法国人的先例，概括为‘市民社会’，而对市民社会的解剖应该到政治经济学中去寻求。我在巴黎开始研究政治经济学，后来因基佐先生下令驱逐而移居布鲁塞尔，在那里继续进行研究。我所得到的，并且一经得到就用于指导我的研究工作的总的结果，可以简要地表述如下"① 往下，便是人们耳熟能详且表述最为经典的方法论历史唯物主义。

稍显冗长的引证再现了马克思世界观的演化过程。这一过程表明，他的世界观的形成与政治经济学研究有直接、必然和本质的联系。这种情况的客观存在促使我们反思，我国的马克思主义哲学原理和马克思主义哲学史教科书确实没有真实再现马克思世界观的演化过程。这是需要研究的问题，把问题搞清楚、说明白，是本文尝试完成的任务。

二　马克思世界观形成的影响因素分析

从微观层面看问题，宏观层面的结论会转化为如下问题：政治经济学研究如何影响马克思世界观的形成？影响的因素有哪些？这些因素如何在马克思的文献中表现出来？对这些问题的回答是宏观性结论精细化、实证化的过程。过程的开始是横截面的分析，通过分析，影响马克思世界观形成的核心性因素会显现出来。

1. 马克思退出《莱茵报》时面临的疑难性问题

第一，在《莱茵报》工作期间需要对物质利益问题发表意见，他明显地感受到政治经济学知识储备不足，力有不逮是客观事实。第二，任《莱茵报》主编期间不断接到有关法国社会主义和共产主义思潮的稿件，作为主编发表意见是责任，研究不够的原因使他不能“妄加评判”。第三，黑格尔在《法哲学原理》中神化国家，为反动的普鲁士国家作辩护。被黑格尔神化的国家的现实版是普鲁士王国，它的集权专制、对百姓疾苦的漠不关心和对《莱茵报》的百般刁难，让马克思愤怒到了极点。现实映照下的黑格

① 《马克思恩格斯文集》第2卷，人民出版社，2009，第588~591页。

尔法哲学是荒谬的，但荒谬的实质、原因和表现何在？这同样是马克思难下定论的困惑。三个疑难性问题困扰着马克思，逼迫他想办法走出困境。此为马克思世界观转变和形成的直接诱因。

2. 马克思此时的知识图谱

马克思在世界观转变和形成的起点之处具备三个学科的知识：法学、哲学和历史学。从他主编《莱茵报》时期写作的文献和退出《莱茵报》后马上写作的《黑格尔法哲学批判》看，他还具备另外三个学科的知识：新闻学、法哲学和政治哲学。以这样的知识图谱为基础，在稍后一点的时间里，马克思又写了两篇文献：《论犹太人问题》和《〈黑格尔法哲学批判〉导言》。三种文献映照出来的知识图谱表明，它们有助于但不足以使马克思解决面临的疑难问题，更遑论走出困境。

3. 促使马克思研究政治经济学的原因

第一，实际工作中面临的“难事”是职责所系，这样的“难事”必须要面对。如何面对？唯一的办法是研究政治经济学，只有政治经济学才把物质利益作为直接的研究对象。第二，从1843年的11月份即刚到巴黎不久，马克思便与法国和流亡法国的德国工人运动领导人建立联系，并经常出席他们的集会。工人这一职业与特定的经济制度和生产方式相联系。要理解这一职业及基于这一职业而形成的社会群体，就必须了解产生它的经济制度和生产方式，而要了解这样的经济制度和生产方式，研究政治经济学是不二选择。第三，1844年1月份恩格斯把用于在《德法年鉴》发表的《国民经济学批判大纲》寄给马克思。这篇文章的全新事实、全新思路和全新观点启发了马克思刚刚开始的政治经济学研究。此处的启发主要表现在“如何研究”上。① 马克思承认这种影响，在《1844年经济学哲学手稿》中称这篇文章“内容丰富而有独创性”，在《〈政治经济学批判〉序言》中，马克思称这篇文章为“天才大纲”，而在《资本论》第一卷中，则是四次引证这篇“天才大纲”。② 政治经济学研究的开始阶段，恩格斯是给予者，马克思是受惠者。第四，马克思研究政治经济学受到了黑格尔的启发。马克思退出《莱茵报》后的第一项工作是批判黑格尔的《法哲学原理》，这部著作专门

---

① 见宫敬才《论青年恩格斯对马克思经济哲学思想的影响》，《河北学刊》2011年第6期。

② 见《马克思恩格斯文集》第1卷，人民出版社，2009，第112页；第2卷，第592页；第5卷，第92、177、191、731页。

讲到政治经济学，提到当时最著名的三位经济学家：亚当·斯密、萨伊和李嘉图。黑格尔较为准确地表述了亚当·斯密“看不见的手”的思想，并对政治经济学作了足以吸引马克思的介绍和概括。马克思透过黑格尔的眼光知道了政治经济学这门学科的大体情况。四个方面的原因在马克思的世界观演化过程中发挥了各不相同的影响作用。第一、二两个方面的原因回答了研究政治经济学的必要性问题；第三个方面的原因回答了如何研究政治经济学的问题；第四个方面的原因则是启发马克思，要“解剖市民社会”，就要“到政治经济学中去寻求”。

4. 马克思世界观形成期间研究政治经济学的基本情况

马克思世界观形成时期大规模和系统地研究政治经济学持续了近两年时间（1843 年 10 月至 1845 年 8 月），留存后世的文献是《巴黎笔记》、《布鲁塞尔笔记》和《曼彻斯特笔记》。三个笔记表明，马克思政治经济学研究涉及的文献数量巨大，涵盖的内容极其广泛，包括政治经济学理论、经济思想史、经济史、经济社会学、工艺学及其历史、工人阶级史、工人运动及其历史和商业管理等。这时马克思的知识图谱发生了重大变化，上述极其广泛的政治经济学内容成为这一图谱的有机组成部分。这种变化的重要性往往被人忽略，而实际情况是怎样强调都不过分。

5. 马克思知识图谱发生变化以后写作的文献

马克思世界观形成的时间是 1847 年上半年，此为他自己的看法。① 马克思从 1843 年 10 月开始研究政治经济学。从这一研究在马克思的精神世界中开始发挥作用到世界观形成期间，共写作了六种文献：《1844 年经济学哲学手稿》、《神圣家族》、《关于费尔巴哈的提纲》、《德意志意识形态》、《致安年柯夫》和《哲学的贫困》。把这些文献与研究政治经济学以前写作的三种文献（《黑格尔法哲学批判》、《论犹太人问题》和《〈黑格尔法哲学批判〉导言》）加以对比就可发现，其间的变化实在惊人，从概念到观点，从视野到研究对象，从价值立场到哲学分析框架，全部发生了变化。变化的原因何在？政治经济学研究是最基本也是最重要的原因。

根据马克思世界观形成的过程分析上述五个方面的因素，我们会得到如下结论。马克思研究政治经济学的直接原因是解决思想中的疑难问题。这样的问题具有学科性质，如发现政治经济学知识的储备不足；也具有哲学世界

① 见《马克思恩格斯文集》第 2 卷，人民出版社，2009，第 593 页。

观性质，如发现黑格尔的法哲学与客观现实之间的反差太大。以研究政治经济学的形式解决疑难问题的过程，同时也是哲学世界观不断发生变化并形成新世界观的过程。相对于马克思的世界观形成而言，政治经济学研究是绝对必要的条件，没有这一条件，马克思的哲学世界观就不会形成。

三 地产析分问题的解决

马克思在《〈政治经济学批判〉序言》中提到的“难事”之一是不得不在地产析分问题上发表意见。政治经济学知识储备不足的原因所致，未研究政治经济学之前写作的《黑格尔法哲学批判》和刚研究政治经济学时写作的《论犹太人问题》与《〈黑格尔法哲学批判〉导言》中，都没有涉及地产析分问题。但是，研究政治经济学半年之后写作的《1844 年经济学哲学手稿》中情况大变，马克思开始较为系统地论述地产析分问题。

第一，谈论问题的学科语境发生了根本性变化。上述三种文献中，马克思谈论问题的语境是法哲学和政治哲学；《1844 年经济学哲学手稿》中，谈论问题的语境则是政治经济学。自亚当·斯密以来，资产阶级经济学论述资本主义生产时涉及三种因素：资本、劳动和土地。三种生产因素的持有者分别是资本家、工人和地主。与三种因素直接相关的分配形式有三种：利润、工资和地租。资本主义性质的地租是社会历史转型的结果，转型的外在表现是封建土地所有制转变为资本主义土地所有制，其中的关键是封建地产的析分、自由买卖和流转。马克思在这种语境中涉及并展开论述这一问题，我们所见到者是他对地产分析问题的政治经济学理解。

第二，指出两种土地所有制造成的阶级关系特点。马克思说，“在封建的土地占有制下，领主至少在表面上是领土的君王。同样，在封建土地占有制下，占有者和土地之间还存在着比单纯实物财富关系更为密切的关系的外观。地块随它的领主而个性化，有它的爵位，随它的领主而有男爵或伯爵的封号；有它的特权、它的审判权、它的政治地位等等。”“那些耕种他的土地的人并不处于短工地位，而是一部分像农奴一样本身就是他的财产，另一部分则对他保持着尊敬、忠顺和纳贡的关系。因此，领主对他们的态度具有直接的政治性，同时又有其温情的一面。”① 析分后的地产完全进入资本主

① 《马克思恩格斯文集》第 1 卷，人民出版社，2009，第 150、151 页。

义生产关系，在这种关系中，“地产这个私有财产的根源必然完全转入私有财产的运动而成为商品；所有者的统治必然要失去一切政治色彩而表现为私有财产的、资本的统治；所有者和劳动者之间的关系必然归结为剥削者和被剥削者的国民经济关系；所有者和他的财产之间的一切人格的关系必然终止，而这个财产必然成为纯实物的、物质的财富；与土地的荣誉联姻必然被利益的联姻所代替，而土地也像人一样必然降到交易价值的水平。”① 比较的结果明显可见。地产析分前的封建土地所有制中，地主具有经济和政治两种特权，经济效率是第二位或说是不重要的目标，在“君王”般的地主眼中，保持特权且使这种特权个性化才是重中之重。这种情况下的农奴受地主剥削，但被温情掩盖起来的政治压迫同样是客观存在的事实。地产析分后的资本主义生产关系中，地产只是基本的生产要素，它与地主的关系不具有非经济性质，地产的自由买卖、分割和流转使地主的身份处于变动不居状态，经济职能的发挥是地主的唯一责任。此种情况下的阶级关系简单化了，地主是农业生产剩余价值的榨取者，效率是追逐的唯一目标，而昔日封建土地所有制中的农奴，已摆脱了人身依附关系而成为自由人，以至于自由到除劳动力外别无他物的地步。

第三，提出针对土地所有制问题的线性历史观。马克思说，“凡是进行地产分割的地方，就只能或者回到具有更加丑恶形态的垄断，或者否定（扬弃）地产分割本身。但是，这不是回到封建的土地占有制，而是扬弃整个土地私有制……联合一旦应用于土地，就享有大地产在国民经济上的好处，并第一次实现分割的原有倾向即平等。同样，联合也通过合理的方式，而不再采用以农奴制度、领主统治和有关所有权的荒谬的神秘主义为中介的方式来恢复人与土地的温情关系，因为土地不再是牟利的对象，而是通过自由的劳动和自由的享受，重新成为人的真正的个人财产。”② 马克思的论述中有相对完整的逻辑思路。①起点是封建地产资本主义性质的分割，这种分割是封建土地所有制向资本主义土地所有制转型的结果。②资本主义化的地产分割作为结果成为另一种历史运动的起点，这种历史运动在自由竞争的过程中使地产不断地买卖流转，结果是地产高度垄断局面的形成。③这种局面中存在必然的发展趋势，倾向平等的土地共同占有制是对高度垄断的资本主

① 《马克思恩格斯文集》第 1 卷，人民出版社，2009，第 151 页。

② 《马克思恩格斯文集》第 1 卷，人民出版社，2009，第 152 页。

义土地私有制的扬弃。④土地共同占有形成了这样一种状态，联合起来的人们“通过自由的劳动和自由的享受”，使土地“重新成为人的真正的个人财产”。⑤这样的社会历史演化过程貌似向原始状态的回归，实际情况是人们已进入新质的社会历史时期。

马克思在地产析分问题上的主要观点已如上述。政治经济学研究产生影响的表现是什么？关注马克思此时的思想发育程度，顾及马克思此时谈论问题的学科语境，如下结论就会出现在我们面前。

首先，后来出现于《共产党宣言》和《资本论》中的无产阶级革命必然论，[①] 第一次出现于马克思此时的政治经济学语境中。由于资本主义化的地主和租地农场主残酷地剥削农业工人，使他们“已经降到最低限度的工资不得不进一步降低。而这就必然导致革命”。[②] 这样的结论显得稚嫩，充作根据的例证只是农业工人的生存状况及其未来的发展趋势。但是，基于政治经济学研究而来的思想逻辑具有重要价值，它预示了马克思政治经济学研究内在逻辑的发展方向。这种发展方向向博大精深的思想体系目标演进，在这个体系中，革命必然论建立在铁证如山的客观事实和强劲严密的逻辑基础之上，正如我们在《资本论》中所见到的那样。

其次，后来出现于《1844 年经济学哲学手稿》第三部分和《1857～1858 年经济学手稿》的人学三段论，[③] 第一次出现在马克思论述土地所有制历史演化的政治经济学语境中。马克思研究政治经济学以前写作的文献，例如《论犹太人问题》和《〈黑格尔法哲学批判〉导言》中，也有类似人学三段论的内容。[④] 但政治经济学内容的缺失所致，空洞和抽象的缺陷不可避免。研究政治经济学之后的情况大变。人学三段论的内容用哲学语言表述，但依据的客观历史基础是人的经济生活及其演化历史。

最后，与资产阶级经济学相比，马克思看待地产及其析分问题具有两个特点。一是线性、发展和进步的历史观。这种特点使马克思的政治经济学与资产阶级经济学在本质上区别开来。二是政治经济学和哲学的紧密交织。马克思持续一生的政治经济学研究中始终是哲学和政治经济学的紧密交织，二者从来没有分离过。这一特点在政治经济学研究的起始之处便充分表现出

① 见《马克思恩格斯文集》第 2 卷，人民出版社，2009，第 66 页；第 5 卷，第 873～874 页。

② 见《马克思恩格斯文集》第 1 卷，人民出版社，2009，第 154 页。

③ 见《马克思恩格斯文集》第 1 卷，人民出版社，2009，第 185～186 页；第 8 卷，第 52 页。

④ 见《马克思恩格斯文集》第 1 卷，人民出版社，2009，第 16～17、46 页。

来，马克思对地产析分问题的政治经济学论述便是例证。就此而言，陈岱孙老人的话最能说明问题："马克思的政治经济学和他的哲学思想是分不开的。他的政治经济学建立在他的哲学的原理上面，而他的哲学，在他的政治经济学中，又获得了进一步的发展与完成。他对于每一个经济问题是既当作政治经济学中某一特殊问题，又当作整个哲学问题来解决的。"①

以上的引述和分析表明，政治经济学研究对马克思世界观的形成产生了生命攸关的影响。不进行政治经济学研究，主编《莱茵报》时期遇到的对现实经济问题无法表明看法的"难事"就得不到解决，进而，马克思主义体系中的重要思想，如革命必然论、人学三段论和线性历史观，就不可能被发现或者被提出来。

四 在政治经济学研究中"发现"黑格尔

马克思在《莱茵报》工作期间遇到的"难事"之二是黑格尔法哲学与普鲁士国家现实之间的尖锐冲突。马克思在工作中面对的是代表普鲁士官方意志的书报检查官，这种官员的"尚方宝剑"是保守反动的书报检查令。让作为《莱茵报》主编的马克思备受刁难和折磨因而极度愤怒的普鲁士国家制度，在黑格尔的《法哲学原理》中变成了另一种形象。"国家是绝对自在自为的理性东西"，国家"是自由的现实化"，"神自身在地上的行进，这就是国家"。"因此，人们必须崇敬国家，把它看作地上的神物。"国家的最高权力掌控于君主，他是国家的代表者，而"人民就是一群无定形的东西。"② 上述观点明证可鉴，黑格尔是落后反动的普鲁士官方哲学家，其观点美化现实，视人民仅仅为"无定形的东西"。对被黑格尔美化和神化的国家有切身感受的马克思批判黑格尔是自然而然的事情。他退出《莱茵报》之后的第一件工作是批判黑格尔的法哲学，目标直指《法哲学原理》中的《国家》章，成果是未完稿的《黑格尔法哲学批判》。

马克思的批判可以归结为如下几点内容。①黑格尔的法哲学"只不过是逻辑学的补充"。②黑格尔的政治制度思想"是露骨的神秘主义"。③黑

① 陈岱孙：《从古典经济学派到马克思》，上海人民出版社，1981，第 32 页。

② 〔德〕黑格尔：《法哲学原理》，范扬、张企泰译，商务印书馆，1961，第 253、258～259、285、298 页。

格尔颠倒市民社会与国家的关系，认为国家是市民社会的前提。④黑格尔用普鲁士国家的现实“冒充国家的本质”。⑤“黑格尔彻头彻尾地感染上了普鲁士官员们那种讨厌的妄自尊大”。⑥黑格尔的深刻之处是从各种规定的对立开始“并且强调这种对立。”[①] 由上述几个方面的内容可以看出，马克思否认黑格尔的法哲学具有除作为逻辑学补充之外的其他价值。黑格尔《法哲学原理》中的神秘主义、唯心主义和妄自尊大确为客观事实，但其中针对市场经济问题的大量真知灼见呢？以黑格尔特有的语言表达出来的政治经济学内容呢？基于对市民社会问题理解而来的有关现代社会的洞识呢？马克思并没有自觉意识到。由于愤怒的情绪和政治经济学知识的缺失，此时马克思还没有能力发现这些内容。

马克思研究政治经济学的第一个成果是《1844 年经济学哲学手稿》。其中的第三手稿中有一节篇幅最长，批判的对象不是资产阶级经济学，而是黑格尔的整个哲学。这样的批判具有两种意义。首先，此为《黑格尔法哲学批判》的继续，又是根本性的超越，超越的直接表现是学科语境发生了根本性变化，由法哲学变成了政治经济学。其次，在研究政治经济学的过程中和在政治经济学的语境中批判黑格尔哲学，使马克思的世界观有了根本性变化。黑格尔的市民社会理论使马克思发现了政治经济学，而政治经济学研究则使马克思发现了一个与《黑格尔法哲学批判》相比是全新的黑格尔。

第一，发现了《精神现象学》。表面看，发现《精神现象学》的说法似有不通，因为它在那里客观地存在着，马克思发现与否并不影响其客观存在。但是，视野放大后情况会发生变化。在黑格尔的诸多文献中，如《逻辑学》《法哲学原理》和《历史哲学》等，哪一部最有价值且最重要？《精神现象学》与其他文献是什么关系？人们往往把目光聚焦于黑格尔的《逻辑学》，认为这才是辩证法思想的荟萃之地。马克思的看法与此相反：《精神现象学》是“黑格尔哲学的真正诞生地和秘密”。[②] “诞生地和秘密”何谓？马克思对问题的回答是，“《现象学》紧紧抓住人的异化不放——尽管人只是以精神的形式出现——所以它潜在地包含着批判的一切要素，而且这些要素往往已经以远远超过黑格尔观点的方式准备好和加过工了”。[③] 如上

① 见《马克思恩格斯全集》第 3 卷，人民出版社，2002，第 23、19 ~ 20、10、80、155、69 ~ 70 页。

② 《马克思恩格斯文集》第 1 卷，人民出版社，2009，第 201 页。

③ 《马克思恩格斯文集》第 1 卷，人民出版社，2009，第 204 页。

看法有无道理和根据？此处的道理旨在表明，马克思写作《1844 年经济学哲学手稿》时所要解决的根本问题和马克思思想体系的灵魂性内容与黑格尔哲学的关系。他此时所要解决的问题是搞清楚和说明白资本主义社会的劳动异化问题，借由这一问题的解决，为自己的思想体系铸就劳动人道主义的灵魂性内容。[①] 问题的解决与《精神现象学》有关，或者说，马克思受到了《精神现象学》的启发。

第二，发现了黑格尔辩证法的本质。马克思在批判黑格尔以前先清理场地，扫除施特劳斯和布鲁诺·鲍威尔等人营造的关于黑格尔哲学的虚假氛围。马克思指出，“我们如何对待黑格尔的辩证法这一表面上看来是形式的问题，而实际上是本质的问题。”[②] 区分黑格尔辩证法中的形式和本质具有重要的理论意义。拘泥于形式者，看到黑格尔辩证法中的质量互变、否定之否定和对立统一等形式性内容，忘记了追问一句：黑格尔辩证法中具体的社会历史性内容是什么？相对于马克思世界观的转变和形成而言，后者才是要害和本质，正是后者帮助马克思改变了写作《黑格尔法哲学批判》时期对黑格尔的看法，在批判黑格尔哲学中神秘主义和唯心主义错误的同时，发掘和剥离出黑格尔哲学中的“合理内核”——劳动辩证法。这样的结论既非笔者的胡乱猜度，也非逻辑推演的结果，而是马克思自己的论述：“黑格尔的《现象学》及其最后成果——辩证法，作为推动原则和创造原则的否定性——的伟大之处首先在于，黑格尔把人的自我产生看作一个过程，把对象化看作非对象化，看作外化和这种外化的扬弃；可见，他抓住了劳动的本质，把对象性的人，现实的因而是真正的人理解为人自己劳动的结果。”[③]

第三，发现了黑格尔哲学与政治经济学的内在关联。马克思认为，“黑格尔是站在现代国民经济学家的立场上的。”[④] 黑格尔哲学以艰涩思辨著称于世，说这样的哲学与资产阶级经济学有内在关联，似乎与人们惯常的理解相冲突。马克思突破人们的习惯性理解继续前进，结果发现了黑格尔哲学中独具特色的东西，即其中包含的资产阶级经济学内容。把这样的事实加以概括便得出如下结论，马克思发现了黑格尔哲学与政治经济学的内在关联。马

① 见宫敬才《马克思劳动人道主义视野中的科学技术观》，《北京师范大学学报》（社会科学版）2009 年第 1 期。

② 《马克思恩格斯文集》第 1 卷，人民出版社，2009，第 197 页。

③ 《马克思恩格斯文集》第 1 卷，人民出版社，2009，第 205 页。

④ 《马克思恩格斯文集》第 1 卷，人民出版社，2009，第 205 页。

克思的发现有事实根据吗？事实胜于雄辩。黑格尔在《精神现象学》中说，“个体满足它自己的需要的劳动，既是它自己的需要的满足，同样也是对其他个体的需要的一个满足，并且一个个体要满足它的需要，就只能通过别的个体的劳动才能达到满足的目的。——个别的人在他的个别的劳动里本就不自觉地或无意识地在完成着一种普遍的劳动，那么同样，他另外还当作他自己的有意识的对象来完成着普遍的劳动；这样，整体就变成了他为其献身的事业的整体，并且恰恰由于他这样献出其自身，他才从这个整体中复得其自身。”① 黑格尔的上述论述所阐释的内容是亚当·斯密“看不见的手”的理论。这样的论述并非黑格尔偶尔为之，在《法哲学原理》中的“市民社会”章中，与此类似的论述不仅更多，而且成体系。相对马克思的世界观形成和以后的政治经济学研究而言，这样的发现非同小可，它是马克思哲学的本质性特征——哲学与政治经济学融为一体——形成的促进性因素之一。

第四，发现了黑格尔的哲学分析框架。黑格尔哲学是博大精深的思想体系。其中的哲学分析框架是什么？后人的主张是思维和存在的同一。马克思的看法与此有别，认为主体与客体的辩证关系才是黑格尔的哲学分析框架。在《1844 年经济学哲学手稿》中，马克思改造黑格尔《精神现象学》中的自我意识理论，改造的结果表述如下：“当现实的、肉体的、站在坚实的呈圆形的地球上呼出和吸入一切自然力的人通过自己的外化把自己现实的、对象性的本质力量设定为异己的对象时，设定并不是主体；它是对象性的本质力量的主体性，因此这些本质力量的活动也就必定是对象性的活动。对象性的存在进行对象性活动，如果它的本质规定中不包含对象性的东西，它就不进行对象性活动。”② 稍后马克思把黑格尔的哲学分析框架提炼概括为哲学命题：“非对象性的存在物是非存在物。”③ 马克思的概括符合黑格尔的思想实际吗？任何人读罢《精神现象学》中的“主人与奴隶”一节，都会对问题做出肯定的回答。相对马克思的世界观形成而言，黑格尔哲学分析框架的意义是客观存在的事实。没有这一哲学分析框架，《1844 年经济学哲学手稿》中的异化劳动理论便不能出现于我们面前；没有这一哲学分析框架，《1844 年经济学哲学手稿》及其以后的政治经济学文献中作为灵魂的劳动人

① 〔德〕黑格尔：《精神现象学》下，贺麟、王玖兴译，商务印书馆，1979，第 234 页。

② 《马克思恩格斯文集》第 1 卷，人民出版社，2009，第 209 页。

③ 《马克思恩格斯文集》第 1 卷，人民出版社，2009，第 210 页。

道主义思想同样不能出现于我们面前；没有这一哲学分析框架，马克思的整个思想体系就不能被建立起来，起码不会是我们现在所见到的样态。

五 在政治经济学研究中清算费尔巴哈

在马克思的世界观形成过程中，费尔巴哈哲学是不能无视其客观存在的因素。从第一次提到费尔巴哈一直到 1844 年底，处于世界观急剧变化过程中的马克思始终对费尔巴哈赞扬有加，作为例证的文献有两部：《1844 年经济学哲学手稿》和《神圣家族》。他在前者中说："对国民经济学的批判，以及整个实证的批判，全靠费尔巴哈的批判给它打下了真正的基础。""费尔巴哈是唯一对黑格尔辩证法采取严肃的、批判的态度的人；只有他在这个领域内做出了真正的发现，总之，他克服了旧哲学。"① 他在后者中说："只有费尔巴哈才立足于黑格尔的观点之上而结束和批判了黑格尔的体系，因为费尔巴哈消解了形而上学的绝对精神，使之变为'以自然为基础的现实的人'；费尔巴哈完成了对宗教的批判，因为他同时也为批判黑格尔的思辨以及全部形而上学拟定了博大恢宏、堪称典范的纲要。"② 赞扬有加的事实向我们表明，马克思认可费尔巴哈的哲学；费尔巴哈哲学确实对马克思世界观的形成产生了不容忽视的影响。

但是，有一个事实需要深究并给予说明。仅仅过了几个月的时间，即从 1844 年年底到 1845 年春天，马克思对费尔巴哈哲学的态度发生了根本性变化，写出了《关于费尔巴哈的提纲》用以彻底批判费尔巴哈哲学，随后是标志马克思世界观形成的《德意志意识形态》的写作。究竟是什么因素促使马克思由高度赞扬到彻底批判费尔巴哈哲学？细检马克思的学术研究历程就可发现，根本性原因是对政治经济学的研究。从 1845 年 2 月开始，马克思进行第二次大规模的政治经济学研究。这一研究涉及的范围已远远超出了惯常理解的政治经济学和政治经济学学说史所指称的范围，因为经济史、经济问题、工人阶级及其运动史和商业管理等都被马克思纳入研究视野，甚至被当时的经济学家忽视但对理解资本主义生产方式极端重要的工艺学及其历史也成为马克思的研究对象。用以证明上述情况者是马克思留给后人的

① 《马克思恩格斯文集》第 1 卷，人民出版社，2009，第 112、199 ~ 200 页。

② 《马克思恩格斯文集》第 1 卷，人民出版社，2009，第 342 页。

《布鲁塞尔笔记》和《曼彻斯特笔记》。

这其中的思想演化逻辑需要具体揭示。马克思在政治经济学领域初试身手写成的《1844年经济学哲学手稿》，借助黑格尔哲学尤其是《精神现象学》中哲学思想的理论张力，初步形成了劳动世界观。随后，马克思在劳动世界观基础上继续前进，表现有二。一是第二次大规模地研究政治经济学，二是利用政治经济学研究的成果，加工、概括和提炼经济生活及其历史中的哲学性内容，我们所见到者是初步形成的历史唯物主义。

历史唯物主义的初步形成使马克思在对费尔巴哈哲学的态度问题上"如梦初醒"或说大彻大悟，终于发现"当费尔巴哈是一个唯物主义者的时候，历史在他的视野之外；当他去探讨历史的时候，他不是一个唯物主义者。在他那里，唯物主义和历史是彼此完全脱离的"①。大彻大悟的具体表现是《德意志意识形态》中的双向思想运动。一个方向是在政治经济学研究过程中不断深化对经济生活及其历史的哲学性理解，有些历史唯物主义命题直接得之于对经济生活及其历史的概括和提炼。另一个方向是用已获得的历史唯物主义批判费尔巴哈哲学，在批判过程中，不断扩展和深化自己的哲学思想。两个方向的相互促进和交织，使独具特色的世界观呈现于我们面前。这个世界观的具体内容极其丰富，撮其要者有如下几点：劳动哲学本体论、主体与客体辩证关系的哲学分析框架、人学历史唯物主义和方法论历史唯物主义。此处不是展开和论证上述具体内容的适当场合，证明两个方向的思想运动与政治经济学研究的内在关联是我们首要的任务。由此更能够显示出，马克思的政治经济学研究对他的世界观形成是否产生了影响和产生了什么样的影响。

例证一，在叙述经济史的语境中提出历史唯物主义基本范畴。在《德意志意识形态》中，马克思以分工为核心，依次讲到了三种经济所有制形式："部落所有制"、"古典古代的公社所有制"和"封建所有制"，然后便做出"由此可见"的结论，"现实中的个人""是从事活动的，进行物质生产的"，这样的物质生产在一定的"生产关系"、"物质的活动方式"和"物质生活的生产方式"中进行。② 生产关系和生产方式范畴是马克思历史

① 《马克思恩格斯文集》第1卷，人民出版社，2009，第530页。

② 见《马克思恩格斯文集》第1卷，人民出版社，2009，第521～524页。

唯物主义和政治经济学中的基本范畴，它们最初产生于对经济生活及其历史的叙述和分析中。这样的事实在微观层面向我们证明，马克思的政治经济学研究与世界观的形成之间具有内在关联。

例证二，在分析经济史的语境中提出历史唯物主义原理。在《德意志意识形态》中，马克思占用不小的篇幅叙述和分析工场手工业，[①] 内容包括地点（意大利、佛兰德、英国和法国）、时间（从 15 世纪到 17 世纪）和以经济影响为基础的社会历史性影响，影响的直接结果是大工业的产生，并说大工业“首次开创了世界历史”。在这样的叙述和分析基础上马克思得出结论：“因此，按照我们的观点，一切历史冲突都根源于生产力和交往形式之间的矛盾。”[②] 虽然这里的生产关系概念的含义还用“交往形式”概念表达，但生产力决定生产关系的历史唯物主义原理毕竟被正式提出来了，让内容表述相对固定只是时间问题。这一例证更能说明，马克思的政治经济学研究确实决定性地影响了其世界观的形成。

例证三，用经济史中的客观事实批判费尔巴哈。马克思说，费尔巴哈“没有看到，他周围的感性世界并不是某种开天辟地以来就直接存在的、始终如一的东西，而是工业和社会状况的产物，是历史的产物，是世世代代活动的结果，其中每一代都立足于前一代所奠定的基础上，继续发展前一代的工业和交往，并随着需要的改变而改变他们的社会制度。”“打个比方说，费尔巴哈在曼彻斯特只看见一些工厂和机器，而 100 年以前在那里只能看见脚踏纺车和织布机；或者，他在罗马的坎帕尼亚只发现一些牧场和沼泽，而在奥古斯都时代在那里只能发现罗马富豪的葡萄园和别墅。”[③] 我们能从马克思的论述中感悟出如下内容。第一，马克思在哲学本体论层面批判费尔巴哈，批判所运用的思想武器是“人化的自然”思想，[④] 这一思想恰恰是政治经济学研究的思想成果。第二，马克思批判费尔巴哈时使用的哲学分析框架是主体与客体之间的辩证关系，由此我们能够理解，《关于费尔巴哈的提纲》第一条指称的具体内容和不满于费尔巴哈的地方到底指称什么。第三，马克思批判费尔巴哈的事实根据是经济生活及其历史，包括劳动、工业、商

---

① 需要关注和受到启发的是，马克思在《资本论》第一卷中充分展开这一分析，我们所见到者是其中的第四篇《相对剩余价值的生产》，其篇幅占了全书的 1/4 左右。

② 见《马克思恩格斯文集》第 1 卷，人民出版社，2009，第 560 ~ 268 页。

③ 《马克思恩格斯文集》第 1 卷，人民出版社，2009，第 128、529 页。

④ 见《马克思恩格斯文集》第 1 卷，人民出版社，2009，第 191 页。

业、交往、发明和创造。如果不研究政治经济学，这样的事实就不会被马克思所掌握，更遑论运用了。第四，马克思批判费尔巴哈的过程，同时是自己的世界观论证和确立的过程，最终成果是劳动世界观。①

六 讨论性结论

马克思政治经济学研究与世界观形成之间的关系已如上述。面对被确证的基本事实得出如下结论，不能被认为是唐突之举。

第一，像黑格尔哲学一样，马克思的哲学中也有政治经济学“基因”。无视这种“基因”的客观存在及其作用，就不能准确理解马克思世界观的形成，进而不能准确理解马克思的哲学及其演化历史。关注马克思政治经济学研究对世界观形成的影响，是理解马克思哲学及其演化历史的前提。缺乏对这种前提的理解和书写，会产生与马克思原生态哲学渐行渐远的结果。

第二，造成上述结果的原因多种多样，撮其要者有如下几点：无批判地沿袭苏联传统、狭窄封闭的学科意识和政治经济学知识背景的缺失。但是，上述原因或其他原因都不是无视马克思哲学中政治经济学“基因”客观存在的正当理由。解决问题的办法只有一个，尽最大努力地弥补政治经济学知识背景缺失的不足之处，为准确理解马克思哲学及其演化历史准备前提条件。

第三，上述两个结论决定了第三个结论的必然出现。我国的马克思主义哲学原理和马克思主义哲学史两种教科书应当重写，以便使马克思哲学中的政治经济学“基因”受到重视并被凸显出来。顺势而来的结果大可期待，原生态的马克思主义哲学原理和原生态的马克思主义哲学史出现于我们面前。

参考文献

《马克思恩格斯全集》第 3 卷，人民出版社，2002。

① 现行马克思主义哲学教科书主张，马克思的世界观是物质世界观，此为误解。关于这一问题的详细论证，请见宫敬才《诹论马克思的劳动哲学本体论》，《河北学刊》2012 年第 5、6 期。

《马克思恩格斯文集》第 1 卷，人民出版社，2009。

《马克思恩格斯文集》第 2 卷，人民出版社，2009。

黑格尔：《法哲学原理》，范扬、张企泰译，商务印书馆，1961。

黑格尔：《精神现象学》下，贺麟、王玖兴译，商务印书馆，1979。

陈岱孙：《从古典经济学派到马克思》，上海人民出版社，1981。

宫敬才：《诹论马克思的劳动哲学本体论》，《河北学刊》2012 年第 5、6 期。

宫敬才：《论青年恩格斯对马克思经济哲学思想的影响》，《河北学刊》2011 年第 6 期。

宫敬才：《马克思劳动人道主义视野中的科学技术观》，《北京师范大学学报》2009 年第 1 期。

（作者单位：河北大学政法学院哲学系）

政治经济学批判与唯物史观

隽鸿飞

唯物史观作为马克思思想的核心，是建立在政治经济学批判基础之上的，并在政治经济学批判中得到了进一步丰富和发展。而唯物史观的确立，则使政治经济学批判深入现实的社会历史领域而成为一种社会历史批判。马克思在《德意志意识形态》中确立的唯物史观基本原则和理论结构是以《巴黎笔记》中对政治经济学和黑格尔哲学的双重批判为基础的，而唯物史观的进一步丰富和发展则是在《资本论》及其手稿中完成的。《资本论》的逻辑展现了马克思在历史与逻辑相统一的基础上对资本主义社会形成和发展的全部历史过程的深刻理解和把握。

一　马克思哲学革命的双重指向

唯物史观的革命性意义就在于它超越了整个近代西方形而上学，确立了从现实的人及其实践活动出发阐明人类历史的基本原则和理论体系。这一革命是从对宗教的批判开始的。这既根源于黑格尔体系解体之后德国的思想状况，同样也根源于德国现实的社会状况。在《论犹太人问题》中马克思指出，所谓的犹太人问题的实质是政治解放不彻底的问题。“只有对政治解放本身的批判，才是对犹太人问题的最终批判，也才能使这个问题真正变成‘当代的普遍问题’。”① 因为政治解放并不是没有矛盾的人类解放的方法，

① 《马克思恩格斯全集》第3卷，人民出版社，2002，第167页。

只是市民社会的一部分解放自身，使国家从宗教的控制下解放出来。政治解放摧毁了一切等级、公会、行帮和特权，也就消灭了市民社会的政治性质。“它把市民社会分割为简单的组成部分：一方面是个体，另一方面是构成这些个体的生活内容和市民地位的物质要素和精神要素。它把似乎是分散、分解、溶化在封建社会各个死巷里的政治精神激发出来，把政治精神从这种分散状态中汇集起来，把它从与市民生活相混合的状态中解放出来，并把它构成共同体、人民的普遍事务的领域，在观念上不依赖于市民社会的上述特殊要素。”“国家的唯心主义完成同时也是市民社会的唯物主义完成。”① 换言之，政治解放的直接后果就是政治国家与市民社会的分裂和对立，就其实质而言是人的自我分裂和对立。

因此，在政治解放完成的国家，人过着双重的生活——“天国的生活”和“尘世的生活”。在现实的市民社会的“尘世生活”中，人是没有真实性的现象；而在“天国的生活”中，人是想象中主权的虚拟分子，失去了现实的生活，充满了非实在的普遍性。政治解放只是使共同体的生活——国家摆脱了宗教的控制，使国家从宗教中解放出来。政治解放并没有也不可能消灭宗教，而是实现了宗教从国家向市民社会的转移，使之成为利己主义的市民社会的精神。也就是说，“人分为公人和私人，宗教从国家向市民社会的转移，这不是政治解放的一个阶段，这是它的完成”②。在这种情况下，犹太人问题就不再是一个宗教问题，而是一个政治问题。因为国家和宗教的关系也无非是组成国家的人和宗教的关系，国家和宗教的矛盾不过是人的性质的矛盾。国家从宗教中解放出来也就是人通过国家的中介而获得了政治解放，获得了自由。“国家是人以及人的自由之间的中介者。正像基督是一个中介者，人把自己人的全部神性、自己的全部宗教约束性都加在他身上一样，国家也是一个中介者，人把自己的全部非神性、自己的全部人的无约束性寄托在它身上。”③ 因而作为特殊宗教信徒的个人与作为公民的人之间的冲突也就归结为政治国家和市民社会之间的世俗分裂。这样，马克思就将宗教问题转化为世俗问题，转化为政治解放不彻底的问题，并最终上升到人类解放的高度，从而使其具有了普遍的意义。也就是说，正是政治解放的完成

---

① 《马克思恩格斯全集》第 3 卷，人民出版社，2002，第 187 页。

② 《马克思恩格斯全集》第 3 卷，人民出版社，2002，第 175 页。

③ 《马克思恩格斯全集》第 3 卷，人民出版社，2002，第 171 页。

造成了现实的人的自我分裂和对立，表现为市民社会与国家的二元分离。

因此，“只有当现实的个人把抽象的公民复归于自身，并且作为个人，在自己经验的生活、自己的个体劳动、自己的个体关系中间，成为类存在物的时候，只有当人认识到自身‘固有的力量’是社会力量，并把这种力量组织起来因而不再把社会力量以政治力量的形式同自身分离的时候，只有到了那个时候，人的解放才能完成。”[①] 也就是说，真正的人类解放是要消灭资产阶级通过政治革命建立的社会结构，从而改变现实的人的生存结构，重建个人与社会的统一——人的自我统一，使社会成为真正的人的社会、人成为真正的社会的人的时候，人类解放才能真正完成。也正是在这个意义上，马克思说，“旧唯物主义的立脚点是‘市民’社会；新唯物主义的立脚点则是人类社会或社会化的人类”[②]。

因此，对宗教的批判就必然转变为对国家、法和政治的批判。而“法的关系正像国家的形式一样，既不能从它们本身来理解，也不能从所谓人类精神的一般发展来理解，相反，它们根源于物质的生活关系，这种物质的生活关系的总和，黑格尔按照18世纪的英国人和法国人的先例，概括为‘市民社会’，而对市民社会的解剖应该到政治经济学中去寻求”[③]。正是对政治经济学的批判，使马克思转向对现实社会具体的、历史的分析。

但是，一方面，在当时的德国对市民社会的批判是无法离开哲学的领域的，必须通过对德国哲学的批判才能完成。因为“德国的法哲学和国家哲学是唯一与正式的当代现实保持在同等水平［al pari］上的德国历史”[④]。另一方面，近代西方形而上学本身就具有神学的性质，“哲学与神学的联系始终存在，不过这种联系完全是潜在的。因为神学彻头彻尾无非就是哲学，哲学恰恰就是对于神学的思维。”[⑤] 神学的秘密就是思辨哲学，思辨哲学是神学的最后的支柱和避难所。只有彻底地清算近代西方形而上学才能最终地完成宗教批判。换言之，对宗教的批判同样必然转向对思辨哲学的批判。

因为整个近代西方哲学的形成和发展始终是与基督教神学密切地联系在一起的。近代西方哲学面临的基本问题——思维与存在的关系问题——本身

---

① 《马克思恩格斯全集》第3卷，人民出版社，2002，第189页。

② 《马克思恩格斯选集》第1卷，人民出版社，1995，第61页。

③ 《马克思恩格斯选集》第2卷，人民出版社，1995，第32页。

④ 《马克思恩格斯选集》第1卷，人民出版社，1995，第7页。

⑤ 黑格尔：《哲学史讲演录》第4卷，贺麟等译，商务印书馆，1978，第6页。

就根源于基督教。“这种两个世界的各不相涉和分离隔绝，是在中世纪搞出来的”①。在中世纪，基督教将其绝对至上的内容放到人们的心里，从而使神圣的、超感性的世界与现实的自然界即人的心情、欲望和人性的世界相对立。自文艺复兴以来对宗教神学的批判，在赋予自然摆脱神造的独立性的同时，也动摇了人内心深处神的根基。人获得了自信，信任自己的那种作为思维的思维，信任自己的感觉，信任自身以外的感性自然和自身以内的感性本性。但是，人在确认自己的理性能力和主体地位的同时，并没有消除两个世界的对立，只是用抽象的理性代替了神学的上帝。因此，“近代哲学的出发点，是古代哲学最后所达到的那个原则，即现实自我意识的立场；总之，它是以呈现在自己面前的精神为原则的。中世纪的观点认为思想中的东西与实存的宇宙有差异，近代哲学则把这个差异发展成为对立，并且以消除这一对立作为自己的任务。因此，主要的兴趣并不在于如实地思维各个对象，而在于思维那个对于这些对象的思维和理解，即思维这个统一本身”②。因此，对宗教神学的批判始终是与对思辨形而上学的批判联系在一起的。特别是“在黑格尔天才地把17世纪的形而上学同后来的一切形而上学及德国唯心主义结合起来并建立了一个形而上学的包罗万象的王国之后，对思辨的形而上学和一切形而上学的进攻，就像在18世纪那样，又跟对神学的进攻再次配合起来”③。

从宗教批判到对国家、法和政治的批判，再到对政治经济学的批判，就构成了青年马克思宗教批判的第一重逻辑；而从宗教批判开始的对黑格尔和整个近代西方形而上学的批判，则构成马克思批判哲学的第二重逻辑。正是在这个意义上，马克思说“对宗教的批判是其他一切批判的前提”④。

因为在马克思看来，黑格尔是“站在现代国民经济学家的立场上”⑤，而“国民经济学把社会交往的异化形式作为本质的和最初的形式、作为同人的本性相适应的形式确定下来了”⑥，“国民经济学只不过表述了异化劳动的规律罢了”⑦。也就是说，黑格尔的国家哲学、法哲学和国民经济学一样

① 黑格尔：《哲学史讲演录》第4卷，贺麟等译，商务印书馆，1978，第3页。

② 黑格尔：《哲学史讲演录》第4卷，贺麟等译，商务印书馆，1978，第5页。

③ 《马克思恩格斯全集》第2卷，人民出版社，1957，第159页。

④ 《马克思恩格斯选集》第1卷，人民出版社，1995，第1页。

⑤ 《马克思恩格斯全集》第3卷，人民出版社，2002，第320页。

⑥ 《马克思恩格斯全集》第42卷，人民出版社，1979，第52页。

⑦ 《马克思恩格斯全集》第3卷，人民出版社，2002，第278页。

展示出来的正是人的这种分裂状态，它们是处于同一层次的对历史的不同阐释。因此马克思说，“我们德国人是在思想中、在哲学中经历自己的未来的历史的。我们是当代的哲学同时代人，而不是当代的历史同时代人。德国的哲学是德国历史在观念上的延续。因此，当我们不去批判我们现实历史的未完成的著作［oeuvres incompletes］，而来批判我们观念历史的遗著［oeuvres posthumes］——哲学的时候，我们的批判恰恰接触到了本世纪所谓的问题之所在［that is the question］的那些问题的中心”①。即对政治经济学和黑格尔哲学的批判正切中了时代的根本问题，两者的统一正是在《巴黎笔记》中实现的。

二 政治经济学批判对于唯物史观的基础性意义

无论是对政治经济学的批判还是对黑格尔哲学的批判，马克思始终是围绕着现实的人及其生存危机展开的。在《巴黎笔记》中，马克思通过对异化劳动的分析揭示了人的对象性实践活动的本质，为批判政治经济学和一般形而上学奠定了基础，同时也为唯物史观的创立奠定了现实的基础。

在《巴黎笔记》中，马克思通过对工资、资本、利润、地租等政治经济学的基本范畴的分析，既揭示了无产阶级的生存状况，也阐明了资本、地租之间本质的同一性以及资本竞争必然带来的资产阶级和无产阶级的对立。但马克思同时也明确地指出，虽然国民经济学从私有财产的事实出发，但并没有说明私有财产的本质，并没有说明劳动和资本分离以及资本和土地分离的原因。这也就成为马克思批判政治经济学的切入点。

首先，马克思提出了异化劳动理论，阐明了私有财产的本质。在马克思看来，工人的劳动产品作为一种异己的力量、作为不依赖于工人的力量同劳动相对立，其根本的原因就在于工人的劳动活动本身是一种异己的、与之格格不入的力量。资本作为积累起来的劳动，就是对劳动及其产品的支配权，就是对他人劳动产品的私有权，因而工人的劳动是不属于他的，而是属于资本家的；工人的劳动产品同样不属于他。“工人越是通过自己的劳动占有外部世界、感性自然界，他就越是在两个方面失去生活资料：第一，感性的外部世界越来越不成为属于他的劳动的对象，不成为他的劳动的生活资料；第

① 《马克思恩格斯选集》第1卷，人民出版社，1995，第7页。

二，感性的外部世界越来越不给他提供直接意义的生活资料，即维持工人的肉体生存的手段。”①

因此，异化劳动的最直接的后果就是使自然界、人本身、人的类本质、人与人之间的关系相异化，亦即人之存在的总体性的异化。由于人对自身的任何关系只有通过对他人的关系才得到实现和表现，“因此，通过异化劳动，人不仅生产出他对作为异己的、敌对的力量的生产对象和生产行为的关系，而且还生产出他人对他的生产和他的产品的关系，以及他对这些他人的关系……生产出资本家——或者不管人们给劳动的主人起个什么别的名字——对这个劳动的关系。因此，私有财产是外化劳动即工人对自然界和对自身的外在关系的产物、结果和必然后果。因此，我们通过分析，从外化劳动这一概念，即从外化的人、异化劳动、异化的生命、异化的人的这一概念得出私有财产这一概念”②。不但如此，通过对异化劳动与私有财产的关系的分析，还可以进一步说明国民经济学的整个思想体系。所谓的商业、竞争、资本、货币等等政治经济学的范畴，不过是异化劳动和私有财产这两个基本因素特定的、展开的表现形式而已。因为建立在私有财产基础之上的政治经济学不过是把社会交往的异化形式作为本质和最初的形式、作为同人的本性相适应的形式确定下来的，只不过是表述了异化劳动的规律罢了。

其次，对私有财产本质的揭示为阐明资本主义的本质奠定了现实的基础。因为私有财产作为外化劳动的物质的、概括的表现，包含着工人对劳动、对自己的劳动产品和对非工人的关系，以及非工人对工人和工人的劳动产品的关系。在私有财产的关系中，劳动同它自身的分离等于工人同资本家的分离，等于劳动同资本的分离。而资本就是积累起来的劳动。因此，这也就意味着劳动与资本的分裂和对立其实质是死劳动与活劳动的分裂和对立，是人的自我分裂和对立。“私有财产的关系潜在地包含着作为劳动的私有财产的关系和作为资本的私有财产的关系，以及这两种表现的相互关系。一方面是作为劳动，即作为对自身、对人和自然界因而也对意识和生命表现来说完全异己的活动的人的活动的生产，是人作为单纯的劳动人的抽象存在，因而这种劳动人每天都可能由他的充实的无沦为绝对的无，沦为他的社会的从而也是现实的非存在。另一方面是作为资本的人的活动的对象的生产，在这

① 《马克思恩格斯全集》第3卷，人民出版社，2002，第269页。

② 《马克思恩格斯全集》第3卷，人民出版社，2002，第276～277页。

里，对象的一切自然的和社会的规定性都消失了，在这里，私有财产丧失了自己的自然的和社会的特质，在这里，同一个资本在各种极不相同的自然的和社会的存在中始终是同一的，而完全不管它的现实内容如何。劳动和资本的这种对立一达到极端，就必然是整个关系的顶点、最高阶段和灭亡。”① 因此，劳动与资本的矛盾和对立只不过是现实的人的自我分裂和对立的表现形式，政治经济学只不过是以物的运动的形式揭示出人的现实的分裂和对立。所以恩格斯说，“经济学所研究的不是物，而是人和人之间的关系，归根到底是阶级和阶级之间的关系”②。另外，正是通过对劳动与私有财产、劳动与资本、工资与利润等关系的揭示，马克思明确了商品的二重性即使用价值与交换价值、商品中劳动的二重性及其相互之间的关系，为揭示资本主义社会的实质、发现剩余价值规律奠定了基础。

最后，在对私有财产及其本质的分析过程中，马克思全面地阐释了现实的人及其对象性的实践本质，揭示了异化是如何根源于人的对象性本质以及如何在人的对象性的实践活动之中被扬弃的。在阐明了异化劳动与私有财产的关系之后马克思指出：“我们把私有财产的起源问题变为外化劳动对人类发展进程的关系问题，就已经为解决这一任务得到了许多东西。因为人们谈到私有财产时，认为他们谈的是人之外的东西。而人们谈到劳动时，则认为是直接谈到人本身。问题的这种新的提法本身就已经包含问题的解决。”③ 换言之，异化劳动实质上是根源于人的发展的本质，是在人自身的发展进程中出现的，也必然在人类历史发展的进程中得以扬弃。

人作为生成的存在其本质并不是确定不变的，而是在以自然为对象的实践活动之中生成的。人作为自然的存在物，同自然界的其他生命个体一样，依赖于自然界而生活。但人又不是单纯的自然的存在物，而是有意识的类存在物。所谓有意识的，是指人“使自己的生命活动本身变成自己意志的和自己意识的对象……就是说，他自己的生活对他来说是对象。仅仅由于这一点，他的活动才是自由的活动”④。人的自由表现为其面对自然时的双重尺度——物的尺度与人的内在尺度——的统一。在对象性的实践活动之中，人将自己的内在尺度运用于对象，从而实现自己本质的对象化，进而在其所创

① 《马克思恩格斯全集》第3卷，人民出版社，2002，第283页。
② 《马克思恩格斯选集》第2卷，人民出版社，1995，第44页。
③ 《马克思恩格斯全集》第3卷，人民出版社，2002，第279页。
④ 《马克思恩格斯全集》第3卷，人民出版社，2002，第273页。

造的世界之中直观到自身。这样，自然界也就由康德所说的“自在之物”变成“为我之物”了。也就是说，自然界丧失了其存在的自在性和给定性，而成为在人的实践活动之中生成的存在，成为人的现实生活的构成部分。从人的方面来说，也正是在以自然为对象的实践活动之中，实现了人的本质的双重的确证，他既在创造性的活动中作为现实的人得以生成，又在创造性的活动中实现对自身及其创造的世界的理解和把握。“正是在改造对象世界中，人才真正地证明自己是类存在物。这种生产是人的能动的类生活。通过这种生产，自然界才表现为他的作品和他的现实。因此，劳动的对象是人类的生活的对象化：人不仅像在意识中那样在精神上使自己二重化，而且能动地、现实地使自己二重化，从而在他所创造的世界中直观自身。”① 因此，现实的人通过自身的对象性实践活动从自然界中获取生活资料、实现自我确证的过程，也就是他作为现实的人的自为生成的过程，是自然界对人说来的生成过程。而且由于人的意识也是在这一过程中现实地生成的，并始终以其自身的活动为对象，因此，“历史的全部运动，既是它的现实的产生活动——它的经验存在的诞生活动，——同时，对它的思维着的意识来说，又是它的被理解和被认识到的生成运动”②。

这样，近代西方形而上学所面对的那个最基本的问题，即思维与存在、人与自然的关系问题，已经不再表现为两个不同的实体之间的关系，而是同一个人的存在的两个方面了。或者说是主体性原则与客体性原则的分裂与对立在人的对象性的实践活动之中实际上已经不可能了，意识的内在性原则所引发的困难已经失去了现实意义。因为意识并不是独立于现实世界之外的存在，而就是在现实的世界本身之中生成的，其认识的对象也不在自身之外，而就内在于其本身之中。也正是在这个意义上，马克思说：“思维和存在虽有区别，但同时彼此又处于统一中。”③ 这样，马克思就颠覆了近代西方形而上学的基本建制，使哲学由传统的认识世界转向改变世界，实现了由对世界的反思到批判和改造的根本性的革命，为唯物史观的创立奠定了坚实的基础。

① 《马克思恩格斯全集》第3卷，人民出版社，2002，第274页。
② 《马克思恩格斯全集》第3卷，人民出版社，2002，第297页。
③ 《马克思恩格斯全集》第3卷，人民出版社，2002，第302页。

三 政治经济学批判基础上的世界观的革命

马克思通过政治经济学批判，揭示了人的对象性的本质，将人自身的存在理解为一个在对象性实践活动中现实生成的过程，这同时也就是现实的生活世界的生成过程。

首先，从自然的方面来说，作为人的活动的对象的自然界与人是同时存在的，人与自然处于原初的关联之中。马克思指出，自然界和人是通过自身存在的，对于二者的统一，不需要一个外在的证明。所谓的自然界，就是人生活于其中、作为人的活动对象的自然界。脱离开人也就无所谓自然界。"作为自然界的自然界，这是说，就它还在感性上不同于它自身所隐藏的神秘的意义而言，与这些抽象概念分隔开来并与这些抽象概念不同的自然界，就是无，是证明自己为无的无，是无意义的，或者只具有应被扬弃的外在性的意义。"①

而对自在自然的扬弃正是通过人的对象性实践活动完成的。从人的方面来说，人并不是超自然的存在，并不是纯精神性的，其生存的根基就深深地存在于自然界之中。从肉体的方面来看，人与自然界的其他生命个体一样，只有依靠自然提供的产品才能生活；从精神方面来说，人与动物最大的不同就在于动物和自身的生命活动是直接同一的，而人则把自己的生命活动变成自己意志和意识的对象。人在自己的生命活动中，现实地生成一个意识的、精神的世界。

因此，人的生存就其整体来说，是自然界的一部分，是在自然界中的生活。正是在与自然的相互关联之中，人作为肉体的、有自然力的、有生命的、现实的、感性的、对象性的存在物才得以生成。因为人的每一种独特的本质，都有其借以实现的独特方式，也就是它的对象化的独特方式，即它的对象性的、现实的、活生生的存在的独特方式。只有借助于对象的独特性，人的本质才能真正成为现实。或者说，如果不存在与人的独特的本质相适应的对象，人的这种本质也就不可能成为现实的、人的本质，只能是无。因此，"一方面，随着对象性的现实在社会中对人来说到处成为人的本质力量的现实，成为人的现实，因而成为人自己的本质力量的现实，一切对象对他

① 《马克思恩格斯全集》第3卷，人民出版社，2002，第336页。

来说也就成为他自身的对象化，成为确证和实现他的个性的对象，成为他的对象，这就是说，对象成为他自身。”① 在这种意义上可以说，人先行存在于对象世界之中。正是在人的对象性的活动中，才扬弃了对象世界的外在性，使现实的属人的自然界得以生成。

其次，人的对象性的活动并不是抽象的、孤独个体的活动，而是一定的社会关系中的人的、现实的活动，是在社会中的活动。只有在社会中，通过真正的人的关系，这种对象性的活动才表现为人的自我确证的过程。在对象性的活动中，每一个人都双重地肯定了自己和另一个人的存在。一方面，在生产活动中每一个人都使自己的个性和特点对象化了，并在其中享受到自己的个人的生命的表现，从而认识到自己的个性是对象性的、可以感性地直观的，因而是毫无疑问的权力而感受到个人乐趣。另一方面，在他人享受其产品时，生产者意识到的是自己的劳动满足了人的需要，从而使人的本质对象化，创造了与另一个人的本质相符合的物品。也就是说，每一个人都是他人与类之间的媒介，是对他人的人的本质的补充和不可分割的一部分。因此，“社会性质是整个运动的普遍性质；正像社会本身生产作为人的人一样，社会也是由人生产的。活动和享受，无论就其内容或就其存在方式来说，都是社会的活动和社会的享受。自然界的人的本质只有对社会的人来说才是存在的；因为只有在社会中，自然界对人来说才是人与人联系的纽带，才是他为别人的存在和别人为他的存在，只有在社会中，自然界才是人自己的人的存在的基础，才是人的现实的生活要素。只有在社会中，人的自然的存在对他来说才是自己的人的存在，并且自然界对他来说才成为人。因此，社会是人同自然界的完成了的本质的统一，是自然界的真正的复活，是人的实现了的自然主义和自然界实现了的人道主义”②。

因此，人与自然是相互包含、相互设定的。正是在人的现实的活动中，人与自然才获得了其存在的现实性。在这里并不存在人与自然的创造问题，而是二者的相互确证，并且是通过人的对象性活动现实地生成过程。

但是，人的生成并不是一次性完成的。人的本质的自我确证只能表现为一个永恒的自我超越的过程。但是，人作为自然的存在，其生命是有限的，在一个有限的生命之中，如何实现这永恒的过程呢？尽管个人的生命是有限

① 《马克思恩格斯全集》第 3 卷，人民出版社，2002，第 304 页。

② 《马克思恩格斯全集》第 3 卷，人民出版社，2002，第 301 页。

的，但人在有限生命活动中所创造的现实的世界却不会随着个体的死亡而消失，正是这个现实的世界为人的自我超越活动奠定了基础，尽管它本身的存在也是应该被超越的。也就是说，每一代人的生存都必须以其先辈所创造的世界为前提，而其本身的自我确证却是对已知世界的超越过程。这样，人的本质的自我确证就表现为人类世代相传、个体的有限的生命相续的过程。因此，人、人的世界的存在本身就是历史性的。换言之，现实的人的生活世界本身就是一个历史的世界，而历史就是现实的人的生活世界的生成过程。

正是基于对人之存在的历史性的深刻的理解，马克思最终超越了近代西方哲学开启了哲学的生成论转向，并将人与世界的存在阐释为人通过自身的对象性的实践活动现实地生成的过程。“对社会主义的人来说，整个所谓世界历史不外是人通过人的劳动而诞生的过程，是自然界对人说来的生成过程，所以关于他通过自身而诞生、关于他的形成过程，他有直观的、无可辩驳的证明。因为人和自然界的实在性，即人对人说来作为自然界的存在以及自然界对人说来作为人的存在，已经变成实践的、可以通过感觉直观的，所以关于某种异己的存在物、关于凌驾于自然界和人之上的存在物的问题，即包含着对自然的和人的非实在性的承认的问题，实际上已经成为不可能的了。”① 这样，马克思也就阐明了现实的人类世界的本质，从而确立了理解历史的基本原则，即只有从现实的人及其实践活动分析出发，才能真正阐明人类的世界及其历史进程。

马克思提出了构成人类历史的基本因素，即物质资料的生产、新的需要的形成和满足新的需要的生产以及他人生命的生产，并且强调“不应把社会活动的这三个方面看作是三个不同的阶段，而只应该看作是三个方面，或者……把它们看作是三个‘因素’”②。这三个因素的统一就构成了双重关系，即自然关系和社会关系——在现实的社会活动中就表现为生产和交往。只有通过对上述双重关系的分析才能真正阐明人类的历史。“由此可见，事情是这样的：以一定的方式进行生产活动的一定的个人，发生一定的社会关系和政治关系。经验的观察在任何情况下都应当根据经验来揭示社会结构和政治结构同生产的联系，而不应当带有任何神秘和思辨的色彩。社会结构和国家总是从一定的个人的生活过程产生的。但这里所说的个人不是他们自己

① 《马克思恩格斯全集》第3卷，人民出版社，2002，第310～311页。

② 《马克思恩格斯选集》第1卷，人民出版社，1995，第80页。

或别人想象中的那种个人，而是现实中的个人，也就是说，这些个人是从事活动的，进行物质生产的，因而是在一定的物质的、不受他们任意支配的界限、前提和条件下活动着的。”①

但是，对现实的人及其生成活动的分析，我们必须注意以下两个方面：其一，是马克思对近代西方形而上学的基本建制的超越，即不能把自然关系和社会关系及其在现实的社会活动中的表现——生产和交往视为两个不同的社会存在，而是要将它们视为同一个社会存在的两个方面、两个因素，因而也就不存在生产力与生产关系谁决定谁的问题，而是二者如何造成了现实的社会结构及其变革的可能性问题。其二，对生产力与生产关系的分析必须是历史性的，即必须将其纳入人类历史的连续性进程之中去理解，才可能说明现实的资本主义生产关系如何根源于人类现实的历史进程及如何才能消解其造成的现实的人的生存结构，从而在批判政治经济学的过程中阐明未来人类社会的可能性。正是通过批判政治经济学，马克思将政治经济学批判、一般形而上学批判和空想社会主义批判统一起来，从而使政治经济学批判超越了古典政治经济学成为社会历史批判。在这个意义上，唯物史观的创立，不仅仅是以“历史”作为解释原则完成了世界观的革命，同时也是以“唯物主义”为解释原则实现了历史观的革命。因为在马克思那里，世界观与历史观是统一的，是同一个东西。

四　政治经济学批判的社会历史批判性质

马克思开展政治经济学研究，其目的绝对不是在知识论的意义上建构一个不同于政治经济学的关于资本主义经济运行规律的科学的知识体系。在马克思看来，对资本主义现实的经济运行规律的描述，在经历了货币主义、重商主义、重农学派再到重工主义的历史发展之后，已经在大卫·李嘉图的政治经济学中最终完成了。“李嘉图的价值论是对现代经济生活的科学解释……李嘉图从一切经济关系中得出他的公式，并用来解释一切现象，甚至如地租、资本积累以及工资和利润的关系等那些骤然看来好像是和这个公式抵触的现象，从而证明他的公式的真实性；这就使他的理论成为科学的体

① 《马克思恩格斯选集》第1卷，人民出版社，1995，第71~72页。

系。”① 也就是说，从描述现代资本主义社会的现实来说，“李嘉图已经科学地阐明了作为现代社会即资产阶级社会的理论”② 了。在这个意义上，我们不能将马克思的政治经济学批判理解为知识论的阐释，即它绝不是关于资本主义社会的社会学，也不是关于如何增长社会财富的经济学，尽管在政治经济学批判之中马克思比政治经济学家更为准确地理解和把握了资本主义社会的现实和资本运行的规律。究竟应该如何理解马克思的政治经济学批判呢？

对此，我们必须注意到马克思在《〈黑格尔法哲学批判〉导言》中的一句话：“真理的彼岸世界消逝以后，历史的任务就是确立此岸世界的真理。人的自我异化的神圣形象被揭穿以后，揭露具有非神圣形象的自我异化，就成了为历史服务的哲学的迫切任务。”③ 也就是说，马克思明确地意识到在批判宗教神学的过程中建构起来的近代西方哲学的根本任务是批判宗教神学，以揭露人在神圣形象中的自我异化。但是，整个近代西方哲学、包括黑格尔哲学只是消解了人在神圣形象中的自我异化，而人在非神圣形象——现实的社会生活中的异化则未被其触及。因此，马克思将自己哲学的任务确定为“揭露人在非神圣形象中的自我异化”。也正是通过对政治经济学的批判，马克思揭示了政治经济学的非批判性质，并在对政治经济学的批判分析之中阐明了现实的社会生活的历史性，揭示出传统形而上学的抽象本质，从而为超越近代西方哲学并最终阐明人在“非神圣形象中的自我异化”奠定了基础。

如果说，在《德法年鉴》时期马克思通过对黑格尔法哲学和国家哲学的批判而开启了政治经济学批判的话，那么对政治经济学的批判则使马克思批判黑格尔哲学并最终超越近代西方形而上学得以实现。在《德法年鉴》时期对政治解放局限性的分析，使马克思明确了其批判哲学的根本目标，即人的解放。因此，通过政治经济学批判提出的共产主义思想本身必然内蕴着对各种空想社会主义的批判。政治经济学批判本身就内在地包含着一般形而上学批判与空想社会主义批判。换言之，一般形而上学批判、政治经济学批判和空想社会主义批判三者是统一的，共同构成了马克思唯物史观，脱离三者中任何一个，都无法真正理解马克思思想。

① 《马克思恩格斯全集》第 4 卷，人民出版社，1958，第 93 页。
② 《马克思恩格斯全集》第 4 卷，人民出版社，1958，第 89 页。
③ 《马克思恩格斯选集》第 1 卷，人民出版社，1995，第 2 页。

首先，政治经济学批判对现实的人的发现为马克思超越黑格尔哲学并最终完成对近代西方形而上学的批判奠定基础。在《1844年经济学哲学手稿》中马克思指出："黑格尔的《现象学》及其最后成果——辩证法，作为推动原则和创造原则的否定性——的伟大之处首先在于，黑格尔把人的自我产生看作一个过程，把对象化看作非对象化，看作外化和这种外化的扬弃；可见，他抓住了劳动的本质，把对象性的人、现实的因而是真正的人理解为他自己的劳动的结果。"[①] 但是，"黑格尔唯一知道并承认的劳动是精神劳动"[②]。因此，"当他把财富、国家权力等等看成同人的本质相异化的本质时，这只是就它们的思想形式而言……它们是思想本质，因而只是纯粹的即抽象的哲学思维的异化……这些对象从中异化出来的并以现实性自居而与之对立的，恰恰是抽象的思维。哲学家——他本身就是异化的人的抽象形象——把自己变成异化的世界的尺度。因此，全部外化历史和外化的全部消除，不过是抽象的、绝对的思维的生产史，即逻辑的思辨的思维的生产史"[③]。也就是说，黑格尔哲学不过是人的本质的异化的另一种形式和存在方式而已，不过是对人在非神圣形象中的人的自我异化的思辨的表达。也正因为如此，马克思才指认黑格尔的思辨哲学坚守的只不过是国民经济学家的立场。因此，对政治经济学的批判本身就包含着对黑格尔哲学以及以黑格尔哲学为代表的整个近代西方形而上学的批判。

其次，马克思对黑格尔哲学的批判是从以真正的人与人之间的社会关系作为理论原则出发的，现实的人及其活动就构成了马克思唯物史观的真正出发点。在早期的政治经济学批判中，马克思一方面批判政治经济学的非历史性特征，阐明了社会生产的历史性；另一方面在对劳动的分析中，阐明了生产活动对于社会生活和人类历史的基础性地位。在马克思看来，"人的本质是人的真正的社会联系，所以人在积极实现自己本质的过程中创造、生产人的社会联系、社会本质，而社会本质不是一种同单个人相对立的抽象的一般的力量，而是每一个单个人的本质，是他自己的活动，他自己的生活，他自己的享受，他自己的财富"[④]。因此，对社会或历史的研究，必须从现实的、活生生的、特殊的个人开始。这就将历史的研究转换到现实的人生存的历史

---

① 《马克思恩格斯全集》第3卷，人民出版社，2002，第319～320页。

② 《马克思恩格斯全集》第3卷，人民出版社，2002，第320页。

③ 《马克思恩格斯全集》第3卷，人民出版社，2002，第318页。

④ 《马克思恩格斯全集》第42卷，人民出版社，1979，第24页。

尺度，而人的历史性存在是从物质生活资料的生产开始的。

因为人们为了能够“创造历史”，必须能够生活，而为了生活，首先就需要吃、喝、住、穿以及其他一些必要条件。但是，生产也不是人应该具有的先验设定，而是从动物的生存（肉体组织的生物内驱力所致）历史性地跨出这一步即“开始生产”那一刻，人才历史地、具体地、现实地获得了这种新的历史性生存的质的规定性的。因为“当人开始生产自己的生活资料的时候，这一步是由他们的肉体组织所决定的，人本身就开始把自己和动物区别开来。人们生产自己的生活资料，同时间接地生产着自己的物质生活本身。人们用以生产自己的生活资料的方式，首先取决于他们已有的和需要再生产的生活资料本身的特性……个人怎样表现自己的生活，他们自己就是怎样。因此，他们是什么样的，这同他们的生产是一致的——既和他们生产什么一致，又和他们怎样生产一致”①，因此，对历史的研究必须从具体地分析人们的物质生活出发，只要描绘出这个能动的生活过程，也就是阐明了人类的历史。

如果说，黑格尔哲学阐述的是思辨的历史，那么唯物史观则是对黑格尔思辨历史观的颠倒，是真实的、活生生的现实生活的历史。但是，如果仅止于对现实生活的描述，那么唯物史观就无法真正超越黑格尔哲学。使唯物史观超越黑格尔哲学的根本就在于马克思通过政治经济学批判而展开的对空想社会主义的批判，即以改变世界为根本目的的人的解放的学说的创立。

最后，马克思对空想社会主义的批判是以政治经济学批判为基础的，正是借助于政治经济学批判对资本主义本质的揭示，才实现了社会主义从空想到科学的发展。

空想社会主义就其实质而言，是看到了资本主义的一切罪恶现象而展开的对资本主义社会的批判。但由于其不了解资本主义的本质，只是把社会主义当作一种与现存社会相对立的和给定的理想状态而加以设定，以消灭私有制和铲除人间不平等为核心来制定关于未来社会理想境界的详尽而周密的图景，并希望通过宣传、典型示范等手段把它从外面强加于社会，因此“这种新社会制度是一开始就注定要成为空想的，它越是制定得详尽周密，就越是要陷入纯粹的幻想”②。要想使社会主义从空想变成科学，关键的问题在

① 《马克思恩格斯选集》第1卷，人民出版社，1995，第67～68页。

② 《马克思恩格斯选集》第3卷，人民出版社，1995，第608页。

于，“一方面应当说明资本主义生产方式的历史联系和它在一定历史时期存在的必然性，从而说明它灭亡的必然性，另一方面应当揭露这种生产方式的一直还隐蔽着的内在性质”①。这两方面的任务正是由马克思完成的。

马克思指出，共产主义对私有财产的积极的扬弃，是通过人并且为了人而对人的本质的真正占有，是人向自身、向社会的人的复归，是人的本质的现实的生成过程。这种共产主义是从把握了人和自然界的本质这种理论上和实践上的感性意识开始的。正是由于意识到了人和自然界的本质，人的现实的活动才能成为一种总体性的活动，才能在自由的创造性活动中促进人自身的现实的生成。因此，共产主义是人的本质得以全面发展和展现的过程，共产主义所展现的并不是人之存在的一个终极的状态，而是一个永恒的生成过程。

因此，政治经济学批判绝不仅仅是马克思创立了科学的政治经济学，更是通过对资本主义政治经济学批判而展开的对现实的资本主义社会及其思想体系的全面的批判，其根本性质是一种社会历史批判。也正是通过政治经济学批判，马克思完成了对黑格尔的辩证法和整个哲学的批判以及对空想社会主义的批判，从而使三者统一了起来。通过政治经济学批判，马克思完成了对唯物史观的进一步深化和发展。也正因为如此，恩格斯称《资本论》为马克思的历史观。

五　唯物史观在政治经济学批判中的深化和发展

通过批判分析政治经济学，马克思实现了对唯物史观的基本原则系统化，使之成为认识和理解人类历史的科学理论。首先，通过对政治经济学的深入分析，马克思明确了生产对于社会存在的基础性地位。如果说，在《德意志意识形态》中马克思还仅仅是将物质资料的生产和人自身的生产视为同一个人的存在的“三个因素”或“三个方面”的话，那么在政治经济学批判中则将其明确为同一个人类生产活动的不同的环节，它们共同构成了现实的人类社会存在的基础。在《〈政治经济学批判〉导言》的开篇马克思指出，“摆在面前的对象，首先是物质生产。在社会中进行生产的个

① 《马克思恩格斯选集》第 3 卷，人民出版社，1995，第 740 页。

人，——因而，这些个人的一定社会性质的生产，当然是出发点”[1]。但是，必须注意的是，马克思这里所说的生产，并不是指单纯的物质生产，而是总体性的、人的全面的生产。马克思明确指出，“我们得到的结论并不是说，生产、分配、交换、消费是同一的东西，而是说，它们构成一个总体的各个环节，一个统一体内部的差别。生产既支配着与其他要素相对而言的生产自身，也支配着其他要素。过程总是从生产重新开始。交换和消费不能是起支配作用的东西，这是不言而喻的。分配，作为产品的分配，也是这样。而作为生产要素的分配，它本身就是生产的一个要素。因此，一定的生产决定一定的消费、分配、交换和这些不同要素相互间的一定关系。当然，生产就其单方面形式来说也决定于其他要素……最后，消费的需要决定着生产。不同要素之间存在着相互作用。每一个有机整体都是这样”[2]。因此，对于马克思来说，生产不再是单纯的物质生产活动，而是整个社会的生产和再生产，在生产的过程中不仅仅生产出社会存在所需要的物质财富，而且生产出人的全部能力和社会关系，从而使整个社会再生产出来。因此，这种总体性的生产就不仅仅是现实的人类社会存在的基础，而且构成推动社会发展的根本动力。政治经济学家囿于资本逻辑的限制，将生产仅仅理解为物质财富的生产，割裂了生产、分配、交换和消费之间的关系，从而陷入物的绝对的统治。

其次，通过对资本主义社会形成过程的历史性分析，阐明了人类社会特别是西欧社会的历史进程，实现了人类历史发展的“三形态”理论与“五形态”理论的统一。在《德意志意识形态》中，马克思一方面根据分工发展的不同阶段将人类社会的发展划分为部落所有制、古代公社所有制和国家所有制、封建的或等级的所有制等几种社会形态；另一方面又以“自然产生的生产工具”和“文明创造的生产工具”的不同区分了前资本主义社会和资本主义社会两种人的不同的生存状态[3]。而在政治经济学批判中，马克思则进一步明确了这一思想，全面地阐释了两种不同的划分方式之间的相互关系。

在政治经济学批判中，一方面，马克思根据生产过程中人的相互关系区

---

① 《马克思恩格斯选集》第2卷，人民出版社，1995，第1页。

② 《马克思恩格斯选集》第2卷，人民出版社，1995，第17页。

③ 隽鸿飞：《〈德意志意识形态〉中的社会形态理论》，《学习与探索》2012年第6期。

分了人的依赖状态、物的依赖状态下人的独立性和人的自由自觉存在三种人的不同的生存状态，从而进一步发展了《德意志意识形态》中由生产工具的不同而形成的人的不同的生存状态的观点。另一方面，马克思通过对生产过程中人的关系及其变化的分析，在阐明了原始的、亚细亚的、古代的和日耳曼的几种社会形态的区别的同时指出，在所有这些形式中，人与人之间的关系以及人与物之间的关系是建立在共同体基础之上的，是以共同体之下的劳动为基础的那种所有制的必然和当然的结果。在这里并没有出现劳动者与其生存的无机条件的分离，只是社会的一部分被社会的另一部分简单地当作自身再生产的无机自然条件来对待。而劳动本身，无论采取的是奴隶的形态、还是农奴的形态，都是作为生产的无机条件与其他自然物同属一类的，都是土地的附属物。奴隶制和农奴制在这里既不破坏劳动的条件，也不改变本质的关系，而是以共同体为基础的和以共同体条件下的劳动为基础的那种所有制的必然的和当然的结果，因而它们共同构成了以人的依赖关系为基础的“最初的社会形态”。相对于上述社会形态而言，资本主义的出现则意味着一个本质的变化。

这种变化表现在生产的目的及人在生产中的地位问题上。在前资本主义社会，生产的目的是生产使用价值，在其中人既是目的也是手段。“财产最初意味着（在亚细亚的、斯拉夫的、古代的、日耳曼的所有制形式中就是这样），劳动的（进行生产的）主体（或再生产自身的主体）把自己的生产或再生产的条件看作是自己的东西。因此，它也将依照这种生产的条件而具有种种不同的形式。生产本身的目的是在生产者的这些客观存在条件中并连同这些客观存在条件一起把生产者再生产出来。”① 因此，这种生产是全面的，既是社会的生产，同时也是人自身的再生产。但在资本主义社会，“这种劳动的目的和它的存在已经不同了。产品是作为价值，作为交换价值，作为等价物来生产的，不再是为了它同生产者直接的个人关系而生产的”②。也就是说，在资本主义社会，生产的目的是生产交换价值，人沦为单纯的手段，而物的交换价值则变成了目的。因此，“根据古代的观点，人，不管是处于怎样狭隘的民族的、政治的规定上，毕竟始终表现为生产的目的，在现

---

① 《马克思恩格斯全集》第46卷上册，人民出版社，1979，第496页。

② 《马克思恩格斯全集》第42卷，人民出版社，1979，第28页。

代世界，生产表现为人的目的，而财富则表现为生产的目的”①。正是在这个意义上，马克思将资本主义社会称为“物的依赖状态下的人的独立性”。这也正是马克思所指认的“人在非神圣形象中的自我异化”的存在状态。因而，对这种状态下社会存在的基本矛盾及其运行规律的揭示，就成为推翻资本主义的统治、变革现实的人的生存结构、实现共产主义的最有力的武器。政治经济学批判对资本主义经济事实的分析，对资本主义经济运行规律和剩余价值规律的揭示，使社会主义实现了从空想到科学的发展。

最后，通过对资本主义政治经济学的批判性分析，进一步深化了唯物史观的基本方法——辩证法。只是政治经济学批判中的辩证法并不是黑格尔的概念的逻辑，而是在对现实的人及其活动的历史性分析之中揭示出来的人类实践活动的历史的逻辑。列宁指出：“马克思用以得出其结论的方法……就是‘精细研究有关事实’。”② 而所谓“精细研究有关事实”就是具体地去分析每一个时代人们的现实的生活过程，特别是在生产中人与人的相互关系及其与生产资料之间的关系，从而阐明调节这个社会产生、存在、发展和死亡，以及这一机体由另一更高机体来代替的特殊规律。这就是《资本论》的辩证方法。因此，马克思说：“我的辩证方法，从根本上来说，不仅和黑格尔的辩证法不同，而且和它截然相反。在黑格尔看来，思维过程，即他称为观念而甚至把它变成独立主体的思维过程，是现实事物的创造主，现实事物只是思维过程的外部表现。我的看法则相反，观念的东西不外是移入人的头脑并在人的头脑中改造过的物质的东西而已。”③ 也就是说，黑格尔所谓的“思维的过程”，不过是在经验地分析历史的事实基础之上所形成的观念结构，仅仅是以概念的逻辑来把握历史。

与黑格尔不同，马克思在整个政治经济学批判之中始终贯彻了历史与逻辑相统一的原则。在马克思看来，“在形式上，叙述方法必须与研究方法不同。研究必须充分地占有材料，分析它的各种发展形式，探寻这些形式的内在联系。只有这项工作完成以后，现实的运动才能适当地叙述出来。这点一旦做到，材料的生命一旦观念地反映出来，呈现在我们面前的就好像是一个先验的结构了”④。这个“先验的结构”就是列宁所说的《资本论》的“逻

① 《马克思恩格斯全集》第46卷上册，人民出版社，1979，第486页。

② 《列宁选集》第1卷，人民出版社，1960，第5页。

③ 马克思：《资本论》第1卷，人民出版社，1975，第24页。

④ 马克思：《资本论》第1卷，人民出版社，1975，第23~24页。

辑学”。这个“大写的逻辑”尽管形式似乎是先验的，但其实质是历史的。因为“哪怕是最抽象的范畴，虽然正是由于它们的抽象而适用于一切时代，但是就这个抽象的规定性本身来说，同样是历史条件的产物，而且只有对于这些条件并在这些条件之内才具有充分的适用性”[①]。也就是说，构成这一逻辑结构的每一个概念本身都是历史的，只有在历史的进程之中才能展现出其全部的意义和内涵。因此，当把逻辑结构中每一个概念的历史进程展开之后，《资本论》的逻辑所展现出来的就不仅是资本主义社会现实的经济结构，而且是在历史与逻辑相统一基础上对资本主义社会形成和发展的全部历史过程的深刻的理解和把握。

参考文献

《马克思恩格斯全集》第 2 卷，人民出版社，1957。

《马克思恩格斯全集》第 3 卷，人民出版社，2002。

《马克思恩格斯全集》第 4 卷，人民出版社，1958。

《马克思恩格斯全集》第 42 卷，人民出版社，1979。

《马克思恩格斯全集》第 46 卷上册，人民出版社，1979。

《马克思恩格斯选集》第 1 卷，人民出版社，1995。

《马克思恩格斯选集》第 2 卷，人民出版社，1995。

《马克思恩格斯选集》：第 3 卷，人民出版社，1995。

马克思：《资本论》第 1 卷，人民出版社，1975。

《列宁选集》第 1 卷，人民出版社，1960。

〔德〕黑格尔：《哲学史讲演录》第 4 卷，商务印书馆，1978。

隽鸿飞：《〈德意志意识形态〉中的社会形态理论》，《学习与探索》2012 年第 6 期。

（作者单位：黑龙江大学马克思主义学院）

① 《马克思恩格斯选集》第 2 卷，人民出版社，1995，第 23 页。

感性世界真理澄明

——马克思政治经济学批判的存在论意蕴

郭庆罡

马克思对政治经济学进行的研究及其成果是其思想整体的重要组成部分，其第一个成果——《1844 年经济学哲学手稿》中明确表述道“对国民经济学的批判……全靠费尔巴哈的发现给它打下真正的基础”①；1859 年出版的阶段性研究成果其大标题即为《政治经济学批判》；而 1867 年出版的《资本论》的副标题仍是《政治经济学批判》。因此，我们的研究重点便落在切近把握该“批判”的本真意蕴上，但我们不能简单地把它预先认定为只是经济学或历史学研究的一种，而是必须真正切入马克思的时代境遇及其文本语境，从存在论的高度展开一种同情的沉思，从而领会马克思思想基地重构的全部内容及意义，进而理解马克思经由这一“批判”而最终达致的历史真理之澄明这一伟大成果。

一

马克思进行政治经济学研究的批判之维，植根于其进入该领域的最初时刻。他之所以进入该领域，并非出于对理论本身内含的问题的探究或对理论的一种主观取舍的需要，而恰是因为他不满意当时的思想和理论本身的不彻底性及其对现实的无力。

马克思后来对他“研究政治经济学的经过”回顾道，“1842～1843 年

---

① 马克思：《1844 年经济学哲学手稿》，人民出版社，2000，第 4 页。

间，我作为《莱茵报》的编辑，第一次遇到要对所谓物质利益发表意见的难事”，当时相继发生的一系列事关现实的辩论，“是促使我去研究经济问题的最初动因”。[①] 这里马克思所讲的就是今天已为我们所熟知的那段历史：当时的德国民生凋敝，各个社会领域间相互倾轧，而“陈旧腐朽的制度，在德国却被当作美好未来的初升朝霞而受到欢迎”；[②] 与此同时，思想界“经历了一次空前的变革”，但由于其“出发点是现实的宗教和真正的神学”，而且是在“纯粹的思想领域中发生的”，故而这场“德国的批判”的结果只是“认为，观念、思想、概念”是“人类社会的真正镣铐”。[③] 于是，在已走出了宗教的庇护或安慰之后，理性思想对于现实的苦难、人民生活状况的残酷，本应给出相应的解答和对策，但恰恰在此德国的哲学家们驻足和无能了，他们“没有一个想到要提出关于德国哲学和德国现实之间的联系问题”。[④]

而马克思则与他们不同，他在《〈黑格尔法哲学批判〉导言》中，明确提出“真理的彼岸世界消逝以后，历史的任务就是确立此岸世界的真理。”而这也就需要一种新的哲学——“为历史服务的哲学”登上历史和思想史的舞台。这种哲学的“迫切任务”就是，在“人的自我异化的神圣形象被揭穿以后，揭露具有非神圣形象的自我异化”，也就是要进行“对尘世的批判”。[⑤] 这是一场针对“现实的、现存的世界”的批判，“批判已经不再是目的本身，而只是一种手段。它的主要情感是愤怒，它的主要工作是揭露”。[⑥] 这是何种揭露呢？又如何来揭露呢？这种揭露正是指向那一向不被关注的世界现实，而且是德国当下之现实，其前提正是要穿透那传统哲学一向所实施的遮蔽。旧的哲学在这里不仅无用，事实上它的存在本身就是对世界的遮蔽，因为它根本上仍是彼岸世界的神秘真理。既然如此，那就必须开拓新的思想方向，这一努力的过程，马克思在后来的回顾中指出，为了解决使他苦恼的疑问，他“写的第一部著作是对黑格尔法哲学的批判性分析”，而该研究“得出这样一个结果：法的关系正像国家的形式一样，既不能从

---

① 《马克思恩格斯全集》第 31 卷，人民出版社，1998，第 411 页。
② 《马克思恩格斯选集》第 1 卷，人民出版社，1972，第 6 页。
③ 《马克思恩格斯选集》第 1 卷，人民出版社，1972，第 23 页。
④ 《马克思恩格斯选集》第 1 卷，人民出版社，1972，第 24 页。
⑤ 《马克思恩格斯选集》第 1 卷，人民出版社，1972，第 2 页。
⑥ 《马克思恩格斯选集》第 1 卷，人民出版社，1972，第 4 页。

它们本身来理解，也不能从所谓人类精神的一般发展来理解，相反，它们根源于物质的生活关系，这种物质的生活关系的总和，黑格尔按照18世纪的英国人和法国人的先例，概括为‘市民社会’，而对市民社会的解剖应该到政治经济学中去寻求”。[①]

由此可以看出，马克思进入政治经济学领域的大前提有以下几个方面：第一，站在对宗教彻底批判的基地上，他已经进一步确认“非神圣形象中的自我异化”存在着，因而面前的任务正是要去“揭露”和改变其状况。第二，他在对哲学语境和现实境域的同时关注中，发现了黑格尔概括为“市民社会”的“物质的生活关系的总和”对于精神以及哲学的“根源”性重要意义。而传统哲学恰对此不仅是无知与无力的，还反倒自以为是其基础。第三，他发现了政治经济学恰恰是针对这一“市民社会”进行专门研究的“科学”。于是我们明白，马克思步入此领域是为了解剖市民社会，而“对市民社会的解剖”又是为了“揭露”现实世界的“自我异化”，并进而“推翻那些使人成为被侮辱、被奴役、被遗弃和被蔑视的东西的一切关系”。[②]

二

马克思的工作是从经济学家们迷途的地方起步的，透过他们学说纷乱的表象，马克思犀利地辨识出其内在不自洽，并进而探究其问题之所在。“国民经济学对我们说，劳动的全部产品，本来属于工人，并且按照理论也是如此。但是他同时又对我们说，实际上工人得到的是产品中最小的、没有就不行的部分，”[③] 这样的二律背反命题究竟意味着什么呢？国民经济学由其“劳动价值论”的理论基点出发并没有问题，其理论推演过程也没有差错，但最终却得出了与自身前提相背反的结论，这只能说明其学说有着产生矛盾的必然性。而国民经济学家们并不明白这一点，反而天真地以为通过思想上的努力一定能完善这门“科学”。他们始终未曾理解，其学说中矛盾必然产生的根源不在于理论或思想本身，而恰是在他们“纯粹的”思想活

① 《马克思恩格斯全集》第31卷，人民出版社，1998，第412页。

② 《马克思恩格斯选集》第1卷，人民出版社，1972，第9页。

③ 马克思：《1844年经济学哲学手稿》，人民出版社，2000，第12页。

动之外的，质言之，即在于其倚为基点的那一“劳动”本身就是悖谬的。因为“劳动本身，不仅在目前的条件下，而且就其一般目的仅仅在于增加财富而言……是有害的、招致灾难的”，而且“这是从国民经济学家的阐发中得出的，尽管他并不知道这一点”①。国民经济学家正确地把一切价值的创造性来源归结为“一般劳动”即无差别的人类劳动，他们正确地指出，“劳动是人用来增加自然产品的价值的唯一东西”，“是人的能动的财产”，这本身是有重大历史意义的思想成果。然而，他们事实上只知道“一般劳动”这唯一的“劳动”，而不明白它不过是对局限在现代社会这一条件下的劳动进行抽象的产物而已。他们满足于这种抽象的成果，而未曾关注到真实的现代劳动，却放心地以之为可靠的起点来推演其整个理论体系。

马克思通过对政治经济学的研究而开始懂得这种现代劳动，他在其《巴黎手稿》中以德国古典哲学的术语风格称之为“异化劳动”，并对其展开了砥定思想方向的重要考察。首先，马克思从四个层面对“异化劳动”现状展开了批判性阐说。指明在现代劳动之现实中，人蜕化成了“工人”，即只是“作为肉体的主体”的人，其创造性的活动也成了“肉体受折磨、精神遭摧残”的过程，直至最终“生产出一个对劳动生疏的、站在劳动之外的人对这个劳动的关系”，也即“资本家——或者不管人们给劳动的主人起个什么别的名字——对这个劳动的关系”。② 其次，马克思明确指出，这种状况的根源在于私有财产是这种劳动的前提，而国民经济学家对此并不理解也未考察，直接“把应当加以推论的东西……之间的必然关系，假定为事实、事件”，也就是说“把他应当加以说明的东西假定为一种具有历史形式的事实”。③ 这样他们便根据现代劳动所表现的实际样态，把私有财产作为“最自然的”东西，从而把它奉为理论之前提，但是从来“没有给我们说明这个事实”。于是，“国民经济学虽然是从劳动是生产的真正灵魂这一点出发，但是它没有给劳动提供任何东西，而是给私有财产提供了一切”，从而它“只不过表述了异化劳动的规律罢了”。④ 第三，马克思试图来“说明”这个神秘“事实”，他通过初步的“在现实中去说明和表述异化的、外

① 马克思：《1844年经济学哲学手稿》，人民出版社，2000，第13页。

② 马克思：《1844年经济学哲学手稿》，人民出版社，2000，第61页。

③ 马克思：《1844年经济学哲学手稿》，人民出版社，2000，第51页。

④ 马克思：《1844年经济学哲学手稿》，人民出版社，2000，第62页。

化的劳动这一概念”，澄明了私有财产的现实出身。马克思说道，“尽管私有财产表现为外化劳动的根据和原因，但确切地说，它是外化劳动的后果”，而且之所以在历史上一向它们表现得纠缠不清，只是因为“后来，这种关系就变成相互作用的关系”了。①

于是，难题也就迎刃而解了，国民经济学家们是从“劳动价值论”出发的，但也只是以私有财产主导下的“劳动”为基点而出发的。马克思对此精当地指出：“以劳动为原则的国民经济学表面上承认人，毋宁说，不过是彻底实现对人的否定而已，因为人本身已不再同私有财产的外在本质处于外部的紧张关系中，而是人本身成了私有财产的这种紧张的本质。”② 最终他们必然滑向“使具有活动形式的私有财产成为主体，就是说既使人成为本质，又同时使作为某种非存在物的人成为本质，所以现实中的矛盾就完全符合他们视为原则的那个充满矛盾的本质”③。这就是说，对“劳动”的重视本来指向对人的重视，但国民经济学家却演绎出彻底的“对人的否定”，在其“使人成为本质”的表象下，其实质却是使私有财产的现代形式即“资本”成为“本质”。由此他们便沉溺在对现实异化状况的无奈中，尽管他们一再地努力要“承认人、人的独立性、自主活动”。于是，“支离破碎的工业现实不仅没有推翻，相反，却证实了他们的自身支离破碎的原则。他们的原则本来就是这种支离破碎的原则”④。

马克思当然不满足于这种对悖谬的“证实”，更不满意于对异化现实的无奈，他明确地要求“超出国民经济学的水平”来考察现代社会真实状况，并解答这样一个重要问题，即“把人类的最大部分归结为抽象劳动，这在人类发展中具有什么意义？”⑤ 对这一问题的具体回答就成为他其后一系列文稿所讨论的核心问题，并集中地展现在《资本论》及其手稿中，在其中他详尽揭示了现代社会的悖谬状况及其内在根源，以及这一社会历史形态下所蕴含的全部进步因子，进而考察了“人类社会的史前时期就以这种社会

① 马克思：《1844 年经济学哲学手稿》，人民出版社，2000，第 61 页。
② 马克思：《1844 年经济学哲学手稿》，人民出版社，2000，第 74 页。
③ 马克思：《1844 年经济学哲学手稿》，人民出版社，2000，第 75 页。
④ 马克思：《1844 年经济学哲学手稿》，人民出版社，2000，第 75 页。
⑤ 马克思：《1844 年经济学哲学手稿》，人民出版社，2000，第 14 页。

形态而告终"[①] 的必然性及其途径，从而完成了其伟大的唯物史观学说，为人类历史新纪元的到来指明了方向和道路。

参考文献

《马克思恩格斯全集》第 31 卷，人民出版社，1998。
《马克思恩格斯选集》第 1 卷，人民出版社，1972。
马克思：《1844 年经济学哲学手稿》，人民出版社，2000。

（作者单位：复旦大学哲学学院）

① 《马克思恩格斯全集》第 31 卷，人民出版社，1998，第 413 页。

当代政治经济学批判

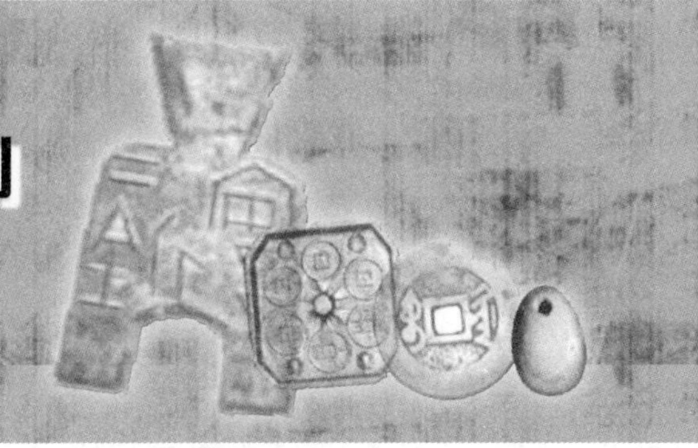

政治经济学批判：追求经济的“政治和哲学的实现”

——从谱系的解读到马克思的精神遗产

张　雄

政治经济学批判从19世纪发展至今已有200余年的历史，它与古典政治经济学有着深厚的“家族谱系关系”，可以断言，17～18世纪古典政治经济学的诞生与发展，主要与资本主义工业革命高涨期相呼应，其巅峰成果是英国古典政治经济学的集大成。而19世纪政治经济学批判是在政治经济学发展进入自我反思阶段应运而生的，主要与资本主义现代性矛盾的尖锐化相呼应，其巅峰成果是马克思的《资本论》问世。20世纪50年代兴起的西方马克思主义“政治经济学批判”，主要与战后发达资本主义国家向后工业社会转型相呼应，其突出成果是20世纪下半叶西方马克思主义政治经济学批判思想群的出现。

本文围绕三个方面内容展开叙事：古典政治经济学的起源及其启示；19世纪：政治经济学批判时代的到来；马克思政治经济学批判的精神遗产。本文旨在从经济哲学的角度，分析我们较为熟悉的叙事，由此在感性及表象的事实的基础上，再次翻转为新的反思对象，通过对一种“在场形而上学”的文本解构，使马克思政治经济学批判原在思想的预设得到显现，为当下中国改革实践的理路创新提供必要的思想明证和价值导向，为当下中国哲学社会科学进一步获得全面深化改革的话语权提供学科交叉的重要思路。

一　古典政治经济学的起源及其启示

古典政治经济学诞生：人类从古代社会单纯的感性需要及其满足方式，

过渡到有思想地认知人类“需要体系”并自觉组织生产与交换形式，这是人类文明的一大进步。

“econom”一词源于希腊语，eco 的意思是“家务”，nom 的意思是“规则”，economics 的传统含义是“家政管理”。根据文献记载，[①] 在古代社会，公共财富往往被少数人掌管，立法者习惯于把这部分财富视为掌管者自身的个人利益，根本没有注意到普遍的经济利益。法学家们十分注意给财产带来的种种困难，特别关注使财产永远保存在家庭中的方法，而哲学家们只是关注财富对于人类幸福会带来何种恶果，并热衷于帮助政府制定妨碍财富增长的各种法律。最早的“经济学”概念出现在色诺芬的《经济学》一书中，他把经济学定义为改善家庭的艺术。这显然与我们今天所讨论的政治经济学无关。亚里士多德在《论共和国》第一部中，曾运用多章篇幅论述政治经济学问题，他把这门科学命名为“理财学”，并给财富下了经典定义：财富是属于家庭和国家的经过加工的丰富的物资。但在《论经济学》这一著作中，他只是对财富管理的理解更偏重在感性的直观罗列上，如大量非法税收事件的真实记录，但没有任何分析与评价，政治经济学似乎还处在萌芽状态。

近代社会，人类形成社会团体以后，用公共财产来满足公共需要，管理由自身的财产所产生的共同利益成为必要。因此，如何征收和管理属于公共所有的国民收入，就成为政治家们需要掌握的一门重要的科学知识，于是最早的财政范畴、政治经济学范畴应运而生。首先是 16 世纪查理五世的大臣们，用积极的国家财政管理行动，框定了政治经济学发生认识论原理：关注国家财产增值，以公共利益作为行政方针。西斯蒙第称他们是实现政治经济学第一次革命的功臣。其次是 17 世纪亨利四世的法国，随着国家机构的发展，公共行政管理范围的扩大，“政治经济学”一词被法国学者蒙克莱蒂安（Montchrétien，1615）首先提出，其含义指：管理、控制和自然法则。随后，英国配第开始使用“政治经济学”这个词，似乎更强调“政治”二字，并用“政治解剖”一词来描述他对爱尔兰经济的分析。同时，他为了更精确地反映国家的政治经济状况，比较国家间的相对优势而使用了“政治算术”一词。17 世纪欧洲很少自由，财政严格保密制度和种种管理规矩使最

① 参阅《新帕尔格雷夫经济学大辞典》、卢梭的《政治经济学》、西斯蒙第的《政治经济学新原理》。

初的政治经济学家们被严守在职业或行业内部，既不能公开发表见解，也不能相互交换信息。18 世纪政治经济学的出现，集中地回应了 17 世纪和 18 世纪最具决定性问题——社会建立和社会调节问题。18 世纪是西欧资产阶级革命和资本主义制度确立的革命时代，尤其是世纪初的法国思想启蒙运动和世纪末的法国政治大革命，作为哲学和政治学体现的政治经济学，正是通过其社会最核心、最必要的运动确立的。它的核心理念是利益需要比利益感觉更重要，经济乃是社会的坚实基础，唯有它才能考虑和实现社会的协调性。率先从科学的经济学组织的角度，表达政治经济学的学科寓意乃是 18 世纪重农学派的贡献。魁奈运用该词来概括对财富的性质和再生产与分配的讨论，并在《经济表》中赋予政治经济学的学科含义，被米拉波表述为政治经济学“似乎由关于农业和公共管理与财富性质和取得财富的方法的论文构成”①。到了 18 世纪 70 年代，政治经济学几乎专指与国家资源相联系的财富的生产与分配。英国经济学家詹姆斯·斯图亚特第一个把“政治经济学”作为书名，并把它解释为关于“如何保证所有的居民得到维持生存的必需资金，消除可能引起生活不稳定的各种因素，提供满足社会需求的一切必需品以及居民就业”的知识。② 学界公认，斯密是近代西方政治经济学最具影响力的创始人，他在《国富论》著作中把政治经济学定义为“政治家或立法家的一门科学”，并提出双重目标：“为人民提供充足的收入和生计……以及给国家和社会提供充分的收入，使公务得以进行。”在他处，斯密还将政治经济学直接表述为：一门研究国民财富性质和原因的学问。③ 应当说，斯密对政治经济学创立所做的贡献是巨大的：其一，他从哲学的宏大思想中构建了系统而又科学的政治经济学庞大体系，贯通了往后西方经济学的整个传统。其二，他为西方经济学开创了集经济学、政治学、伦理学、社会学为一体的学科交叉研究的方法论传统，事实上已构成后来经济学理论研究方法拨乱反正的真理界碑。约翰·穆勒指出：“政治经济学是同社会哲学的很多其他分支不可分离地纠缠在一起的。除了一些单纯的枝节问题，也许没有任何实际问题，即令是其性质最接近于纯经济问题的问题，可以单独地根据经济前提来决定。因为亚当·斯密从未忘记这一真理；他在政治经济学

① 伊特韦尔：《新帕尔格雷夫经济学大辞典》第 3 卷，经济科学出版社，1996，第 969 页。
② 伊特韦尔：《新帕尔格雷夫经济学大辞典》第 3 卷，经济科学出版社，1996，第 969 页。
③ 伊特韦尔：《新帕尔格雷夫经济学大辞典》第 3 卷，经济科学出版社，1996，第 969 页。

的应用方面经常进行远多于纯政治经济学的思考。”① 其三，他标定了政治经济学研究的双重价值目标：为国家造福，为人民理财。尽管表述有一定的抽象性和虚假性，但与今天的西方经济学过于偏重工具理性的倾向相比，似乎要清醒得多。

17～18 世纪古典政治经济学的生成，给了我们重要启示：①政治经济学的诞生，是人类思想史上一个重大事件。它由人类集体无意识的欲望驱动时代，转向具有自我意识的欲望驱动时代，琼·罗宾逊指出：“政治经济理论的发展是 17 世纪科学革命以后理性认识中自我意识不断发展中的一个要素。”② 从古代社会单纯的感性需要及其满足方式，过渡到有思想地认知人类“需要体系”并自觉组织生产与交换形式，这是人类文明的一大进步。②英国古典政治经济学在一定程度上揭示了人性中私向化与社会化、利己与利他的矛盾，并上升到规律与学说的领域，使近代人类有了激活人的欲望发展的理性工具。正因为这一点，黑格尔对政治经济学的诞生作了较高评价：“这是在现代世界基础上所产生的若干门科学的一门。它的发展是很有趣的，可以从中见到思想（见斯密、塞伊、李嘉图）是怎样从最初摆在它面前的无数个别事实中，找出事物简单的原理，即找出在事物中发生作用并调节着事物的理智。”③ ③政治经济学起源与西方现代性发育和发展相伴随，它是现代性打造世俗化社会的观念形态。现代性生成从两个方面提出了政治经济学的诉求。首先，从神性的人向俗性的人转变，它需要解读“世俗化”的宏大叙事。其次，现代性的经济共同体构建——市民社会，承载着历史特殊性与普遍性的辩证运动，而政治经济学能够提供“受到普遍性限制的特殊性是衡量一切特殊性是否促进它的福利的唯一尺度”④。斯密似乎是第一个而且远远早于黑格尔在经济上懂得市民社会的人，只不过在斯密看来，市民社会是近一个世纪以来整个英国哲学界已经彻底解决的问题，他似乎对国家概念更感兴趣，国家可以使市民社会从一种法律、政治含义过渡到一种经济含义。历史特殊性与普遍性的辩证运动，在斯密的《国富论》中更多地体现在：追求每个个人主观特殊性的满足必须与“别人的需要”发生交换

① 约翰·穆勒：《政治经济学原理及其在社会哲学上的若干运用》上卷，特别导言，朱泱等译，商务印书馆，2009，第 7～8 页。

② 琼·罗宾逊等：《现代经济学导论》，陈彪如译，商务印书馆，2009，第 3 页。

③ 黑格尔：《法哲学原理》，张企泰等译，商务印书馆，2009，第 232～233 页。

④ 黑格尔：《法哲学原理》，张企泰等译，商务印书馆，2009，第 225 页。

关系，唯有这样才能实现市民社会中的普遍性。黑格尔认为，市民社会里“主观的利己心转化为对其他一切人的需要得到满足是有帮助的东西，即通过普遍物而转化为特殊物的中介。这是一种辩证运动”[①]。被打开的市民社会，“一切癖性、一切禀赋、一切有关出生和幸运的偶然性都自由地活跃着；又在这基地上一切激情的巨浪，汹涌澎湃，它们仅仅受到向它们放射光芒的理性的节制。”[②] 显然，古代的自然本性不能指导人类的自然进化，而反映经济共同体的市民社会有着相对的指导意义。④经济学的问世从一开始就与哲学相关联。政治经济学虽然研究经济，但并不就经济本身研究经济，而是把它的努力集中在阐述一种从自然状态的任性的特殊性，上升到从家政管理进入国家公共行政和事务管理、从人的单纯生活需要和私欲上升到具有一定道德情操观念的个人财富动力学。说它是政治哲学，是因为它彻底颠覆了“朕即国家”的按家长治理家庭的模式治理国家的理念。政治经济学本质上既是一门科学，又是一种治理术。作为一门科学，政治经济学是“需要和理智的国家”的知识体系，[③] 在这个体系与制度的基础上，个人的生活和福利以及他的权利的定在，与众人的生活、福利和权利交织在一起。⑤政治经济学诞生于资产阶级上升期，其理论观点有一定的革命性和先进性，但其阶级属性毕竟带有资产阶级经济意识形态的烙印，理论的乌托邦和价值观的虚伪性不可忽视。斯密曾入木三分地说过，国家的职能是允许富人安安静静地睡在他们的床上。所以，英国古典政治经济学说与资本主义早期发展的历史事实之间的距离是可想而知的。马克思在《1857～1858 年经济学手稿》中指出：“17 世纪经济学家无形中是这样接受国民财富这个概念的，即认为财富的创造仅仅是为了国家，而国家的实力是与这种财富成比例的，——这种观念在 18 世纪的经济学家中还部分地保留着。这是一种还不自觉的伪善形式，通过这种形式，财富本身和财富的生产被宣布为现代国家的目的，而现代国家被看成只是生产财富的手段。”[④] 马克思所说的伪善形式，实际上揭示了资产阶级政治经济学从它诞生那天起，就以抽象的国家概念，隐蔽了它与资产阶级利益和属性捆绑在一起这一实质。

---

① 黑格尔：《法哲学原理》，张企泰等译，商务印书馆，2009，第 239 页。

② 黑格尔：《法哲学原理》，张企泰等译，商务印书馆，2009，第 225 页。

③ 黑格尔：《法哲学原理》，张企泰等译，商务印书馆，2009，第 225 页。

④ 《马克思恩格斯全集》第 30 卷，人民出版社，1995，第 49～50 页。

二　19 世纪：政治经济学批判时代的到来

政治经济学的自我革命：从追求自然和谐的个人经济学，转向与思辨哲学、“高等政治”相融合的政治经济学批判。

19 世纪政治经济学的发展，最鲜明的理论特征是：注重反思，追求自我批判，倡导学术创新。最敏感的话题是：政治经济学是走向“自然和谐的个人经济学”，还是通过批判转身，走向与思辨哲学、“高等政治”相融合的政治经济学批判。这种批判重点是通过对传统的英国古典政治经济学范畴及体系的批判，进而追问经济学原在性价值预设。实质是对西方现代性发展所导致的资本危机、生态危机的第一次理论反思与检讨。其哲学诉求旨在按照人类当下经济活动实践特征，甄别传统的理论学说，剔除陈旧教条与原理。整个学术反思过程就是创建意义的过程，真正的意义应当是真实的、不容置疑地有效的，同时也是追求可以服从的新规则。这一时期政治经济学批判最重要的一点，是坚持用当下最好的社会思想来说明社会经济现象，努力撰写一部在目的和总概念上类似于亚当·斯密，而与现代更广泛的知识和进步观念相适应的新政治经济学批判之作。

应当说，19 世纪政治经济学之所以走向“我思故我在”的反思形态，有三个历史背景事件值得提及：一是 19 世纪初西方资本主义发展处于重大社会转型期。资本主义生产方式已逐渐完成由工场手工业向机器大工业过渡，无产阶级与资产阶级的劳资关系对立愈来愈尖锐化。尤其是，1825 年爆发的经济危机，使资本主义制度的内在矛盾日益显露出来。二是现代性发展进入了凸显“二律背反”阶段。如果说，16 ~ 18 世纪西方现代性发育，社会革命和社会结构重组的优势比较明显，机器生产力神奇的效率，使人们沉浸在“财富倍增效应”的遐想中，那么，由 19 世纪“近代的”对旧实践、旧学说的脱离和反抗所引起的社会体内部的分裂，则十分深刻，极为广泛。近代启蒙观念被 19 世纪工业化意志和主体性资本的“理性狡计”逐步证伪，一切存在似乎都被“囚于矛盾性陷阱”之中：理性的崇拜及其缺憾；自然的开发及其失衡；主体的高扬及其“他者”的遭遇；人的解放及其异化等。工业以至于整个财富领域对政治领域关系，更是现代性主要问题之一。三是随着自由放任的市场制度深入推进，尤其是“工业化消极后果”的大量涌现，古典政治经济学原理开始受到普遍质疑，有来自政治经济学阵营内部的“黑马”的批判，也有来自德国古典哲学一批思想者的追问。

19 世纪政治经济学批判有两位先驱人物值得提及。

1. 李斯特倡导的政治经济学批判的理论预设：经济分析是从现状出发，还是从乌托邦式的遐想出发？

李斯特（1789～1846）是德国政治经济学历史学派的先驱者，也是 19 世纪较早从事政治经济学批判的经济学家。他对传统理论的反思与批判动力来自对德国正在兴起的政治新制度的种种方略的大讨论。他深深感到，在强势的英法国家经济理论和工业实践压力下，德国要做到既合理利用英法的经验模式，又必须走出自身经济发展的创新路径，没有对英国《国富论》的辩证否定，就提升不出自己的政治经济学的国民体系。李斯特的批判，重点揭示了传统政治经济学理论预设的三个重大缺陷。他指出，“流行学派的理论体系存在着三个主要缺点。第一是无边无际的世界主义，它不承认国家原则，也不考虑如何满足国家利益。第二是死板的唯物主义，它处处只是顾到事物的单纯交换价值，没有考虑到国家的精神和政治利益，眼前和长远的利益以及国家的生产力。第三是支离破碎的狭隘的本位主义和个人主义，对于社会劳动的本质和特征以及力量联合在更大关系中的作用一概不顾，只是把人类想象成处于没有分裂为各个国家的情况下与社会（即全人类）进行着自由交换，只是在这种情况下来考虑自然而然发展起来的私人事业。”① 三个缺点关涉到两个历史认识论问题。第一是认识论前提的真伪问题：经济分析是从现状出发，还是从乌托邦式的遐想出发？李斯特在 1841 年出版的《政治经济学的国民体系》一书的自序中谈道，“我对于一般流行的政治经济学理论的真实性曾有所怀疑，对于在我看来的错误以及发生这类错误的根本原因拟加以探讨”②。“斯密的理论中乌托邦成分多于错误，因为这些理论仅仅属于一种与现实状况毫无关系的对世界和社会的设想。”③ 例如，不从当下政治经济深刻矛盾与冲突的实际出发，无差异地规制所谓国际自由贸易的种种制度设想等。第二是个人主义的经济学至上，还是世界范围的国民经济学至上。它关涉到民族历史的发展与世界历史进程的关系。在他看来，斯密的“天赋自由权”和商业自由的原则是一种世界主义教条，它错误地将

① 李斯特：《政治经济学的国民体系》，陈万煦译，商务印书馆，2009，第 171 页。

② 李斯特：《政治经济学的国民体系》，陈万煦译，商务印书馆，2009，第 4 页。

③ 参阅罗桑瓦隆《乌托邦资本主义》，杨祖功译，社会科学文献出版社，2004，第 256 页。

英国的情况推广到世界各地。在《美国政治经济学大纲》中，他将斯密的个人和人类经济与“国家经济”作了比较研究，指出了斯密的另一重要错误：强调个人欲望满足的经济增进，会导致整个人类的需要及生活的舒适。李斯特认为，通向人类经济的发展道路并不靠抽象的个人劳作，它应当是国民的经济，即适合于现实情况和条件的大尺度经济。

政治经济学应当拥有世界历史的眼光。李斯特明确提出：“必须以‘世界主义和世界范围的经济学’来代替‘政治的’或国家的经济学。”① 在他看来，魁奈之前，只有在实地应用下存在的政治经济学，那是由公务人员和行政官们来执行的，至于叙述这类问题的作者，他们所写的只是属于他们自己国家的农工商业与海运业事项，关于财富的起因种类问题是不加分析的，关于全人类这类问题是从不考虑的。斯密同魁奈一样，对于真正的政治经济，也就是世界范围各个国家为了改进它们的经济状况所应当遵循的政策这方面，却很少提及。李斯特的政治经济学批判，“批判”的含义，着重在“国家”概念上的反思。他把斯密《国富论》中的国家寓意，解释为全人类中所有的国家，从哲学意义上，他将古典经济学研究较为狭隘的时空观，放大为世界历史进程中的“国家观”，从而在理论上率先打开了政治经济学批判的国际视野。

李斯特的政治经济学批判给了我们如下启示：首先，国家经济的发展与世界经济的发展密切关联。政治经济学是这样一种科学：它正确地了解各国的当前利益和特有环境，它所教导的是怎样使各个国家上升到较发达的工业发展阶段，怎样使它同其他同样发展的国家结成联盟，从而使实行自由贸易成为可能，并从中获得利益。其次，注重生产力的世界性的发展趋势。不可以单纯的世界主义原则为依据，来衡量不同国家的情况，从而仅仅由于政治上的理由，忽视了生产力的世界性的发展趋势。

（2）西斯蒙第的政治经济学批判导入：政治经济学是以财富为目的，还是以人为目的？

西斯蒙第（1773～1842）是一位著名的经济学家，也是一位历史学家。出生于瑞士但属法国学者行列。有人称，他是 19 世纪政治经济学批判最具思想个性的理论家。马克思指出：“如果说在李嘉图那里，政治经济学无情地做出了自己的最后结论并以此结束，那么，西斯蒙第则表现了政治经济学

---

① 李斯特：《政治经济学的国民体系》，陈万煦译，商务印书馆，2009，第 120 页。

对自身的怀疑，从而对这个结束作了补充。”① 西斯蒙第的批判意识形成基于如此背景：“工业化消极后果”深层次地暴露了古典政治经济学的种种谬误。② 迅速发展的资本主义生产方式，由于自身制度所拥有的“资本支配一切”、“只关心物的进步，不关心人类的进步”的属性，导致社会两极分化的加剧，导致生产与消费的背离，导致劳资关系的极端对立，这些深刻的社会矛盾都自然会在19世纪政治经济学批判意识中得到反映。被认为与传统政治经济学彻底决裂的西斯蒙第，深深感到古典政治经济学构筑了一个与现实世界极为不符的学说体系，为此他在颇具影响的批判性著作《政治经济学新原理》《政治经济学研究》中，专门针对古典理论预设的两个严重错误进行批判：其一，政治经济学研究对象的预设，存在本末倒置的错误。西斯蒙第指出，财富不应当作为目的而推进，它只能是手段，而“人”才是目的。新政治经济学的研究要“寻求人类的最大利益……包含提高道德品质与获得幸福”③。古典学派只关心资本，不关心人，“当亚当·斯密发现并向全世界揭示政治经济学的真正原理时，资本同所需要的生产活动，还是那么不相称，因此，他认为一个国家最想做到的事情就是积累资本，而最有利可图的活动就是使资本更快地周转”④。“这就使我们把人遗忘了，而财富正是属于人而且为人所享受的。”⑤ 实际上，“政体学的研究对象，是汇集全体人民的意志，而政治经济学的研究对象是人人分享物质财富。”⑥ 它包括各种人的幸福（人的道德、情趣、习俗和智慧），确定社会物质利益的规则与生活资料的原则。经济学倘若丢弃了以人为本，该理论就会带来实际灾难。“英国的例子格外令人注目，因为它是一个自由的、文明的、管理得很好的国家，它的一切灾难的产生只是由于它遵循了错误的经济方针。”⑦ 其二，政治经济学理论预设存在“忽视穷人的地位，丢弃穷人的利益”的根本错误。政治经济学的政治学目的是什么？他明确指出：“政治学的目的是，或者应当是为组成社会的人类谋求幸福。它寻求使人类得到符合他们本性的最

① 《马克思恩格斯全集》第13卷，人民出版社，1962，第51页。

② 〔法〕罗桑瓦隆：《乌托邦资本主义》，杨祖功译，社会科学文献出版社，2004，第256页。

③ 西斯蒙第：《政治经济学研究》第1卷，胡尧步译，商务印书馆，2009，第6页。

④ 西斯蒙第：《政治经济学研究》第1卷，胡尧步译，商务印书馆，2009，第41页。

⑤ 西斯蒙第：《政治经济学新原理》，何钦译，商务印书馆，2009，第44页。

⑥ 西斯蒙第：《政治经济学研究》第1卷，胡尧步译，商务印书馆，2009，第6页。

⑦ 西斯蒙第：《政治经济学新原理》，何钦译，商务印书馆，2009，第9页。

大福利的手段；同时，它也要寻求尽可能使更多的人共享这种福利的方法。"[1] 在现实社会中，他目睹了伴随工业化的痛苦和贫富两极分化的悲惨状况，怀着极度的忧患意识，呼吁要对古典政治经济学进行价值寓意的根本"颠覆"，一切祸根都来自政治经济学越来越把这门科学变为单纯追求财富增长的学科，越来越脱离其他门类的知识，越来越失去传统的道德哲学之根本。政治经济学应当重返道德的"伊甸园"，并要回到一种政治观念上来：政府应当保护弱者对付强者，捍卫那些无力保护自己的人，成为所有人的经常性但又稳定性的代表。政府要保障社会福利，尽管不直接干预个人的经济利益，但它应当出面纠正经济生活中的失误。西斯蒙第推出的新政治经济学原理基本预设是：经济学的科学性不可以变成少数人利益的投机性，市场自由放任原则离不开政府的必要调控。方法论上注重抽象的斯密将科学变成自然和谐论，其错误实质在于将"科学"与"现实实践"相分离。而实际的当下实践，存在多数人与少数人财富的悬差和对立。因此，新政治经济学应当捍卫"政治学目的"，把自己变成保障社会福利的政治经济学。

西斯蒙第的政治经济学批判给了我们如下启示：他的批判是经济思想史上对工业化后果的第一次社会批判。[2] 尽管他的著作中掺杂着诸多属于庸俗经济学的观点和思想，但是，我们从反思的政治经济学批判中可以获得一些有益的思想。例如，①他对政治经济学见"物"不见人的批判，对后来马克思的政治经济学批判的价值观形成有一定的影响作用。②他对经济学应当坚持"政治学的双重目的"的观点，较为准确地揭示了资本主义工业化后果所暴露的制度弊端，与18世纪以来西方政治经济学越来越背离科学性发展的实质相对应的事实。③他对社会两极分化中劳苦大众的政治与经济地位的悲惨状况的揭示和社会批判，特别是对政府相应功能与对策的考量，在一定程度上显示了政治经济学所担当的社会责任意识。④他是第一个和经济自由主义传统决裂的经济学家。他认为，经济自由主义给社会带来了灾难，私人利益的自由发展必然会损害公共利益。他要求依靠国家政策来调节社会经济生活，以代替经济自由主义。我们不可因为他的分析较为浅显而责备这位远离我们近200年的经济学者。列宁曾指出："判断历史的功绩，不是根据

① 西斯蒙第：《政治经济学新原理》，何钦译，商务印书馆，2009，第15页。

② 参阅罗桑瓦隆《乌托邦资本主义》，杨祖功译，社会科学文献出版社，2004，第256页。

历史活动家没有提供现代所要求的东西，而是根据他们比他们的前辈提供了新的东西。”①

三 马克思政治经济学批判的精神遗产

马克思是19世纪政治经济学批判最有影响的人物。他是一位经济学家，同时又是一位哲学家，在政治经济学批判领域所做的贡献如此巨大，以至于从根本上改变了20世纪世界历史进程。

如果说，李斯特的政治经济学批判使经济学思考空间由传统的民族地域意识转向“世界政治经济关系中的国家意识”，西斯蒙第的政治经济学批判使对资本主义祝福的政治经济学变为具有忧患意识的政治经济学，那么，马克思的政治经济学批判，既敲响了资本主义必然灭亡的丧钟，又提出了20世纪人类历史出现资本主义与社会主义并存的时代。正如罗森塔尔指出的，“‘资本论’的巨大意义也就在此：它彻底摧毁了资本主义制度万古永恒的陈腐观念，并以绝对的准确性预言了人类发展的必然进程”②。在这里，政治经济学批判，之所以是追求经济的“政治实现”，是因为马克思透过以货币财富为制度轴心的现代性政治幻象，深刻地揭示了“现代”资本主义制度本质，旨在拒绝一切剥削和限制人类全面自由发展的社会，从对资本主义生产关系的批判，上升为对资本主义政治制度的批判，最终宣布了一个新政治制度诞生的必然性，深刻地反映了马克思对西方现代性批判大大超越了他那个时代所有批判家的思想智力。马克思的政治经济学批判，之所以是追求经济的“哲学实现”，是因为马克思运用唯物史观的分析方法，通过对国家与市民社会关系的解剖，由对政治异化的批判，上升到对劳动异化的批判进而对私有制展开全面批判，把长期被资产阶级经济学家所遮蔽的社会存在论本质加以澄明，用历史的普遍性去提升历史特殊性的存在意义和价值，在关注和求解现代人生命被物化、异化和幻化的深层原因的同时，去揭示当代波谲云诡的货币化生活世界背后的深层本质，旨在矫正人类世俗化历史发展的方向，从而实现历史进步的规律与趋势。

① 《列宁全集》第2卷，人民出版社，1959，第150页。

② 罗森塔尔：《马克思“资本论”中的辩证法问题》，冯维静译，三联书店，1957，第13页。

马克思的政治经济学批判，是一种历史理论，一种哲学辩证法，更是导引先进的无产阶级革命与建设的行动法宝。

首先，马克思政治经济学批判是一种历史理论。传统的政治经济学也有历史观念，一方面体现在经济学范畴历史绵延所沉淀的前后相继的家族相似性原理上，如从劳动、分工、需要、交换价值等简单的范畴规定到国家、国际交换和世界市场等各种经济学体系的显现，都存有轴心原理的相似性；另一方面体现在经济学家们在分析经济事件时，所拥有的历史分析的态度及眼光上。特别是，作为经济学的历史学派观点，他们把经济学的历史向度理解为：①每一个经济现象都是其社会环境的产物，它作为长期过程的结果，已经在历史上成长起来。②历史是刷新经济研究和思想的手段。③经济理论与经济现实之间总是有着巨大的鸿沟，因此经济学不应把主要精力放在揭示普遍规律上，而是应当努力描绘每一个时代、每一个社会和每一个经济特点。尽管如此，西方经济学的整个传统，总体而论都是推崇非历史的、非文化的“一般性理论”，注重将一系列核心假设运用到所有的社会—经济体系中，运用到主流经济学特定理论模型的构建中，并相信它是唯一的科学研究方法。①

马克思的政治经济学批判之所以是一种特殊的“历史理论”，是因为它有如下重要特征：一是马克思的政治经济学批判，是追溯观念发生的谱系关系的批判，注重从范畴史批判过渡到对历史偏斜运动背后的自由本质的澄明。对现代性批判必然关涉到前现代，正是在历史的隧道中，马克思发现了前现代和现代性的根本区别，有助于揭示现代性的本质。从最早的《博士论文》注重原子的偏斜运动（追求自由的偏好）开始，到《资本论》中对资本运动引发的物化与异化本质的揭示与批判，最后到晚期人类学笔记中有关历史偏斜运动的社会存在论的深刻追问，马克思一生所从事的政治经济学批判，为后人提供了十分重要的历史哲学最新原理与方法论，集中体现在：政治经济学批判所指向的历史理论，有着唯物史观历史哲学的深度，它不是用一种经济学去批判另一种经济学，而是用现代最好的历史理论来说明社会经济现象。它把对特定时代经济结构产生及运行的分析，放在大尺度的历史

---

① 有关此问题讨论，我们可以进一步阅读霍奇逊的著作——《经济学是如何忘记历史的》（高伟等译，中国人民大学出版社，2008），在第 6 页，他明确指出：“对于一般性理论的追求并不局限于主流经济学或新古典经济学，所有学派的经济学家都推崇‘一般性理论’。”

规律的空间中去审查，更侧重思想维度、制度维度、历史演化维度的追问。因此，任何经济学范畴在历史宏大规律的追问下，都会消解概念自身的凝固性、绝对性和永恒性，都会显现其流变性和过程性，都会汇聚到更高的历史整体性。因此，“资本永恒”“私有制不朽”等教条符咒，都将被证伪。只有当经济价值的公式符合世界历史进化的公式时，它的理论逻辑才有可能做出对实践的科学解释与指导。马克思不是从经济学回到经济学，他是从哲学的批判进入经济学批判，然后回溯到历史大尺度审视，这样，经济现象必然成为局部，经济只不过是历史的质料，经济特有的某种范式或迟或早都会被历史加以扬弃。二是马克思的政治经济学批判不驻足于经济事件发生的原在性历史图像的描述，而是对特定的经济事件、结构和环境进行必要的哲学思辨，通过历史与逻辑的上升运动，进而揭示事件内在的矛盾本质，经济分析的单元被转变为具有“过去－现在－未来”历史时空坐标指向的属人的进化论意义的批判。如马克思对“劳动”范畴的分析，若仅仅作为简单的经济学范畴去理解，劳动不过是人所具有的能够被使用于一切的素质，可是在政治经济学批判的框架中，劳动范畴的内涵绝非如此浅显，马克思指出：“比较简单的范畴，虽然在历史上可以在比较具体的范畴之前存在，但是它在深度和广度上的充分发展恰恰只能属于一个复杂的社会形式”，换言之，劳动范畴“在历史上只有在最发达的社会状态下才表现出它的充分的力量。”[①] 所以，“劳动这个例子令人信服地表明，哪怕是最抽象的范畴，虽然正是由于它们的抽象而适用于一切时代，但是就这个抽象的规定性本身来说，同样是历史条件的产物，而且只有对于这些条件并在这些条件之内才具有充分的适用性”[②]。对劳动范畴的政治经济学批判，使马克思从一般意义上的劳动——劳动作为一种人类活动的普遍素质，过渡到对劳动的一种历史哲学思辨——在资本主义社会，对象化劳动既是反映一种不平等的经济关系和社会关系的社会组织形式，更是由于劳动力商品存有形式必将导致现代性二律背反发生的深刻根据。从资本的观点看来，劳动“表现为资本本身的再生产。实质上这是劳动本身的不断再生产”[③]。如此深刻的结论，资产阶级国民经济学家是根本理解不了的。

① 《马克思恩格斯全集》第30卷，人民出版社，1995，第44页。
② 《马克思恩格斯全集》第30卷，人民出版社，1995，第46页。
③ 《马克思恩格斯全集》第31卷，人民出版社，1998，第142页。

其次，马克思政治经济学批判是一种崭新的哲学辩证法。它有两个重要特征：其一，深刻地闪现着唯物辩证法“生成”范畴的哲理。求“真”在《资本论》中，就是对资本主义发展的经济规律的揭示，对资本主义存在的历史过程性实质的揭示。“真”的内在根据关联着“过程”范畴的批判，政治经济学批判所理解的“过程”，不是一般的“既成”，而是“生成”。“生成”是历史辩证法重要范畴，从生成里面可以找到社会存在发生认识论原理，找到经济范畴演进的谱系关系，找到经济规律生长的条件与根据，找到不断挫败乃至成功的历史否定主义美学原理，找到哲学存在论最深刻、最有意义的向生存转变的内在规定性。海德格尔曾把“生成”范畴诠释为：作为事情的本已发生，乃是世界性的生命经验的原初发生。马克思早在《巴黎手稿》中就揭示了“生成”范畴内含的辩证哲学属性，他指出：“历史的全部运动，既是这种共产主义的现实的产生活动——它的经验的存在的诞生活动，同时，对于共产主义者的能思维的意识说来，又是它的生成的被理解和被认识的运动。”① 马克思通常在三种情况下使用辩证的“生成”范畴：一是指具有历史进化意义的实践生长点的绵延与集聚；二是指充满着历史内在否定性的精神自觉反思的逻辑运动；三是指由人类感性的、实践的、工业的、对象化劳动所驱动的人与自然进化关系的哲学考量。马克思在《资本论》中，正是运用辩证的“生成”范畴对资本主义总体性特征予以考察和揭示，生成意味着过程与目的性的勾连，资本的生产过程与资本占有剩余的目的环环相扣；生成贯通着资本的生命周期律，资本主义由于资本的内在否定性所构成的矛盾运动的发展贯穿着繁荣、危机直至衰亡的铁律；生成乃是辩证逻辑的上升运动，在《1857～1858 年经济学手稿》中，马克思从感性的商品交换中抽象出货币范畴，并由此向资本范畴生成，得出了最具震撼力的政治经济学批判原理：“使货币变成资本的交换，不可能是货币同［普通］商品的交换，而只能是货币同它的概念上特定的对立物，即同那种与它本身处于概念上特定的对立之中的商品进行的交换——这种商品就是劳动。”“货币作为可能性上的资本，它可以交换的使用价值，只能是生成、生产和增殖交换价值本身的那种使用价值。而这种使用价值只能是劳动。”② 这段原理，讲述的不是货币和资本本身，而是一种去蔽的资本哲学，从这里

① 马克思：《1844 年经济学哲学手稿》，刘丕坤译，人民出版社，1979，第 73 页。

② 《马克思恩格斯全集》第 31 卷，人民出版社，1998，第 396、397 页。

出发，一种被颠倒的国民经济学教条（“只有劳动是生产的，而资本不是生产的”）被彻底解构了——资本，它本质上不是一种简单的“生产预付金”，而是对一种特殊的使用价值（劳动）的占有。是劳动力这个特殊商品生产了资本，而不是资本公平地交换了劳动力商品本身。从形式上看，资本是物质实体，从本质上看，资本是被异化了的生产关系的反映。由此推论，资本主义社会存在严重的劳动与资本的对立。生成还反映在观念的自觉反思领域，对资本主义经济规律认识包含着曲折、退步乃至前进的生成过程。马克思在《资本论》中详细审查了对于剩余价值起源的看法的历史认识图式，并对之加以批判，实际上揭示了资本主义政治经济学发展的认识逻辑问题。例如，马克思认为，经济思想史是从关于现象的外部方面和外部形式的知识到关于它们的内在本质的知识的运动，其间认识的过程极为复杂和曲折，如李嘉图研究资本主义生产要比斯密深刻，而在个别问题上斯密要比李嘉图深刻。再如重农学说在理解再生产方面要比斯密强，而在整体方面斯密要比重农学说强得多。生成还体现在发展过程充满着矛盾运动的属性。马克思在《资本论》中指出：“一种历史生产形态的矛盾的发展，就是它归于瓦解，新形态得以形成的唯一的历史的路。”① 在马克思看来，发展是矛盾运动的结果，矛盾是推动事物发展的动力。关于剩余价值学说的提出，马克思深刻地解剖了与资本主义生产关系相联结的商品、价值、劳动、货币、资本等内在矛盾运动的规律，正是有了这些关于矛盾规律的学说，政治经济学批判才会走向科学。其二，马克思的政治经济学批判，十分注重“从最简单上升到复杂这个抽象思维的”逻辑辩证法。② 在《1857～1858年经济学手稿》中马克思对此有专门的论述：“在第一条路上，完整的表象蒸发为抽象的规定；在第二条路上，抽象的规定在思维行程中导致具体的再现。”③ 这里有三层意思：①揭示资本世界的深层本质，我们不应当从感性的杂多出发，如从人口或商品价格出发，这种感性的罗列，必然会把我们引入“关于整体的一个混沌的表象”中，④ 应当从“完整的表象蒸发为抽象的规定”开始，只有从分析中找出一些有决定意义的抽象的一般关系，政治经济学批判才会由此及彼，由表及里，去粗取精，去伪存真。②从抽象上升到具体的方法，

① 马克思：《资本论》第1卷，人民出版社，1955，第597页。
② 《马克思恩格斯全集》第30卷，人民出版社，1995，第44页。
③ 《马克思恩格斯全集》第30卷，人民出版社，1995，第42页。
④ 《马克思恩格斯全集》第30卷，人民出版社，1995，第41页。

只是思维用来掌握具体、把它当作一个精神上的具体再现出来的方式，但绝不是具体本身产生的过程。事实上它是把直观和表象加工成概念这一过程的产物。③具体之所以是具体，是因为它是许多规定的综合，因而是多样性统一。毋庸置疑，马克思的政治经济学批判，旨在通过对资本主义社会混沌表象的穿透，对最发达的和最多样性的历史的生产组织背后社会关系本质的揭示，对国民经济学家们把经济范畴按它们在历史上起决定作用的先后次序来排列的错误教条的批判，进而形成科学的解释资本主义社会内部结构、生产关系、基本阶级构成、经济危机等范畴体系，从而系统地回答了现代性历史遭遇的深层社会存在论问题，回答了货币化生存世界的资本座架问题，以便正确地阐明人类历史是从何处来，应往何处去的真理。所有这些，如果没有独特的“从最简单上升到复杂这个抽象思维的”逻辑辩证法，我们无法获得人类历史进化图式中“人体解剖与猴体解剖”的钥匙。

最后，马克思政治经济学批判是先进的指导无产阶级革命与建设实践活动的学说。马克思在《资本论》第1卷第二版跋中指出：“德国社会特殊的历史发展，排除了‘资产阶级’经济学在德国取得如何独创的成就的可能性，但是没有排除对它进行批判的可能性。就这种批判代表一个阶级而论，它能代表的只是这样一个阶级，这个阶级的历史使命是推翻资本主义生产方式和最后消灭阶级。这个阶级就是无产阶级。”① 马克思学说包含着两种判断：作为对人类历史发展客观规律揭示的事实判断；作为面对历史规律我们应当如何行动的价值判断。政治经济学批判，乃是追求“政治与哲学”的实现。早在1843年马克思就明确指出：“德国人的解放就是人的解放。这个解放的头脑是哲学，它的心脏是无产阶级。”② 马克思并不是一个普通的知识分子，他是肩负着无产阶级伟大使命感的共产主义理论家和革命领袖，其政治经济学批判有着鲜明的科学性与阶级性相统一的特质。例如，对传统政治经济学价值范畴的批判，他深刻地揭示了资本主义生产关系中价值范畴的本质：“活劳动同对象化劳动的交换，即社会劳动确立为资本和雇佣劳动这二者对立的形式，是价值关系和以价值为基础的生产的最后发展。”③ 显然，私有制、贪欲跟劳动、资本分离之间的本质联系，构成了劳动者的价值与劳

① 《马克思恩格斯全集》第44卷，人民出版社，2001，第18页。
② 《马克思恩格斯选集》第1卷，人民出版社，1995，第16页。
③ 《马克思恩格斯全集》第31卷，人民出版社，1998，第100页。

动者的贬值之间的异化劳动属性。因此，对资本的批判，就是对阶级的批判；对政治经济学的批判，就是对资产阶级意识形态的批判；对劳动范畴的批判，就是对无产阶级异化本质的批判。通过批判，马克思把非科学的、被颠倒的资产阶级经济学价值理论的核心命题进行了再颠倒：“不是资本家养活工人，而是工人养活资本家。”从而使价值规律在资本的社会化层面上所带来的神力被破解了，生产劳动范畴被革命阶级所替代，生产过程的矛盾变成了作为无产阶级社会个体的基础和建构过程的生产流通及其矛盾，变成了不可调和的对抗性阶级矛盾，由此马克思导出了实现全人类解放的无产阶级革命运动的动力论。

在学术界，有关马克思的唯物史观与他的政治经济学批判是何种关系的讨论，是近几年较为前沿的学术问题。享有盛誉的马克思学家伊林·费彻尔指出：“马克思的目的始终是‘政治经济学批判’，这既意味着对资本主义生产方式批判，又意味着对它在资产阶级国民经济学说中的理论反映进行批判。”① 实际上，从马克思的学术思想发展的轴心原理来说，费彻尔的观点是正确的。从马克思到马克思主义，单从哲学范式革命的图式中寻求动力因是失败的，应当从现实的物质利益、经济关系和资本与精神的对立矛盾中寻求答案。“政治经济学批判”，不是单纯的经济学，也不是单纯的哲学，而是哲学和政治学在经济学中的实现，在这里它显现了经济学研究的质料因、形式因、动力因和目的因的上升运动，智慧地将斯密的世俗时间与黑格尔的精神时间综合在一种代表无产阶级先进意识的历史哲学的思想体系中；它不属于工具论上的技术问题，而属于关涉解剖“市民社会”与推动历史进步的重大历史哲学问题。因此，马克思的政治经济学批判本质上与唯物史观是一回事。没有唯物史观，政治经济学批判就会误入庸俗经济学的窠臼，同样，也只有通过“市民社会”这一典型的现代性特质的政治经济学解剖，唯物史观才是真正现实的、感性的存在，才是马克思思想超越西方旧哲学、古典政治经济学的智力法宝；唯物史观只有在鲜活的政治经济学批判理论与实践中，才能回答“为什么资产阶级革命没有达到它所宣布的理想目标，为什么在现代基于分工的、被市场机制所统治的社会中，个人尽管有法律上的自由，却仍然陷入对独立于他们、妨碍他们（每个个人）发展自己人性

① 伊林·费彻尔：《马克思与马克思主义：从经济学批判到世界观》，赵玉兰译，北京师范大学出版社，2009，第51页。

的种种规律性的依赖之中。”显然，“马克思的核心认识在于，这种新的依赖性并不是个人或者个别社会群体的险恶用心所造成的结果，而是特定的经济结构不可避免的后果。”① 政治经济学批判的对象正是这种“特定的经济结构”。毫无疑问，马克思的著作有一个根本的问题一以贯之：通过不断唤醒的政治经济学批判，从而获得不断成熟的无产阶级世界观。

因此，诠释马克思早期思想两度转变的动因，如若我们仅从唯心主义与唯物主义的流变坐标出发，忽视现代性背景下的深厚而又复杂的政治与经济的关系，忽视哲学的批判与现实经济关系和政治关系批判在当时西欧尤其是德国的精神诉求方面的重要性，我们很难得出客观准确的答案。从政治经济学批判这一维度，回溯马克思早期世界观的两次重大转变，我们似乎更接近马克思学说中的轴心原理。马克思对黑格尔哲学的实质性批判，最关键点是从黑格尔的市民社会与国家的思辨程式中发现了通向唯物史观的政治经济分析的重要维度，马克思曾把政治经济学表述为关于市民社会的解剖学，他在黑格尔诸多重要的历史哲学命题中之所以如此看重“市民社会与国家”这个命题，这与青年时代的马克思告别自我意识哲学的青年黑格尔派后，坚持注重行动、注重现实批判的实践哲学原则相一致。当时德国最大的现实，就是现代性发育问题，它首先反映在国家和经济这两个最具活力的核心部门当中，市民社会是现代性关注的焦点。从某种意义上说，现代性的所有创构都聚焦于创造一种公共生活模式：展现自由个体性，倡导普遍的理性化制度，尤其是拥有以劳动、土地、资本为基础的现代市场体系。德国的革命，实质是现代性对前现代的替代，正徘徊在两个世界之间的德国，一个世界已经死亡，另一个世界尚无力诞生。青年马克思为现代性发育而激动，为批判现代性而成熟。马克思对费尔巴哈哲学的实质性批判，最关键点是，通过对李斯特的《政治经济学的国民体系》一书的批判，获得了生产关系（经济制度）一定要适应生产力发展的历史规律的启示，从而以现实的生产关系（经济关系）来定义“个人”及人的本质关系，以此批判费尔巴哈的抽象人性论和抽象的自然主义哲学，从而为创立唯物史观的历史前提——“个人”概念理解的方法，实现了根本性变革。总之，马克思的学术思想转变，经历了《黑格尔法哲学批判》及其《导言》（政治经济学批判的早期预设）、《1844

① 伊林·费彻尔：《马克思与马克思主义：从经济学批判到世界观》，赵玉兰译，北京师范大学出版社，2009，第 35～36 页。

年经济学哲学手稿》（政治经济学批判最初尝试，主要是对国民经济学有限的理论自我意识的批判，它是《资本论》所从事的政治经济学批判的基础）、《德意志意识形态》（唯物史观的政治经济学批判的世界观与方法论的提出）、《政治经济学批判大纲》（超越马克思的马克思；唯物史观的政治经济学批判原理获得经典而又凝练的阐述。被经济学家顾海良先生称为：作为《资本论》思想驿站的“政治经济学批判”）、《资本论》（唯物史观的政治经济学批判学说的系统理论得以科学表述；马克思明确把《资本论》副题表述为“政治经济学批判”）等系统发展的全过程。

马克思的政治经济学批判有着独树一帜的价值贡献，《资本论》的副题——政治经济学批判，它的在场性，原本不是单纯的对当下经济生活的范畴批判，而是一个与人类的生存境况、与国民财富相关联的经济解放运动，它承载着对政治经济学现代性诊断与批判的“揭秘性事件”，[①] 追求着经济的“政治与哲学的实现”。《资本论》之所以被直接表述为政治经济学批判，是因为它从头至尾都贯通着对资本主义生产关系的揭示，对资产阶级市民社会的解剖，对古典政治经济学关于资本主义“货币－资本－财富”的生产、流通、交换和分配原理体系的批判。其“政治”含义，有着鲜明的内涵：一方面，它提出了基于社会矛盾的政治的经济周期的理论；另一方面，它把资本的批判自觉上升为一种政治哲学的批判，国家首先是一种机构，其功能是维持和保护经济的统治和剥削；以资本为轴心的社会制度，贯通着政治与经济、权力与资本、虚假公正与无偿剥夺、阶级对立与虚假意识形态等政治预设的内在否定性。正因为有了百余年的解读历程和历史事件的证明，《资本论》的精神遗产才有可能被我们所深知。《资本论》的理论最重要的意义在于，它事实上掌握了解释资本主义“利润”这把钥匙。“资本”的概念是研究资本主义经济中生产与分配规律的中心工具。在经济思想史上，对资本的解读可分为三个主要类别：一类来源于自亚当·斯密到李嘉图这些古典经济学家的剩余学说，另一类则来源于早期边际主义经济学家的供需学说，还有一类来自马克思的《资本论》的剩余价值学说。在《资本论》研究的学术视野中，有五种解构方法值得关注：一是辩证唯物主义的方法论解构，二是以布巴维克为代表的马克思主义经济学的方法论解构，三是以罗默为代表

① 海德格尔语，参阅大卫·库尔珀《纯粹现代性批判》，藏佩洪译，商务印书馆，2004，第235页。

的理性选择马克思主义的方法论解构，四是以卡弗为代表的日常语言分析的方法论解构，[①] 五是以费彻尔为代表的政治经济学批判的方法论解构。笔者以为，后一种解构更有特色，更具有深刻性。实际上，《资本论》留给后人的精神财富，最有价值的是马克思的思考方式，这甚至比他思考的结果更重要。这种最具原创性的思考方式集中体现在他的政治经济学批判中。该批判所内含的“存在之链”，与我们现实的创造历史活动的精神批判工具紧密关联。所谓“存在之链”，意指不断被思想追问的货币化生存世界的逻辑根据，它不是表象的质料或其他任何形式的物性化存在本身，而是始终保持着具有普遍性特质的自在自为的真理。概括地说，至少有两个方面的内容值得提及。①关于资本与精神关系的批判。马克思在《资本论》第 1 卷第一版序言中深刻指出：“在政治经济学领域内，自由的科学研究遇到的敌人，不只是它在一切其他领域内遇到的敌人。政治经济学所研究的材料的特殊性质，把人们心中最激烈、最卑鄙、最恶劣的感情，把代表私人利益的复仇女神召唤到战场上来反对自由的科学研究。”[②] 古典政治经济学最大的弊端，是对“物质化”“物品化”和“货币化”的执着追求，从而弱化了经济学域外的人本意义。而马克思的政治经济学批判，正是从人的精神世界来反思这种极端物象化的弊端学说。有两点很关键：第一，资本与精神的关系，实际上反映的是劳动者与其劳动对象的异化关系。通过劳动，人与对象世界的关系不但没有趋近和谐，反而愈来愈紧张和对立，作为“利益”的资本不断伤害着作为人与人之间关系和谐的“精神”。如西美尔所说，“经济价值作为主观价值的客观化，对于直接享有（生活）的主体和对象之间的距离化有影响”[③]。马克思在《1857～1858 年经济学手稿》中指出，资本主义生产过程就是“劳动本身的力量变成对工人来说是异己力量的必然过程”。[④] 生产力离不开工人活劳动的使用，通过这一使用它又成为与劳动力相脱离的资本的生产力，于是，工人的活劳动“变成失去实体的、完全贫穷的劳动能力而同与劳动相异化的、不属于劳动而属于他人的这种实在相对立；劳动不是把它本身的现实性变成自为的存在，而是把它变成单纯为他的存在，因

① 参阅卡弗《政治性写作：后现代视野中的马克思形象》，张秀琴译，北京师范大学出版社，2009，第 25～28 页。

② 《马克思恩格斯全集》第 44 卷，人民出版社，2001，第 10 页。

③ 西美尔：《货币哲学》，陈戎女等译，华夏出版社，2002，第 9 页。

④ 《马克思恩格斯全集》第 30 卷，人民出版社，1995，第 268 页。

而也是变成单纯的他在，或同自身相对立的他物的存在”①。在《巴黎手稿》中马克思深刻指出：“劳动者在自己的劳动中并不肯定自己，而是否定自己，并不感到幸福，而是感到不幸，并不自由地发挥自己的肉体力量和精神力量，而是使自己的肉体受到损伤、精神遭到摧残。”② 这种劳苦大众的精神悲剧的产生其根源在哪里？马克思认为，“我们现在不得不去弄清楚私有制、贪欲跟劳动、资本、地产这三者的分离之间的本质联系，以及交换和竞争之间、人的价值和人的贬值之间、垄断和竞争等等之间、这一切异化和货币制度之间的本质联系”③。显然，资本与精神之间的深刻对立，其原因在于私有制。第二，只有从精神的高度分析资本，才能获得资本的真理，才能获得人类尊严和理性权威的确认。黑格尔曾在《耶拿现实哲学》一书中，对货币与精神进行分析：“商人的劳动是纯粹的交换……交换是运动，是精神，是中介，是摆脱使用与需求、劳动与直接性的解放。这一运动……在这里就是物与活动；物分化为特殊的商品和抽象物、货币……于是，精神作为无私的内在性而在它的抽象中变成了对象。”④ 马克思借助于黑格尔的“精神—资本”的分析观念，有改造地将它运用在整个《资本论》的分析图式中。马克思对资本的精神解读，有着三方面的思想要义：一是资本并非来自观念的想象，它是现实人类实践活动的产物，是一种被现代性加以定义的特定生产关系和社会关系发展的结果，同时它又是关联世俗社会一切的精神关系；二是作为精神反思对象的资本，它是一个导致现代性矛盾发生的重要根据；三是资本实存着价值判断，积极与负面、自由与限制、向往与异化都兼而有之。因此，资本只有通过不断地经受精神的积极批判，才能扬弃自身并不断融入历史进步的趋势中。②关于货币财富与权力关系的批判。权力是迫使他人按照权力拥有者的意愿行事的能力。但在《资本论》中，马克思更多地关注在资本制度的宰制下由物权和人格权的交换所产生的实质性社会关系及社会制度异化现象。马克思在系统分析货币流通以及流通中货币的供给和需求规律的基础上，从历史哲学维度深刻地批判了货币财富与权力的互渗问题。货币与权力尽管是两个不同范畴，但失去经济关系背后的社会关系的

① 《马克思恩格斯全集》第30卷，人民出版社，1995，第445页。

② 马克思：《1844年经济学哲学手稿》，刘丕坤译，人民出版社，1979，第47页。

③ 马克思：《1844年经济学哲学手稿》，刘丕坤译，人民出版社，1979，第44页。

④ 引自费彻尔《马克思与马克思主义：从经济学批判到世界观》，赵玉兰译，北京师范大学出版社，2009，第18～19页。

透视，它们之间似乎没有实质性关联。正是政治经济学批判的特有思考方式，使得马克思从三个方面揭示了货币财富与权力互渗的机制：首先，在特定的社会关系制约下，货币权力的产生，来自货币作为流通的代表，其控制力往往出现在幻象的荒谬形式中，它在固守中淡化了自身，同时又以符号的形式复活了自己，并且以图像所传递的权力攻击了事物，其造物的力量正在于运用符号来控制现实。这一切都离不开物与物交换关系的背后，受人与人社会关系运作的“狡计”。其次，货币作为一般财富的个体化，行使了对于社会、对于整个享乐和劳动等等世界的普遍支配权。货币实质上是以特有的价值通约形式兑换着现实的社会关系。最后，作为一种普遍权力，货币既被表现为“雇佣劳动和资本的真正普遍的实质”，同时也展示了使财富扩大到具有普遍性的秉性。如早年马克思所说：“货币作为存在着的和活动着的价值概念把一切事物加以混淆和替换，所以它是一切事物的普遍的混淆和替换，从而是颠倒了的世界，是一切自然的性质和人的性质的混淆和替换。”① 显然，被货币化了的权力，拥有着通约一切存在的意志和冲动，在货币化生存世界里，货币的如此脱域性所导致的现代性内在悖论，再次证明了马克思政治经济学批判所具有的当下意义和价值：今天，在拥有“衣袋里装着自己的社会权力和自己同社会的联系”② 的货币财富的同时，千万不可忘却对货币财富本身的忧患与批判。③ 货币的任性会导致人性的物化和异化，货币的任性会带来对文明制度的腐蚀与摧毁，货币的任性会引发人与自然、人与社会、人与人之间的对立和冲突。

结束语

政治经济学批判在历史上的不断唤醒，有着重大的历史变迁的根据，也有着人类在不同时期为自觉推进社会转型、矫正社会发展观念、守护人道内涵的实践诉求。进入 21 世纪以来，马克思政治经济学批判精神被再度唤醒，它直接导源于当代货币化生存世界发展的历史本质：信息化、数字化、网络化的互渗，创意和智能工具的叠加，神话般地向传统的财富创造原理提出了

① 马克思：《1844 年经济学哲学手稿》，刘丕坤译，人民出版社，1979，第 108 页。

② 《马克思恩格斯全集》第 30 卷，人民出版社，1995，第 106 页。

③ 关于货币财富与权力关系的批判，还可以参阅曼德尔的著作——《权力与货币——马克思主义的官僚理论》（孟捷译，中央编译出版社，2002）。

严峻挑战。精神在世俗化的压迫下，变得更加具有自虐性。“物化—异化—幻化”的生存格律，加速了精神与资本的冲突，深层次地提出了人类心智进化的精神现象学问题。从人的精神世界来反思被极端物象化、虚拟化的生活世界，它需要再度唤醒马克思的政治经济学批判精神。首要问题是如何对当代西方主流经济学理论研究范式进行反思与批判。毋庸置疑，经济学理论随着资本对整个感性世界的渗透和座架，其理论触角已逐步伸延到整个哲学社会科学理论价值的核心层，影响并支配着当下人类的生存意识和精神信仰。肇始于2007年并延续至今的国际金融危机，为何整个经济学界未能预见，也未能提出任何重要的预警？显然，经济学过于依赖理想化和专门化的计量模型，以至于看不到宏大的图景，无法对正在发展的危机做出预警。深层次地说，西方主流经济学是否已经实质上丢弃了绵延百年的政治经济学批判传统——“关注国计民生、关注民族精神、关注与人类进步相关联的异化与祛魅”等问题？2013年诺贝尔经济学奖得主希勒[①]指出：早期经济学家，如亚当·斯密，均认为经济研究与哲学和其他人文学科研究密不可分。近代之后，经济学研究开始狭隘地专注于调查实证研究。诚然，这种专注带来了经济学研究的重大进步。但是近几年，伴随着金融危机的爆发而带来的各种经济学解释的难题证明了一点，那就是经济学研究的完善和深化需要跨学科、跨专业的学术互动。金融危机的发生促使也鞭挞着经济学研究需要迈入更为广阔的学科视域。

笔者以为，马克思的政治经济学批判传统的当代唤醒，有助于西方经济学从较为狭隘的个人主义价值观的窠臼中走出来。随着当代人类生存世界的货币化、智能化以及异质化的深度发展，实践领域不断呈现出更具复杂性、不确定性和矛盾性的性状，它深刻地提出了科学研究的整体性和交叉性诉求，自然科学的重大发现和技术创新离不开跨学科互动，人文社会科学的社会责任的担当更离不开跨学科的联动，尤其是作为牵引学科如哲学、经济学和政治学的聚合，彰显了政治经济学批判的优势。

当代中国改革深度推进与创新，呼唤着政治经济学批判精神。今天，在中国进一步确立《资本论》所唤醒的政治经济学批判的重要性主要表现在：一方面，对社会科学的发展和重新定位，政治经济学批判的复活是这一过程

---

① 参阅2013年诺贝尔经济学奖得主希勒2011年在《美国经济学评论》上发表的《作为世俗哲人的经济学家》一文。

的一部分。哲学、政治学与经济学互动的牵引，旨在寻求全面深化改革的话语权。另一方面，中国的经济改革进入攻坚期、深水区，利益多元化、诉求多元化引起的诸多深层次矛盾凸显，更为复杂的问题被提出，经济社会发展各种不确定性超常规涌现，用什么样的思想观念来导入如此重大的历史变革实践？用什么样的哲学社会科学来支撑如此重大的市场制度创新？用什么样的中国学术、中国文化精神来提升整个国家经济社会发展的平台？它关涉的不是社会某一学科学理的运用，而是诉求着首先是哲学、经济学和政治学的联盟与互动，诉求着中国特色的新“政治经济学的批判”精神。在未来15～20年全球经济竞争的格局中，中国的经济实力、企业精神、国际影响力的实质性提升，依然任重而道远。未来的市场竞争伴随着信息化、智能化和虚拟化的深度推进，精神对物质的反作用史无前例，配置精神资源比配置物质资源更紧要，尤其是决策智慧、战略思维、知变应变策变能力、思辨认知和理性判断水平、文化创新和精神资源开发的自觉度等哲学素养，都将起到十分重要的作用。联系到当下中国道路、中国精神的反思与实践，马克思主义政治经济学批判的中国化推进势在必行、意义久远。

追求经济的“政治与哲学的实现”首先需要哲学与经济学双向互动。哲学的在场性即追求市场的真理，扬弃事物的感性外在性，深入事物的内在本质。哲学的首要目标是获得存在或“实在”的知识，获得关于永恒的、内在的、必然的事物之知识。这种知识是如此首要和终极，它能赋予任何形式的认识以思想性和真理性把握。哲学以它特有的思想追问形式，能赋予经济世界一种特殊逻辑与思辨，它可以使交换价值构成的市场空间，不再是一个简单地靠价格制动的物欲流转的平面世界，而是一个多向度、全方位、充满着多种不确定性的精神与物质相互贯通的立体世界；不再是一个单靠计量模型来精算或叠加的价值通约的物像世界，而是一个具有历史文化时空隧道，并充满着理性与非理性、制度选择与精神意向相互贯通的利益博弈的世界；不再是一个纯粹地靠自然法的尺度和达尔文进化论的规则所能加以定义的商品世界，而是一个被不断接受精神的启蒙、公理的批判、理性的怀疑、人性的追问的精神反思的货币化生存世界。同样，经济学以它特有的实证与精算的形式，赋予精神世界一种存在的原欲和物质动力，在彰显人性欲望、利益和需要的背景下，经济学赋予精神世界赖以存在的表象经验及感性根据。在物欲横流的“霍布斯丛林”中，在现代性工业文明构成的人与自然、人与人之间的对立中，在资本所定义的“他者世界”里，哲学的抽象空间，被商品流转所充实、所经验、所证实，它已不是一个单靠逻辑演绎的思辨主体，而是一个离不开现实性和历史性相统一的真实可感的世俗世界；已不是一个完全虚幻、凭借个人意志任意想象、任意创造的意向性世界，而是一个可通约、可精算、可生计、可积累的属人的感性生活世界；已不是一个黑格尔式的头足倒立的绝对精神的世界，而是一个马克思所表达的“从直接生活的物质生产出发阐述现实的生产过程，把同这种生产关系相联系的、它所产生的交往形式即各个不同阶段上的市民社会理解为整个历史的基础”的现实世界。[①]“不是国家决定市民社会，而是市民社会决定国家”，只有解答了社会存在的奥秘，才能解答社会意识的奥秘，如果撇开人类物质生产的历史过程，用纯抽象的哲学范畴来解释一切存在的内涵，那就会把产生精神世界的真实性、深刻性和具体性的物质基础都抽象地否定掉了。在经济学的框架下，哲学如果能够自觉吸纳经济分析的原理和学术精华，它可以通向深刻的历史哲学观。当下国内哲学发展离不开对重大现实经济问题的穿透，更需要我们像当年的马克思那样，自觉运用政治经济学批判形式，认真研读经济学的学术经典，深刻回答当下的生产关系、财产关系、经济关系所提出的重大社会问题。

（作者单位：上海财经大学人文学院）

① 《马克思恩格斯选集》第1卷，人民出版社，1995，第92页。

经济学基本问题与当代经济学思想谱系

——三大经济学范式的思想本质与相互关系

鲁品越　王劲松

经济学是派别林立的争论的王国。有人把各种流派归源为三家：新古典主义经济学、凯恩斯主义经济学和马克思主义经济学，认为它们的形成和发展“构成了100多年来经济理论发展史的主要内容”①。此论并不周全，因为似乎没有把熊彼特等非主流学派包括其内，但就经济学理论的哲学思想渊源来说，100多年来对全社会产生巨大影响的主导性理论范式的确可总体上归结为这三类。那么对同一社会经济研究对象为什么会产生三种迥然不同的理论？如何评判三者的是非曲直？三种理论何以产生如此巨大的纷争？这是长期困扰经济思想界的重大理论问题。在我们看来，这三大理论范式的学理层面的发端点乃是它们各自的哲学基础不同，由此导致其分析与解答的“经济学基本问题”不同，进而分析不同经济过程，发现不同过程的经济机制，生成不同理论。而这些问题的交界领域则构成了它们之间无休止的争论的根源。因此，厘清这三大经济学理论的哲学思想的出发点及其所要回答的“经济学基本问题”之间的差异，对于把握这三种流派的理论实质以及它们之间的关系，进而从整体上把握当代经济学理论谱系，至关紧要。

一　利益-资源问题与利益均衡机制的发现——新古典主义经济学的主题

西方文化是个人主义文化，由此产生的抽象人性论成为文艺复兴后的主

---

①　樊纲：《现代三大经济理论体系的比较与综合》，上海三联书店，2006，第3页。

导性哲学思想，而其中直接影响经济学理论的是边沁（Jeremy Bentham，1748～1832）的功利主义。在这个文化土壤与哲学思想中生长出来的经济学，很自然地成为关于个人经济行为的经济学。新古典主义经济学奠基人之一的马歇尔指出，“经济学一方面是一门研究财富的科学，而另一方面，经济学构成了社会科学的一部分，是关于人在社会当中的行为，研究人为满足自己的需要而付出的努力”，[①] 简言之，他认为经济学是关于人在财富方面的行为的科学。这样的经济学必然以个人利益及其付出的成本与代价作为其基本问题。国内一本较典型的西方经济学教科书认为：“经济学是研究个人和团体从事生产、交换以及对产品的劳务消费的一种社会科学，它研究怎样最佳使用稀缺资源以满足人们无限的需求。”“在这个定义中最基本、最主要的概念有两个：一是‘稀缺的资源’，二是‘无限的需求’。”[②] 如果这的确代表了学界对新古典经济学“经济学基本问题”的表述，我们认为必须做出如下的修正，才能真正符合新古典经济学理论本身。

第一，“无限欲望”中的“无限”一词是多余的设定，并未用于新古典主义经济学理论的推演过程中。实际上，即使欲望有限，只要受到资源的约束，就能推导出新古典经济学理论。此外，如马歇尔所说，在人的多种多样的欲望中，只有关于财富的欲望才构成经济行为，其他欲望（如政治欲望、伦理欲望等等）只有转化为财富欲望以后才可以成为经济学研究对象。所以应当将上述表述中的“无限欲望”改为“财富欲望”，才会成为新古典经济学理论建构中真正起作用的概念。第二，进入新古典经济学推导过程的，并非资源本身稀缺，而是行为者拥有支配权的资源的稀缺。第三，“经济行为者”主要既指个体也指群体，但该群体必须是具有统一意志和权力的主体（法人），否则无法进行利益与资源的理性配置。所以，新古典经济学中真正起作用的“经济学基本问题”，不是简单的“人们的无限的欲望与稀缺的资源之间的矛盾”，而是“具有统一意志的经济行为者（个体与法人）的财富欲望与其拥有支配权的资源的约束之间的矛盾”，本文简称为“欲望与资源的矛盾”。以此作为经济学基本问题，必然产生新古典经济学理论范式。

首先，一旦确认“经济学基本问题”是“欲望与资源的矛盾”，就必须

① 马歇尔：《经济学原理》，廉运杰译，华夏出版社，2004，第41页。

② 刘厚俊：《现代西方经济学原理》，南京大学出版社，1994，第1页。

对该经济行为者处理这个矛盾的基本原则做出假定以作为其理论的立足点。于是“理性经济人”假设应运而生：行为者总是在其具有支配权的资源约束下力图实现其利益最大化。正是以此假设为基础，新古典经济学具体分析了亚当·斯密的“看不见的手”的作用机制，它包括下述两个层次。

其一是经济行为者层次的“边际均衡”状态。既然经济学基本问题是“欲望与资源的矛盾”，理性经济人应当将其经济行为分解为一步步行动单元，对每一行动单元所获收益（边际收益）与所付成本（边际成本）进行利益比较，使每一步都“得大于失”，直至二者相等的“边际均衡”为止。在此基础上，再研究各种因素的变化（如价格、收入等等变化）所引起的边际均衡点的变化特征，得出各种关于这个边际均衡点的弹性（需求弹性、供给弹性）理论。将这一套基本的方法论原则用于分析各类经济行为者的行为，于是得到消费者理论、生产者理论、要素供给者理论，等等。

其二是理性经济人之间的市场均衡状态，包括“局部均衡”与“一般均衡”。在处理“欲望与资源的矛盾”中，各个理性经济人之间通过交换各自可支配的资源来实现其利益最大化，由此趋向于局部均衡的“帕累托最优”——各方达到其资源约束下的利益最大化状态。但是，各个市场的局部均衡又必须以其他市场的“既定价格”为前提：产品市场的局部均衡必须以要素市场价格既定为前提，而要素市场的局部均衡又必须以产品市场价格既定为前提，由此陷入逻辑循环。那么是否存在着所有市场同时实现均衡的“一般均衡”？经过从瓦尔拉斯到阿罗、德布鲁的一系列理论努力，终于证明：在一系列苛刻条件的限制下，通过大规模讨价还价过程，全社会市场可以趋向于“一般均衡状态”，但这必须在一个没有股市、没有企业破产、货币对资源配置没有实质的影响的经济体系中才有可能。①

由此可见，新古典经济学正是以“欲望与资源的矛盾”作为经济学基本问题，以利益驱动力作为经济体系的基本动力，发现了市场的“边际利益均衡机制”，亚当·斯密的“看不见的手”提出了它的最初形式，而边际分析及“帕累托最优”则使其精确化，它们构成了新古典经济学的主要内

---

① K. J. Arrow and G. Debreu, “Existence of equilibrium for a competitive economy,” *Econometrica*, 22（1954）.

容。然而上述理论对于“欲望与资源的矛盾”的发生情境与处理方式过于简单，具有许多理论缺陷。后来的经济学家们对这些具体过程进行具体分析，提出了一系列新的经济学理论，如制度经济学、信息经济学、博弈论，等等。它们本质上只是“理性经济人”假设的深化与延伸，即承认人们在利益的理性算计中需要考虑交易成本、信息不对称、道德风险和信号传递成本、他人决策的影响等因素。然而，“欲望与资源的矛盾”仍然被视为“经济学基本问题”，“理性经济人”假设仍是处理这个问题的基本假设，因而其仍然属于新古典经济学流派。

因此，只要以“欲望与资源的矛盾”作为经济学基本问题，所建立的经济学只能是新古典经济学。它成为当今经济学界的所谓“主流经济学”，甚至被某些人奉为唯一正确的经济学。那么事实果真如此吗？

有人提出：人们未必“自利”，在有些情况下也会“利他”，因而企图用“利他主义”假设来批评与替代“理性经济人”的自利假设。但是“理性经济人”假设并不会因为这一批评而放弃，因为它只是用一种抽象人性论（利他主义）来攻击另一种抽象人性论（利己主义）。还有人认为，人们即便自利，也没有理性能力实现其利益最大化。新古典经济学维护者可以做出以下辩护：经济学理论目的不是导出与现实完全一致的结果，而只是描述现实经济所趋向的目标状态。因此，所有这类批评都没有抓住本质。实际上，只要奉行个人主义哲学，认为社会经济体是由一个个作为原子的个人组成的，从而认为个人处理“欲望与资源的矛盾”是人类社会经济系统的最基本的问题，我们就无可避免地要提出“理性经济人”假设，无可避免地对利益与成本进行“边际分析”，从而无可避免地得到新古典经济学的一系列理论。因此，新古典经济学的要害问题不是“利己”还是“利他”，“有限理性”还是“无限理性”，而是下述根本的哲学立场问题：社会是不是作为原子的个体的集合体？因而个人面临的“利益与资源”的矛盾到底是不是“经济学基本问题”？

深入研究可以发现：由于社会并非简单的作为原子的个体的集合，所以“利益与资源”的矛盾问题虽很重要，然而毕竟只是经济行为者面临的基本问题，并非全部经济学的基本问题。在经济行为者的背后，还存在更加基本的问题。随着人们对“经济学基本问题”的认识不断深入，人们越来越深刻地发现社会经济系统的深层机制，创立了新的经济学理论范式。

二　再生产流程问题与“货币流量机制”的发现——凯恩斯主义经济学的主题

生活在大萧条时期的凯恩斯关心的经济学基本问题已经不是“欲望与资源的矛盾”，因为萧条的社会经济体中存在大量闲置生产要素，资源稀缺性已经不再直接构成社会经济增长的主要约束。社会所缺乏的是推动这些资源进入再生产流程的运行动力，而这种动力系统正是货币流量系统：因为货币流通过程“可以看作是一个循环的过程：货币以工资、租金、利息和利润的形式从企业流入社会；当社会大众购买商品、消费劳务时，这些钱又回流企业。只要企业卖出他们所生产的产品并获得满意的利润，这一过程就会维持下去”①。那么，推动社会再生产的货币循环流程是如何运行的？这才是凯恩斯所关心的经济学基本问题。正是对它的分析和研究，使凯恩斯发现了有别于“利益均衡机制”的经济机制——社会经济再生产的“货币流量机制”。凯恩斯并非哲学家，其理论的哲学基础并不明显，所以后来的“两个剑桥学派”就此问题展开了激烈的争论。但是，综观凯恩斯理论的思想实质，可以发现其哲学基础是：不再仅仅把市场经济系统看成简单的个体集合，而是看成用货币流通体系组织社会再生产的机器。凯恩斯发现了这部市场机器的缺陷，并提出用政府权力来加以矫正。

凯恩斯之前的经典学派也研究过再生产过程中的货币循环机制，这就是总供给转化为总需求。然而它将“欲望与资源的矛盾”视为经济学基本问题，认为“利益均衡机制”是最根本的经济机制，由它必然会产生出再生产流程的“流量均衡”（总需求总是等于总供给），此即著名的萨伊定律。从根本上说，按照“利益均衡机制”，当劳动所创造的边际供给（收入）与劳动的边际负效用相等时，社会的就业量达到最大化，由此产生了社会最大总供给，而人们对利益最大化的追求驱使最大总供给全部转化为满足人们欲望的总需求，由此产生了社会宏观经济的均衡态。因此一切失业都归结为两类：劳动的边际收入小于劳动负效用的“自愿失业”，以及摩擦性失业（某部门的失业量必然等于其他部门的缺员量），不存在总量上的“非自愿性失

① 亨特：《经济思想史：一种批判性的视角》（第二版），颜鹏飞总译校，上海财经大学出版社，2007，第 341 页。

业”。然而这种理论完全不符合事实。资本主义从诞生起，就不断发生全局性产品过剩危机和总量上的失业，而 1929 年爆发的大萧条，迫使凯恩斯等西方经济学家要寻找萨伊定律的错误所在。凯恩斯的《就业、利息和货币通论》由此问世，一种不同于新古典经济学流派的新经济学由此诞生。

萨伊定律错在哪里？说到底，是只考虑微观层次的利益均衡机制，而忽视了宏观再生产流程中货币循环体系的流量机制。凯恩斯高屋建瓴地分析了穆勒、马歇尔、埃奇沃斯、皮古等“经典学派”代表人物对萨伊定律的各种论证，发现他们都是以“实物交换”的利益均衡机制为根据的，忽视了货币流量的独特作用。凯恩斯指出，在经典学派那里，“除了引起若干摩擦阻力而外，有没有货币，没有多大差别；像穆勒一样，经济学可以根据实物交换情形，完成生产论与就业论，然后再敷衍塞责，引入货币——这就是经典学派传统之现代说法。”[①] 然而，在货币流通机制下的经济活动，与没有货币或货币仅仅是实物代用券的经济活动具有本质区别，因为货币流量改变了人们争取其利益最大化的行为。不是“边际利益均衡”产生“货币流量机制”，而是货币流量系统决定人们的利益行为。于是货币流量系统的运行机制问题成为凯恩斯所要研究的“经济学基本问题”。

货币虽然早就出现，但早期的货币仅仅是一种实物交易的配角，“是用来便利交易的一种技术装置”[②]，尚未形成独立的社会化的货币流通系统。而在独立的货币经营机构（银行、钱庄等等）出现之后，货币除了交易功能之外，还获得了独立于实物交易的存储、借贷、生息、投资、投机等由实物交易衍生而来的功能。于是在社会实物生产与交换系统之外，出现了一个相对独立的货币系统，这个系统的功能不是进行实物生产，而是提供推动社会实物再生产系统的社会动力。于是社会的实体经济分为两个部分：一是实物生产和交换部门（产品市场），二是推动实物生产的社会动力系统——货币流通系统（金融市场）。这反映在宏观经济学的“IS - LM 模型”中：IS 表示产品市场的均衡，LM 表示金融市场的均衡。注意：这里的货币系统并非虚拟经济，仍然属于实体经济领域，因为这里的货币价值仍然是实物经济的价值，它由实物生产过程所决定，而不是像虚拟经济那样，资产经过证券化之后，其价值由人们对其未来增值能力的预期所决定。

---

① 凯恩斯：《就业、利息和货币通论》，徐毓枬译，商务印书馆，1983，第 21 页。

② 熊彼特：《经济分析史》第 1 卷，朱泱等译，商务印书馆，1996，第 428 页。

于是，在货币系统下人们的经济行为遵循“凯恩斯三定律”：货币的储藏功能诱导人们进行储蓄而减少消费，由此产生“边际消费倾向递减定律”，使投入消费的货币在收入中所占比例越来越小；资本的生息功能使投资付出了机会成本，由此产生了投资行为的“资本的边际效率递减定律”，它决定了投资总额的界限；货币的投机获利功能决定了储蓄利率的下限，由此产生了储蓄行为的“流动性偏好”定律。三者的总结果是：社会生产的总供给流量中只有一部分投入需求（消费与投资）而进入再生产流程，其他部分被储存起来而退出再生产流程，造成部分再生产流程无法继续。而能够再生产出来的实际产值（总供给）由那些转化为需求的货币流量（有效需求）所决定，它小于由劳动的负效应所决定的总供给（它是社会经济系统的最大可能产值），二者之差构成“有效需求不足”，这个缺口所对应的就业量，就是“非自愿性失业”的数量，即在劳动边际收益大于劳动的边际负效用的情况下的失业。这种失业显然是“利益均衡机制”所无法解释的，而且“社会愈富，则其实际产量与可能产量之差别愈大”。①

既然市场机器必然会发生货币流通量不足所导致的停滞与衰退，因此必须依赖市场外部的政府力量将那些由于货币的作用而未能自动转化为需求的、退出再生产领域的产出重新投入总需求中：这就是使用政府权力将那些储存起来的货币通过税收与债券等形式集中起来，以扩大财政支出，增加社会经济系统的货币流量，给社会再生产提供动力。这就是凯恩斯的“国家干预主义”或“财政主义”。凯恩斯进而证明：政府投入的初始流量可以带动社会的闲置货币投入市场，产生更大的货币流量，由此增加社会的有效需求，推动市场机器的运行，此即所谓“乘数效应”：“即总需求之增加，乃等于总投资增量与乘数之积，乘数则定于边际消费倾向”。② 如果说，经典学派发现了“边际利益均衡机制”（“看不见的手”），凯恩斯则发现了“货币流量的动力机制”，它由“有效需求不足原理”、“国家干预主义”与“乘数原理”三者构成，这是凯恩斯的主要贡献。

在凯恩斯之后，以罗宾逊夫人为首的新剑桥学派反对用边际利益分析来解释市场价格，而改用再生产的货币流程来解释市场价格体系，这就是新剑桥学派所信奉的“斯拉法理论”。它认为，社会商品生产过程实质上是“用

① 凯恩斯：《就业、利息和货币通论》，徐毓枬译，商务印书馆，1983，第 30 页。

② 凯恩斯：《就业、利息和货币通论》，徐毓枬译，商务印书馆，1983，第 106 页。

商品生产商品”的流程，货币是组织商品再生产流程的手段。与新古典经济学把“理性经济人”作为经济学公理不同，斯拉法把“再生产条件”作为其理论基础，为此必须建立所有商品的一套交换价值，“如果市场采用这些交换价值，会使产品的原来分配复原，使生产过程能够反复进行”。[①] 这套价格体系，能够确保任何商品的总产出所具有的价值，大于或等于其投入的各种商品的总价值。其超过的部分就是“剩余”，即简单再生产循环过程中可以溢出的剩余商品，由此可见，新剑桥学派的确继承了凯恩斯对货币流量的分析传统，将“社会再生产流程可持续进行的条件”作为经济学基本问题，用它取代边际利益分析来解释市场价格的形成机制。

三 资本力量的根源问题与资本主义历史运动规律的发现——马克思主义经济学的主题

凯恩斯曾经指出：“经典学派不察，把从鲁宾逊·克鲁索经济体系中得来的结论，用错误类比法搬到现实经济体系中来应用。”[②] 所谓“鲁宾逊经济体系”是个体经济体系，其遭遇的“经济学基本问题”的确是“欲望与资源的矛盾”。然而它并非整个社会经济的基本问题，因为无论是人的“欲望”，还是人们可支配的资源，都由人们所处的社会关系所决定。马克思深刻地指出：“私人利益本身已经是社会所决定的利益，而且只有在社会所创造的条件下并使用社会所提供的手段，才能达到；也就是说，私人利益是与这些条件和手段的再生产相联系的。”[③] 至于经济行为者可支配的资源，更由社会的所有权关系所决定。因此，在社会经济体系中，人们所处的社会关系是怎样生成的？如何起作用的？这是经济学必须面对的更基本的问题，它决定每个个体的“欲望与资源矛盾”的具体的现实形式。

凯恩斯比新古典主义前进了一步，不再把市场仅仅看成简单的个体集合，而是看成用货币流通体系组织社会再生产的机器。那么，货币的力量又是从哪里来的？其本质到底是什么？这是比“货币流程”更基本的问题。凯恩斯主张作为货币流量来源的社会总供给由社会的就业量决定，这隐含着

---

① 斯拉法：《用商品生产商品——经济理论批判绪论》，巫宝三译，商务印书馆，1997，第9~10页。

② 凯恩斯：《就业、利息和货币通论》，徐毓枏译，商务印书馆，1983，第22页。

③ 《马克思恩格斯全集》第46卷（上），人民出版社，1979，第102~103页。

劳动创造总供给的货币流量的意思。但凯恩斯理论重心不在此，而在分析货币流程本身。至于货币流量的来源与本质究竟是什么不是他要关心的问题，其后继者甚至将这个问题视为形而上学的问题加以排斥。

而能够回答上述问题的理论正是马克思主义经济学。马克思所处的时代是资本主义生产关系风起云涌向全球推进的时代，资本力量是这种生产关系的力量表现，它既推动社会生产力迅速发展，又不断展示其内部根深蒂固的矛盾与危机。在《共产党宣言》中，马克思、恩格斯已经十分清晰地指出了这种资本力量的巨大作用与深刻矛盾："资产阶级的生产关系和交换关系，资产阶级的所有制关系，这个曾经仿佛用法术创造了如此庞大的生产资料和交换手段的现代资产阶级社会，现在像一个魔法师一样不能再支配自己用法术呼唤出来的魔鬼了。"① 对此，具有伟大使命感的马克思创立了他的经济学理论，其主旨在于揭示资本主义生产关系的产生根源与历史趋势。

马克思发现，资本与货币的力量不是其载体——金银或生产资料本身的力量，而是负载在它们身上的人与人的社会关系力量。"但资本不是物，而是一定的、社会的、属于一定历史社会形态的生产关系，后者体现在一个物上，并赋予这个物以独特的社会性质……这种生产资料本身不是资本，就像金或银本身不是货币一样。"② 因此，资本与货币的力量就是社会生产关系力量。那么，这种市场社会关系力量的根源和本质如何？这正是马克思主义经济学所要解答的"经济学基本问题"。

这一经济学基本问题还可以换一种形式来表述。马克思在他的著作中曾经反复强调，资本与货币是市场上的权力。货币能够取代政治权力来配置社会资源，这意味着货币也拥有"权力"性能，我们称之为"市场权力"，它来源于货币所负载的"商品价值"。马克思在许多著作中反复论述货币和资本是一种"社会权力"的思想。《资本论》第 1 ~ 3 卷（中文版）中至少有 19 页直接提到商品、货币与资本的"权力"。他清楚地指出，"每个个人以物的形式占有社会权力。"③ "在任何情形下，在商品市场上，只是商品所有者与商品所有者相对立，他们彼此行使的权力只是他们商品的权力。"④ 而这种权力的大小要通过货币来表现："个人的产品或活动必须先转化为交换

---

① 《马克思恩格斯选集》第 1 卷，人民出版社，1995，第 277 页。

② 马克思：《资本论》第 3 卷，人民出版社，2004，第 922 页。

③ 《马克思恩格斯全集》第 30 卷，人民出版社，1995，第 107 页。

④ 马克思：《资本论》第 1 卷，人民出版社，2004，第 182 页。

价值的形式，转化为货币，并且通过这种物的形式才取得和证明自己的社会权力。”“他在衣袋里装着自己的社会权力和自己同社会的联系。”① 因此，马克思主义经济学的基本问题，也可以表述为“关于市场权力的来源与本质”的问题。

而解答这个“经济学基本问题”的哲学路线，正是唯物史观。马克思发现，人类社会不是具有抽象的“人的本质”的单个人的集合体（马克思将这种集合体称之为“市民社会”），而是人类实践活动（特别是物质生产劳动）所生成的人类社会（马克思称之为“人类社会或社会的人类”）。② 因此，“整个所谓世界历史不外是人通过人的劳动而诞生的过程，是自然界对人说来的生成过程”。③ 以这种唯物史观为基础，马克思彻底改造了以人性论为基础的旧劳动价值论，创立了以唯物史观为基础的新劳动价值论，从而为他的“经济学基本问题”提供了最根本的思想基石。

劳动首先是“自然过程”，即自然物的变换过程——将天然物质改造为符合人类需要的物质财富。而在社会分工条件下，为他人生产产品与服务的劳动（社会劳动）在生产物质财富的同时生产着人与人的关系：因为其生产的产品和服务被他人所享有，从而将一种建立在劳动分工基础上的人与人的社会关系负载于其生产的使用价值中。在不同的社会条件下，商品所负载的这种社会关系表现为不同的形式。在通过市场交换劳动产品的经济结构中，社会劳动成为全社会进行交换的抽象劳动，由此生产出最基本的市场社会关系——“价值关系”。这就是说：劳动者在劳动中所消耗的生命凝结在其各自生产的商品中，形成了“价值实体”；各种商品的“价值实体”之间在市场中形成“价值关系”：“最简单的价值关系就是一个商品同另一个不同种的商品（不管是哪一种商品都一样）的价值关系。”④这是市场结构中掩藏在物与物的关系背后的人与人的最基本的社会关系，它不断获得各种表现形式：在商品中表现为“交换能力”或“交换权力”；在货币中表现为作为购买力的“市场权力”；而剩余价值转化为资本后，它则发展为“资本权力”——支配生产要素和劳动过程进而分割剩余价值的权力；在土地所有制下它表现为分割剩余价值所形成的地

① 《马克思恩格斯全集》第30卷，人民出版社，1995，第107~108页，106页。

② 《马克思恩格斯选集》第1卷，人民出版社，1995，第56~57页，

③ 《马克思恩格斯全集》第42卷，人民出版社，1979，第131页。

④ 马克思：《资本论》第1卷，人民出版社，2004，第62页。

租；等等。而在当代资本主义社会中，由剩余价值转化而来的资本成为占统治地位的支配全社会经济运行的社会关系力量。在此基础上，《资本论》分析了作为社会关系力量的资本在追求自身扩张的过程中所产生的强大动力及其内在矛盾，以及由此生成的资本主义社会关系的历史运动，这正是马克思的伟大发现。

四 “三层次问题”与“三层次发现”的理论地位

因此，以个体的“欲望与资源的矛盾”作为“经济学基本问题”，发现了“边际利益均衡机制”（用边际分析方式表述的“看不见的手”），产生了新古典主义经济学理论。以“推动社会再生产流程的动力”作为“经济学基本问题”，发现了“货币流量的动力机制”，产生了凯恩斯主义经济学理论。而以资本代表的生产关系力量的产生根源和本质作为“经济学基本问题”，则会发现“资本主义生产关系的历史运动规律”，产生了以劳动价值论的分析范式为基础的马克思主义经济学理论。那么，这三种经济学理论范式及其理论结果到底具有怎样的定位？三者之间到底是怎样的关系？

我们承认，这三大流派所研究的“经济学基本问题”是市场经济在不同层次所面临的问题，因而所发现的经济机制是不同层次的经济规律的近似表现。首先，利益与资源的矛盾的确是人类社会的微观经济行为主体所面临的矛盾，因此，新古典经济学所发现的“边际利益均衡机制”及其描述的市场的“看不见的手”的规律，是微观层次的个体经济活动的规律。这个规律所描述的均衡态虽然不可能是现实的经济状态，但是在人们的社会经济关系既定的情况下，它指出了市场价格体系的趋向。然而，人们在处理“利益与资源”的矛盾时，利益与资源的具体形式却取决于特定的社会生产力与生产关系，取决于人们在特定生产关系下所掌握的“市场权力”，它通常用货币的形式来表现。因此，价格形成过程归根到底是人们利用所掌握的市场权力进行利益分配的过程。因此，我们如果要在理论上追根溯源，则必须追问：这些市场权力的本质是什么？它们来源于哪里？而这正是马克思主义经济学所研究的问题。因此，市场上个体行为层次的“边际利益均衡机制”应当建立在深层的“市场权力产生机制”之上，建立在由这种“市场权力机制”所产生的“社会货币流量机制”之上。由此可以清楚地看到新古典经济学理论与马克思主义经济学理论之间的关系。

凯恩斯经济学所发现的“货币流量机制”是社会再生产流程的规律，后来的许多经济学家对这一层次的规律有了许多新的发现。有效需求不足原理、对市场的国家干预主义和乘数原理，各种货币流量公式，以及政府赤字的挤出效应等等关于宏观经济流量的规律，的确具有不同程度的真理性，当今已经成为各国政府制定宏观经济政策的决策依据。但是，我们应当看到，从长期的历史进程来看，宏观货币流量归根到底是市场经济中社会关系力量的宏观表现，“货币流量均衡机制”本质上是市场中社会关系力量博弈的结果，其根源是资本扩张过程及其面临的基本矛盾。因而必须建立在对社会生产关系的深入分析上才能得到根本的理解。在当今世界，这种生产关系力量生动地表现为各个不同国家之间的政治经济关系、国际资本力量的博弈、劳动与资本的博弈，等等。刚刚过去的金融风暴表明：由当代生产关系所决定的资本扩张运动是整个现代市场经济的基础，离开实体经济的资本增值，离开以资本增值预期为基础的虚拟资本的流动过程，无法真正深刻而全面地揭示当代金融系统的运行机制。而马克思主义经济学则给我们分析这些错综复杂的社会关系力量提供了基本的方法论原则。

因此，这三大流派中，马克思主义经济学所研究的是当代市场经济体系最深层的规律，它理所当然地成为其他经济学理论的基础。这是因为，当代人类一切经济行为与社会经济现象——不论是新古典主义所研究的经济现象，还是凯恩斯所研究的经济现象，都建立在特定的社会生产关系基础之上。而当我们研究相对较短时期的个体行为时，可以暂时将他们所处的社会关系“悬置”起来，以使问题得到简化。但是，必须认识到由此得到的结论的局限性，它在不同的社会关系下具有不同的具体意义，并且要放置到社会关系的历史运动中才能得到深层的理解。同样，当我们研究相对较短时期宏观经济的再生产流程（以货币流量为核心）时，我们同样可以将支配货币流量的社会关系力量“悬置”起来，以使问题得到简化。但是，同样必须认识到由此得到的结论的局限性，考虑到社会关系力量对它们的长远影响，只有如此才能得到既能处理当下问题，又有长远眼光的科学决策。因此，三种经济学理论可以在一定范围内各司其职，相互参照。而对于社会经济发展具有根本性、长期性影响的战略决策，则必须以马克思主义经济学理论为基础，因为它是关于社会经济系统的深层机制的理论。在这个过程中，我们将逐渐将这三种理论各自不同的研究领域逐步统一起来，逐步形成统一的经济学理论，它将是全面反映社会经济系统客观规律的全方位理论。

（作者单位：上海财经大学现代经济哲学研究中心）

资本中的哲学问题

——《21 世纪资本论》与《资本论》研究思路的比较

魏小萍

《21 世纪资本论》的作者皮凯蒂以经济大数据为依据，讨论了资本主义经济发展历程中的贫富分化问题，认为在国民财富的分配中，资本利润收入总是大于国民经济总收入（即 r > g），从而使得社会财富总是集中在少数人手中。这从某种角度论证了马克思的基本观点：剩余价值在资本一端集中。不过，与马克思《资本论》的研究思路不同，皮凯蒂并不直接涉及财富所包含的价值本源及其价值创造主体问题，他关注的是社会总财富的分配在资本一端的积累以及这一积累所具有的必然发展趋势；与马克思研究的批判视角不同，皮凯蒂的研究归宿是修缮资本主义制度。皮凯蒂的研究与马克思的研究在时间上相差一个半世纪，这一个半世纪人类经历了两次世界大战、工业技术革命与工业信息化、第三产业的兴起、金融领域的不断变革与创新，与此同时伴随着资本向全球每一个角落的进军。时代发生了迁移，语境发生了变化，但是皮凯蒂在今天的境遇下，用今天的数据和语言对资本功能与贫富分化内在关联性的论证，在一定程度上说明，今天的资本运行机制，与马克思的时代，在最本质的方面并没有发生变化。

一　财富创造与劳动价值之间的关联性

皮凯蒂研究的出发点是现实资本主义社会中存在着的贫富分化现象，社会财富分配不平等是他关注的焦点。他认为，“当今社会的不平等正达到新的历史高度。这种不公平更难用文学来体现或通过政治手段解决，因为这种不公平不再是一部分上层社会对比大众，而是一种渗入各人口阶层的普遍的不公平。”① 资本在他那里本身既是一种财富，又是一种能够使财富增值的手段，所以他一开始就尝试着对资本与财富的关系进行说明②，即为了简便起见，他在同等含义的意义上使用这两个概念③。

而我们看到，为了讨论同样的问题，马克思则通过对财产概念与资产概念的区别，来论证财富的增长是通过资产关系，而非财产关系来实现的④，会增值的是资产，用于消费的财产不会增值。皮凯蒂避开这一差异，看起来便于讨论，但是实际上遮蔽了财富的社会本源问题。尽管如此，对财富与资本概念的等同使用，还是使他对社会财富分配不平等的关注焦点指向资本。由于资本增值财富是通过获取利润的途径得到实现的，他借助于经济数据，通过对 r > g 这一资本利润运行规律历史趋势的揭示，来论证资本主义社会不可避免地发生贫富分化的根源。

但是，他并没有尝试着去进一步理解资本利润（即 r，下同）的本源问题，没有去探索生产与分配之间的关联性，即谁生产了利润、谁拥有利润，因而他对资本通过利润而占有社会财富的批判，是以一种道义性批判的视角为立足点的，即资本通过获取利润的方式使社会财富集中在少数人手上，导致了继承遗产比个人劳动更能使个体富有起来，而这与人们所信奉的劳动致富原则是相矛盾的。

皮凯蒂是一个经济学家，不过他的研究并没有局限于经济学的研究视域，正是从哲学批判的视角，使他看到资本主义经济制度所依据的原则与现实的悖论，即遗产继承与个人劳动，但是他完全不触及，或者是无意识地回避了这一悖论本身形成的原因，他没有对问题产生的原因进行进一步的分析和认识，而是用头痛医头脚痛医脚的方式采取应对性的税收措施。正是在这一意义上，我们可以说，从一方面来看，皮凯蒂，正如他自己所说，拥有着比马克思多 150 年的历史经验，这使得他有可能使用当今科学技术能够提供的大数据来把握资本利润在历史进程中的动态走向趋势与规律；但是另一方

① 托马斯·皮凯蒂：《21 世纪资本论》，巴曙松译，中信出版社，2014，第 434～435 页。

② 不知何故，“资本与财富”这一小标题在中文版中不存在。参见 Thomas Piketty：*Capital in the Twenty-First Century*，Cambridge，Massachusetts，London，England 2014，p. 47。

③ 托马斯·皮凯蒂：《21 世纪资本论》，巴曙松译，中信出版社，2014，第 47 页。

④ 参见魏小萍《词汇选择与哲学思考：财富的来源、性质与功能》，《哲学研究》2008 年第 2 期。

面，大数据又遮挡了他更加深入的哲学思考视野，使他不能理解马克思的哲学－经济学研究路径，避开劳动价值概念，无意识地割裂了财富创造与财富分配之间的内在联系，规避了劳动价值与财富之间的关联性，因此他所看到的悖论仅仅是个人通过遗产继承致富的途径，是对个人财富来源于个人劳动的价值观的背叛。

150 年以前，资本主义社会的价值理念与现实差异的矛盾同样是马克思关注的焦点问题，马克思早期用异化劳动理论来解释资本主义社会的贫富分化现象，后来转向了政治经济学的批判思路。在《1857～1858 年经济学手稿》中，马克思不满意国民经济学家、蒲鲁东等围绕着自由与平等、公平与正义的观点所进行的批判，他通过对资本主义经济关系从历史进程到现实程序所展开的分析，揭示了资产阶级革命理念是如何在现实的经济关系中走向自身反面的。马克思这一分析思路的关键之处在于对两种不同质的经济交换关系从历史进程上进行区分，即由简单商品交换到资本主义商品交换，前者是物与物的交换，后者包含着劳动力的商品化过程。马克思的劳动价值概念是这一分析的基础，借助于这一概念，马克思论证了劳动力价值（劳动报酬）与劳动创造价值之间的不等价交换关系。正是在这种经济交往关系中，原则上的自由与平等、公平与正义走向自身的反面，并且产生了社会分化，因为资本在合法的程序中不断积累着对剩余价值的占有。

马克思的劳动价值理论工程浩大，他毕其一生也没能最终完成自己的预定目标，留下了没有完成的《资本论》。他那追求极致明晰、彻底、严谨的研究态度，使他不懈地进行思考、探索，进而在晚年放下手中的《资本论》，继续关注早期人类学资料，这其中其实有着难以为人们所理解的深刻思考。马克思的关注维度是继续向着人类的生存生产方式发展的，他本人似乎并没有特别注意到在这一研究进程中哲学思考与科学论证之间那难以弥合的张力。我们是否可以说，在这里，马克思的思考触及的是人类思考范围极限的边缘。

价值概念与价格概念的转型问题是被后来的研究者提出来的，价值是抽象而难以量化的概念，价格是具体而必须量化的概念，马克思对剩余价值的论证是借助于价格概念来完成的。对于马克思的研究思路来说，不借助于价格概念，难以彰显劳动价值的含义，而离开劳动价值，就无法揭示价格与价值背离的客观存在，或许这正是政治经济学研究的魅力所在，但也是政治经济学研究的掣肘所在。无论怎样，马克思的政治经济学批判思路尝试着从财富形成的社会本体论路径，去揭示资产阶级革命理念与现实之间悖论的存在。

政治经济学批判性研究的这一掣肘，150 年以来在西方学界的马克思主义学者那里进行着广泛的讨论。而随着现代工业智能化和信息化时代的来临，与实体资本相对应，那些掌握着科学技术知识的人也在分享着资本利润甚至资本股权的分配权。与此相应，在西方经济学领域出现了人力资本（human capital）的概念。人力资本概念形成的背景是什么，我们姑且不论，但是这一概念被人们用来理解在现代工业智能化和信息化时代，知识、科技、管理性劳动等软实力在生产发展及其参与生产利润分配中的重要作用。

随着这一概念的出现，马克思对劳动价值的定义方式，从现实经验的角度被一些人质疑，根据这一概念，劳动主体（智力劳动）可以依据自身的能力、付出而直接参与资本利润的分配，从而获得高额报酬。市场对人才的竞争，在一定程度上会增强这一人力资本的薪酬效应，这种情况是客观存在的。这一现象从两个方面引起了人们对马克思劳动价值理论的思考：第一个方面是科技、管理人员的高额报酬是参与剩余价值的分配，还是自身创造了更高的价值，因而高额报酬仅仅是自身劳动价值的体现？由此产生的第二个方面是衡量劳动价值的尺度问题，这对于马克思的劳动价值理论来说，本来就是一个非常棘手的问题。通常人们将社会必要劳动时间作为马克思衡量劳动价值的尺度，其实在马克思那里，社会必要劳动时间也有个衡量尺度，这就是维持劳动力自身的生活和繁衍成本。

人力资本概念看起来是将马克思区分为活劳动（劳动力）与积累劳动（资本）的功能集于一体，实际上此资本非彼资本。对此皮凯蒂在《21 世纪资本论》一书的“什么是资本”一节中，对资本概念与人力资本概念进行了这样的澄清，人力资本，正好与非人力资本的定义相反，无论何时都不能被另一个人所拥有，也不能在市场中进行永久交易①。我们也可以据此进一步将两者之间的区别理解为，资本是在法律上可以让渡的财富，人力资本却不可以，资本是在主客体对象性关系中对象化了的、能够独立于主体的客观存在，人力资本在主客体对象性关系中能够被对象化，但是并不能够独立于主体而存在。

人力资本与实体资本参与利润的分配比例，具体情况会非常复杂，皮凯

---

① 托马斯·皮凯蒂：《21 世纪资本论》，巴曙松译，中信出版社，2014，第 46～47 页。

蒂为了能够清晰地讨论资本利润高于国民收入的问题，他在书的开端就先着手撇清与人力资本的关系，正如他不去讨论资本利润的价值本源那样，人力资本的收入是来源于他人的剩余价值，还是自我创造的价值，这一问题也被他摒弃了，他避开了经济学－哲学层面的思考，也就同时避开了可能由此产生的困境。

皮凯蒂在并不触及财富形成社会本体论基础的情况下，专注于对资本收入与国民经济收入的量化比较，从资本利润分配的意义上论证资本在占有社会新增财富中的优势。他看到了问题的严重性，论证了马克思问题式的客观存在。正是他的这一简明扼要的论证，或者说在变化了的时代境遇下，从不同角度对马克思问题式的数字论证，使得他的《21 世纪资本论》立即成为人们广泛关注的对象。

二　财富增值与贫富差距之间的关联性

从劳动价值的意义上来理解财富的本源基础是古典经济学已经开创的研究思路，马克思的劳动价值理论在此基础上进一步从维持劳动力的生存成本价值与劳动力创造价值的差异中来理解资本利润的本源。与此不同，皮凯蒂避开财富，进而避开利润的本源视域，直接讨论资本通过利润的途径而对社会财富快于其整体增值幅度的积累和增长，并且把这一资本的发展趋势看作社会产生贫富分化的主要根源。

在他看来，“总而言之：贫富差距的根本动因就是本书从头至尾都在强调的以 $r > g$ 公式表达的不平等，这种不平等机制与市场竞争不完全没有关系，因而也不会因为市场变得更加自由或竞争变得更加完全而消失”[①]。他从左边批判了那种认为充分而合法的市场中的自由竞争能够促进平等的幼稚设想，然而他又没有像马克思那样，从生产方式的源头上来理解不平等的形成，因而他只能从社会财富的分配角度来理解不平等的形成。

在该书的结论中，他指出：“$r > g$ 的不等式说明过去积累了的财富比产出和工资增长得快。这一不等式体现了一个根本的矛盾。企业家不可避免地倾向于成为食利者，越来越强势地凌驾于那些除了劳动而一无所有者之上。资本一旦形成，其自我增长快于产出（生产产品：output）的增长，过去侵

① 托马斯·皮凯蒂：《21 世纪资本论》，巴曙松译，中信出版社，2014，第 437 页。

吞（devours）未来。”①

皮凯蒂论证了资本利润的增长快于国民经济收入的增长，但是对于资本自身的增长如何可能快于国民经济的增长、过去如何能够侵吞未来这一问题，皮凯蒂没有加以分析。不过，当皮凯蒂将国民收入看作劳动收入和资本收入的总和②，而资本收入的增长又快于国民收入的增长时，他的论证实际上已经隐喻了资本收入对劳动收入的侵占。由于皮凯蒂在讨论的开端就撇开了人力资本的问题，因此他所说的资本很明确的就是积累了的财富——既往劳动。

面对同样的问题，马克思通过对两种不同质交换关系的论证，从资本主义的生产方式层面来进行讨论，在对生产方式历史程序进行分析的基础上，借助于劳动价值理论，做出这样的回答：这是由于资本占有了他人的剩余劳动。

皮凯蒂的研究思路完全不同，他借助于巴尔扎克等小说家的描述，对个人与财富的关系进行道德上的评判，从劳动应得或者所得的价值观立场，谴责财富的遗产继承让人成为不劳而获的食利者，在他那里，资本利润增长快于国民经济收入增长的矛盾因此而转化为过去与未来的矛盾。他这是刻意回避还是无意深究社会财富的形成路径？总之，皮凯蒂避开了财富与劳动价值的直接关系来讨论财富与遗产继承的关系。

皮凯蒂从这样几个方面来关注收入不平等：劳动收入不平等，资本所有权及其收益的不平等，以及这两个方面的结合等等。在现实中，第一种收入的不平等与资本的利润收入没有直接关系，但是有一定幅度的高报酬，可以在积累了的条件下进行投资，即转化为资本，从而获取利润收入；此外，股份制的存在、股东从事的管理劳动、科技劳动等等，使劳动收入与资本利润收入融为一体。皮凯蒂向自己提出了这样的问题：“拥有高劳动收入的个人在多大程度上也享有高资本收入？”对此，他的回答是：“在其他因素相同的情况下，相关性越大，总的不平等程度越高。”③

皮凯蒂认为基于个人天赋、努力和勤奋的劳动收入不平等，是被当代西

① Thomas Piketty：*Capital in the Twenty-First Century*，Cambridge，Massachusetts，London，England 2014，p. 571。参见托马斯·皮凯蒂《21 世纪资本论》，巴曙松译，中信出版社，2014，第 590 页。说明：该处中文翻译意思不确切，故参照了英文版本。

② 参见托马斯·皮凯蒂《21 世纪资本论》，巴曙松译，中信出版社，2014，第 246 页。

③ 托马斯·皮凯蒂：《21 世纪资本论》，巴曙松译，中信出版社，2014，第 247 页。

方民主理念认可的，皮凯蒂质疑的只是资本收入的不平等，但是他没有讨论劳动收入向资本收入转化的可能性。马克思在《哥达纲领批判》中讨论了按劳分配的市民（资产阶级）法权问题，在马克思设想的资本主义之后的时代，私人资本是不存在的，但是差异性劳动收入的积累问题同样存在，由于不存在私人拥有的生产资料，马克思没有直接讨论差异性劳动收入向资本的转化问题。但是，传统社会主义的实践将这一问题在一定程度上彰显出来，因而在20世纪大多数传统社会主义国家中，实际上的平均主义在现实的操作中取代了理论上的差异分配（按劳分配）原则，个人生产的规模甚至差异分配的幅度是受着严格限制的。

自由主义学者在对劳动收入不平等与资本收入不平等进行辩护的过程中，强调了这一转化的可能性，他们通常的说法是，工人通过节俭、教育、努力等途径，同样可以成为资本家，并以此论证资本主义制度的合理性。这一仰赖于普遍性原则的理由是建立在悖论基础上的：它假设在充分自由的市场经济体制下，每一个人都可能通过努力而成为资本家，对于个别人来说，这是可能的，不过这一可能是以大多数人的不可能为前提的，因为资本利润是以他人劳动为条件的，人人都成为资本家，逻辑上不可能。

三　价值创造与价值观判断之间的哲学思考

当皮凯蒂将贫富差异的成因指向资本利润时，他规避了对资本利润与劳动价值之间本源关系的探讨，但是当皮凯蒂对贫富差异的成因进行道德评判时，被规避了的劳动价值依然是他对分配公正问题进行评判的尺度。

因为，评判所依据的客观事实是 $r>g$，形成于他对资本收入与劳动收入、活劳动收入与积累劳动收入的统计数据进行的分析。而对这一客观事实进行评判，必须以一定的价值观为基础，事实就是事实，无所谓好与不好，皮凯蒂对 $r>g$ 及其可能的结果进行评判的价值观基础，也就是当代文明社会或者说资本主义社会得以形成的价值观基础，他的这一价值观是非常明确的：以个人劳动付出与回报之间的正相关性作为衡量财富分配正义的标准。

在 $r>g$ 的事实面前，正是依据这一价值观，他质疑了那些认为现代性的财富增长是重劳动、轻遗产，重能力、轻出身的观点①。因为 $r>g$ 的规律

① 托马斯·皮凯蒂：《21世纪资本论》，巴曙松译，中信出版社，2014，第241页。

或者说趋势，恰恰说明，个人家庭背景，既往劳动（资本）在社会财富分配中所具有的重要作用。因此，在皮凯蒂看来，这一资本运行下的规律或者说趋势有违“现代民主社会最为根本的精英价值观和社会公正原则”①。统计数据 r > g 却论证了与这一价值诉求相反的事实，其结果是鼓励了相反的价值取向，即经营者向食利者的转向。皮凯蒂因此担忧，我们的时代正在倒回《世袭资本主义》时代，而他的研究数据也在一定程度上支持他的这一观点。借助于这些经济数据，他质疑了那些“认为完全的自由竞争会让继承财富消失并让世界形成精英治理的公序良俗”，并认为“这种想法属于危险幻想。”②

然而，如何从 r > g 这一规律和趋势中论证其与“现代民主社会最为根本的精英价值观和社会公正原则”是背道而驰的，皮凯蒂并没有对此进行研究。由于他规避了劳动价值问题，他对这一事实所进行的道德评判，实际上仰赖于资本利润蕴含着既往劳动（死劳动）对现有劳动（活劳动）的占有这一马克思的基本观点，或者说在这一基本原则上他信奉马克思的劳动价值论，但是他与马克思的接近，仅此而已。

皮凯蒂用 r > g 来解释收入不平等的成因，并且论证了现代民主社会价值观的被否定，这是《21 世纪资本论》的主基调，在这一基调中蕴含着两个理论前提：其一是马克思的劳动价值理论，对此皮凯蒂采取了默认的态度。没有马克思的劳动价值理论，就不可能将 r > g 与社会的贫富差异联系起来，并且以此谴责当代民主社会背叛了自身的劳动价值观（我们在这里有必要解释，劳动价值观与劳动价值论中的价值，是不同的概念，具有不同的含义，前者是主观价值取向，后者具有实体意义，是存在论意义上的概念，指劳动产品中包含着的劳动力价值）。因为仅仅是 r > g 的公式，也可以用来论证国民经济的增长模式，即用于投入再生产的资本利润的增长，高于用于分配的国民经济收入的增长，同一个公式，可以被人们从不同的角度进行解释。其二是对当代民主社会基本劳动价值观的认可，没有这一劳动价值观，皮凯蒂同样不能证伪自由主义保守派的错误信条：富豪们的巨额财富是靠自己的能力挣来的。皮凯蒂的 r > g 是要说明，富豪们的大部分收入并非来源于他们的个人劳动，而是他们拥有的继承下来的财产，也就是说，资本

① 托马斯·皮凯蒂：《21 世纪资本论》，巴曙松译，中信出版社，2014，第 28 页。
② 托马斯·皮凯蒂：《21 世纪资本论》，巴曙松译，中信出版社，2014，第 437 页。

利润可以通过资本继承的途径使其继承人不必劳动而获取丰厚的财富收入。

作为一个关注社会问题的经济学家，皮凯蒂的分析思路是实证的并且具体的，他的论证也因此而非常具有说服力；作为发达资本主义国家的左翼学者，皮凯蒂的批判焦点是当代资本主义发展进程中与经济发展相伴而行的收入不平等问题。但是，他并没有从社会存在本体论的意义上对这一问题进行进一步的哲学层面的思考，这一方面体现在他缺乏对资本利润价值本源的探讨，另一方面体现在他缺乏对劳动与资本形成关系本源的探讨。这或许是因为在他看来“有关富人财富是否应得的讨论没有最终答案，因此当前迫切需要超越这种无效讨论”①。

不断积累的收入不平等，至少会产生两方面的结果，一是道德层面的，这是皮凯蒂着重批判的方面，二是经济结构方面的，例如21世纪初的金融危机，皮凯蒂没有专门涉及这一方面的问题。

从第一个方面来看，资本对利润的无限追逐，在否定中体现着当代民主社会的劳动价值观，这也就是说，经济活动的基本动因是对劳动结果的追求，但是在资本已经形成的经济关系中，借助于资本这一中介手段，拥有资本的人对客观财富的追求，是通过利润的途径得到实现的，而利润从其劳动价值本源的意义上来说，是他人的劳动。马克思早期的政治经济学批判研究对这一否定性因素从生产关系发生变化的意义上做了非常具体的论证。

正是资本的这一否定性肯定功能，在资本主义经济关系中起着推动经济发展的积极作用，皮凯蒂在《21世纪资本论》中没有讨论问题的这一方面，但是并不能因此说，他没有认识到问题的这一方面，但是针对资本的否定性因素，他持明确的批判态度，他的关注焦点在于资本借助于利润的途径不断积累着的财富，以及积累着的财富借助于遗产继承的渠道而不断延续，由此产生不断发展着的社会不平等，这一总的资本主义体制下的收入不平等发展趋势即使在今天也没有发生变化，尽管其具体的表现形态有所不同。

四　资本悖论与皮凯蒂对策的局限性

作为发达资本主义世界的左翼学者，皮凯蒂将批判的锋芒指向收入分配的不平等，但是皮凯蒂并没有因此而对产生这一分配方式的生产关

① 托马斯·皮凯蒂：《21世纪资本论》，巴曙松译，中信出版社，2014，第457页。

系提出质疑，更没有将现实问题的改变寄托于资本主义生产关系的变革，这是由于他虽然看到了资本在财富公正分配中的否定性因素，但是并不否定资本在财富分配中的肯定性因素对经济发展的积极作用。否定性因素在其渊源被遮蔽的情况下，通常被人们从个人（主体）那里寻求答案，而肯定性因素是彰显的，在否定性因素渊源被遮蔽的情况下，肯定性因素同样被人们从个人那里寻找着答案，例如，认为个人在经济活动中的成功与否与个人的天赋、努力等等诸多因素相关。正是资本的这种辩证特性的隐蔽性，使人们愿意接受其经济运行模式，能够为之进行辩护，并在这一模式下被驱动着。

皮凯蒂因此并不质疑资本主义经济关系得以存在的显性原则，也没有从以资本为中介的经济交往关系已经蕴含着对这一原则的否定这一意义上来理解分配不平等的形成。他对劳动收入之间的不平等、资本收入之间的不平等、劳动收入与资本收入之间的不平等作了非常详尽的以数据统计为基础的分析，将劳动收入与资本收入之间的不平等看作收入不平等的主要来源，但是他对这一收入不平等的价值观批判主要还是借助于欧洲古典小说家的笔墨来阐述的，以此论证资本收入高于劳动收入所伴随着的遗产收入高于个人劳动收入是对西方民主社会的劳动价值观精神的否定。

至于这一关系是如何形成、为什么形成的，他并不追究。与此相应，他对各类美国式实用主义的解决方案进行了讨论，例如针对资本收入在构成收入不平等中的巨大作用而提出的由收入累进税进一步扩展至资本累进税并以此来遏制 $r > g$ 发展势头的方法，皮凯蒂进一步提出了“防止贫富差距无限制拉大以及重新实现对财富积累控制的最理想政策就是：全球范围内的累进资本税”①。

皮凯蒂不加以追究的因素，恰恰是马克思全力以赴进行研究和论证的领域，通过对简单经济交换与以资本为中介的经济交换关系的鉴别，马克思将问题的症结指向以货币、资本为媒介手段的生产关系，与此相应，马克思解决问题的思路也指向生产关系的变革。基于这样的理解方式，马克思对各类尝试着在资本运行模式下仅仅在分配领域解决收入分配不平等问题的观点进行了批判，例如马克思对蒲鲁东、拉萨尔等人的批判。这是皮凯蒂与马克思有所区别的地方，也是马克思与当时的其他社会批判者有所不同的地方。

---

① 托马斯·皮凯蒂：《21 世纪资本论》，巴曙松译，中信出版社，2014，第 485 页。

皮凯蒂对于资本收益成为人们收入不平等主要根源的认识，与马克思的批判思路非常接近，由于对劳动价值的创造与劳动收入之间的关系这一本源问题的回避，皮凯蒂与马克思的批判指向是不同的，解决问题的思路也是不同的，这一不同，产生于理论上的认识。

除此之外，皮凯蒂与马克思所处的历史时代相距150年，150年以来的显著变化是生产力的发展越来越依赖于科学技术和管理领域的作用，在这种情况下，似乎形成了仰赖于资本收入为主要财富来源的股东被更多依赖于科学技术、知识获取收入的精英所超越的现象。人们对这种现象的强调似乎要说明，资本在收入分配中作用在下降，而科学技术、知识的作用在增强，这看起来似乎与人们所期望的劳动收入价值观是趋近的，但是皮凯蒂的数据统计并不支持对这一表面现象的论证，所以他的基本对策仍然指向资本所得税，而这一措施无疑会影响到资本的活力，影响经济的发展速度，法国的例子已经说明了这一点，于是皮凯蒂解决问题的思路还得仰赖于既往劳动（资本）与现有劳动（活劳动）收入分配的最佳平衡点，以及在资本框架内的解决方案。

皮凯蒂与马克思处在不同的历史发展阶段，面临着类似的问题，具有类似的批判指向，但是解决问题的思路却不同，皮凯蒂在资本的框架内寻找解决问题的方案，马克思预测资本的历史性。皮凯蒂与今天的中国属于同一个时间段，但是历史发展阶段却不尽相同，因此当皮凯蒂将批判的锋芒直接指向 $r>g$ 这一导致收入分配不平等的主要根源时，中国学者看到的更多的是资本对于推动社会经济发展的积极作用，这是资本奠定在显性原则基础上的肯定性因素的功能。皮凯蒂的批判向我们警示了资本否定性因素作用的存在，这种作用在历史的进程中会发酵，而马克思的批判告诫我们：要更加认真地面对现实、面对历史。

（作者单位：中国社会科学院哲学所）

政治经济学批判视域中的《21世纪资本论》

孙　麾

《21世纪资本论》这本书主要探讨的是"社会公平、正义"的问题，这个问题实际上从中国现在的路线图中可以明显看出来，三中全会确定了"市场对于资源配置的决定作用"，四中全会以"依法治国"为主题，从市场到法治，下一个重心应该是社会平等，社会公正，这个路线图应该说是比较清晰的。

一　西方学者用大数据提出了21世纪面对的现实问题需要哲学界的反思性

1. 首先提出一个问题，《21世纪资本论》的主题与社会公平正义

皮凯蒂《21世纪资本论》的出版，对我们的社会科学研究来说，首先提出一个具有挑战性的问题，即大数据时代的社会科学研究方法问题，我们的社会科学很少注重这种方式的研究。我们往往在定性上有很多的哲学的推论，但是很少注重大数据时代到来对社会科学研究的作用，特别是从方法论上来提升我们社会科学研究的能力和水平。这本书背后确实有巨大的网站数据库支持，里面很多引用的内容都可以直接从网站上找到，它有一个很大的优势是搜集了大量翔实的数据，从这里面勾勒出一个大历史时代的，带有"布罗代尔"那种长时段的史学研究方法的特色，所以数据的支撑对他来说非常重要。这就对社会科学研究提出了挑战，特别是哲学往往不重视这些，但哲学不能忽视对这些数据的解释。

美国的前财政部长，也是哈佛大学的校长——萨默斯，他对这本书是持批判态度的。但他说《21世纪资本论》仅靠数据部分就足以获得诺贝尔奖，可见国际学术界对他的数据来源是高度评价的。可以说这是皮凯蒂的一个创造，他是大数据时代的一个典范。

2. 中西方理论界要面对共同的现实问题，开创未来

这本书中文版的自序中提出了面向共同未来的问题，我记得最近一次哲学和经济学对话，主题就是“面向共同未来”，但此处的“面向共同未来”主要是指社会主义和资本主义的这一竞争关系如何面向未来。因为是对中文版写的自序，所以这段话就特别重要。我们面对着同样的问题，我认为这个问题是超越意识形态、超越两种社会制度的需要共同面对的全球问题，包括经济效益、社会公平、个人自由三方面。

这三者之间的矛盾如何化解，如何解决，包括“防止全球化及其贸易金融开放带来的利益被少数人独占”，这也是他提出的一个重大问题。“阻止自然资源发生不可逆转的衰退”，我想这对中国而言，我们在北京是深受其害的，即生态的不可逆转的衰退。我认为中国现代化有两个不可逆转的衰退：①自然资源的问题；②道德的大面积缺失。

如果中国能从外国的经验中获益，那么其他国家也可以从中国的经验中获益，这是一个很好的态度，理想的社会经济体制仍然有待创立，这个话题也是非常有创新性的，我认为这一话题突破了意识形态限制。因为西方很多学者包括福山都认为他们的社会经济体制是完美的，他现在认为理想的社会经济体制仍然有待创立，说彼此的经验是我们最好的指引，应该互相学习，超越国家之间的敌对立场，抛开一些意识形态，我觉得这个态度是可以接受的。我之所以强调他这段话，就是强调这个会议也应该本着这样的立场，包括我们这个会议的议题设置，都要遵循这样的立场。

3. 是西方左翼学者提出的市场并不能均衡有效地解决贫富分化的问题

西方思想创造的一个现象是什么？凡是认为收入和财富的不平等是重要问题的人，大多数被大多数右翼学者称为马克思主义者。皮凯蒂是不是马克思主义者？这本书的第三章讲了平等的结构，包括21世纪的全球贫富差距问题，因为我们知道西方的左派与右派之间争论的主题就是自由和平等的关系问题。在西方的语境中，大体上在不突破对方底线的前提条件下，强调平等的思想流派称为“左”派，强调自由的流派就称为“右”派。我们可以感受到皮凯蒂大体上应该属于左翼学者，这是一个基本定位。

尽管这本书引用了大量的马克思主义的内容，但他对马克思的思想还是持批判态度的。他认为他的书和马克思著作好像没有什么关系，所以这就是我们要讨论的一个主题，但应该可能不是我们的重心。他接受《纽约时报》采访的时候说，我们需要私有财产和市场制度，不仅是为了经济效率，而且是为了个人自由。所以我们不能肯定皮凯蒂就是一个马克思主义者，这一点我也是要强调的。对于皮凯蒂书中的资本论概念，西方的马克思主义学者大卫·哈维对此做了专门的解读，他说皮凯蒂把资本理解为一种物，而没有理解为一种运动或过程。（今天早上我们有半个小时的讨论，我们探讨马克思和费尔巴哈关系的时候，也谈到这个问题）他不是理解为一个运动或者过程，那么他的研究领域大体上限定在分配。马克思的《资本论》研究当然是生产、分配、交换和消费。分配是从属于生产的，只有搞清楚生产关系的内部结构才能对分配问题提出深刻的见解，所以这个和马克思有重大的区别。

问题的直接背景是什么？就是 20 世纪 80 年代自由放任的市场理论占据主导地位以后，西方发达国家的经济增长明显放缓，贫富分化加剧到今天为止差不多 40 年了。贫富分化不断加剧，中产阶级或者下层劳动阶层的收入没有增长，那么这个结果就引发了深重的西方社会问题。

皮凯蒂提出了资本积累的速度总比国民收入积累的速度要快的理论。也就是说资本的回报率高于经济增长率，这是他得到的一个最重要的结论。资本在国民总收入中占的比例不断上升，意味着少数拥有资本的人所占据的社会财富比例越来越大，贫富分化也越来越严重。过去我们有一个神话，市场可以逐步地导致均衡，可以解决贫富分化的问题，看起来这不是一个市场问题。是市场选择还是政治选择，这也给我们提出的新的问题。

无论如何贫富不均的问题已经成为向我们这个时代提出的一个挑战，所以我想首先我们应该关注贫富不均的问题，关注社会公平的正义问题。

最近我接触到一些研究分配的经济学家，他们的统计显示中国的基尼系数已经达到了 0.7。

4. 是对资本主义的衰退时期的反思

我们应该从深层的制度上建构这个时代的分配正义理论，我觉得这给我们哲学、政治学提出了问题，已经不仅仅是经济学的问题。可以认为皮凯蒂著作的问世是西方主流经济学内部进行自我反思的开始，标志着西方发达国家经济实践当中的某种衰退，马克思的《资本论》写于资本主义的上升时期，皮凯蒂的著作写于资本主义的衰退时期。但总的来说他还是为了维护资本主义的生产方式，是在这样的前提下的反思。这让我想到福山最近在外交杂志上的文章《衰败的美利坚——政治制度失灵的根源》。为此我们中宣部还发了一个文件，《从终结论到衰败论》，要求大家学习。我觉得应该不是这样的逻辑，我们探讨问题不能从这样的逻辑出发。既然西方大的经济学家，新兴的经济学家、政治学家都在反思自身内部的缺陷、问题，包括制度设计的问题，我觉得我们学术界也应该有这样的反思能力，这个不是要挑战共产党的执政，或者说挑战什么国家意识形态，而是我们学者身上担负着一种责任，为了国家和民族振兴，我们应该拿出科学的符合理性、符合客观实际的研究成果。

福山本身也没有进行彻底的研究，现在我看有一些文章说他 180 度转向，实际上福山 6 月在《华尔街日报》发表的文章，题目叫《民主依然站在历史终结处》，这个题目证明了他没有转向，但是他有反思，他继承了亨廷顿的传统，亨廷顿文明的冲突也是对民主过度的情况，导致美国“盎格鲁－撒克逊”文化的挑战，对那种担忧而提出来的文明的冲突。这都是表明西方的思想界、学术界现在已经有这种自觉的文化反省意识，这一点是值得我们借鉴的。如果我们盲目地乐观，通过他们的衰退论而导致我们对理论的盲目乐观，我想在现在的思想竞争的时代，我们很可能会犯大的战略性的错误。因为中国有很多问题，虽然我们站在了民主的台阶上，进入了现代化的门槛，但我们的问题重叠，矛盾重叠，如刚才说的三大问题之间的矛盾，我们也没有找到很好的解决办法。

二 为时代呼唤政治经济学再度出场

换一种说法，要回归马克思的学术产品和理论的建筑方式，这是我讲的第二个问题。经济学家日益呈现认知上的广泛趋同，他们自己信以为真的成就（包括理论和实践两个方面）曾经使经济学家的职业生涯进入一个黄金时代，可是就在 2007 年这一切都破碎了。那么“市场经济中潜含灾难性失败的高可能性存在着学科上的盲点”，这是克鲁格曼说的。他在

《纽约时报》发表了长篇文章《经济学家为何错得如此离谱》，总结了这方面的情况。他说："在我看来经济学科的迷途在于，经济学家作为一个整体，误将优美套上了外表华丽的数学外衣，将这种优美当作了真理，很多经济学家追求的是这种优美本身，大部分经济学家都沉醉于资本主义是一个完美或者接近完美的制度这一幻想当中，随着大萧条记忆的消逝，经济学家们便又重返到对那个古老的、理想化的经济幻象的迷恋之中，其中，理性的个体在完美市场中展开互动。"那么现实就在色彩斑斓的数学模型下进行，追求无所不包智力优雅的研究方式，给了经济学家一个显示自己数学才能的机会。

皮凯蒂也有类似的意见，他说美国经济学界的最大问题在于对数学模型的过度沉迷，由此引发和现实世界的脱节。另外由于经济学这门学科在美国受到过度热捧，导致美国经济学界对其所属的社会科学阵营中的其他学科存在不同程度的轻视和鄙夷。我觉得他这一看法真的值得我们认真对待，我们知道"经济学帝国主义"这个概念，在我们主流经济学中也是占第一位的，在中国的社会科学的生态与格局当中，经济学也是占第一位的。我们要研究马克思主义，人家就看不起我们，拒斥马克思主义，现在确实是马克思主义经济学，现在看《资本论》研究会，他们叫马经研究会，现在都处在衰落当中，也发不出声音来了，主流经济学家也拒斥，不和你讨论了。导致经济学与其他学科的互动明显不够，阻碍了许多问题上的有现实感的深入研究与进展。这是皮凯蒂的意见，我觉得他和克鲁格曼的意思是差不多的，当然他更进一步谈到经济学和其他学科相关性的问题。

经济哲学会要举办这个讨论会，我想出发点恐怕还是从这一点考虑的，就是要突破经济学的限制，应该叫 PPE 是吧，把政治学、哲学、经济学，三者联盟或者构成一种新的研究方式，甚至形成一种新的研究范式。在这个过程中从经济科学回到政治经济学，我觉得这个新的演化路径是否定之否定，这可能也是一个历史的必然，因为现在这个社会的问题变得越来越具有综合性了。问题本身的综合性决定了我们学术研究的跨学科的综合治理的问题，社会科学现在的互设门槛、互设围墙，老死不相往来的现象应该在当前这个时代彻底改变。

皮凯蒂自己也说经济科学应该回归政治经济学的原有学科内涵，这是《21 世纪资本论》里面提出的，政治经济学的政治性、规范性和道德性使它和其他的社会科学区分开来，它应该回答国家和社会组织在经济社会中如何扮演理想的角色，以及回答怎样的公共政策和制度能使我们走进理想的社会等问题。

政治学讨论国家的类型，比如我们的政体——人民民主专政，党的领导，宪法规定的各种问题，这是没有疑问的。但你不能局限在讨论国家类型，国家类型确立以后，重要的是国家治理的能力，国家能力问题。三中全会提出了这样一个概念，治理能力与体系的现代化问题，现在正在引发政治学界、公共管理学界的热议。但如何来强化这个能力，在现有的社会历史、国情的条件下怎么强化国家治理能力，这对执政党而言，对我们整个国家而言是一个非常重要的问题。这不仅仅是通过意识形态，通过对国家类型的掌握就能解决的问题，因为这个问题必须和西方经验互相借鉴、互相学习。所以说我看习主席最近几次在国外的讲话也充分表达了这个含义，甚至他提到了志同道合的含义，当然我们不能随便做解释。

三　历史实验当中的收入与财富的分配问题

从前言来看，我们也可以初步看到对这个长时段的历史分析，皮凯蒂是一个特别重视历史经验的学者，历史经验现在在我们的很多学术研究当中被遗忘了，我们现在已经变得越来越抽象化了。比如说对于西方现成的理论，我们直接撇开它的历史经验，撇开它的制度机制，撇开它产生的社会条件，把它作为一种抽象的、一般的理论直接用到中国的实践当中，或者直接用来解决中国当前存在的问题和需要解决的矛盾，这种思路本身就忽视了历史经验，不仅忽视了我们的历史经验，也忽视了西方的历史经验。所以说社会科学研究不能离开历史经验。

滥用数学模型，实际上是对内容空洞的一种讽刺。皮凯蒂自己也认为这些方法时常忽视作为支持主要来源的历史经验，而21世纪的历史经验具有无法估量的研究价值。所以我认为，我们的知识增长，我们的理论创造也离不开中国的历史经验，如果我们要向世界讲好中国的历史故事的话，恐怕也离不开这样一个历史的经验。我们不能因为站到了现代化的门槛上以后，就用主流经济学宣扬的新资本主义理论所建构的那套模式向世界讲我们的故事，这样是讲不清楚中国的故事的，而且西方人也不愿意听，因为中国并不是西方样板的复制体。我们现在也不是地域共产主义的一种样板，因为现在中国融入世界潮流，融入世界体系当中，我们有自己的历史独创性，这种历史独创性具有丰富的历史经验，所以无论政治经济学研究、经济学研究还是哲学研究都不能忽视这样的历史经验，我要提出的就是在历史的事务当中财富的分配问题。

（作者单位：中国社会科学院）

当代政治经济学批判呼唤着唯物史观的在场性

鉴传今

对于《21 世纪资本论》这本书的价值，在跟我讨论过的学者当中，我认为唯有张雄院长比较敏锐地看出了这本书的价值，因为很多的学者以为它只是一本经济学的著作。

一 《21 世纪资本论》是对资本主义发展史的回溯研究

在《资本论》VS《21 世纪资本论》讨论会的标题上，我和孙麾老师的想法不一样，我觉得把这两者放在一起非常好，因为这属于炒作概念的分析，比较响亮，题目吸引人。但我还有一个建议，应当把《21 世纪资本论》放在前面，这样可能更好一些。因为我觉得这本书最重要的问题是回归到资本主义。资本主义的成熟至今的历程，通过一个非常独特的角度，通过财富的问题以及对资本问题的回顾可以看出来资本主义成熟之后，它的运作方式以及这种方式所带来的问题，我觉得这是非常重要的。由此得出的结论使我非常震撼，重新回到承袭制资本主义。对于这样的状况，我看到的很多材料对这一点好像没有过多地思考，这是第一个我认为非常重要的问题。

二 当代政治经济学批判呼唤着唯物史观的在场性

《21 世纪资本论》认为，劳动已经在财富创造和积累方面逐渐退却了，这是一个重大的问题，也是当代资本主义以及我们国内所面临的一个非常严重的问题。我们知道，在马克思那个时代，阿伦特有一个非常精确的概念，到 20 世纪 70 年代的时候，阿伦特还说，我们和马克思处在同一个时代，为什么呢？19 世纪的问题，马克思面对的劳动问题是什么，他讲了三条。20 世纪六七十年代，他说我们仍然面对着这样的问题。但是经过后来这么多年的发展，劳动以这种方式告诉我们，劳动在财富的创造过程当中已经占据了核心地位，这就是《21 世纪资本论》面临的一个现实的情况，所以我觉得这两点就足以证明这本书的角度独特，这就是它和马克思的《资本论》的区别。

这本书的主题非常清晰，我认为这一主题从财富的分配这一角度看到的是社会公平正义这个核心的问题，以及社会制度问题，资本主义作为一种制度方式最根本的问题是什么？我觉得这是最大的问题，也是最重要的问题。所以题目把《21 世纪资本论》放在前面更好。

说到这本书会想到马克思的《资本论》是毫无疑问的，也是不可避免的。关于国内《资本论》的研究，我觉得我们可能存在比较大的缺陷，尤其在哲学方面，尽管我们有很多的研究，近几年国家几个重大招标课题都围绕《资本论》展开。对《资本论》的研究侧重第 1 卷和第 3 卷，国外可能研究比较多。国外研究的重点和我们不太一样，我们基本上看到前面关于方法论和哲学的语言，对资本主义的批判，国外更注重资本的形式以及它的运作机理所导致的问题。

另外，我们对《资本论》庞大数据的研究也不够，这样容易把问题理解得比较抽象，而且导向是对于资本主义的批判。在今天的语境当中批判资本主义已经毫无意义，这不带任何意识形态色彩，也不带任何政治色彩，只是说我们现在作为学术研究，作为社会发展，所有这些方面来看，单纯地批判资本主义已经没有任何意义。但国内关于《资本论》的整个研究，最终的落脚点还局限于对资本主义的所谓解剖和批判之上，这个问题应当引起我们学界的深刻反思。

在《资本论》中，虽然马克思从商品开始讨论，我们也都看到了这个逻辑，但马克思在《资本论》当中有很多篇幅来论证，商品为什么能成为商品，这其中的关系是怎么样的，这是马克思独特的方法，也是历史唯物主义建构的一个核心、基本方法和主要的观念。但我们对这一点恰恰没有太多的研究，尽管有只言片语的评论，但我们很少注意到马克思很多的篇幅分析资本在什么现象下成为实物或者其他的生产资料怎么样成为资本，在成为资本的时候，资本的运作方式是怎么样的，资本家怎么样对待他的员工。在这个意义上强调了公平、正义等观念在这样的社会运作的机理方式中被确认和建构。你看过国内有哪些研究聚焦到这一点？很少。所以我觉得我们对《资本论》的研究还非常粗浅。实际上像皮凯蒂这本书，已经从财富的分配方式上注意到了社会发展当中最重要的问题。所以我建议从标题上做出改变，而且强调它的主旨。刚才谈到大数据时代的方法，我想顺着这一方法再讨论一下在我们的研究方式上强化具体职能。

真正的专业性的研究，尤其在哲学这一方面，大部分基于价值判断，一种比较抽象的分析，我们很少有非常具体的个案甚至准备性的工作来做这方面的工作。但如果这方面做不到，在马克思这里，我们认为他是对上升时期资本主义的全面考察的话，不考察商品如何成为商品，资本如何成为资本，它的运作过程怎么样，在这个过程当中给社会制度的建置，还有劳动、分工、技术这些概念如果不统一，怎么样理解资本主义的建构方式和运作方式呢？对资本主义怎么样去批判？无法批判。所以我们的研究方式，除了尝试之外，在大数据的时代，我们还要强化非常具体、扎实、细致的考察，精密的分析，只有这样才能做实，才能做出成果。

三 《21世纪资本论》提出了当代社会所面临的财富分配问题

这本书对我们的意义，我现在初步想到的是分配问题。刚才孙麾老师讲到我们国家十八大以来这些重大的变化，这些变化非常重要，而且我觉得从十八届三中全会到四中全会，国家总体的方针和战略步骤，我们还都比较清晰。但这里面有一个隐含的问题，资源配置也好，由管理到治理也好，然后再到法治。现在法学界还在讨论法治的重要性，简直是无用功，重要性还用讨论吗？如果说中国这个状态，法治有哪些方式，你要做的工作是什么，目前我们面临的问题是什么，现在全国很多地方在讨论协商民主，认为我们政治协商和人民代表大会制度是协商民主的典范，这不是做无用功吗？

这些问题怎么能作为协商民主的典范呢？如果说这些问题可以作为协商民主的一种方式的话，我们现在真正对它做一个评估，我们的运作方式有限性何在？合法性何在？和民主理念的契合度在哪里？而且最重要的是面临的问题是什么，如何解决这个问题。我们国家从市场的资源配置到治理再到法治，存在一个隐含的问题，这个问题如果不解决的话，很难取得实效，就是分配问题。分配问题和个人自由、公平正义、民族和个人权利、个人自由是相关的，基本上是一个问题。如果在当代的实验当中，我们不是从古希腊的制度出发讨论这个问题，我们肯定首先要考虑的是财富及其分配。所以我觉得在这一点上，《21 世纪资本论》给我们提供了非常值得重视的历史经验，同时它所蕴含的教育意义，对我们未来能带来启示。

（作者单位：中国社会科学院）

重置资本逻辑的尝试

——评《21 世纪资本论》

邹诗鹏

法国经济学家皮凯蒂的《21 世纪资本论》还没有出中文版时，即已经引起了域内学界的关注。尽管作者本人看上去有一些自谦，但他还是把这部著作命名为《21 世纪资本论》，这部包含其多年来研究成果的集成性著述，清晰地显示其对当代资本问题的洞察与深思，也凝结着对资本的新的把握，并提出了相关解决方案，其中渗透着同马克思《资本论》的对话，作品包含着明显的历史研究取向。在对相关理论资源及其学术前沿的处理中，可以看出，著作向马克思当年思考过或触碰过的很多论域，努力展开了回溯性的探讨。著作在经济思想史上着笔较多，那里体现着作者努力激活政治经济学传统的理论抱负，其称自己的研究就是政治经济学研究，而不是撇开历史学的单纯的经济学研究，他甚至希望本著既被看成经济学作品，也被看成历史学作品。无论其希望是否能够实现，著作本身无疑融入了较为丰富和有待消化的有关经济问题的历史资料及其数据。在著作的结论中，作者更是明确地断定自己不那么喜欢自以为其地位高于其他社会科学的“经济科学”，而“更喜欢政治经济学”，因为这一表述“传递了经济学和其他社会科学的唯一区别：其政治、规范和道德目的”①，当然，一个更为直接的称谓，则是“政治和历史经济学”②。大体说来，在经济科学已习惯于不关注社会与政治规范，而政治经济学传统又越来越忽视数学模

① 皮凯蒂：《21 世纪资本论》，巴曙松译，中信出版社，2014，第 592 页。

② 皮凯蒂：《21 世纪资本论》，巴曙松译，中信出版社，2014，第 591 页。

型的状况下，本著作显示了一种研究方法的突破，甚至于——或许其本人尚未意识到——如此研究实际上是将马克思《资本论》中原本是分离开来的经济研究与道德批判有机地结合起来了，当然是在一种较为自觉的制度分析与社会政策框架中实现的。可以看出，在西方主流经济学已经习惯性地撇弃马克思主义政治经济学传统，但却无力就诸多综合性的经济政治问题形成清晰的判断与分析的情况下，此著提示了一种重新开放政治经济学传统的巨大空间。作者的政治取向大体属于中偏左，但这部著述所敞开的问题及其讨论，大概可以引起经历了持续的左右分化裂变之后的一次会聚，甚至有可能形成深度对话。显然，立足于当代资本主义研究而展开的同《资本论》的批判性对话，还是此著的主旨。在对当代资本主义的批判性分析中，尤其是在他所建立起来的诸多数据（库）及其自信的分析中，著作揭示了马克思资本分析的诸多局限，其视野、论域、理论想象力、研究方法、其对经济政治社会问题的深入思考，都值得肯定。其中，最为引人注目的观点，著作称之为“所有结论的整体逻辑”[①]、“分化的根本力量”[②]以及“资本主义的核心矛盾”[③]的命题，即“r（资本收益率）>g（经济增长率）”。此观点实构成了对马克思一般资本理论及其剩余价值学说的超越。这也是本文要评论的中心论题。在笔者看来，此著完全颠覆了政治经济学传统（包括马克思的政治经济学批判传统）基于生产逻辑的资本概念，而将资本金融化，并置于社会政治权力关系之中。r>g 也取代了古典政治经济学的劳动价值论及马克思的剩余价值学说，不过，从经济思想史的角度看，此说实是对 19 世纪以来的消费交换理论及其边际效用理论的持续巩固，但经过作者的改造与扩容，r>g 更加适合于分析当代金融资本主义及其复杂的经济、政治及社会矛盾。不过，如此重置的资本逻辑是否能够取代古典的资本逻辑，显然是问题。皮凯蒂在劳动、技术、代际冲突等方面都展开了一些精彩分析。尤其是，应对 r>g 矛盾，他提出了实施全球累进税及建立社会国家的设想（同时也是自现代资本主义以来一直存在的设想），但也必然会面临学术理论史、社会思想史以及理论内容方面的精细论证，面临社会事实层面的质疑。

① 皮凯蒂：《21 世纪资本论》，巴曙松译，中信出版社，2014，第 27 页。

② 皮凯蒂：《21 世纪资本论》，巴曙松译，中信出版社，2014，第 26 页。

③ 皮凯蒂：《21 世纪资本论》，巴曙松译，中信出版社，2014，第 589 页。

一 “资本”的新定义与 r > g

皮凯蒂对资本的规定独树一帜。“本书中提到的‘资本’均不包括经济学家们经常提及的（在我的印象中）‘人力资本’。人力资本通常包括个人的劳动力、技术、熟练程度和能力。在本书中，资本指的是能够划分所有权、可在市场中交换的非人力资产的总和，不仅包括所有形式的不动产（含居民住宅），还包括公司和政府机构所使用的金融资本和专业资本（厂房、基础设施、机器、专利等）。”① 明眼人可以看出，正如其将国民收入分为资本收入与劳动收入一样，资本也是有意同劳动区分开来。这同马克思对资本的定义完全不同。在马克思看来，资本是带来剩余价值的价值，而剩余价值是由可变资本也即剩余劳动时间创造的，可变资本无疑属于人力资本。然而，在皮凯蒂那里，凡是被规定为资本的东西，不是由马克思有意确定的不变资本，就是当时的资本概念还难以指涉的东西，而被皮凯蒂所排斥的人力资本（劳动力），正是剩余价值形成的前提。将作为剩余价值前提的人力资本公然排除在资本之外，而将非人力资本反过来直接看成资本，实际上完全颠覆了马克思的资本概念，也颠覆了古典经济学的生产理论及其劳动价值论传统。

颠覆的目的，不外乎是将流动且自洽的金融资本体系独立出来，形成金融资本与实体性资本的对比关系，进而论证（实是“给出”）r > g 何以是资本主义的核心矛盾。

皮凯蒂认为，r > g 的情形“在 19 世纪前一直存在”，并“在 21 世纪再次出现”②。作为资本主义的典型现象，尤其表现在资本储蓄远高于经济增长并导致社会的非均衡化。“继承财产的人只需要储蓄他们资本收入的一部分，就可以看到资本增长比整体经济增长更快。在这种情况下，相对于那些劳动一生积累的财富，继承财富在财富总量中将不可避免地占绝对主导地位，并且资本的集中程度将维持在很高的水平上，这一水平可能有违现代民主社会力量最为根本的精英价值观和社会公正原则。”③ 在这一过程中，皮

① 皮凯蒂：《21 世纪资本论》，巴曙松译，中信出版社，2014，第 46 页。

② 皮凯蒂：《21 世纪资本论》，巴曙松译，中信出版社，2014，第 27 页。

③ 皮凯蒂：《21 世纪资本论》，巴曙松译，中信出版社，2014，第 27 ~ 28 页。

凯蒂借用李嘉图的稀缺性原则说明，何以稀缺性的资本（如房地产与矿山）及其高价产品“进一步加剧结构性的分化”。按照皮凯蒂的分析，“r > g 的根本性不平等，它与任何形式的市场缺陷都无关。而恰恰相反，资本市场越完善（以经济学家的角度），r > g 的可能性就越大”[①]。皮凯蒂暗示，r > g 并不是市场化造成的，但市场化却推进了 r > g。

如何遏制 r > g 的持续扩大，皮凯蒂提出要通过公共制度及其改革加以抑制，甚至于提出实施全球累进税政策的诱人设想。但全球资本主义又使如此的抑制越来越难。皮凯蒂实际上无法避开如此的难题（他自己也称其全球累进税政策是“乌托邦”[②]）。在某种意义上，皮凯蒂将全球累进税政策建立在全球范围的民主基础上，以真正实现“高水平的国际协作和区域政治一体化”，恐怕反映了某种颇不现实因而甚不成熟的国际政治观。今日国际政治的基本格局，仍然是胶着且存在多重矛盾关系的民族国家格局，解决如此格局的矛盾，民主当然是一个可想而知的理念，但如果真的靠建立如此理念之上的制度体系，则实在可疑。

r > g 的思想，不仅颠覆了政治经济学传统的生产与资本逻辑，也否定了古典政治经济学的劳动价值论。按照皮凯蒂的分析，只有在资本收益率为零的情况下，劳动的作用才被直接放大，但资本主义的发展就是建立在资本收益率不断增长的前提下的，增长与否与劳动并无因果关系。劳动创造价值，这一由亚当·斯密敞开并在马克思那里被发扬的理论，说明了古典资本主义时代财富增长的基本事实，不过，在皮凯蒂看来，这一基本事实在说明资本增长方面，意义不大。在皮凯蒂看来，19 世纪以来资本的成倍成长与工人工资的零增长，的确反映了工人阶级生存处境的越发艰难，但正是如此，衡量资本增长的数据不能来自于工人的工资。“对 18、19 世纪而言，估算资本存量价值可能比估算劳动收入和资本收入流量更为准确。今天，这个结论在很大程度上依然如此。这就是我为什么像多数经济学研究人员以往所做的一样，强调资本/收入比的演变，而不着墨于资本—劳动划分。”皮凯蒂的关注重点显然不在工人的处境上，但他由此也舍弃了对劳动的政治分析，进而不太可能在他所属意的社会政治论域做出更为深入的分析。

皮凯蒂将马克思的资本学说称为“无限积累原则”有一定道理。在

---

① 皮凯蒂：《21 世纪资本论》，巴曙松译，中信出版社，2014，第 28 页。

② 皮凯蒂：《21 世纪资本论》，巴曙松译，中信出版社，2014，第 531 页。

《资本论》中，马克思用了足足五章阐释资本积累理论，而资本积累理论本身也是马克思主义传统中富于吸引力的资源。不过，将马克思的资本积累理论径称为“无限积累原则”，实是把马克思的资本积累理论归之于其所批评的经济增长理论，但这本身即对经济增长理论的误解。实际上，皮凯蒂借马克思的资本积累理论设定了一个关系式：资本积累越多，资本收益率越是下降。皮凯蒂并不同意这一关系式，毋宁说是方便批评而对马克思资本积累理论的某种简化。本质上说，皮凯蒂并不相信资本积累乃资本主义稳定发展的恒定支撑。从理论资源上看，对资本积累的迷信，不是来自于由韦伯特别阐发的清教伦理，就是来自于由马克思特别强化的生产逻辑，但皮凯蒂显然更加注重对马克思的反思，他不断抱怨马克思没有系统地对待手头的统计资料，他自己则对马克思所注意的资料以及他的团队所收集的看上去更为丰富的历史资料进行了更为深入的消化和掌握，并建立了相应的数据库，皮凯蒂特别愿意显示他在数据方面的优越感。然而，r > g 的理论实质，说到底还是对马克思所批判过的消费理论的再现。消费的思想是马克思剩余价值理论批判的观点，在马克思当时仍然若隐若现，而在此后则显化为消费与交换理论（韦伯、西美尔、凡勃伦等），亦在诸如边际效应理论中获得甚为积极的回应，而其最为直接的社会现实基础即金融资本主义。在消费拉动生产的资本主义时代，最为明显的经济事实必然是金融性资本控制经济增长，因而必然呈现出 r > g 的情形。这不过是道出了金融资本主义时代的基本逻辑。只是若要使相应的金融危机可控，就必然还要考虑到生产逻辑对于消费逻辑的基本的决定与支配关系。当皮凯蒂通过金融化资本否定劳动及其人力资本时，他对于当今地球上存在的最可见的不公平现象，实是置之不顾的。

有的评论认为，皮凯蒂“忽略了金融体系在整个逻辑链条中所起的作用”[①]。这种批评实不成立。皮凯蒂所重视的，恰恰就是当代资本主义庞大且完全支配了资本市场的金融体系。r > g 这一思想本身就表明，一个靠现代金融体系支撑的资本收益率何以总是超过经济增长率。换句话说，其基于金融持续走向的资本收益率，正是现代资本主义时代从金融帝国到金融衍生体系之持续膨胀的具体表现。因而，依照这一理论，现代经济危机越来越表现为金融体系因利率、资本化与信用，政府干预越来越难以支撑或因生产而

① 皮凯蒂：《21 世纪资本论》，巴曙松译，中信出版社，2014，参见巴曙松的译者序，第Ⅻ页。

更多的时候是因市场消费乃至于期货从而形成的“产品”过剩，而不只是早期资本主义时代的相对或绝对的生产过剩。正因为如此，通胀及其通过金融拉动的经济增长现象，也就成为常态。现代经济增长越来越取决于金融体系，但越是如此，资本收益率便越是高于经济增长率。皮凯蒂的概括直指当代金融资本主义的实质，2008 年以来的金融危机显然见证了如此实质。

二　拒斥技术进步?

在现当代学术中，《资本论》受到的最大的质疑，就是技术进步导致的经济进步及其社会发展，实际是避开了基于马克思剩余价值理论的资本逻辑所带来的矛盾。虽然指责马克思的剩余价值学说忽视了技术，但其资本收益理论同样忽视了技术。在皮凯蒂看来，技术从属于“人力资本”，但人力资本本身并不能带来资本收益率。

依皮凯蒂的分析，因为过度依赖于资本—劳动分析，导致马克思忽视了技术①，并因而相信资本的无限积累：“资本家积累了越来越多的资本，最终必然导致利润率（即资本收益率）下降和自身的灭亡。”② 但是，在皮凯蒂那里，构成资本收益率的两种力量（技术与资本存量的充足度）之间构成了一种非此即彼的关系，仿佛通过强化资本存量的充足度实现资本收益率，就一定会排斥技术。这实际上是误解了马克思的技术思想。

正如一些激进理论家所指出的，当下的经济世界，本质上依然是政治的。因而，技术也依然要纳入资本化的政治框架。皮凯蒂对技术也大体持这一见解。“‘二战’后的几十年间，人们开始认为，也许由于技术和纯粹的经济力量，人力资本对传统资本（土地、建筑和金融资本）的胜利是自然而然、不可逆转的过程。然而实际上，已经有人在说政治力量是根本原因。我的研究结果完全支持这一观点。经济和技术的进步不一定意味着民主和精英管理的进步，主要原因非常简单：像市场一样，技术既没有极限，也没有道德。技术的进步当然提高了对人的技能和能力的要求，但是它也提高了对公共建筑、民宅、写字楼、各种设备、专利等的要求，所以最终所有这些非人力资本（房地产、商业资本、产业资本、金融资本）的总价值几乎与劳

① 皮凯蒂：《21 世纪资本论》，巴曙松译，中信出版社，2014，第 216 页。

② 皮凯蒂：《21 世纪资本论》，巴曙松译，中信出版社，2014，第 231 页。

动总收入一样迅速增加。如果真想在公共效用基础上建立一个更加公正合理的社会秩序，光指望不可预测的技术是不够的。”①

在理论上，皮凯蒂是重视技术的（这同马克思一样）。“技术的进步理应导致人力资本较之于金融资本和房地产的胜利、有能力的管理者对股东大亨的胜利、技术实力对裙带关系的胜利。不平等将因此变得更加精英化和更不稳定（虽然未必会缩小），经济理性就会在某种意义上自动引发民主理性。”② 而且，“在很长一段时间内，推动更进一步平等的主要力量仍是知识和技能的扩散”。但是，“理应”并不意味着“实然”，“仍是”也不等于“必然是”。来自于社会政治的制衡力量（或社会权力）成了决定性力量。“无论传播知识和技能的力量有多么强大，特别是在促进国家之间的趋同过程中，它都可能被强大的敌对力量阻挠和击溃。”③ 而且，仍然在持续扩大的制度的不平等，反倒不断巩固了社会的技术化及其收入的不平等。“不平等这一惊人增长很大程度上反映了高阶劳动收入的空前激增，大公司高级管理者在收入上将其他人远远甩在了身后。”高管们过高的收入显然不是来自于其智识及管理才干，而是来自于不公平的分配制度。因此，在两种可能的解释，即“高级管理者的技能和生产率较其他工人有了突飞猛进的增长”与“高级管理者拥有制定自己薪酬的权力”④ 之间，皮凯蒂认同第二种解释。这里已经涉及市场机制中高知型企业管理者的特权，此特权看上去超出了传统政府形态的特权，但既然技术并不必然等于资本的收益，并且要求关联于公共财富的分配，那么就不存在高管们拥有制定自己薪酬的特权的可能，而是必须要从属于累进税制度。

与马克思充分肯定技术进步的积极意义相比，皮凯蒂不那么重视在今日经验世界已经习以为常的技术进步。与其说他是关注技术，倒不如说是通过专门分析使技术不去妨碍其金融性资本的分析框架。但是，这样一来，如下几个问题不是成为误区，便成为盲区。其一，由技术进步所支撑的经济增长，无论如何都是资本收益率增长的前提，正如只有在经济增长的前提下才能讨论增加收入一样。因而，对技术进步的肯定，实际上应要求在资本收益率及其收入增长方面得到建构性的理解；何况技术进步经常也要求社会政治

① 皮凯蒂：《21 世纪资本论》，巴曙松译，中信出版社，2014，第 237～238 页。

② 皮凯蒂：《21 世纪资本论》，巴曙松译，中信出版社，2014，第 22～23 页。

③ 皮凯蒂：《21 世纪资本论》，巴曙松译，中信出版社，2014，第 23 页。

④ 皮凯蒂：《21 世纪资本论》，巴曙松译，中信出版社，2014，第 26 页。

结构的不断改革，技术进步背后还是知识的不断创新与进化。其二，简单劳动与复杂劳动之分，是传统一直到国民经济学得以衡量收入乃至于权力关系的基础，马克思学说之发展，也往往取决于对这一区分的正确领会。但是，当皮凯蒂有意忽视人力资本因而忽视劳动时，人与世界的互动关系以至人的世界的流动性，实际上都被其有意地舍弃了，仿佛人只是被动地从属于某一新的制度规范。因为高管收入评价方面远远超出了简单劳动与复杂劳动的区分，但是如果完全舍弃这一区分，而仅仅是从制度安排方面考量，则只怕是完全以政治方式来解决经济问题，不仅无益，反而有害于高管收入的分配制度改革。在关于人的假设方面，可以看到，皮凯蒂没有跳出理性经济人的框架——著述还没有明确意识到这一点。就此而言，此著不仅与《资本论》不可同日而语，恐怕同当代西方许多杰出的经济学理论著作相比，也存在不小的差距。其三，排斥技术的资本批判，实际上无法避免资本世界的技术化，更无法避免人的世界的技术化。在这个意义上，如果说马克思资本批判中还包含或可以开出技术批判的维度，那么，此著在技术批判上则是一个空缺。比如，技术殖民这一重要现状，就不在其分析框架中，甚至于被有意遗漏了。然而，今日世界中的资本收益与收入问题，制度上的分析十分必要，但技术上的批判也绝不可少。简言之，技术本身绝非只是物化，而且是意识形态；如此十分重要且必要的思想资源，看来无法进入皮凯蒂的论域。

皮凯蒂的研究，接续了整个现代西方主流经济学对马克思剩余价值学说的一个强有力的批判，正是被马克思纳入不变资本的技术，实际上构成了现代资本主义财富增长的主要动因，因而，即使是剩余价值，也不是来自于被马克思抽象了的剩余劳动及剩余价值，也不是来自于被马克思抽象了的剩余劳动时间及剩余劳动，而是来自于技术进步。相对于依赖机器及技术提高实现利润增长，通过高强度的剩余劳动时间的榨取不仅相对有限，而且要承担巨大的道义代价，而且随着工作日制度的实施已经完全不可能。显然，这些批判也都在马克思的设想之内。我们知道，在马克思那里，在一般资本范畴下讨论的剩余价值学说，标志着资本主义的经典结构，或套用韦伯所谓“理想型”的说法，是奠定了一种经典资本主义分析的理想模型。也就是说，马克思如此这般的分析，其实是要建立一个典型的制度批判框架，即无论哪些发展模式，由剥夺剩余价值所决定的资本主义制度，一定是不合理的并且是反人性的，因而必然受到经济的和道德的双重批判，而如此的分析批判实是制度进化的基础。社会政策主张实际上吸收了马克思的制度批判资源。

而且，对问题的清晰分析还得回到马克思的经典分析。马克思剩余价值学说所揭示的是资本主义私有占有制。现代经济学挑战马克思的是，高收入的企业高管与企业的私有制财产关系无关。从马克思对资本主义私有制的批判看，这实际上是诡辩。马克思资本主义私有制所揭示的是资本主义生产关系，因此，不仅高管，就连工厂监工的活动属性，也都是从属于资本主义私有占有制的，股份制无疑巩固了如此关系。不过即使如此，并不意味着贫富分化状况的改善。看起来，高管们是凭借知识获得高收入，但实际上还是凭借不公正的分配制度，因而，要合理实现知识（公共品）的社会经济效应，就必须假之于合理的分配制度。因此，问题的关键不是纠结于知识经济的性质，而是不断修正的分配制度的改革与完善。知识经济必然关联于一定的或独特的社会政治效应，并不是制度分配体系的“例外状态”。

三　“社会国家”：现实方案还是乌托邦?

此著提出了一个十分重要的概念：“社会国家”，这是整个著述在制度建设上的落脚点。如果全球累进税有些乌托邦化，那么通过社会国家的积极合作，累进税制度可以建立起来，他也果真讨论起各个国家建立社会国家进而实施累进税的可能性。从著述来看，这个概念显然需要展开思想史上的考察，更应该展开政治哲学、法哲学、伦理学以及社会理论各个必要层面的讨论与论证。著作虽然提到了《人权宣言》，也引用了一些罗尔斯或阿马蒂亚·森的观点，不过都是一些基于现成性的提示，换句话说，当他直接给出社会国家概念时，概念本身并没有经过审慎的分辨与论证。

不过，作者提出这一概念的针对性是很强的。我们即不纠缠于理论本身的学术层面，而是直面其针对性。著作不断重复这样一种看法：摆脱 $r>g$ 及其不公正，根本的途径即实现金融透明性与全球累进税制，具体取决于社会国家的建设。“构建现代财政和社会国家是现代化和经济发展进程的核心组成部分。”[①] 这里，现代财政（税）体系本身就是社会国家的题中应有之义。“20 世纪财政国家的演变基本上反映了社会国家的形成。”[②] 在皮凯蒂看来，当一个国家的税收收入超出“王权”用途，并自觉地担当社会职能

① 皮凯蒂：《21 世纪资本论》，巴曙松译，中信出版社，2014，第 506 页。
② 皮凯蒂：《21 世纪资本论》，巴曙松译，中信出版社，2014，第 493 页。

时，即逐渐走向社会国家。而在皮凯蒂的分析中，现代财税体系及其累进税制度的结果，必是社会国家。对于社会国家，皮凯蒂并没有进行缜密精细的论证。在皮凯蒂那里，“社会国家”被规定为优于既定的“福利国家”、“更好地把握了各国目标的性质和多样性”的国家形式①。不过，从内涵方面来看，其“社会国家”不过是“福利国家”的另一种称谓。“以 20 世纪发达国家所构建的‘社会国家’为代表的现代化财富再分配机制，基于一系列的基本社会权利：教育权、健康权以及退休权。无论这些财税和社会支付体系在今天面临多大的制约和挑战，这些制度与过去相比无疑是巨大的历史进步。”② 社会国家无疑是带给人们福祉与安全感的现代“欧洲社会模式”的表现。皮凯蒂显然是害怕党派之争而有意把福利国家称为“社会国家”。明眼人可以看出，在新自由主义及新保守主义时代，皮凯蒂之提倡社会国家，实包含着左翼政治意味。皮凯蒂之所以声称对美国失望，而回到法国才找到学术感觉，主要源于其对法国社会国家传统的认同。让一个认同于新自由主义的美国接受“社会国家”的说法，看样子总比接受其所抵触的福利国家要来得高明，问题是美国新自由主义主流理论家们不可能如此缺乏识别能力；新自由主义者们非常清醒，一旦真的接受社会国家，对他们而言将意味着什么，事实上皮凯蒂自己在论证过程中在表达着失望。

“如果你拥有自由贸易与资本和人力的自由流动，但是却摧毁了社会国家和所有形式的累进税，那么，防御性民族主义和身体认同的诱惑将很可能渐渐变得比英国和美国以前都更加强烈。”③ 皮凯蒂提示了新自由主义与新保守主义的同构性，不过重在强调新保守主义的社会政策效应。但反过来也一样，即强化社会国家和所有形式的累进税，同样会影响资本及其人力的流动，降低社会活力，从而不仅制约经济增长，影响社会结构的团结，且同样会导致激进民族主义。实际上，正如经济增长越来越取决于社会政策及其资本结构的合理性一样，经济增长同样越来越成为资本增长的结果，换句话说，一个稳定的现代经济与社会结构，实际上是资本收益率与经济增长率之间的平衡互动的结果。但如此思路好像已经超出了皮凯蒂的想象。

当然，皮凯蒂显然希望其“社会国家”有助于解释落后国家及新兴国

① 皮凯蒂：《21 世纪资本论》，巴曙松译，中信出版社，2014，第 657 页，注 9。

② 皮凯蒂：《21 世纪资本论》，巴曙松译，中信出版社，2014，第 495 页。

③ 皮凯蒂：《21 世纪资本论》，巴曙松译，中信出版社，2014，第 555 页。

家的建设。在这方面，尽管其对新自由主义的批判主要是为欧洲式的社会国家进行辩护，但是，如此批判也指认了一个基本事实，即新自由主义显然抑制了贫困国家的社会国家建设。“1980年以后，源自发达国家的极端自由主义浪潮迫使贫困国家缩减公共部门开支并放慢了现代财税体系建设来推动经济发展的步伐。”① “发达国家总是将发展中国家当成试验场，而根本没有充分汲取他们国家自身历史发展中的教训。”② 这里，皮凯蒂汲取了西方激进左翼的一些现成思想，冷战时期的非西方实际上展开了卓有成效的社会国家建设，而新自由主义的全球化或全球化的资本主义，实是如此社会国家建设的中断。然而，如此思路与其对落后国家及新兴国家有关社会国家建设的艰难现实并不相称。可以断定，他在这方面的思考完全谈不上成熟。

四　r > g：中国意义及其评价

从批判的角度看，皮凯蒂指出了当代资本条件下发展的悖论。这一点对于仍以GDP增长为主要发展模式的当下中国，是有很大启发意义的。从现象上看，30多年GDP的持续增长，同时也是贫富分化的持续加剧，伴随着的则是更高的资本收益率，表现在国家资本及其民间资金的巨额积累及其同样巨大的收益，尤其表现在房地产、稀缺资源及部分的金融衍生产品。但是，中国的问题更加复杂，看来皮凯蒂也仍然只是一个外部的观察者。比如，他不太可能理解，基于中国的制度空间及其巨大的流动性，以及强有力的国家治理能力，会在整体的资本收益率与经济增长率之间实现新的平衡与互动（r = g），换言之，以整体的资本收益率吸纳经济增长率，并形成一个不同于新自由主义的新模式。

皮凯蒂认为，经济制度应当保持相当的透明性，并要求反对特权。这当然重要。在近些年中国政商结合的市场模式中，即存在不透明的特权，而且十分隐蔽和复杂。对此皮凯蒂也感到无可奈何。中国实际上必须面对企业高管，尤其是上市公司高管们高收入的论证与监管，但相当长的一段时间我们似乎只是将其看成市场经济本身的问题，既然没有一种反对的强有力的理论资源，便承认了这个现实，甚至于一度默认了官员转赴高管。当然，在特权

① 皮凯蒂：《21世纪资本论》，巴曙松译，中信出版社，2014，第506页。

② 皮凯蒂：《21世纪资本论》，巴曙松译，中信出版社，2014，第506页。

行为一度泛滥的背后，还存在特权与高管高收入的结盟。因此，即使在企业制度安排环节可以对高管收入进行调节，但实际上并没有杜绝来自政府管理方面对高管高收入的安排或允诺。其中的改革并不只是赞成反腐败就可以解决问题的。皮凯蒂赞成中国的反腐败，但对于其间的复杂性恐怕难以估计。

声称不是民族主义者的皮凯蒂，对于新自由主义及其全球资本主义空间下中国经济增长的意义，其实无法做到感同身受。中国会买下整个世界吗？皮凯蒂当然不同意这一看法，并且用数据说话："目前对'中国将要买下全世界'的担忧纯属杞人忧天。发达国家的富裕程度实际上远远超过公众的想象。如今欧洲家庭拥有的房地产和金融资产在减去负债之后依然高达 70 万亿欧元。而中国所有主权财富基金的资产再加上中国银行的外汇储备目前也就是 3 万亿欧元，不足欧洲家庭净资产总额的 1/20。因此发展中国家根本无力买下发达国家，发展中国家必须要经过长时间的发展才有可能做类似的举动，但这应该是至少几十年后的事情。"① 数据看上去很有说服力，可总觉得有什么地方特别不对劲。如果是数据分析，那就得看究竟采用哪一种评价指标。除了现成的评价指标，还应当有汇率、不动产以及资源等的评价。比如，如果将今日中国巨大的房地产作为评价指标，将会是什么样的情形？有人在 5 年前即西方新一轮金融危机发生时中国的房地产作了一个大胆的估价，说一个上海房地产的总价即相当于美国总资产的一半，这个说法相信是依照当时上海的房价形成的，无论是否具体，这个耸人听闻的估计实际上只是一种抽象的比方。其原因就在于房地产及其整个资本市场的性质，使其不可能进入实际的资产换算，但至少表明中国巨额的资本吸纳能力，而这种能力是 30 多年前中国人无法想到的。未来中国对世界的资本吸纳（包括购买世界的能力）也很难以时日计算，或者说本质上未必是基于主权财富及外汇储备的购买力问题，经济问题有其自身的非理性，而一个现代文明国家也会恰当地控制其非理性，并实现国家财富的增长，并对资产评估产生实际影响；对国家资产的合理评估不只关乎金融市场，显然与国际政治的关系更为紧要。

因此，问题与其说是取决于数据分析，倒不如说在更大的程度上取决于空间想象，进一步，还涉及中国道路的文明性质的把握。正如皮凯蒂所提及的，2008 年金融危机之所以没有真的成为 1929 年毁灭性的"大萧条"，而

① 皮凯蒂：《21 世纪资本论》，巴曙松译，中信出版社，2014，第 478 ~ 479 页。

只是较长时间的“大衰退”，与新兴国家的支撑分不开。“新兴国家的增速迅速反弹，支撑了当今世界经济的发展。”① 其中，人力资本，这个不被皮凯蒂承认的“资本”，更是功不可没。连带并且支撑人口效应的，乃巨大的空间转移，这里存在对资本的空间转移的全新理解，这就是从马克思式的也是古典政治经济学式的空间从属于资本的受动的空间，转向由空间决定并创造资本的激进的和流动的空间的转变。皮凯蒂注意到了金融资本的激进性与流动性，但却看不到空间的激进性与流动性，而激进的空间观正是20世纪60年代以来兴起的当代法国激进理论的基本思想（当然，即使当代法国激进空间，在理解今日全球化时代的空间转移上，也依然是迟缓的）。仅从资本的空间转移而言，新兴国家经济体对既有的西方经济体的对冲效应，实不能取决于既定的经济衡量与评估指标，何况发达国家的负债额往往也是最高的。金融总是朝向最具活力的领域或地区。中国实施的“一带一路”战略及其主导的反应超乎想象的亚投行建设，就很能说明问题。

但问题又表现在另一方面，并且是十分重要的方面，这就是域外仅仅将中国发展看作经济性质的扩张模式。中国可以购买整个世界，其实反映出观念意识方面受到中国“威胁”论的显在的或潜在的影响。因而问题本身并不只是经济问题，更是对中国道路的文明性质的把握问题。迄今为止，撇开右翼根深蒂固的偏见不论，西方激进左翼乃至于中左及其知识左翼，多是将中国道路看作新自由主义从属模式，哈维甚至直接称之为“中国特色的新自由主义”，中国崛起必然是资本主义的输出或扩张，因而对“一带一路”及亚投行建设，常常也作了如此解读。这些举措当然包含有经济上的考量，包含着经济与资本增长的诉求，但是同时肩负着经济援助与道义责任，因而更应该理解为和平主义及其天下责任的当代表现，也是大国责任的表现。因此，舍弃中国道路的文明性质，反而将其简化为新自由主义乃至于另一种新帝国主义，实是一种误判。当然，如此文明性质的讨论或许超出了经济学家的论域。因而，当我们看到往往是一批古典经济学家（如马克思、韦伯）有关经济研究总能上升或渗透文明研究时，我会生出颇多感慨，至少希望当下中国经济学研究的同仁，也能尽可能在文明层面做一些思考。

在可以衡量的状况下，发展中国家在冷战时期展开的公共的社会建设成就，实际上是被皮凯蒂高估了，这方面他看起来特别关注中国。在他的分析

① 皮凯蒂：《21世纪资本论》，巴曙松译，中信出版社，2014，第487页。

中，中国的改革开放主要是此前高积累效应的释放，但他显然忽视了改革开放前中国严重的匮乏状况，仿佛马克思的资本无限积累原则直接生成了改革开放前中国的现实，因为对于经济增长的漠视，皮凯蒂在潜意识里没有想到应将 30 年前的中国匮乏状况与今日中国的实力状况之间区别开来——而这一点是今日中国健全的学术理论思维的基本前提。显然，对于当前中国实施累进税制，皮凯蒂看起来颇有信心。其在中文版自序中谈道："中国原则上可以凭借强有力的中央统一领导体制和高层领导者的反腐和促进公益的决心贯彻累进税制，免于游说集团的压力和竞选政治献金带来的束缚。"① 不过，看来他也只能从"原则上"说。因为正如皮凯蒂已经看到的那样，对当下中国而言，一旦涉及精英阶层必须舍弃其自己获利的"特权"，这些阶层通常并不会赞同累进税制。不用说累进税制了，就连最有效、最常规的遏制高房价的非累进制的多套房产税税收制度，目前仍然处于试点阶段，而且即使对于实现遏制房价也收效甚微。目前房价的现状主要说来是几十年高速发展的房地产业的严重过剩。这方面，无须指望他人，首先是我们自己应对全面深化改革持有信心与决心。

（作者单位：复旦大学哲学学院）

① 皮凯蒂：《21 世纪资本论》，巴曙松译，中信出版社，2014，第XXI页。

齐泽克对马克思商品关系理论的误读及其批判

——一种基于《资本论》的解读

唐正东

我们知道，传统的意识形态批判理论致力于探索表达形式背后的思想内容，或者说，是被表达形式所隐藏起来的内容。对这种解读线索来说，形式是不重要的，真理或者说理性是体现在内容之中的。根据美国学者弗·杰姆逊的解释，这种思路在本质上是18世纪启蒙哲学家的思路。对他们来说，科学或政治的探索在以前是通过宗教这一形式来表达出来的，但这种表达形式实质上是对政治或科学思想的掩盖而不是揭示，因此，必须通过世俗化的、理性的形式来表达政治或科学的真正内容。“启蒙哲学家确认他们的批判对象——宗教——是‘谬误’和‘迷信’，正如我们现在讨论的马克思意识形态分析模式所使用的‘唯心主义’和‘形而上学’这类词汇。这在很大程度上仍然是一种认识论方面的意识形态模式，强调的是作为个人的认识者，个人认识者的知识或是谬误，强调扫除掉那些引起谬误的习惯之后，个人理性的突出地位。”① 但斯拉沃热·齐泽克认为，这种观点是很不深刻的。他硬是通过对马克思商品关系理论的所谓重新解读，把形式的重要性抬高到了不应有的地位，并刻意强调形式本身的创构性作用。齐泽克的这种观点虽然有助于阐发其拉康式的解读思路，但对于我们准确理解马克思的商品关系理论却构成了障碍，因此，需要我们对之做出认真的梳理与批判。

① 弗·杰姆逊：《后现代主义与文化理论》，唐小兵译，北京大学出版社，1997，第258页。

二

齐泽克认为，自马克思之后，关于形式与内容之关系的传统解读思路就应该加以改变，因为马克思已经清晰地阐明了商品关系的形式本身所具有的重要意义。形式的这种重要性并不在于它对内容的彰显，而在于它本身就具有创构性的意义，是它本身创构了内容。在齐泽克看来，就像弗洛伊德在梦的解析理论中所说的那样，当一个人意识到要从梦的显在内容向隐蔽内核返回的时候，他就已经不在梦里了。同样，当商品关系的形式被置放在隐蔽内核即本质内容的层面上来加以界定的时候，这种商品形式就不再是现实世界中的商品形式了，现实商品世界中所发生的事件也不再是由这种商品形式所导致的。因此，齐泽克指出："马克思的阐释程序和弗洛伊德的阐释程序，更确切地说，马克思对商品的分析和弗洛伊德对梦的解析，二者之间存在着基本的同宗同源关系。在这两种情形下，关键在于避免对假定隐藏在形式后面的'内容'的完全崇拜性迷恋：通过分析要揭穿的'秘密'不是被形式（商品的形式、梦的形式）隐藏起来的内容，而是这种形式自身的'秘密'。"①

对齐泽克来说，内容其实是不重要的，尽管它可能存在于某个地方，或者说存在于某个理论家的头脑中，但它是不可能发生作用的，因为一旦它被意识到或者说发生现实作用，那么，整个商品的现实世界就会消失，就像一旦做梦者认识到自己在做梦，认识到梦中的东西是某种潜意识的反映，那么，他就不可能还在梦中了。齐泽克在这里想要强调的是，商品关系的现实世界依然还存在，所以，这只能说明商品关系的形式在彰显着自己的力量，在建构现实的商品世界，而不是那个所谓的本质内容在起作用。正因为如此，齐泽克认为，对马克思和弗洛伊德来说，重要的是追问了潜在梦思为什么必然以这种梦的形式表现出来，劳动的社会性质为什么必然以商品关系的形式表现出来，而不是追问了梦的显在内容是由哪种隐蔽内核所决定的，商品关系的形式为什么是由劳动的社会关系本质所决定的。在他的解读思路中，不存在有什么样的内容就有什么样的形式的观点，而只有什么样的形式决定了可表达出来的内容是什么的观点。于是，重要的当然是形式而不是内

① 斯·齐泽克：《意识形态的崇高客体》，季广茂译，中央编译出版社，2002，第 15 页。

容了。

在《暴力》一书中，齐泽克结合当代资本主义的基础性系统暴力的问题对上述这一观点做出了较为清晰的阐述。他指出，资本是一头只顾自我生产的怪物，它像幽魂一样存在。尽管我们可以说，上述这种说法其实只是对真正的人与自然对象之间的现实关系的一种意识形态抽象，也就是说，资本关系在本质上只是人与自然对象之间关系的一种反映，但问题的关键是：人们好像都生活在这种抽象之中。“这种‘抽象化过程’不仅存在于金融投机家对社会现实的错误认识之中，而且正是在决定物质性社会过程的结构的意义上，这种‘抽象化过程’是‘真实的’：整个阶层的命运，有时甚至是整个国家的命运都可能被资本的‘自私自利’的投机之舞所决定，这种资本的投机之舞只会冷漠地以追求利润作为它的目标，丝毫不会顾及自己的整个运作会如何影响社会现实。”①

因此，齐泽克认为，作为对资本逻辑进行过深刻分析的理论家，马克思其实早就认识到了这一点。对马克思来说，重要的不是把意识形态的抽象化过程还原为现实生活的内在矛盾运动，而是要明确地指出，“如果没有第二个层面，我们便无法准确地理解第一个层面（物质生产和社会交往的社会现实）：正是资本的自我驱动的形而上的舞蹈在操纵着整个表演，它是导致真实生活发展和灾难发生的关键所在”②。齐泽克想说明的意识形态的抽象化过程是不是一个幽魂并不重要。重要的是必须意识到，这个幽魂是真实存在的，因为除非你能摆脱资本这一怪物的统治，否则，你是不可能意识到它只是一个幽魂而不是一个真实存在物的。这就是形式为什么重要，以及为什么必须研究形式本身的秘密的原因。正是在这种形式中，存在资本主义的基础性系统暴力，这是一种更加可怕的、匿名的暴力。

以此为基础，齐泽克批评了古典经济学家的观点。在他看来，古典经济学家所提出的劳动价值论，只是揭示了隐藏在商品形式背后的人类劳动的内容，揭示了商品价值量背后的劳动时间的内容，但并没有清楚地解释把劳动时间的内容隐藏起来的那个商品形式本身的秘密。正因为如此，对古典经济学家来说，商品依然是一个未解开之谜。“这和梦是完全一样的：即使在我们解释了它的隐含意义、潜在思想之后，梦依然是一个谜一般的现象；尚未

① 斯·齐泽克：《暴力》，唐健、张嘉荣译，中国法制出版社，2012，第12页。
② 斯·齐泽克：《暴力》，唐健、张嘉荣译，中国法制出版社，2012，第12页。

得以解释的只是它的形式和过程，隐含意义正是借助于这个过程，以这样的形式，把自己伪装起来的。”① 齐泽克还用马克思在《资本论》第 1 卷中的一段话来为自己进行佐证。在第 1 卷中，马克思的确说过“价值量由劳动时间决定是一个隐藏在商品相对价值的表面运动后面的秘密。这个秘密的发现，消除了劳动产品的价值量纯粹是偶然决定的这种假象，但是绝没有消除价值量的决定所采取的物的形式”②。在齐泽克看来，马克思之所以说古典经济学家虽然发现了价值量的秘密，但无法消除价值量的决定所采取的物的形式，就是因为这些人无力摆脱对劳动这一隐藏在商品形式背后的秘密的迷恋，而不去探究商品形式自身的秘密。因此，马克思对他们的超越就在于对商品形式本身的起源的研究。正是通过这种研究，马克思才完成了古典经济学家们所无法完成的任务，即消除了价值量的决定所采取的物的形式。

那么，齐泽克是如何解读商品形式本身的起源的呢？他并非像马克思那样从商品生产这种特殊生产方式所具有的历史性特点的角度，来阐释劳动产品的商品关系形式的社会历史性起源，而是从交换关系中的个人的角度入手，通过探讨商品交换的社会有效性与对这种社会有效性的意识之间的悖论来说明这一问题。在齐泽克看来，在具体的商品交换过程中，每个人都是实用唯我主义者。这个人即使意识到了交换行为在真正抽象层面的人类劳动的社会化本质，也不可能对上述交换行为产生任何影响，因为如果他们意识到了抽象性本质内容的存在，他们的商品交换关系就会终止（因为他们都是实用唯我主义者，如果他们从社会化本质内容的角度来从事商品交换活动，那他们就不是实用唯我主义者了）。齐泽克说：“参与商品交换行为的所有者都是‘实用唯我主义者’，他们忽略了他们行为普遍的社会综合维度，把它化约为原子化个体在市场中的偶然相遇。他们行为的‘被压抑了的’社会维度，于是以一种与其相反的形式浮出水面，并作为普遍理性转而去观察其本性（作为自然科学概念框架的‘纯粹理性’的范畴网络）。”③ 齐泽克以这种方式很轻松地把行为过程与反思性内容区分开来，既以有效性的名义保证了行为过程的自洽性，又以类似纯粹理性的名义保留了反思性内容的存在，只不过它不会影响商品交换者的行动过程而已。

---

① 斯·齐泽克：《意识形态的崇高客体》，季广茂译，中央编译出版社，2002，第 21 页。

② 《马克思恩格斯全集》第 44 卷，人民出版社，2001，第 92～93 页。

③ 斯·齐泽克：《意识形态的崇高客体》，季广茂译，中央编译出版社，2002，第 28 页。

齐泽克对上述观点做了如下的总结：“这大概就是‘意识形态’的基本维度：意识形态不仅仅是‘虚假意识’，不仅仅是对现实的幻觉性再现，相反它就是已经被人设想为‘意识形态性的’现实自身。‘意识形态性的’是这样一种社会现实，正是它的存在暗示出了参与者对其本质的非知。意识形态是一种社会有效性，是意识形态有效性的再生产，它暗示单个人‘对他们的所作所为一无所知’。”① 也就是说，齐泽克是把意识形态当作一种社会现实来看待的，而不是把它视为一种有待被剥离的虚假意识。它是一种幻象，而不是一种幻觉。主体在幻象或征兆中是一种享受，而不是一种被欺骗的感觉。更重要的是，正是这些享受着幻象的主体的行为实践，构建起了社会现实。正因为如此，齐泽克才会说意识形态是一种意识形态性的现实自身。

二

应该说，齐泽克强调形式自身秘密的重要性，强调意识形态的社会现实性，这的确是在解读视域上对意识形态理论的推进。且不说传统的意识形态理论是围绕着个人意识或思想体系而建构起来的，即使是在后来的阿尔都塞那里，由于他强调了学校等意识形态国家机器在意识形态形成中的作用，因而表现出了从更为复杂的视域来谈论这一问题的倾向，但个人意识的形成始终是他的意识形态理论的中心内容。而齐泽克在这里所建构的，恰恰是意识形态性的社会现实的重要性，它是通过人的行动实践来展现的，而不是基于个人意识的意识形态的重要性。正像他在《意识形态的幽灵》一文中所说的，“所发生的事情是意识形态观念的瓦解、自我限制和自我消散”②。也就是说，真正的意识形态是不通过意识形态概念所直观表现出来的观念或个人意识形态来起作用的，它渗透到了经济、法律等各个层面，并通过它们来表现出自身的控制权力。正像有的学者已经看到的那样，齐泽克对意识形态的这种理解事实上已经超越了后结构主义的意识形态理论，“齐泽克的意识形态理论已经取代了我们耳熟能详的后结构主义的意识形态理论。

① 斯·齐泽克：《意识形态的崇高客体》，季广茂译，中央编译出版社，2002，第28页。

② 斯·齐泽克：《意识形态的幽灵》，参见齐泽克等著《图绘意识形态》，方杰译，南京大学出版社，2002，第18页。

在后结构主义理论中，意识形态被设想成不同话语、制度、实践和权力关系的游戏……后结构主义的意识形态批判最终失败了，因为它们没有触及意识形态幻象（ideological fantasy），这才是意识形态之所以为意识形态的本质之所在"①。我同意这种观点，并且认为应该高度评价齐泽克在这方面所做出的贡献。

但是，同时也需要指出的是，如果以马克思的唯物史观为理论参照系，那么，尽管齐泽克是通过对马克思观点的解读来展开其思路的，但他不仅在很多地方误读了马克思，而且就其解读思路本身来说，也存在一些局限性。

首先，就形式本身的重要性来说，马克思在《资本论》第 1 卷中的确谈到了劳动产品采取商品形式之后具有谜一般的特性，这根源于商品形式本身的特点。"劳动产品一旦采取商品形式就具有的谜一般的性质究竟是从哪里来的呢？显然是从这种形式本身来的。"② 但必须注意的是，马克思并没有像齐泽克所说的那样，从对隐藏在形式后面的内容的迷恋转向对形式本身的秘密的迷恋，而是致力于从社会历史过程的角度探寻这种特定的商品形式背后的人类劳动的内容。他希望告诉大家的是：在商品生产的特殊生产形式下，"人类劳动的等同性，取得了劳动产品的等同的价值对象性这种物的形式；用劳动的持续时间来计量的人类劳动力的耗费，取得了劳动产品的价值量的形式；最后，生产者的劳动的那些社会规定借以实现的生产者关系，取得了劳动产品的社会关系的形式"③。也就是说，当马克思说商品形式的谜一般的特性来自于这种形式本身的时候，他并不是说这种形式本身是脱离其内容而存在的，或者说这种形式本身是具有自洽性的。他想表明的恰恰是，在社会历史发展的特定阶段，这种形式是如何作为人类劳动这一本质内容的表现形式而存在的。我们知道，齐泽克也讲马克思关注的真正问题是人类劳动为什么只能以商品形式而呈现出来。但他与马克思在阐述这一观点时候的侧重点是不同的。齐泽克想强调的是形式本身的自洽性，他关注的是在形式层面的实用唯我主义者的行为实践构成了有效性的社会现实。因此，当他说必须关注内容为什么只能以这种形式呈现出来的时候，他头脑中想的是：形

① 季广茂：《意识形态》，广西师范大学出版社，2005，第 113～114 页。

② 《马克思恩格斯全集》第 44 卷，人民出版社，2001，第 89 页。

③ 《马克思恩格斯全集》第 44 卷，人民出版社，2001，第 89 页。

式就是这样了，至于内容是否完全地呈现了出来，那是不重要的，它能呈现多少就呈现出多少吧。

可马克思不是这样的。他想说明的是在商品生产的特殊生产形式下，人类劳动之间的关系这一内容必然以商品关系这一形式表现出来，并且也决定了这种商品关系形式内部的基本矛盾。这两人之间的差别显然在于：一人是从社会历史过程的角度来解读商品形式本身的起源或来源的，而另一人则是从个人欲望和行为的角度来解读这一点的。正因为如此，尽管他们俩都强调意识形态的社会有效性，齐泽克的相关论述在前面的引文中已经引用了，马克思其实也讲到了类似的观点，“这种种形式恰好形成资产阶级经济学的各种范畴。对于这个历史上一定的社会生产方式即商品生产的生产关系来说，这些范畴是有社会效力的、因而是客观的思维方式”①，但他们由此而得出的结论却是不同的。齐泽克通过这种社会有效性而强调的是意识形态性现实的权力建构以及从内部打破这种权力结构的不可能性。对齐泽克来说，要想打破这种权力结构，就必须要有政党领导下的有组织的政治行动。而马克思则清楚地看到了随着生产形式之内在矛盾运动的推进，商品形式的社会有效性也将随之消失。

这里的关键是：对马克思来说，商品形式的被解构，不是来自于日常交换行为中的个人，即实用唯我主义者，而是来自于生产方式的内在矛盾运动这一社会历史过程。在资本主义生产方式的内在矛盾不明显的时候，即在经济繁荣的时候，交换行为中的个人完全有可能像齐泽克所说的那样，因为对交换关系的本质之非知而沦为意识形态社会有效性的推动力量，但这并不意味着这种意识形态社会有效性就永远可以维持了，因为一旦生产方式的内在矛盾运动变得剧烈起来，意识形态的社会有效性之“网”就会被撕裂。此处的关键是要看出马克思并不是从交换行为而是从生产行为的角度来解读社会现实的本质的，正像他在《资本论》第 2 卷中所说的那样，“在资本家和雇佣工人的关系上，货币关系，买者和卖者的关系，成了生产本身所固有的关系。但是，这种关系的基础是生产的社会性质，而不是交易方式的社会性质；相反，后者是由前者产生的。然而，不是把生产方式的性质看作和生产方式相适应的交易方式的基础，而是反过来，这是和资产阶级眼界相符合

① 《马克思恩格斯全集》第 44 卷，人民出版社，2001，第 93 页。

的，在资产阶级眼界内，满脑袋都是生意经”①。当然，齐泽克的脑袋里显然不会充斥着生意经，但他在解读意识形态性的现实自身的时候，也是从交换或交易行为中的个人的角度来展开的。我们只能说他在无意中与马克思所批判的资产阶级经济学家拥有了同样的眼界。

三

其次，就齐泽克所说的古典经济学无法解释商品形式本身的秘密而言，马克思尽管也表述过相类似的观点，但阐述思路是不尽相同的。齐泽克的意思是：古典政治经济学的劳动价值论，即商品的价值量是由生产该商品所耗费的人类劳动量所决定的观点，只是解释了隐藏在商品形式后面的秘密，但没有解释商品形式本身的秘密。因此，商品对它来说仍然是一个谜一样的东西。有意思的是，齐泽克还引用了马克思在《资本论》第 1 卷中的一段话作为佐证，似乎马克思也是赞同他的这种观点的。“因此，价值量由劳动时间决定是一个隐藏在商品相对价值表面运动后面的秘密。这个秘密的发现，消除了劳动产品的价值量纯粹是偶然决定的这种假象，但是绝没有消除这种决定所采取的物的形式。”② 可仔细分析不难发现，在对古典经济学的批评上，马克思与齐泽克是站在不同的解读思路上的。对齐泽克来说，古典经济学虽然获得了劳动价值论，但没有消除商品拜物教这种人类劳动的物的表现形式，其原因就在于它没有解释商品形式本身的秘密。齐泽克对这一秘密的解释是从实用唯我主义者的个人的交换欲望和行为入手的。关于这一点，我在前面已经做过论述，在此就不再展开了。

可马克思其实并不是这样认为的。他尽管的确讲到了资产阶级古典经济学并没有消除社会劳动的物的外观，“后来科学发现，劳动产品作为价值，只是生产它们时所耗费的人类劳动的物的表现，这一发现在人类发展史上划了一个时代，但它绝没有消除劳动的社会性质的物的外观”③。但对马克思来说，它之所以没有消除社会劳动的物的外观，不是因为它没有从交换个体

---

① 《马克思恩格斯全集》第 45 卷，人民出版社，2003，第 133 页。

② 斯·齐泽克：《意识形态的崇高客体》，季广茂译，中央编译出版社，2002，第 20 页。马克思的原文参见《马克思恩格斯全集》第 44 卷，人民出版社，2001，第 92～93 页，译文略有不同。

③ 《马克思恩格斯全集》第 44 卷，人民出版社，2001，第 91 页。

的角度来研究商品形式的秘密，而是因为支撑这种商品交换关系形式的生产方式即资本主义生产方式，暂时还没有到崩溃的状态。在历史观上，它目前处在暂时的必然性阶段，但这绝不是一种绝对的必然性。古典经济学的真正问题就在于没有看出这一点，它实际上是把社会劳动的拜物教形式当作一种天然的、自然的形式来看待了。因此，对它来说，这种物的外观根本不存在一个需要被消除的问题。马克思很准确地看到了这一点："彼此独立的私人劳动的独特的社会性质在于它们作为人类劳动而彼此相等，并且采取劳动产品的价值性质的形式——商品生产这种特殊生产形式才具有的这种特点，对受商品生产关系束缚的人们来说，无论在上述发现以前或以后，都是永远不变的，正像空气形态在科学把空气分解为各种元素之后，仍然作为一种物理的物态继续存在一样。"①

而马克思由于是把交换关系置于生产关系的层面上来加以理解的，"交换就其一切要素来说，或者是直接包含在生产之中，或者是由生产决定"②。而且，他所理解的生产关系恰恰又是具体的、历史的生产关系，"这里再一次表明：生产关系的即范畴的——这里指资本和劳动的——特殊规定性，只有随着特殊的物质生产方式的发展和在工业生产力的特殊发展阶段上，才成为真实的"③。因此，马克思眼中的商品关系不是像齐泽克所说的那种基于个体的简单交换关系，而是资本主义生产方式条件下的一种具体的交换关系，即雇佣工人与资本家之间的交换关系。而就是在这种具体的交换关系中，我们可以看到非常丰富的资本主义生产关系的内容，并从而看出资本主义生产方式的历史必然性。马克思说："这是买和卖，是货币关系，但这种买和卖的前提是：买者是资本家，卖者是雇佣工人。而这种关系所以会发生，是因为劳动力实现的条件——生活资料和生产资料——已经作为他人的财产而和劳动力的所有者相分离了。"④ 马克思之所以说雇佣工人和资本家的关系的基础是生产的社会性质而不是交易的社会性质，其原因正在于此。马克思也正是从这一点出发，虽然承认了在资本主义条件下形式有可能完成对其实体或本质的"硬化"⑤，但依然十分明确地坚持这种硬化了的外在形

① 《马克思恩格斯全集》第44卷，人民出版社，2001，第92页。
② 《马克思恩格斯全集》第30卷，人民出版社，1995，第40页。
③ 《马克思恩格斯全集》第30卷，人民出版社，1995，第255页。
④ 《马克思恩格斯全集》第45卷，人民出版社，2003，第38页。
⑤ 《马克思恩格斯全集》第46卷，人民出版社，2003，第939页。

式永远不可能成为绝对的必然性，“但是很明显，这种颠倒的过程不过是历史的必然性，不过是从一定的历史出发点或基础出发的生产力发展的必然性，但绝不是生产的一种绝对的必然性，倒是一种暂时的必然性，而这一过程的结果和目的（内在的）是扬弃这个基础本身以及扬弃过程的这种形式”①。

齐泽克经常讲一些著名的笑话，其中有些笑话是很能说明问题的。譬如，有一个笑话是这样的：“有这么一个人，他一直相信自己是一颗玉米粒。在被带到精神病院后，医生花了很大的努力，终于让他相信他不是一颗玉米粒，而是一个人。于是，他被治愈了（相信他不是一颗玉米粒而是一个人了），并允许出院了。但他很快又回来了，并颤抖着用惊讶的口吻说，门外有一只小鸡，他害怕那只小鸡会吃掉他。医生说：‘我亲爱的伙计，你已经很清楚地知道了你不是一颗玉米粒而是一个人。’可他回答说：‘我是知道的，但那只小鸡知道吗？’”② 齐泽克还把这个笑话延伸到了对商品拜物教的解读之中：“我们可以假设一个资产者参加了一场关于商品拜物教的马克思主义的讲座。课后，他回来向老师抱怨说，他仍然是商品拜物教的牺牲品。老师跟他说：‘可你现在已经知道事情是怎么回事了，商品关系只是社会关系的表现而已，这里并不存在什么魔法性的东西！’那学生回答道：‘我当然知道这些，但我所打交道的商品似乎并不知道这些！’”③ 齐泽克的笑话尽管很精彩，但他不明白的是：商品知道或不知道这些东西，其实是不重要的，因为社会关系的历史发展必然会使商品关系本身呈现出历史性的发展态势，从而用事实来证明，脱离了内容的形式是不可能有所谓的创构性作用的。

（作者单位：南京大学哲学系）

① 《马克思恩格斯全集》第 31 卷，人民出版社，1998，第 244 页。

② Slavoj Žižek, *Žižek's Jokes*, Edited by Audun Mortensen, Cambridge: The MIT Press, 2014, p. 67.

③ Slavoj Žižek, *Žižek's Jokes*, Edited by Audun Mortensen, Cambridge: The MIT Press, 2014, p. 67.

文化与经济关系：西方马克思主义政治经济学批判的启示

马拥军

人类已经进入过剩经济时代。按照马斯洛的需要层次论，人类物质需要满足之后，会进入一个文化需要凸显的时期。[①] 这正是马克思在《〈政治经济学批判〉序言》中所说的由“市民社会”向“人类社会”转型的时期。遗憾的是，由于实践的需要未能转化为理论的需要，从马克思主义政治经济学批判诞生到今天，人类走了过多的弯路。在一个普遍联系和有机发展的时代，单凭感觉是不能把握真理的。理论思维必须超越感觉的局限性，把现象层面的常识上升为本质层面的科学。这正是当代马克思主义政治经济学批判的历史使命。在这一方面，西方马克思主义政治经济学批判为我们提供了许多正面和反面的借鉴。

一　问题的提出

鲍德里亚（如译作“波德里亚”）在《象征交换与死亡》一开始，就大胆地摆脱理论思维，凭感觉提出了一种彻头彻尾的错误观点：马克思的政治经济学过时了。在他看来，马克思属于“古典”时代，那时候“语言学与物质生产中的价值机制有完整的对应关系”，价值的结构维度和参照维度

---

① 按照马斯洛的看法，人类需要从低到高，分为生存需要、安全需要、社交需要、尊重和爱的需要、自我实现需要。在马斯洛看来，一方面，只有低级需要满足了，高级需要才会产生；另一方面，某种需要一旦满足，就不再能成为激励人们行为的力量；这时，只有更高级需要才能激励人们的行为。

联系在一起；“然而现在，参照价值为了唯一的价值结构游戏的利益而被摧毁了……现在是另一个价值阶段占优势，即整体相关性、普遍替换、组合以及仿真的阶段”①。鲍德里亚大声宣布：“这是劳动的终结、生产的终结、政治经济学的终结。”“这是能指/所指辩证法的终结……这同时也是交换价值/使用价值辩证法的终结……这是话语线性维度的终结、商品乡情维度的终结、符号古典时代的终结、生产时代的终结。”②

鲍德里亚错了。马克思明确地把自己的著作定名为《政治经济学批判》而不是“政治经济学”。鲍德里亚当然知道这一点。遗憾的是他根本就没有读懂马克思的著作。同众多的西方马克思主义哲学家和经济学家一样，他对《政治经济学批判》或《资本论》的研究目的和研究对象、研究方法不甚了了，误以为马克思缺乏对“消费社会”的把握，因而陷入了“生产范式”。这错得太离谱了。不要说在“政治经济学批判”阶段，马克思早在他研究政治经济学的初期，在批判“国民经济学”的阶段，就已经明确区分了“异化的需要”和“病态的欲望”，对于异化、物化和幻化的现象作了旗帜鲜明的理论分析。在《政治经济学批判》中，更是从生产、交换、分配和消费的有机关系出发，解剖了现代市民社会的市场基础。鲍德里亚完全不理解这一切，难怪他同“弗洛伊德主义的马克思主义者”一样，把马克思和弗洛伊德混为一谈。在《象征交换与死亡》的结论部分，鲍德里亚明明说“马克思和弗洛伊德的分析是批判性的”，却又顽固地认定“这些分析却没批判自己领域内的区分，它们没有意识到这种区分是自己得以建立的基础……它们以此名义输出自己的概念，并使自己帝国主义化”。鲍德里亚完全错了。这种指责用在弗洛伊德身上恰如其分，用在马克思身上却只表明了他对马克思的曲解，至少是误解。马克思并没有把“生产方式”这一“初级过程”变成“不可还原的规定性模式”③，相反，他明确地把“物质生活的生产方式”对“社会生活、政治生活和精神生活”的生产的制约称为“市民社会”的原则，因而也是“人类社会的史前时期”的原则。④“人类社会”必将超越这一原则。

鲍德里亚的“消费社会”只不过是“市民社会”的回光返照。他所说

① 〔法〕让·波德里亚：《象征交换与死亡》，李犨山译，译林出版社，2009，第3～4页。

② 〔法〕让·波德里亚：《象征交换与死亡》，李犨山译，译林出版社，2009，第6页。

③ 〔法〕让·波德里亚：《象征交换与死亡》，李犨山译，译林出版社，2009，第321页。

④ 参见《马克思恩格斯文集》第2卷，人民出版社，2009，第591～592页。

的与象征交换联系在一起的死亡不过是“市民社会”的死亡。如火凤凰涅槃一般，从它的灰烬中将产生出崭新的“人类社会”：以共产主义为基础的新型社会形态。马克思确实没有看到20世纪以后的新现象，但他早年通过哲学批判，后来通过政治经济学批判，特别是通过对过剩经济的分析预测到了这一切现象。我们需要做的是把握资本本质的自我否定，并用资本本质的自我否定说明新现象的产生机制，而不是为新的现象所迷惑，导致本质、现象不分，更不是让新的现象遮蔽旧本质的自我否定。只有通过对资本本质之自我否定、自我扬弃的认识，才能准确把握当前人类所面对的难题。

二　马克思和恩格斯对过剩经济的分析

鲍德里亚对“生产”的理解仍然过于狭隘。虽然他意识到，生产不仅是使用价值的生产，而且是资本的生产、阶级关系的生产，就此而言要超过许多自称的“马克思主义者”；但鲍德里亚对“生产之镜”的批判表明，他没有意识到：马克思的“生产”不限于现存制度自身的再生产，而且包括现存制度自身的否定方面的生产，包括“社会”本身的生产。马克思在《〈政治经济学批判〉序言》中明确指出：“在资产阶级社会的胎胞里发展的生产力，同时又创造着解决这种对抗的物质条件。因此，人类社会的史前时期就以这种社会形态而告终。”①

在马克思和恩格斯看来，资本具有内在的否定性，这种内在否定性通过生产方式内部的两个因素——生产力与生产关系和交换关系的辩证法表现出来。他们在《共产党宣言》中的这段话，集中表现了资本主义生产方式到达自己限度后的结果：

> 资产阶级的生产关系和交换关系，资产阶级的所有制关系，这个曾经仿佛用法术创造了如此庞大的生产资料和交换手段的现代资产阶级社会，现在像一个魔法师一样不能再支配自己用法术呼唤出来的魔鬼了。几十年来的工业和商业的历史，只不过是现代生产力反抗现代生产关系、反抗作为资产阶级及其统治的存在条件的所有制关系的历史。只要指出在周期性的重复中越来越危及整个资产阶级社会生存的商业危机就够了。

① 参见《马克思恩格斯文集》第2卷，人民出版社，2009，第592页。

> 在商业危机期间，总是不仅有很大一部分制成的产品被毁灭掉，而且有很大一部分已经造成的生产力被毁灭掉。在危机期间，发生一种在过去一切时代看来都好像是荒唐现象的社会瘟疫，即生产过剩的瘟疫。社会突然发现自己回到了一时的野蛮状态；仿佛是一次饥荒、一场普遍的毁灭性战争，使社会失去了全部生活资料；仿佛是工业和商业全被毁灭了，——这是什么缘故呢？因为社会上文明过度，生活资料太多，工业和商业太发达。社会所拥有的生产力已经不能再促进资产阶级文明和资产阶级所有制关系的发展；相反，生产力已经强大到这种关系所不能适应的地步，它已经受到这种关系的阻碍；而它一着手克服这种障碍，就使整个资产阶级社会陷入混乱，就使资产阶级所有制的存在受到威胁。资产阶级的关系已经太狭窄了，再容纳不了它本身所造成的财富了。①

这段经典论述至少包含三层意思。

第一，马克思和恩格斯把“现代资产阶级社会”视为由“资产阶级的所有制关系”“资产阶级的生产关系和交换关系”所建构的有机体，这个有机体创造了“庞大的生产资料和交换手段”。

可见，马克思并不是单纯从生活资料或消费资料的角度看待资本主义生产的，更重要的是“生产资料”和“交换手段”的发展。西方马克思主义者关于“消费不足”还是“生产过剩”的争论，恰恰都只是从生活资料或消费资料的角度着眼的。

第二，当时所发生的商业危机是“现代生产力反抗现代生产关系、反抗作为资产阶级及其统治的存在条件的所有制关系”的危机，因此，只有消除这种所有制关系以及与它相适应的生产关系和交换关系，才能根除危机，否则，危机就只能以不断扩展的形式被再生产出来。

第三，危机的实质是“生产过剩的瘟疫”，因此同历史上由生活资料或个人消费品不足所导致的“短缺危机”具有完全不同的性质。这决定了不可能采取传统的“扩大生产”的方法来克服危机。

从这三层意思可以看出，马克思和恩格斯认为，所谓生产过剩，表面上看是产品过剩以及由此导致的生产资料和劳动力过剩，实质上却是生产力相对于所有制关系和生产关系、交换关系来说的过剩，用马克思和恩格斯的话

① 参见《马克思恩格斯文集》第 2 卷，人民出版社，2009，第 37 页。

说，是“资产阶级的关系已经太狭窄了，再容纳不了它本身所造成的财富了”。生产力的进一步发展，必然要求扬弃资产阶级的生产关系、交换关系以及作为两者基础的所有制关系。

那么，这种要求由谁去完成呢？无产阶级。“资产阶级不仅锻造了置自身于死地的武器；它还产生了将要运用这种武器的人——现代的工人，即无产者。”① 在共产党人领导之下，无产者将意识到自己的阶级属性，从自发的阶级上升到自为的阶级，并把自身的内在要求对象化，创造一个建立在全新的所有制基础上的新型社会。

马克思和恩格斯在后来的著作中对《共产党宣言》的原则做了进一步的发挥。例如，马克思在《政治经济学批判》和《资本论》中，恩格斯在《社会主义从空想到科学的发展》中，都对过剩经济的本质和后果进行了深刻的分析和揭露。在恩格斯看来，“社会的生产无政府状态的推动力使大多数人日益变为无产者，而无产者群众又将最终结束生产的无政府状态”。无产阶级的历史使命是由它的阶级地位即“过剩劳动”决定的：“社会的生产无政府状态的推动力，使大工业中的机器无止境地改进的可能性变成一种迫使每个工业资本家在遭受毁灭的威胁下不断改进自己的机器的强制性命令。但是，机器的改进就造成人的劳动的过剩。如果说，机器的采用和增加意味着成百万的手工劳动者为少数机器劳动者所排挤，那么，机器的改进就意味着越来越多的机器劳动者本身受到排挤，而归根到底就意味着造成一批超过资本雇工的平均需要的、可供支配的雇佣劳动者，一支真正的产业后备军……这支后备军在工业开足马力工作的时期可供随意支配，而由于随后必然到来的崩溃又被抛到街头，这支后备军任何时候都是工人阶级在自己同资本进行生存斗争中的绊脚石，是把工资抑制在合乎资本家需要的低水平上的调节器。”② 这样一来，机器——用马克思的话来说——就成了资本用来对付工人阶级的最强有力的武器，劳动资料不断地夺走工人手中的生活资料，工人自己的产品变成了奴役工人的工具。③ 于是，劳动资料的节约，一开始就同时成为对劳动力的最无情的浪费和对劳动职能的正常前提的剥夺；机器这一缩短劳动时间的最有力的手段，变成了使工人及其家属一生的时间转化

① 参见《马克思恩格斯文集》第 2 卷，人民出版社，2009，第 38 页。

② 《马克思恩格斯文集》第 3 卷，人民出版社，2009，第 554 页。

③ 见《马克思恩格斯文集》第 5 卷，人民出版社，2009，第 501 页。

为可以随意用来增值资本的劳动时间的最可靠的手段；于是，一部分人的过度劳动成了另一部分人失业的前提，而在全世界追逐新消费者的大工业，却在国内把群众的消费限制到忍饥挨饿这样一个最低水平，从而破坏了自己的国内市场。“使相对过剩人口或产业后备军同积累的规模和能力始终保持平衡的规律把工人钉在资本上，比赫斐斯塔司的楔子把普罗米修斯钉在岩石上钉得还要牢。这一规律制约着同资本积累相适应的贫困积累。因此，在一极是财富的积累，同时在另一极，即在把自己的产品作为资本来生产的阶级方面，是贫困、劳动折磨、受奴役、无知、粗野和道德堕落的积累。”①

因此，过剩经济经历了从产品过剩到资本过剩，再到劳动力过剩的过程。但是劳动力的过剩必然导致无产阶级的反抗。马克思和恩格斯“资产阶级的灭亡和无产阶级的胜利是同样不可避免的”结论就是这样得来的。然而，自《共产党宣言》发表以来，160 多年的时间已经过去了，马克思和恩格斯对资本主义的死刑判决书并没有得到执行。相反，资本主义进入了鲍德里亚所说的“消费社会”，马克思对资本主义的批判似乎过时了。这是怎么回事呢?

原因有很多。最重要的一点，是由于马克思和恩格斯低估了资本主义发展的潜力。《共产党宣言》发表的时候，全世界只有英国达到“过剩经济”阶段。当时的过剩还只是过剩经济的早期形式，当时的经济危机也只相当于后来发展中国家面对的“中等收入陷阱”。马克思和恩格斯很快发现，历史的发展与他们的预期不符，因此迅速调整自己的观点。《资本论》是以英国作为理想模型的，因此当经济危机越出英国，表现出新的特点的时候，马克思决定暂缓《资本论》第 2、3 卷的出版，从而推迟了他的全部“政治经济学批判”研究计划。

三　“政治经济学批判”计划的推迟与资本主义死刑判决的缓期执行

众所周知，“政治经济学批判”是马克思原来的总的研究计划。《资本论》只是总的研究计划中的一部分，即对“资本”进行研究的部分。根据马克思的“六册结构计划”，除了对“资本”的研究外，马克思还将研究“地产”、“雇佣劳动”、“国家”、“对外贸易”和“世界市场”。

① 见《马克思恩格斯文集》第 5 卷，人民出版社，2009，第 773 ~ 774 页。

马克思在《资本论》序言中明确指出："我要在本书研究的，是资本主义生产方式以及和它相适应的生产关系和交换关系。"① 而对资本主义生产方式以及和它相适应的生产关系和交换关系的研究，马克思又是以英国作为理想模型的。这是因为，当时只有英国达到了过剩经济的水平。然而，英国并不是孤立存在的。工业化完成以后，过剩经济迫使英国进入了对落后国家进行商品倾销的阶段，以解决产品过剩、资本过剩和劳动力过剩所带来的问题。资产阶级把这种倾销美其名曰"自由贸易"。实际上，这种自由贸易恰恰构成对落后国家的相对剩余价值的剥削。② 剥削的结果，是使英国上升为全世界的统治民族，甚至连它的工人阶级也资产阶级化了，以至于马克思和恩格斯指出：英国不仅出现了资产阶级化的贵族，而且出现了资产阶级化的无产阶级。

19 世纪末 20 世纪初，当德国重复英国之路的时候，罗莎·卢森堡试图超越《资本论》的研究对象，把"资本主义生产方式以及和它相适应的生产关系和交换关系"置于一个"非资本主义环境"中进行研究。她的《资本积累论》相当于马克思政治经济学批判六册计划的后三册计划，即关于"国家"、"对外贸易"和"世界市场"的研究。在她之后，巴兰、弗兰克、沃勒斯坦、伊曼纽尔、阿明等马克思主义学者相继从发达国家与不发达国家关系角度，拓展了马克思的研究计划，建立了关于"世界体系"的理论。这与列宁主义的帝国主义理论形成了呼应。根据这些理论，我们可以总结出：20 世纪资本主义之所以没有灭亡，一个重要原因是资本内在否定性的空间界限尚未达到。发达国家可以通过不平等的国际经济秩序，来制造发达国家和落后国家的民族对立，离间全世界无产阶级的国际团结。

马克思和恩格斯给资本主义下达的死刑判决没有得到执行的另一个原因是发达国家自身生产关系的调整。这由两个方面造成：一是无产阶级的革命斗争被限制在改良主义范围内；二是资产阶级改革派创造了"宏观经济"，缓和了阶级矛盾。马克思主义创立的时期，正是自由资本主义狂飙突进的时期。马克思和恩格斯之所以断言资本主义必然灭亡，社会主义和共产主义必然胜利，就是由于他们看到了资本主义基本矛盾所必然导致的经济过剩的危机。但是，当时马克思和恩格斯还只看到结构性过剩，即相对于劳动人民的

① 《马克思恩格斯文集》第 5 卷，人民出版社，2009，第 8 页。

② 对鸦片战争，应当放到这一总的世界历史背景当中来理解。

购买力来说生产能力过剩了；由于劳动人民的刚性需求并没有得到满足，只是表现为由缺乏购买力导致的无效需求，因此也称为相对过剩。相对过剩之所以是结构性过剩，就是由于需求的满足状况并不是均匀分布的，而是结构性分布的，它表现为：有钱人的需要能够得到满足，对于那些最有钱的人来说，甚至各种畸形的、病态的欲望都能得到满足；劳动人民却连基本需求都无法满足，而大众消费却是远比奢侈品消费大得多的利润来源。

由于马克思和恩格斯在世的时候，资本主义全球化还只是一个趋势，没有完全实现，他们不可能看到另一种过剩经济形态——总量过剩。总量过剩意味着，人民群众的刚性需求都能够得到满足，因而社会总供给相对于总需求来说是过剩了，因此总量过剩也称为绝对过剩或弹性过剩，因为这时的过剩经济只是相对于刚性需求来说，才表现为绝对过剩，但相对于更高的弹性需求来说，还有一定的生产和供给空间。然而，需求的弹性导致的必然是利润的不确定性，因此除非随着产品的升级换代形成新的产业，从而导致整个社会的产业结构升级，否则在总供给超过总需求的情况下，自由竞争将使平均利润率不断下降；一旦平均利润率降低为零，以利润为目标的生产方式就崩溃了。

自由资本主义时代的经济危机，基本上属于前者，即相对过剩的危机或结构性危机。这种危机后来在其他国家反复出现。能够克服这些危机、解决相对过剩问题的国家进入发达国家行列；无法克服这些危机的国家，就陷入了所谓的“中等收入陷阱”。大致说来，先行资本主义国家，如英国、西欧国家、美国和日本等，陆续克服危机，进入了所谓丰裕社会，也就是绝对过剩时代或总量过剩时代；而后发展中国家，特别是原殖民地各国，由于发达国家发展起来之后“撤掉了梯子”，纷纷陷入了“中等收入陷阱”。

解决相对过剩危机并不需要改变生产方式，只需要改变分配方式就够了：在美国通过罗斯福新政，在欧洲通过社会党的“社会主义”分配政策，建立福利国家、福利社会，就做到了这一点。可以说，马克思和恩格斯对资本主义下达的死刑判决之所以被缓期执行，就是由于这些国家无一例外都走向了改良主义的“社会主义”道路。

发展中国家却没有这样的幸运。按照“依附论者”的分析，一开始，发展中国家处于殖民地或半殖民地的附属地位，因此无法发挥自身的发展主体性，尤其是自身的资产阶级不能得到独立的发展；在民族独立之后，发展中国家的民族资产阶级发展起来了，但发达国家并不输出自己的改良主义的

“社会主义”政策，而是逼迫发展中国家实行发达国家自己早已放弃的自由资本主义政策。其结果就是相对过剩危机和“中等收入陷阱”。发展中国家要跳出这一陷阱，最佳选择是走向共产主义；最低限度，则是必须实行美国或欧洲的“社会主义”政策，建设“福利国家”或“福利社会”，而美国和欧洲等资本主义国家恰恰以反对“共产主义”之名，不允许发展中国家通过政府调控走大众消费之路。因此，由两极分化、有效需求不足导致的“中等收入陷阱”，就成为走资本主义道路的发展中国家被注定了的命运。

然而，马克思和恩格斯对资本主义的死刑判决并没有撤销。发达国家虽然摆脱了“中等收入陷阱”，但资本主义生产方式的进一步发展又使它陷入了“高平衡陷阱”。“高平衡陷阱”原意指由于所有需求都得到满足，从而使供给和需求达到平衡的一种状态。我用这个概念来标明资本主义发展到绝对过剩或总量过剩后，其弹性需求被完全开发后的状态。从对象方面看，这种状态演化为虚拟经济；从主体方面看，这种状态导致欲望的幻化。它表明，过剩经济已经发展到它的最后阶段。

四　普遍过剩时代呼唤理论创新

作为对新时期的天才描绘，鲍德里亚的消费社会理论和符号政治经济学理论可谓惊人准确。遗憾的是，在一个碎片化的时代，仅凭感觉不可能把握人与世界互动的本质。作为社会学家，鲍德里亚没有从政治经济学批判的角度把握现代社会。同马克思相比，他的政治经济学与其说是一种政治经济学，不如说是伪政治经济学，是以政治经济学面目出现的感觉主义哲学。对这种情况，法国调节学派的利比兹说得很对。他指出，从感觉的角度看，人们必然认为地心说比日心说正确，因为日出而作、日落而息的人们恰恰是根据地心说来安排自己生活的。从来没有人感觉到“地球在动”，更不要说地球围绕太阳在转动了。

就此而言，马克思在经济学上实现的“哥白尼革命”不被人理解，是正常的。像鲍德里亚那样不断发现地心说的“新证据”，也是正常的。真正的时代变革要到人们从空中俯瞰地球的时候才能感觉到。

现在的世界和中国恰恰到了这样一个时刻。

从过剩经济的角度看，20 世纪 70 年代以后的危机基本上属于绝对过剩的危机。它是凯恩斯主义和福利国家、福利社会政策的必然结果。调节学派研究了福特主义调节方式向后福特主义调节方式的转变，得出了非常重要的结论。在我看来，发达资本主义试图克服绝对过剩的危机，主要对策有两条：一是放开金融监管，通过金融自由化的手段，创造出一个虚拟经济市场，吸纳过量发行的货币；二是制定产业政策，通过技术垄断和信息封锁，实现本国产业的结构升级。这就意味着，新时期的战争很少采用军事方式，而更多地采取了金融战争和信息战争的方式。

让我们从福利政策方面分析一下这一过程。

实行福利政策必须解决资金来源问题。迄今为止大致有三种方式筹集资金：一是多印纸币，其结果是导致通货膨胀，进而重新形成结构性过剩局面；二是对富人征税，在此基础上对穷人实行转移支付，其结果是导致资本外逃，促进资本的全球化进程；三是借债，希望通过经济发展带来的“乘数效应”，实现付本还息之后的纯收益，作为实行福利政策的资金来源，其结果是导致主权债务危机。从整个世界范围来看，除了全世界发达资本主义国家都在特定范围内采取第二种方式外，欧洲主要采取第三种方式，美国主要采取第一种方式。实际上，第一种方式也只有美国能够承受，因为它能凭借美元的霸权地位掠夺全世界的财产，并且通过金融市场把泡沫吸收到虚拟经济中。然而，短视的美国资产阶级没有看到，这样做的结果除了透支美国的信用，还会导致新型的金融危机。因为虚拟经济必须有相应的实体经济为后盾，而美国的实体经济已经空心化。2008 年由次贷危机引发的金融危机就是最新的例子。

目前，资本主义社会苟延残喘的唯一希望是通过科技进步不断实现产业升级。但前提是，资产阶级必须同时创造出对这些产品的需求。由于这是刚性需求满足之后的弹性需求，而且是只有通过货币手段才能满足的弹性需求，因此资产阶级只有一方面通过广告等手段，不断刺激、制造出对新产品的热望，另一方面通过引诱消费者延长本可以缩短的劳动时间来满足这些欲望的手段，才能达到自己的目的。由此，人变成了消费机器，一个不断膨胀的欲望黑洞；而大自然母亲则变成了资本的奴隶，一个不仅被榨尽乳汁，而且被榨干每一滴血的骷髅。这才是鲍德里亚所说的消费社会的缘起。

只要站在马克思主义立场上，我们就可以看到：要解决这一切问题，只有抛弃以剩余价值为目的的生产方式，采取以满足需要为目的的生产方式——社会主义和共产主义的生产方式。遗憾的是，西方马克思主义者并没有站在共产主义或“人类社会”的立场上对此进行研究。科里、罗尔、莱德勒、达雷尔、波洛克等人都注意到凯恩斯理论与马克思理论的相通之处，特别是关于平均利润率下降规律、消费不足理论以及国民经济各部类关系理论上的相通之处。斯特雷奇对凯恩斯和马克思的“沟通”还影响到了凯恩斯主义左派，形成了以琼·罗宾逊为首的凯恩斯主义的马克思主义。这种“沟通”的努力甚至影响到最坚定的马克思主义者米克，他在马克思和斯拉法之间建立的“某种桥梁”可以视为西方马克思主义政治经济学批判在这方面的最高成果。问题是：凯恩斯立足于市民社会的自我完善，马克思则立足于市民社会的自我否定向人类社会的过渡，这一根本立场的对立怎么可能进行“沟通”呢？

与欧洲和美国不同，中国试图通过社会主义道路，而不是“社会主义”化的改良式资本主义道路走向共产主义和人类社会。遗憾的是，中国的理论研究并没有跟上实践的步伐。做惯了御用学者的理论家们满足于为政治家的政策做注脚，而不是大胆地超越政治家们的天才直觉，通过马克思主义理论的创新，服务于改革开放的新时代，以至于中国的政策主张虽然基本正确，但其理论支撑却相当薄弱。这在政治经济学批判领域表现得特别明显。早在1984年《中共中央关于经济体制改革的决定》中提出“有计划的商品经济”时，邓小平期待着建立“马克思主义基本原理和中国社会主义实践相结合的政治经济学”[①]，但到现在，20多年过去了，社会主义市场经济体制已经基本建立，还有很多人不明白社会主义市场经济与资本主义市场经济的区别，有的人甚至仍然认为市场经济就是资本主义市场经济，所谓“社会主义市场经济”是一种自相矛盾的说法。这表明，人们根本不了解：中国的“社会主义”并不是马克思和恩格斯所说的作为后资本主义的那种社会状态，而是通往那种状态的一条道路。他们没有认识到“中国道路”的世界历史意义。

改革开放是从实践标准的讨论开始的。但是，不仅政治经济学批判，甚至哲学研究，最近几年都进入一个瓶颈时期。这一点在中共十八大报告中得到了鲜明的体现。十八大报告提出三个“没有变”，其中之一是“社会主义初级阶段的主要矛盾”没有变。从总体情况看，这样表述是有道理的，但从具体状况看，对这一表述的内容需要进行分析。“社会主义初级阶段的主要矛盾是人民群众日益增长的物质文化需要同落后的社会生产之间的矛盾。”这是短缺经济时代的表述。还原到它的最初语境，这一点可以看得更

① 参见《邓小平文选》第3卷，人民出版社，1993，第83、91页。

加清楚。“中国社会主要矛盾”最初在中共八大上被表述为人民群众日益增长的“经济文化需要”同“落后的社会生产”之间的矛盾。这样，主要矛盾的双方，虽然从八大到十八大，一方都是“经济文化需要”或“物质文化需要”，另一方都是“落后的社会生产”，但在需要内部，又表现出“经济需要”或“物质需要”和“文化需要”之间的结构性关系。

21 世纪，中国进入过剩经济时代，使这一矛盾的主体方面的结构发生了重大改变。无论是哲学家，还是经济学家，都应该认清这一重大变化。

过剩经济本身就意味着物质需要能够得到满足，因为相对于需要来说，财富出现了过剩；现在面对的问题是拉动内需以及限制过剩的生产能力。如果说有些人的有些需要得不到满足（如由于全民医保体系和社保体系尚未建立，有些人医保的需要和社保的需要得不到满足），也只是结构性矛盾，而不是由于社会生产能力不足而导致的矛盾。在物质需要能够满足的情况下，中国社会的主要矛盾就变为“人民群众日益增长的文化需要同落后的文化生产之间的矛盾”。由于在提出“物质文化需要”的时代，中国还是短缺经济，温饱尚未实现，因此当时提出的是“两个文明一起抓，两手抓、两手都要硬”，但首先需要抓物质文明，这就是所谓的“以经济建设为中心”。现在已经是经济、政治、文化、社会、生态“五位一体”的时代，“文化需要”已经不再仅限于精神需要，而且包含了政治、文化、社会、生态等需要。[①] 相应的，从个人来说，单纯追求物质财富已经不能再满足人的各方面需要，它只能导致人的片面发展、依附性发展，同共产主义关于“人的全面发展和自由发展”的目标是相悖的。

无论是当前的中国还是当前的世界，都面临“过剩经济向何处去”的问题。解决这一问题，必须“沟通”的是经济学上的需求理论和哲学上的需要理论。这表明，无论是经济学，还是哲学，都需要创新。

五　经济学创新、哲学创新与马克思主义理论创新

过剩经济问题既不是单纯的经济问题，也不是单纯的哲学问题。从生产方式的变革看，这是一个政治经济学批判的问题，因此它既有经济的一面，

① 关于社会主义初级阶段需要状况的变化对经济社会发展的影响，请参见马拥军、何亚娟《中国经济社会结构转型的动力机制刍议》，《江苏行政学院学报》2013 年第 2 期。

也有社会的、政治的、文化的一面。马克思的理论发展经历了一个从哲学批判到政治经济学批判的过程。他的科学社会主义建立在唯物史观和剩余价值理论的基础上。解决当今时代的问题恰恰需要唯物史观和剩余价值理论的引导。但与革命战争年代不同，和平建设年代首先需要的是价值观革命，其次才是世界观和人生观革命。

传统的马克思主义政治经济学教科书正确地指出了社会主义的生产目的同资本主义生产目的的区别：社会主义以满足人民群众日益增长的物质文化需要为目的，资本主义以利润最大化为目的。但是为什么要这样做、如何这样做，却没有阐明。这固然由于理论家们缺乏创新能力，但马克思政治经济学批判的计划没有完成，也是一个重要原因。

加拿大马克思主义经济学家莱博维奇研究了马克思的政治经济学六册计划，发现这一计划中的“雇佣劳动”部分作为“工人阶级的政治经济学”，包含着超越《资本论》的逻辑线索。他认为，马克思主义经济学可以分为两支：一支是揭露资本主义生产秘密的经济学，即资本的政治经济学或资产阶级政治经济学批判；另一支是工人阶级的政治经济学或满足需要的经济学。大多数学者都只关注前者，而莱博维奇试图对后者进行探索。毫无疑问，莱博维奇是正确的。作为“政治经济学批判”，社会主义政治经济学主要是满足人民群众需要的经济学，而不是为资本谋利的经济学，不是发财致富的科学。遗憾的是，国内外虽然有一些学者做了努力，但这样的政治经济学始终没能建构起来。这就使中国的社会主义市场经济建设始终处于“摸着石头过河”的状态，缺乏理论指导：在研究西方经济现象时，马克思主义学者满足于运用《资本论》的结论，批判西方经济学，而在研究社会主义市场经济现象时，又往往依靠西方主流经济学的范式。这在改革开放初期有一定的必然性，因为当时的主要课题是学习和借鉴西方资本主义建设市场经济的经验教训，但随着社会主义初级阶段主要矛盾状况的改变，单纯地批判和借鉴已经远远不够了。最近，习近平总书记明确提出，社会主义不能以利润最大化为目的，而应当以满足人民群众需要为目的。这向我们提出了以“需要经济学”取代“偏好经济学”的任务。

人们常常混淆需要和“想要”（经济学上称为“偏好”）。实际上，这是两个完全不同的概念，需要是客观的，“想要”（偏好）是主观的。比如，糖尿病患者需要胰岛素，尽管病人可能根本不知道有这种东西；相反，他（她）想要的可能是糖这种对他（她）的健康有害的东西。再如，吸毒者需要的是戒毒，他（她）想要的却是毒品。[1] 这说明：需要是客观的，即使人们未必能意识到它，它对于人们的生存和发展来说仍然是必不可少的；而“想要”或偏好却是主观的，有时是病态的、必须革除的。马克思主义主张根据需要来矫正“想要”，而不是相反。

社会主义生产的目的是满足人民群众的“需要”，而不是人们的“想要”或“偏好”。与此相反，西方经济学是偏好经济学。作为微观经济学基础的效用价值论本身就是主观价值论。所谓“效用”，实际上是商品满足人的欲望或想要的程度。无论是基数效用论，还是序数效用论，实际上都是主观价值论。只不过，微观经济学没有意识到：它所假定的效用满足，是以主体具备相应的购买力为前提的。因此，它把资本主义条件下人的效用的满足混同于自然经济条件下人的效用的满足。实际上，整个资本主义经济体系并不是围绕普通人的效用，而是围绕资本的效用，即满足获得利润需要的商品、货币或劳务的效用而建立起来的。因此，西方主流经济学，无论是微观经济学，还是宏观经济学，都站在资本家的立场上，假定每个人都以发财致富、满足自己的“偏好”为人生目的，而不去追问这种“偏好”本身是否正当。

这突出地表现在“需求”这样一个平面化的概念中。作为经济学术语的“需求”与作为哲学术语的“需要”不同。需求表现的只是量的差别，因此有效需求和无效需求、刚性需求和弹性需求的区别极容易被忽视，尤其是被微观经济学所忽视。宏观经济学虽然注意到有效需求与无效需求的差别，但它仍然看不到“有效需求”和“正当需求”的差别。只有不仅把人当作经济人，而且当作现实人，把物质需求当作全部人性需要的一个环节——尽管是最基础的环节，才能理解后凯恩斯主义的世界。

在资本主义社会中，所有需要的满足都必须以货币为中介。因此，货币及其数量，就成为满足所有需要和任何一种需要的前提条件。所有的需要都变成了对货币和资本的需要。这就是马克思所说的“需要异化”。资产阶级经济学不是建立在人的需要的基础上，而是建立在偏好或需求的基础上，从而是建立在异化的需要的基础上，正如它不是建立在单纯创造使用价值的劳

---

① 参见莱恩·多亚尔、伊恩·高夫《人的需要理论》，汪淳波、张宝莹译，商务印书馆，2008，第 54 页。

动的基础上，而是建立在创造价值和剩余价值的劳动的基础上一样。[①] 由此必然导致货币拜物教和资本拜物教，必然形成货币价值观和资本价值观，也就是我们通常所说的“拜金主义”价值观。自由、平等、民主等观念，则是作为货币价值观和资本价值观的基础条件和观念补充而形成的，是贸易自由、平等交换和有钱人做主的理想形态的表现。

马克思在《1844 年经济学哲学手稿》的“私有财产和需要”一节中，不仅分析了需要异化对工人和资本家的不同影响，而且分析了禁欲和纵欲对于资本家的意义：从资本积累的角度看，资本家必须禁欲；但从刺激消费的角度看，“工业的宦官”又必须激起资本家“病态的欲望”。在《政治经济学批判大纲》和《资本论》中，马克思则从资本的生产和资本的流通两个过程的统一角度，分析了禁欲和纵欲在资本主义生产中的不同作用。同样，马克思也研究了大众消费的意义，认为“工人的粗陋的需要是比富人的讲究的需要大得多的赢利来源”[②]。这就预示了过剩经济条件下福特主义调节方式的必要性。

有些人喜欢谈论韦伯的《新教伦理与资本主义精神》，认为马克思未能从文化层面揭示资本主义积累方式的心理机制。这与鲍德里亚对马克思的指责一样，是颠倒了本末。马克思认为新教本身是适应资本积累的“禁欲”需要而产生的，因此它当然能起到促进资本积累的作用。到了过剩经济时代，纵欲而不是禁欲，成了推动资本积累的动力，这时候需要的不是新教或任何一种其他宗教，而是尼采所宣布的“上帝死亡”。在这一意义上，鲍德里亚只是从政治经济学的角度重复了尼采的断言而已。马克思则不仅认为禁欲和纵欲都是需要异化的表现，而且提出了使需要重新实现“人化”的思想。马克思在《1844 年经济学哲学手稿》中明确指出，人类社会的财富观根本不同于市民社会。市民社会建立在人与人对立的基础上，以价值量衡量财富，而人类社会则把他人视为最大的财富。在《1857～1858 年经济学手稿》对三大社会形态的研究中，又提出人类共同的生产能力和他们的社会关系、人的自由个性都是人的财富。这都是从人的对象性本质出发的。

我认为，通过政治经济学批判形成的新的马克思主义原理体系应当建立

① 参见《马克思恩格斯全集》第 3 卷，人民出版社，2002，第 339 页：“对货币的需要是国民经济学所产生的真正需要，并且是它所产生的惟一需要。”至于马克思的“对象性劳动”和“异化劳动”二元对立的理论，则发展为后来的具体劳动和抽象劳动对立的理论。

② 《马克思恩格斯全集》第 3 卷，人民出版社，2002，第 345 页。

在这一基础上。①

原来的马克思主义原理体系是由哲学、政治经济学（资本主义原理）和科学社会主义（社会主义原理）三个部分构成的。我主张，新的马克思主义原理体系应当由对象性价值观、生活世界观和共产主义人生观三部分构成。其中，对象性价值观是对劳动价值论和剩余价值理论的扬弃，生活世界观是对辩证唯物主义和历史唯物主义体系的扬弃，共产主义人生观是对原来的科学社会主义原理的扬弃。

对象性价值观强调以人本价值体系代替货币和资本价值体系。按照货币和资本价值观的标准，只有能用货币衡量的才有价值，其中，物的价值在于它能交换到的货币量，人的价值在于他（她）所能赚取的剩余价值量。或者说，物的价值在于它值多少钱，人的价值在于他（她）能赚多少钱。因此，货币价值观和资本价值观把所有的需要都化为同一种需要：对货币的量的需要。人本价值体系并不否认货币和资本的价值，但认为这并不是根本的价值，而是手段价值，只有人才具有目的价值。因此，资本作为能够带来剩余（交换）价值的价值，必须服务于（交换）价值的生产；（交换）价值的生产必须服务于使用价值的生产；使用价值的生产必须服务于人的多方面、多层次的需要的满足。

与对象性价值观相对应的是生活世界观。马克思强调对“对象”，不能仅仅从客体的方面或直观的方面去理解，而应当视为感性的人的活动，当作实践去理解，应当从主体方面去理解。② 就此而言，人的对象性存在必然与对象性活动、与生活联系在一起，因此不能把马克思主义世界观混同于“科学世界观”。按照马克思和恩格斯的看法，宗教也是世界观，而且是情感世界观，正如社会主义和共产主义是世界观，而且是（体现无产阶级改造世界要求的）意志世界观一样。与人本价值体系相适应，马克思和恩格斯谈论的“世界”总是指“人的世界”。“人就是人的世界，就是国家、社会。”③

从人的需要的全面性和层次性来看，人的世界只能是对象性世界，或者人化世界。所谓“人化世界”，是指人把整个世界变为满足自己需要的财

① 限于篇幅，以下仅作一个提示性的说明。详细内容可参看马拥军《中国道路与马克思主义哲学体系的创新》，《江西社会科学》2013 年第 8 期。

② 参见《马克思恩格斯文集》第 1 卷，人民出版社，2009，第 499 页。

③ 《马克思恩格斯文集》第 1 卷，人民出版社，2009，第 3 页。

富。对于马克思和恩格斯来说，不仅资本、金钱和使用价值是财富，凡是满足人的各方面和各层次需要的对象都是财富。在过剩经济时代，人类必须为自己创造一个包括物质财富、社会财富、精神财富和个性财富在内的立体的财富世界。在此之前，单个的个人必须为自己树立“个性自由”的财富观。

这不可能单纯通过传统意义的物质生产或资本生产来实现，而是必须立足于马克思所说的“全面的生产”，即除了传统意义的物质生产之外，还要推进“文化生产”。但文化生产显然不能采取物质生产的标准，否则必然导致需要的彻底异化，从而形成鲍德里亚的符号社会。

六　结论

法兰克福学派对大众文化和文化工业做出了鲜明的哲学批判。如果鲍德里亚有曼德尔的理论功底和现实关切，他本来可以像詹姆逊批判“晚期资本主义的文化逻辑”那样，对文化生产展开真正的政治经济学批判。遗憾的是，鲍德里亚缺乏否定辩证法的理论武装，难以理解马克思的“价值实体”和“剩余价值”概念，更不要说从马克思对“实体即主体”的批判中得出“对象性即主体性”的结论了；这就难怪，鲍德里亚无法从本质层面把握马克思的剩余价值理论，无法把马克思对资本的批判扩大到对全部经济和文化现象的批判。

我们需要做的，是运用否定辩证法的武器，探寻在市民社会的崩溃中蕴含的人类社会的可能性。

马克思承认鲍德里亚意义上的毁灭。活在“病态的欲望”中，难道本身不就是一种死亡吗？但否定蕴含着肯定，死亡蕴含着新生。随着剩余价值生产还原为价值生产，价值生产还原为使用价值生产，不仅资本主义社会将走到尽头、市民社会将走到尽头，而且“经济的社会形态”本身也将走到尽头。这确实是一种死亡，传统生产方式和生活方式的死亡。但在它之中蕴含着一种崭新的社会的形态：自由人联合体的形态、人类社会的形态。

在这一视野中，人类所经历的一切苦难，无非是“人文化成”的两种形态：异化和异化的扬弃。人是对象性存在物，而对象性恰恰不是通过线性的生成，而是非线性的超越，即异化和异化的扬弃实现的。鲍德里亚划分了仿象的三个等级，即仿造、生产、仿真，认为“第一级仿象依赖的是价值的自然规律，第二级仿象依赖的是价值的商品规律，第三级仿象依赖的是价值的结构规律”①。这恰恰是一种线性的逻辑。在他看来，只有在仿真的极限处，才能终结线性的时间、语言、经济和权力。鲍德里亚没有看到，通过异化、物化等概念，马克思强调和批判的并不是商品的价值规律，而是资本的价值规律。因此，马克思的辩证法根本就不是教科书中那种线性的辩证法，而是比黑格尔的唯心辩证法更加激进的唯物辩证法，只不过后人把它庸俗化为线性辩证法而已。马克思并不认为只有在线性逻辑的终结处才能出现非线性的逻辑，而是自始至终就是非线性的逻辑。

对马克思来说，逻辑与历史的一致并不是形式逻辑与线性历史的一致，而是辩证逻辑（或自我反对的逻辑）与自相矛盾的历史的一致。因此，市民社会的终结和人类社会的生成并不是基督教末世论意义上的终结和生成；并不是凤凰完全化为灰烬后，才从地上的一堆灰烬中出现新的凤凰，而是化为灰烬的同时，灰烬又展现为新的凤凰。这同鲍德里亚对现代性和后现代性的划分形成了鲜明的对比。对鲍德里亚来说，现代性是以工业资本主义和资产阶级霸权上升为特征的生产的时代，而后现代性则是一个由符号、代码和模型控制的模拟的时代。现代性集中于物品——商品和产品的生产，而后现代性则以激进的类制作和符号的激增为特征。他没有看到，现代性和后现代性只是人为的划分，正如末日审判只是人为设定的一样，以为在一端是线性的，另一端是非线性的，这本身就是臆想。

马克思比这要激进得多。用马克思政治经济学批判的眼光审视鲍德里亚，我们就会看到，鲍德里亚所说的“时尚或代码的仙境”“身体或符号的尸体”，无非是由剩余价值生产所造成的“需要的异化”“欲望的病态化”由物质生产领域扩展到文化生产领域的结果。一旦我们把“文化”理解成“人文化成”，即包括社会生活、政治生活和精神生活在内的整体，而不仅仅是与“物质”相对的“精神”，那么，随着剩余价值生产规律、价值生产规律直至物质生产规律的废除，“文化生产”就还原为人自身的再生产，而不是由物质生产规律、价值生产规律，更不是由剩余价值生产规律制约着的一个符号生产领域。

对于共产主义者来说，死亡并不是终结；相反，它只是生命的一部分。

（作者单位：上海财经大学人文学院）

① 让·波德里亚：《象征交换与死亡》，李槿山译，译林出版社，2009，第61页。

鲍德里亚对马克思政治经济学的误读及其根源

冒佩华

鲍德里亚（也译作波德里亚，1929～2007）是当代西方学术界的著名思想家、法国当代著名社会理论家。由于他的思想具有很强的冲击力、影响力和煽动性，因而吸引了国内外学术界的研究和评判。检讨已有文献，我们可以看出他的研究主要集中在哲学和社会学领域。本文试图选择马克思政治经济学视域，首先对其思想体系中对马克思政治经济学误读并对其基本理论具有很强冲击甚至否定的三个重要思想——“消费决定生产”、“符号价值”和“符号象征的社会分层”——进行批判性解读，然后在此基础上对其误读根源进行深入探讨。

一　以“消费决定生产”取代“生产决定消费”

生产和消费的关系是对立统一的关系。在生产和消费这一对矛盾中，生产处于矛盾的主要方面，处于支配的地位；消费不是消极地被生产决定，它对生产也有反作用。马克思在《〈政治经济学批判〉导言》中对此作了完整而科学的阐述：一方面，“生产生产着消费：（1）是由于生产为消费创造材料；（2）是由于生产决定消费的方式；（3）是由于生产通过它起初当作对象生产出来的产品在消费者身上引起需要。因而，它生产出消费的对象，消费的方式，消费的动力”①。另一方面，“消费从两个方面生产着生产：

① 《马克思恩格斯全集》第30卷，人民出版社，1995，第33～34页。

(1) 因为产品只有在消费中才能成为现实的产品……；(2) 因为消费创造出新的生产的需要，也就是创造出生产的观念上的内在动机，后者是生产的前提。消费创造出生产的动力……没有需要，就没有生产"①。为了防止庸俗经济学家把生产和消费等同起来，马克思又进一步强调："无论我们把生产和消费看作一个主体的活动或者许多个人的活动，它们总是表现为一个过程的两个要素，在这个过程中，生产是实际的起点，因而也是起支配作用的要素。消费，作为必需，作为需要，本身就是生产活动的一个内在要素。但是生产活动是实现的起点，因而也是实现的起支配作用的要素，是整个过程借以重新进行的行为。"② 在此，马克思明确指出了：在生产和消费的相互关系中，是生产决定消费，而不是消费决定生产。

然而，在鲍德里亚看来，这一关系不仅不能成立，而且得出相反的结论。鲍德里亚认为，随着西方消费社会的到来，消费不仅构成整个经济生活的主导性逻辑，而且成为当代世界的根本特征，"生产主人公的传奇现在已到处让位于消费主人公"。③ 这从以下三个方面可以得到验证。

第一，从消费所处的地位来看，鲍德里亚认为，消费社会的消费从先前相对于生产而言的被动吸收的地位，转变为一种建立或设定关系的主动模式，即消费从满足需要的程序中解放出来，即在一种主动的关系中，形成了一种系统性的活动模式，形成了对"物体系"的全面性的回应：消费不是与生产相对的被动吸收和占有，而是一种建立在人与物之间、人与集体和世界之间关系的主动模式，这种模式是系统性活动的全面性回应，并且在此模式之上，建立了整个社会文化体系，乃至整个社会体系。至此，消费成为支配整个社会结构的主要力量。

第二，从消费的对象来看，鲍德里亚认为，消费社会的消费对象和范围近乎无限伸展。传统消费主要表现为对物的享有、使用和消耗。但在消费社会，"财富的数量和需要的满足，皆不足以定义消费的概念：他们只是一种事先的必要条件"④。可见，在消费社会里，被消费的对象不仅包括琳琅满目的各色物品，而且包括人与物品之间的关系结构本身，且这种关系已延伸到历史及传播与文化关联的所有层面，以致最后所有与此关联的东西，包括

① 《马克思恩格斯全集》第 30 卷，人民出版社，1995，第 32～33 页。

② 《马克思恩格斯全集》第 30 卷，人民出版社，1995，第 35 页。

③ 波德里亚：《消费社会》，刘成富、全志刚译，南京大学出版社，2000，第 28 页。

④ 布希亚：《物体系》，林志明译，上海人民出版社，2001，第 222～223 页。

思想、理念、文化、感情等都成为消费品。这也就意味着物品具有了一个外在于它并作为意义指涉的关系结构，物品本身被组织为表达这个意义体系的要素，因而物品的消费不再是因为它首先具有物质的特征，而是因为它更显示出是一种“符号”，是一种“个性化”的处于符号差异体系中的意义对象。随之，人们的消费从传统对“物”的消费转入消费社会对“符号”的消费。

第三，从消费的功能来看，鲍德里亚认为，消费社会的消费创造着生产。传统消费过程本来是物体的消亡过程，但在消费社会中，消费过程却成为某种生产过程，起到了生产的作用，这是因为物体在丧失价值体系后，不断地生产出新的物体符号系统。一般而言，伴随着生产能力的提升和物质财富的丰盛，人们的消费能力也应当随之提高；否则生产将难以为继。消费的这一作用显而易见。由此鲍德里亚认为，1929 年的资本主义世界经济危机是“因为资本家不知道如何使人们消费，1929 年的大危机表明了令人窒息的时刻：问题不再是生产，而是流通”。为了进一步强调消费的作用，鲍德里亚接着说：“消费是为了重新生产。在消费中的花费实际上也是一种投资，从总体上看什么也没有浪费。甚至当焚烧咖啡树根时，当大量的财富在战争中被浪费时，这个体系也不能停止使消费导向更大的大生产，它落入到了生产、积累、获利的必然性中。”①

通过以上论述，鲍德里亚突出地强调了消费在消费社会的特殊表现和特殊作用，使生产和消费之间的辩证关系走向“断裂”。

二 以“符号价值”取代“劳动价值”

马克思在《资本论》的开篇就指出：“资本主义生产方式占统治地位的社会的财富，表现为‘庞大的商品堆积’，单个的商品表现为这种财富的元素形式。因此，我们的研究就从分析商品开始。”② 马克思劳动价值论的主要内容可以概括为：商品的两个因素——使用价值和价值（价值实体和价值量）；体现在商品中的劳动二重性——具体劳动和抽象劳动③；劳动二重

① 波德里亚：《生产之镜》，仰海峰译，中央编译出版社，2005，第 130 ~ 131 页。

② 《马克思恩格斯全集》第 23 卷，人民出版社，1972，第 47 页。

③ 《马克思恩格斯全集》第 23 卷，人民出版社，1972，第 55 页。

性决定商品的两个因素，即具体劳动创造商品的使用价值，抽象劳动创造商品的价值。马克思通过对劳动二重性学说的分析，克服并纠正了资产阶级古典经济学家劳动价值论的不彻底性，创立了科学的劳动价值论。这一理论不仅揭示了商品的价值是凝结在商品中的抽象人类劳动，而且揭示了商品的价值量（包括物化劳动转移价值和活劳动新创造的价值）是由生产商品所需要的社会必要劳动时间决定的。显然，马克思劳动价值论中的价值（量）不仅是客观存在的，而且是可以计量的。

在鲍德里亚看来，在传统的匮乏的生产性社会中，产品的消费特征具有实物性、功能性，即消费的对象是具有一定功能的有用性的物品；这种被消费的商品的价值（量），是依据生产这种商品的社会必要劳动时间来确定的，即其价值是依据商品中包含的社会必要劳动的价值量来确定的，而且以商品的使用价值为基础。也就是说，以生产为主导的匮乏社会的消费特征就是：消费的对象是具有使用价值的、具有一定功能的商品，其消费物品的价值主要由社会必要劳动的量来决定，即遵循劳动价值的客观性。但在丰盛的消费社会里，消费所关注的焦点已经不是物品的使用价值，而是“符号”，因而人们的消费从传统对有用性物品的消费转入对符号的消费。而我们所消费的物品，一旦把它作为一个符号来消费时，对其价值的衡量，就不能简单地从该物品的劳动价值（量）出发来看待，而必须通过符号价值来衡量。所谓符号价值，就是指物或商品在被作为一个符号进行消费时，是按照其所代表的社会地位和权力以及其他因素来计价的，而不是根据该物品的劳动价值（量）来计价的。符号价值与物品的劳动价值（量）有时是高度不一致的，也就是说，从劳动价值（量）的角度看，一个物品的价值中所包含的劳动价值（量）可能很少，甚至没有，但是如果它被作为符号进行消费，那么其价值可能就远远地超越其劳动价值（量），即符号价值是可以不受劳动价值（量）的约束的。比如一双名牌皮鞋，其中的原料价值和蕴含于其中的劳动价值（量）虽然很少，但因为其是名牌，所以它的价格可以非常昂贵。因此伴随着消费社会的消费从传统的关注物品的使用价值的功能性消费转变为脱离其使用价值的纯粹符号的消费，对消费品价值的评判也将从原来的客观价值评判转变为主观价值评判。这种主观价值逻辑强调符号、象征、意象、个性、差异、品牌、环境、氛围等主观因素在商品价值生成中的决定性作用。至此，马克思的劳动价值论在鲍德里亚的所谓的符号逻辑体系中被彻底“颠覆”。

三　以“符号象征的社会分层”取代“经济关系决定的阶级差别”

马克思政治经济学认为，阶级差别的实质根源是以财产关系为核心的生产关系，也就是说，阶级的经济含义最本质的内容是生产资料的占有状况。恩格斯在《共产党宣言》英文版（1888）注释中对资产阶级和无产阶级下了一个精确的定义：“资产阶级是指占有社会生产资料并使用雇佣劳动的现代资本家阶级。无产阶级是指没有自己的生产资料，因而不得不靠出卖劳动力来维持生活的现代雇佣工人阶级。”① 也正是对生产资料的占有关系决定他们在社会经济中的地位，马克思在《资本论》中揭示的就是资本主义社会资本家阶级对工人阶级的剥削关系。马克思指出：“劳动过程，就它是资本家消费劳动力的过程来说，显示出两个特殊现象。工人在资本家的监督下劳动，他的劳动属于资本家。其次，产品是资本家的所有物，而不是直接生产者工人的所有物”②，资本家阶级就是这样利用生产资料的占有来剥削工人阶级创造的剩余价值来发家致富，而工人阶级除了自身劳动力之外一无所有，只能靠出卖劳动力维持生存。为了进一步揭示这一关系，马克思深入分析资本主义生产过程的另一个方面，即价值形成过程，特别是价值增值过程。价值形成过程是为生产商品而购买的各种要素（生产资料和劳动力）的价值转移到新商品价值中的过程，是社会必要劳动时间的消耗，所以马克思说：“我们的资本家愣住了。产品的价值等于预付资本的价值。预付的价值没有增值，没有产生剩余价值，因此，货币没有转化为资本。”③ 这是与资本家阶级要剥削工人阶级创造的剩余价值的目的背道而驰的，资本主义生产过程不是劳动过程和价值形成过程的统一，而是劳动过程和价值增值过程的统一。“价值增值过程不外是超过一定点而延长了的价值形成过程。如果价值形成过程只持续到这样一点，即资本所支付的劳动力价值恰好为新的等价物所补偿，那就是单纯的价值形成过程。如果价值形成过程超过这一点，那就成为价值增值过程。”④ 这是资本主义剥削关系的本质所在。

---

① 《马克思恩格斯选集》第 1 卷，人民出版社，1972，第 250 页脚注。

② 《马克思恩格斯全集》第 23 卷，人民出版社，1972，第 209～210 页。

③ 《马克思恩格斯全集》第 23 卷，人民出版社，1972，第 216 页。

④ 《马克思恩格斯全集》第 23 卷，人民出版社，1972，第 221 页。

但鲍德里亚却认为，资本主义消费社会不存在绝对的资本家阶级和工人阶级，即使存在，它们之间的矛盾也只是许多矛盾之中的非主流矛盾。因为在资本主义消费社会里，生产不再是社会的决定因素，消费构成了当下消费社会的内在逻辑。在消费社会里，生活中的一切都成了消费品。消费品的普遍存在证明资本主义的合理，“消费社会首先论证了资本主义平等的神话”。[①] 所以，那种基于生产劳动基础上的对立已经不复存在，以生产劳动来界定阶级也没有任何的实际意义。由于现代消费社会已经不仅仅是一个商品和物的世界，它已经成为一个符号的世界、符号的王国，因此对消费社会的分析，只能从符号入手，因为每个人或物体，其实就像一个符号，有着它应有的位置。这个社会是由符号来决定社会分层的，每个人就像一个符号，在社会中有着自己的编码，有着自己的层级，因此，这个社会的不平等已不再局限于生产领域，而是更多地体现在消费领域，构成社会矛盾的基础也不再是生产资料的占有，不再是来自生产的支配。“简而言之，当代资本主义的基本问题不再是获得最大的利润与生产的理性化之间的矛盾，而是在潜在的无限生产力与销售产品的必要性之间的矛盾。”[②]

由于符号的消费可以是一种建立关系的主动模式，因此它不仅仅可以体现人与物的关系，还可以体现人与人之间的关系、人与世界的关系，消费自身也可以建构一套社会关系，可以体现人的地位、层次，可以标志高低贵贱。而且不同的消费符号所代表的是不同的关系理念，这种不同的关系理念包含着不同符号拥有者的地位、身份、权力、品位、个性等诸多差异，所以，消费社会的消费意味着特权而不是平等。消费社会的来临，在表面上看来，人人都可以在消费中享受经济发展的成果，都可以自由地购买自己的消费品，然而，这并不意味着真正的民主和平等，因为，“消费并没有使整个社会更加趋于一致”。[③] 对符号的消费本身就是建立在差异和不平等的基础之上的，因为符号之所以能成为消费品被消费，原因在于其具有社会区分的意义，在此意义上，消费社会的消费本身就会“重新产生等级和阶级特权”。[④] 具有强大购买力的消费者，通过符号消费的方式，“从炫耀到审慎

① 仰海峰：《走向后马克思：从生产之镜到符号之镜——早期鲍德里亚思想的文本学解读》，中央编译出版社，2004，第 133 页。

② 波德里亚：《消费社会》，刘成富、全志刚译，南京大学出版社，2001，第 60 页。

③ 波德里亚：《消费社会》，刘成富、全志刚译，南京大学出版社，2001，第 45 页。

④ 波德里亚：《消费社会》，刘成富、全志刚译，南京大学出版社，2001，第 38 页。

（不过分炫耀），从量的炫耀到高雅出众，从金钱到文化，绝对地维系着特权”。[1] 所以，鲍德里亚认为，在消费社会中，“无论财富的绝对量多少，都含有一种系统的不平等”[2]，这种不平等和特权是消费社会的内在机制，与马克思所揭示的资本主义生产关系逻辑没有任何关系。

四 鲍德里亚误读马克思政治经济学理论的根源探究

鲍德里亚通过对消费社会的消费逻辑和消费原则的分析，做出了对当下社会特征的一个基本判断：消费决定生产、符号价值呈现以及社会分层的符号象征和符号决定。虽然这些思想具有强烈的时代感，见解十分独到，但由于其脱离了分析问题的基本原则和辩证方法，也形成了对马克思政治经济学理论的误读和曲解。在此，我们将从根源上对其进行深入剖析。

（一）鲍德里亚的分析越出商品经济范围、脱离马克思政治经济学语境

马克思对“商品经济”（后发展为“市场经济”）的分析构成了他政治经济学理论研究的基础。在商品经济条件下，商品生产和商品交换成为基本环节；生产者生产的目的主要不是获得使用价值，而是在商品交换中获得价值和剩余价值（现实中也称“利润”）。但在鲍德里亚看来，伴随着消费社会的到来，汽车、冰箱、洗衣机、电视和家具等日常生活所使用的“物”被“符号”代替，其价值也将由原来的劳动价值转化为符号价值。从此，物品的价值变得与生产过程毫无关系；符号交换既没有使用价值，也没有价值。由于符号价值成了商品的最重要的价值，所以，生产活动不再是现代社会的基础。这里鲍德里亚玩了两个花招：一是将马克思政治经济学语境中商品的使用价值偷换成一般物品的有用性概念，并将能体现消费者个性的某些特殊物品当作一般物品；二是彻底逃脱马克思政治经济学语境和逻辑的限制（马克思经济学的价值概念始终与客观的人类劳动的凝结结合在一起），用符号价值来界定商品价值，从而使商品价值变得十分主观且难以衡量。

---

① 鲍德里亚：《消费社会》，刘成富、全志刚译，南京大学出版社，2001，第40页。

② 鲍德里亚：《消费社会》，刘成富、全志刚译，南京大学出版社，2001，第38页。

（二）鲍德里亚的分析背离了整体性分析原则

鲍德里亚虽然深知生产的发展促使“匮乏的生产社会”向“丰盛的消费社会”的转变，但他却完全否认生产逻辑在本质上的奠基性作用和决定性影响。为了批判马克思的生产逻辑，鲍德里亚在《生产之镜》的开篇就写道：“一个幽灵，一个生产的幽灵在革命的想象中徘徊。它到处支持着没有约束的生产浪漫主义。”① 其实，马克思从来没有孤立地理解和规定生产，即使在他生活的那个时代也不曾贬低过消费在整个经济生活中的意义。在任何一个经济时代，生产和消费都是一个相互依存、相互制约的有机整体。鲍德里亚极力推崇消费逻辑和否定生产逻辑的做法严重违背了经济生活的整体性原则。虽然消费社会的符号象征意义以及由此形成的需求或欲望体系愈益重要地成为主导的方面并愈益深刻地影响和支配着生产，但“消费社会”的经济生活仍然不能不是一个整体，而且在这个整体中，以资本为原则的生产仍然不能不是当代经济运动的主要方面。在这个意义上，一味将消费、“符号价值”等从整个经济生活中抽象出来并使之独立化，从根本上说只能构成一种本末倒置、无“根”的消费逻辑。

（三）鲍德里亚的分析立足现象、疏于本质

马克思政治经济学虽然也揭示了经济生活中物与物的关系，但是其主旨在于揭示社会关系中人与人之间的社会关系的社会性质和本质内容。而鲍德里亚对消费社会的符号指认的消费的分析仅仅是对物与物、人与物之间关系的时代变化的分析，并没有触及人与人之间的社会关系和社会性质。即使不同的消费符号所代表的不同的关系理念包含着不同符号拥有者的地位、身份、权力、品位、个性等诸多差异，但这只能是符号象征的社会分层，始终不能从根本上把握这个社会分层背后的经济关系根源，从而使其消费社会理论在很大程度上被束之高阁，难以向经济根源和经济现实深入。这可能也是鲍德里亚对消费社会之整体的理论重建经常只是徘徊于文化－意识形态层面的主要原因。

（作者单位：上海财经大学经济学院）

---

① 波德里亚：《生产之境》，仰海峰译，中央编译出版社，2005，第 1 页。

政治经济学批判的双重视域及其中国意义

刘荣军

法国经济学家皮凯蒂的《21 世纪资本论》在全球刮起了一场旋风。在这部著作中，皮凯蒂根据全球 20 多个主要发达国家近 300 年的历史大数据，对比了各个国家资本收益率和经济增长率之间的变化趋势，表明了市场经济自身无法消除财富分配差距不断扩大的趋势，从而对西方主流经济学的基本结论提出了富有颠覆性的挑战。值得注意的是，皮凯蒂的著作不仅直接借用了“资本论”这样的敏感称谓，而且提出了研究分配问题必须从“经济科学”回归“政治经济学”传统、防范“遗产型资本主义”必须运用政府税收建设“社会国家”的基本观点。面对各种亦褒亦贬的评论，特别是面对西方主流经济学与社会学企图通过“抹红”皮凯蒂经济理论来“抹黑”马克思历史理论的理论意图，我们有必要对《21 世纪资本论》和《资本论》的理论主题进行比对，从根本上还原马克思政治经济学批判中所蕴含着的社会政治哲学的发展主题，从而凸显马克思政治经济学批判的哲学意义及其对当代中国发展进步的现实意义。

一 政治经济学批判与现代社会的双重视域

众所周知，马克思不仅将其一生的重要著作命名为《资本论》，而且给它起了一个副标题“政治经济学批判”。对马克思来说，“政治经济学批判”所指称的，既是一种方法论批判，也是一种主题性批判，正如马克思所说：“不论我的著作有什么缺点，它们却有一个长处，即它们是一个艺术的整体；但是要达到这一点，只有用我的方法……用雅科布 · 格林的方法不可能达到这一点，他的方法一般地比较适用于那些不是辩证地分解了的整体的著作。"[①] 格林的方法，就是格林在日耳曼学方面广泛使用的归纳历史比较法；马克思的方法，就是他在《〈政治经济学批判〉导言》中提出的具体与抽象相统一、逻辑与历史相结合的整体性研究方法。在马克思看来，格林的归纳历史比较法也是一种整体性研究方法，但是这种方法的优点同时就是它的缺点：它能够忠实地把收集到的材料整理成文字，因而有利于历史资料的收集与整理，但却仅仅适用于那些"不是辩证地分解了的整体性的著作"。对于类似《资本论》这样的"辩证地分解了的整体的著作"来说，要想了解其中的真谛，显然只能使用马克思自己的方法，即具体与抽象相统一、逻辑与历史相结合的整体性研究方法。

那么，隐含在这种整体性方法论批判背后的主题性批判又是什么呢？我认为就是马克思对现代社会发展主题的历史呈现与逻辑揭示。正如马克思所说：《资本论》的"最终目的就是揭示现代社会的经济运动规律"[②]。显然，这里所说的"现代社会"的"经济运动规律"，不能只从"现代经济学"或"经济学原理"这样的学科建制和理论范式出发进行简单、片面、机械的理解，而必须将之放到"政治经济学批判"这样的"艺术的整体""辩证地分解了的整体"中来理解，才能逻辑与历史地把握以资本为建制的现代社会的发展主题：如何处理经济社会（市民社会）与政治社会（政治国家）的关系问题。一方面，现代社会作为一种经济社会，一种以现代分工和交换体系为支撑的发达的市场经济社会，它有着自身的经济内容或财富生产的内容，因而应该以国民财富和私人财富的大力生产与合理分配为核心问题；另一方面，现代社会作为一种政治社会，一种以政治国家和民族国家为表现的高效的民主政治社会，它有着自身的政治内容或国家权力的内容，因而应该以政治权威和法律权威的正当建构为核心问题。显然，在现代社会的发展过程中，经济社会与政治社会这两个方面既是高度分离的，又是相互依存的，它们之间构成了一种既离异、排斥与对抗又同构、互动与共生的关系。而正是经济社会与政治社会之间这种非常奇特而矛盾的辩证关系，构成了现代社会发展的两个基本视域。正如马克思所说："工业以至于整

① 《马克思恩格斯〈资本论〉书信集》，人民出版社，1976，第 196 页。

② 马克思：《资本论》第 1 卷，人民出版社，2004，第 10 页。

个财富领域对政治领域的关系，是现代主要问题之一。”[①]显然，对财富领域与政治领域、经济社会与政治社会、市民社会与政治国家这两个现代社会发展的基本视域及其相互关系的本质揭示，构成了马克思政治经济学批判的理论主题。

进一步说，马克思之所以能够揭示出现代社会发展的这两个基本视域，就是因为他在对近代思想家的继承与发展中紧紧抓住了近现代社会发展的更深层次的问题：“国家的起源和国家同市民社会的关系”[②]。就此来说，欧洲的近代社会虽然是以文艺复兴和宗教改革为开端的，但它的问题形态自始至终却是财富领域与政治领域、经济社会与政治社会的关系问题，即以市场经济为基础的市民社会从政治国家中生成并与之分离的问题。正如马克思所说：“市民社会”是在“16世纪以来就作了准备、而在18世纪大踏步走向成熟的”[③]。以此来看，近代之初的思想家从探讨政治国家在政治、法律和道德上的合法性起源与正当性基础来创制他们的思想体系就成了一种必然选择：马基雅维利追求的是强力“君主论”意志下的国家力量，霍布斯追求的是强大“利维坦”外衣下的个人自由。他们两个作为近代社会政治哲学的开创者，其最大的贡献就是把社会国家问题从宗教神学的道德人格中解放了出来，完成了用人的眼光考察国家问题的视角转换。在此基础上，洛克把“财产权”确立为全部社会和国家治理的起点，提出了个人财产是个人自由、社会契约和国家权力的理论基础，奠定了英美和欧洲大陆此后政治哲学赖以发展的两个理论渊源：其一，劳动是个人拥有财产的源头和理据；其二，约法或同意是政府权力的基础和界限。

洛克之后的18世纪，现代社会的发展主题被一分为二了：苏格兰启蒙思想家和英国古典政治经济学发展了洛克思想的前一方面的内容，探讨了现代社会的财富领域或经济社会一维，法国启蒙思想和政治哲学则发展了洛克思想的后一方面的内容，探讨了现代社会的政治领域或政治社会一维。而现代社会发展主题的这种两分显然是由英法当时的社会背景及其历史任务决定的。对于英国人来说，他们面对的是一个资产阶级政治革命业已完成、工业革命正待开展的“新社会”国家，所以他们的主要问题是如何看待国民财

① 《马克思恩格斯全集》第3卷，人民出版社，2002，第204页。
② 《马克思恩格斯选集》第1卷，人民出版社，1995，第88页。
③ 《马克思恩格斯全集》第30卷，人民出版社，1995，第22页。

富的性质与原因、如何促进国民财富和私人财富的生产与创造；而对于法国人来说，他们面对的是一个资本主义工商业有了一定程度发展但特权思想和等级观念根深蒂固、绝对君权堵塞了宣泄社会不满的通道而且正在由盛转衰的“旧制度”国家，因此他们把理论重心转向了促进国家制度与法律体系的现代建构、保障公民的政治权利与社会平等。表面上看，现代社会发展的两个基本视域被分解或肢解成了两个相互独立的问题，但从根本上来看，这两个方面其实仍然紧密结合在一起。这里唯一不同的是：在英国，是财富领域的显性视域下隐含着它的政治社会的隐性视域，即如何建立一个保障财富创造和市民经济社会的持续繁荣的正当的国家权威和法律权威的问题；而在法国，则是政治社会的显性视域下潜藏着它的经济社会的隐性视域，即如何提供一种政治权威和法律权威来保障每个社会成员的合法权利，从而促进他们在经济自由、政治平等乃至社会权利方面的相互协调。就此来说，正是得益于18世纪英法思想家对现代社会发展这两个基本视域的分别看待，才使得深谙历史辩证法的黑格尔在深入反思英国产业革命和法国政治革命这双元革命的历史经验后，建构了一种以“国家的普遍性”超越“市民社会的特殊性”的社会政治哲学，即“唯一与正式的当代现实保持在同等水平上”的“德国的法哲学和国家哲学”①。

如此来看，马克思的政治经济学批判，作为对现代社会的一种主题性批判，它在直接的意义上是对黑格尔法哲学和国家哲学的继承与批判，但在间接的意义上则是对黑格尔所承继的近代思想家关于财富领域与政治领域、经济社会与政治社会关系问题的继承与批判。这种继承与批判决定了马克思政治经济学批判的基本视域、问题意识与理论主题，就是对现代社会的经济本性与政治本性的社会制度基础考察，就是对财富领域与政治领域、经济社会与政治社会、市民社会与政治国家这两个现代社会发展的基本视域及其相互关系的历史唯物主义考察。就此来说，马克思政治经济学批判作为一种“艺术的整体”，就是通过揭示“资本主义生产方式以及和它相适应的生产关系和交换关系”②，来实现它对现代国家制度进行哲学分析与经济学批判，从而完成“为消灭国家和市民社会而斗争”③ 的历史使命；而马克思之所以

① 《马克思恩格斯全集》第3卷，人民出版社，2002，第205页。

② 马克思：《资本论》第1卷，人民出版社，2004，第8页。

③ 《马克思恩格斯全集》第42卷，人民出版社，1979，第238页。

要对现代国家制度进行一种政治经济学批判，就是因为他看到了现代资本主义社会可以从“经济的社会形态的发展”角度理解为“一种自然史的过程”[①] 的本质特征。正如列宁所正确理解的那样：“只有把社会关系归结于生产关系，把生产关系归结于生产力的水平，才能有可靠的根据把社会形态的发展看作自然历史过程。”[②]

以政治经济学批判的两个基本视域来审视皮凯蒂对经济学的学科定位，他无疑正确地看到了“政治经济学”相对于“经济科学”所具有的真正“社会科学”意义，即“政治和历史经济学”的意义：“经济科学”这一“极端傲慢”的表述“暗示经济学获得了比其他社会科学更高的科学地位”，而“政治经济学”这一“可能显得有些过时”的表述则“传递了经济学和其他社会科学的唯一区别：其政治、规范和道德目的”[③]。显然，正是得益于这方面的发现，皮凯蒂果断地摒弃了西方主流经济学“不惜牺牲历史研究，牺牲与其他社会科学相结合的研究方法，而盲目地追求数学模型，追求纯理论的、高度理想化的推测”的“幼稚的做法”[④]，主张现代经济学应当重新回归政治经济学的理论传统，强调政治经济学内在地包含着道德和公共政策的政治含义。就此来说，皮凯蒂确实把握住了马克思政治经济学批判所具有的主题性批判和方法论批判这两个相得益彰的真实意蕴。因此，尽管皮凯蒂一再澄清自己与马克思的关系，但他的《21 世纪资本论》作为一部既是“经济学作品”又是“历史学作品”的事实，还是让那些保守派势力感到恐惧，一再将其划入“马克思主义者”的阵营而进行谴责与批评。这恰恰说明，政治经济学批判作为马克思思想中具有本质穿透性和整体构成性的核心部分，在今天仍然具有无比强大的理论生命力与现实批判性。

二　现代经济社会与财富生产和财富分配的关系

在《21 世纪资本论》中，皮凯蒂最主要的贡献就是运用大量翔实的历史数据，描绘了全球 20 多个主要发达国家自工业革命以来的收入及财富分配的历史，分析了这些国家资本收益率与经济增长率之间的变化趋势，从而

① 马克思：《资本论》第 1 卷，人民出版社，2004，第 10 页。

② 《列宁选集》第 1 卷，人民出版社，1995，第 8 ~ 9 页。

③ 皮凯蒂：《21 世纪资本论》，巴曙松译，中信出版社，2014，第 591 ~ 592 页。

④ 皮凯蒂：《21 世纪资本论》，巴曙松译，中信出版社，2014，第 33 页。

梳理出了一部“关于财富及其分配不平等所引发的社会、政治和文化矛盾的历史”①。在皮凯蒂看来，正是资本收益率持续高于经济增长率的发展事实，构成了资本主义基本矛盾的社会根源，不仅带来了收入分配的不均等和贫富差距的持续扩大，而且极有可能使 21 世纪的资本主义重新倒退回 19 世纪的“承袭制资本主义”。由此出发，皮凯蒂根据“现代经济增长与信息传播虽然规避了马克思理论演进结果的发生，但是并未改变资本深层结构与社会不平等的现实”② 的经验推测，提出了“把分配问题重新置于经济分析的核心”③ 的理论命题。

乍一看，皮凯蒂的结论有理有据，不仅反映了现代社会经济发展的社会现实，而且体现了马克思政治经济学的批判精神。但是仔细考究，就会发现皮凯蒂的结论与马克思经济理论之间存在细微的然而却是本质性的差别：政治经济学的根本问题究竟是财富生产问题还是财富分配问题。这既是我们考察皮凯蒂与马克思经济理论之异同的立脚点，也是检验马克思主义与非马克思主义的试金石。

从总体上看，马克思《资本论》的整个逻辑，就是以劳动价值论和剩余价值论为基础，通过再生产理论剖析了资本主义经济运行规律，揭示了资本主义积累的一般规律，从而阐述了资本主义必然灭亡的历史趋势。在这里，无论是劳动价值论和剩余价值论这个基础，还是资本积累理论这个结论，都必须通过再生产理论这个桥梁才能够有机地衔接起来、贯通起来。因此，再生产理论就成了揭示资本主义积累规律及其发展趋势的核心理论。在马克思看来，任何形式的社会再生产都包括物质财富再生产和生产关系再生产两个方面，前者是“物质内容”，后者是“社会形式”，后者决定着前者究竟是“在什么条件下、用什么方式和为了什么目的而进行”④ 的，因而决定着前者的社会性质与历史阶段。具体到“现代资产阶级生产”这个“本题”，资本主义再生产就是以物质财富再生产为依托的资本主义生产关系的再生产。马克思说：资本主义生产方式“不仅生产出物质的产品，而且不断地再生产出产品在其中生产出来的那种生产关系，因而也不断地再生产出

① 皮凯蒂：《21 世纪资本论》，巴曙松译，中信出版社，2014，“中文版自序”第Ⅴ～Ⅵ页。

② 皮凯蒂：《21 世纪资本论》，巴曙松译，中信出版社，2014，第 1～2 页。

③ 皮凯蒂：《21 世纪资本论》，巴曙松译，中信出版社，2014，第 16 页。

④ 《马克思恩格斯选集》第 1 卷，人民出版社，1995，第 80 页。

相应的分配关系"[①]；"这种社会关系，生产关系，实际上是这个过程的比其物质结果更为重要的结果"[②]。生产关系再生产之所以比物质财富再生产更为重要，不仅是因为它从根本上体现了资本主义生产过程是"维系"和"延续"资本主义生产关系的过程，是借助于财富再生产的一切要素而"生产"并"创新"资本主义生产方式的过程，还因为它从辩证否定的意义上揭示了资本主义生产过程的"矛盾性"与"悖谬性"，即资本主义生产过程必须是"本身不停顿的运动过程"。它一旦失去了"再生产"与"新生产"资本主义生产关系的动力和能力，必然会被新的社会形态所"否定"。正如马克思所说："资产阶级除非对生产工具，从而对生产关系，从而对全部社会关系不断地进行革命，否则就不能生存下去。"[③]

然而吊诡的是，随着资本主义的日益发展，以生产剩余价值或赚钱为绝对规律的资本主义生产方式、以资本和劳动的关系为旋转轴心的资产阶级生产关系却日益变得"太狭窄了"，它不仅"再容纳不了它本身所造成的财富了"[④]，而且直接产生出既制约着资本积累又制约着同资本积累相适应的贫困积累的资本主义积累规律："在一极是财富的积累，同时在另一极，即在把自己的产品作为资本来生产的阶级方面，是贫困、劳动折磨、受奴役、无知、粗野和道德堕落的积累。"[⑤] 更为吊诡的是，这种资本主义积累规律一方面在资本主义生产方式内部产生出了它所无法根绝的财富生产的对抗性质和财富占有的极化表现，另一方面却推动着资本"发展社会劳动的生产力"，从而"不自觉地创造着一种更高级的生产形式的物质条件"[⑥]。正是看到了资本主义生产方式在"创造财富的方式"上所具有的"狭隘的历史发展阶段"和"狭隘的资产阶级形式"这种"狭隘本性"，马克思才有理有据地批判了资本主义不是什么天然合理的社会制度，而是历史发展到一定阶段的社会生产组织制度。马克思说："资本主义生产方式在生产力的发展中遇到一种同财富生产本身无关的限制；而这种特有的限制证明了资本主义生产方式的局限性和它的仅仅历史的、过渡的性质；证明了它不是财富生产的绝

① 马克思：《资本论》第3卷，人民出版社，2004，第993页。
② 《马克思恩格斯全集》第30卷，人民出版社，1995，第450页。
③ 《马克思恩格斯选集》第1卷，人民出版社，1995，第275页。
④ 《马克思恩格斯选集》第1卷，人民出版社，1995，第278页。
⑤ 马克思：《资本论》第1卷，人民出版社，2004，第743～744页。
⑥ 马克思：《资本论》第3卷，人民出版社，2004，第288页。

对的生产方式，反而在一定阶段上同财富的进一步发展发生冲突。”①

对于马克思来说，看到了资本主义生产方式在物质财富再生产和生产关系再生产方面的根本症结，从“生产是总体”或“生产的总体”② 出发揭示资本主义生产方式以及与它相适应的生产关系和交换关系就成了他的政治经济学批判的理论主题。在马克思看来，现代资产阶级社会的经济运行过程是由生产、分配、交换和消费等环节构成的一个生产的总体，各个环节之间密切联系、共同制约，分配仅仅是其中一个环节。如果把分配从生产的整体中抽离出来进行孤立的、单独的研究，那就根本无法得出科学的历史结论。正因为马克思在《〈政治经济学批判〉导言》和《资本论》中对“生产与分配”和“生产关系和分配关系”进行了辩证唯物主义阐述，提出了“分配关系和分配方式只是表现为生产要素的背面”③、“一定的分配关系只是历史地规定的生产关系的表现”④ 的科学结论，所以他能够在《哥达纲领批判》中对拉萨尔主义所鼓吹的“分配方式决定正义”的“分配决定论”进行淋漓尽致的批判。马克思认为，当拉萨尔等人把分配问题确定为德国无产阶级政党的中心任务时，他们显然没有认识到“消费资料的任何一种分配，都不过是生产条件本身分配的结果；而生产条件的分配，则表现生产方式本身的性质”的科学结论，因而采取了“在所谓分配问题上大做文章并把重点放在它上面”的“根本错误的”做法；这些“庸俗的社会主义者”与“资产阶级经济学家”一样，“把分配看成并解释成一种不依赖于生产方式的东西，从而把社会主义描写为主要是围绕着分配兜圈子”。马克思讽刺他们说：“既然真实的关系早已弄清楚了，为什么又要开倒车呢？”⑤ 在马克思看来，要想从根本上解决资本主义的分配正义问题，就必须彻底改造资本主义生产方式，改变人们在生产要素分配上的不平等地位。正如日本学者田中孝一所正确理解的那样：“马克思之所以如此重视生产的一个原因是，他批判持乐观态度的资产阶级经济学，因为其否定生产方式的历史可变性，在把生产看作是不变的自然性的前提下，认为只要改善分配就可以解决问题。马克思认为只要不改变生产状态就不可能真正解决分配问题。资本主义不进行

① 马克思：《资本论》第 3 卷，人民出版社，2004，第 270 页。

② 《马克思恩格斯全集》第 30 卷，人民出版社，1995，第 27 页。

③ 《马克思恩格斯全集》第 30 卷，人民出版社，1995，第 36 页。

④ 马克思：《资本论》第 3 卷，人民出版社，2004，第 998 页。

⑤ 《马克思恩格斯选集》第 3 卷，人民出版社，1995，第 306 页。

变革，就无法实现分配的正义。"[①] 从一定意义上说，正因为领悟到了生产与分配之间的这种历史辩证法，马克思才从根本上揭露了那些"不是把生产而是把分配说成现代经济学的本题"的资产阶级经济学家"把生产当作永恒真理来论述而把历史限制在分配范围之内"[②] 的非历史性、反历史性本质。

然而，当皮凯蒂提出要"把分配问题重新置于经济分析的核心"时，这就说明被马克思批判过的分配决定论的思想并没有退出历史舞台。在这里，皮凯蒂强调要把分配问题"重新置于"经济分析的核心，显然是相对于 19 世纪曾经将分配置于经济分析的核心的"资产阶级经济学家"和"庸俗社会主义者"而言的。毫无疑问，皮凯蒂通过对历史资料的分析不仅看到了 21 世纪初期与整个 19 世纪在财富分配和收入不平等问题上所面临的共同的社会处境，而且抓住了资本收益率在大多数时期都高于经济增长率这个新的强大的经济决定机制，揭示了资本收入的不平等总是大于劳动收入的不平等、大资本的收益率总是高于小资本的收益率这样两个经济事实，因而重新唤起了人们对于财富分配以及与此相关的公平与效率这个古老话题的讨论。但是同样毫无疑问，皮凯蒂的数据分析实际上只是用历史资料进一步证明了马克思在《资本论》中阐述的资本主义积累的一般规律，尽管他并没有完全认识到他所揭示的资本收益率高于经济增长率的规律与马克思所揭示的资本积累规律与利润率趋向下降规律之间的内在一致性。

在这里，问题的关键是如何理解皮凯蒂提出的"资本收入不平等"与"劳动收入不平等"的问题。一个毋庸置疑的事实是，尽管皮凯蒂和马克思一样，采用的都是资本和劳动二元结构的分析方法，认为财富分配包括了"要素"分配（所有生产要素都可以被抽象成资本和劳动力两个实体）和"个体"分配（所有收入都可以被划分成资本收入和劳动收入两个方面）这两个"现实中""都非常重要"因而必须"同时分析"才能"完全理解分配问题"的基本维度[③]，但是，皮凯蒂对"资本"的界定却与马克思存在较大的差异。在《21 世纪资本论》中，皮凯蒂没有把"资本"定义为"只有直接用于生产过程的那部分财富"（用于剥削劳动力的生产资料或剥削工

① 田中孝一：《马克思的分配正义论》（黄贺译），《国外理论动态》2008 年第 1 期。

② 《马克思恩格斯全集》第 30 卷，人民出版社，1995，第 38 页。

③ 参见皮凯蒂《21 世纪资本论》，巴曙松译，中信出版社，2014，第 40 页。

具)，而是定义为“能够划分所有权、可在市场中交换的非人力资产的总和”，即既包括“所有形式的不动产”又包括“公司和政府机构所使用的金融资本和专业资本”的广义的财富概念①。在皮凯蒂看来，资本和劳动力作为世界经济发展的两个基本要素，虽然都可以被用于生产并分享产出的收益，但二者之间的区别却是明显的：资本可以买入、卖出和拥有，从理论上讲可以无限积累，而劳动力则是个人能力的使用，它可以获得报酬，但是却既不能“被另一个人所有”也不能“在市场中永久交易”。这样，作为排除了“人力资本”的“非人力资本”，皮凯蒂的“资本”概念就成了与“财富”概念含义完全相同的“存量”概念。

然而，皮凯蒂没有意识到，正是这个他认为“不用严格地区分财富与资本”的“更为简单”的做法，却在悄然无声中用“财富分配的不平等”这个看上去更现实、更直接的分配正义问题取代了“生产资料占有上的不平等”这个马克思政治经济学批判的更根本、更基础的生产正义问题。也就是说，当皮凯蒂将资本与财富相互等同而将所有收入都划分成资本收入(财富收入)和劳动收入这两个方面并且认为前者既包括投资收入又包括继承财富的时候，就已经注定了他不可能对资本收益率高于经济增长率这个他认为是资本主义基本矛盾的发展根源而其实是马克思所揭示的资本积累规律与利润率趋向下降规律在现代经济社会发展中的具体化和深化表现的发展规律或历史趋势做出符合历史唯物主义的科学解释，这也使他对资本主义不平等的理解更多地停留在历史描述的水平上，使他对资本主义两个基本定律的揭示仅仅成了统计学意义上的描述性规律，而不是在马克思政治经济学批判意义上对资本主义发展规律及其历史趋势的科学分析与本质揭示。而皮凯蒂对分配问题的这种重新认识并没有完全逸出马克思政治经济学批判的理论层面，隐含着他与马克思对资本主义发展的不同价值承诺与理论立场：皮凯蒂只是重复了他的法国前辈、当年小资产阶级社会主义者蒲鲁东所提出的保持资本主义生产方式、改变资本主义分配方式的社会设想。他的理论意图恰恰是通过对发达资本主义国家收入不平等的揭示而引起这些国家对这一问题的正视，以求能够通过对分配不平等的政治干预消解资本收益率大大超过经济增长率的发展水平可能导致的“有违现代民主社会最为根本的精英价值观

---

① 皮凯蒂：《21 世纪资本论》，巴曙松译，中信出版社，2014，第 46 ~ 48 页。

和社会公正原则"[①]。因此，皮凯蒂认为，他的结论既不像库兹涅茨的"良性资本主义"那般乐观，也不像马克思的"永恒分化原则"那样"具有灾难性"，而是在资本主义既定的经济制度和社会框架基础上做出了符合资产阶级利益的结论："如果我们想要重新控制资本主义，就必须把赌注押到民主上"[②]、"民主可以重新控制资本主义并且保证公众利益高于个人利益"[③]。显然，无论如何，皮凯蒂都没有达到马克思那样的理论视野和理论深度：从资本是物又不是物的二重性辩证图式（一方面，资本是剥削劳动力的生产资料或剥削工具；另一方面，"资本不是物，而是一定的、社会的、属于一定历史社会形态的生产关系"[④]）出发，对"现代资产阶级生产"这个"本题"进行历史唯物主义研究和政治经济学批判，"彻底弄清了资本和劳动的关系，换句话说，就是揭示了在现代社会内，在现存资本主义生产方式下，资本家对工人的剥削是怎样进行的"[⑤]，从而科学地阐释了资本主义生产方式以及与它相适应的生产关系和交换关系"由何而来""因何而在""向何而去"的历史哲学。

当然，不是十分严谨、不是十分科学的东西并不一定就是完全错误的、没有意义的东西。事实上，皮凯蒂对分配问题的强烈关注虽然没有触及资本的本质，但他对财富不平等的讨论仍然具有非常重要的意义。他不仅在现实意义上重新唤起了我们对财富分配和社会公平这个古老话题的现代关注与现实关切，而且在理论意义上重新唤起了我们对马克思《资本论》的现实聚焦和学术关注。事实上，皮凯蒂从古典经济学在不平等问题上长期存在的两个"重视"和"忽视"（一是片面重视收入分配不平等而忽视资本占有不平等；二是片面重视劳动性收入差异而忽视资本性收入差异）出发，主张从收入分配与产出分配、资本收入与劳动收入以及财富继承、投资收入与薪酬收入的对比中对财富分配和收入不平等进行历史长时段和全球大视野研究的态度和结论，既深化又精化且细化了我们对于马克思资本积累规律与利润率趋向下降规律的重新认识。就此来说，马克思更关注产品分配背后的社会根源的历史本质性揭示，而皮凯蒂则更重视分配不平等的社会后果的历史现象

① 皮凯蒂：《21 世纪资本论》，巴曙松译，中信出版社，2014，第 28 页。
② 皮凯蒂：《21 世纪资本论》，巴曙松译，中信出版社，2014，第 591 页。
③ 皮凯蒂：《21 世纪资本论》，巴曙松译，中信出版社，2014，第 2 页。
④ 马克思：《资本论》第 3 卷，人民出版社，2004，第 922 页。
⑤ 《马克思恩格斯选集》第 3 卷，人民出版社，1995，第 337 页。

学分析。套用恩格斯的话来说，对于分配正义具有决定性的东西，马克思早就说过了；皮凯蒂所附加的历史描述性的东西，与其说是深刻的，不如说是机智的：对于强调分析资本主义经济形式必须使用抽象力的马克思来说，皮凯蒂的历史分析方法及其直观结论无疑更有利于我们对马克思抽象结论的具体化、形象化把握，他们两者相得益彰地揭示了利润率下降规律下的资本高积累规律。

三 现代政治社会与政治国家向社会国家的转型

皮凯蒂在《21 世纪资本论》中所做的第二个理论贡献就是在揭示了资本收益率大于经济增长率所引起的收入不平等这一现代社会在全球化进程中所面临的发展困境后，在第四部分一开始提出了自己针对消除收入不平等问题的“最理想策略”。皮凯蒂指出：“防止贫富差距无限制拉大以及重新实现对财富积累控制的最理想政策就是：全球范围内的累进资本税。这样的税制还有另外的好处：让财富置于民主监督之下，这对于有效监管银行体系和全球流动资本也是必要条件。资本税有助于让公共利益超越私人利益，同时又可以保持经济的开放度和自由竞争。”[①] 在皮凯蒂看来，“全球资本税的想法”确实是一个“乌托邦”，然而却是一个“有用的乌托邦”。而皮凯蒂之所以做出这种被人们称为“狂野的猜想”的政策建议，是以他对 20 世纪的财政和社会模型的反思为历史根据的。皮凯蒂认为，“社会国家”和“累进所得税”是 20 世纪的社会民主主义和财政自由主义程序所取得的两个非常重要的创新性成果，并且还会在未来经济社会发展中继续扮演核心的角色。因此，只要民主政治能够“适当更新”这两个创新性程序并且将其创造性地应用于“全球资本累进税”的管理上，就能够“避免无休止的不平等的螺旋上升，并且能够控制令人担忧的全球资本集中”[②]。

在这里，不管皮凯蒂提出的全球资本税是怎样一种性质的税收，也不管皮凯蒂提出的全球资本税与马克思在《共产党宣言》中提出的“高额累进税”是怎样一种关系，但他确实从国家与税收之间的紧密联系出发，将如何解决财富和收入不平等这样一个现代经济社会的中心问题翻转成了一个现

① 皮凯蒂：《21 世纪资本论》，巴曙松译，中信出版社，2014，第 485～486 页。

② 皮凯蒂：《21 世纪资本论》，巴曙松译，中信出版社，2014，第 531 页。

代政治社会的中心议题。皮凯蒂说："税收不是一个技术问题。它很大程度上是一个政治和哲学问题，也许是最重要的政治问题。没有税收，社会就没有共同命运，集体行动也就无从谈起，这是常理。每个重要政治巨变的核心都包含着财政革命。"① 显然，如果说权力是国家的存在之根，那么税收就是国家的存在之基。在只有国家（政府）才有权力征缴税收的情况下，"征税方式以及税收上来之后的用途"就成了现代国家的"合法性之源"。正如哈贝马斯所说：如果"把国家理解成为拥有合法权力的一种制度"，那么"国家机器同时面临着两项任务：一方面，国家要通过提取利润和收入，获得必要的税收，并且合理地使用这些税收，以免经济增长被危机所破坏；另一方面，赋税的征收，很好地使用这些赋税和行政活动都应该保证满足所出现的合法性需要。如果第一项任务没有完成，国家就会在行政的合理性上出现赤字；如果第二项任务没有完成，它就会在合法性上出现赤字"②。由此出发，哈贝马斯提出了资产阶级国家只有通过"社会国家"的形式才能避免合法性危机的观点："资产阶级国家，不能只信赖民族意识的一体化力量，她不得不试图控制住存在于经济体系中的冲突，并把这种冲突当作制度化的分配斗争纳入政治体系。做到了这一点时，现代国家也就有了社会国家的大众民主的形式"；"只有当国家确实表现出自己是社会国家，能够控制住经济过程中的破坏性的副作用，并对各个人的利益不造成损害时，而且只有在这种情况下，合法性面临的威胁才能得以避免"③。

撇开皮凯蒂和哈贝马斯关于社会国家的具体含义及其理论动机不说，他们至少都从经济体系与政治体系、财富分配与国家权力的关系出发论述了现代政治社会如何运用政府税收缓解国家合法性危机的问题。就此来说，在他们从狭义角度对20世纪社会民主主义与财政自由主义的理论反思背后，折射出来的正是以民族国家为表现形式的现代国家如何从政治国家向社会国家转型的问题。这个问题不仅有助于我们一般地思考国家的起源及其本质以及政治国家和市民社会的关系这个理论问题，而且有助于我们特别地思考现代国家（包括社会主义国家）未来发展趋势这个现实问题。

按照马克思主义的基本观点，国家是"从社会中产生但又自居于社会

① 皮凯蒂：《21世纪资本论》，巴曙松译，中信出版社，2014，第507～508页。

② 哈贝马斯：《重建历史唯物主义》，郭官义译，社会科学文献出版社，2000，第308页。

③ 哈贝马斯：《重建历史唯物主义》，郭官义译，社会科学文献出版社，2000，第280～281页。

之上并且日益同社会相异化的力量”①。从历史上看，国家的产生既是阶级矛盾不可调和的产物与表现，又与社会分工和社会职能的分化紧密相连。国家的起源说明，国家在本质上是经济上占统治地位的阶级进行阶级统治的工具，阶级性是国家的本质属性，但国家作为缓和社会冲突的力量，却在表面上具有一种凌驾于社会之上的公共权力性的形式和外观。国家的阶级性本质和公共权力性表现在国家内部，就是它的政治统治职能和社会管理职能。而这两种职能的实现都需要有一定的税收作为经济基础和物质保障。因此，哈贝马斯和皮凯蒂都把“征税方式以及税收上来之后的用途”看成现代国家的“合法性之源”。

然而，国家的存在毕竟是一种历史性存在。国家的政治统治职能和社会管理职能必然会随着它面临的历史情境和时代任务而发生侧重点上的更替与聚焦点上的变化。在历史上国家发展的低级阶段，公民的权利基本上都是按照他们的财产状况分级规定的，比如，在奴隶制国家的雅典和罗马、在中世纪的封建国家中都是这样的。而现代国家作为国家发展的高级阶段，其最大的优越性就是不再对财产差别给予政治上的承认，从而不再把财产问题看成国家问题的本质的东西。但是，现代国家在其建立和发展的初期，都是伴随着资产阶级政治革命和民主革命而建立起来的，这就使“现代国家”从本质上表现出与“现代私有制”（“抛弃了共同体的一切外观并消除了国家对所有制发展的任何影响的纯粹私有制”）相适应的根本特征：“由于私有制摆脱了共同体，国家获得了和市民社会并列并且在市民社会之外的独立存在；实际上国家不外是资产者为了在国内外相互保障各自的财产和利益所必然要采取的一种组织形式。”② 资产阶级的阶级本性决定了这种现代国家（现代资产阶级国家）必然“由于税收而逐渐被私有制所操纵，由于国债而完全归他们掌握”的现象，从而使现代国家的职能主要表现为资产阶级发财致富的物质手段和维护其经济利益与阶级统治的政治工具。正如马克思所说：认为“财富的创造仅仅是为了国家”的观念是“一种还不自觉的伪善形式”，通过这种形式，“财富本身和财富的生产被宣布为现代国家的目的，而现代国家被看成只是生产财富的手段”③。在这种情况下，国家的阶级性

① 《马克思恩格斯选集》第 4 卷，人民出版社，1995，第 168 页。

② 《马克思恩格斯选集》第 1 卷，人民出版社，1995，第 131 ~ 132 页。

③ 《马克思恩格斯全集》第 30 卷，人民出版社，1995，第 49 ~ 50 页。

本质决定了政治统治职能必然成为国家最主要的内部职能，因而国家从本质上表现为一种“政治国家”，“国－民”财富之间的张力使政治国家必然把数量有限的税收主要用于强化国家的政治统治能力。正如皮凯蒂所指出的：由于税收收入只占国民收入的很小一部分，“政府只能履行其基本的‘王权’职能（警察、法庭、军队、外交以及一般管理等），而不能介入太多的经济和社会生活。在维护秩序、保护产权以及供养军队之后，政府预算所剩无几了”①。

与此相对应，通过无产阶级革命建立起来的现代无产阶级国家，作为在价值理念和社会目标上高于现代资产阶级国家的更高层次的现代国家，它虽然也离不开国家的政治统治职能，尤其是无产阶级国家建立之初和发展的早期阶段，如十月革命后的苏联和新中国成立之初面临的复杂国际国内环境，必然要求这些国家在社会主义建设中加强国家的政治统治职能和阶级斗争理念。问题的关键是，当经济文化落后国家建立并巩固了社会主义制度而走上社会主义建设的道路之后，就必须把工作重心由阶级斗争转向经济建设，由政治统治转向社会管理，以此实现既“富国”又“裕民”的经济发展与政治清明的双重发展目标。正如斯密所说：“政治经济学被看作政治家或立法家的科学，它有两个目标：首先，为人民提供充足的收入或生活资料，或者更确切地说，使人民有能力为自己提供充足的收入或生活资料；第二，为国家或社会提供充足的收入以履行公共服务的职能，概括起来说，就是富国裕民。”② 显然，社会主义国家要实现从“国富”到“民富”、从“国计”到“民生”的转变，就必须实现从“政治国家”向“社会国家”的历史转型③。

在这里，“社会国家”包括两个方面的含义：一方面，国家要以社会财富的大力创造来保障和改善民生。社会财富充盈了，国家富强了，国家财政收入才会在国民收入的份额中得到合理合法的增长；政府税收增加了，才能

① 皮凯蒂：《21世纪资本论》，巴曙松译，中信出版社，2014，第489页。

② 斯密：《国富论》，章莉译，译林出版社，2011，第247页。

③ 这里所说的“政治国家”和“社会国家”，是就国家的政治统治职能和社会管理职能这两种所发挥作用的重点性差别而言的两种国家职能的区别，而非两种不同的国家形式的区别。也就是说，我把主要发挥阶级统治与政治统治的国家职能简称为“政治国家”，而把主要发挥公共事务与社会管理的国家职能简称为“社会国家”。就如同哲学上的“绝对真理”与“相对真理”的区分，只是真理的绝对性与相对性的两种特性的说法一样。然而，由于这里的“社会国家”包括了两个方面的含义，所以它不完全等同于北欧国家的“福利国家”。

拿出更多的钱财物投入民生和社会公共服务事业中。所以，这里涉及的就是“征税方式以及税收上来之后的用途”这个现代国家的“合法性之源”。在皮凯蒂看来，政府税收收入出现历史性增长的用途主要就是“建设‘社会国家’”，“税收收入的增长使得政府可以承担更多的社会职能”①。这种“社会国家”的“社会职能”主要包括两个方面：一是替代收入和转移支付，即我们常说的非市场性的“再分配机制”，二是教育、医疗、养老、住房、失业等社会民生保障体系，比如近十年来我国免除农业税、实行免费的九年义务教育、实行覆盖城乡的低保制度等等。另一方面，国家要以政治权力的有效改革来推进和维护民权。民生问题与民权（民主）问题息息相关。从总体上看，现代再分配是基于“权利的逻辑”以及人人都可获得基本公共服务的“平等原则”，所以现代国家行政背后的权力逻辑就必须站在“民主共和国”和“社会共和国”的立场上，使社会主义国家成为“人民群众获得社会解放的政治形式”，使“国家政权”重新变成“社会本身的生命力”和“人民群众的有组织的力量”②。由此，对民生的改善与对民权（民主）的维护，就构成了现代国家能否以“社会国家”名义获取“合法性来源”的两个基本支柱。在这里与民权（民主）问题（权的问题）是一个比民生问题（利的问题）更为重要的政治问题：没有充分的民主，就难以真正地保障民生；只有充分发扬民主，才能有效地保障民生。

以社会国家所包括的民生问题与民权（民主）问题这两个基本面向来审视皮凯蒂和马克思对现代国家的基本看法，可以发现：在皮凯蒂那里，与其说财富分配和收入不平等是资本主义的根本问题，还不如说它是市场经济的根本问题，也就是说，两极分化是市场经济的结构性、内生性问题。由此，皮凯蒂用他的结论在事实上批判了自由主义经济学所主张的市场经济能够自行消除财富不平等的理论“幻想”（“认为现代经济增长的本质特征或者市场经济法则能够确保降低财富不平等并实现社会和谐稳定是一种幻想”③；“认为完全的自由竞争会让继承财富消失并让世界形成精英治理的公序良俗，这种想法属于危险幻想”④）的同时，明显地将资本主义的内在矛盾转嫁到了市场经济的内在矛盾之上。因此，当他提出可以通过征收“全

① 皮凯蒂：《21 世纪资本论》，巴曙松译，中信出版社，2014，第 491 页。

② 《马克思恩格斯选集》第 3 卷，人民出版社，1995，第 95 页。

③ 皮凯蒂：《21 世纪资本论》，巴曙松译，中信出版社，2014，第 386 页。

④ 皮凯蒂：《21 世纪资本论》，巴曙松译，中信出版社，2014，第 437 页。

球累进资本税”以“建设‘社会国家’”从而消除市场经济的自由发展所产生的收入不平等问题时，他实际上是在无形中用民生问题这个表面问题消解掉了社会解放与政治国家之间的民权（民主）问题这个深层问题。而在马克思那里，民生问题的根本解决则有待于民权（民主）问题这个政治问题的最终解决。马克思认为，“现代国家”作为“不同的文明国度中的不同的国家”的“一种虚构”，尽管它们形式纷繁但却有一个共同点：“它们都建立在现代资产阶级社会的基础上，只是这种社会的资本主义发展程度不同罢了。”所以，只要“现代国家”的“现代的根基即资产阶级社会”没有消亡，那么即使它“把‘人民’和‘国家’这两个词联接一千次，也丝毫不会对这个问题（“在共产主义社会中国家制度会发生怎样的变化?”“那时有哪些同现在的国家职能相类似的社会职能保留下来?”）的解决有所帮助”①。显然，被皮凯蒂称为“社会国家”的资本主义“福利国家”就是马克思所批判的“现代国家”的一种典型代表：它们企图通过创办并资助社会公共事业，实行和完善一套社会福利政策和制度，对社会经济生活进行干预，以调节和缓和阶级矛盾，保证社会秩序和经济生活正常运行，维护资产阶级的利益和统治。当然，从事物发展与联系的意义上来说，现代国家从政治国家向社会国家的职能改变尽管无法改变国家的阶级性本质，但它却为国家向社会的回归打开了缺口。从这种意义上说，无论是资本主义的福利国家与社会国家，还是我国社会主义通过深化改革而对民生问题、民权（民主）问题的关注，都是国家回归社会的一个历史环节而已。这里唯一不同的是，作为两种不同的社会制度与意识形态，资本主义国家是被逼迫着滑向共产主义的，而社会主义国家则是自觉地向着共产主义迈进的。

四 政治经济学批判与当代中国发展的两大问题

在《资本论》第1卷序言中，马克思在谈及他的政治经济学批判的研究目的时曾对当时资本主义生产还远不如英国那样发达的德国的读者说过这样一番话：“我要在本书研究的，是资本主义生产方式以及和它相适应的生产关系和交换关系。到目前为止，这种生产方式的典型地点是英国。因此，我在理论阐述上主要用英国作为例证。但是，如果德国读者看到英国工农业

① 《马克思恩格斯选集》第3卷，人民出版社，1995，第313～314页。

工人所处的境况而伪善地耸耸肩膀，或者以德国的情况远不是那样坏而乐观地自我安慰，那我就要大声地对他说：这正是说的阁下的事情！”“问题本身并不在于资本主义生产的自然规律所引起的社会对抗的发展程度的高低。问题在于这些规律本身，在于这些以铁的必然性发生作用并且正在实现的趋势。工业较发达的国家向工业较不发达的国家所显示的，只是后者未来的景象。”① 在马克思看来，与英国资本主义生产的发达程度相比，德国资本主义生产的不发达在事实上导致了它的双重灾难。马克思说：“在其他一切方面，我们也同西欧大陆所有其他国家一样，不仅苦于资本主义生产的发展，而且苦于资本主义生产的不发展。除了现代的灾难而外，压迫着我们的还有许多遗留下来的灾难，这些灾难的产生，是由于古老的、陈旧的生产方式以及伴随着它们的过时的社会关系和政治关系还在苟延残喘。不仅活人使我们受苦，而且死人也使我们受苦。死人抓住活人！”② 我认为，马克思在这里所概括的其实正是落后国家在现代社会发展中所面临的双重灾难，即“现代的灾难”和“遗留下来的灾难”。

“现代的灾难”，就是以财富生产与分配为外在表现的“资本拜物教”的灾难，这是由现代经济社会本身的发展所决定的。黑格尔在《法哲学原理》中就曾对这种“现代的灾难”做了预见性的分析。他说：“怎样解决贫困，是推动现代社会并使它感到苦恼的一个重要问题。”③ 现代社会解决贫困问题的苦恼，就是为了摆脱贫困而必须（不得不）采用对立的形式，从而使现代社会生产体制表现为“以资本为基础的生产”或“由资本推动的生产”。正如马克思所说：“资本一出现，就标志着社会生产过程的一个新时代。”④ “只有资本才掌握历史的进步来为财富服务。”⑤ 然而，在现代社会里，资本力求全面地发展社会生产力的伟大“历史使命”和“文明作用”却是以追求剩余价值的无限增长与抽象财富的无限扩大为目的而达到的，这就使现代社会生产在充当了“最发达的和最多样性的历史的生产组织”⑥ 的同时，又从资本追求财富创造与积累的“狭隘本性”中产生出了它的内在

① 马克思：《资本论》，人民出版社，2004，第 8 ~ 9 页。

② 马克思：《资本论》，人民出版社，2004，第 8 ~ 9 页。

③ 黑格尔：《法哲学原理》，张企泰、范扬译，商务印书馆，1961，第 245 页。

④ 马克思：《资本论》第 1 卷，人民出版社，2004，第 198 页。

⑤ 《马克思恩格斯全集》第 30 卷，人民出版社，1995，第 593 页。

⑥ 《马克思恩格斯全集》第 30 卷，人民出版社，1995，第 46 页。

的对立性，如资本生产的悖谬，人的发展的异化，生态环境的失调，社会关系的对抗，等等。因此，马克思才对现代社会生产发出了“不仅苦于资本主义生产的发展，而且苦于资本主义生产的不发展”的历史喟叹：说“苦于资本主义生产的发展”，是因为现代社会的生产体制是以资本和劳动的关系为旋转轴心的，资本逻辑的极端发展不仅会导致劳资双方的矛盾与冲突，而且会使物质财富再生产出现两极分化与收入不平等的严重事实；说“苦于资本主义生产的不发展”，是因为现代社会要想以强大的经济基础和物质财富为后盾，就必须遵循现代社会的资本原则与资本逻辑，大力发展社会生产力，大力创造社会财富，大力进行经济建设。正是看到了现代社会生产在“发展”与“不发展”之间的这种二重性矛盾本质，马克思才将之称作“现代的灾难”。

事实上，无论是马克思的《资本论》，还是皮凯蒂的《21 世纪资本论》，都是从根本上对“资本拜物教”这个“现代的灾难”进行的不同层次、不同方面的历史分析与形象刻画。这里唯一不同的是，马克思当年分析的“落后的德国”的“资本主义生产”的“发展”与“不发展”，其实是一种以资本主义为唯一现实表现的“现代社会生产”的“发展”与“不发展”。在今天，社会主义作为现代社会的另一种现实表现，当然同样会面临“现代社会生产”的“发展”与“不发展”这个矛盾问题[①]。具体到我国，由于从总体上和根本上说，中国特色社会主义依然存在“三个没有变”（“我国仍处于并将长期处于社会主义初级阶段的基本国情没有变，人民日益增长的物质文化需要同落后的社会生产之间的矛盾这一社会主要矛盾没有变，我国是世界最大发展中国家的国际地位没有变”）的客观情况，所以在以经济建设为中心是兴国之要，发展仍是解决我国所有问题的关键的今天和今后很长一段时间内，我们国家始终都会面临马克思所揭示的现代社会生产“发展”与“不发展”这个“资本拜物教”的“现代的灾难”的现实考量。不仅如此，在改革开放特别是社会主义市场经济的双重刺激下，我们国家在 30 多年的快速发展中，同样出现了与 1980 年代以来西方国家所出现的收入差距不断扩大的趋势，在财富生产与分配方面也积聚了很多“贫富分化、社会不公”的严峻问题。因此，尽管皮凯蒂在《21 世纪资本论》中对“关

① 参见刘荣军《市场经济的意识形态还原与中国实践》，《马克思主义研究》2014 年第 12 期。

于财富及其分配不平等所引发的社会、政治和文化矛盾的历史”的梳理“主要基于现今发达国家的历史经验”，但他还是在该书中文版自序中对中国读者说了类似当年马克思对德国读者所说的一番话：“中国读者初读时可能会觉得事不关已，甚至以为目前欧美这种日益增长的对不平等现状的担忧仅限于发达国家，这些富国的烦恼与中国相去甚远，中国的要务是全力以赴发展经济，保持 20 世纪 80 ~ 90 年代以来的迅猛势头，改变贫困人口的命运。这恐怕是完全想错了。”在皮凯蒂看来，“尽管（中国的）经济增长与趋同的速度令人惊叹”，但是“不能因此忘记贫富不均问题在发达国家和中国都存在，而且在未来数十年里中国存在的不平等问题会日趋突显，因为经济增长终究会不可避免地放缓”。因此，尽管皮凯蒂苦于在中国很难找到具有说服力的统计资料与数据，但是他依然善意地提醒中国读者对财富不平等问题“不能继续置之不理”。[①] 这说明，能否在现代社会生产的“发展”与“不发展”的二元悖论中有效解决财富生产与财富分配的关系问题，确实构成了“现代的灾难”对我国经济社会发展的一个严峻挑战。

然而，对于落后国家的现代社会发展来说，除了这个“现代的灾难”外，马克思还提出了一个“遗留下来的灾难”，即“由于古老的、陈旧的生产方式以及伴随着它们的过时的社会关系和政治关系还在苟延残喘”而产生出来的灾难。如果说“现代的灾难”可以概括为“资本拜物教”的灾难，那么这个“遗留下来的灾难”就可以概括为“权力拜物教”的灾难。就此来说，马克思分析的是当年的德国，但是同样也适用于当今的中国：在中国这样一个封建主义传统特别浓厚的国家，权力拜物教不仅影响着中国政治社会的发展，而且影响着中国经济社会的发展。

解读当代中国的现代社会发展，一个毋庸置疑的历史事实是，中国既是一个经历了长期农耕文明的社会，又是一个经历了长期封建专制的社会，农耕文明和封建专制使中国保持着根深蒂固的“重农抑商”和“权力至上”传统。这种情况再叠加上新中国成立后长期实行的计划经济体制，使我们国家在政治权力和领导体制方面依然存在邓小平所说的“封建主义残余影响”：不仅表现为官僚主义现象、权力过分集中的现象、家长制现象、干部领导职务终身制现象和形形色色的特权现象等五大现象，而且同时表现为社会关系中残存的宗法观念、等级观念；上下级关系和干群关系中的身份上的

① 皮凯蒂：《21 世纪资本论》，巴曙松译，中信出版社，2014，中文版自序第Ⅵ～Ⅶ页。

某些不平等现象；经济领域的某些“官工”“官商”“官农”式的体制和作风；片面强调经济工作中的地区、部门的行政划分和管辖；等等[①]。这些社会政治经济现象从本质上说，都是由权力拜物教产生出来的，其根本就是没有清楚地认识到“权为民所赋、权为民所用”的社会主义国家的权力本质。当这种不正确的权力观面临改革开放与市场经济的双重考验时，就可能出现政治权力与资本权力之间的合谋，表现出权钱交易、贪污腐败、买官卖官等权力异化现象，使政治权力和公共权力成为非法致富的便捷手段和有效途径。正如马克思所说：不仅活人（作为现代社会典型表现的“资本”拜物教的人格化）使我们受苦，而且死人（作为封建社会典型表现的“权力”拜物教的人格化）也使我们受苦。死人抓住活人！——权力拜物教不仅借助资本拜物教的伪装达到了发财致富的目的，而且通过权力商品化直接产生了危害社会最严重的腐败现象！显然，相对于基于资本的财富不平等来说，这种基于权力的财富不平等更应该引起我们的反思。

表面上看，皮凯蒂所分析的是市场经济条件下的财富分配规律（资本收益率大于经济增长率导致了财富分配和收入不平等越来越严重的趋势），因而可能不适用于当下中国的现实（资本收益率小于经济增长率导致的财富分配和收入不平等）。但是，根据皮凯蒂对国民资本包括私人资本和公共资本两个部分的理解，与当前发达国家国民资本几乎全部为私人资本（几乎占90%以上，有些国家如意大利甚至超过100%）不同，中国的公共资本比重却相当大。由于中国经济中最大的资本控制者是政府，它控制着金融资本、土地、自然资源、庞大的国有资产和财政收入等，这就形成了长期以来在GDP这块蛋糕中投资增速和政府收入增速明显高于居民收入增速和GDP增速的情况。对这种情况，皮凯蒂虽然没有进行专门研究，但却在中文版自序中给予了分析与说明：除了“私人资本的积累和分配过程本身就具有使财富集中且往往过度集中的强大推动力”之外，“腐败算得上是最不合情理的一种财富不平等，让巨额财富源源不断地流入极少数人手中”；腐败虽然不是“导致极为不公的财富不平等和财富过度集中的唯一根源”，但“腐败和市场操纵让个别人牟利”可以加剧财富不平等和财富过度集中。因此，皮凯蒂针对“目前中国政府正大举反腐”的事实指出，“把反腐作为当前要

① 参见《邓小平文选》第2卷，人民出版社，1994，第327～338页。

务是完全必要的"①。皮凯蒂的说法恰恰印证了这样一个事实：当代中国财富分配和收入不平等的问题固然应该引起人们的重视，但最应该反思的则是"富起来"的途径与手段这个形式问题：相当部分民众对现阶段中国财富的集聚抱有高度的警惕和不信任，就是因为"无商不奸"、"为富不仁"（资本拜物教）和"无官不贪"、"有权任性"（权力拜物教）的传统观念构成了很多人讨论贫富问题的"背景性知识"和"社会学常识"。这说明，如何防止国有企业和政府官员凭借权力拜物教或权力拜物教与资本拜物教的合谋而贪污腐败、非法致富的问题，已经成了"遗留下来的灾难"对我国经济社会发展的另一个严峻挑战。

由此来看，党的十八大以来，在我国经济增长速度处于调速换挡的"新常态"下，党和国家选择了共识度最高、见效最快的反腐来为"全面深化改革"攻关破局，确实具有极其深远的社会历史意义：改革是由问题倒逼而产生的，改革也是在不断解决问题中得以深化的。腐败不仅关系到经济社会领域的财富分配和收入不平等，而且影响到政治领域的国家治理能力和民主法治的有效推进，已经成为一个危害当代中国经济、政治、社会、文化、生态和党的建设发展全局的普遍性社会现象。在我们国家处于增速放缓与结构调整共存的经济新形势下，在我们国家全面深化改革面临必须突破发展与转型关、政府与市场关、公平与正义观这三个关键隘口的历史关头，我们党和国家能否确立起一套制度性反腐机制，能否确立起一种为民、务实、清廉、高效的政治权力和领导体制，从而为"四个全面"（全面建成小康社会、全面深化改革、全面推进依法治国、全面从严治党）夯实基础，就成了一个对于我们党、对于我们社会主义国家具有决定意义的关键问题。无疑，十八大后当选中纪委书记的王岐山之所以向国人推荐《旧制度与大革命》这本书，不仅在于以当年法国封建专制制度因腐败和不得人心而崩溃导致大革命来警示国人，也向国人表达了中国共产党人敢于向腐败宣战的决心和信心。两年来的实践表明，新一届中央领导集体正在以毅然决然的反腐新政展示出其治国理政的总体框架。

总之，经济上的市场化与再分配问题，政治上的反腐败与制度化问题，构成当代中国现代社会发展进步中必须正确处理的两个核心问题。能否针对这两个问题做出符合历史实际和中国国情的科学决策，确实构成了现代社会

---

① 皮凯蒂：《21 世纪资本论》，巴曙松译，中信出版社，2014，中文版自序第Ⅷ页。

发展对当代中国党和国家领导人理论勇气和政治智慧的历史考验。而对这两个问题的最终解决，则必须回到马克思政治经济学批判的总体框架中来：身处发展与转型期的当代中国，只有以政府与市场的科学界划为基础，正确处理经济社会与政治社会的关系问题，将市场活力与国家权力、资本逻辑与正义逻辑有效结合起来，才能一方面将市场化的改革蕴含于法治化市场经济的建设之中，另一方面将共富性的理念寓于民生化社会国家的发展之中，从而克服“资本拜物教”这个“现代的灾难”和“权力拜物教”这个“遗留下来的灾难”的不当结合所引起的违法之举与败德行为，有效解决现代社会发展在财富生产与财富分配中的贫富差距与公平正义问题。

（作者单位：西南大学政治与公共管理学院）

阿尔都塞《阅读〈资本论〉》中的经济哲学思想探究

李　振

《资本论》是马克思倾其一生书写的鸿篇巨制，是标志马克思思想成熟的伟大作品，被誉为“工人阶级的《圣经》”。对其的一再解读、连续争论和持续传播一直是每一个马克思研究者、信奉者的核心议题。① 阿尔都塞以《资本论》为核心文本，通过“症候式”阅读法，对其进行了非同寻常的解读，看到了诸多“看不到”的文本秘密。这些无疑丰富了马克思主义经济哲学思想。

一　必须从《资本论》出发：马克思经济哲学的思想基点

一般而言，纵观西方学术界（含西方马克思主义思潮），其对《1844年经济学哲学手稿》的关注远远大于《资本论》。其内在的原因或许在于，《1844年经济学哲学手稿》极力张扬“人学”的风潮，既符合西方启蒙运动以来的现代学术传统（从笛卡尔到海德格尔），也符合西方马克思主义（从卢卡奇到萨特）批判和反省“斯大林模式”的思想机缘，二者结合无疑

① 这里不仅包括追随者，亦包括各种论敌与反对者。阿尔都塞、德里达都将阅读《共产党宣言》《资本论》作为马克思给予时代的债务，需要后世不断聆听和偿还。参阅阿尔都塞《今日马克思主义》，陈越编《哲学与政治：阿尔都塞读本》，吉林人民出版社，2003，第250页；德里达：《马克思的幽灵》，何一译，中国人民大学出版社，1999。

具有强大的冲击力和诱惑力。[①] 可以说，以《1844 年经济学哲学手稿》为核心文本，以“异化和人道”为思想逻辑支点，重建出一个与“科学实践”相异质的“青年马克思”形象，是西方马克思主义最为突出的思想贡献。这种“异化批判”以及寻求“异化扬弃”的可能道路，自然也成为西方马克思主义思想探索的主流倾向。

阿尔都塞也十分重视《1844 年经济学哲学手稿》的重要意义，认为该文本“在理论界是件大事”。“在攻击和保卫马克思的论战中，我们面对的这部著作，在三十年来攻击和保卫马克思的论战中，曾经起过头等重要的作用。”[②] 问题在于，“《手稿》是马克思接触了政治经济学的结果”，其内在的关键环节不在于沉溺于费尔巴哈主义人道主义式的“宗教和人文关怀”，而在于“不得不在政治范围之外去寻找在政治范围内不可解决的冲突的理由”。更深层的问题在于，通过《1844 年经济学哲学手稿》大量引用、摘抄的经济学笔记，马克思在其中找不到任何“真正意义”的批判根据。“马克思研究了为政治经济学所承认、记录、接受甚至加以美化的矛盾，特别是研究了劳动者日益贫困化与现代世界中出现少数人暴富（政治经济学对此表示庆贺）相对立这个主要矛盾。这就恰好打中了这门论据贫乏但又一味乐观的科学的要害和弱点。这是政治经济学的耻辱，而马克思正是要通过给政治经济学提供它所缺乏的本原来洗雪这个耻辱，这个本原将既是对政治经济学的澄清又是对它的判决。”[③] 如何建构属于自己的政治经济学逻辑呢？马克思的方法并非纯粹的经济学演绎与计算，而是通过“哲学”。这意味着通过“政治经济学”，马克思修改、纠正和扩展着自己的哲学，同样，通过“哲学”，马克思也不断修改、纠正和扩展着自己的政治经济学。这种双重的互动与批判，决定了马克思必然要从《1844 年经济学哲学手稿》所存在的“哲学化倾向”向《资本论》所具有的“经济哲学”转化。

若深入问题的核心，是否意味着通过“哲学化”的“异化劳动”概念来试图解决政治经济学的矛盾，并通过这一矛盾思考了整个政治经济学以及政治经济学的全部范畴？阿尔都塞认为，只有这一问题才真正处于马克思

① 各种说辞十分具有学术性和宗教意味，如“历史只是依靠人的本质，即自由和理性，才能被人理解”“自由是人的本质，正如重力是物体的本质一样”“人命定是自由的”“人是自由的存在”“人的本质就是存在本身”等等。

② 阿尔都塞：《保卫马克思》，顾良译，商务印书馆，1984，第 128 页。

③ 阿尔都塞：《保卫马克思》，顾良译，商务印书馆，1984，第 130 页。

“问题结构”[①] 的中心。这里的深层含义指向这样一种思考，即《1844 年经济学哲学手稿》中的诸多经济学概念尚未得到仔细的批评与澄清，依然保留着传统经济学的提问方式、内容及其体系，而只有在 1867 年后的《资本论》中，“问题结构”才发生真正的革命性的转换。

显然，正是通过与《1844 年经济学哲学手稿》的对比与思想参照，阿尔都塞致力于说明《资本论》之于马克思主义的基础与核心地位。马克思如何走出古典政治经济学的问题逻辑和思维框架之外，解决自身的思想难题呢？马克思借助的是“自己的哲学”，而不是纯粹的经济学逻辑本身。这是否意味着，在《资本论》阶段，马克思更多的是“为了经济学（科学）而牺牲了哲学（人或者存在本身）”？进一步来看，这个问题本身已经不再是“文本探讨”，而是一个涉及马克思主义“真精神”的辨伪及生死存亡问题。

阿尔都塞对比《1844 年经济学哲学手稿》和《资本论》的思想根据，源于对认识论基础的考察。既然“认识史理论或理论实践史理论使我们懂得，人的认识在不同生产方式更替史上是如何首先以意识形态形式然后以科学形式产生的”[②]，那么，马克思的这两个经典文本也具有类似的认识论特征，显示出马克思经济哲学思想的深刻变化，而非通过“哲学”观照“经济现象”这样简单。在“纯哲学”的视野中，发现不了任何“经济学”，更产生不出马克思意义上的经济哲学。阿尔都塞反对“拯救‘信仰’、‘道德’和‘自由’，也就是说拯救社会价值”的哲学呼救声，这些呼声尽管动听、诱人，但这里没有任何经济科学、经济实践的影子。[③]

《资本论》如何区别于古典经济学以及现代西方主流的经济学？资本论不是古典政治经济学的延续和完成，而是一种“问题结构”与“问题使命”的彻底翻转。如果认为古典经济学有“忽视”或“看不到的内容”的话，那不是古典经济学家个人视觉的缺陷，而是其著作的结构使然的。换成问题结构的术语来讲这个问题，也就是说古典经济学是被“旧的问题结构”束缚着。如何克服有关“人存在本质”的幻觉，走向现实的彼岸？显然，通过黑格尔辩证法的说辞来实现，还是通过最具有现实性的经济学批判来实

---

① “问题结构”是阿尔都塞的专门术语，是指规定一种学问、知识设定问题，并对它做出解答的方法的综合结构，既包含视域内的问题结构图式，也内含了各种“不可见”的可能结构。正是“可见与不可见”之间的移动和变动，决定了“问题结构”的变化与断裂。

② 阿尔都塞：《阅读〈资本论〉》，李其庆等译，中央编译出版社，2001，第 62 页。

③ 阿尔都塞：《阅读〈资本论〉》，李其庆等译，中央编译出版社，2001，第 54 页。

现，属于完全不同的变革世界的思路。阿尔都塞认为，英国的经济学家在英国看到了现实中起作用的“经济功利”及其内在的剥削关系，对马克思而言这些都具有直接的“经验意义”。

既然“人体的解剖是猴体解剖的工具”，而不是相反，那么，在可能的思维范围内，《资本论》对于资本主义社会运行机理的揭示，无疑更为全面、深刻和厚重。只有在此理解的基础上，才可能深入理解封建社会、古代社会乃至东方社会。在这个意义上，只有《资本论》而不是任何其他文本能够替代完成和实现这种思想使命。在《阅读〈资本论〉》的开篇，阿尔都塞曾明确指出：“毫无疑问，我们都读过《资本论》，而且仍在继续阅读这部著作。”[①] 这是我们接近马克思的一个无法替代的核心环节和基础步骤，“读到马克思真正哲学的地方是他的主要著作《资本论》”，[②] 在茫茫的“思想丛林”和“观念迷雾”中，每一个人都应该通过《资本论》来为自己确立研究方向。其中的一个关节点，就在于通过《资本论》（而不是其他任何文本）开启真正意义的马克思主义经济哲学。因此，“准确地意识到《资本论》理论中所包含的确切问题为我们开辟了新的领域，向我们提出了新的问题，这一点也越来越明显了”[③]。《资本论》的提问尽管是以“经济学批判”的“使人感到意外”的方式呈现出来，“这些问题虽然没有写明，但对哲学本身的前途具有决定意义”[④]。

二 充分领会“资本主义本质”：马克思经济哲学的思想姿态

阅读《资本论》最关键的一个前提性问题，在于讨论应该如何“看”以及期望能够“看到”什么。其中涉及马克思经济哲学的总体姿态问题。“我们在对《资本论》进行哲学的阅读时所犯的错误是，我们用马克思阅读古典政治经济学时给予我们深刻印象的那种方法来阅读马克思的著作。我们要承认的错误就是，固执地囿于这些方法，在这些方法中停滞不前，死死地抓住它们并希望有朝一日完全依靠这些方法来认识马克思著作的狭小的空间

① 阿尔都塞：《阅读〈资本论〉》，李其庆等译，中央编译出版社，2001，第1页。
② 阿尔都塞：《阅读〈资本论〉》，李其庆等译，中央编译出版社，2001，第24页。
③ 阿尔都塞：《阅读〈资本论〉》，李其庆等译，中央编译出版社，2001，第68页。
④ 阿尔都塞：《阅读〈资本论〉》，李其庆等译，中央编译出版社，2001，第80页。

中所包含的无限领域即马克思的哲学领域。”① 若要从具有强烈经济学性质的《资本论》中读出“哲学结论”来，应该采取一种马克思本人所具有的“经济哲学”的态度，而不应该采取任何一种基于“非马克思”的经济学或哲学的态度。在阿尔都塞看来，这种姿态本身既是一种阅读，同时也是马克思精神的直接表达，更是马克思主义思想的一种“生产”。

（一）剩余价值的本质：超越经济的可计算性

“经济性”是资本主义的核心特征，其对象是“可以观察的事实”，无须任何抽象的概念。古典政治经济学将这种“经济性”局限于“市场交换”事实，以此论证“市场法则”的自由、平等和文明属性；现代西方主流经济学在“市场交换”的扩展内容及其形式上下功夫，以至于以“边际效用”为原则，建构出各种精致的交换模型、博弈图式、信息曲线等，成为“经济学创新”的最突出成就。可以说，无论实证经济学还是规范经济学，都以“普通人”日常经济行为为分析对象，而生产、交换、分配、消费的经济循环过程中，经济行为的本质，往往归根到底是各种形式的“经济计算”（效率收益计算）。“可计算性”背后的逻辑则是可观察的、可通约的经济事实，是在“等质的空间”中产生运动并发展壮大。

马克思的分析显然与此不同，这里并不存在“同质”问题，而是“异质性时间”“异质性空间”问题。不同“质”的时间节奏与运动形式，创造出不同“质”的空间存在形式。马克思将“经济时间”“人为”地划分为“剩余劳动时间”与“必要劳动时间”两个完全不同性质的“时间段”，彻底粉碎了“资本形式”的内在同一性。阿尔都塞认为，马克思在《资本论》（第1卷，第一章“商品”）中，在谈到古典经济学只注重“价值量”而没有注意到“价值形式”时，他是在批判该“经济认识论”的基础和起点。马克思并不否认“可计算性”本身，相反，他是想阐明“可计算性”在资本主义社会成为主导性的生产和生活规则，“经济价值”展开的价值形式（利润、利息、地租）成为“经济人”通行的存在形式。阿尔都塞认为，使“可计算性”的空间普遍化、生活化成为可能的条件，则是非计算的、非测量的。这意味着“量”的空间标准并不是“量”本身。使利润、利息、地租这种“可计算性”的事实成为实实在在“生活现实”的条件，就是马克

① 阿尔都塞：《阅读〈资本论〉》，李其庆等译，中央编译出版社，2001，第23页。

思的“剩余价值”概念。“剩余价值”尽管具有“可计算性”，通过“计算性”加以展示出来，但其本质则是“非计算的”“非量的”概念，是被历史地限定为反映资本存在本质的社会生产关系和社会结构概念。①

“那么，马克思关于剩余价值说了什么新东西呢？为什么马克思的剩余价值理论，好像晴天霹雳震动了一切文明国家？”② 众所周知，剩余价值理论的直接来源是劳动价值理论，来源于不同性质“劳动时间”的区分。阿尔都塞借用马克思的话认为，“把所谓的劳动的价值化为劳动力的价值，从而劳动的价值今后只应该被看作是劳动力的价位的现象形态。因此，这种分析得出的结果不是解决了在出发点上提出的问题，而是完全改变了它的用语”③。马克思严格区别“劳动价值”和“劳动力价值”，突出古典政治经济学所忽视的流通、交换领域“合理性”背后隐含的“看不见的东西”。古典经济学及现代西方主流经济学都将“劳动价值”等同于“劳动力的价格”，等同于“人力资本”的价格，二者之间的关系是充盈的、可以互换的数量关系。但马克思明确指出“劳动”与“劳动力”的概念区别，资本家在“价值意义”上可以等同于资本，是“资本的人格化”，但“劳动者”绝对不等同于“劳动”。资本购买（通过工资）的是“劳动”，而不是“劳动者”个人。将抽象和等价意义的交换价值论运用于“资本和劳动”的交换领域，恰恰将问题的本质隐藏起来了。正是在这个意义上，马克思通过“劳动与劳动力”的逻辑置换，彻底改变了古典政治经济学的逻辑指向及其性质。④

阿尔都塞认为，针对“可计算性”直接相关的一个经济现象和日常生活现象，即货币数量问题，其本质特征不在于计算本身，而在于“货币”计算的合理性和普遍性，以至于持续不断、连续循环的货币支持，也已成为资本存在的社会根据。这被视为资本主义稳定的“形式根源”。资本作为货币的货币，在背后掌控着货币的生死存亡、发展与流变。没有资本的基础本

① 参阅阿尔都塞《阅读〈资本论〉》，李其庆等译，中央编译出版社，2001，第210页。

② 《马克思恩格斯文集》第5卷，人民出版社，2009，第19页。

③ 阿尔都塞：《阅读〈资本论〉》，李其庆等译，中央编译出版社，2001，第10页。

④ 现代西方主流经济学指责《资本论》中的许多概念，具有“非经济的”、“哲学的”和形而上学的概念特征。对此，阿尔都塞明确指出：“经济学家所指责的马克思理论上的缺陷和弱点恰恰是马克思的力量所在。同时，也正是这一点构成了马克思同他的批评者以及某些最亲近的拥护者的根本区别。”参阅阿尔都塞《阅读〈资本论〉》，李其庆等译，中央编译出版社，2001，第87页。

体支撑，谈论货币、商品的大量涌流本身就不具任何现实意义。稳定的货币支持体系和转换体系（金融系统），是保证资本主义稳定社会关系、生产关系的最本质根据。资本主义“经济性”的表现形式是大量的、无处不在的货币，表现为尽最大可能成为“货币所有者”、尽可能多地“占有货币”。而这种“尽可能”的背后，不能简单运用“计算理性”来衡量，而是隐藏着占有“剩余价值”的内在逻辑根据。这显然是一个“质”的分析方式。

（二）生产方式的本质：“超越生产”的狭隘性

阿尔都塞更为关注和挖掘与产生上述观念直接相关的“思想机制”问题，即涉及对于作为社会底座的“生产”的地位、性质、特征的不同看法。这里的“生产”绝对不能等同于“经济性”，而是具有“生产方式”的特殊意义。可以说，致力于“生产资本化”的合法性和公开传播，是现代资本主义区别于传统社会的一个最突出的本质性特征。无论古典政治经济学还是现代西方主流经济学，其对“生产属性”的理解和把握，始终归属于“纯粹商品”的供给范畴，“生产关系”不被纳入研究范畴。也就是说，仅仅“看到”“生产”之外的“市场交换”、消费需求等要素，“看不到”“生产”对于整个资本主义社会构建的基础性作用。

就研究的内容看，无论古典政治经济学抑或现代西方主流经济学，其视域一般仅限于“供给与需求”这个经典的曲线图内，通过“加注”新的信息来丰富和深化这一个构图的科学性与预测性。这种占据主流的理解方式，对于“更有内容和更复杂的形式的分析，至少已接近成功”。但是，“为什么两千多年来对这种形式进行探讨的努力并没有得到什么结果呢?”马克思所做的就是试图挖掘这种“交换形式”产生的内在秘密。在《资本论》第一版序言中，马克思明确指出：“我要在本书研究的，是资本主义生产方式以及和它相适应的生产关系和交换关系。”① “现实社会不仅仅是结果、产物，它是一种特殊的结果、产物，它作为社会起作用，它不同于其他的结果、产物，因为它们起着完全不同的作用。对该问题做出回答的是生产方式结构理论，是《资本论》的理论。”② 生产力的结构是劳动力、劳动对象、生产工具诸环节的有机结合，生产关系的结构则是生产资料的所有者和非所

① 《马克思恩格斯文集》第5卷，人民出版社，2009，第8页。

② 阿尔都塞：《阅读〈资本论〉》，李其庆等译，中央编译出版社，2001，第67页。

有者诸环节的有机结合，生产方式就是复数的诸环节的有机结合（诸结构的结构化）。这里已经不再是单线的决定论，而意味着复线式、曲折的生产力和生产关系的结构图。

这意味着，生产力、生产关系等新概念组合而成的“生产方式”代替“个体”“人的本质”“主体”之类的旧式套语与范式，开创出一个崭新的“总问题”方向及其内容。生产方式就是“劳动过程”和“生产过程”的结合乃至统一。劳动过程是人与自然的材料交换（“物质代谢”），意味着生产力的结构。生产过程则意味着特定历史时代特有的生产关系，建立在劳动资料不同“质”的差别的基础上，即存在资本与雇佣劳动、领主与农奴那样的阶级性的社会关系差别。资本主义生产方式从其自身中生产出其固有的“社会效能”，并将它结构化。因而，生产方式是生产力与生产关系的结合或结构化。阿尔都塞认为，“马克思生产了生产方式这一关键性概念，因此他能够说明生产对自然物质加工的不同水平、‘人与自然’之间统一的不同方式以及这种统一的各个发展阶段”①。生产方式本身就是一种社会结构，而不是单纯的技术性、工具性的“物质生产”“商品生产”本身，涵盖着不同生产“当事人”的关系结构。

（三）经济拜物教的本质：资本主义的意识形态

从观念史的角度看，资本主义以强大的理性和利益驱动，扫除了传统的几乎一切思想幻象，使一切观念的巨大利益现出原形。但是，资本主义社会并非消除幻象，相反，却产生出与之相适应的各种新幻象和幻影，是一个商品拜物教、货币拜物教、资本拜物教等等经济拜物教更加盛行的社会。既然“资本主义生产方式是拜物教对经济领域影响最甚的生产方式”，那么，该如何询问其中的根据呢？

阿尔都塞认为：“尽管资本主义生产的世界向我们提供了经济的‘既定存在’的大量‘事实’，而且正是由于这种被拜物教化了的‘事实’所具有的‘大量’性质，我们只有通过建立经济的概念，也就是说，只有明确经济领域在整体结构中所占据的位置，明确存在于这一领域和其他领域（法和政治的以及意识形态的上层建筑）之间的联系，明确其他领域在经济领

---

① 阿尔都塞：《阅读〈资本论〉》，李其庆等译，中央编译出版社，2001，第201页。

域本身中出现（或作用）的程度，我们才能理解经济的实质。”① 整个生产和生活方式的资本化，使大众的“日常经验”被彻底改写，而“经验论可以被认为是幻影论的另一种形式，区别仅仅在于透明性在其中不是直接存在，而恰恰是被一层面纱掩盖着，被那个掩盖本质、但要被抽象用其分离和剥离技术所剔除的不纯的和非本质的外壳掩盖着。经过这种剔除，我们就可以获得单纯的、赤裸裸的本质的现实存在，于是对这种本质的认识不过是简单地看”②。各种幻影既是看得见又是看不见的客观存在物，如何能够摆脱和剔除“拜物”，“看到”一种赤裸裸的存在本身呢？对此，阿尔都塞的方法是“简单地看”，不被“复杂的表象”所蛊惑。而这些“复杂的表象”往往是以意识形态的形式存在，拥有意识形态精致化的内在机制和非凡的制作能力、复制能力。③ 这意味着，对于资本主义繁盛的日益滋生的“经济拜物教”现象，不能把其仅仅归结为一种文化和精神的“异化”现象，归结为“经济主体由于自身在过程中的地位和结构中的位置所产生的主观作用”，而应归结为一种具有现实基础与客观结构支撑的“一种仅仅同意识有关的‘表象’和幻想”。④

在“意识形态”语境下，“真实关系”不可避免地被包括到“想象关系”中去，这种关系更多地表现为一种意志或情态（保守或激进、顺从或反抗、改良或革命、希望或颓废、留恋或抵制），而不是对现实的描绘。意识形态根本不是“意识”的一种“一般形式”，而是一种“特殊形式”、人类“世界”的一个客体，甚至就是人类世界本身。既然经济拜物教属于一种意识形态，处于资本主义意识形态的核心地位，甚至属于资本主义社会“空气和大地”的一部分，那么，要解除这种强大的“意识形态襁褓”，走出陷于迷茫之中的意识形态重重浓雾，清除每一个人在出生乃至成长过程中就烙下的思想痕迹，就绝非一件容易的事。“如果没有阐明一个新的对象或新的领域，如果没有创造一个把旧的幻影和神话清除掉的新的境界，就谈不

① 阿尔都塞：《阅读〈资本论〉》，李其庆等译，中央编译出版社，2001，第 208 页。

② 阿尔都塞：《阅读〈资本论〉》，李其庆等译，中央编译出版社，2001，第 33 页。

③ 这是阿尔都塞《意识形态和意识形态国家机器》的主旨内容。参阅陈越编《哲学与政治：阿尔都塞读本》，吉林人民出版社，2003，第 320～375 页。

④ 阿尔都塞：《阅读〈资本论〉》，李其庆等译，中央编译出版社，2001，第 322 页。现代西方经济学的“经济人”概念本身就带有“经济拜物教”的逻辑特征，将人的自然欲望的最大限度的利己性视为“当然的合理性”，以此赋予诸多事件以“经济意义”。黑格尔在解析古典政治经济学时，显然已经意识到其哲学根据，把其称为“欲望的知识体系”。

上实现了任何新的伟大发现。"① 事实上，不仅无产阶级，而且资产阶级在说服别人相信他们的"神话"以前，自己一定先相信了这种"神话"。马克思从不认为，意识形态一旦被人们所认识，就可以被取消。因为对这项意识形态的认识既然是对它在特定社会中的可能性条件、结构、特殊逻辑和实践作用的认识，这种认识必定同时是对意识形态必要性条件的认识。

三 扩充"实践哲学"空间：马克思经济哲学的当代性

就像富有激情的马克思要"对现实表明态度"一样，关注实践、以自己的方式参与实践是阿尔都塞鲜明的哲学立场。"一旦发现了新的实践的需要，我就马上不顾一切地开始把它付诸实践——无论如何，这造成了一个结果，就是它后来的确提供给我一条特殊的途径去接近马克思。"② 这充分表现为"在当时的马克思主义哲学界"，阿尔都塞既"反对教条主义和对教条主义的右派批判的政治干预"，又反对"经济主义及其人道主义'附属物'的哲学干预"③。充分显示出其从"批判哲学"走向"实践哲学"的思想特点。在这个意义上，我们来重新理解其"认识论断裂"，即马克思"问题结构"的深刻变化，无疑会有另外一种完全不同的思想感受。

阿尔都塞明确赋予马克思主义经济哲学以实践的性质，"因为马克思主义哲学实践的存在本身，只是以实践的状态存在于分析资本主义生产方式的科学实践即《资本论》中，存在于工人运动史上的经济实践和政治实践中"④。为了保证这种实践性，必须反对有关马克思主义的伦理主义、自由主义和人道主义的任何说辞。从哲学观念史的角度看，将马克思主义的"解放思想"及其时代意义，等同于"重新发现自由""重新发现人"，显然依然隶属于欧洲传统"哲学命题"范围，依然贯彻了资产阶级"批判哲学"的启蒙传统，而马克思的真正贡献显然超越了这种"启蒙精神"，具有"经济实践和政治实践"的双重含义与诉求。

---

① 阿尔都塞：《保卫马克思》，顾良译，商务印书馆，1984，第65～66页。

② 阿尔都塞：《做马克思主义者容易吗》，《哲学与政治：阿尔都塞读本》，吉林人民出版社，2003，第175页。

③ 阿尔都塞：《做马克思主义者容易吗》，《哲学与政治：阿尔都塞读本》，吉林人民出版社，2003，第177页。

④ 阿尔都塞：《阅读〈资本论〉》，李其庆等译，中央编译出版社，2001，第26页。

在深入批判所谓人道主义（人本主义、存在主义、自由主义）的马克思主义思想的过程中，阿尔都塞明确指出，舍弃和忽视《资本论》与马克思哲学之间的内在关系，忽视“资本批判”所具有的实践意义，是几乎一切西方马克思主义学者（从卢卡奇到萨特）共同具有的致命弱点。阿尔都塞认为，马克思思想成长、成熟的过程，就是一个对于“古典政治经济学和古典哲学”进行全方位、彻底的批判过程，而这种批判的结果并非“批判本身”，这也并非马克思经济哲学的全部或本真含义，而是一种真正致力于“实践改造”、经济变革的理论。马克思通过几乎囊括一切的“诸批判”，把他的“批判精神”磨砺得比任何人都更加尖锐，以此作为撬动“现实大地”的锐利工具。正是在这个意义上，可以说“革命的理论”本身就是实践的内在需求，本身具有实践的品格。这是阿尔都塞“理论实践”概念的本质含义，也比较符合马克思的原意，比之于“理论和实践”区隔开来的“二元论”高明许多。

立足于马克思经济哲学的实践诉求，可以十分清晰地理解阿尔都塞强烈执迷于“理论实践”（区别于抽象理论）的内在根据。“只要说出实践一词，就可以揭示出这一词所包含的文字游戏。”因为“实践主义在其本质上会使我们的问题陷入意识形态，因为它赋予这一问题以意识形态的回答。实践主义同唯心主义的‘认识理论’的意识形态完全一样，只是追求一种保证”①。显然，阿尔都塞反对“经济哲学”仅仅限于“意识形态”，他是要凸显出其“科学化”“实践化”的实在功能。因为任何抽象的没有任何经济实践性质的实践，对于广大的无产阶级和社会大众而言，都是苍白乏力的表现。这里，阿尔都塞强调实践本身内涵理论的要素，“要在全新的基础上理解被唯心主义和经验主义观点神秘化了的理论和实践之间的关系”②。因为即使在最“原始的”社会的维持生存的实践阶段开始就可以观察到的最初的实践阶段上，“认识”的要素业已存在，虽然这种要素以极其粗糙的形式出现并且带有意识形态的深深的印记。

尽管存在各种实践形式（政治、经济、文化等），但“最终起决定作用的”实践，依然是“由经济实践的依附形式所决定的”③。显然，阿尔都塞

① 阿尔都塞：《阅读〈资本论〉》，李其庆等译，中央编译出版社，2001，第 57、58 页。
② 阿尔都塞：《阅读〈资本论〉》，李其庆等译，中央编译出版社，2001，第 59 页。
③ 阿尔都塞：《阅读〈资本论〉》，李其庆等译，中央编译出版社，2001，第 59 页。

的“实践哲学”十分重视“经济复杂”所引发的实践变革的复杂性，拒绝任何有关“实践检验”以及“实践和理论”相区分的简单化的功利主义观念。因为这种“实践”并不能保证和证明出功利主义之外的任何东西。“马克思主义者懂得，一切策略必定建立在战略的基础上，而一切战略必定建立在理论的基础上。”[①] 一个真正的马克思主义研究者，必须对经济现象的复杂性和经济现实基础性有清醒的认识，不迁就于任何短期化的经济功利，亦不沉溺于任何抽象的经济理论，而是致力于理论探究与现实改造的双重思想使命。

（作者单位：同济大学马克思主义学院）

① 阿尔都塞：《保卫马克思》，顾良译，商务印书馆，1984，第211页。

方法论之殇

——关于《21 世纪的资本》译名的再讨论

刘珍英

在皮凯蒂的畅销书 *Capital in the Twenty - First Century* 中译本出版之前，我在《中国社会科学报》上发表了一篇文章，主张中译本应定名为《21 世纪的资本》，而不是《21 世纪资本论》。[①] 文章发表后激起一系列反响。遗憾的是，中译本最终定名为《21 世纪资本论》。这固然是出于商业考虑，但有意无意中总让读者将其与马克思的《资本论》联系在一起。而因为主张对资本回报征收年 0.1% ~10% 不等的累进税，或对超过 50 万美元以上的收入征收 80% 的惩罚性资本保有税，皮凯蒂也的确被美国右翼称为“马克思主义者”。事实上，只要浏览并对比一下《21 世纪的资本》和《资本论》的目录就可以看到，皮凯蒂并不是传统意义上的马克思主义者；他并不主张推翻资本主义制度，就是一个明证[②]。难怪保罗·克鲁格曼讽刺美国右翼不是在论战，而是在贴标签（name calling）。

不可否认，就劳资对立这一基本点来说，《21 世纪的资本》借助于现代大数据手段，论证了《资本论》的观点；但在本质上，《21 世纪的资本》与《资本论》是存在根本差异的。除了政治倾向的差异，还有方法论上的不同。《21 世纪的资本》无非是从当代西方主流的庸俗经济学立场回到古典政治经济学的立场而已，它的方法论基础是以培根归纳法为基础的经验论，

---

① 参见拙文《名不正则言不顺：〈21 世纪的资本〉未遵循〈资本论〉研究逻辑》，《中国社会科学报》2014 年 8 月 25 日。

② 在政治倾向上，皮凯蒂大致是一个民主社会主义者，而不是传统意义上的马克思主义者。《21 世纪的资本》中译本出版后，皮凯蒂在接受中国学者采访时，其明确表明了这一点。

而《资本论》的研究方法却是马克思汲取哲学史上的优秀成果，特别是超越黑格尔思辨逻辑基础上独创的唯物辩证法。从逻辑方面厘清经验论与唯物辩证法的不同，可以帮助我们更准确地把握《21 世纪的资本》与《资本论》的内在差异。

一 《21 世纪的资本》的经验论方法

针对主流经济学热衷于运用数学模型进行纯理论推演的做法，皮凯蒂认为他们“为的仅仅是占领研究领域以及掩盖内容的空虚”，是缺乏问题意识的典型表现，“没有人想要解释经济事实，也没有人想要解决社会和政治问题”[①]。实际上，经济学之为经济学，不能抛弃其政治规范和道德目的，经济学家之为经济学家，需要聆听现实生活的最强音。在他看来，21 世纪初全球经济发展变化的广度及其不确定性可以类比于 19 世纪初的状况，所以，今天的经济学家也应该像 19 世纪的经济学家那样，将分配问题置于经济分析的核心地位并致力于研究其长期趋势。

基于上述认识，皮凯蒂利用 20 多个国家众多研究人员收集的历史资料和对比数据，研究工业革命以来近 300 年间英国、法国、德国、美国等发达国家的资本收益率 r，包括利润、股利、利息、租金和其他资本收入，以及经济增长率 g，即年收入或产出的增长。结果发现，每一组数据都显示 r > g，于是通过归纳得出结论：从长期历史趋势来看，私人资本的收益率 r 高于收入或产出的增长率 g。资本主义的这一核心矛盾作为强大的分化力量，导致了严重的社会不平等，并潜在地威胁着民主社会本身及其作为意识形态基础的社会正义价值。比如，在美国，最上层 10% 人群占有美国财富的 72% 。由于财富都是主动申报的，这一数据还是低估最大财富数值的结果。即便是在财富分配最平等的北欧、西欧社会，最富裕的 10% 人群也要占有国民财富的 60% 。

这一分析框架隐含着资本与劳动对立的前提，因为经济增长率由资本回报率和工人工资增长率两部分组成时，一旦发生资本回报率高于经济增长率的情况，增加的部分一定来自工人工资增长率的降低。看起来，这一点与

① 托马斯·皮凯蒂：《21 世纪的资本》，巴曙松译，中信出版社，2014，第 592、593 页。其中，《21 世纪的资本》中译名原为《21 世纪资本论》，下同。

《资本论》似乎是一致的，因为马克思强调的是，资本主义生产方式恰恰是以“劳动力成为商品”即雇佣劳动为前提的。但实际上，考察资本与劳动的对立可以有两个不同的角度：一是马克思的角度，在区分“价值”和“使用价值”的基础上强调工资是劳动力的价值；二是古典政治经济学的角度，把工资混同于劳动的收益。亚当·斯密和大卫·李嘉图对资本与劳动对立的考察，就是立足于后一角度进行的。除了劳动与资本对立的内在前提，皮凯蒂对经验的笃信也继承了古典政治经济学的传统，这从他评论马克思缺乏足够的统计数据支撑自己的预言中也可见一斑。

古典政治经济学的哲学基础是英国的经验论。培根抛弃了亚里士多德四因说中的目的因和形式因，认为它们只在想象中存在，无法得到经验的验证，把对因果关系的探求限定在动力因和质料因，创立了从经验出发的归纳法，其中包括搜集事实、整理材料、淘汰非本质的规定性、形成假说深刻解释现象等基本步骤。之后，霍布斯、洛克、贝克莱、休谟都坚持这一经验论传统，洛克基于经验主义的法权观念，被马克思称作“以后整个英国政治经济学的一切观念的基础”①。

经验论方法自有其合理性，科学在于求真，科学家一看事实，二看方法，即“实事求是”，或者 Seek Truth From Facts。这恰恰也是马克思主义的根本要求。在这一点上，《21 世纪的资本》无疑是伟大的，它找到了大量无可辩驳的“事实”依据，让事实自己开口说话，“这些观点是基于历史经验教训得出的，本质上是对事实的一种客观陈述”②。由此，它成功地揭示了资本主义“不平等”的发展过程，而不是凭感觉下结论，因为工人和资本家对同样的事实的感觉是不同的。主流经济学家之所以像资产阶级那样拼命掩盖不平等的事实，抹杀使这种事实显露出来的方法，一个重要原因，是诉诸感觉经验，而不是经验论意义上的“事实”，即数据的总和。因此，同其他经济学著作不同而同《资本论》一样，《21 世纪的资本》有着宏大的历史视野。单从税收数据一项来看，《21 世纪的资本》把历史追溯到了 18 世纪晚期的法国，更不要说 1909 年的不列颠和 1913 年的美国了。皮凯蒂用这些数据，要说明的只是：两极分化并不是什么新事物，21 世纪的资本主义不过是历史资本主义的一个必然环节而已。

---

① 《马克思恩格斯全集》第 26 卷第一册，人民出版社，1972，第 393 页。

② 托马斯·皮凯蒂：《21 世纪的资本》，巴曙松译，中信出版社，2014，第 2 页。

遗憾的是，正如休谟指出的那样，经验论的方法只能说明过去，不能说明未来：太阳天天升起，并不能说明太阳明天也会升起。经济方面也是这样。历史数据只能说明过去，不能说明未来。不从逻辑上说明资本回报率大于经济增长率，就不可能说明资本自身的内在否定性。这是《21 世纪的资本》的第一个根本缺陷。比如，谈到“21 世纪资本 - 劳动划分”时，皮凯蒂认为“弹性大于 1”。但他不得不承认，21 世纪资本和劳动替代弹性很难预测，“基于历史数据”，我们可以估算弹性在 1.3 ~ 1.6。“但是，这个估算不仅不确定、不精确，而且没有理由认为未来的技术会表现出与过去一样的弹性。”看来，唯一相对确定的是资本/收入比 β 递增的趋势：我们已经通过“近几十年”发达国家的发展情况观察到这一点，这一趋势“还可能”向其他国家蔓延，如果增长（尤其是人口增长）在 21 世纪放缓，很可能伴随着资本收入比重 α 的持久增大。无疑，随着 β 增大，资本收益率 r“很可能”下降。但是“根据历史经验”，“最可能的结果”是数量效应会超过价格效应，也就是积累效应会超过资本收益率的下降。“基于历史数据”“还可能”“很可能”，或者“根据历史经验”“最可能的结果”，这就是皮凯蒂对“21 世纪的资本”的研究结论！

二　《资本论》与唯物辩证法的逻辑

与《21 世纪的资本》不同，《资本论》并不满足于经验论意义上的“事实”，而是诉诸实践论意义上的“对象、现实、感性”。在这一意义上，《资本论》的方法——唯物辩证法，是对经验论和唯理论的扬弃。它一方面采取经验论的方法，诉诸“历史”，或“环境的改变和人的活动或自我改变的一致”；另一方面运用辩证逻辑，采取从商品到货币再到资本的理性推演方法；由此论证资本从产生到灭亡的自我否定是一个必然的过程。

《资本论》由“商品”这个经验中资本主义生产方式的细胞开始剖析，表明它的出发点是现实生活，是对事实的考察而不是纯粹理论的神秘演绎，这与《21 世纪的资本》可以说有着异曲同工之妙。但是，与《21 世纪的资本》不同，马克思认为商品是来自感觉而又超感觉的“物”，因此对它的分析“既不能用显微镜，也不能用化学试剂”，“二者都必须用抽象力来代替”。

这种“抽象力”的核心，就是辩证逻辑。

与形式逻辑的“是就是，否就否，除此之外都是鬼话”不同，辩证逻辑体现的是“是”与“否”对立统一、相互转化的过程。早在《哲学的贫困》中，马克思就分析了这种逻辑掩藏在正、反、合的三段论式背后的辩证运动，指出它构成了黑格尔的“绝对方法”的本质。在《〈政治经济学批判〉导言》中，马克思又指出黑格尔陷入幻觉，误把“从抽象上升到具体的方法”当成了“具体本身的产生过程”，而马克思则把它当作“思维用来掌握具体、把它当作一个精神上的具体再现出来的方式”。在《资本论》德文第二版的跋中，马克思认为不应当以叙述方法代替研究方法，而应当把辩证逻辑看成实践的逻辑，从而指出他的辩证方法与黑格尔的辩证方法的区别在于，黑格尔的方法是唯心辩证法，而他的方法是唯物辩证法，换言之，马克思认为辩证逻辑首先是实践的逻辑，其次才成为理论的逻辑，不能颠倒两者的关系。

如果说马克思的“政治经济学批判”手稿体现了他的“研究方法”，那么《资本论》就体现了他的“叙述方法”，后者使《资本论》呈现为“好像是一个先验的结构”。通过《资本论》对作为“能产生剩余价值的价值”的资本的产生过程，即由商品到货币再到资本的演化过程的分析，可以发现这一结构表现的是一种“是”与“否”对立统一的运动过程。这种“是”与“否”的二重性表现在：第一，商品一方面具有作为劳动产品的可感觉的使用价值，另一方面为了用于交换又具有超感觉的交换价值；第二，货币之“是”表现为充当一般等价物，货币之“否”表现为它要成为追逐货币余额的货币从而羽化为资本；第三，资本之“是”表现为能够带来剩余价值的价值，资本之“否”则表现为它在追求剩余价值的过程中总是产生阻碍自身实现的对抗性力量。与单线的运动不同，在这里每一组关系都呈现出“是”与“否”同时进行的双向反馈式运动。资本正是在其自我矛盾、自我否定中走向毁灭的。

如果说，《资本论》以辩证逻辑为前提，那么，《21世纪的资本》就没有超出传统逻辑。它因为经验论的方法具备了强大的论证力量，但与《资本论》的唯物辩证法相比，这也是它的缺陷所在。哲学史上，经验论曾经被休谟推向极端走进了一条死胡同。在他看来，经验论的方法只能说明事实，不能说明价值，只能说明“是”，不能说明“应当”，因此，“是”与“应当”、“事实判断”与“价值判断”的休谟两歧，就成为经验论方法论的阿喀琉斯之踵。《21世纪的资本》陷入了休谟的陷阱。它所提出的征收累进税的主张只能作为“应当”的价值判断，而无法成为“是”的事实判断。与此相反，《资本论》却通过资本自我否定的逻辑，显示了人类战胜不平等的必然前景。

《资本论》通过它的逻辑向我们展示了资本作为人的创造物，它一经产生，就以自我增值的强力意志成为现代生活的“普照之光”和“特殊以太”，造成主体性的人让位于主体性的资本，即目的与手段相互颠倒的生活现状。而在资本不断的运动过程中，票据、债权、股票等金融工具出现了，之后又出现了互换、期货和期权、资产证券化等金融衍生工具，这就是虚拟资本。虚拟资本导致了与实体经济存在一定程度分离的虚拟经济的产生。在虚拟经济条件下，如果投机者们借助金融衍生工具这一武器，如狼群般聚集起来对一个国家的金融市场发起攻击，在看不见硝烟的金融战争中，一国之财富就会瞬间化为乌有。由此，当代的经济危机已经演化为金融危机。与这一系列事实共同发生的，还有生活世界的变迁，正如罗莎·卢森堡在《资本积累论》中指出的那样，社会结构由自然经济社会转变为商品经济社会，人与人之间因为物的交换而相互依赖，构成了一个普遍联系、发展变化的社会有机体，各个民族的历史融合成了世界历史。也正因为这样，资本的自我否定必然突破民族国家的局限性，在世界历史的规模上得到实现。当代的社会主义者应当在金融战场上利用资本造成的危机战胜资本主义。这才是当代世界的全球治理的希望所在。

三　有了《21世纪的资本》，仍然需要《21世纪资本论》

《21世纪的资本》虽然讲述了不平等的历史故事，也在某种意义上继承和发展了马克思的理论，但却没有上升到“历史科学”的高度，没有像《资本论》那样做到辩证逻辑与历史的一致，其局限性也就显而易见。在大卫·哈维看来，皮凯蒂建议对资本回报征收累进税以解决不平等的措施，“如果不是天真的，就是空想的”，为此，“我们仍需要马克思或《资本论》现代版的‘等价物’”。[①] 可见，《21世纪的资本》与《资本论》研究者心目中的《21世纪资本论》完全不可同日而语。

---

① 参见丁为民《用〈资本论〉方法解读〈21世纪的资本〉》，《中国社会科学报》2014年8月25日。

一般人谈到“历史”，都会像皮凯蒂《21 世纪的资本》一样，仅仅指“过去”，而不包括现在和将来。也正是出于这一原因，黑格尔才提出，“密那发的猫头鹰只是在黄昏时刻才起飞”，哲学家只能事后聪明。马克思却不这样看。在他看来，“历史不过是追求着自己目的的人的活动而已”。然而，人的活动的目的性并不能保证它会取得自己预期的成果，因为迄今为止，历史都是在对抗中发展的。只有到对抗消除的未来社会，人们才能达到自己的目的。在目前这一被马克思称为“人类社会的史前时期”的时代，对抗决定了，只有运用辩证逻辑，而不是传统逻辑，才能掌握，而且必定能掌握历史的发展规律。

人们大可以说，马克思强调的是逻辑与历史的一致，而不是历史与逻辑的一致，而历史已经证明了马克思的逻辑是错误的，因为马克思在《资本论》中说“资本主义私有制的丧钟就要响了”，但是这丧钟响了近 150 年，资本主义还是没有灭亡。这些人显然没有明白，马克思说的逻辑并不是形式逻辑，而是辩证逻辑，即对立统一的、自我否定的、质量互变的逻辑。马克思眼中的历史也不是单线进化，而是无产阶级和资产阶级的斗争史。马克思并没有预测资本主义在哪年、哪月、哪日灭亡，相反，他认为资本主义的灭亡既不依赖无产阶级的意志，也不依赖资产阶级的意志，而是无产阶级和资产阶级之间的阶级斗争的结果，为此毕生投身于无产阶级的解放斗争。国际工人协会就是明证。

《资本论》是以“现代资本主义生产方式以及与之相适应的生产关系和交换关系”作为自己的研究对象的。在《资本论》第 1 卷发表时，还只有英国出现了这一研究对象，但是正如曼德尔指出的那样，到 20 世纪，资本主义全球化轰轰烈烈地展开，在这一意义上，“《资本论》与其说是 19 世纪的著作，不如说是 20 世纪的著作”。实际上，21 世纪资本的全球化更加如火如荼，以至连中国和越南等社会主义国家都利用国际资本来发展自己的国民经济。在这一意义上，我们完全可以接着曼德尔的话说，《资本论》不仅是 20 世纪的著作，而且是 21 世纪的著作。

众所周知，马克思的政治经济学批判有一个六册的研究计划，其中前三册是资本、土地所有制和雇佣劳动，后三册是国家、国际贸易、世界市场。加拿大马克思主义者莱博维奇认为，马克思从未放弃六册研究计划，“毋庸置疑，按照马克思的最初设想，《资本论》只是六部著作中的一部”。马克思和恩格斯去世以后，罗莎·卢森堡的《资本积累论》恰恰为世界体系论，从而为在《资本论》的基础上展开马克思政治经济学批判的后三册研究计划奠定了基础。在这一意义上，“21世纪的资本论”必然更像卢森堡的《资本积累论》，而不是皮凯蒂的《21世纪的资本》。

当然，历史总是比逻辑更丰富，哪怕这种逻辑是辩证逻辑。辩证逻辑的必然性总是通过历史的偶然性为自己开辟道路的。不可否认，自《资本论》发表以来，资本主义并没有采取剧烈的全局性质变形式，而是采取了积持续量变为部分质变的形式。所谓的福利国家、福利社会就是一个例证。《21世纪的资本》所说的第二次世界大战后关于资本回报率变化的反常时期，正是由无产阶级反对资产阶级斗争的这一客观结果决定的。但是，随着全球化过程的推进，福利国家的成果在资本自流的压力下逐渐走向瓦解，这才使资本回报率与经济增长率之间的关系恢复“正常”。

这一点，国内已经有学者注意到了，比如，袁志刚教授和马拥军教授都认识到资本的全球化所带来发达国家资本收益率的上升，并认为它相应地导致了相关发展中国家民族资本收益率的下降。皮凯蒂一方面对发达资本主义国家扭转资本回报率与经济增长率的关系表示悲观，认为全球化会对资本主义国家的税收调节造成妨碍；另一方面又对中国的社会主义制度表示乐观，认为中国的公有制可以成为有效抑制不平等状况的工具。他没有看到，社会主义运动的发展同样遵循辩证逻辑，而不是形式逻辑。因此，正如发达资本主义国家需要有莱博维奇这样的人从“工人阶级政治经济学”的角度续写《资本论》，以推动这些国家的无产阶级解放运动一样，中国这样的社会主义发展中国家也需要卢森堡那样的学者续写自己的《资本论》，以便总结改革开放的成果并推进以“一带一路”“亚投行”为开端的社会主义全球化进程。

（作者单位：中共上海市委党校第一分校）

皮凯蒂与新古典经济学的危机

约翰·贝拉米·福斯特　迈克尔·D. 耶茨　陆雪飞（译）

自20世纪30年代开始资本主义世界大萧条之后，主要的资本主义经济体正在经历周期性的衰退（stagnation），增长不断减速、未就业与待就业以及闲置的生产力不断递增。因此，主流经济学才最终开始意识到本文所关注的经济衰退这一趋势，尽管他们对其并没有展开分析。[①] 伴随着长期的发展幅度递减，经济领域的不平等正在急剧恶化，我们将之标记为当下的“巨大的不平等”（The Great Inequality），这也在法国籍经济学家托马斯·皮凯蒂的《21世纪资本论》中被详细阐述。[②] 总而言之，日趋严重的大萧条与正在恶化的不平等两种现状已经造成了正统（或者新古典）经济学的严重危机。

新古典经济学假设及其当代境遇

为了更好地理解当下的危机，首先有必要回顾新古典主义经济学的两大辩解，以作为对社会主义评论家的响应：其一，完全的、自由竞争的资本主义经济体会自发形成充分就业，也就是预示着各种摩擦、不完善或政府干预等才会产生失业。其二，收入或者财富的不平等取决于边际生产力（或者

---

① 这被当下主流经济学家称为“世俗的”（secular）或者长期的衰退。See Fred Magdoff & John Bellamy Foster, “Stagnation and Financialization”（《衰退与金融危机》）, *Monthly Review* 66, No. 1（May 2014）: 1 - 24。

② Michael Yates, “The Great Inequality,” *Monthly Review* 63, No. 10（March 2012）: 1 - 18; Thomas Pikettr, *Capital in the Twenty - First Century*（Cambridge : Harvard University Press, 2014）.

相对于产出的比例）中影响生产的因素，主要是资本与劳动——延展至个体分配的逻辑。第二次世界大战后著名的国民收入统计学家西蒙·库兹涅茨在其库兹涅茨曲线中甚至这样认为，发达资本主义国家不平等的递减取决于现代化的几大因素，包括不断增加的受教育机会。[①]

将这些命题与当下成熟资本主义经济体现状进行一下比较。首先，与完全平等的充分就业相比，我们首先看到的是经济停滞不断恶化的态势。其次，我们可以将这种趋势置于所有的发达资本主义经济体中，并且可以看到四十年前或者说更长的周期。[②] 与此同时，收入与财富的水平，不但没有收敛，相反却产生了巨大的极差——这样的极差我们不能仅仅将之归因于教育与技能方面的差异，更不能归因于资本 - 劳动的比率[③]。简言之，由新古典经济学体系建立起来的两大主要辩解在我们面前轰然倒塌。[④]

新古典经济学所呈现的分歧是长期的而且众所周知。在大萧条期间，1933 年美国的未就业率升高至 25% 。在这样的情形下，凯恩斯在其 1936 年的巨著《就业通论》与《利息与货币》中开始逐步地与正统经济学决裂。凯恩斯揪住了主流经济学的尾巴并攻击（正如早先的马克思）萨伊（Say）关于古典经济学的观点，假设供给创造了自身的需求。[⑤] 接着他开始批判这样一种理念，充分就业的平衡是该系统固有的趋势。凯恩斯是这样认为的，“当有效需求不足时，将会存在这种意义下的劳动力的不充分就业（under - employment），也就是说存在着那部分有劳动意愿，却不能获取充分就业报酬的人”[⑥]。这不是在资本主义的非正常环境之下，大量的不充分就业变成在发达的资本主义经济体中的正常现象。正如约翰·肯尼思·加尔布雷斯（John Kenneth Galbraith）在其《不确定的年代》中总结的凯恩斯的异端（heresy）：

---

① Simon Kuznets, “Economic Growth and Income Inequality,” *American Economic Review* 45, No. 1 (1955): 1 - 28.

② 参见 John Bellamy Foster 与 Bobert W. McChesney, *The Endless Crisis* (New York: Monthly Review Press 2012), pp. 1 - 21。

③ Lawrence Mishel, “Education is Not the Cure for High Unemployment or for Income Inequality,” January 12, 2011, http://epi. org.

④ Piketty, *Capital in the Twenty - First Century*, pp. 20 - 22.

⑤ 超过总产量的过度供给将会导致收入、利率与价格的下降，反过来会增加就业率、资本消耗与消费者需求。关于凯恩斯在相关方面的评价，See Paul M. Sweezy, *Modern Capitalism and Other Essays* (New York: Monthly Review Press 1972), pp. 79 - 91。

⑥ John Maynard Keynes, *The General Theory of Employment, Interest, and Money* (London: Macmillan, 1936), p. 289.

> 凯恩斯的基本结论……可以简单地陈述。之前它被放置于经济系统内，任何资本主义系统，都会找到充分就业的平衡。对它自己而言，最后只有休养生息。闲置的劳动力与闲置的植物一样都会畸变，完全退化。凯恩斯展示了现代经济体可以找到自身与持续的、严重的不充分就业之间的平衡。这种完美的正常的趋势被经济学家称为不充分就业平衡（underemployment equilibrium）。[①]

凯恩斯确信，资本主义经济将面临衰退，他用资本的边际效用（新投资的预期收益）递减来解释这种现象。然而，在《不确定的年代》一书中没有展开对衰退的条理分明、连贯的解释，仅仅是自满于指出这一衰落（waning）的问题所在，“人口与创造的增长，新土地的对外开放，政府的信心与战争的频繁”——所有这些成为过去促动资本主义发展的历史性因素。[②] 这些因素在阿尔文·汉森（Alvin Hansen）（凯恩斯在美国的早期追随者）的《完全恢复与衰退》一书及其他著作中集中评述，勾勒出“世俗的衰退”（secular stagnation）这一理论。[③]

随后，关于衰退的更完善的分析，特别着重于对垄断资本增长的分析（但也将资本主义成熟的其他因素考虑进来），在迈克尔·卡勒克（Michal Kalecki）的作品中有所阐述，尤其在约瑟夫·斯汀特（Josef Steindl）《美国资本主义的成熟与衰退》（1952）一书中，基于卡勒克（Kalecki）的理念。保罗·巴兰（Paul Baran ）与保罗·斯威齐（Paul Sweezy）在其论著《垄断资本》中将这一理念延伸至资本主义社会与经济系统，且与马克思主义的批判找寻关联。再后来亨利·马格多夫（Harry Magdoff）与保罗·舒尔茨将衰退与金融化相关联，最明显的是在《衰退与金融爆炸》中。

目前形势下，我们可以看到在新古典经济学中关于周期性停滞观点的复活。这一趋势始于 2013 年劳伦斯·萨默斯（Lawrence Summers）在国际货币基金组织论坛的演说。他的观点与马克思经典的历史性的观点是相背离的（毋宁说根源于凯恩斯思想的汉森的历史性分析），因而仅仅提供了部分的正

① John Kenneth Galbraith, *The Age of Uncertainty* (Boston: Houghton Mifflin, 1977), p. 216.

② Keynes, *The General Theory*, pp. 307 – 308; Sweezy, *Modern Capitalism and Other Essays*, p. 80.

③ Keynes, *The General Theory*, p. 307; Alvin H. Hansen, *Full Recovery of Stagnation* (New York: W. W. Norton, 1938), pp. 303 – 318. Sweezy, *Modern Capitalism*, pp. 79 – 83.

确分析。[①] 尽管如此，关于资本主义经济体能够实现完全就业这一观点——或者从凯恩斯那里传承来的宏观经济分析手段，正如萨默尔森（萨默斯的舅舅）反驳所谓的“新古典经济学假说”（neoclassical hynthesis）一样——也是站不稳脚跟的，原因在于新古典经济学的完全理想化的思想功能（ideological function）。

新古典经济学的第二个主要辩解是资本主义促成了一定意义的平等，至少关于收入与边际生产力的各个要素（包括个体）的决定关系——已经证明是错误的。当这一切越来越明显时，新古典经济学尝试声明整个问题不合理。马丁·费尔德斯坦（Martin Feldstein），里根总统的首席经济顾问，在回应那些反对里根经济政策的观点时提道，“在本国为什么会有不断增加的不平等出现，是个谜，不仅如此，我们也正在花费时间、精力思考这个问题。但是，如果问及我们是否担心华尔街的人们以及篮球明星正在赚取巨额财富时，我的答案是否定的”[②]。正如芝加哥大学的小罗伯特·卢卡斯（Robert Lucas，Jr.，最有影响力的宏观经济学家之一），到 2004 年才将其学术观点与具有重构性意义的观点合二为一，“对于那些有损于健全经济学（sound economics）的趋势来说，最为引人注意的，而且我认为最有毒害的，就是以（收入）分配问题为焦点”[③]。

费尔德斯坦与卢卡斯对于收入与财富分配的完全忽视（sharp dismissals）导致了主流经济学界认为不平等完全是良性的（benign），因为它归因于边际生产力的极差以及相应的教育水平和技能娴熟程度的差异。

“疯帽子”的逻辑同样可以应用在新古典经济学中来说明在完全竞争的市场中是不可能存在工资和收入的平等的。[④] 思考一下一个妇女做职业决定的情况。假设，如新古典经济学家所言，她完全清楚工资与福利和她即将入职的职位相关。她还知道任何一个职位需要在教育与培训上付出的成本，而且还明白在其受教育与培训期间将会失去一部分收入。对于每一个职位的负面信息，比如工伤，她都是清楚的，包括这些信息所要付出的成本。她应该如何选择呢？

---

① Magdoff and Foster，“Stagnation and Financialization ”.

② Feldstein quoted in “Grounded by an Income Gap,” *New York Timex*，December 15，2001，http：//nytimes. com.

③ Lucas quatoed in Paul Krugman，“Why we're in a New Guilded Age,” *New York Review of Books*，May 8，2014，http：//nybooks. com.

④ 这里以及后面的篇幅中所举的事例基于对新古典经济学收入的评论，Eric A. Schuta，*Inequality and Power*：*The Economics of Class*（New York：Routledge，2011），其中有一个作者从不同的角度使用了这个事例，见 Yates，“The Great Inequality”。

她将在每一个职位的福利与成本中权衡利弊，然后选出净福利最高的一个。

这一场景的言外之意在于，市场中的竞争将会使工资与入职后的成本持平。至少针对劳动收入而言，不存在不平等。进入现实世界，2007 ~2009 年间的金融危机及占领华尔街运动更进一步揭穿了新古典经济学的谎言。媒体开始频繁关注数据显示的暴涨收入与财富不平等，虽然这已经长期存在，但是已经成为资本主义经济的肮脏的小秘密。① 数十年来，研究人员在这一领域收集了复杂的数据标本。目前归因于占领华尔街运动以及这部分人的愤怒，这些信息全部公之于众。在这一方面做出突出贡献的有纽约大学经济学家爱德华·N．沃尔夫（Edward N. Wolff），一位在财富分配方面的首席权威专家；经济政治研究中心，出版了《美国工人状况》（*The State of Working America*）；布兰科·米拉诺维奇（Branko Milanovic），受雇于世界银行研究部的异端经济学家；加尔布雷斯，著名的制度经济学家、收入不平等分析师。②

然而，从现实的数据中，我们不能否认在所有的成熟经济体中不平等呈上升态势，在过去的 15 年中，从皮凯蒂用世界高收入研究数据平台（World Top Incomes Database）早期的研究开始。这是一项由 30 多名研究人员参与的重大国际项目研究结果。这一数据平台主要使用税收收入数据，着重于研究大多数发达资本主义经济体。③ 关于美国数据的主要研究人员是皮凯蒂自己，驻守于巴黎经济研究院（Paris School of Economics），以及伊曼努尔·赛斯（Emmanuel Saez），加州大学伯克利分校经济学教授。高收入研究数据平台是唯一最大的关于现存的、长期的、不平等的历史性数据平台，涵盖了欧洲和北美的国家和地区，也涵盖了亚洲、美洲、拉丁美洲的样本。

皮凯蒂的工作思路

2014 年由哈佛大学出版社出版的皮凯蒂的《21 世纪资本论》，使用了高收入研究数据平台来说明资本主义世界中心的正在恶化的不平等发展动态，

① 《纽约时报》的研究显示，自 2007 年 1 月 1 日至 2014 年 1 月 1 日，关于“收入不平等”的文章有 4260 篇。自 1977 年 1 月 1 日至 2007 年 1 月 1 日，关于这方面的文章只有 2660 篇。

② Edward N. Wolff, *Top Heavy* (New York: New Press, 2002); Economoc Policy Institute, *State of America*, http://stateofworkingamerica. org; Branko Milanovic, *The Haves and Have - Nots* (New York: Basic Books, 2011); James K. Galbraith, *Created Unequal* (New York: The Free Press, 1998), *Inequality and Instability* (Oxford University Press, 2012).

③ 参见“World Top Incomes Database”，http://topincomes. g - mon. parisschoolofeconomics. eu。

据此将焦点集中于经济世界。对于皮凯蒂本人来说，他不是寻常的经济学家。他兼具两种身份，上层重构性思想的反对者（dissenter）与代表者（representative）。虽然皮凯蒂在2007年为斯格勒内（Segolene）皇室作为法国总统的社会主义党候选人任职期间（输给了尼古拉·萨科奇），担任了数月的经济顾问，皮凯蒂也不是马克思主义者，甚至也不是制度经济学家或者后凯恩斯政治经济学家。在他的研究中，我们只能找到其对不平等的关注。然而，他是新古典经济学的最有资格的精英。因此，当他挑战那些被大多数新古典经济学家所采用的对财富和收入问题的分析方法的理论视角时，结果是爆炸性的。突然间写出了被出版界认可的关于不平等恶化的著作受到著名的出版物的赞助，如《经济学季刊》《美国经济评论》和《经济文学日报》，而且也不可能简单从个人偏好出发将其定义为“无科学性的”异端经济学家的作品。而且显而易见的是，皮凯蒂具有其他经济学家不具备的表达天赋和知识底蕴，能够使他借鉴简·奥斯丁和奥内尔·德·巴莱克（Honore de Balzac）及亚当·斯密和卡尔·马克思。短时间之内，该书成为亚马逊的畅销书，而作为一本685页的遍布数据的经济学书籍，这是前所未有的。

真正让大多数读者感兴趣的不是皮凯蒂分析问题的细节，而是在书的最开始被重点突出强调的整体结论。这里他明确挑战了正统经济学的核心观点——尽管是从新古典经济学的内部视角而非外部，也是皮凯蒂与现存经济学的主要思想命题的决裂——让数据自己说话——这让读者感觉皮凯蒂的工作对事实背后的探究不感兴趣，而不像马克思所言的“辩护的坏的意识与罪恶”，这一现象已经控制了正统经济学太长的时间。[①]

更为重要的是，皮凯蒂得出了关于资本主义经济体的独特结论，“不存在自然的、自发阻止破坏政府稳定、并使不平等力量永恒蔓延的过程”。这可以看作凯恩斯与萨伊（在分配领域）的决裂或者资本主义社会必然导致

---

① 马克思：《资本论》第1卷（伦敦：Penguin，1976）。其他的两位David Card与Alan Krueger，我们称之为“经验主义的经济学家”，他们在专著*Myth and Measurement*：*The New Economics of the Minimum Wage*（Princeton，NJ：Princeton University Press，1977）中展示了新古典经济学的那条法则，提高最低工资不可避免地将会导致更高的失业率。他们的书导致了新古典经济学的旧党——阻止研究最低工资——势力的反弹。皮凯蒂的研究也在被攻击之列，不过他有优势，即本人在法国从教，在那里经济学家还没有与媒体抱做一团，而在美国却要站在一致战线上，在法国仍然存在对工人阶层社会公正性的强烈的意识。他说，“因此他们（经济学家）必须将其他的原则及对于研究目标的荒谬的诉求抛在一边，尽管他们什么也不知道”；很难想象美国的正统经济学家会如此表述。

完全的就业平衡这一理念的重要对手。皮凯蒂不仅指出库兹涅茨对于发达资本主义国家中平等程度必然会提高的设想是错误的，而且他还质疑了新古典经济学人力资本关于平等暨精英（equality - cum - meritocracy）的论断——在那里偏离平等只是由于个人价值比如更高的技术水平、知识或者生产率——在现实的经济体中依然是错误的。[①]

对于以上的说明，皮凯蒂用目前非常流行的公式展示出来，那就是 r > g，这里 r 代表着财富（皮凯蒂视其为资本）的年平均回报率，g 代表着经济增长率（国民收入的增长比例）。皮凯蒂将增长缓慢的资本主义经济体中的财富（人均资本低于1.5%）比收入增长得快视为普遍案例——在金融化的时代中这一现象毫无疑问地被拔高。[②] 他论证道，在第二次世界大战后前25年人均资本增长率较高是个例外，美国当时的人均资本增长率大约在1.9%，同时我们也看到了——另有其他原因——增长率回落（人均资本增长率1.2%或如今将近1%），他将这一节点称为“低增长管理”（将这运用于所有的“在科技前线”的成熟经济体，但是不包括目前正在迎头追赶的经济体，如中国）。[③]

相对慢速增长——我们可以称之为衰退——为皮凯蒂的公式 r > g 提供了前提，确保了社会顶层的财富更加集中，而主要的财富持有者并没有那样恶劣地累积财富，这不仅仅是因为他们的所作所为而且是因为在社会阶层中所处位置。事实上，皮凯蒂告诉我们，常态的资本主义促成了世袭帝国。莉莉安娜·贝当古（Liliane Bettencourt），法国欧莱雅化妆品集团的女继承人，“在其有生之年从未工作过一天，其财富却如高科技翘楚比尔·盖茨的一样增长，而比尔·盖茨本人的财富也会在其不经意地停止工作期间以同样的增速增长”[④]。

根据收入与财富比例取决于边际生产力的若干要素（也适用于个人财富分配），皮凯蒂掀开了对传统的经济学命题批判的序幕。为了更好地理解这一重要性，有必要引用经济学家约瑟夫·斯蒂格利茨（Joseph Stiglitz）在2012年出版的《不平等的代价》（*The Price of Inequality*）。斯蒂格利茨认为，随着资本主义的增长，寻找对于不平等的新的辩解势在必行，尤其是对系统

① Piketty, *Capital in the Twenty - First Century*, pp. 13 - 16, 20 - 22.

② Piketty, *Capital in the Twenty - First Century*, pp. 13 - 16, 25 - 27.

③ Piketty, *Capital in the Twenty - First Century*, pp. 72 - 74, 93 - 96, 353 - 358.

④ Piketty, *Capital in the Twenty - First Century*, pp. 440.

本身的批判，如马克思谈及剥削。

从19世纪50年代开始主宰，现在依然主宰的“边际生产力理论”；那些具有高效生产力的人赚取更高的、影响他们对社会做贡献的收入。竞争的市场，通过供求法则发挥作用，决定每个个体的价值。[①]

皮凯蒂的论证与数据是对新古典经济学核心观点的嘲弄。但是，皮凯蒂的论断并没有与新古典经济学完全划清界限。因而其观点与凯恩斯有着同样的不足，与新古典经济学的决裂只是部分的，是不彻底的、不完整的。正如凯恩斯对失业问题的关注一样，皮凯蒂深入关注不平等问题，揭示了新古典经济学“边际生产力”理论关于资本主义发展的主要结论是经验主义的，是不实用的。因此他的论著着重强调近乎完整（near - complete）的阐明正统经济学——虽然还是在框架之内分析问题。[②]

我们可以看到，整体的不连贯性充斥于皮凯蒂的论述中。他不能解释为什么资本主义经济体发展如此之缓，以致财富与收入背离（divergence）（资本与劳动背离）。因此，他将慢速增长或者相对衰退视为经济系统特有的，而并没有解释原因或者找出必然关联。很重要的一点是，他将传统的关于资本的论断视为与财富等同的社会、物理现象。[③] 那么在他的分析中资本的积累就意味着财富的累积，从设备、机器到金融资产到珠宝，因而都与整个资本积累的问题相混淆。[④] 他也没有指出权力——主要的阶层权力——蕴藏于其勾勒的不平等之内。他的分析主要关乎分配而不是生产。他没有跟随或者（在自己的允许范围内）理解马克思，虽然他竭力地想接近马克思的思想。[⑤]

---

① Joseph Stiglitz, *The Price of Inequality* (New York: W. W. Norton, 2012), p. 30.

② 皮凯蒂有时候似乎认同边际生产力理论，比如，他在第六章提及关于资本的边际生产力，第九章提及劳动的边际生产力。在后面的文章中，他论证长期的教育对于决定个体的生产力和收入所起的作用。然而，他又给了边际生产力如此多的限制，以至于很难判断到底在那里边际生产力理论是否有长处。

③ 对于皮凯蒂而言，“资本”仅仅是财富，不管是土地、货币、金融资产或者珠宝。Piketty, *Capital in the Twenty - First Century*, pp. 45 - 50. James K. Galbraith, “Kapital for the Twenty - First Century?”, *Dissent*, Spring 2014, http://dissentmagazine.org.

④ 资本的理念超越财富的理念，原因是很深奥的，限于篇幅，不多赘述。马克思用了三卷来阐述“资本”的含义，如果时间允许的话，他会用更大的篇幅。我只想说明的是，皮凯蒂不仅仅想回避如马克思《资本论》中论述的资本的社会属性，而且还混淆了资本与财富，也因此将资本与投资盈余（investes surplus）、金融投机或者马克思所称的“虚拟资本”混为一谈（也就是说，如同正常的经济学的理解，在新的生产能力之内资本积累或者投资）。因此当皮凯蒂将视野放置在财富与收入时，他分析资本与财富的方法一如正统经济学。

⑤ Piketty, *Capital in the Twenty - First Century*, pp. 7 - 11.

问题在于，在皮凯蒂的该书中，垄断资本缺失，正如皮凯蒂本人所言，在其研究中，他没有分析垄断资本是如何成为不公正的因素之一的。[①]

即使存在如此的缺陷，皮凯蒂也将阶层福利（class warfare，虽然只是模糊的感觉）纳入资产阶级经济的分析中。但是结果却恶化了古典经济学理论的危机。而且，他探讨了税务征收与财富的关系。而且，他辩争——尽管他将认为这一理念实则“乌托邦”（utopian）幻想——对财富所征的税收。[②] 因而皮凯蒂表明了其在经济系统内部的部分变革。

不奇怪的是，对于《21 世纪资本论》的关注以及对于其阐述的正统的新古典经济学的主张，2014 年 5 月，《华尔街日报》费尔德斯坦的专栏开始反击。里根政府的前经济顾问果不出所料地谴责“皮凯蒂先生对于收入和财富征税”，声称“国内关于收入分配的问题不是因为部分赚取高收入的人群因其拥有技术、培训或者好运气”，相反，少部分人还在贫困线以下。[③] 然而费尔德斯坦完全没有理解，那就是，皮凯蒂认为技术与培训不能解释与继承的财产及 CEO 们的巨额收入不成比例的不平等在美国是如何增长的，而且当一些人含着金钥匙出生而借此获得更高的收入，我们不能理解为他们“赚到”了收入。

不平等的恶化：资本主义的法则

在皮凯蒂的书出版之前，皮凯蒂与赛斯（Saez）运用了国内税收系统（Internal Revenue Service）追踪了 1913～2010 年美国收入的不平等。这些数据显示了不平等的恶化趋势，与前 1% 的“税收单元”（tax units）（不仅仅包括家庭或者家用）所获得的收入相比，美国比其他发达资本主义国家更加明显，虽然英国紧跟其后。美国收入的不平等在“兴旺的 20 年代”（Roaring Twenties）早期，如菲茨杰拉德（F. Scott Fitzerald）在《了不起的盖茨比》中描述的那样，不是如此明显。最富有的 1% 占有了国民收入的 20%，而在 20 世纪 70 年代却只有 9%。另外，最富有的这 1% 攫取了过去数十年的收入所得。1977～2007 年间总家用的增长部分，最富有的这 1% 占

① John Bellamy Foster, "Piketty and the Crisis of Neoclassical Economics," *Review of the Month*, November, 2014.

② Piketty, *Capital in the Twenty - First Century*, pp. 21, 252 - 255, 515 - 518.

③ Martin Feldstein, "Piketty's Numbers Don't Add Up," *Wall Street Journal*, May 14, 2014, http://online.wsj.com.

去了60%，最富有的0.1%（最富有的前千分之一在2010年，年收入150万），每年大概以30%的增速增长。而最贫穷的90%，他们的收入增长“每年不足0.5%”。①

为了补充前期的结论，皮凯蒂在《21世纪资本论》阐明了四大重要发现。

其一，世界各地都出现了相似的趋势，虽然不及美国明显。

其二，在美国，引发这一趋势的主要原因在于上层阶层“超级经理”(super manager) 的出现，最大集团的上层管理者将巨额收入占为己有，而且他们掌握着裁定收入的话语权。②

其三，皮凯蒂强调了在资本主义历史中最富有的1%与其余人的差距。始于1914年的第一次世界大战至20世纪70年代中期，只有这一时期资本-收入比例趋于平等，世界发达国家的世袭收入也在递减。这是一个特殊的时期，经济系统遭遇了“休克”(shock)：两次世界大战的灾难、布尔什维克革命、大萧条以及在第二次世界大战之后社会福利提高。高收入者被课以重税，财富在战争与萧条中丧失殆尽，工人阶层崛起，强烈要求从雇主与政府那里获取更高的工资、福利和社会保险——雇主与资本家为了避免与工人阶层发生更急剧的斗争不得不采取如此的妥协策略。然而，一旦精英阶层恢复了实力，资本主义开始恢复不平等恶化的常态。③

其四，在平等趋势扩张的不寻常的60年中，大量的“中产”阶级崛起——专业人士、公务员、联合起来的工人——他们虽然不富有，但是他们的收入足够让自己生活得非常好，还有足够的收入购置房产。他指出，正在崛起的依靠房产的“小世袭”(petty patrimonial) 有产阶级对于发达国家的政治轨迹有着非常重要的影响，因为除却上层社会仍然存在大量的部分人，意图维护其财产价值且尽可能地保证其增长。④

大部分个体通过劳动获取收入。然而，大部分的收入还是从财富所有者那里获取。再有，各种形式的财富，控制着经济的顶峰与政府。如果这些财富以不平等的方式被瓜分，那么所得者那里将会出现一股波动力量。数据表

---

① Piketty, *Capital in the Twenty - First Century*, pp. 292 - 297，尤其是在8.5与8.6的数据。原始数据可见于 Top Incomes Database，http：//topincomes. g - mond. parisschoolofecnomics. eu，与《21世纪资本论》的技术附件，http：//piketty. pse. ens. fr。

② Piketty, *Capital in the Twenty - First Century*, pp. 315 - 321.

③ Piketty, *Capital in the Twenty - First Century*, pp. 274 - 276.

④ Piketty, *Capital in the Twenty - First Century*, pp. 260 - 262, 418 - 421.

现得非常明显，那就是财富分配得非常不平等而且愈演愈烈。爱德华·沃尔夫（Edward Wolff），美国研究财富数据的先驱，在其最近的文章中，发现在 2010 年最富有的 1% 平均净资产为 1640 万美元。相反，最贫困的 40%，平均净资产为负，负值为 10600 美元。[①] 对于资产类型来说，前 1% 占有的份额是惊人的：[②] 2010 年前 1% 占有的资产类型（asset class）份额分别为股票与共有基金 48.8%，金融证券 64.4%，信托基金 38.0%，企业股权 61.4%，非自住不动产 35.5%。

事实上，通过财富的统计数据恰恰能够反映社会分层（social divide）。因此，如皮凯蒂所言，美国联邦储备委员会（Federal Reserve Board）最近的判断（2010 ~ 2011 年间）表明，美国财富拥有者的前 10% 拥有本国 72% 的财富，而底层的 50% 仅拥有 2%。[③] 与此同时，在这前 10% 内部依然存在不平等。经济政策研究中心的斯尔维亚·埃里格罗（Sylvia Allegretto）告诉我们，在 2009 年，臭名昭著（infamous）的“福布斯 400”（美国最富有的 400 人）平均净资产为 32 亿美元；但是最富有的人所拥有的财富是整个“福布斯 400”平均净资产总和的 15 倍，1982 年时该指标是 8.2 倍。[④]

皮凯蒂对于财富问题做了大量的阐述，而且他运用了全球的数据。其着重关注的是资本 - 收入（财富 - 收入）的比率。如上文所指出的，他将资本与财富互换的问题，受到了正统经济学家的批判。《21 世纪资本论》关乎每个个体社会总产值与财富的分配，但尤其是指那些通过非人为的手段生产的社会总产值。该书的标题不禁让我们联想起另外一本关于资本的巨著，即马克思的《资本论》。然而马克思与皮凯蒂关于资本的论述是完全不同的。因为，皮凯蒂完全不懂得资本是对社会关系的剥削。在皮凯蒂那里，资本只是作为私人财富而存在的（皮凯蒂没有提及社会公共资本，但是私人资本却不是社会总财富的一个重要的组成部分）。将资本客观化（objectifying

① Edward N. Wolff, “The Asset Price Meltdown and the Wealth of the Middle Class,” *NBER Working Paper* No. 18559, November 1012, Table 4, http: //ecineq. org.

② Edward N. Wolff, “The Asset Price Meltdown and the Wealth of the Middle Class,” *NBER Working Paper* No. 18559, 1012, Table 4, http: //ecineq. org/papers/w18559. pdf, 57, Table 9.

③ Piketty, *Capital in the Twenty - First Century*, p. 257.

④ Sylvia A. Allegretto, “The State of Working America's Wealth, 2011: Through Volatility and Turmoil, the Gap Widens,” *Economic Policy Institute*, Briefing Paper #292, March 24, 2011, Figure D, http: //epi. org.

capital)，将其排除在社会关系之外，通过这样的陈述，皮凯蒂将自己标识为主流经济学家。皮凯蒂认为，财富可以从收入中累积，不管收入以何种形式存在，如大型公司的股票、地产或者政府债券。不管何种形式的财富都会给其拥有者带来巨大的利润。

对于财富，皮凯蒂将其等同于通过数年时间累积的收入。皮凯蒂及其助手，多年来通过多国的数据表明税收及其他公共数据的关联。他将资本－收入的短期浮动（定义为 β）视为可考量的。

然而，皮凯蒂真正关心的是资本－收入的长期趋势。通过数据，皮凯蒂论述了自十八九世纪始至第一次世界大战，在大多数发达国家中，财富等同于六至七年的国民收入。在美国，财富仅仅等同于四至五年的收入，我们只是短期来看。那么在未来的 60 年间，两次世界大战及大萧条的冲击将会使财富－收入的比值多样化，即大致为二至四年。[①] 原因在于物理资本（physical capital）的破坏，外资控股的缺失，对富人的重税。公共资本开始私人化及政治统治了整个世界而且操纵了财富拥有者的利益。[②]

如果抛开特殊时期，例如战争、衰退和社会福利的状况，我们如何解释资本－收入的长期趋势？皮凯蒂在《21 世纪资本论》的第五章（资本－收入长期比值）中称资本－收入为资本法则，也就是说长期以来，资本－收入比值趋向于存储率与经济增长率的商：$\beta = s/g$。正如他在其书中阐述的那样（更明确的阐述应该是在该书的电子版的附录中），这一公式是简单的新古典经济学增长模型的“稳态”（steady－state）前提，正如经济学家罗伯特·索罗（Robert Solow）研究的一种模型。[③] 很重要的一点是他选择了一个新古典经济学的增长模型，该模型有着蕴含于其内部而又不被普遍接受的假设，即宏观经济如何起作用，同时还存在这样的假设，比如，劳动与资本有着边际生产力，因而资本与劳动在一定条件下是可以互相替换的。[④]

---

① Piketty, *Capital in the Twenty－First Century*, pp. 164－171.

② Piketty, *Capital in the Twenty－First Century*, pp. 170－172.

③ Piketty, *Capital in the Twenty－First Century*, pp. 166－170, 231, “Technical Appendix of the Book, Capital in the Twenty－First Century”.

④ 对于 Solow 新古典经济学模型的批判，以及早期凯恩斯主义者 Roy Harrod 与 Evsey Domar 关于增长模型的比较，参见 E. K. Hunt and Mark Lautzenheiser, *History of Economic Thought: A Critical Perspective*（Armonk, NY: M. E. Sharpe, 2011）, pp. 450－457。对于皮凯蒂本人的分析参见 Prabhat Patnaik, “Capitalism, Inequaility and Globalization: Thomas Piketty's Capital in the Twenty－First Century,” *International Development Economics Associates*（IDEAs）, Julu 18, 2014, http: //ideaswebsite. org。

皮凯蒂的“法则”具有直观的吸引力。“资本”又称财富（比如财富拥有者的潜在的权力）的“权重”将会增加，在其他条件相同的情况下，经济增速越慢，储蓄额越高。皮凯蒂发现，在发达资本主义国家，这一趋势更加明显，而且将会持续下去，直到相对低的增速与相对高的储蓄率（或者，按照马克思的术语，更高的剩余产生）。这告诉我们，资本－收入（财富－收入）比率将会持续升高，或者达致从未出现的水准。他主张，低增速主要是由低人口增长率导致的，又被科技变革的速度变缓所加剧。①

在皮凯蒂那里，他把“后起直追”（catching up）的力量例如中国和印度也考虑进来。他指出，那些人口快速增加、经济快速增长的国家将会是那些在过去财富积累的国家，会比那些人口缓慢增长、经济增速减缓的国家产生更重要的社会影响力。② 在动态经济体中，财富与收入分配过程中存在跃动的力量，也就意味着这样一个论断是错误的，即资本－收入要比不属实的地方低。

皮凯蒂运用 $\beta = s/g$ 公式时，还运用了等式解释资本在国民收入中的份额，$\alpha = \gamma\beta$（这里 γ = 资本回报率，如前，β = 资本－收入回报率）展示了长期以来资本所占的份额。用一个简单的替换公式，变为 $\alpha = \gamma\ (s/g)$。从这里，皮凯蒂得出了著名的关于不平等的推算：$\gamma > g$。③ 如果资本回报率 γ 高于经济增速 g，资本在收入中所占的份额将会增加。皮凯蒂展示了在一个相当长的时间内，γ 事实上是高于 g 的；而这恰恰是资本主义经济体的常态。只有长期的经济危机时期是个特例，那时被战争、萧条及其后果所影响，社会福利政策使 γ 保持低值，g 保持高值。而且甚至在资本－收入比率攀升时，开始变得更依赖资本的经济体也没有对 γ 的下行施加压力以迫使资本在收入中的份额降低。也不是被快速的全球化所带动而不断“完美”的资本主义市场迫使 γ 降低；事实上，是那些不断复杂的金融机构和货币的管理者与贫穷国家吸引资本的欲望，使得 γ 居高不下。

让问题更糟糕的是，那些掌控着最大额资本（财富）的人往往比那些拥有少部分资本（财富）的人更容易获取更高的资本回报率。皮凯蒂通过

① 尽管皮凯蒂没有解释长期的低速增长（低于1.5%），非常接近于资本主义经济常态，他也探讨了人口与技术革新的因素所起的作用——直指 Robert Gordon 关于衰退的技术创新是当下经济衰退的部分原因。参见 Piketty，*Capital in the Twenty－First Century*，pp. 94－95。

② Piketty，*Capital in the Twenty－First Century*，pp. 83－87.

③ Piketty，*Capital in the Twenty－First Century*，pp. 52－54，166－167.

美国高校所受的捐赠回报来生动地说明了这一问题。他发现，在捐赠数额与回报率之间存在非常直接和重要的关联。[①] 毋庸置疑，当那些超级富豪用他们的钱赚取比别人多的回报率时，他们与其他人群的距离也越来越远。

皮凯蒂和他的助手沃尔夫（Wolff）以及其他人的研究告诉我们，收入与财富的不平等将会毫无疑问地更加明显而且将呈现愈演愈烈的轨迹。这一问题的引申义是可怕的，因为这加剧了经济、社会、环境以及政治问题的方方面面。比如，目前我们没有办法说美国享有民主，也因为这一问题，其他的资本主义国家也是这种情况。因为财阀统治集团是当下主要的政权形式。

有一个我们可以非常肯定的事实，那就是目前新古典经济学还没有一个关于不平等的可行的理论，毋宁说其还有一个关于失业的可行的理论。在本文中，我们一直强调的是，通行的经济学认为工资依赖于生产效率，也就意味着生产效率提高，工资也跟着提高。现实与新古典经济学理论所期待的相反。在美国，工人的实际周报酬自 20 世纪 70 年代开始下行，目前不足 40 年以前水准的 10%。这也反映在工资的下降以及兼职工作的增加。[②] 1999～2012 年间，即使将双方都工作的中产阶层考虑进来，该阶层家庭收入还是出现了大约 9% 的下滑幅度。[③]

事实上，数据表明，在过去的 40 年中，当每个工人的平均产出相对提高时，工资紧随其后呈下降趋势。可能最明显的对比在于工资和生产率。在近期的论文中，经济政策研究所（Economic Policy Institute）的经济学家埃利斯·格朗（Elise Ground）研究发现，“在 1979～2013 年间，生产效率提高的幅度仅仅比工人报酬提高幅度高 8 倍”。这意味着由生产力转向资本与工人的幅度达至顶峰。她还发现：“如果 1979～2007 年间不平等没有恶化，中产阶级收入 2007 年增长至大约 18000 美金。”[④]

美国联邦储备委员会 2013 年的报告表明，一旦将收入与工资所得者的前 1% 从总人数中剔除，国民收入中的劳动力份额将锐减：“截至 2010 年底层 99% 的纳税人劳动力份额（收入）跌至大约 50%，而在 20 世纪 80 年代

① Piketty, *Capital in the Twenty－First Century*, pp. 447－452，尤其是表 12. 2。

② Economic Report of the President, 2014, Table B－15.

③ 依据 St. Louis FRED database 计算得出，Real Median Household Income in the United States (MEHOINUSA672N)。又见 Fred Magdoff 与 John Bellamy Foster, “The Plight of the U. S. Working Class,” *Monthly Reviews* 65, no, 8 (January 2014)：15－20。

④ Elise Ground, “Why America's Workers Need Faster Wage Growth—And What We Can Do About It,” *EPI Briefing Paper* #382, August 27, 2014, http：//epi. org.

以前高于 60%。"[①] 新古典经济学完全无力解释工人收入在国民收入中份额急剧下滑的趋势。

权力的垄断

皮凯蒂的著作从统计数据维度揭示了不断恶化的社会阶层不平等，但是却没有分析其根源，也没有指出不断增长的阶层力量，虽然皮凯蒂希冀通过其洞见撼动主流经济学的意识统治。在美国 3.2 亿人口中，有 2.6 亿为成年人，那么 1% 的统治阶层是 2600 万的成年人，这一群体集中在少部分城市，"占据着社会领域的显著地位"[②]。

2014 年 8 月，《纽约时报》一篇题为《美国的一面，枪与美食并存。美国的另一面，相机与"超级名模"并存：不平等与网络搜索趋势》（"In One America, Guns and Diet. In the Other, Cameras and 'Zoolander': Inequality and Web Search Trends"）的文章戏剧性地展示了关于皮凯蒂所指的社会（与文化）领域中存在的裂缝。我们正生活在一个逐步多元化的世界中，在这个世界上，99% 的人群与 1% 的人群毫无共通之处。[③]

皮凯蒂认为，1% 意义上的"统治阶层"并不是真正的统治阶层，只有当该阶层中的 0.1% 拥有前 1% 的一半资产，那么这一阶层才真正成为社会财富的统治阶层。因此，他在评论"占领华尔街运动"时认为，该事件如果是 1% 与 99% 或者自我宣称为"我们是 99%"的力量抗衡，也不是完全错误的。他将该形势与由平民阶层起义而引发的法国大革命相关联。[④]

那么皮凯蒂如何将阶层斗争与阶层权力相关联呢？这些现实问题与公司、经济体、国家、文化、媒体中的控制权有何关联呢？皮凯蒂尽管列举了若干吸引眼球的事例，但并没有接着这一问题深入下去。虽然他提出了"阶层斗争"（class struggle）这一字眼，不过那只是一笔带过，并没有详细的解释。事实上，皮凯蒂真正关心的只是通过数据的手段分析不平等的现状

---

① Michal W. L. Elsby, Bart Hobijn, and Aysegul Sahin, "The Decline of the U. S, Labor Share," *Federal Reserve Board of San Francisco*, *Working Paper*, 2013 - 27, 2013, http://frbsf. org.

② Piketty, *Capital in the Twenty - First Century*, pp. 252 - 255.

③ "In One America, Guns and Diet. In the Other, Cameras and 'Zoolander': Inequality and Web Search Trends," *New York Times*, August 18, 2014, http://nytimes. com.

④ Piketty, *Capital in the Twenty - First Century*, p. 254.

以及财富增长与收入增长的关联，而忽视了资本与劳动之间的直接关联。因而他的观点仅仅是关于公正与否，而非社会斗争（social struggle），抑或经济危机或者萧条。

皮凯蒂没有意识到不平等与权力的关联，这一点，与其说是皮凯蒂的失误之处，还不如说是整个古典经济学的错误之所在：将不平等归结于意识形态的霸权（ideological hegemony），“主流经济学家所忽略的权力之作用”。正如2002年奥地利非正统经济学家科特·洛斯奇特（Kurt Rothschild）指出的那样，“有其真正的根源……那就是将权力的作用弱化以使其依存于其内部理论之中”，比如用数学模型来找寻其在数学那里的确定性。从这个角度来说，社会、政治领域的诸多问题（或者政治经济学的问题）都被排除在其体系之外，更有甚者将“这种纯粹的数据模型上升为新古典经济学分析社会－经济问题的固定模式”，因此也就将所有的关于权力的问题排除在其理论之外。也如科特·洛斯奇特所说的，“极端固定的模式将对社会分析的模式置于完全无力的状态”①。

毫无疑问，皮凯蒂对于新古典经济学的认同在于其对不平等与权力问题的回避。因此，根据我们的研究，他的《21世纪资本论》与马克思的《资本论》相比，堪说望其项背。再有，皮凯蒂抛开权力谈论不平等致使其理论不可避免地具有不完整性而且不能成为一般性理论。不仅仅在于对于不平等本身的认知，而且在于对于这一问题的认识的偏颇造成了对整个经济学系统的威胁。因此，皮凯蒂对于这一问题的贡献在于将问题本身述之于众，而超出了其自身作为正统经济学的代表：关于阶层权力与垄断权力问题以及这些问题如何与过度积累、萧条与金融化相关联的。皮凯蒂从这里开始探讨，部分个人以及个人的集合体成为那部分收入更高或财富更多的群体。他没有解释问题的根源，或深究为何这一问题不简单就是由个人能力或者生产效率导致的，正如传统的新古典经济学所指的那样。现实当中，资本主义社会的基础在于私人垄断资本阶层凌驾于生产力之上，大部分人被迫只能出卖自己的劳动力，即劳动的能力。这就造成了极端不平等的权力关系，允许生产方式（means of production）的所有者一定程度上占有剩余产品。在美国，福布斯排行榜罕有的400人拥有了相当于底层一半人数财富的总和，或者类似

① Kurt W. Rothschild, “The Absence of Power in Contemporary Economic Theory,” *Journal of Socio－Economics* 31（2002）：433－442.

于 1.3 亿成年人财富的总和。①

正如皮凯蒂所指出的，由于他们掌握着社会剩余生产的支配权，1950~1970 年间，处于社会底层 90% 的人每多赚 1 美元，处于社会顶层 0.01% 的人便会多赚取 162 美元。1990~2002 年，处于社会底层 90% 的人每多赚 1 美元，处于社会顶层 0.01% 的人（2006 年大概是 14000 户家庭）便会多赚 18000 美元。②

随着阶层权力日趋集中，不断增加的金融巨头、金融寡头的出现，他们在经济领域的话语权、极度垄断的权力越来越大，而随之便是进入他们的企业越来越难，他们从原初产品成本（主要是劳动力成本）中获利越来越多。如马克思所言，越大的公司，越想在竞争中获胜，而现代信用体系方便了大型合并与收购，造成资本的集中和高度的权力垄断。③ 2008 年，美国前 200 家公司占有经济体总利润的 30%，而在 1950 年只有 21%。同时，世界 500 强的收入总额相当于世界收入的 40%。④ 在这种情况下，借用著名的保守经济学家约瑟夫・斯库朋特（Joseph Schumpeter）的术语，不管是国内的还是国际的企业都不是以竞争者自居，而是共赢者（co - respecters）。⑤ 在许多部门，例如互联网服务提供商与通用通信，我们可以看出卡特尔的复归——国家，如果不是可有可无的，正在支持这样的发展趋势。⑥

《华尔街日报》的撰稿人彼得・泰尔（Peter Thiel），PayPal 的共同创办人，声明"资本主义以资本的积聚为前提，但是在完全的竞争中，所有的利润都被竞争走……只剩下一件可以让企业在残酷的竞争中赖以生存：垄断的利润……垄断是成功企业的前提"。确实，这甚至可能成为垄断资本在当

---

① Arthur B. Kennickell, "Ponds and Stream: Wealth and Income in the U. S. 1989 to 2007," 美国联邦储备委员会工作报告 2009 - 13, 55, 63, http://federalreserve. gov; Mattew Miller and Duncan Greeenberg, ed., "The richest People in America" (2009), *Forbes*, http://forbes. com。

② 纽约时报记者, *Class Matters* (New York: New York Times Books, 2005), p. 186。

③ Marx, *Capital*, vol. 1, pp. 777 - 778.

④ 数据与分析参见 Foster 与 McChesney, *The Endless Crisis*, pp. 67 - 77。

⑤ Joseph A. Schumpeter, *Capitalism, Socialism and Democracy* (New York: Harper and Row, 1942), 90. Schumpeter 在这里将公司视为"corespective"。

⑥ Robert W. McChesney, *Digital Discinnect* (New York: New Press, 2013), pp. 113 - 120, 138 - 140. 需要说明的是，强调垄断资本在现代资本主义中的作用，以及皮凯蒂没有分析公司吞并与联合，因而我们不能接受 Stiglitz 的观点，在其批判皮凯蒂的文章中认为不是因为资本主义而是不完美的竞争才导致了这样的问题。没有再比这个更加非历史或者抽象的了：新古典经济学抽象化的结果就是认为资本与权力可以分离。皮凯蒂本人恰恰没有这样的问题。参见 Joseph Stiglitz, "Phony Capitalism," *Harpers* (September 2014): 14 - 16。

下的信条。①

资本的阶层权力在最广泛的意义上来说——权力至广，如经济学家艾瑞克·斯库奇（Eric Schutz）在其 2011 年的专著《不平等与权力：阶层经济学》中描述的那样——迅速蔓延至国家与民众生活的各个方面（包括媒体、教育、各种形式的娱乐）。② 如卡里克（Kalecki）很久之前指出的那样，就像在欧洲很多国家存在的工党，即使通过选举控制了国家，也很难把各个州统一起来，更不用说经济、金融或者媒体。仍然存在这样的局面，谁掌握了资本的阶层权力，谁就控制了生产，并通过生产操控社会的每一个环节。③

皮凯蒂在其论著《21 世纪资本论》中揭示了两大趋势的有机关联——趋势一，财富的回报率高于收入的增长，趋势二，增速减缓。在这个意义上来说，皮凯蒂的分析是非历史的，因为历史性的分析需要对于不断变化的社会 - 阶层的关系做剖析。不断恶化的收入与财富的不平等并不是成熟资本主义与垄断资本的发展结果，不过已经被简单地看作这一系统的历史性的终结。

然而，在现实中，资本主义在其发展历史过程中成熟至一个体系，并矛盾地存在，已然成为历史不可分割的一部分。当下阶层权力与更为强大的垄断权力无节制地联合（国内外范围）促使了目前社会层面的过度积聚达到了顶峰。这又促成了投资，致使增长急剧减缓或衰退。在这种形势下，随着系统本身寻找巨大的现实的及潜在的经济剩余的出口，与此同时社会财富增加至顶峰，这不可避免地导致投机的发生。结果便如萨默斯（Summers）所指的“过度金融化”，伴随着债务（主要是私人的）相对于国民收入的巨幅增长，导致了金融泡沫，逐一地、不可避免地破灭。④ 衰退与金融化的辩证

① Peter Thiel, “Competition is for Losers,” *Wall Street Journal*, September 12, 2014, http://online.wsj.com，关于普遍化的垄断资本参见 Samir Amin, *The Implosion of Contemporary Capitalism*（New York：Monthly Review Press, 2013）。

② Eric A. Schutz, *Inequality and Power*（New York：Routledge, 2011）.

③ Michal Kalecki, *Selected Essays on Economic Planning*（Cambridge：Cambridge University Press, 1986）, pp. 19 - 24.

④ Lawrence H. Summers, “The Inequality Puzzle,” *Democracy* 33（Summer 2014）, http://democracyjournal.org. 关于金融化的资料，参见 John Bellamy Foster 与 Fred Magdoff, *The Great Financial Crisis*（New York：Monthly Review Press 2009）, Fred Magdoff 与 Michael D. Yates, *The ABCs of the Economics Crisis*（New York：Monthly Review Press, 2009）, and Costas Lapavitsas, *Profiting Without Production*（London：Verso, 2013）。

关系解释了当下垄断金融资本。①

这里有必要重温一下凯恩斯关于周期性衰退与股息攫取者的危险说。他倡导“对于股息食利者的安乐死，以及资本家从不断累积的压迫性力量到对于资本的（人工）稀缺价值利用的安乐死”。② 在当下的金融资本主义中，我们正面临着如皮凯蒂所指出的那样，凯恩斯最害怕的状况：利息食利者的胜利。③ 没有什么比现在更需要对“资本家的不断累积的压迫性力量的安乐死”。通过细枝末节的改革是不可能实现的，然而——正如皮凯蒂所倡导的所谓的“有用的乌托邦”，对财富大量征税。④

然而，当下我们正生活在全球性的垄断金融资本中：这是由阶层权力、垄断权力、帝国权力与金融权力组成的系统。当我们面对社会的阶层专制时，前文中皮凯蒂指出的“有用的乌托邦”仅仅变成了一项改革。当我们将视野从国内移至国际时，便更加明显。皮凯蒂的数据和分析没有超出发达国家，因而他也没有分析南美洲的不平等，更没有意识到现实的帝国主义或者被全球垄断（多国公司）统治的世界。因而也就没有将帝国主义转移的价值作为历史性现象或者全球资本集中的结果。正如印度经济学家普拉拜特·帕特奈克（Prabhat Patnaik）在《资本主义、不平等与全球化》中指出的那样：“皮凯蒂的分析中，不管是对财富的增长和不平等的恶化，还是对过去的发展或者对未来发展的设想，都没有分析帝国主义所起的作用，这一点是很重要的。相反，这本书只解释了资本主义在一个领域内的发展……而从没有牺牲另一个领域中的人，或者从一个领域向另一个领域扩散，从而使整个人类生活条件改善。这种观念错失的是，资本主义在大城市的发展不仅仅与周围先前永久存在的情状相关联，而且也与发展的特殊形态相关联，我们可以称作‘不发达’以一个全新的方式压榨那里的人们。比如，自 19 世纪的后 25 ~ 20 世纪的头 50 年（直至独立）英属印度人均实际收入递减，而且成千

① Foster 与 Magdoff, *The Great Financial Crisis*, pp. 63 – 76; Foster 与 McChesney, *The Endless Crisis*, pp. 49 – 63。

② Keynes, *The General Theory*, p. 376.

③ Piketty, *Capital in the Twenty – First Century*, pp. 422 – 424.

④ Piketty, *Capital in the Twenty – First Century*, p. 515.

上万的人死于饥饿。”[①]

当然这些都不能否认皮凯蒂关于对财富征税是好的，这是新的激进的社会变革的战略性要地，因为它挑战着“资本的神权”[②]。但是这需要在世界的每一个角落对阶层/社会斗争进行重组与复兴。目标必须是社会全体的“乌托邦”之战；其一，属于、通过、为了这些人——99%的人。其二，这99%的人必须被理解为被世界抛弃的无依无靠的代表，而重新审视他们所处的状况。今天“世界顶端的人们（包括全球的富有者）大概”比处于下层的世界人口50%的人“富了足足大约2000倍”[③]。不平等应该是个普遍存在的问题，发生在每一个层面，这是帝国主义、阶层、种族、性别的结果——但是皮凯蒂都没有直接分析。

然而，尽管明显存在的阶层关系在皮凯蒂的论述中是个空白，《21世纪资本论》仍然表现出对当下社会斗争的积极信息。这一点我们可以从他在法国革命《人权宣言》中选取的一句话“优等社会地位仅仅以共同的效用为基础”[④] 作为其书的铭文看出来。我们无法选出任何一句话来反对当下我们所处的世界，为了共同的而非个体的效用。确实，我们相信，皮凯蒂的可取之处在于他关注“最少的幸运者”，而超越了他本身所在的阶层。尽管作为一个资本主义民主的民主支持者，他对“21世纪的全球世袭资本主义”

① Patnaik, “Capitalism, Inequality, and Globlization,” 5. 针对皮凯蒂 *Capital in the Twenty - First Century*, 21 中所讨论的以“知识与技术”传播来减低不平等。他认为这只适用于国家之间的不平等。然而，假如国家之间的人均收入变得趋于平等，这不意味着将收入从贫穷国度向富裕国度转移或者任何一个国家之间的收入裂缝。在过去的几十年内，中国的收入正在逐步地不平等，但是中国的人均收入和发达国家相比差距还很大。他将人均收入的差距视为纯粹的，但这个问题非常复杂，只有分析不平等的专家皮凯蒂才能意识到。

② Marjorie Kelly, *The Devine Right of Capital* (San Francisco: Berrett - Koehler, 2003).

③ James B. Davies, Susanna Sandstrom, Anthony Shorrocks, and Edward N. Wolff, “The World Distribution of Household Wealth,” in James B. Davies, ed., *Personal Wealth from a Gloabal Perspective* (Oxford: Oxford University Press, 2008), p. 402.

④ Piketty, *Capital in the Twenty - First Century*, 1, pp. 479 - 480. 在哪个社会中，这才是正确的？当然只有资本主义社会。在一个采集与渔猎社会中，等级高的猎人将享有高等级的社会所有权，但是不会享有更多的社会产品的份额。他的社会所有权是对社会共有的优质产品的分配，通过群体的食物供给的增加。资本主义社会不存在可比性，除了意识形态的辩护者，尤其是新古典经济学家。皮凯蒂关于现代资本主义社会的分析有时候是非常天真的。他认为，对财富征税需要民主的辩论，他的团队的数据将使这一辩论变得可能。然而，处于财富分配顶层的不断增加的社会“力量”与相应地不断增长的政治“力量”，不免要考虑如何辩争，更不用说做决策。他的关于“全球世袭资本主义”的激进变革是值得称赞的，但是他关于资本主义的民主是值得商榷的。

进行了多方面的批判，也倡导激进的“变革”。[①] 对于一个新古典主义经济学家，这离革命的征程不远了。

（福斯特，《每月评论》编辑，美国俄勒冈大学教授；耶茨，《每月评论》助理编辑，《每月评论》出版社编辑部主任）

① Piketty, *Capital in the Twenty - First Century*, pp. 571 - 577. "Piketty and the Crisis of Neoclassical Economics," *Review of the Month* (November 2014): 1 - 22.

中国经济改革的哲学在场性：走向新“政治经济学批判”

——“全国经济哲学研究会成立大会暨学术研讨会”述评

夏国军

新中国改革开放30多年以来，社会主义市场经济建设取得骄人成就：自2007年起中国成为世界第三大经济体；2010年，中国的国民生产总值超过日本，成为世界第二大经济强国，此时中国的加工业年产值已经跃居世界第一。但是，成就与问题并存，诸如公平与正义、经济发展模式的转变、经济结构失衡、经济生态治理等重大经济社会问题如今还比较突出，亟须解决。问题的解决需要理论的创新，观念的革新，精神的指引，这是时代赋予当代中国学人的神圣使命，需要当代中国学人以一种高度自觉的使命感予以回应。

顺应时代的召唤，2013年10月19~20日，由全国经济哲学研究会、中国社会科学院《哲学研究》编辑部、上海财经大学人文学院、上海财经大学现代经济哲学研究中心联合主办，《社会科学报》协办，全国经济哲学研究会成立大会暨学术研讨会在上海财经大学召开，校长樊丽明教授出席会议并致欢迎辞。来自中国社会科学院、北京大学、中国人民大学、复旦大学、南京大学、中山大学、华东师范大学、同济大学、上海财经大学、中南财经政法大学、中央财经大学等国内近30余家高校、科研院所的专家学者，来自中共上海市委宣传部、上海市社会科学界联合会的代表，以及来自红星美凯龙等企业的企业家共计110余人（其中正高级专家60余人）参加会议，会议收到论文80余篇，累计100多万字。我们可以从如下几个方面概览会议的主旨和全貌。

一　复归马克思政治经济学批判精神

会议的主题“中国经济改革的哲学在场性：走向新‘政治经济学批判’”表达了与会专家、学者的共同心声和强烈诉求：呼唤马克思当年所倡导的政治经济学批判精神的复归，深刻领会其精神实质，用以应对纷繁复杂的国际环境给中国经济发展造成的不良影响，以及新中国的社会主义市场经济建设所产生的诸多经济社会问题。

樊丽明校长对此分析指出，就全球来看，信息时代大数据时代的来临，使我们时代生产力已经达到了全球化水平，国际资本经济体系已经进入前所未有的由虚拟资本主义领导的经济时代，生产力和生产关系体现出前所未有的复杂矛盾。当代危机暴露了发达国家经济内部的长期挤压的深刻性矛盾以及国际经济体系内部的结构性矛盾。这些盘根错节的复杂的结构性矛盾远未解决，已经超越了当代主流经济的解释范围和应对能力，并从外部环境构成了新中国发展社会主义市场经济的壁垒。人类至今甚至没有找到解决这些矛盾的基本路径。这就迫切需要我们用马克思主义的望远镜和显微镜来进行解剖分析，将人类经济学理论引入新的境界，引导我们走出当代世界面临的危机。就新中国内部而言，我们正在建设的社会主义市场经济体系，是人类历史上从未有过的新型经济形态；13 亿中国人民实现现代化的事业，是人类历史上前无古人的旷世伟业，新中国的经济发展，也面临着前所未有的挑战和机遇。这就迫切需要我们以马克思主义为指导，探索中国特色社会主义所特有的经济规律，探索具有中国气派的新的经济哲学，以及与之相应的不负我们伟大时代的经济学理论。

复旦大学哲学学院教授陈学明认为，当今中国的经济发展乃至社会发展何去何从，这是一个大问题，同时也是中国学术研究的一个新转机、新契机。融合哲学与文化的政治经济学研究乃为现世所急需，西方马克思主义引入中国主要着眼于文化批判的角度，与中国的社会发展休戚相关；文化、道德、伦理问题离开生产关系都难以解决，文化哲学、西方经济学等学科都应集中转移到政治经济学，后者必将成为时代的显学。陈学明主要从以下三个方面阐述了当今复归马克思的政治经济学批判精神的必然性和理由：第一，政治经济学批判是马克思的真精神，是马克思思想的核心部分，是马克思恩格斯留给我们最重要的遗产，我们不能抛开马克思的核心思想谈马克思主义，不能以其他理论消解和矮化马克思的政治经济学批判。我们对马克思的理解必须进入政治经济学这一层面。他反对把马克思《资本论》首先当作哲学著作即对《资本论》作单纯的哲学存在论的解释，而我们哲学界特别是马克思主义学界的一些学者正热衷于做这样的事情，他认为《资本论》主要是政治经济学的著作，只是它全面贯彻了马克思主义哲学即唯物辩证法和唯物史观。第二，通过对西方马克思主义的文化、社会批判理论的反思，特别是对这个理论的实际社会效应的估量，他逐渐认识到：到了逐步摆脱西方马克思主义的束缚，复归马克思的政治经济学批判的时刻。他的基本看法是，西方马克思文化批判、意识形态哲学批判，尽管不能说完全没有积极的历史意义，但从总的来说，消极面大于积极面。现实无情地告诉我们，单纯从事文化和意识形态批判，而不把这种批判与政治经济学批判结合在一起，或者说不把这种批判推进到政治经济学的层面，往往会干预我们对社会真正弊端的认识。第三，马克思的政治经济学批判精神有助于消除当下的生态危机。对于日益严重的生态危机，现在一些学者热衷于在道德伦理的范围内去解决，生态伦理学也逐步成为显学，他们把出现生态危机归因于人对自然缺乏道德观念，他们企图通过道德改革建立生态伦理来解决所有的环境问题，一些人正在呼吁展开一场将生态价值与文化融为道德的革命，把消除生态危机寄托于人的思想观念的变革。现在越来越多的人认识到这是一种幻想。难道生态问题纯粹是由人们的某种道德观念决定的吗？人类在哲学、伦理学、文化学范围内兜圈子，是永远无法理解当今的生态危机的。借助马克思主义政治经济学批判来思考当今的生态危机问题，我们会发现，造成今天生态危机的根源很多，但是主要是资本逻辑，资本逻辑是生态问题出现的罪魁祸首。资本逻辑的效益原则和利润原则决定了资本是反生态的，当社会以资本为中心时，通过贯彻资本逻辑来解决生态问题只能是梦想。

全国经济哲学研究会会长张雄教授紧密呼应陈学明教授的见解，进一步阐明了复归马克思的政治经济学批判精神的必要性、重要性和紧迫性。他强调指出，我们之所以把全国经济哲学研究会成立大会的学术研讨会定位在中国经济改革的哲学在场性，定位在一个政治经济学批判的关键概念上，主要基于两点考虑：其一，肇始于 2007 年到今天的金融危机，为何整个经济界未能预见，也未能提出重要的预警？毋庸置疑，经济学家依赖于太多理想化、专门化的模型，以至于看不到宏大的图景，无法对蓄势待发的危机做出预警。深层次地说，西方主流经济学丢弃了数百年的经济传统，比如，关注国计民生，关注民族精神，关注与人类进步相关联的异化与祛魅的根除等。其二，对于当代中国改革及其深度推进的需要，马克思的政治经济学批判具有独树一帜的价值贡献。《资本论》的副标题是“政治经济学批判”，它原本不是一个单纯对当代经济生活范畴的批判，而是一个与人类的生存进化，与国民财富相关联的经济解放运动，承载着对经济现代性的诊断和批判。“追求经济的政治与哲学的实现”，乃为此次会议最重要的观点，更是今天中国现实的强烈要求。值得一提的是，我们新中国经济学的批判研究，还要注意到中国政治经济学的理论传统梳理与在当代复兴的原因，包含苏联政治经济学传统影响评估，包括民主革命时期苏区政治观念的生成，包括毛泽东读写政治经济学笔记，包括计划经济时代的政治经济学轴心原理，包括新世纪邓小平对中国经济政治学的新解，包括社会主义市场经济势力下的政治经济学复兴及其批判，等等。这一系列的“重大”且与中国改革开放实践相关联的理论问题，值得我们经济哲学界深入研究。

二　深化经济哲学基础理论研究

真正复归马克思的政治经济学批判精神，把握马克思政治经济学批判的精神实质，仍然需要深入研读马克思的经典文献，充分发掘、系统梳理和深入理解马克思经典理论的思想内涵和精神实质。

张雄教授对此强调指出，政治经济学批判的思想史梳理与新境界创构大有可为。首先，我们应该厘清政治经济学的范畴和政治经济学批判的范畴。政治经济学是关于社会财富的学问，不是属于单个人的利益最大化的财富追求，也不属于一个狭隘的国家概念，而是一个大的社会财富的需要。政治经济学批判是把政治经济学作为批判的对象，是以政治经济学作为反思对象的哲学经济学批判形式。马克思曾经把政治经济学定义为关于市民社会的解剖学；而政治经济学批判是关于资本主义生产关系的批判。这个概念延续到今天，应该怎么样辩证地加以继承和发展，这是我们应该高度重视的问题，这也是此次学术研讨会的一种深度关切。中国下一步的发展需要政治经济学批判，但这不能简单回归到政治经济学概念上，而应上升到哲学、政治学和经济学三个学科互动的高度上。政治经济学批判在今天意义上，实际上就是告诉我们，要追求经济的政治与哲学的实现。其次，马克思的政治经济学批判既是一个历史的理论又是一个哲学的辩证法，更是一个导引先进的无产阶级革命与社会主义建设的行动法宝。马克思的学术思想转变，经历了《黑格尔法哲学批判》（政治经济学批判的早期预设）——《1844年经济学哲学手稿》（政治经济学批判最初的尝试，主要是对国民经济学有限的理论自我意识的批判，它是《资本论》所从事的政治经济学批判的基础）——《德意志意识形态》（它是唯物史观的政治经济学的世界观与方法论的提出）——《政治经济学批判大纲》（也就是《超越马克思的马克思》，唯物史观的政治经济学批判的原理或者经典而又凝练的阐述。国内著名经济学家顾海良先生表述为作为《资本论》思想驿站的政治经济学批判）——《资本论》（唯物史观的政治经济批判学说的系统理论得以科学地表述。马克思明确把《资本论》的副标题表述为“政治经济学批判”）这样一个完整的过程，实际上使我们感觉到，《资本论》是《共产党宣言》的经济哲学版，马克思与其说是一个回答问题的人，毋宁说是一个提出问题的人。在货币化的生活世界里，资本已经成为架构西方存在论的根据，它既是社会物质流转的润滑剂、倍增器，又是人们感觉世界的兴奋剂、崇拜物，更是精神意志的“逻各斯”。资本的理论最重要的意义在于，它事实上掌握了解释资本主义利润这把钥匙。资本的概念是研究资本主义经济中生产与分配规律的关键工具。在今天，《资本论》的叙事中究竟讲的是什么故事已经不太重要了，重要的是它的政治经济学批判中所内含的存在之链，与我们现实的创造历史活动的精神批判工具有无关联。

鲁品越教授指出，正确解读《资本论》和充分发掘马克思这份宝典的现世指导价值在时下值得重视。比如，在他看来，《资本论》中劳动价值与资本力量的深层本质是一个十分重要的问题，结果有人把劳动价值论错误地理解为单纯的关于“剥削”的理论，认为劳动价值论的主旨仅仅在于揭示资本家剥削的来源。鲁教授认为，这种理解的局限性在于：仅仅指出剥削的来源并不能概括马克思的伟大理论贡献，因为在马克思主义出现之前，在空想社会主义那里也已经有人指出剥削来源于劳动。马克思所批判的《哥达纲领》已经坚称“劳动是财富的唯一源泉”。马克思的真正贡献是指出了资本何以有能力进行这样的剥削并占有剩余劳动价值，而这正是资本的权力。具体而言，劳动价值是由劳动产品所承载的人与人的社会关系力量，在等级制度下它是一切政治权力的根源，而在市场制度下它成为支配生产要素的市场权力的根源。一旦转化为货币，蕴含于产品中的市场权力就脱离了其使用价值载体而成为纯粹的普遍的市场权力。而当其投入生产过程中，就会通过生产要素的载体形式转化为资本权力，它是劳动价值的市场权力的集中化表现形式。资本权力通过作为其载体的生产资料支配劳动者，进而支配由劳动者创造的剩余价值的分配。全社会的资本力量通过市场竞争共同分割全社会生产的剩余价值，其他各种非市场力量（如土地所有权）一旦进入市场也共同分割剩余价值，由此生成社会的市场权力体系，造成商品价格对其价值的偏离。这种偏离显现为市场权力结构谱系。因此，商品价格对价值的偏离不仅不构成对劳动价值论的否定，相反，这种偏离恰恰是劳动价值论的伟大生命力的表现。《资本论》的本质正在于揭示了资本主义市场经济体系中的权力结构，是关于市场权力结构的巨型理论。

魏小萍研究员着眼于马克思对资本主义经济关系的批判，发掘在背后支撑这种批判的马克思的哲学与伦理洞见。从哲学层面讲，资本主义经济关系产生了自由和平等的观念，前者是后者的前提和基础，这一观念在社会生活的其他方面（如法律的和政治的方面）再现出来。这是马克思的理解思路，对于马克思而言：一方面，观念是现实的产物，但是现实中的资本主义经济关系是向着另一个方向运行的，因为，资本借助于剩余劳动的积累过程，体现出来的是形成不平等的过程，是对这些观念的背叛。马克思的批判并没有针对其前提本身，而是从前提进而进入其前提得以实现的程序，马克思的分析从价值的形成（劳动）到价值的实现（工资、利润）的整个过程的程序进行层层析解、剥离，将问题的症结归结于劳动力与资本的交换，这是一个不等价（值）交换。从伦理层面讲，在对资本主义社会的批判中，马克思从以下几个不同层次上涉及了经济交往关系中个别性与普遍性的关系：第一，现实中个体、群体之间的利益关系；第二，意识到了的伦理关系及其困惑；第三，个人自主行为与其社会结果客观规律性之间的关系。剩余价值理论的形成，在第一个层次上区别了至今在一切文明社会经济交往关系中存在的博弈关系（各自追求自己利益的最大化）与资本主义生产关系在劳资双方中形成的博弈关系。正是对这第一个层次的认识，将马克思与其他政治经济学家区别了开来，同时对这一问题的认识，在第二个层次上将一般经济交往关系中参与博弈双方的道德责任（贱买贵卖、强买强卖、以次充好、假冒伪劣等等）归结于一种置双方于一种次原初（社会关系，从自然意义上来说，人们生来是平等的）不平等地位的生产关系（剥削关系的基础）。第三个层次涉及的问题比较复杂，可以在非常广泛的意义上进行讨论，对于马克思来说，第三个层次的问题取决于第一个层次问题的解决。

河北大学政法学院哲学系的宫敬才教授首先提出关于马克思经济哲学四种存在形式的论纲：第一种形式是对资产阶级经济学哲学基础的批判，其中包括对逻辑前提、经济学研究出发点、经济制度类型划分方法和阶级立场的批判。第二种形式是政治经济学范畴中的哲学，如资本、劳动、商品、生产力和生产方式等范畴中的哲学。第三种形式是政治经济学命题中的哲学，如人是制造和使用工具的动物、经济时代的区分标准是人类怎样生产和用什么劳动资料生产以及劳动资料是劳动借以进行的社会关系的指示器等命题中的哲学。第四种形式是政治经济学理论中的哲学，具体内容是六个方面：经济哲学逻辑前提论、经济哲学本体论、经济哲学认识论、经济哲学价值论、经济哲学方法论和经济哲学历史论。在此基础上，他又进一步提出关于马克思政治经济学研究范式的论纲，指出马克思的政治经济学研究范式由如下内容构成：其一，设定劳动人性论的逻辑前提；其二，主、客体二者之间关系的哲学分析框架；其三，多学科知识的综合贯通；其四，让当事人出场说话；其五，解剖典型。作为基础性、根本性方法的解剖典型由三个具体性方法支撑：理解、“充分地占有材料”和逻辑与历史的有机统一。

三 打破学科壁垒，建立理论联盟

马克思当年在理论体系建构中为我们树立了打破学科壁垒，有机融合哲学、经济学、政治学、社会学等诸多学科，建立理论联盟的典范。这一优良的治学传统在今天仍需我们恪守，尤其是其中内蕴的关怀现实、改造世界的批判精神。中国的社会主义现代化建设的确呼唤这种精神。新中国30多年的改革开放事业乃至更久远的社会主义现代化建设以经济建设为中心，因此希冀经济学能够发挥强劲的济世救民之功效，这也从客观上成就了经济学的显学地位。可是，这一显学却逐渐呈现出这样一种趋势：它愈来愈背离“经济”概念“济世救民”的本意，远离对现实的关怀，在日趋数学化兼去政治化的同时，把政治经济学边缘化，把自身存在的合法性定位在超价值、超现实的基础上。数学分析对于经济理论的建构是必要的工具，但经济学绝不是纯粹的数字游戏，也不能在发展经济学问题上把目的与手段倒置，更不能把经济学“圣贤化”。经济学应始终具备时代性、现实性、政治性、价值性、人民性等。丧失了解释现实、处理社会问题能力的经济学是不健全的。同样，哲学，尤其是马克思主义哲学也应走下神坛，走出象牙塔，埋葬故纸堆，不再沉溺于玩弄从问题到问题的咬文嚼字的游戏，而是着眼于中国改革开放的现实，用问题意识、批判精神深刻解读改革开放中遇到的诸多瓶颈，深刻反思中国传统文化对当下制度建设的影响，从精神上引领社会主义现代化建设中的新事物由潜在性向现实化的顺利转化。

张雄教授对此分析认为，中国的政治经济改革市场化推进，在今天有了更为强烈的呼唤和诉求，这个呼唤和诉求需要我们从事哲学、经济学、政治学，乃至其他的社会科学的人凝聚起来，跨学科研究势在必行。今天重新唤醒《资本论》所确立的政治经济学的价值和追求，“新”主要表现在：其一，对社会科学的发展和重新定位。政治经济学批判的复活是这方面的一部分。当前我们国家哲学社会科学为了按照十八大精神更加深入并加以推进发展，需要我们三大学科，即哲学、政治学、经济学联合起来，产生巨大的凝聚力，国际上著名的研究领域已经开始出现关于 PPE 三个概念的研究中心，我期待着中国尽快成立 PPE 研究中心，实现哲学、政治学和经济学的学科联盟。其二，更为重要的是，中国的经济改革进入攻坚期、深水期，利益多元化，诉求多样化，引起诸多深层次矛盾的凸显，更多复杂问题被提出，经济社会发展各种不确定性超常规地涌现，用什么样的思想观念，来导入如此重大的历史变革实践；用什么样的哲学社会科学，来支撑如此重大的市场制度创新；用什么样的中国学术、中国文化精神，来提升整个国家经济社会发展的平台，它关注的不是社会某一学科学理的运用，而诉求的首先是哲学、经济学和政治学联盟和互动，诉求着中国特色的新政治经济学的批判精神。其三，政治经济学所研究的主题在各个时代必然是人类所关注的、关心的事情之一，并在某些时代是最关心的事情，在未来 15 ~ 20 年，全球经济竞争的格局中，中国经济实力、企业精神、国际影响力的实质性提升，任重而道远，未来的市场竞争伴随着信息化、智能化、虚拟化的深度推进，精神对物质的反作用史无前例，配置精神资源，比配置物质资源更为紧要，尤其决策思维，战略思维，思辨政治和理性的判断水平，文化创新和精神资源开发的自由度等等，都将起着非常重要的作用。马克思主义的新政治经济学批判的中国化推进，势在必行，意义深远。

湖南师范大学唐凯麟教授赞同张雄会长的观点指出，2008 年的金融危机给我们提出了一个很严肃的问题：经济学如果没有正确哲学的支撑，那就纯粹是一个数字的游戏，那就是一个题目。马克思最有代表性的著作《资本论》就是马克思的哲学，也是马克思主义的辩证逻辑，同时也是马克思主义的科学社会主义，他对经济现象的考察，是服从于人的发展和社会的解放的。所以要使我们经济学成长为有中国特色的社会主义经济学，恐怕还是要回到马克思，回到马克思不是单纯的就经济论经济的经济学，而是政治经济学。加强经济学和哲学的联姻，在总结我们改革开放的实践过程中，建立我们自己的政治经济学，这是我们当前面临的非常重要的任务，也是推进我们学科发展，推进我们现代化事业的一个非常重大的理论问题和实际问题。复旦大学的陈学明教授同样认为，专门化的研究可能无益于我们当今时代、社会的发展要求，进入不到社会理论的核心，所以学术研究必须打通“中西马”。《解放日报》报业集团党组副书记周智强也认为，经济不单纯是一个纯经济的问题，也是一个社会问题、政治问题、伦理问题，而根本上是哲学问题。

四　注重对中国当下重大社会经济问题的哲学批判

有了先进的思想、正确的理论、高尚的精神，中国当下社会主义现代化建设中暴露出来的劳动异化、自由与平等、商品拜物教、资本逻辑与货币化生活、社会消费等具体的现实问题的处理才能获得有效的精神指引、理路指导和方法借鉴。其结果也就是中国经济体制改革的哲学在场性的体现，也是新政治经济学批判精神在场性的体现，更是当代中国学人对马克思崇高的改变世界的哲学使命的坚守。

（一）劳动异化问题

复旦大学哲学学院教授余源培认为，深化改革要解决三种疑惑，这当然是局部不是全部的，因为随着生产力的增加，社会风险也越来越高，我们的改革要有问题意识，他觉得现在改革主要是非常强调技术性的设计，而战略性的设计比较欠缺。从战略设计来看，有三个异化是我们必须要克服的。第一个异化是劳动异化，而我们只要知道我们今天的基尼系数是0.49，收入最高的5%的家庭收入是最低的5%家庭的234倍，劳动对于我们到底是使人感到幸福的自觉的活动，还是充满着不幸的强迫性的劳作？不言而喻。这与人类类本质的异化，人蜕变成一种消费的动物，人与人之间关系的紧张休戚相关。根据中国社会科学院的调查，中国的人与人之间的诚信关系已经跌破了60分的信任的底线。在这个问题上面，我们应当考虑的出发点是什么？

他觉得劳动异化的关键问题，是资本和劳动的关系问题，怎样求得它们之间的平衡机制？市场经济是给我们提供了一个竞争机制，但是我们的社会缺少一种平衡机制，而这种平衡机制的建立，政府负有非常重大的责任，它应当充当一个调停者。尽管我们目前对于市场竞争机制比较重视，但对于社会调停机制我们是滞后的，这个问题是建设社会主义市场经济的一个关键问题。第二个异化叫作权力异化，即权力寻租。权力异化的实质是什么？希尔斯提出，实际上特权者认为，把自己看作另一类人还不够，他们非常自然地谦虚地，而且几乎是真诚地认为，他们自己和他们的后裔都是人民的需要，而不是公职人员，关键是在这个地方。强烈的人与人之间不平等观念是最重要的。关于权力寻租，我们过去总是认为我们社会主义国家可以根除腐败，腐败跟我们格格不入。只要有国家存在，就有腐败可能性，因为国家从其产生来讲代表着一种日益和社会脱离的力量，我们应当保持高度警惕，防止把反腐倡廉的“倡”变成“唱”。第三个异化是政绩异化，即唯 GDP 论。这里面有一点我们现在不够重视，就是唯 GDP 论是我们党政干部政策颠倒了德与才的一个关键，中国传统文化认为论才必以德为本，人才有德以为功，无德以为乱。唯 GDP 论会产生一系列可怕的结果。

上海财经大学卜祥记教授就学界对马克思《1844 年经济学哲学手稿》（下简称《手稿》）中的异化劳动学说所形成的争议做了阐释。他认为，马克思《手稿》中的劳动异化学说并未像有些学界中人以为的那样，遵循的是费尔巴哈人本学唯物主义的逻辑。理由如下：第一，“劳动的产品是固定在某个对象中的物化的劳动，这就是劳动的对象化，劳动的现实化就是劳动的对象化”。这就是马克思整个异化劳动理论的出发点，而在这个出发点上就不是费尔巴哈人本学唯物主义的逻辑。劳动的本质是劳动者的本质力量的一种对象化的物化的活动，或者讲劳动就是劳动的对象化，劳动产品就是劳动的对象化。只要有人类，人类的劳动本质就是一种对象性的劳动，一种对象化的活动，这是劳动的本质，这是一个事实判断，而不是一个价值判断，也不是一个价值预设。然后他说了一句话，在国民经济学假定状态中，劳动的这种现实化，表现为工人的非现实化等等。在国民经济学作为前提的状态下，私有财产的前提下，这个劳动表现为异化劳动。第二，马克思《手稿》中的异化劳动具有四重规定性，每一条都体现出马克思与费尔巴哈的不同。其一是劳动产品的异化，这一点和费尔巴哈讨论宗教异化和一些国民经济学家讨论产品异化没有本质界限。但是他从劳动产品的异化引导出其二，即劳动活动的异化，也就是说如果劳动产品是异化的，那意味着劳动活动本身是异化的，根据这个引导逻辑他引导出其三，劳动异化了也就意味着人的本质异化了，这里面至关重要的一条与费尔巴哈的界限就出现了劳动是人的本质。费尔巴哈认为人的本质是理性、意志与爱。其四，马克思讲从前三个规定性我们可以推导出人与人社会关系的异化，而人与人社会关系的异化核心事实上就是私有财产关系，因此，我们看到马克思下面一段话，“与其说私有财产是异化劳动的根据和原因，还不如说它是异化劳动的结果”①。看到这样一个判断，从前三个规定性推导出第四个规定性隐含马克思唯物史观的一个基本原理的重大发现，即劳动创造人类社会，从前三个规定性推导出第四个规定性马克思得出结论，私有财产不是根据，它是异化劳动导致的，是异化劳动导致异化的人与人之间的关系，私有财产的关系。因此，异化劳动导致私有财产的关系，导致人与人之间异化的社会关系，其前提是劳动创造社会关系，与异化劳动相适应的是异化的社会关系，劳动创造社会关系，是马克思非常重大的理论发现，整个唯物史观奠基于这个问题，没有这个问题就没有马克思的唯物史观。

（二）自由与平等问题

中国人民大学段忠桥教授认为，自由与平等问题与当前中国和世界经济活动中面临的重要的问题紧密关联，而这恰恰应该是经济哲学关注的。马克思主义的领军人物、牛津大学的科恩教授对自由至上主义的领军人物、哈佛大学的诺齐克教授的“自我所有权”命题的反驳非常值得我们关注。因为，科恩对诺齐克的批评涉及自由与平等问题，并且对于我们消解当前中国经济改革所面临的问题具有借鉴意义。科恩指出，诺齐克写作《无政府、国家和乌托邦》一书的目的，就是利用为社会主义者、自由主义者以及诺齐克一类支持自由市场的右派分子共同赞同的自由，来为使社会主义者感到气愤和自由主义者感到担忧的不平等来辩护。诺齐克高扬自由反对平等，他利用人们“共同赞同自由”的策略，使不少人把这本书说成是一本“自由至上主义”的著作。而用“自由至上主义”这样的称谓，无疑含有这样的意思：自由在诺齐克的政治哲学中具有至高无上的地位。但是科恩认为，这种说法是一种误导，诺齐克首要信奉的不是自由，而是自我所有权原则，具体说

① 《马克思恩格斯文集》第1卷，人民出版社，2009，第166页。

来，就是每个人在道德上都是他自身及其能力的正当的所有者，因此只要不将这些能力用于侵犯他人，每个人从道德上讲都可以自由地如其所愿地来使用它。也正因为如此，诺齐克在书中虽然大谈自由，但他从未给出一个可以使人们从中引出自我所有权原则的一个独立的自由概念。因此，他的真实的观点是，人们应当享有自由的范围和性质，是依人们的自我所有权的变化而改变的。由此说来，将自由至上主义用在诺齐克身上，肯定不是自由本身，而是一种类型的自由，也就是它的状态是由自我所有权原则所决定的自由。由于诺齐克把自我所有权视为其理论的核心，所以他从不认为没有财产的无产者的明显的不自由与他坚信的自由在资本主义社会盛行的观点相矛盾，因为每天被迫出卖劳动力的无产者，仍是自我的所有者，而事实上，为了出卖劳动力，他也必须是自我的所有者。因而，就此而言，无产者也是自由的。自我所有权与外部资源不平等分配的结合就很容易产生对所有物品的私有财产的不平等。如果不平等是正当产生，而且在道德上是受保护的，那么试图以私有财产为代价减少不平等，那就是对人自我所有权的不可接受的侵犯。科恩说毋庸置疑，导致当今不平等的所有私有财产，都是来自某种程度不是私有财产的东西，或者某种东西现在是但以前不是私人财产的东西，不管什么私有制总是一个时期形成的，而不是从来就有的。只有经过这样一个时刻，原本不归私人所有的东西才能转变为私人所有，原本不是私人财产的东西，为什么能全然正当地为人口中的一部分人所私有，这是一个很大的问题，诺齐克本人清楚地知道，他如果为不平等做辩护，他必须要回答这个问题，因为不平等肯定是私有财产不平等，那私有财产到底怎么来的？如果为不平等做辩护，回避不了私有财产的问题。科恩依据严谨的分析提出了使诺齐克难以回应的结论，从而推进了政治哲学的发展。科恩对诺齐克的批评，在西方政治哲学界产生极大影响，得到了包括自由主义学者和马克思学者一致的好评；但是科恩对诺齐克的批评在我们国内没有产生任何影响。段教授强调指出，我们国内许多学者，实际上接受的是自由至上主义或者新自由主义的理由，我们研究马克思主义的人，对他们的应用也好，对他们的宣传也好，我们没有做出有力的回应。这是不应该的，如果我们目前做不出有力的回应，我们应该借鉴像科恩这样当代西方左翼学者的观点。

中南财经政法大学哲学院龚天平教授认为，经济自由是最为基本的市场经济伦理价值，它是自由通常在经济活动中的体现和延伸，是经济主体能够按照自己的意志从事经济活动的权利。在内容上，它包括经济主体的生产、分配、交换和消费的自由和财产权；在性质上，它表现为经济活动的消极自由和积极自由。从经济伦理学意义上看，经济自由是市场资源优化配置的基本要求，是经济发展和繁荣的内在动力，是人类文明进步的推动力量，是责任伦理的激励机制。学界对始于2008年的全球性金融危机进行了多方面的反思，其中包括市场经济的伦理基础问题。由于这次危机实质上是在西方国家盛行的新自由主义经济思潮带来的结果，因而要吸取这次危机的教训，就要否定新自由主义及其坚持的经济自由思想。龚教授指出，新自由主义经济思潮的确要反思，但是它所坚持的经济自由思想还是有价值的，因为它是市场经济最为基本的经济伦理价值，与经济公正、经济平等、安全、和平、经济繁荣、生态环境等一起构成市场经济的伦理基础，决定着当代市场经济行为的“伦理质量”。

（三）商品拜物教批判问题

河南大学吕世荣教授认为，宽泛地说，资本主义社会所呈现的商品货币资本拜物教这样一个拜物教的性质，包括人们对拜物教的观念和资本主义社会一起，构成了资本主义的现实存在，这些整体来讲都可以是一个资本主义社会的存在，但是它和马克思所特指的拜物教观念的含义，以及马克思的本体存在是两个概念。为此，有必要澄清三个问题：第一个问题就是马克思拜物教观念与拜物教存在，也就是与日常生活存在之间的关系。在这个关系中，在拜物教观念里，她觉得我们还是要区别三个概念，第一个是拜物教的感觉或者说拜物教心理，第二个是拜物教的意识，第三个是拜物教的意识形态。她认为这三个概念是不一样的，因此就引发出来了这三个概念和资本主义日常生活存在的一个关系，即拜物教的心理，或者拜物教的感觉和日常生活存在的关系。第二个问题涉及马克思对拜物教观念的批判，应该从三个维度来探讨。第一个维度就是对拜物教观念存在根基的批判，这个批判就是对资本主义现实社会的批判，也是知道了它的存在，是一个异化了的存在，是一个颠倒了的存在。第二个维度是对资产阶级意识形态，就是拜物教意识形态产生的根源机制的一种批判，这种批判的途径在于，通过拜物教异化状态的直接指认和一些人对异化现象体现出来的幻化状态的认识，考察他们如何把这些东西上升到意识形态，进而挖掘其根源和它形成的机制。第三个维度是马克思对古典经济学拜物教概念的批判，他指出其错误在于，把生产资料的物质内容和社会形式的似自然形式误当成自然形式，把不合理的状态误当成正常的状态。第三个问题是马克思对拜物教概念的瓦解。马克思对拜物教观念的瓦解，也同样放在资本主义社会内在矛盾和内在自我分裂当中去理解拜物教观念的消解。吕教授指出，拜物教观念还是拜物教存在这个疑问源于对马克思“抽象成为统治”这个命题的理解。马克思曾经谈到资本主义的本质特征，或者说它的特征，就是抽象成为统治。抽象如何成为统治，除了对抽象的理解以外，应该这样理解统治：一个是资本主义的异化现实的这种力量能够统治人类社会，再一个是资产阶级意识形态把这种异化状态合理化，加以宣扬和论证，使之成为统治。马克思的上述命题体现了马克思经济学问题的哲学思考和哲学领域的资本批判，又把哲学和经济内在结合起来了。

（四）资本逻辑与货币化生活之文化批判问题

辽宁大学郭忠义教授对资本逻辑的批判从资本原罪与资本救赎的角度展开。首先，何谓资本原罪？马克思有一段名言，资本来到世界，每个毛孔都滴着血和肮脏的东西，一来到世间就是如此。① 如果这样的话，资本实际上就是原罪。马克思接着说，资本如果有 10% 的利润，它就到处被使用，有 20% 的利润它就活跃起来了，有 50% 的利润它就要会铤而走险，有 100% 的利润它就会蔑视一切人间法律，有 300% 的利润，它就可以去犯一切人类的罪行，包括冒着绞首的危险。这段话的意思概括为资本原罪。其次，他援引资本主义生产力和国民收入增长率的一些具体数据分析指出，资本原罪不等于市场原罪，资本原罪也不应归于资本主义本身。马克思从来没有说资本原罪等于资本主义，相反马克思对资本主义这个文明的作用给予了充分肯定。再次，他提出了资本原罪的两种救赎途径：自我救赎和制度救赎。最后，他指明了资本原罪的中国路向。在中国社会主义初级阶段，资本原罪现象在大量滋生，权力和暴力结盟，权力和资本结盟，同时资本缺乏人本的制度坐标，企业家缺少人道救赎概念，缺少人的灵魂观念，而市场经济需要有灵魂，需要为资本原罪救赎。中国已经迅速长大为一个经济巨人，但好像迅速成长的孩子，他的心灵还没有成熟，和他的体量相差甚远，还处于青春期，因此我们的任务就是探讨如何使这个灵魂或者心灵迅速成熟和完善。

上海财经大学马拥军教授指出，中国发展到过剩经济时代，物质需要已

---

① 马克思：《资本论》第 1 卷，人民出版社，1975，第 829 页。

经能够得到满足；但在精神生活方面，中国的文化供给远远落后于文化需求，因此还处于“短缺”状态。但精神生活的“短缺”与物质生活的短缺不同，不可能仅仅通过文化产业的发展得到克服。只有以人本经济学代替资本经济学，我们才能看到马克思的政治经济学批判对于市民社会向人类社会转型的潜力。西方马克思主义政治经济学批判在这方面给我们提供了有益的借鉴。按照马斯洛的需要层次理论，人类物质需要满足之后，会进入一个文化需要凸显的时期。这正是马克思在《〈政治经济学批判〉序言》中所说的由“市民社会”向“人类社会”转型的时期。遗憾的是，由于实践的需要未能转化为理论的需要，从马克思主义政治经济学批判诞生到今天，人类走了过多的弯路。在一个普遍联系和有机发展的时代，单凭感觉是不能把握真理的。理论思维必须超越感觉的局限性，把现象层面的常识上升为本质层面的科学。这正是当代马克思主义政治经济学批判的历史任命。

（五）社会消费问题

上海财经大学徐大建教授借鉴凯恩斯宏观经济调控理论分析指出，社会总供给等于国民总收入，后者可以分为消费收入和储蓄收入两部分，即一部分消费掉，另一部分加以储蓄。与这个划分相对应，社会总需求分为消费需求和投资需求两方面，如果用于消费的收入，完全用在消费需求，用于储蓄的那一部分，完全用于投资，那么两者很显然是平衡的，这个很简单。但事实上，由于消费心理作梗，消费需求并不完全取决于收入，收入增长并不必然会导致消费增长；或许，消费增加幅度会递减，本来用于消费的收入不会用于全部消费，这是由心理决定的。因此，这就引出不确定性问题以及心理预期方面的问题：比方说，急功近利，投机的心理，乐观和悲观的情绪，积极行动的本能，等等。由于这些因素的干扰，本该用于储蓄的部分，不可能完全用于投资，相反，会有很大的差距，会发生剧烈的波动，这种波动会导致要么投资过度，要么投资不足。对于投资不足的克服，凯恩斯的想法很简单，就是政府干预，推行货币政策和财政政策。所有货币政策和财政政策，说白了就是增加需求刺激消费，刺激政府投资，这是政府投资极端的说法。但是，像这样的药方会产生新的危机。因为，这个药方根本上是想刺激消费，刺激投资，形成消费社会，基本上克服经济危机。其基本途径可以总结为：在供给方面调整生产的经济结构，与我们现在讲的调整生产经济结构是一回事，即通过市场经济消除落后产能，消除落后产业。所谓经济结构调整就是产业不断升级，老产业压缩一下，发展新产业，这样可以在某种程度上消除供给的过程。需求方面采取各种手段意在扩大消费，消费社会一经出现，经济增长或者剩余价值生产实现动力转变为不断推出新产品刺激消费，生产资本向金融资本转移，一方面为消费提供金融服务，另一方面转移多余的生产资本。这会造成整个货币脱离生产，跟生产没有太大关系。这种资本转移一定会引发新的社会矛盾，也就是危害中小投资者利益和大资本冒险，这样一定会引发金融危机，其典型就是美国金融危机。这些值得我们在从事社会主义市场经济建设中引以为戒，高度警惕。

中南财经政法大学朱书刚教授指出，20 世纪 30 年代以后，随着凯恩斯主义成为资本主义国家制定经济政策的理论依据，鼓励和刺激消费的政策相继出台，随着经济快速增长和社会财富大量增加，西方发达国家逐渐从以生产为主导的生产型社会转向以消费为主导的消费型社会，消费主义文化成为西方资本主义国家的主流意识形态。消费社会与消费主义文化在西方发达国家的出场，反映了现代资本主义的发展要求，包含着人类文明进步的因素，但这种进步具有悖论的性质，其支配性的力量是资本统治的逻辑，它颠倒了社会发展目标和手段的关系，在强化劳动异化及商品拜物教的同时，又催生了消费异化与符号拜物教，加剧了资本主义经济危机和生态危机。对此，西方马克思主义学者在继承或借鉴了马克思的劳动异化批判理论和卢卡奇的物化批判理论的基础上，对资本主义消费社会中消费异化现象进行了多维的分析与批判，形成了丰富的消费社会与消费异化批判理论。西方马克思主义对西方境域中的消费社会与消费主义文化及其催生的消费异化与符号拜物教以及所隐含的危机的批判与拯救，对处于转型发展中的中国社会走新型现代化道路具有重要的借鉴意义。

（作者单位：上海财经大学人文学院）

政治经济学批判：《21 世纪资本论》与《资本论》

王 程　魏南海

21 世纪资本范畴的内涵是什么？如何揭示全球资本逻辑的扩张与全球经济正义冲突的深层原因？对此问题的反思，引发更为深刻的问题域。为此，由全国经济哲学研究会、中国社会科学院《哲学研究》编辑部共同主办的“政治经济学批判：《21 世纪资本论》与《资本论》高层学术论坛”于 2015 年 5 月 23 日在上海财经大学召开，来自中国大陆和台湾地区 20 余所重点高校和科研单位的 50 余名专家学者到会，并就 21 世纪资本范畴的内涵，全球资本逻辑的扩张与全球经济正义，资本与当代生存世界的金融化，资本与中国现代性发育，全面深化改革的实践推进中所出现的财富分配、社会公正以及人的全面发展等问题进行深度研讨，引发了一系列的思想追问。

一　如何辩证地评价《21 世纪资本论》

《21 世纪资本论》（《21 世纪的资本》，英文原著名为 Capital in the Twenty - First Century。皮凯蒂的这本书名目前主要有两种译法：一种是“21 世纪资本论”，另一种是“21 世纪的资本论”，我们倾向于采用后一种中译文。——编者注）在国际和国内引起强烈反响，哲学界、经济学界、政治学界都颇为关注。沿着货币哲学——资本哲学——财富哲学的研究路径深度拷问《21 世纪资本论》显得尤为重要。

1. 《21 世纪资本论》给予哲学界的重要关注点

全国经济哲学研究会会长张雄教授指出，皮凯蒂对 21 世纪资本的事实判断有着深厚的历史感。既从 18 世纪英国工业革命以来，世界人口增长率与产出的演进情况，叙述西方现代性发育和发展的质料因。又从近代西方主要资本主义国家资本发展的历史回溯中，求解 21 世纪全球资本偏斜运动的特质与规律。更从 21 世纪数据化的历史直觉的描述中，鲜明地揭示了资本逻辑导致的严重的社会背反属性：资本收益率以指数化趋势发生飙升，而社会公共财富的占比呈急速下降趋势；全球财富增长愈快，全球贫富差距拉大愈严重；资本的利益共同体越来越趋向一体化发展，但政治利益共同体的分殊，却越来越趋于异质化和对抗性的窘境。中国社会科学院孙麾研究员认为，皮凯蒂对全球经济正义问题的揭示，实际上为我们揭示了大数据背后隐藏着的主观逻辑推动的本质：经济领域和政治领域的关联构成了《21 世纪资本论》的辩证内涵，经济领域的技术论证，深度瓦解了西方资本主义制度的公正性，它与福山的“历史终结论”异曲同工、相互印证，构成了当下资本哲学批判的有价值的文本，两位作者拥有的政治经济学批判的视角，值得我们重视。复旦大学余源培教授认为，传统的哲学研究范式是原则在先，然后进行先验推理，而皮凯蒂用大量的历史数据分析问题，其结论是科学数据支撑的结果，不是先验逻辑的推导，这种研究范式对哲学研究具有积极的借鉴意义。中国社会科学院鉴传今研究员认为，大数据的分析方法为我们提供了大社会科学的研究视野。社会科学随着专业化程度的提高，理论逻辑在研究中占据决定性作用，理论思想与社会的关系越发单薄，在具体方法上，碎片化的文本阅读和概念解读代替了对社会现实问题的思考。而皮凯蒂则用历史的大数据展示了学术研究现实化取向与大社会科学的理念，尤其是化理论为方法，化知识为智慧，这种方法论提供了很好的启示。

2. 《21 世纪资本论》的局限性

皮凯蒂在书中对全球经济正义的价值判断，虽然有着令人信服的思考，但单纯对资本的技术分析，其经验形式不能阐明人类生命的真正本质，不能阐明世界历史进化运动的深刻内涵，实属未加反思的著作。上海财经大学鲁品越教授认为，包括皮凯蒂在内的西方学者都是先确定一个道德标准，按照公平正义的原则进行逻辑推理，观照现实，即从人的本性出发，最后得出永恒的真理，再用这个真理评价现实世界，提出改造世界的手段，这种批判都是乌托邦式的，注定无法实现。台湾实践大学蔡博文教授认为：皮凯蒂的分析方法缺乏与哲学结合，分配正义问题首先是一个政治哲学问题，实证经济学只能分析公共政策的技术构成，而对主导公共政策形成的合理性、合法性公理不加考问，无视政治、经济制度和历史维度的重要性。实际上，资本运行有自我复制的速度，政治制度不同，复制的速度也不会一样。我们应当从每一个地域的政治、经济、历史和文化习俗等综合向度分析的视野中，来把握 21 世纪资本逻辑运行的实质。上海财经大学卜祥记教授认为：《21 世纪资本论》并没有对马克思的《资本论》构成真正意义上的理论挑战。虽然皮凯蒂把收入分配纳入经济学的理论视野，并冲击了新古典经济学的理论前提，但《21 世纪资本论》远不能被称作一部“政治经济学”的作品。马克思的政治经济学体系是以劳动价值论为基础，以剩余价值论为核心，以平均利润率下降规律为杠杆，揭示了收入分配不平等及其必然走向极端的经济事实与经济趋势，从而论证了资本主义必然走向终结的结论。但是，就皮凯蒂而言，他只是抓住并证明了收入分配不平等的经济事实，而对于造成这一经济事实的根源则几乎没有展开政治经济学的分析。换言之，他基本上没有涉及财富的创造，因而回避了劳动价值论、剩余价值论等所涉及的重大理论问题。对于一个本就是从发达资本主义国家的现实问题出发，并致力于提出现实性解决方案的理论著作而言，尤其是当它并未对马克思政治经济学的理论内核构成真正意义上的理论挑战时，我们的回应方式显然应当侧重于“基于并为了解决中国现实问题的现实性回应”，集中于皮凯蒂的理论方案对解决中国经济社会发展过程中也同样面对的收入分配不平等问题的启迪。这才是必要且至关重要的应有回应，也是我们今天之所以关注《21 世纪资本论》的真实意义所在。

二 21 世纪资本范畴内涵的哲学解读

哲学是时代精神的精华，用思想性的表述和概念的运动来传达时代的过去与当前是哲学的独特魅力所在。从马克思时代到当今时代，社会历史发生了重大的转变，对资本范畴内涵的理解理应跟随历史的变迁与时俱进地加以推进。

1. 范畴随着实践的变化不断地改变

复旦大学邹诗鹏教授认为，皮凯蒂对资本范畴的解读独树一帜，它有着时代发展的根据。人类从本能时代进入智能化时代，资本工具的外在形式和实质内容也发生了相应改变。皮凯蒂在诸多方面对马克思的资本范畴提出了质疑，尤其是将人力资本从剩余价值理论中抽出，我们对此难以认同，但在对当代资本分析的视野、论域、理论想象力、研究方法等方面，为我们提供了理解 21 世纪资本范畴的历史直觉。诸如“所有结论的整体逻辑”、“分化的根本力量”以及“资本主义的核心矛盾”等命题，至少为我们提出了深刻的问题：21 世纪资本范畴究竟有哪些新的变化值得我们深究？辽宁大学郭忠义教授认为，21 世纪资本有着丰富的内涵，不仅包括物权化的资本，还应包括金融资本、人力资本、自然资本、制度资本等，不能将资本局限于狭隘的理解之中。

2. 21 世纪资本范畴的“金融化”内涵

21 世纪金融化的生存世界是个高度理性化、高度世俗化、高度价值通约的社会，人的自由与解放的发展与纯粹经济理性导致的人际关系疏离之间的二律背反，深刻显现了资本范畴的变迁所导致的后果。张雄教授认为，20 世纪的人类历史是从前 50 年的世界战争到后 50 年的全球性社会转型，到了 21 世纪，整个世界被“金融化”了，金融创新改变了世界经济格局，催发资本范畴发生深刻变化。21 世纪的资本范畴与马克思时代的资本范畴的共同点表现在三个方面：一是资本追求剩余价值的秉性没有变；二是资本社会关系本质没有变；三是资本财富的杠杆效益没有变。但是，在 21 世纪的十几年中，全球资本金融导致直接性融资占比趋高，资本的内涵发生了深刻变化，表现出独特的时代特征：其一，资本金融化的强力发展，导致人类社会被深度地金融化，世界体系被金融所定义，话语权被资本金融所吞噬；其二，工具理性智能化，导致工具的向度更趋主观性和任性；其三，生存世界的经济性与人类整体主义的冲突更为激烈；其四，在中国，21 世纪的资本已成为追求普遍理性意义上的人性自由发展的重要象征，中国的制度创新，将为资本范畴内涵的刷新增添更为实质性的理论价值和实践意义。

3. 21 世纪资本的内在否定性更加凸显

中国社会科学院学部委员、哲学所原所长李景源研究员指出，必须搞清楚 21 世纪的资本和资本主义内在矛盾和内在陷阱，即马克思所说的其自身的限制，这种自身的限制就是资本的内在否定性，这样才能准确把握当代资本主义和社会主义的关系，这是推进中国特色社会主义事业的头号问题。中国浦东干部学院沈斐副教授认为，“资本内在否定性”是马克思政治经济学批判的核心表达，也是《资本论》的研究方法——它是资本主义体系的动力学，一个分析资本主义生产方式的工具，一个研究以“资本—劳动”互动为轴心的社会生成的框架。从这一方法论出发，无论资本的自由扩张，还是波兰尼所谓的“社会反向运动”,本质上都由资本内在否定性所驱动,后者促成了资本积累的社会结构,反而服务于资本主义体系的存续。皮凯蒂所提及的跨国生产,实际上是资本扩张的“时空压缩”,它重塑了资本 - 劳动关系,造就了两大跨国阶级,改造了民族国家职能,组建起跨国国家机器,不仅带来社会动员、政治认同和传统社会模式的变化,更带来深重的社会不平等问题。在资本内在否定性的发展坐标上,全球治理必须彻底改造资本 - 劳动关系、重建大众阶层的社会权力,否则,就不过是资本精英的又一次社会改良。张雄教授指出,资本的内在否定性恰恰构成了今天货币化生存世界发展的动力,这里至少包含三个维度的理解:其一,马克思时代的资本内在否定性主要体现为三点,一是劳资关系的对立,二是可变资本与不变资本的占比变化,三是资本有机构成内在要素的不断重置。因此,马克思通过深刻洞察资本的内在否定性运动,揭示出资本主义国家政治经济发展的周期律。其二,资本的内在否定性,还表现在资本对自然侵蚀的同时备受自然制衡的命运,资本不断“追求剩余”的意志,与存在的极限之间构成的冲突秉性。其三,资本的内在否定性并不意味着资本走向“自杀”,而是资本不断地转换自身存在的方式,因此,资本的内在否定性中蕴含着人类解放之维度。资本不断突破其自身界限,不断超越自身的本质规定,通过自我否定的形式将自身解放到新的阶段,资本金融的时代就是把资本的本质升华到一个新的阶段,这种嬗变的本身就是一种伟大的进步。本质上说,资本的内在否定性的背后是人类追求自由意志的显现,无论是资本主义资本的疯狂脱域性,还是社会主义资本的合理合法的实践性,都折射出人类追求自由本质的“肯定——否定——否定之否定”的辩证环节。

三 全球经济正义的存在论追问

《21 世纪资本论》的中心议题是全球经济正义问题,书中运用大数据分析,得出重要结论:资本收益率高于经济增长率是一切社会不平等的根源,这种状况决定了未来财富分配的悲观格局,资本主义的自由市场机制是催生这种根源性不平等的温床。与会学者认为,对一切社会不平等根源的探究,离不开哲学的批判与追问。

1. 经济正义的绝对性与相对性

①经济正义具有制度性安排的道德属性,它规范着社会交往关系中的原

则，经济正义的标准也应随着社会历史的变迁而变化。因此，经济正义不是一个僵死的判断，它包含着绝对性与相对性的辩证关系。西南大学刘荣军教授认为，马克思科学地阐述了财富生产和财富分配的关系，批判了把抽象的平等当作永恒真理来论述，而把历史限制在分配范围内的观点的非历史性本质，对经济正义的思考应把现代社会的经济本性与政治本性进行历史唯物主义考察。②经济正义受各种条件制约。上海财经大学郝云副教授认为，经济正义不是平均主义也不是脱离社会历史条件的绝对正义，而是在历史动态发展中，人们对自己劳动付出而在分配机制中获得相应收益的经济权利诉求。因此，经济正义中包含相对性的理论预设，应用历史、国别、经济生活的水准来制定不同的相关性尺度。用一种经济正义尺度衡量全球经济正义的标准，追求抽象的大一统尺度，是乌托邦式的思维方式。

2. 政治经济学批判视域下的 r > g 问题

①r > g 与平均利润率下降规律并无本质冲突。北京大学丰子义教授认为，马克思和皮凯蒂的理论虽然在表面上有所冲突，但并无实质上的矛盾。马克思在肯定平均利润率下降的同时，并不否定利润率总量的提高，这两者都是规律的表现。马克思在《资本论》第 3 卷第十四章专门分析了这个问题，并找到了起反作用的六种因素，因此，马克思的论断和皮凯蒂的结论并无实质性冲突。但马克思和皮凯蒂论证的问题并不处于同一层面，马克思论证的是资本积累的生成过程，而皮凯蒂的资本收益率则是对资本长期积累的描述。鲁品越教授用“负利率”的概念分析了马克思资本利润率不断下降规律和皮凯蒂认为 r > g 之间的矛盾，两者看似冲突，实际都是正确的，原因在于资本的高利润率是在社会平均利润率下降的背景下进行的，因此资本的竞争越发激烈。在空前激烈的竞争中，世界产生了两极分化，金钱越来越集中在少数人手中，产生了负利率的背景事件。负利率包括三个方面：一是环境欠债，二是公共设施欠债，三是发达国家对发展中国家欠债。因此，皮凯蒂没有错，马克思也没有错，皮凯蒂的 r > g 是负利率加上正利率所导致的。②关于财富创造与贫富差距的关系。中国社会科学院魏小萍研究员认为，皮凯蒂用 r > g 来解释收入不平等的成因，这个基调中蕴含着两个理论前提：一是马克思的劳动价值论，对此皮凯蒂采取了默认的态度；二是对当代民主社会基本劳动价值观的认可，没有这一劳动价值观，皮凯蒂同样不能证伪自由主义保守派的错误信条——富豪的巨额财富是靠自己挣来的。皮凯蒂的批判聚焦点是当代资本主义发展进程中与经济发展相伴而行的收入不平

等问题，他的缺陷在于没有从社会存在本体论的意义上对这一问题进行进一步的哲学思考，这一方面体现出他缺乏对资本利润价值本源的探讨，另一方面体现在他缺乏对劳动与资本形成关系本源的探讨。邹诗鹏教授认为，r > g 不仅颠覆了政治经济学传统的生产与资本逻辑，也否定了古典政治经济学的劳动价值论。按照皮凯蒂的分析，只有在资本收益率等于零的情况下，劳动的作用才被直接放大，但资本主义发展就是建立在资本收益率不断增长的基础上，增长与否与劳动并无关联。上海财经大学徐大建教授认为，皮凯蒂的基本观点可以分为三个层次，一是所得分为两种：劳动所得（工资收入）与资本收入（不劳而获）；二是资本收入是导致贫富差距拉大的根本原因，即资本收益率超过经济增长率证明了贫富两极分化；三是基于上述两点得出要对资本收入征收重税的结论。皮凯蒂的贡献是用数据和事实说话，揭示了“食利”和纯“租金收入”的不合理性。③对“库兹涅茨”曲线的证伪。青年学者申唯正认为，皮凯蒂用大数据构建出大时空的贫富差距曲线，证伪了“库兹涅茨”曲线，得出市场经济越有效率，社会两极分化越大的结论，深刻挖掘出贫富差距扩大的根源，让经济学再次聚焦收入分配问题的研究。但他仍然没有走出西方经济学家固有的研究框架，形成这些曲线的历史数据背后充满着历史事件的博弈，历史不确定因素，如何把其背后更为复杂的政治、经济因素所导致的因果关系加以厘清需要深入研究。

3. 实现全球经济正义的路径——马克思与皮凯蒂之比较

河北大学宫敬才教授指出，资产阶级经济学的阶级立场，必然派生以资本或财产为轴心的政治经济学教条，这样的政治经济学表面上关注劳动，实质却是为资本作辩护，而马克思政治经济学是从劳动的本质出发，聚焦劳动的人和劳动对人的影响，消除私有制与人的异化乃是马克思追求全球经济正义的理论精髓。①全球资本累进税解决经济正义何以不可能？青年学者魏南海认为，皮凯蒂提出解决全球贫富差距分化的根本措施是征收“全球资本累进税”，这一提议似乎合理，但无法实施，至少存在四个方面的制约：一是不同国家和地区的政治和经济制度障碍，二是全球资本运行的现实复杂性和种种不确定性，三是对征收主体合法性和税收公正性的质疑，四是资本的异质性的存在难以过渡到全球累进税的基本标准和尺度。北京大学丰子义教授指出，虽然征收全球累进税的办法具有乌托邦性质，但不能轻视高税收的重要意义。改变资本主义经济制度并不是一蹴而就的事情，在现阶段，如何把资本的发展与缩小贫富差距结合起来是最重要的任务，合理的税收是引导资本发展、实现公平正义的必要手段。其一，贫富差距思考既在分配领域又不限于分配领域，征税的方法虽然值得借鉴但解决不了根本问题，关键要从固有的劳动制度中寻找解决问题的出路；其二，不平等问题的解决，不能靠市场经济，必须借助非市场力量，政府应当有所作为；其三，不公正问题的解决需要重新确立劳动观念，强调劳动致富。复旦大学孙承叔教授认为，征收全球资本累进税的方法虽然具有改良性质，但是从全球发展的趋势而言具有划时代的意义，即如何把市场的活力与缩小贫富差距结合起来。皮凯蒂提出了克服经济问题的非经济方式，使经济学回归到政治经济学的正确方向。②根本解决之道——改变生产关系。复旦大学陈学明教授认为，两本“资本论”的共同特点在于都揭示了两极分化的现象，马克思通过政治经济学批判把两极分化归结为资本主义生产方式，归结为资本主义私有制，归结为资本逻辑，因此，马克思的一个基本方法在于着眼于生产关系来考察和解决问题。魏小萍研究员指出，马克思认为单从分配领域解决不了根本的问题，因为分配的公正不能寄望于工人与资本家的交涉，这是马克思分配正义理论最基本的立场。马克思指出，不可能通过公平的交易使资本利润和工资利润获得公平的交易。对马克思而言，解决问题的思路是改变生产关系。上述学者运用不同话语，强调了一个共同的思想：马克思的伟大在于把哲学当作改造非理性现实的武器，哲学告别了抽象的运动而成为行动哲学，从市民社会财产关系异化的本体论中找到了扬弃异化的历史哲学依据。

四　21 世纪中国资本运行的制度创新及世界意义

李景源研究员指出，马克思的历史观和经济学科紧密地联系在一起，这是马克思主义一个非常重要的关节点，中国的哲学界将之继承了下来，丰富并发扬了这个传统。研究《21 世纪资本论》是国内学者与国际学术界对话的一个契机，如何在实践的发展中继承和发扬马克思主义政治经济学批判，将理论与现实紧密结合，找到 21 世纪资本运行的新模式，这也将影响发达国家的政策走向，成为全球适用的制度借鉴。

1. 公共资本的独特意义

郭忠义教授认为，拥有强大的国有资本，同时又有一个强大的政府，还有相对过剩的外汇储备和社会财富，这是中国资本发展走向现代化的优势条件。如果能将中国特色社会主义、中华传统文化精粹与西方文明的精粹相结合，中国就会走出一条属于自己的道路。孙承叔教授认为，中国公共资本占国民资本的一半左右，这在世界上是绝无仅有的，如果公共资本不断地被私人资本所侵吞，中国难免会出现资本主义社会的悲剧。但公共资本若能始终保持优势的占比关系，中国很可能开辟出一种值得国际赞赏的新的发展道路模式。上海财经大学马拥军教授认为，如果对中国的公共资本合理地加以利用，完全可以全面建成小康社会，公共资本不应在物质产品方面和民营资本竞争，而是应投入公共服务领域。

2. 不断创新的精神与深度参与全球化的思维

余源培教授认为，历史总有自己前进的脚步，中国的改革与实践就是在不断地创新中推动着历史的进步，我们不能指责先人没有为我们开辟更广阔的道路，因为并没有一种先验的逻辑可以永恒不变。因此，在攀登真理的道路上不能满足于每个人都给出绝对正确的结论，每个人的实践都为正确的结论做出过贡献。孙麾研究员认为，我们认识中国道路、中国精神、中国经验、中国模式，一定要把中国看作世界历史进程中的一员，一定要在这个过程中确立中国主体地位和角色意识，一定要把握传统文化现代转换的历史趋向，这样才能在实践中创新和发展马克思主义。

3. 让资本在社会主义阳光下最大化运行

鉴传今研究员认为，理解当下中国资本运行制度的创新，要有更为宽广的胸怀。世界这么复杂，我们遇到的问题非常多，对每一个问题的思考，应当立足于我们所处的环境和问题本身，不能单纯地从理论入手，而应当从实践出发。当然理论必须提供指导，没有理论就没有研究，但无论怎么说，实践一定是我们对问题把握的根本前提。张雄教授指出，在中国，21 世纪的资本追求历史进步意义的内涵发展，乃是制度创新最值得期待的事件。在中国最值得研究的是中国精神与中国资本的互动，不是单纯资本运动的一般规律，而是集聚创新个性意义的资本特殊规律，更要上升为普遍规律。21 世纪的资本运动给了当下中国新的觉醒，至少应关注以下四个方面：一是 21 世纪资本意识在中国大地上的激活。二是资本如何从经济理性上升到政治理性，这是实现民族复兴中国梦的深层寓意，要求我们大胆创设一个让资本在社会主义阳光下最大化运行的制度体系。三是中国资本发展的独特制度资源、精神资源、制度优势、精神优势到底在哪里，需要进行深度反思；从亚当·斯密的《国富论》到马克思的《资本论》再到中国共产党人的“人民财富论”，彰显了中国在改革实践中不断推进国家精神、世界精神的进步。四是中国资本发展的文化价值观，既有着儒家的“和合”精神，又有着马克思追求全球经济正义的精神，两者的有机契合，需要实践与理论的双向推进。

（作者单位：上海财经大学人文学院）

21 世纪：资本的社会存在论追问

——全国经济哲学研究会高层论坛述评

申唯正　任瑞敏

由全国经济哲学研究会、中国社会科学院《哲学研究》编辑部共同主办的“政治经济学批判：《21 世纪资本论》与《资本论》高层学术论坛”于 2015 年 5 月 23 日在上海财经大学召开，来自北京大学、中国社会科学院、复旦大学、上海财经大学、西南财经大学、东北财经大学、西南大学、上海社科院等高校及科研院所 50 余位专家学者，齐聚一堂，就 21 世纪资本范畴的解读展开了积极而又热烈的研讨。

一　皮凯蒂与马克思：穿越世纪的“资本”对话

1. 技术维度与历史思辨维度之异

复旦大学余源培教授认为：我们以积极的心态来欢迎政治经济学的变革，《21 世纪资本论》有三个特点，第一是对经济的批判性；第二是作为一本历史的书，实际上回顾了历史，并在相当程度上统一了的经济学历史性；第三就是用大量历史数据说话，用数据的结果，而不是先验逻辑的推论，要看到经济学内生变革，实际上已经为人类的思维和发展模式变革提供了一些论证，能够改变唯 GDP 至上的发展观。中国社科院孙麾研究员认为，皮凯蒂作为资本主义制度的“体检医生”，其思想在很大程度上瓦解了西方资本主义制度的公正性，为学界提供了诸多有价值的历史直觉，该书值得一读。上海财经大学张雄教授认为，皮凯蒂的书是一部未加反思的作品，单纯注重经验形式的技术分析维度，既不能阐明人类社会的真正本质，也不能阐明世界历史进化运动的深刻意义。马克思的《资本论》历史思辨分析方法，由资本运行的经济规律的分析，上升到对资本形而上的历史尺度的思辨，从物性化的思维进入社会存在论的追问，尽管时代的脱域性为《资本论》带来诸多客观原在性的质疑，但马克思对资本的历史思辨，仍有着当下历史的在场性和话语权。

2. 21 世纪“剩余价值”的构成，是“金融工具”的贡献，还是“劳资对立”的结果

上海财经大学鲁品越教授认为，资本高利润率，是通过对生态环境对劳工劳动力的再生产，对公共设施的欠债引起的。皮凯蒂忽略了资本对三种自然力的吸收，以及当代社会的三种贫困化：劳动力的贫困化，自然资源和环境的贫困化，人的生命关系和精神世界的贫困化，正是这三个贫困化相互交织，导致当下剩余价值生产中的“劳资对立”及分配不公的社会后果。辽宁大学郭忠义教授认为，随着大机器的采用和新技术的运用，单位产品耗费的人力必然呈下降趋势。马克思十分关注精神生产、劳动协作、管理分工的重要意义，但似乎更强调体力劳动者的自由解放问题。而皮凯蒂则从智能化时代的生产方式出发，认为资本既包括物质品格，也包括非物质品格，更为重要的是，资本的金融化发展趋势，高倍的杠杆率和高风险的逻辑预设，为当下人类的发展带来了远比马克思时代更为复杂、更具二律背反的属性。上海财经大学马拥军教授认为，在资本金融的社会中，大型混合企业借助现代金融工具，即使在资本利润率低的情况下，凭借市场份额的庞大和资本投入的庞大，他们同样可以获得可观的收益率。

3. “资本的内在否定性”与“资本的外在脱域性”两种维度的比较

中国社会科学院学部委员、哲学所原所长李景源研究员指出，必须搞清楚 21 世纪的资本和资本主义内在矛盾和内在陷阱，即马克思所说的其自身的限制，这种自身的限制就是资本的内在否定性，这样才能准确把握当代资本主义和社会主义的关系。香港直达期货公司高级顾问申唯正认为，对“资本外在脱域性”的深刻揭示是皮凯蒂《21 世纪资本论》的核心表达，书中运用庞大的历史数据揭示出“资本 - 劳动”不平等发展的长期趋势。尽管没有马克思的“资本内在否定性”分析深刻，但远比主流经济学更具穿透力。复旦大学经济学院博士后沈斐认为，跨国生产是资本扩张的“时空压缩”，它重塑了资本 - 劳动关系，造就了两大跨国阶级，改造了民族国家职能，组建起跨国国家机器，不仅带来社会动员、政治认同和传统社会模式的变化，更带来深重的社会不平等问题。在资本内在否定性的发展坐标上，全球治理必须彻底改造资本—劳动关系、重建大众阶层的社会权力，否则，就不过是资本精英的又一次社会改良。

二 21 世纪：世界在何等意义上被金融化了?

张雄教授认为，正是 20 世纪下半叶，美国资本金融体系及制度的智能化创新，导致全球金融资本处于脱域化状态，资本通过高倍杠杆率的驱动，将生活世界遁入金融化的境地。被称为“金融帝国主义新阶段”的今天，实体经济被虚拟经济所异化，资本金融彻底取代货币金融的主导地位。世界的金融化还深刻地体现在当代新的“基督性”的诞生。直接融资的便捷性及效益，带来了全球资产证券化的普适性及偏好，实体经济遭到了沉重的打击，金融化所承载的世俗性，被理解为当今生活世界新的“基督性”：金融即财富，它拥有着神灵般的想象，宙斯般的力量，拥有它便拥有通约世界的至高权力，同样也拥有在瞬间将荒芜的土地变成价值连城的“金字塔”的机会。《21 世纪资本论》与《资本论》相比，有三个共同点：一是资本追求剩余价值的秉性没有变，二是资本的社会关系本质没有变，三是资本财富的杠杆效应没有变；也有三方面的不同点：一是 21 世纪“资本金融”的强力发展，导致人类生存世界已被深度金融化了，而马克思所处的则是“货币金融”为主导的时代；二是工具理性智能化，导致人格化的资本与资本的人格化更趋主观性和任性，而马克思所处的则是无电子化、无互联网、无大数据、无云计算的时代，资本运作的意识功能、精神属性以及杠杆率想象远比当代弱小；三是生存世界已被资本座架，趋于质向发展的“经济性”与人类整体主义精神追求，形成更为激烈的冲突，而马克思所处的则是经济性对人类的“酸蚀”作用没有今天如此广泛而彻底的时代，当代商品拜物教、货币拜物教、资本拜物教更甚。

同济大学李振教授认为，“金融”本身不能简单等同于“放大化的货币”，而是货币逻辑的一种更新和变化。这意味着“金融化”本身并非纯粹流通意义的货币化，而意味着整个生产方式、社会存在方式，即社会再生产方式的虚拟化、符号化。而纯粹的物质生产则存在被边缘和被肢解的危险。从西方发达国家和成长经验看，“金融”创造出巨大的利润空间，金融创新业已成为经济创新、制度创新的一条重要途径。既然如此，我们今天如何站在马克思主义资本批判的立场上，深入谈论“金融”所创造出来的“金融文明”呢？“金融”创新的实质是“资本化”的普遍化、社会化、虚拟化，这是资本“私人性”走向更广泛的“社会联结”的必然选择。

三　历史的偏斜运动：资本的任性与财富的失衡

北京大学丰子义教授认为，皮凯蒂通过长时段、大数据的统计发现，真正通过诚实劳动而进入高收入行列，几乎不可能，唯一可能的是来自资本的利润或投资所得，因而没有特别大的资产存量就不可能获得极高的收入水平。他还进一步发现，巨额财富主要是来自上一代的遗产，其次是来自统计上不可能发生的随机偶然所得。这样一来，仅在一代人的时间内想指望通过提高工资从而成为真正富人，近于幻想，“通过劳动、努力和才能去获得（经济上）巨大成功的年代”已不复存在。因此，皮凯蒂指出：“我们正在倒退到承袭制资本主义的时代，在这样的制度下，经济的制高点不仅由财富决定，还由承袭的财富决定，因而出身的重要性要远远高于后天的努力和才能。”皮凯蒂所提出的问题确实是发人深省的。假如一个社会变成食利型的社会即“由小型食利者组成的社会”，那么这个社会终究是会衰退的；假如通过诚实劳动而很难致富，那么这样的社会便无什么公正可言。

复旦大学邹诗鹏教授认为，学界有人指出皮凯蒂“忽略了金融体系在整个逻辑链条中所起的作用”。这种批评实不成立。皮凯蒂所重视的，恰恰就是当代资本主义庞大且完全支配了资本市场的金融体系。$r > g$ 这一思想本身就表明，一个靠现代金融体系支撑的资本收益率何以总是超过经济增长率。换句话说，其基于金融持续走向的资本收益率，正是现代资本主义时代从金融帝国到金融衍生体系之持续膨胀的具体表现。因而，依照这一理论，现代经济危机越来越表现为金融体系因利率、资本化与信用、政府干预越来越难以支撑，或因生产而更多的时候是因市场消费乃至于期货从而形成的“产品”过剩，而不只是早期资本主义时代的相对或绝对的生产过剩。正因为如此，通胀及其通过金融拉动的经济增长现象，也就成为常态。现代经济增长越来越取决于金融体系，但越是如此，资本收益率便越是高于经济增长率。皮凯蒂的概括直指当代金融资本主义的实质，2008 年以来的金融危机显然见证了如此实质。

中国社会科学院哲学所魏小萍研究员认为，皮凯蒂论证了资本利润的增长快于国民经济收入的增长，但是对于资本自身的增长如何可能快于国民经济的增长、过去如何能够侵吞未来这一问题，皮凯蒂没有加以分析。不过，当皮凯蒂将国民收入看作劳动收入和资本收入的总和，而资本收入的增长又快于国民收入的增长时，他的论证实际上已经隐喻了资本收入对劳动收入的侵占。由于皮凯蒂在讨论的开端就撇开了人力资本的问题，因此他所说的资本很明确就是积累了的财富，即既往劳动。面对同样的问题，马克思通过对两种不同质交换关系的论证，从资本主义的生产方式层面来进行讨论，在对生产方式历史程序进行分析的基础上，借助于劳动价值理论，做出这样的回答：这是由于资本占有了他人的剩余劳动。皮凯蒂的研究思路与此完全不同，他借助于巴尔扎克等小说家的描述，对个人与财富的关系进行道德上的评判，从劳动应得或者所得的价值观立场，谴责财富的遗产继承让人成为不劳而获的食利者，在他那里，资本利润增长快于国民经济收入增长的矛盾因此而转化为过去与未来的矛盾。

四　21 世纪世界历史的意义：资本运行的中国模式创新

中国社会科学院学部委员李景源研究员认为，中国学界在马克思主义政治经济学重大理论问题研究方面，已逐步深入，可喜的现象是，学术研究紧密与国内市场经济现实相契合，与国际学界展开对话交流。当前，最值得探讨的问题是：资本与社会主义究竟是什么关系？要搞清楚资本的贡献和来龙去脉，搞清楚它的内在矛盾和内在陷阱，像马克思说的有一种自身带来的社会限制问题。对此问题的思考，是推进当下中国特色社会主义事业深度发展的重要前提。

复旦大学孙承叔教授认为，《21 世纪资本论》抓住了当代世界也包括中国面临的最主要问题：市场经济必然导致两极分化，社会主义和资本主义不可回避。市场经济本质上是以资本为竞争主体的经济体系，既然以资本为竞争主体，那结果肯定是社会力量的分化。仅仅按照研究资本逻辑，或者按照财富积累现代经济学逻辑，是不可能解决两极分化问题的，说到底它是一个政治问题。皮凯蒂提出“社会国家”观念值得重视。它可以与“资本国家”相对应，这个国家总体的政策是为资本服务的，我们把它称为资本国家，假如这个国家最终想要解决社会问题，就可以称为社会国家，有一句话叫作社会国家为代表的现代化财富再分配机制，包括一系列基本社会权利，教育权、健康权以及退休权等民生民权问题。而按照资本逻辑的办法，是无法解决上述这些问题的。

西南大学刘荣军教授认为，经济上的市场化与再分配问题，政治上的反腐败与制度化问题，构成了当代中国现代社会发展进步中必须正确处理的两个核心问题。能否对这两个问题做出符合历史实际和中国国情的科学决策，确实构成了现代社会发展对当代中国党和国家领导人理论勇气和政治智慧的历史考验。而对这两个问题的最终解决，则必须回到马克思政治经济学批判的总体框架中来：身处发展与转型的当代中国，只有以政府与市场的科学界划为基础，正确处理经济社会与政治社会的关系问题，将市场活力与国家权力、资本逻辑与正义逻辑有效结合起来，才能一方面将市场化的改革蕴含于法治化市场经济的建设之中，另一方面将共富性的理念寓意于民生化社会国家的发展之中，从而克服“资本拜物教”这个“现代的灾难”和“权力拜物教”这个“遗留下来的灾难”的不当结合所引起的违法之举与败德行为，有效解决现代社会发展在财富生产与财富分配中的贫富差距与公平正义问题。

中国社科院哲学研究所鉴传今研究员认为，皮凯蒂的结论令人震惊，他通过对资本主义财富分配近百年历史的研究，发现当代承袭制会导致整个社会一连串的问题，尤其是最现实的社会利益固化问题。改革开放 30 多年来，社会财富的集聚，中国社会的发展及其分层，已经在很多方面出现承袭制导致的问题，对该问题如果不给予重视，将来必受其乱。

张雄教授认为，从根本上解决皮凯蒂所忧患的世界两极分化问题以及资本发展的主观性、任性和脱域性问题，只有从制度的合理性与合法性、人民性和政党的先进性相一致的政治理性框架中，才有可能辩证地引导资本发展的积极效用，使自由放任的资本历史进化到促进人类全面进步的自由历史。对当下中国资本发展的制度创新的接纳，学界有诸多重大现实问题值得思考，主要关涉：大力促进社会主义资本发展在何种意义上是积极的、有效的、正能量的？让资本在社会主义阳光下最大化运行，重要的是要解决哪些深层次的制度问题和改革实践问题？中国当下资本的发展如何有效地整合优秀的精神资源、先进的制度资源？社会主义与市场经济内生关系如何理解、社会主义与资本的内生关系如何认知？作为历史范畴的资本，它的现实性向现存性转换根据何在？

（申唯正，上海财经大学人文学院博士研究生，香港直达国际期货经纪公司高级顾问；任瑞敏，复旦大学哲学学院博士后）

政治经济学批判与重大现实问题

利润率下降规律与资本的时空极化理论

——利润率下行背景下的资本扩张路径*

鲁品越

一 利润率下降规律与皮凯蒂的最新发现

《资本论》第3卷第三篇的主题是“利润率趋向下降的规律”，将这条规律作为资本的自我否定的历史运动的现实表现，确立为整个资本主义生产方式的历史趋势。然而如此重要的规律从其问世开始，便受到广泛的质疑与批评。① 如果说，以往的批评只是理论性的评判，那么，新近法国经济学家托马斯·皮凯蒂的新书《21世纪的资本》（*Capital in the Twenty - First Century*）建立在大量的历史统计数据基础上的结论，则是用实践标准对这条规律的检验。该书指出，在正常的市场经济条件下，全球主要国家的资本收益率r一直稳定地保持在4%～5%，而经济增长率g却不到2%。1914～1970年代西方发达国家r/g<1，社会收入差距下降，乃是战争导致资本亏损以及政府社会福利政策和收入再分配政策所造成的不正常状态。② 皮凯蒂得到这个结论所用的数据也许有些不尽合理之处，但这些可能的瑕疵只会对其结论作局部性修正，不可能做出全局性颠覆。因此，我们必须承认皮凯蒂结论的正确性。那么，这是否意味着马克思提出的利益率下降的规律违背了

---

* 国家社科基金重点项目“《资本论》哲学思想及其当代价值”（12AZD066）阶段研究成果。

① 彭必源：《对国外学者非议马克思利润率下降规律的分析》，《当代经济研究》2008年第1期。

② Thomas Piketty, *Capital in the Twenty - First Century*, translated by Arthur Goldhammer, The Belknap Press of Harvard University Press, 2014.

历史事实？

马克思的利润率下降规律在整个马克思主义理论体系中的意义也非同寻常，对它的否定可以说是对整个马克思主义经济学理论的否定。其理论意义至少有以下两条。首先是对劳动价值论的验证。整个《资本论》的立论基础是：活劳动是剩余价值的唯一来源；生产资料是只能转移价值，不能增加产品的价值。然而这一主张缺乏直接的现实验证。利润率下降规律正是对这一基本主张的间接验证：如果随着有机构成的提高，能够生产剩余价值的可变资本（购买劳动力）在总资本中的比例不断减少，而不能生产剩余价值的不变资本（购买生产资料）在总资本中的比例不断增加，那么利润率必然不断减少。这就间接验证了劳动力是剩余价值（利润）的唯一来源。其次，这条规律也表示了资本的自我否定：因为每个资本都追求高利润率，然而其产生的结果却是它的反面——利润率下降。因此，如果利润率下降规律受到怀疑与否定，整个马克思主义经济学理论便会遭受怀疑与否定。

那么，利润率下降规律到底是否正确？我们看看它是怎样推导出来的。马克思首先假设剩余价值率不变，那么随着有机构成的提高，利润率必然下降。但剩余价值率是不可能不变的，因此布劳格等人认为“剩余价值率不变”的假定是一种笨拙的假定，这个假定不能成立，因而利润率下降的规律不能成立。① 这种批评是缺乏说服力的。马克思十分清楚：“利润率趋向下降，和剩余价值率趋向提高，从而和劳动剥削程度趋向提高是结合在一起的。”② 他之所以在这里先假设“剩余价值率不变”，乃是自然科学与社会科学普遍使用的简化性的表述方法。西方经济学中到处使用这种表述方法，却从来没有遭受批评。例如生产要素边际报酬递减原理经常被表述成：在“其他生产要素的投入不变”的情况下，增加某一生产要素，其边际报酬递减。然而实际情况是：增加某一生产要素（如劳动）的同时，必须同时增加其他配套的生产要素（如耗材、电等等），否则生产无法进行下去。人们并不认为这种假设有什么不妥。在自然科学上这样的例子更是俯拾皆是。马克思假设“剩余价值率不变”只是用简化的形式引入利润率下降规律，是

① 彭必源：《对国外学者非议马克思利润率下降规律的分析》，《当代经济研究》2008 年第 1 期。

② 《马克思恩格斯文集》第 7 卷，人民出版社，2009，第 267 页。

一种简化的理论表述方式而已。

马克思对利润率下降规律的真正的推导，是下述论述："在资本主义生产方式的发展中，一般的平均的剩余价值率必然表现为不断下降的一般利润率。因为所使用的活劳动的量，同它所推动的物化劳动的量相比，同生产中消费掉的生产资料的量相比，不断减少，所以，这种活劳动中物化为剩余价值的无酬部分同所使用的总资本的价值量相比，也必然不断减少。而剩余价值量和所使用的总资本价值的比率就是利润率，因而利润率必然不断下降。"① 这是对利润率下降规律产生原因的逻辑说明。如果细加分析，马克思在这里指出的因果关系实际上包括两层关系。

第一层关系是：因为所使用的活劳动的量（必要劳动 v + 剩余劳动 s）与劳动中消耗的相应的生产资料价值（不变资本 c）之比（v + s）/c 不断减少，将导致活劳动中的无酬部分（剩余价值 s）与不变资本 c 的比率 s/c 不断减少。简言之即随着有机构成 k = v/c 不断提高，比率（v + s）/c 不断减少将使比率 s/c 也不断减少。对此我们可以说明如下：上述两个比率之差（v + s）/c - s/c = v/c = 1/k（有机构成的倒数）。因此随着有机构成k = c/v 不断提高，该倒数将越来越小，乃至趋向于零，也即 s/c 不断趋向于（v + s）/c，而（v + s）/c 是不断减少的。所以，当有机构成已经很大并继续不断增大之时，s/c 将越来越靠近（v + s）/c，于是二者可相互替代，因而比率 s/c 也将趋向于与比率（v + s）/c 一样，总体上趋向于不断减少。

第二层关系是：活劳动量中的无酬部分与不变资本 c 的之比 s/c 不断减少，将导致剩余价值 s 同所使用的总资本的价值量之比 s/（c + v）（利润率）不断减少。对此我们可以说明如下。利润率

$$\pi = \frac{s}{c + v} = \frac{s}{c(1 + \frac{1}{k})}$$

随着有机构成 k 不断提高，1/k 趋向于零，因此利润率趋向于 s/c。因此，当 k 已经很大并且继续不断增大时，利润率 s/（c + v）趋向于 s/c 而可相互替代。因此，既然 s/c 是趋向于下降的，利润率也将与它一样，总体上趋向于下降。

---

① 《马克思恩格斯全集》第 25 卷，人民出版社，1975，第 237 页。《马克思恩格斯文集》第 7 卷第 237 页将其中的"物化"译成"对象化"。引者取"物化"之译，下同。

应当说明的是：上面的论证建立在相关变量趋向于极限的基础上，这就是说，随着有机构成不断提高，上述各种比率总体上是趋向于下降的，而不是时时刻刻都单调地下降。所以，马克思将这一规律称为“利润率趋向下降的规律”（The Law of the Tendential Fall of the Rate of Profit）①，我们平时说的“利润率下降规律”只是其简称。

西方经济学将资本的边际效率递减规律作为不加证明的默认事实予以承认，并且作为“凯恩斯三定律”之一，成为“有效需求不足原理”的基本理论根据之一。虽然其含义与马克思的一般利润率下降规律不尽相同（例如，二者的利润率下降原因与范围不同），但其基本指向是一致的。现实经济生活也告诉我们，资本的投资达到一定的水平，无不面临着利润率下降的压力。当今全球各国经济都面临着下行压力，许多冗余资金投资无门，正是利润率趋向下降的规律的现实表现。如果不存在利润率下降的规律，无论投资怎样增加，资本的利润率都保持不变甚至不断增加，必将导致无休止的投资行为，这才是不符合实际的咄咄怪事。这些事实使我们更有理由确信马克思的利润率下降规律的正确性。

于是我们陷入巨大的矛盾：一方面，马克思的资本的一般利润率下降规律具有无可否认的正确性，这是关于资本主义生产方式的历史趋势的规律；另一方面，托马斯·皮凯蒂的《21 世纪的资本》以其历史数据证明了资本收益率以高于社会经济增长率的速度不断增长。难道这两种完全对立、表面看来水火不容的理论判断同时正确？这在逻辑上是可能的吗？

这个理论困境，使我们想起自然科学发展史上面临过的一次次类似的理论困境以及摆脱这种理论困境的巨大努力。第一个例子是：按照热力学第二定律，宇宙的熵不断增加而趋向全宇宙均衡的热寂状态。但达尔文进化论指出宇宙不但不趋向热寂，反而不断从低级向高级的非均衡状态进化。走出这个困境的理论路径不是否定这两种理论，而是揭示“正熵”与“负熵”的对立统一运动：事物的有序化发展来源于“负熵”冲抵“正熵”。第二个例子是：诺贝尔奖得主普利高津提出“宇宙的总能量可能是零，因为它等于空无一物宇宙的能量”，② 现代基本粒子理论支持这一结论。但现实的宇宙

① Karl Marx: *Capital*, Vol. Ⅲ, translated by David Fernbach, Penguin Books, 1991, p. 315.

② 伊利亚·普利高津：《确定性的终结——时间、混沌与自然法则》，湛敏译，上海科技教育出版社，2009，第 140 页。

并非“空无一物”，而是存在极其巨大的能量。走出这一理论困境的是狄拉克的负能量粒子假说：真空是负能态粒子的饱和态，正能态粒子与负能量真空的真空极化过程使总能量为零的宇宙如此丰富多彩。要走出“利润率下降规律”与“资本高收益率现象”的理论困境，同样需要采取类似的理论路径，这就是市场极化理论：资本的高积累建立在作为生产要素来源的全社会的负利润率基础上，正是市场的正负利润率极化现象及其矛盾运动，构成了资本的历史发展总趋势。

《资本论》潜在地蕴含这种正负利润的“极化”思想。马克思说：“利润率的下降和积累的加速，就二者都表示生产力的发展来说，只是同一个过程的不同表现。积累既然引起劳动的大规模集中，从而引起资本有机构成的提高，所以又加速利润率的下降。另一方面，利润率的下降又加速资本的积聚，并且通过对小资本家的剥夺，通过对那些还有一点东西可供剥夺的直接生产者的最后残余的剥夺，来加速资本的集中。”① 不仅如此，马克思还将这种资本积累与对社会的剥夺分为“空间上并行”与“时间上相继”两个过程。他说：“利润率下降，同时，资本量增加，与此并进的是现有资本的贬值，这种贬值阻碍利润率的下降，刺激资本价值的加速积累。生产力发展，同时，资本构成越来越高，可变部分同不变部分相比越来越相对减少。这些不同的影响，时而主要是在空间上并行地发生作用，时而主要是在时间上相继地发生作用；各种互相对抗的要素之间的冲突周期性地在危机中表现出来。”②

遵循马克思的理论路径，本文首先分析实体经济中资本利润的“时间极化”与“空间极化”。而利润率下降的历史结果是越来越多的大量的过剩的货币资本不断积累，它们作为利润率下降规律下的历史遗留物与正在运行的资本相对立，而构成实体利润上的极化。而这些过剩货币通过社会信用体系进行的资产证券化过程，得到了资本化，由此产生了虚拟经济。在此过程中，实体资本的极化现象被投射到虚拟经济中，产生了虚拟经济内部盈利的“时间极化”与“空间极化”。资本在总体上的利润率下降和正在运行的资本的高利润率在这个过程中不断演进，形成了资本主义生产方式中资本积累与贫困积累的历史运动。

① 《马克思恩格斯文集》第7卷，人民出版社，2009，第269～270页。

② 《马克思恩格斯文集》第7卷，人民出版社，2009，第277页。

二　资本的正负利润的时间极化及其效应

实体经济的资本面临的矛盾是：每个资本都追求高利润率，而全社会总体却面临着一般利润率下降的压力，由此产生的激烈的市场竞争，导致了资本的两极分化，最终形成了我们所说的资本在利润上的时间极化。这种时间极化有两个实现机制：一是在产权市场中通过企业并购产生的时间上相继的正负利润率极化；二是通过公共基础环境的建设，产生出全社会共享的负利润率基础。下面我们对此进行分析。

1. 产权市场中利润的时间极化

作为历史趋势的一般利润率下降规律必然施加到全社会每个企业头上，驱使每个企业尽可能追求利润率最大化，以获得生存与发展的机会。而这条规律又同时使市场总体的利润总空间日益狭小。这二者之间的矛盾使资本间的市场竞争愈演愈烈，由此产生了资本的两极分化：一部分亏损和倒闭，另一部分生存下来或发展壮大。利润率下降的压力由此集中到弱势的企业头上，使这些企业面临长期亏损的负利润率状态，无法组织再生产而成为过剩资本，最终被其他企业以最低廉的价格并购。这种低廉的并购价格是负利润率的最终结果。一旦并购完成，利润率在空间上的极化便转化为时间上的极化：被并购企业的负利润已经通过市场结清而消失，其亏损负载于被并购的资产中而成为其并购者的负成本空间，它由昔日被并购企业的负利润转变而成，由此形成利润率在时间上的极化：并购企业的高利润率建立在昔日破产企业的负利润基础上。设 A 企业以低廉价格并购 B 企业，B 企业在并购中获得的利润为负利润 $-\pi_b$，其负载于被并购的资产中，并购后转变为 A 企业的负成本 π_b。设并购前企业 A 的利润率是 π_a，那么并购后其从 B 企业资产那里吸收了负成本 π_b，其利润率由此提高为（$\pi_b+\pi_a$），从而抵消了利润率下降规律所造成的后果，其利润率必将大于原来的不断下降的一般利润率，因为其利润率建立在负成本之上，它来自通过市场清算机制而消失的破产企业的历史上的负利润。

这就是说，市场竞争造成了不同资本之间（特别是代表不同生产力水平的资本之间）的利润率极化，这种极化最初发生在同时并存的空间中，但通过破产、倒闭和低成本并购，其最终表现在时间中：全社会的那些在并购中消亡的企业，其资产中负载着潜在的、作为历史遗存的负利润，其被并购而转化为并购企业的负成本，它与不断扩张的并购企业的正利润率之间，形成了资本利润率在市场上的“时间极化”：这是先前的已经消逝的历史上的负利润率的转化物与现在企业的正利润率之间的对立。被并购企业的正常价值与其被并购价格之差形成了它的“负利润”，并购的实质就是为了无偿地获得这些负利润资产而将其转化为自己的负成本，而以低于正常资产价格的价格进行并购，以获得建立在负成本基础上的利润空间。例如，一个企业以低于其正常价值 3 亿元的低价被并购，卖方企业亏损了 3 亿元，那么买方在这些被并购的资产上经营，意味着免费获得 3 亿元的负成本——它由卖方亏损的 3 亿元负利润转化而来。于是，这些负利润率资产成为正在运行的企业的免费使用的基础条件，由此获得高利润。而全社会被低价并购的企业亏损值，作为全社会资本运行的基础条件而被那些并购者免费分享，于是社会的平均利润率也因此而提高。这就是说，全社会正在运行的企业的统计利润率不是以正常状态下的零利润率为基础，而是以负利润率资产的免费使用为基础（以“负成本”空间为基础），由此冲抵利润率下降规律而形成高利润。这是皮凯蒂所说的资本收益率高于经济增长率的现象产生的根源之一。由于这种极化乃是具有不同生产力水平的资本之间的极化，因此，这种“时间极化”说到底是产业极化的表现。

这一思想潜在地包含在马克思提出的论断中。他指出资本主义生产方式的独特性质是“把现有的资本价值用作最大可能地增殖这个价值的手段。它用来达到这个目的的方法包含着：降低利润率，使现有资本贬值，靠牺牲已经生产出来的生产力来发展劳动生产力”①。“现有资本的周期贬值，这个为资本主义生产方式所固有的、阻碍利润率下降并通过新资本的形成来加速资本价值的积累的手段，会扰乱资本流通过程和再生产过程借以进行的现有关系，从而引起生产过程的突然停滞和危机。”② 美国著名学者大卫·哈维也指出：“正如马克思所预见的那样，这种尝试性的第一次投资经常会陷入破产，从而将利润留给了那些以最低的价格购买这些贬值资产的人。因此，资产贬值，特别是资本二级循环中的资产贬值，在为资本积累创造一个全新基础的过程中，能够发挥重要的作用。”③

① 《马克思恩格斯文集》第 7 卷，人民出版社，2009，第 278 页。
② 《马克思恩格斯文集》第 7 卷，人民出版社，2009，第 278 页。
③ 大卫·哈维：《新帝国主义》，初立忠、沈晓雷译，社会科学文献出版社，2009，第 94 页。

2. 由公共基础设施积累形成的利润率时间极化

大卫·哈维在分析破产对提高利润率的作用之后，接着指出公共财政投资，包括失败的投资所起的作用："甚至在面临财政失败的时候，这种投资都有可能最终被证明具有难以估量的价值。因为它们当中有很多只有存在那里，就具有物质性使用价值。20 世纪初期，主要来自于美国的剩余资本被投入伦敦地铁系统的建设，尽管这些地铁系统很快陷入破产，但却为此后的数代人留下了可资利用的地下通道。"① 这说明，那些通过各种途径进入公共资产系统的产品，形成了全社会免费使用的公共基础设施，从而降低了全社会资本的运营成本，形成免费使用的负利润率经营环境，从而提高了全社会正在运营的资本的利润率。

全社会的市场经济系统会以各种方式输入社会公共设施系统，如通过税收、捐赠、罚没、政府对土地和国有企业的产权出让等方式获得大量资金，然后再用这些资金生产社会公共设施。这些资金本身来自市场系统，是对企业利润的分割。它本来包括在马克思"利润率下降规律"所说的利润之内。但是，在建公共基础设施价值来自正在运行的企业的利润，即所谓"羊毛出在羊身上"，因而不会提高这些企业的利润率。但是，当这些基础设施建成，并且其收费已经抵消其投资值之后，其便成为免费使用的公共资产，从而成为各个企业的负成本来源。例如，高速公路在其收费已经使建设费回笼之后，仍然继续发挥作用，其便成为全社会实际上免费使用的公共资产。此外，通过公共债务系统已经分摊到社会成员头上的公共投资以及通过破产程序进入公共领域的资产，通过捐赠、罚没和政府产权出让而建成的公共设施，都实质上成为全社会企业免费使用的资产。这些资产实际上负载着全社会承担的隐性的负利润，由此形成了全社会企业运行的免费的基础环境，其蕴含的潜在的负利润转变为企业的显在利润，从而抵消和超越了利润率下降规律所造成的结果。

以上两种利润率的时间极化，其共通之处在于：全社会的一般利润率的下降集中体现于亏损企业或公共基础设施之中，这些亏损的利润通过各种社会清算机制（如破产并购、财政冲账，等等）而从社会统计中消失，转化为正在运行的企业的负成本空间，由此形成了历史上的负利

① 大卫·哈维：《新帝国主义》，初立忠、沈晓雷译，社会科学文献出版社，2009，第 93～94 页。

润与当下正在运行的企业的正利润之间的极化。这种极化现象乃是利润率下降规律的结果和最终表现，它反过来又使社会显在的资本利润率不断提高，从而冲抵利润率的下降，使在激烈的市场竞争中胜出的企业的利润率不断上升。

三 资本的正负利润的空间极化及其效应

在利润率下降规律压力下所产生的激烈的市场竞争中，那些处于不利地位的企业，为了逃脱被并购的命运，还有一条出路——转移到国外，利用那里以廉价劳动力和廉价自然资源形成的低成本优势而提高其利润率，由此逃脱本国经济的利润率下降规律的巨大压力。于是，国内市场的利润率分化，便随着资本的海外扩张而发展为国际性利润率极化现象，我们称这种极化现象为“利润率的空间极化”，它是发展中国家的基础环境的“负利润”转化为国际资本的低成本空间，与发达国家的高利润率资本之间在同时并存的空间上的极化。

马克思把对外贸易与投资作为阻碍利润率下降规律的因素之一。他提出下述问题：“另一个问题——由于它的特殊性，本来不属于我们研究的范围——是：一般利润率会不会由于投在对外贸易、特别是殖民地贸易上的资本具有较高的利润率而提高呢?”他的答案是肯定的。其中，对外贸易提高利润率的机制是：“投在对外贸易上的资本能提供较高的利润率，首先因为这里是和生产条件较为不利的其他国家所生产的商品进行竞争，所以，比较发达的国家高于商品的价值出售自己的商品，虽然比它的竞争国卖得便宜。只要比较发达的国家的劳动在这里作为比重较高的劳动来实现，利润率就会提高，因为这种劳动没有被作为质量较高的劳动来支付报酬，却被作为质量较高的劳动来出售……这好比一个工厂主采用了一种尚未普遍采用的新发明，他卖得比他的竞争者便宜，但仍然高于他的商品的个别价值出售，就是说，他把他所使用的劳动的特别高的生产力作为剩余劳动来实现。因此，他实现了一个超额利润。”而对外投资实现高利润的机制是：“至于投在殖民地等处的资本，它们能提供较高的利润率，是因为在那里，由于发展程度较低，利润率一般较高，由于使用奴隶和苦力等等，劳动的剥削程度也较高……处在有利条件下的国家，在交换中以较少的劳动换回较多的劳动，虽然这种差额，这种余额，同劳动和资本之间进行交换时通常发生的情况一样，总是会被某一个阶级装进腰包。”①

在当代，已经不再是在市场竞争中失利的企业转移到发展中国家，而是跨国公司主动地把它的某些产业和生产环节转移到发展中国家，已充分利用这些国家所提供的基础条件，从这些基础条件中获取额外利润，以弥补利润率下降规律所造成的损失。如果我们把全社会与经济活动有关的部门分为资本部门与其他部门，那么资本部门在发展中国家所获得的全部利润就有了两个来源：一是资本部门的内在来源，它遵循利润率下降的规律；二是来源于发展中国家的其他部门，它是资本部门的超额利润，造成对利润率下降的弥补。由此产生了地理空间的极化后果：发达国家资本的高利润为一极，而发展中国家的其他部门的“潜在的负利润”为另一极，它是资本利润的系统外的无偿来源。所谓“潜在的负利润”指的是资本追求自身利润增长所造成的未得到补偿的损失在价值上的表现，我们用下面的量化指标来衡量——资本系统进行补偿所需要付出的劳动价值。这些“负利润”之所以是“潜在的”，因为它没有通过市场结清，因而不是资本结算中的会计项目，是那种未经结算的隐性损失。无论发展中国家还是发达国家，其资本的统计利润率只是经过市场结清的显在利润率。它实质上建立在全社会基础生活环境的潜在的“负利润”基础上。其表现在如下方面。

第一，廉价劳动力所产生的利润的空间极化。为了使社会再生产能够持续进行下去，社会工资总额至少应当等于全社会的劳动力的必要劳动价值，从而实现全社会劳动力的再生产循环。如果这些被消耗的劳动力得不到再生产的补偿，那么社会再生产就无法持续进行下去。因此在资本主义体系内部这种低于劳动力的必要劳动价值的工资是不可能长期持续下去的。但是，由于发展中国家的原有社会经济系统（特别是传统农业生产系统）中具有大量处于资本系统之外的劳动力，资本可以用远低于劳动力的再生产所需要的工资来雇佣工人。这实质上是无偿使用传统产业部门所生产的劳动力。诺贝尔经济学奖得主刘易斯的“二元结构理论”，提出“资本部门”从“农业部门”获取大量廉价劳动力，由此赢得了大量的超额利润。② 从马克思主义经济学来看，资本在这个过程中从资本外系统获得大量的额外劳动价值，正是

① 《马克思恩格斯文集》第 7 卷，人民出版社，2009，第 264～265 页。

② W. A. Lewis: *Economic Development with Unlimited Supplies of Labour*, Manchester School of Economic and Social Studies Vol. 22, 1954, pp. 139－191.

超额利润的来源，从而使其利润率大幅度提升，冲抵并超过利润率下降规律的效应。

这种超额利润来源于资本转移所产生的地理空间的极化：发达国家转移到发展中国家的资本，直接获取发展中国家传统农业等资本外领域所提供的劳动力，从而减少了资本系统对劳动力的再生产的投入。例如，传统家庭农业所提供的食品将儿童培养成劳动力，其直接输送给资本部门。并且在工人失业时由传统家庭农业提供社会保障，而无须资本部门提供产业后备军的生产所必需的劳动价值。这样一来，就造成了资本部门给予工人的工资总额长期低于生产社会劳动力所需要的必要价值，一直到资本外的生产方式所能提供的劳动力枯竭为止，这就是所谓“刘易斯拐点”：“发展中国家农村劳动力持续大规模地向城市非农产业转移，同时劳动力成本保持相对低廉，等到农业剩余劳动力被吸收殆尽时，二元经济逐步转变为一体化的均衡现代经济，这一时点即为‘刘易斯转折点’。”① 在达到这个“拐点”之前发达国家资本所获得的高利润率，乃是这种由资本主义生产系统之外的作为生产环境的“负利润”供养的结果，是资本对社会劳动力系统的欠债。

第二，资本部门与传统部门的产品价格剪刀差所形成的利润极化。与上述劳动力引起的空间极化相伴的是资本化的工业产品与传统生产方式的农业产品的价格剪刀差所产生的空间极化。作为资本外生产部门的传统农业部门，与资本化的工业部门之间，在市场自发力量的支配下进行的产品交换是劳动价值不相等的交换：生产力水平高的工业部门处于相对垄断地位，劳动生产率相对较高，因而其产品能够在商品交换中获得超过其实际劳动价值的价格，即超出它从传统农业部门所获取的劳动价值。这样一来，传统农业部门就会出现低利润乃至负利润，形成了利润的极化现象。传统部门的负利润状态，有助于降低全社会劳动者的生活成本，从而降低劳动力的价格，由此减少可变资本在全部资本中的比重，提高剩余价值率，从而提高利润率。而传统部门之所以能够长期维持低利润乃至负利润，是因为它可以迫使传统部门劳动者长期处于极其贫困的状态，迫使其想尽各种办法维持生存。这就造成了资本部门的正利润与非资本主义生产方式的传统部门的负利润的长期极化现象的存在。

---

① 蔡昉：《中国经济发展的刘易斯拐点》，《中国人口与劳动问题报告 No. 8》，社会科学文献出版社，2007。

第三，生态环境损失造成的利润率空间极化。资本消耗土地、矿藏、大气、水源等生态环境，应当能够进行环境补偿，才能使其再生产持续下去。这种补偿，对于可再生的资源环境来说，必须付出生态环境再生产所需要的劳动价值；对于不可再生的资源环境来说，必须付出替代资源的发现与生产所要付出的劳动价值。只有这样的补偿才能使社会再生产能够持续。而如果对这些资源的耗费不予补偿，必然造成不可持续的资源空缺，那么由此产生的利润来源于资本主义生产系统之外的其他系统的"负利润源"——本来应当付出，而实际没有付出的劳动价值。发达国家的资本的高利润率乃是这种由资本主义生产系统之外的作为生产环境的"负利润"供养的结果，是资本对资源生态环境的欠债。

四　虚拟资本的两层次极化及其效应

1. 利润率下降与过剩资本的历史积累

正是由于利润率下降规律是不可避免的历史趋势，因此资本对有限的利润空间的争夺结果，必然造成一部分过剩资本退出市场。新增的剩余价值一旦暂时没有找到可以获得较高利润的投资领域，便会脱离实体生产而形成全社会的等待投资机会的货币，即游资。随着历史的积累与生产力水平的提高，这种在利润率下降规律的压力下而不断积累的闲置资本越积越多，以至与投入实体经济再生产过程中的资本可以等量齐观。而利润的唯一来源是实体经济中的工人劳动，由此形成了利润率大于零的实体经济与利润率总体上等于零的未被实体经济吸收的过剩货币资本之间的对立，这是实体经济的资本在利润率下降规律的制约下而产生的第一层次的极化现象。

这种作为利润率下降规律历史积累的资本极化现象——实体资本与过剩的货币资本之间的极化，反过来会在相当大的程度上提升社会正在运行的实体资本的利润率。其道理十分清楚：一旦大量资本退出实体经济领域，会大幅度减少实体经济的总资本，即减少利润率的分母，从而大幅度提高利润率，因为利润率是按照投入资本的总量计算的，未投入实体经济生产的闲置资本并不计算在内。

由此可见，利润率下降规律有两个表现形式：一是投入实体经济领域的利润率趋向于下降，而这个过程受到了上述时间与空间上的极化现象的影响，显示为资本部门的利润率上升和其他部门的负利润的积累的时空极化现象，这是利润率下降规律在实体经济中的表现；二是过剩的未被实体经济吸收的闲置资本越积越多，显示为实体经济与过剩货币资本之间的极化现象，这是利润率下降规律的历史积累。二者同样显示着利润率下降规律。我们不能只看到其一而不见其二，忽视了过剩货币资本的存在而否认利润率下降规律的正确性。如果把闲置资本也纳入全社会一般利润率的统计，那么利润率的下降趋势将会十分明显，尽管这种下降还会受到上文所说的时间极化和空间极化的掩盖。

2. 虚拟经济内部的盈利率的“空间极化”与“时间极化”

由利润率下降规律所产生的过剩货币资本，为资本的新形态——虚拟资本的诞生创造了土壤。在这种土壤上，社会信用系统会将实体经济的资产证券化，由此发明各种具有未来赢利功能的各种证券来吸收这些闲散的过剩货币，由此产生了由证券交易构成的经济体系——虚拟经济体系。这些通过虚拟经济体系来盈利的证券则是虚拟资本。《资本论》第 3 卷深刻揭示了当时刚刚出现的几种主要的虚拟资本的本质：股票、国家债券、银行空头汇票和存款等。最原始的虚拟财富是企业股票，它是实体经济资本的证券化形式，而这种“证券化”实质上是资本的“镜像化”。马克思说：“铁路、采矿、轮船等公司的股票代表现实资本，也就是代表在这些企业中投入的并执行职能的资本。”于是资本有了“双重存在”和“双重价值”：“一次是作为所有权证书即股票的资本价值，另一次是作为在这些企业中实际已经投入或将要投入的资本。”其中真正能够起到价值增值作用的资本只是实体资本，股票中的资本（本金）部分只是虚拟的，是实体资产的证券化的影子，无论股票怎样卖来买去，企业的实体资本仍然独立地运行。因此股票只是由实体资产通过证券化而衍生的“镜像”。20 世纪 70 年代，为了创造流动性以激发由利润率下降导致的投资疲软，出现了将已经作为虚拟资本的金融资产再度证券化的金融创新——金融衍生品，它用利息与价格波动的投机收益来吸收民众口袋中剩余的货币，将其集中起来进行各种投资和投机活动。而由此形成的虚拟资产又可以“再证券化”，如同镜子里的影像可以再度产生“镜像”。这种“镜像化”过程反复进行，导致虚拟资产无休止扩张，直到大众口袋里的闲置货币被吸干为止。由此产生了以闲置货币资本为其生长土壤的虚拟经济体系。

从本质上说，虚拟经济乃是实体经济的证券化，包括对这种证券的

“再证券化”。而这种证券化是将实体经济通过社会信用机制投射到金融领域而形成相应的金融资产价格。因此，虚拟经济是实体经济通过信用机制的证券化形式投射到金融领域的产物。在虚拟经济中，资本流向可以分为两类：一类是投资类资本，即以投资实体经济为目的，并被实体经济所吸收，从而通过实体经济生产剩余价值，由此产生了归源于实体经济的利润率。这类有利于发展实体经济的虚拟资本，是虚拟资本的正功能所在，也是虚拟经济之所以存在的合法性理由。但是，与投资类资本相伴而生的是另一类资本——投机类资本，即通过金融证券价格波动来分割市场上历史积累的剩余价值的资本。这类资本不从事任何实体经济活动，只是在证券买卖中不断流动。因此这类资本的平均利润率为零。因此，这类资本中的任何正盈利必然对应着相应的负盈利，由此产生了虚拟经济内部的两极分化：正盈利率与负盈利率的空间极化与时间极化。它们乃是实体经济领域的“时间极化”与“空间极化”在虚拟经济领域中的投射。

虚拟资本的“空间极化”，即同时并存的盈利资本与亏损资本之间的两极分化。虚拟经济市场是风险市场，但其风险概率并非平均分布。从总体上说，国际垄断性金融资本的盈利概率远大于中小散户。这些国际垄断资本通过创制形形色色的金融衍生品及其交易网络，形成一种渗透于全社会每个角落，支配和统治全社会每个成员的无形的金融网络权力体系，分割着全社会的闲置剩余价值。这是劳动者在既往历史上已经创造的剩余价值，它们以零散的形式存在于社会大众的衣袋中，支撑着虚拟资本的运行，使其能够在一定程度上脱离当下的现实的物质生产活动也能够“以钱生钱”。因此，垄断金融资本所获得的高盈利率（其为皮凯蒂统计的资本收益率的来源之一），来源于绝大多数中小股民的负利润率。这就是虚拟经济体系内部的空间极化：处于支配地位的国际垄断金融资本的高盈利率与处于被支配地位的大多数中小投机者的负盈利率之间的极化。

然而中小投资者如果一直长期处于亏损地位，将会打击其加入虚拟经济体系的积极性，投机性流动资本将不断减少。一旦如此，国际垄断金融资本将会减少和丧失其分割对象——全社会历史积累的剩余价值。为此，必须使虚拟经济内部的中小投资者也能盈利。但是整个虚拟经济体系的投机性总盈利只能为零，而国际垄断金融资本绝对不会自动地将自己所获盈利分给中小投资者分享——这与资本的本性相违背。于是唯一可能的路径是盈利率上的“时间极化”：用对未来资本盈利的透支来支撑当下整个资本市场的正盈利率。于是，垄断资本利用人们对所投资的实体经济的未来预期，将其通过其金融网络传导给全社会，由此不断推高资产价格。这会吸引更多的社会资金加入虚拟经济市场，垄断资本由此获得越来越多的供其分割的剩余价值，整个虚拟经济体系所产生的虚拟利润率甚至远远超过实体经济的利润率。但我们知道，这些虚拟资产交易本身不能生产出任何剩余价值，因而这些利润只能来源于对未来盈利的预期而进行的透支。这就是我们所说的虚拟资本盈利率的“时间极化”：现在的盈利建立在对未来的透支（未来的负盈利率）的基础上。

然而，一旦这种预期超过未来实体经济的支撑能力，便形成了虚拟资产的泡沫。泡沫越来越大，终有一天会突然破灭，于是形成了当下金融资产价格的普遍暴跌，金融资产价值普遍缩水。这实质上是对先前资产暴利的补偿与支付，由此形成了资产价格在时间上的周期性波动。这种波动正是资本利润率极化的显现。在这个过程中，虽然垄断资本与中小散户都会发生资产缩水，但是亏损风险主要集中在中小散户身上，而暴利概率主要集中于垄断资本。于是，虚拟资本的“时间极化”，最终还是表现为“空间极化”：同时并存的大众资本与垄断资本之间的两极分化。

五　总结与评论

由上述分析我们可以看到，利润率趋向下降的规律是资本主义生产方式的历史规律，具有根本性意义。每个资本追求高利润率的趋向与市场总体上的一般利润率趋向下降形成市场的一对基本矛盾，正是这个矛盾驱使各个资本之间的激烈的市场竞争，特别是产业的更新换代与扩张并购，产生了以产业分化为基础的资本利润率极化现象，其中正在运行的资本利润率建立在基础环境和资本部门之外的领域的负利润的基础之上，从而冲抵了利润率下降规律所形成的降幅，最终导致皮凯蒂发现的结果：主要发达国家的资本收益率高于经济增长率。由此产生了建立在负利润基础上的资本的高度积累与高度集中，产生了富可敌国的巨大的国际垄断集团。资本主义的发展过程正是这种资本积累的过程。因此，一般利润率趋向下降的规律与作为这种资本积累赖以形成的基础的负利润领域，形成了资本主义生产方式下的“贫困积累”。资本积累与贫困积累的不断加速的分化与对立，形成了本文所说的利润率的极化。正如马克思所发现的那样，在利润率下降的总体压力下追逐高利润率的资本所产生的影响，“时而主要是在空间上并行地发生作用，时而主要是在时间上相继地发生作用；各种互相对抗的要素之间的冲突周期性地在危机中表现出来”，① 由此形成了利润率的时间极化与空间极化。在实体经济领域，时间极化主要表现为负利润的资本与社会公共资源在被市场结清之后，成为资本免费使用的负成本资源，从而产生了建立在历史亏损基础上的高利润率；而空间极化主要表现为资本部门的高利润率建立在资本外的其他部门（传统农业部门、生态环境、人口系统）的负利润的基础上，即其欠债性的贫困积累的基础上。

利润率下降规律产生了大量的过剩货币资本，由此产生了资本在总体上的极化：正在运行的实体资本与过剩的货币资本之间的分离。社会信用机构将实体资本金融化，产生了吸收过剩货币资本的作为证券的虚拟资本，由此产生了虚拟资本的市场交易所形成的虚拟经济。于是，实体经济中的利润率极化现象投射到虚拟资本领域，产生了虚拟资本在利润率上的时间极化与空间极化：空间极化主要表现为垄断金融资本吸收大众资本而迅速扩张与积累，同时大量的中小散户则遭受亏损与割肉；时间极化表现为虚拟资产价格高涨时对未来利润的超额透支以及由此产生的金融泡沫崩溃时虚拟资产的普遍亏损，这两者是同一负利润在不同时间上的表现。由此产生的结果是虚拟经济领域资本积累与贫困积累的两极分化。它不仅是实体经济领域中两极分化的延伸，更是实体经济两极分化的加速器。

因此，整个资本体系的一般利润率趋向下降的规律与每个资本追求高利润的矛盾，导致的资本之间的激烈竞争，产生了资本的产业分化与规模分化，由此导致了资本在实体经济与虚拟经济领域的利润率极化现象。其中高利润率资本部门不断进行资本积累和集中，而负利润率部门与领域则不断处于亏欠状态而进行贫困积累，前者建立在后者的基础之上。这就是说，利润率下降规律压力下所产生的利润率极化现象，乃是资本积累与贫困积累的不断扩大与加深的过程，这个过程决定了资本主义生产方式的历史局限性。

反过来说，资本主义生产方式的这一固有矛盾，为社会主义市场经济开辟了广阔的发展空间：因为社会主义的本质是“解放生产力，发展生产力，

① 《马克思恩格斯文集》第7卷，人民出版社，2009，第277页。

消灭剥削，消除两极分化，最终达到共同富裕”。[①] 消除资本积累过程中所产生的负利润空间，消灭在经济生活与生态环境等方面的“贫困积累”，将会为社会主义市场经济的发展和繁荣提供巨大的发展空间，这正是处于下行压力下我国经济发展的巨大潜力所在。

（作者单位：上海财经大学人文学院）

① 《邓小平文选》第3卷，人民出版社，1993，第373页。

关于构建中国经济学体系和学术话语体系的若干思考

张　宇

在新中国成立以来革命和建设成就的基础上，中共十一届三中全会以来，中国成功地走出了一条有中国特色的社会主义经济发展的新道路，中国经济显示的蓬勃生机和活力为全世界所瞩目，“中国模式”“中国经验”“中国道路”成为全世界关注的焦点。如何正确总结中国改革开放的伟大实践，打造具有中国特色、中国风格、中国气派的经济学体系和学术话语体系，增强中国经济学的自觉自信，是当前中国经济学界面临的重大而紧迫的时代课题。

一　在实践的基础上推进理论的发展

理论是实践的反映。当代中国的经济学是与中国特色社会主义经济建设的实践紧密相连的，它一方面深刻地反映着中国改革开放和经济发展的历史进程与实践要求；另一方面又为中国的改革开放和经济发展提供了理论上的支持，推动着实践向前发展。

早在新中国成立之初，针对当时经济建设照搬苏联模式的问题，毛泽东就提出：“任何国家的共产党，任何国家的思想界，都要创造新的理论，写出新的著作，产生自己的理论家，来为当前的政治服务，单靠老祖宗是不行的。”① 他号召全党要以苏联的经验教训为鉴戒，推动马列主义同中国实际

① 《毛泽东文集》第7卷，人民出版社，1999，第281页。

“进行第二次结合”。为此，他写下了《论十大关系》《工作方法六十条（草案）》等指导经济建设的重要文献，努力探索中国自己的社会主义建设道路。他还多次向全党干部建议，读斯大林写的《苏联社会主义经济问题》和苏联科学院经济研究所编写的《政治经济学教科书》第三版“社会主义部分”，强调“研究政治经济学问题，有很大的理论意义和现实意义”，并对社会主义政治经济学的一系列重大问题进行了探索，提出了许多宝贵思想和重要观点，如政治工作是一切经济工作的生命线；以农业为基础，工业为主导，农、轻、重工业协调发展；统筹兼顾、适当安排，注意综合平衡；要实行中央与地方并举，充分发挥两个积极性；要处理好国家、集体和个人的关系，使各方各得其所；消除两极分化，实现共同富裕；价值法则是一个伟大的学校，是建设社会主义的有用工具；“向科学进军”“实行技术革命”，全面实现农业、工业、国防和科学技术的现代化；自力更生为主，争取外援为辅等，这些思想和观点对中国社会主义政治经济学的发展做出了重要贡献。

改革开放以来，中国经济社会发生了深刻变革和快速发展，创造了人类历史上少有的发展奇迹，为世界发展做出了历史性贡献，为当代经济学的发展提供了极为典型和无比丰富的素材。同时，中国是一个具有广袤的土地、众多的人口、悠久的历史并处于发展和转型中的社会主义大国，面临着工业化、信息化、市场化、全球化和社会主义制度的改革几重重大的历史变革在同一个时代的交织和叠加，中国实践和中国道路的复杂性、丰富性和特殊性，是其他任何国家都不能与之相比的。伟大的实践呼唤着理论的创新，中国经济学发展面临着前所未有的历史机遇。在这一过程中，中共十一届三中全会以来，中国共产党把马克思主义基本原理与改革开放新的实践相结合，创立了中国特色社会主义经济理论。1984 年 10 月，《中共中央关于经济体制改革的决定》通过之后，邓小平就评价这个决定“写出了一个政治经济学的初稿，是马克思主义基本原理和中国社会主义实践相结合的政治经济学”。①

30 多年过去了，中国特色社会主义经济理论伴随着实践的蓬勃发展取得了长足的进步，初步形成了完整的理论体系，其主要内容包括：社会主义的本质是解放生产力、发展生产力、消灭剥削、消除两极分化，最终达到共

① 《邓小平文选》第 3 卷，人民出版社，1993，第 83 页。

同富裕；以公有制为主体、多种所有制经济共同发展的社会主义初级阶段的基本经济制度的理论；社会主义基本制度与市场经济相结合的社会主义市场经济体制的理论；以按劳分配为主体、多种分配方式并存和公平与效率统一的收入分配制度的理论；积极参与经济的全球化与坚持独立自主相结合的对外开放理论；坚持走中国特色新型工业化、信息化、城镇化、农业现代化道路，相互协调、良性互动、深度融合的经济发展理论；使市场在资源配置中起决定作用和更好发挥政府作用的理论；等等。中国特色社会主义经济理论是马克思主义政治经济学在当代中国的发展。

这一时期，在经济理论和学术界，人们逐渐摆脱了传统计划经济思想的束缚，把理论的重心转向了对于现实经济运行过程的分析，转向了对改革和发展重大问题的研究和探讨，中国经济学的发展出现了繁荣的局面。从理论和实践的关系看，经济研究的成果可以分为以下三个层次。

第一个层次是对策性研究，如关于宏观管理体制改革、企业改革、金融改革、财政改革、价格改革、汇率改革、收入分配体制改革、劳动与社会保障制度等方面的调研报告和改革方案，以及关于国民经济发展计划、宏观经济政策和各种经济管理办法的对策报告和政策建议等。从理论结构上来讲，这些研究看似属于浅层次的对策性的研究，与现实经济问题相距较近，与基本经济理论相距较远。但尽管如此，其意义是不可低估的，它不仅为党和政府的经济决策提供了第一手资料和参考依据，同时还为中国经济学的发展和创新提供了重要的原料。比如，家庭联产承包责任制的采用、国有企业现代企业制度的建立、自主创新政策的提出等重大的理论和政策，都是在这些对策研究的基础上产生的。

第二个层次是中国经济体制改革与经济发展基本理论的研究，如 20 世纪 80 年代初期关于生产力与生产关系、社会主义生产目的、经济效果、按劳分配、计划与市场关系、农村土地所有制等问题的讨论；20 世纪 80 年代中期以后关于社会主义有计划商品经济、经济运行机制和运行模式、经济改革的整体思路、通货膨胀与经济增长的关系等问题的讨论；20 世纪 90 年代以后关于社会主义市场经济的实质与特征、国有经济的地位与作用、现代企业制度的内涵和形式、按劳分配与按生产要素分配的关系、经济全球化的实质与影响等的讨论；进入新世纪后关于完善社会主义市场经济体制的思路、效率和公平关系、新型工业化道路、第三次工业革命、政府和市场关系、中国模式和中国道路，以及中国经济学的理论体系和学术话语体系的讨论等。

这些研究推动了人们对中国经济改革与发展规律的认识，推动了中国特色社会主义经济理论的发展。

第三个层次是经济学一般理论的研究，如关于经济学方法论、价值理论、货币理论、企业理论、增长理论、危机理论等问题的研究。这种研究看似抽象，与现实经济联系较远，但对于科学认识经济发展的规律和制定正确的经济政策有重要意义。例如，理论界对深化劳动和劳动价值论的讨论就是针对如何认识社会主义市场经济中国有企业的自主权的确立、价格形成机制的形成、收入分配制度的改革等问题而展开的；关于产权和企业理论的讨论，是为了解决国有企业治理结构和制度设计的理论基础而展开的；对于当代资本主义经济的性质和发展趋势的研究，直接关系着我们如何认识中国特色社会主义所处的国际环境和历史方位，以及如何制定正确的对外开放战略。

总的来看，上述几个层次的研究都取得了丰硕的成果，推动了中国经济学理论的发展，也为中国改革开放实践做出了重要的贡献，成就是巨大的，功绩不可抹杀。

毋庸讳言，中国的经济学从总体上看还是不成熟的，在学术研究中，基础理论薄弱，照搬照抄西方经济学理论的现象严重，“玄、虚、浮”的毛病突出，经济学理论的研究和学术创新还明显落后于实践和时代的要求。这在一定意义上讲也是正常的。“对人类生活形式的思索，从而对它的科学分析，总是采取同实际发展相反的道路。这种思索是从事后开始的，就是说，是从发展过程的完成的结果开始的。”① 在社会主义市场经济体制还没有成熟定型之前，在中国社会主义现代化建设还没有完成之前，我们自然不可能形成关于社会主义经济的完善成熟的理论。但是，只要我们坚持正确的方向，立足中国实践，扎根中国历史，面向中国问题，并从中总结经验、构建话语、提炼思想、创新理论，就一定能够做出无愧于时代和人民的理论成就，为人类的发展做出更大贡献。

二　坚持以马克思主义为指导

构建中国经济学体系和学术话语体系的首要任务，就是要坚持和发展马克思主义政治经济学或经济学。列宁曾经指出，政治经济学“是马克思主

① 马克思：《资本论》第1卷，人民出版社，2004，第93页。

义理论最深刻、最全面、最详尽的证明和运用”。恩格斯曾经指出，无产阶级政党的“全部理论来自对政治经济学的研究”。在中国特色社会主义经济建设中，马克思主义经济学具有特殊的不可替代的重要意义。

1. 科学的世界观和方法论

马克思主义经济学的科学性首先在于它的科学的世界观，这就是辩证唯物主义和历史唯物主义。在辩证唯物主义和历史唯物主义的世界观的基础上，马克思主义经济学形成了分析经济现象的科学方法论，包括：生产力决定生产关系、经济基础决定上层建筑的原理，在历史形成的社会经济结构的整体制约中分析个体经济行为的原理，以生产资料所有制为基础确定整个社会经济制度的性质的原理，依据经济关系来理解和说明政治法律制度和伦理规范，以及通过社会实践实现社会经济发展合规律与合目的的统一的原理，等等。这些原理为我们科学认识纷繁复杂的经济现象提供了科学的世界观和方法论。

2. 正确的立场和价值观

“为什么人”的问题，是我们做好一切经济工作的出发点和落脚点，也是不同经济制度相区别的根本标志。马克思主义政治经济学是劳动的政治经济学，鲜明地代表了广大劳动群众的利益，它把经济发展的规律性与人们实践的目的性有机统一起来，科学地证明了社会主义代替资本主义的历史必然性，并在此基础上提出了消灭剥削，消除两极分化，实现人的自由全面发展和社会成员共同富裕的社会理想，解决了我们发展经济的目的和意义这样根本的问题。

3. 社会生产的一般规律

马克思主义政治经济学揭示了社会生产的一般规律，提出了许多重要的理论，如关于劳动时间的节约是人类首要的经济规律的理论，关于按比例分配社会劳动的理论，关于生产的首要性以及生产与分配、交换和消费相互关系的理论，关于提高劳动生产率的途径和方法的理论，关于劳动过程的一般内容和基本要素的理论，关于分工协作发展规律的理论，关于社会再生产两大部类的划分及其相互关系理论，等等。关于这些见解的科学价值，我们可以举一个例子来说明，即如何认识发展的实质。马克思对发展的实质曾经提出过这样的认识，即社会的发展归根到底是生产力的发展，而生产力的发展等于劳动时间的节约，等于个人才能的发展，等于科学日益成为生产的主要动因，等于人与自然的和解，等于可支配的自由时间的增加，等于个性的自由全面发展。这个论断将生产力的发展、社会发展和人的发展有机地统一起来了，对于我们当前推动科学发展有重要启示。

4. 商品生产和市场经济的一般规律

有人认为，马克思的《资本论》主张计划经济，因而，对发展社会主义市场经济没有指导意义，这完全是一种误解。实际上，《资本论》的研究对象恰恰是资本主义市场经济，而不是计划经济。马克思主义政治经济学深入研究了商品经济和市场经济，分析了价值、货币、价格、供求、竞争，以及成本、利润、信用、利息、地租等经济现象的本质和运动规律，特别是资本的本质和运动规律，这些规律如果抽去资本主义生产关系，对社会主义市场经济也是适用的。马克思主义政治经济学在当代的一个重大发展和贡献，就是提出了社会主义市场经济理论，并在实践中成功地建立了社会主义市场经济体制。社会主义市场经济是对资本主义市场经济的扬弃，它既体现了市场经济的普遍原则，又体现了社会主义制度的基本特征，使社会主义制度的优越性和市场经济的长处都得到了更好发挥，这从理论和实践上超越了以私有制为基础的资本主义市场经济的流俗教条。

5. 资本主义经济的本质和运动规律

马克思主义经济学阐明了资本主义产生、发展和灭亡的历史趋势，提出了许多关于资本主义经济的重要理论，如剩余生产理论、剩余价值分配理论、资本积累理论、资本循环周转理论、社会资本再生产理论、资本主义经济危机理论等等。资本主义经济发展的历史和现实一再证明，只要还存在资本主义制度，只要还存在资本和劳动的关系，马克思主义关于资本主义经济的基本原理就不会过时。学习马克思主义政治经济学关于资本主义经济的理论，对于我们科学认识当代资本主义经济的本质特征和发展趋势，把握世界发展的趋势，从统筹国内国际两个大局出发，更健康有效地推进对外开放，在全球化的条件下推进我国的社会主义现代化建设都是至关重要的。

6. 共产主义和社会主义的经济特征

马克思和恩格斯通过对资本主义生产方式矛盾运动规律和发展趋势的深刻分析，揭示了未来共产主义和社会主义经济关系的基本特征，包括实现个人自由全面发展，生产资料公有制代替私有制，按需分配和按劳分配，实现社会成员的共同富裕，有计划按比例地发展社会生产，消灭城乡之间、工农之间以及脑力劳动和体力劳动之间三大差别等重要思想，阐明了社会主义运动的一般目的和实质，指明了社会历史发展的基本趋势，成为社会主义革命和社会主义建设的重要指南。中国特色社会主义经济理论就是依据这些思想建设的。

马克思主义经济学在认识当前现实经济生活中的科学价值，我们不妨举两个例子来说明。第一个例子是如何认识所谓“中等收入陷阱”问题。“中等收入陷阱”是世界银行在《2006 年东亚经济发展报告》中首次提出的，指的是新兴经济体的人均 GDP 在突破 1000 美元的“贫困陷阱”之后进入中等收入行列，但在向高等收入行列迈进的过程中，快速发展期间积累的矛盾将会集中爆发，经济发展既不能继续又无法摆脱原有增长模式，经济处于长期徘徊、停滞而无法进入高等收入国家行列的局面。不少学者认为，经过 30 多年的快速发展，中国经济在取得巨大成就的同时，也面临贫富差距拉大、产业结构落后、城乡差距和地区差距较大等诸多挑战，上述问题表明中国目前正处于由中等收入向高等收入过渡的发展阶段，并很有可能陷入“中等收入陷阱”，并把跨越“中等收入陷阱”作为推进中国经济改革与发展的一个重要目标和基本依据。从马克思主义经济学的观点看，上述认识存在一定的误区。因为这一理论把世界上不同国家、不同制度、不同资源禀赋和历史文化传统下经济发展面临的问题和发展规律混为一谈，把不同层次和领域的问题，如生产力、生产关系、经济政策、政治制度等混为一谈，把本质和现象混为一谈，既缺乏理论依据又缺乏事实根据，无助于我们对问题的清晰把握。正如恩格斯所说的那样：“人们在生产和交换时所处的条件，各个国家各不相同，而在每一个国家里，各个世代又各不相同。因此，政治经济学不可能对一切国家和一切历史时代都是一样的……谁要想把火地岛的政治经济学和现代英国的政治经济学置于同一规律之下，那么，除了最陈腐的老生常谈以外，他显然不能揭示出任何东西。因此，政治经济学本质上是一门历史的科学。”①

从马克思主义经济学的观点看，所谓“中等收入陷阱”现象并不是一个所有国家都要经历的普遍规律，而是资本主义世界体系中不发达国家经济发展中所面临的特殊矛盾。马克思在论述作为资本主义发展较为落后国家的德国所面临的特殊矛盾时曾经指出：“在其他一切方面，我们（指德国——引者注）也同西欧大陆所有其他国家一样，不仅苦于资本主义生产的发展，而且苦于资本主义生产的不发展。”② 马克思的这一论述不仅准确揭示了 19 世纪初期德国经济发展所面临的困境，也准确地揭示了当代发展中国家所遭遇的“中等收入陷阱”问题的实质。“苦于资本主义生产的不发展”，指的

① 《马克思恩格斯选集》第 3 卷，人民出版社，2012，第 525 页。

② 马克思：《资本论》第 1 卷，人民出版社，2004，第 9 页。

是许多发展中国家在从前资本主义社会向资本主义制度转变的过程中，存在大量旧制度残余，如自然经济、君主专制、政教合一、种族主义、部落制度等，阻碍了资本主义经济的发展，由此产生了一系列经济社会问题。“苦于资本主义生产的发展”，则指发展中国家伴随着资本主义制度的形成，剥削、两极分化、经济危机等资本主义的弊病日益暴露。特别由于广大发展中国家处于资本主义世界体系的外围，与处于中心的发达资本主义国家相比，在经济、政治、文化、科技、军事等各个方面都处于依附地位，长期受发达资本主义或帝国主义国家的剥削、支配和控制，处于殖民和半殖民的状态，丧失了自主发展的能力，从而导致经济长期停滞。这就是所谓“中等收入陷阱”的真相。由此得出的结论是，坚定不移地走自主发展的道路，把立足点放在依靠自身力量的基础上，坚持中国人民自己选择的社会制度和发展道路，把增强自主创新能力作为国家发展战略，贯穿到现代化建设各个方面，这就是摆脱所谓“中等收入陷阱”的根本途径。

第二个例子是如何认识全球化的实质、影响和对策问题。20 世纪 90 年代以后，经济全球化的潮流迅猛发展，如何准确把握全球化的实质和发展趋势，制定明智合理的应对策略，成为摆在我们面前的一个无法回避的重大课题。在此问题上，目前存在自由贸易理论、民族主义理论、现代化理论、文明冲突理论等许多不同的理论，但不能科学说明全球化的本质。比如，自由贸易理论片面强调全球化的好处，把经济全球化看作一个互惠互利、平等自愿和各国的收益趋向均衡的过程；而民族主义又过分强调全球化的危害，对全球化采取了排斥的态度；文明冲突的理论则过分夸大文化的作用和不同文明之间的冲突。与上述这些理论不同，马克思主义对于全球化问题做出了一个科学的系统的解释：①以历史唯物主义为基础，从生产力与生产关系的矛盾运动中解释全球化现象产生和发展的必然规律和客观过程。②把近代以来的全球化理解为一种特殊的社会历史现象，当作资本主义经济关系不断扩张的产物。③揭示了全球化的矛盾性后果，即一方面是生产社会化在全球的展开，对生产力的发展有积极作用；另一方面是资本主义基本矛盾在全球的发展，会产生许多消极影响。④承认全球化过程中各民族之间的相互依赖和共同利益，同时也强调发达资本主义中心国对落后的外围国家的剥削和它们之间存在的对立。⑤具有鲜明的阶级立场，坚持从无产阶级和广大劳动群众的利益出发分析全球化的利弊得失，制定应对全球化的政策。⑥坚信人类社会最终要走向全球的或世界的历史，各民族之间最终要走向融合和统一，并把这一理想与资本主义向共产主义的过渡联系起来。⑦兼顾国际主义与民族主义，既强调全世界无产阶级的共同利益和各民族之间的相互依赖，又承认各民族的差异以及它们之间的独立、平等和自决权。⑧认同全球化的趋势，把对外开放当作中国的一项基本国策，然而又绝不无条件地放弃国家的独立性和自主性，而是努力在全球化中实现自主发展或以国家为基点的开放战略。马克思主义的全球化理论科学揭示了全球化的本质和发展规律，是我们正确推进对外开放重要的理论基础。

由此可见，离开了马克思主义的指导，离开了马克思主义经济学的理论基础，我们就不可能科学认识当今资本主义经济和社会主义经济的运动规律，不可能取得中国特色社会主义经济建设的胜利，也不可能正确总结和认识中国经济体制改革的经验。

三 推动马克思主义经济学的发展创新

马克思主义是不断发展的科学。发展中国的经济学必须坚持马克思主义的与时俱进的品格，根据改革开放的实践不断推进马克思主义经济学的发展创新。

首先，要科学对待马克思主义经济学，特别是马克思主义经典作家关于未来社会主义经济的理论，要注意以下几点。①马克思主义的基本观点必须坚持，如关于生产资料公有制代替私有制、实现社会的共同富裕等，背离了这些理论，就等于放弃了科学社会主义的基本原则。②马克思主义经典作家著作中的一些观点由于种种主观和客观的原因被忽略或简单化了，如关于“人的自由全面发展”的观点和“重建个人所有制”观点等。对于这些观点要正本清源。③马克思主义经典作家的理论中有一些与当前现实不符的具体观点，应当实事求是地根据实践的发展加以修正，如马克思和恩格斯也有关于社会主义不存在商品货币关系的论述。④由于历史条件所限，有许多新情况和新问题是当时马克思主义经典作家所没有深入讨论和研究过的，应当根据马克思主义的立场、观点和方法，进行深入研究，做出科学的解释和说明，如经济信息化问题、社会主义市场经济问题等等。

其次，要把理论与中国特色社会主义经济建设的实际相结合，不断推进马克思主义经济学的中国化。马克思主义经济学中国化的主要途径是：①对科学社会主义基本原理的运用，如在坚持以生产资料公有制和按劳分配为基础的前提下，从中国的实际出发探索公有制和按劳分配的具体的实现机制、适用范围和实现过程，建立国有企业的现代企业制度和农村土地承包制度，丰富科学社会主义的基本原理。②对科学社会主义基本原理的发展，如根据中国的特殊国情和历史发展阶段，创造性地提出了社会主义初级阶段基本经济制度、全面建设小康社会、建设社会主义新农村、对资本主义国家实行对外开放等新的理论，发展科学社会主义的基本原理。③对科学社会主义基本原理的创新，如未来社会不存在商品货币和实行计划经济的原则，是科学社会主义的一个基本原则。我们从实际出发修改了这一原则，提出了社会主义市场经济理论，这是对马克思主义和科学社会主义理论的重大创新。

最后，要把理论与当今时代相结合，推动马克思主义经济学的时代化，特别是要从中国的实践经验出发，推动马克思主义经济学基本理论的发展创新。我们可以举一个例子来说明，就是社会主义制度优越性的评价标准问题。生产力决定生产关系是马克思主义经济学的一个基本原理，改革开放以来我们据此提出了生产力标准作为检验一切工作和改革成效的根本标准这一重要观点。这无疑是正确的。但是，由此也产生了一个问题，即如何看待生产力的发展与社会主义制度完善之间的关系，也就是人们通常所说的客观事实与价值判断、规范经济学与实证经济学的关系问题。

问题的根源在于，科学社会主义理论中始终存在一个内在的尖锐矛盾，即根据历史唯物主义的观点，社会存在决定社会意识，生产力决定生产关系，因此，生产力的发展自然是社会进步的根本动力和判断制度变迁进步与否的根本标准。另外，社会主义又是一种实践中的运动，一种需要通过顽强的追求奋斗才能实现的美好理想，因此，如果没有伟大的价值追求和目标引导，如果人们对于所从事的社会主义运动的目标毫无热情和向往，那么，社会主义的实践还有什么意义？这个矛盾从科学社会主义诞生的那天起始终困扰着社会主义者们。社会主义运动史上许多错误的认识，都是因为不能正确认识和处理这个矛盾造成的。

生产力标准与价值标准的矛盾在当前中国经济改革的发展中日益凸显出来。一方面是经济总量以近10%的速度持续快速发展30多年；另一方面是贫富两极分化、腐败广泛蔓延、道德利己主义泛滥、资本主义因素的明显增长。这样，生产力的标准和制度或价值标准的关系是否一致的问题就突出地摆在了人们面前，我们不得不深入思考这样一系列重大的理论问题，包括什么是生产力的发展，生产力的发展如何衡量，生产力决定生产关系的依据和机制是什么，生产关系反作用于生产力的性质和效果，等等。最重要的一点是，判断一种社会经济制度先进或落后，是不是只有生产力一个标准？生产力的标准和制度标准或价值标准是什么关系？对于这些基本理论问题，如果不进行深入的研究并得出科学的认识，就会产生指导思想上的混乱，甚至发生重大的方向性的偏差。近年来，我国理论界围绕这些问题展开了深入的讨论，并取得了有益的成果。比如，有的学者提出，评价社会主义经济制度需要有两条标准，即要实现生产力标准与价值标准的统一。在实际的生活中，我国经历了四种情况：一是将两个标准统一起来，社会主义经济与社会顺利发展。二是表面上重视生产力的发展，但违反生产力发展的规律搞“大跃进”；表面上重视社会主义和共产主义的价值取向，但违反生产关系的发展规律刮“共产风”，造成生产力的损失和人民的灾祸。三是忽视生产力的发展，片面强调社会主义道路“割资本主义尾巴”，结果是普遍贫穷的社会主义，既偏离了生产力标准，又扭曲了价值标准。四是重视和强调生产力标准，但忽视社会主义价值标准，结果会出现贫富分化，偏离消除两极分化、实现共同富裕的要求，甚至出现动摇和损害社会主义经济制度的情况。① 总结历史经验教训，社会主义制度下两个问题应该统一起来，邓小平提出社会主义本质论，就是把两个标准统一起来的。他说社会主义的本质是解放生产力、发展生产力，这是生产力标准；消灭剥削、消除两极分化，达到共同富裕，这就是价值标准。社会主义要消灭剥削，消除两极分化，达到共同富裕，这是一个价值标准。有的学者则不同意上述见解，坚持生产力标准的唯一性。无论人们的看法如何，可以肯定的是，对于这一问题的讨论和研究是非常必要的，是需要根据理论和实践的发展不断深化认识的。

四　正确借鉴西方经济学

马克思主义经济学历来是在与西方资产阶级经济学的不断对话和交锋中产生和发展的。正如列宁所说：“马克思主义同‘宗派主义’毫无共同之处，它绝不是离开世界文明发展大道而产生的一种故步自封、僵化不变的学说。恰恰相反，马克思的全部天才正是在于他回答了人类先进思想已经提出的种种问题。他的学说的产生正是哲学、政治经济学和社会主义极伟大的代

① 卫兴华：《论社会主义生产力标准和价值标准的统一》，《经济学动态》2010 年第 10 期。

表人物的学说的直接继续。"① 推进中国经济学体系和学术话语体系的建设必须正确借鉴西方经济理论，处理好马克思主义经济学与西方经济学的关系。

首先应当承认，西方经济学有其合理的有用的一面，需要我们认真学习借鉴，这主要表现在以下三个方面。

（1）西方经济学的各个分支，都或多或少地反映了市场经济和资源配置的一些规律，如关于价格运动的理论、关于增长与波动的理论、关于货币金融的理论、关于国际贸易的理论、关于利率和汇率变动的理论、关于产业组织的理论、关于企业和制度变迁的理论等等。对于这些具体的经济现象和经济运行规律的研究，西方经济学理论的发展已经有了几百年的历史，研究的领域不断扩展，研究的内容越来越细，新理论、新观点层出不穷，促进了人类对经济生活运动规律的认识。

（2）西方经济学的分析方法，如边际分析方法、统计和计量方法、投入产出方法、实验的方法和目前流行的博弈论等，对于经济科学的发展具有积极意义。特别是数学方法得到了广泛的运用，这是现代西方经济学的一个重要特征。数学方法的广泛运用可以将理论的假设、推理和结论清晰、准确地表达出来，如果正确地加以运用，对经济理论的发展无疑是有益的。

（3）西方经济学的各派理论体现了不同时代的不同的人对当时经济生活的本质及其运动规律的思考，这些理论即使被证明是不正确的，但是对于我们总结经验教训和了解经济思想的发展也是有价值的。比如，19 世纪英国自由贸易理论与保护贸易理论的争论反映了当时工业资本家与地主阶级的不同利益；德国历史学派与英国古典学派的争论，则反映了那个时代相对落后的德国资本主义与先进的英国资本主义之间的不同要求。

西方经济学的这种合理性和有用性，决定了我们对西方经济学不能采取完全否定和排斥的态度，而必须认真学习和科学借鉴。但是，对于西方经济学绝不能照抄照搬，盲目崇拜，更不能把它当作唯一科学的理论，而必须批判性地加以借鉴，有条件地加以运用，吸收其合理的因素，摒弃其意识形态的因素。这是因为：第一，西方经济学历来具有二重性，既有合理有用的一面，也有不可否认的意识形态因素，这在基本理论中表现得尤其明显。如西方经济学中的"经济人假说"、主观价值论、要素价值理论、人力资本理

---

① 《列宁选集》第 2 卷，人民出版社，2012，第 309 页。

论、完全竞争理论、自由至上等重要理论，都直接是为资本主义制度作辩护的，既不能被事实和经验所证实，在逻辑上也存在严重的缺陷，但符合经济当事人的利益和要求，因此在资本主义国家得到了流行。马克思对资产阶级庸俗经济学的批评恰当地道出了这些理论的实质，“问题不再是这个或那个原理是否正确，而是它对资本有利还是有害，方便还是不方便，违背警章还是不违背警章。不偏不倚的研究让位于豢养的文丐的争斗，公正无私的研究探讨让位于辩护士的坏心恶意”。① 西方经济学所包含的意识形态色彩，也为当代的一些西方经济学家所承认。如诺贝尔经济学奖获得者、美国经济学家索洛说过这样的话：“社会科学家和其他人一样，也具有阶级利益、意识形态的倾向以及一切种类的价值判断。但是，所有的社会科学的研究，和材料力学或化学分子结构的研究不同，都与上述的（阶级）利益、意识形态和价值判断有关。不论社会科学家的意愿如何，不论他是否觉察到这一切，甚至他力图避免它们，他对研究主题的选择，他提出的问题，他没有提出的问题，他的分析框架，他使用的语言，很可能在某种程度上反映了他的（阶级）利益、意识形态和价值判断。”

其次，西方经济学学派林立，观点各异，并不存在被一切时代和一切人普遍认可的所谓科学理论。例如，虽然都是主流经济学家，斯蒂格利茨就对新古典经济学持强烈的批评态度。他认为，新古典经济学的理论存在许多根本的缺陷：如没有认识到激励问题的重要意义，过高地估计了价格的作用，没有认识到资本配置中的困难，对于分散化和竞争的作用与功能缺乏正确的理解，忽视了技术创新在经济中的作用，等等。同为新自由主义经济学，也存在以米塞斯、哈耶克为代表的新奥地利学派，以坎南、罗宾斯等为代表的伦敦学派，以弗里德曼等为代表的芝加哥学派，以科斯、诺斯等为代表的新制度主义等不同的学派。它们虽然由于倡导私有制和自由市场经济而形成了一个学术共同体，但在一些具体问题上又相互批评，互为敌手。比如，新制度经济学家认为，新古典经济学是关于市场运作的理论，而不是关于市场生成的理论，它舍弃了时间，抽象掉了制度，因而是不完善的。奥地利学派则认为，市场机制并不是资源配置的机制，而是知识和信息交流的机制，由于知识和信息是主观的，而且是以分散的状态为个人所掌握，因此，所谓的一般均衡是不存在的。西方经济学各个学派之间的这种争论从学术上讲是正常

① 吴易风：《马克思主义经济学与西方经济学》，经济科学出版社，2002，第 237 ~ 238 页。

现象，从另一侧面也说明，这里并不存在所谓的普适性的科学真理。

再次，西方经济学的一些即使是在一定时期看属于正确的理论，也是以一定的假设条件、历史经验、价值取向、文化背景和逻辑结构为前提的，不能照搬照抄，而必须结合中国的实际。瑞典著名经济学家冈纳·缪尔达尔曾指出："这些（西方）经济学术语是从西方世界的生活方式、生活水平、态度、制度和文化中抽象出来的，它们用于分析西方世界可能有意义，并可能得出正确的结论；但是在欠发达国家这样做显然不会得出正确的结论。"比如，作为一种市场经济需要具有一些一般性的要素或基本的框架，如独立的企业、充分的竞争、自由的价格等，把这些因素加以进一步抽象，形成了理想的完全竞争市场的理论。但是，在现实的经济生活中，这些要素或框架的形成是需要条件和时间的，并且很难完全具备。所谓的"理想的市场，完全竞争的市场"就只能看作一种理论假说，而不能作为现实决策的基础。又如，自由贸易理论是主流经济学的一个基本原理，但是，在现实中只有当一个国家在国际市场上具有竞争优势的时候，它才会采用自由贸易的政策，而当它在进行资本原始积累、建立自己的工业体系的时候，则都倾向于实行保护关税制度。因此，无论是英国、德国、法国，还是美国，都毫无例外地实行过保护关税制度。

问题的复杂性在于，西方经济学中的有用成分和意识形态成分并不是分开的，而往往是混合在一起的，因此，如果我们缺乏科学的鉴别力，不进行仔细的甄别，就很容易将西方经济学中有害的东西当作有用的成分来学习运用，而真正合理有用的东西反而可能被忽视。可以举两个例子说明。

一是如何认识政府与市场的关系。在这一问题上目前流行许多观点，如"大市场、小政府""小政府、大社会"；政府管得越少越好，只能为市场和企业服务，只能提供公共产品而不能承担其他更多职能；在市场经济中，政府是裁判员、服务员，而不是运动员，所以，除了维护市场秩序和提供公共服务外，不应当承担更多的职能；等等。这些观点从表面上看，是讨论经济体制的，是反映资源配置规律的，但实际上却体现着新自由主义的意识形态。因为在资本主义制度下，市场的作用就是资本的作用，特别是垄断资本的作用。正如马克思早就指出的那样，所谓的自由贸易，实质上是资本的自由，它要"排除一切仍然阻碍着资本前进的民族障碍"。对社会生产过程的任何有意识的社会监督和调节，都被说成是侵犯资本家的财产权、自由和自决的"独创性"。当代美国著名学者乔姆斯基一针见血地指出，新自由主义的理论和政策“代表了极端富裕的投资者和不到 1000 家庞大公司的直接利益”，只不过是少数富人为限制民众的权利而斗争的现代称谓而已。保罗·克鲁格曼把新自由主义运动的实质概括为“将时间往回调，逆转那些抑制不平等的经济政策”，把美国带回到大危机前由少数富豪统治的时代。

二是如何认识经济效率。在现代西方经济学中，效率被公认为一个纯粹客观的概念，与价值判断完全无关，用效率来评价人们的经济活动似乎天经地义。然而，事实并非如此。实际上，人们的道德判断和效率评价之间存在复杂的、常常很不明确的相互影响。就效率评价而言，不仅效率概念本身总要以某种常常有争议的假设为前提，而且当一个具体的社会安排满足其中一种效率标准时，对它的重要性和意义的评价也是与人们的价值判断直接相关的。其主要原因在于，效率的高低是与成本与收益或投入与产出比较或衡量的结果，但是对于什么是成本和什么是收益的问题，不同历史、文化和制度背景下的人有着不同的认识。原始人的效率不同于奴隶主的效率，封建主的效率不同于资本家的效率，国家的宏观效率不同于企业的微观效率，短期的效率不同于长期的效率，技术的效率不同于货币的效率。比如，制造污染的化工厂得到的收益可能造成了被污染企业的成本；耗竭地球资源而增加财富使当代人获得收益却会造成后代人的巨大损失；工资是工人的收益但却是资本的成本，利润是资本的收益但却是劳动的付出；对于某些特定的地区、企业和个人进行的经济补贴（如对贫困地区、基础产业和失业人群等的补贴）虽然不符合市场短期效率的要求，但却有利于提高宏观的动态的效率；等等。

近年来，中国经济学界流行着一种新的教条主义思想。这种思想认为，整个世界上的经济学只有一种，这就是西方的主流经济学，它是科学的普适的，是无民族无国界的，毫无疑问地相信它、学习它，就是中国经济学发展的方向；不折不扣地贯彻它、实践它，就是中国经济改革的方向。这是一种新的蒙昧主义。不摆脱这种教条主义和蒙昧主义，就不可能真正树立理论上的自觉和自信。保罗·克鲁格曼在 2008 年金融危机后曾说道：“宏观经济学在过去 30 多年的研究成果，说得好听点是毫无用处的，说得难听点甚至是有害的。”约瑟夫·斯蒂格利茨说得更为直白：“新自由市场原教旨主义一直是为某些利益服务的政治教条，它从来没有得到经济学理论的支持，现在也变得清楚了的是它也没有得到历史经验的支持。吸取这个教训或许是现在乌云密布的世界经济的一线希望。”西方的主流学者对自己的理论尚且能实事求是地进行评价，我们中国经济学界的一些学者怎么能对这些西方的理论如此迷信呢？

理论是对现实生活的反映和对实践经验的总结，必然要随着现实和实践的发展而发展。从来就不存在可以脱离开特定的历史背景和现实生活的永恒的普适的经济学。经济学的发展和人类文明的发展一样，从来就是不同时代不同国家的人们根据自己的实践和经验，在思想和理论上相互交流、碰撞、融合的结果，绝不只是哪个国家和哪些个人的专利。在人类历史的发展中，中华民族从来就不是现在更不应当仅仅是他国理论的亦步亦趋的模仿者和追随者，而应当有所发明、有所创造、有所贡献。任何照搬照抄别国理论与经验的做法，都必然会在丰富多彩和生机蓬勃的实践面前折戟碰壁。特别需要注意的是，盲目崇拜和照抄照搬西方理论和经验的危害，不仅在于它脱离中国的实际，无法解答中国的问题，更在于它会使我们成为某些错误思想的附庸和奴隶，丧失思想理论的自主性和创造性，甚至会把西方国家的特殊经验、特殊利益和意识形态当作所谓的普世价值推广甚至强加于中国，危害中国特色社会主义事业。对此，必须高度警惕，绝不可掉以轻心。

五 开放融通、兼容并包

像所有的科学一样，中国经济学的繁荣发展也需要百花齐放、百家争鸣，开放融通、兼容并包，在多元中求主导，在多样中求共识，在超越中引潮流。遗憾的是，在当前中国的经济学界，开放融通、兼容并包似乎并不是主流，而追求所谓的标准化和与国际接轨的做法似乎成了一种时髦。抛开经济学所具有的时代性、实践性和阶级性不谈，所谓的标准化和接轨说也存在明显误区。且不说不同国家和不同时代流行的理论是不一样的，即使是同一个时代同一个国家，例如当今的美国，经常也是学派林立、观点各异，此起彼伏、此消彼长。如果说要标准化和与国际接轨，那么，的确存在一个用哪个“轨”、怎么“接”的难题。事实上，当前许多人所主张的标准化指的只是美国化，更具体地说，是新古典化。然而，新古典经济学绝不是完美无缺可以通用的理论，而是存在严重缺陷的，主要表现为：重逻辑、轻历史，重形式、轻内容，否认不同社会制度和历史条件下人们行为的差异，排除了技术、制度、政治、文化等各种复杂因素对经济生活的影响，把追求自身利益最大化的所谓经济人当作考虑所有问题的出发点，把资本主义的市场经济当作人类永恒不变的经济形式，把抽象的数理逻辑当作判断经济学是否科学的主要标准，等等。对这种理论，我们只能有条件地吸收，有批判地借鉴，不能把它作为与国际接轨的唯一标准。

这里，需要对所谓的主流经济学有一个正确的态度。一般来说，所谓的主流经济学，就是得到了大多数经济学家和政策制定者的认可和赞同的经济学说。以此标准来看，西方主流经济学在中国的影响日益增大已经是一个不争的事实。抛开主流经济学的严重弊端不谈，单从思想和学术发展的途径来讲，过分崇拜主流经济学而贬斥非主流经济学也是有害的。因为所谓的主流与非主流是一个相对的历史的概念，并不是固定不变的。某种经济学理论由于符合当时的统治阶级的利益和价值观而成为一定时期的主流理论和政策主张；而随着历史条件的变化，这种理论的主流地位就可能被另外的理论所代替。某种处在非主流地位的新理论在适当的条件下也可能会变成主流的理论。例如，16 世纪英国和法国流行的是重商主义，17 ~ 19 世纪流行的是古典经济学，19 世纪末至 20 世纪初流行的是新古典经济学，资本主义世界经济大危机后凯恩斯主义则成为主流经济学。20 世纪 70 年代以后，由于资本主义内部经济和社会矛盾的发展，凯恩斯主义有所失势，主张自由市场的货币主义和理性预期学派开始成为主流。主流与非主流的这种变化当然以后也不会停止。此外，在同一时期的不同国家中，主流经济学也是不一样的。比如，19 世纪英国流行的是以亚当·斯密和大卫·李嘉图为代表的古典经济学；而在德国，历史学派一直居于主流地位；在日本，由于其特殊的历史环境，在 20 世纪以来的经济学教育和研究中，马克思主义经济学一直占有重要的地位。

此外，受统治阶级的利益和价值观的局限，主流经济学并不见得就一定比非主流的经济学更科学、更有道理。例如，19 世纪 30 年代以后，为了调和日益尖锐的阶级矛盾，以詹姆斯·穆勒、麦克库洛赫、西尼尔、凯里、巴斯夏等为代表的当时的资产阶级经济学家们抛弃了科学的古典政治经济学，建立了马克思所说的庸俗经济学，庸俗经济学在当时成为主流的经济学理论。然而，这绝不表明庸俗经济学比古典经济学更科学，恰恰相反，在马克思看来，古典经济学力求探索资本主义生产方式的内部联系，透过经济现象寻求客观经济规律，后者则满足于描绘资本主义生产方式的外在联系，抓住颠倒地表现出来的现象外表来否认现象背后的客观经济规律；古典经济学从来没有只限于反映资本主义经济关系中生产和经营当事人的观念，而是力图揭示在这种当事人的观念和行为背后起支配作用的经济关系和客观规律，而庸俗经济学则只是限于把资产阶级生产和经营当事人的观念加以系统化和学理化，并且宣布为永恒的真理；古典经济学是批判的经济学，表现出科学上的诚实，敢于说出具有进步性、革命性的资产阶级想说的话，庸俗经济学则是辩护的经济学，它不是无所畏惧地追求科学真理，而是让科学去迎合和适应资产阶级的私利。在当代，主流的新古典经济学的科学性也是很有疑问的。且不说包括制度经济学、新政治经济学、演化经济学、激进经济学等众多学派在内的非主流经济学对这一理论进行了多方面的深刻的批评，就连斯蒂格利茨这样的主流经济学家也认为，以亚当·斯密"看不见的手"为基础的新古典经济学不仅在转型经济和制度选择中用处很小，即使在解释发达的市场经济方面也存在根本的局限。对于中国的经济学者来说，我们更没有理由脱离开中国经济学建设与发展的根本任务去盲目追捧西方的主流经济学，更不应当把它当作唯一的真理来强加于中国的现实。

发展中国的经济学，构建中国的经济学体系和学术话语体系，必须克服这种片面的标准化、国际化的教条主义思想，走开放融通、兼容并包、广泛学习的道路。

——要向一切民族一切国家学习，既要学习借鉴发达国家经济发展的经验和理论，也要学习借鉴广大发展中国家经济发展的经验和理论。

——要向历史和传统学习，既要学习国内外经济发展的历史，也要学习国内外经济理论和思想发展的历史，继承先人们创造的思想遗产，尊重历史形成的文化传统。

——要向所有的科学学习，既要学习一切自然科学的成果，也要学习包括哲学、政治学、历史学、社会学、文学艺术等在内的各门人文社会科学的成果。

——要向各门各派学习，既要学习包括新古典经济学、新凯恩斯经济学等在内的主流经济学，也要学习包括后凯恩斯经济学、制度经济学、演化经济学、激进经济学等在内的非主流经济学。

——要向实践和群众学习，既要学习人民群众在社会主义建设中创造的新鲜经验，也要学习指导和推动实践发展的党和政府的路线方针政策，以及有关决策部门、研究机构和专家学者的调研报告和政策咨询等。

六 把握一般与特殊的辩证法

西方主流经济学的一个重要的方法论特点是崇尚普遍性一般性，排斥特殊性个别性，热衷于从假设公理、演绎、模型出发思考问题，习惯于用教科书中抽象的理论原理裁剪丰富多彩的现实，而这些所谓的一般原理又是以特别的理论特别是新古典经济学为基础的。在这样的思维逻辑的支配下，就形成了这样一种关于中国经验的标准阐释：中国经验至多是“转型经济学”，即向资本主义完美市场的过渡阶段，没有经济学的普遍意义。发展 = 市场化 = 自由化，最终走向是城市化、全球化；服务业将挤出农业和制造业；国家的边界和作用都将消亡；只有个人（消费者、兼生产者与投资者）与企业永存；资本主义最终战胜社会主义的理由是人的自私本性；苏联和中国前 30 年的社会主义工业化的实验是历史性的错误；等等。还有，如果说中国经济获得了成功，那应该归功于对主流经济学一般原理的有效应用，如发展了私有经济、市场调节、对外开放等；而中国经济面临的问题则是由于偏离了这些一般原理，如保留了国有经济、政府干预、独立自主等，这些问题不解决，中国经济迟早会出现崩溃的局面。总之，一切不符合主流经济学标准模型的做法，都被看作对一般规则的偏离和扭曲。很明显，这样的思维逻辑是完全错误和极其有害的，是典型的形而上学猖獗。

我们知道，共性是以个性为基础的，普遍性寓于特殊性之中，这对所有的理论都是适用的。现代西方的经济学，从它在一定程度上反映市场经济运动规律的方面看，具有共性或普遍性；从另外一些方面看，又具有个别性或特殊性。且不说西方经济学学派林立，观点各异，能够被人们普遍认可的一般理论很少，即使是一些人们普遍认为比较正确的理论也是以一定的时空结构为前提的。社会经济系统之间既存在时间的区别，又存在空间的不同，这就是所谓的“历史与地理特性问题”。总的来说，现代西方经济学是以市场经济为基础产生发展起来的，对于非市场经济体系如原始社会、奴隶社会、封建社会和计划经济并不适用。即使是对于市场经济，由于存在社会主义市场经济与资本主义市场经济的区别，其适用性也是需要仔细斟酌的。资本主义的市场经济又是目前为止最发达的市场经济，因而，人们很容易以它为样板，把资本主义市场经济的特殊规律当作普遍规律或“国际惯例”。但实际的情况并不是这样，资本主义市场经济同样是一般与特殊的统一，服从于一般与特殊的辩证法。众所周知，劳动力成为商品，资本雇佣劳动，剩余价值的生产，平均利润的形成，垄断资本的出现，普遍的生产过剩的世界性经济危机，所有这些都不是市场经济与生俱来的现象，而是小商品生产向资本主义商品生产过渡的产物。而在以公有制为基础的社会主义市场经济中，上述现象虽然不可能完全消失，但至少在很大程度上受到了调节和制约，发生了重要的变化，同时还出现了一些新的经济规律和运行特点。

这里特别需要强调的是，从中国的实践经验中概括形成的中国特色社会主义经济理论也不仅仅是中国独有的特殊的内容，更不能简单地将其当作一种个案或例外。毫无疑问，中国经济改革和发展的经验首先是中国特殊国情的产物，特殊的经济结构、政治结构、历史文化传统以及特殊的路线方针政策乃至于领导集团的特殊的风格，都是中国特色的重要元素。因此，中国的经验并不一定适用于所有的国家。但是，我们不能因此而把中国特色与一般性或普遍性对立起来，割裂开来，这样的做法不符合辩证法。共性寓于个性之中，实际上，中国经济改革和发展中的所有重要议题，如工业化、信息化、城市化、宏观经济稳定、市场体系的发育、企业治理结构的创新、中央与地方关系、对外开放、民主政治的建设、传统文化的继承与发展等，是每个国家特别是发展中国家都要面临的共同问题，这些问题的产生、发展和有效解决，当然也有其一般规律，因此，中国经验中必然包含着某些具有普遍的和一般意义的内容。有一个例子可以充分说明这一点。众所周知，在一个很长的历史时期中，无论是在社会主义国家，还是在资本主义国家，人们对市场经济的认识都存在很大的狭隘性、片面性，认为市场经济仅仅适合资本主义，只有资本主义才能搞市场经济，社会主义不能搞市场经济。这种认识严重阻碍了人们的眼界。中国共产党以巨大的理论和历史勇气，突破了这一传统的观点，提出了社会主义市场经济理论，建立了社会主义市场经济体制，在人类历史上第一次实现了社会主义与市场经济的结合，既体现了市场经济的普遍原则，又体现了社会主义制度的基本特征，实现了效率和公平、计划和市场、自主和开放、公有制主体地位和多种所有制共同发展的结合，发挥了社会主义制度的优越性和市场经济的长处。社会主义市场经济理论的提出，不仅是对马克思主义和科学社会主义理论的重大贡献，也为当今世界试图摆脱贫困、实现国家发展的广大发展中国家选择发展道路提供了重要的启示和借鉴意义。因而，它既是特殊的，也是普遍的。类似的例子还有许多。人们普遍认为，中国经济改革和发展的实践开阔了经济学研究的视野，丰富了经济学研究的思路，深化了人们对市场经济和制度变迁过程的认识，对西方主流经济学的许多所谓一般理论提出了挑战。当代中国经济学的一个重要任务，就是从中国的经验中提炼思想、创新理论，使特殊性上升为一般性，从而推动经济学理论的发展。

七 把逻辑与历史相统一

崇尚普遍性一般性、排斥特殊性个别性的一个必然结果，就是崇尚逻辑演绎，排斥历史分析。把资本主义市场经济当作某种先验的超历史的现象，这是资产阶级经济学从亚当·斯密和李嘉图开始就已经形成的一个重要传统，在这一点上，现代西方经济学可以说是有过之而无不及。根据这种观点，资本主义社会形成的市场制度不是历史发展的产物，而是历史发展的起点；不是生产发展的结果，而是生产发展的前提；不是从客观历史条件中产生出来的，而是自然的人类本性造成的。同样，以资本主义当事人的认识和思想表达为基础的西方主流经济学，则被看作亘古不变的永恒真理。比如，经济人假说被看作无须证明的公理，私有制被看作人类利己本性的表现，自由契约被看成天赋人权，成本收益分析被看作人类一切行为的出发点，比较优势理论被看作和物理学的定理一样超历史的科学原理。在这种思想的影响下，经济思想史和经济史的教学和研究受到了严重削弱，数典忘祖、抛弃传统、生吞活剥、照搬照抄的历史虚无主义严重泛滥。显然，用这样的思想指导改革，难免出现颠覆性错误，难免走改旗易帜的邪路。

政治经济学在本质上是一门历史科学，正如恩格斯所说的："人们在生产和交换时所处的条件，各个国家各不相同，而在每一个国家里，各个世代又各不相同。因此，政治经济学不可能对一切国家和一切历史时代都是一样的……谁要想把火地岛的政治经济学和现代英国的政治经济学置于同一规律之下，那么，除了最陈腐的老生常谈以外，他显然不能揭示出任何东西。因此，政治经济学本质上是一门历史的科学。它首先涉及的是历史性的即经常变化的材料；它首先研究生产和交换的每个个别发展阶段的特殊规律，而且只有在完成这种研究以后，它才能确立为数不多的、适用于生产一般和交换一般的、完全普遍的规律。"① "历史从哪里开始，思想进程也应该从哪里开

① 《马克思恩格斯选集》第 3 卷，人民出版社，2012，第 525 页。

始，而思想进程的进一步发展不过是历史过程在抽象的理论上前后一贯的形式上的反映；这种反映是经过修正的，然而是按照现实的历史过程本身的规律修正的。”熊彼特也曾说过：“如果一个人不掌握历史事实，不具备适当的历史感或所谓历史经验，他就不可能指望理解任何时代（包括当前）的经济现象。”总结中国的改革经验，发展中国的经济学理论，必须认真研究中国的历史，从历史中汲取营养。正如习近平总书记所指出的那样：“中华民族5000多年文明史，中国人民近代以来170多年斗争史，中国共产党90多年奋斗史，中华人民共和国60多年发展史，改革开放30多年探索史，这些历史一脉相承，不可割裂。脱离了中国的历史，脱离了中国的文化，脱离了中国人的精神世界，脱离了当代中国的深刻变革，是难以正确认识中国的。”中国的经济学是从中国的经济史和经济思想史的丰厚土壤中生长出来的，只有深深扎根于历史的丰厚土壤，中国经济学的发展才能根深叶茂，生生不息。

众所周知，改革开放后30多年以来形成的中国特色社会主义道路是以改革开放前30年社会主义建设的历史为基础的，党在社会主义建设中取得的独创性理论成果和巨大成就，为新的历史时期开创中国特色社会主义提供了宝贵经验、理论准备与物质基础。看不到前30年与后30年之间的这种紧密的联系，就不可能把握中国经济改革的内在逻辑。在分析中国渐进式改革获得成功的原因时，国内外的学者们都注意到了这样一个事实，即中国渐进式改革的成功与改革开始时具备的一些有利的初始条件有很大关系。世界银行在对中国经济的考察报告《90年代的改革和计划的作用》一书中，曾经把中国改革所具有的有利的初始条件归结为改革前物质投资的滞后收益，比如，农业在人民公社时期已具备了适当的物质、销售和人力等方面的基础设施，但它缺乏激励因素，因而一旦个人激励措施得以引入，国家的作用得以改革，产出的迅速提高就不足为奇了。又如，在工业领域，1949年以后工业化程度有了很大提高，尤其是重工业和大中型国营企业得到了很大扩展，这一方面意味着中国已有一个进行建设的相当规模的工业基础，另一方面意味着一旦投资政策下放后就会有许多轻工业投资机会。这方面的例子是很多的，可以说比比皆是。

认识当代中国的经济改革，不仅不能脱离几十年社会主义革命和建设的历史，也不能脱离几千年中华民族发展的历史。中国是一个有着悠久历史的文明古国，根深蒂固的传统、博大精深的文化，为社会的转轨提供了丰富而深厚的历史遗产。历史宛如看不见的手引导着时代变革的方向。关于中国传统文化与市场经济和现代化的关系，人们众说纷纭，认识莫衷一是。但是，对于两者之间存在内在联系，恐怕人们是很难加以否认的。比如，中国传统文化是以家族主义为核心的，改革以来农村实行的以家庭承包为基础的土地经营制度实际上是古老的家族主义的一种新的形式；此外，在相当长的一段时期内，中国的社会保障特别是农村的社会保障是以传统的大家庭为基础的，因而，在很大程度上节约了政府和企业的社会保障费用，促进了居民储蓄率的提高，对于推动经济增长是十分有利的。

理论是实践的反映，中国特色社会主义事业的蓬勃发展和中华民族的伟大复兴，必然要求并伴随理论的繁荣兴盛。而增强中国经济学的理论自信，发展与中国的历史、文化、制度和实践相适应的具有中国特色和时代特点的经济学理论和学术话语体系，则是中国的理论繁荣兴盛不可或缺的重要内容。新的理论和话语体系有待于我们的探索、开拓和创新，但其方向应当是明确无疑的，这就是，以马克思主义为指导，学习吸收国外优秀成果，立足中国、面向世界，扎根历史、服务现实，开放融通、兼容并包，为建设社会主义现代化强国和中华民族的伟大复兴提供理论支持。

（作者单位：中国人民大学经济学院）

伦理转型：从身份伦理到契约伦理

徐大建　单许昌

英国法律史学家梅因提出了一个重要命题，即社会的发展，是从身份社会向契约社会转化的过程："所有进步社会的运动在有一点上是一致的。在运动发展的过程中，其特点是家族依附的逐步消灭以及代之而起的个人义务的增长……用以逐步代替源自'家族'各种权利义务上那种相互关系形式的……就是'契约'"，"可以说，所有进步社会的运动，到此处为止，是一个'从身分到契约'的运动"。[①] 对这个观点，马克思主义者大致是认同的。恩格斯指出，资本主义生产"把一切都变成了商品，从而消灭了过去留传下来的一切古老的关系，它用买卖、'自由'契约代替了世代相因的习俗，历史的法。英国的法学家亨·萨·梅恩说，同以前各个时代相比，我们的全部进步就在于从身份进到契约，从过去留传下来的状态进到自由契约所规定的状态。他自以为他的这种说法是一个伟大的发现，其实，这一点，就其正确之处而言，在《共产主义宣言》中早已说过了"。[②]

资本的出现使人类社会从古至今发生了翻天覆地的变化，而调节人与人之间关系的伦理道德，也随之经历了从身份伦理到契约伦理的转变。在笔者看来，这种转变的根本特点是，前市场社会注重共同体的利益，主要强调成员对"身份"的依赖，市场社会则注重个人的权利以及"契约"自由。正如恩格斯所说："只有能够自由地支配自己的人身、行动和财产并且彼此权

---

① 梅因：《古代法》，沈景一译，商务印书馆，1996，第96～97页。

② 《马克思恩格斯文集》第4卷，人民出版社，2009，第93页。

利平等的人们才能缔结契约。创造这种‘自由’和‘平等’的人们，正是资本主义生产的主要工作之一”。[①]

一 伦理转型之争：麦金太尔与哈耶克的对立

人类的伦理观念和道德规范随着社会历史的变迁而发生变化，这已是一个不争的事实。将人类社会及其伦理道德的演化简要地分为古代和现代两个阶段，学者们也并没有大的争议。然而关于古代社会道德和现代社会道德的本质及其评价，却存在着较大的分歧，当今西方有影响力的伦理学家麦金太尔和经济学家哈耶克的对立是一个典型的例子。

麦金太尔认为，西方社会道德的演化可分为三个阶段。第一个阶段是亚里士多德德性论占支配地位的古代，第二个阶段是从启蒙运动到功利主义占主导地位的近代，第三个阶段则是 20 世纪以来情感主义被人广为接受的当代。西方社会的道德经历了第二个时期的伦理转型，从古代的道德演化为现代的道德，逐渐走向衰退，在当今则陷入了严重的危机。

在麦金太尔看来，古代西方社会的道德理论和实践存在着客观的非个人的标准，因为从古希腊一直到中世纪，人们奉行的伦理道德始终是亚里士多德的德性论。一方面，亚里士多德德性论本身是对包括古希腊在内的古代西方英雄社会奉行的伦理道德的理论总结；另一方面，中世纪的宗教伦理思想是以亚里士多德的《尼各马可伦理学》和《政治学》为蓝本并与之不断对话的过程。亚里士多德德性论由此成为古代西方社会道德的权威。这种权威性在理论上与作为其论证基础的目的论宇宙观有关，而其更深刻的基础则在于，奉行这种道德的古代西方社会是一个身份依赖的等级制社会。

具体地说，亚里士多德德性论的权威性首先是建立在自然目的论的基础上的。在这种目的论体系中，存在着一种“偶然成为的人”与“一旦认识到自身基本本性后可能成为的人”之间的重要对照，展现幸福的德性生活本质上在于从“未经教化的偶然形成的人性”向“认识到自己真实目的后可能形成的人性”转化的“合理伦理戒律”。[②] 虽然柏拉图、亚里士多德以及中世纪的阿奎那在德性观点问题上彼此并不完全一致，但三人有共同的前

① 《马克思恩格斯文集》第 4 卷，人民出版社，2009，第 93 页。

② 麦金太尔：《德性之后》，龚群等译，中国社会科学出版社，1995，第 67 ~ 68 页。

提："存在着一个宇宙的秩序，这一秩序规定着人类生活的总的和谐系统中的每一个德性的位置。道德领域的真理就在于道德判断与这个系统秩序的一致"。[①] 其次，亚里士多德德性论的权威性建立在古代社会的身份等级制秩序之上。因此，德性论背后的宇宙秩序保证了其权威的神圣性，而其面对的身份依赖的等级制社会则保证了其权威的合理性。

然而，启蒙运动之后的道德世俗化取消了古老的目的论架构，剥夺了神圣律法的表达，摆脱了等级制下的身份桎梏，更加关注从自我出发理解的道德规则。亚里士多德德性论权威的破除导致了互相冲突的道德观念，"由此产生了一种必须证明道德规则的正确性的压力：要么为之发明某种新的目的论，要么为之找到某种新的绝对地位。前一方案使功利主义成为现代的重要理论，后一方案则使所有试图追随康德、把诉诸道德规则的权威性建筑在实践理性性质基础上的理论显得十分突出"。[②] 不过，启蒙运动之后无论是情感主义基于自利与同情、康德主义基于理性普遍化原则还是克尔凯郭尔基于个人"选择"的道德论证都是失败的。情感主义无法克服现代自我的主观性偏好和异质性利益冲突，康德接受了情感主义失败的教训，从理性出发对道德规则进行了可普遍化论证，但是，许多不道德的原则同样可以轻易通过康德的检验，克尔凯郭尔乞灵于自我的"选择"，同样没能逃脱现代道德争论的现实。

于是，现代西方社会基于个人自由，而丧失了亚里士多德目的论赋予道德规则的权威意义，人们的伦理观念和道德行为判断标准趋于多元化，各家为道德规则辩护的理由各异其趣，甚至不可通约或互相敌对。这使现代社会的道德实践丧失了客观标准，道德争论在所难免，社会成为了个人追逐利益的竞技场，每个人都从各自的利益和意见出发，很难达成一致性意见，由此陷入了不可调和的冲突之中。这是人类社会的一场"大灾变"。

与麦金太尔的"大灾变"评价相反，哈耶克却认为，作为西方文明核心的伦理道德的演变是一个进步。

在哈耶克看来，西方社会的道德演变是一个古代的"自然道德"向现代的"市场道德"的演化过程。"自然道德"表现了"让小群体聚集在一起并保证该群体内部进行合作的本能"，其本质是，"共同的目标和感受支配

① 麦金太尔：《德性之后》，龚群等译，中国社会科学出版社，1995，第179~180页。

② 麦金太尔：《德性之后》，龚群等译，中国社会科学出版社，1995，第82页。

着其他成员的活动”，“休戚与共和利他主义的本能对这些协作方式起着决定性作用”。“这些本能适用于自己团体中的成员，却不适用于外人”。因此，“自然道德”“会使扩展秩序的发展受到阻碍……是一种相对而言只能让很少人有所收获和人丁兴旺的秩序”。而“市场道德”则是“一些逐渐演化出来的人类行为规则，特别是有关私有财产、诚信、契约、交换、贸易、竞争、收获和私生活的规则……其主要内容则是一些划定了个人决定之可调整范围的禁令”，“它使人类能够扩展出广泛的秩序”。①

哈耶克认为，自然经济及其道德逐步演化为市场经济及其道德，起源于自然经济中自发的贸易和专业分工。狩猎和农耕只能养活很少的人口，而且大都不能完全自给自足，这样就会自发产生最初以货易货的交易。贸易使人们富裕、人口增长，并且促进了专业分工，由此使人们进一步富裕、人口进一步增长、分工进一步发展；如此循环往复，社会从而发展起来。但贸易以财产的分立为基础，需要打破本来盛行于原始小群体中“那种休戚与共、目标一致和集体主义”的观念和行为规则；与外邦人交往的扩大，事实上也逐渐打破了原来的小群体关系，强化了与旧观念的决裂，引入了新的保护私有产权的行为规则。另外，贸易需要利用独特的个人知识进行创造，而其前提也是私有财产的确立。这样，私有产权制度便逐渐发展起来。②

在欧洲，由于贸易和专业分工以及由此发展出来的道德传统没有被强大的中央集权国家打断，这样的商业和道德传统在社会的演进中充分利用个人掌握的分散知识，鼓励了具有不同目标的个人的竞争性合作，发展了生产力，创造了社会的繁荣，逐渐在文化的竞争中取得了明确的优势。③ 所以，从古代西方的自然道德到现代西方的市场道德的发展是一种进步。

就麦金太尔与哈耶克的观点对立而言，无疑，麦金太尔确实抓住了现代道德问题和道德冲突的重要根源，其对现代性的批判也是深刻的，但是他想恢复亚里士多德德性论来解决现代道德观念的纷争，从而使现代社会摆脱“黑暗时代”的努力，恐怕只是一种幻想。一方面，作为其社会基础的古老共同体已不复存在，作为其理论基础的自然目的论也已经过时；另一方面，

① 参见哈耶克《致命的自负》，冯克利等译，中国社会科学出版社，2000，第 8～10、90～91 页。

② 参见哈耶克《致命的自负》，冯克利等译，中国社会科学出版社，2000，第 41～44 页。

③ 参见哈耶克《致命的自负》，冯克利等译，中国社会科学出版社，2000，第 11、17、28、45 页。

现代西方社会虽然充满了道德争论，但也存在着解决争论的基础，那就是从洛克、休谟、康德一直到罗尔斯的自由主义传统，尽管它内部存在着对自由和平等的不同看法，正如亚里士多德主义内部也存在着纷争一样。

哈耶克将西方社会道德的演进视为文化的进步，虽然整体上符合现代人的观念，但他过分强调市场秩序和个人主义道德的进步性而贬低共同体主义和休戚与共的精神，也失之偏颇。事实上，当今世界是传统秩序、计划秩序和市场秩序共存的世界，只不过市场秩序已成为配置社会生产资源的基础而在人类交往合作中占据主导地位而已，传统习惯和计划命令仍然在市场社会中的各种共同体中发挥着重大作用。而且，不可否认，过分强调个人主义道德的进步性而贬低休戚与共的精神，正是麦金太尔所强调的现代道德问题和道德冲突的重要根源之一。

二　西方传统社会的身份伦理

为了充分理解西方社会道德转型的本质及其带来的问题，首先需要对西方古代社会的身份伦理和西方现代社会的契约伦理的基本特征做出刻画。

伦理道德总是植根于人们的生产交往方式和由此决定的社会组织结构，为人们的生产交往有序化、维护社会的稳定而存在。因此，尽管伦理道德还包括人生哲学问题，其根本问题却是行为规范问题。不过，在各种行为规范中，能够揭示不同道德传统特征的东西既不是非人际关系的道德规范如谨慎、勤劳等，也不是处理人际关系的高尚伦理如仁慈、宽恕等，而是标志底线伦理的正义观念。一方面，非人际关系的道德规范和处理人际关系的高尚伦理的内容在各种道德传统中并没有什么不同，而正义观念的内容在不同的道德传统中却具有很大的差别，反映了不同的生产交往方式和社会组织结构处理利益冲突的不同方式。另一方面，唯有正义是维护社会稳定必不可少的原则，而其他类型的道德规范却并非如此，正如斯密所说，“与其说仁慈是社会存在的基础，还不如说正义是这种基础。虽然没有仁慈之心，社会也可以存在于一种不很令人愉快的状态之中，但是不义行为的盛行却肯定会彻底毁掉它”。[①] 因此，我们便可以专注于不同“正义”观念的社会经济基础和论证方式，来说明西方古代社会伦理与现代社会伦理各自的基本特征。

① 斯密：《道德情操论》，蒋自强等译，商务印书馆，1997，第106页。

就社会经济基础来说，西方古代社会伦理中的“正义”观念是植根于古代西方的生产交往方式、为政治权利不平等的等级制社会的有序化、维护其稳定服务而存在的。

从生产交往方式看，典型的西方古代等级制社会如古希腊社会和西方中世纪社会，尽管存在着奴隶制与封建制、小农经济与庄园经济的不同，却都是以家庭或家族为基本生产单位的自给自足的经济。它们的共同特征是：首先，生产以生活消费为目的的农耕经济为主，商业手工业经济尽管有过很繁荣的时期，但在整个社会经济生活中不占主导地位。其次，个人依附于家庭、家族或庄园等共同体，其脱离了共同体便不能生存。最后，生产合作的方式是传统的家长制，依赖于家长的计划和命令。在这样的经济基础上，形成了西方古代社会以共同体为基本单位的等级制社会。

在古希腊的城邦共同体社会中，人按照政治权利被区分为有公民权的公民和没有公民权的奴隶或者半奴隶。即便在有公民权的共同体成员中，同样存在着明显的阶级差异：权贵阶级约占全体家庭的 12% ~20%，底层阶级约占 20% ~30%，至少 50% 以上的家庭属于亚里士多德《政治学》一书意义上的“中产阶级”（hoi mesoi）。每一阶级内部根据财富和社会地位不同又分为不同的级别。[①] 而且，三个阶级之间流动是偶然现象，有产者与无产者从整体上泾渭分明，很难改变其身份和地位。关键在于，尽管三个阶级的公民都有“参与城邦公共生活的权利”（公民权），然而“这种权利是分等级的资格，视一个人的社会、经济地位以及性别而定”。[②] 此后虽然经过改革，其等级结构并没有发生明显的变化。此外，古希腊的城邦社会虽由家庭构成，但不仅男性主宰一切，而且“公民首先要被某个家族接纳，然后方可成为城邦的一份子”。[③] 至于作为希腊共同体社会的经济基石、大部分来自共同体对外邦人征服和奴役的奴隶和半奴隶，则更是沦为会说话的工具。柏拉图和亚里士多德都认为，土地耕作者、工商各行业的工人都应当是外国人和奴隶，他们的存在纯粹是为了给他们的主人或者上等人提供良好的

---

① 参见波默罗伊等《古希腊政治、社会和文化史》，周平等译，上海三联书店，2010，第 113 页。

② 参见波默罗伊等《古希腊政治、社会和文化史》，周平等译，上海三联书店，2010，第 114 页。

③ 参见波默罗伊等《古希腊政治、社会和文化史》，周平等译，上海三联书店，2010，第 257 页。

“生活条件”。于是，亚里士多德称，“我们无法隐瞒的是，如果要养活数达五千个不劳动的公民，可能需要一个像巴比伦那么大的国家，或者一个疆域无限的国家”。[①] 正如戴维斯所言，雅典人“对非希腊人的奴役一点儿都不会有良心上的谴责”。[②]

欧洲的中世纪封建社会也是一个等级森严的社会。它基本上是古罗马等级制度与日耳曼社会习俗冲突融合的产物，并逐步形成了一个由僧侣、骑士贵族和平民构成的社会等级结构。“三等级”这个名词最早出现于公元821年法兰克主教们呈路易虔诚者的奏章里，维特里生动地归纳了三个等级的关系：“僧侣是眼睛，因为他们能看到并给人们指示安全的道路；贵族是手臂，他们的责任是：保护社会、实施正义并保卫王国；平民是人体的下部，他们的责任是：支持并负担着政治机体的上层部分”。[③] 阿奎那更是系统地提出了“宇宙秩序论”，上帝安排了一个宇宙秩序，其从低到高依次是：无生命界、植物界、动物界、人、圣徒、天使、上帝。其中人类社会每个等级又分为三等：僧侣、贵族、平民。这三个等级各司其职，僧侣掌控思想和宗教，骑士等贵族保卫社会秩序，农民和城市工商从业者则从事生产劳动以养活整个社会。这可以说是柏拉图三个等级看法的一个翻版。英国有个说法，对这种“社会三分鼎足”、彼此互相依赖的关系形容得更加直观：“每个公平的王座在三只脚上，这样，它立得完全稳。一只脚是僧侣，一只脚是劳动者，一只脚是贵族”。[④] 中世纪的这种人身依附关系，在农村是通过庄园制度实现的，而在城镇，则是通过行会等等级制度实现的。与古希腊一样，中世纪社会中的各个等级想要流动，也是非常困难的事情。而这些特权和等级观念，渗透在整个中欧和西欧社会的每个细胞里。

与古代西方的生产交往方式和等级制社会相适应，产生了在古代西方社会占统治地位的柏拉图和亚里士多德伦理学。

柏拉图和亚里士多德的伦理学首先是建立在具有等级结构的自然目的论的基础之上的。根据目的论，世界可分为理念的世界和现实的世界；理念的世界是真实的，是由永恒不变的理念或形式构成的等级森严的有机整体，而现实的世界不过是理念世界的一个摹本。因此，理念世界是现实世界中各种

① 弗格森：《希腊帝国主义》，晏绍详译，上海三联书店，2005，第57页。

② 戴维斯：《民主政治与古典希腊》，黄洋等译，上海人民出版社，2010，第111页。

③ 汤普逊：《中世纪经济社会史》，耿淡如译，商务印书馆，1997，第334页。

④ 汤普逊：《中世纪经济社会史》，耿淡如译，商务印书馆，1997，第334页。

事物的本质和终极原因，是使它们所以成为现在那种形态的指导力量或目的；现实世界中的万事万物都以理念作为自己的本质或目的，都朝着自己的目的地前进，实现自己的本质。根据这样的目的论，伦理学的根本问题即人应当怎样生活的问题，就是一个人怎样实现或完善自己的理念或本质的问题。由于人的真实存在或其本质是理性，因此人应当追求的至善或幸福便在于理性的实现或完善而不在于物质欲望的满足，而理性的实现或完善则在于合乎理性的生活方式。

那么什么是合乎理性的生活方式呢？在柏拉图看来，人的真实存在是理念世界中由等级不同的理性、意志和情感构成的灵魂，理性的生活方式便表现为意志和情感对理性的服从，由此形成的和谐状态可称之为“正义”，因此“正义”是衡量理性的实现或完善的标准。就个人德性而言，理性的实现表现为德性的培养：智慧在于灵魂中理性的运用，勇敢在于灵魂中意志对理性的服从，节制在于灵魂中情感对理性的服从，而正义则是理性在灵魂中占统治地位时个人具备了智慧、勇敢和节制这三种德性后达到的精神和谐状态。[①] 就理想社会的特征而言，正义则是武士阶级和劳动阶级服从统治阶级，乃至社会中的三个阶级各自安分守己、忠于职守而导致的社会和谐。由此可见，构成柏拉图伦理学的核心概念“正义”的本质在于，通过服从等级的安排使等级成员各司其职来达到和谐。在处理人际关系和维护社会的稳定有序方面，这种理论蕴含了一种权利的不平等分配理论：不同的人和不同的阶级各自应当享有不同的权利和责任，正义便在于不同的人和不同的阶级各自维护自己的权益，而不能侵害其他人或阶级的特有权益。[②]

古希腊哲学的集大成者亚里士多德继承和发展了柏拉图的探讨，提出了一个更为精致的正义理论。亚里士多德赞同合乎理性的生活在于听从理性的安排，因此他也把体现理性生活的德性分为运用理性的“智慧”等理智德性和听从理性的“慷慨”“节制”等道德德性。但他不同意柏拉图把“正义”视为所有德性的统一，并进而对道德德性做出了分类，将“正义”看作“道德德性”中调节人与人的关系的德性。在亚里士多德看来，这种德性不同于其他道德德性的地方在于，它能促进别人和社会的利益，因而

① 参见柏拉图《理想国》，郭斌和等译，商务印书馆，1986，第 169～172 页。
② 参见柏拉图《理想国》，郭斌和等译，商务印书馆，1986，第 144～157 页。

“常常被看作德性之首，‘比星辰更让人崇敬’”。①

亚里士多德认为，正义有两种含义：守法与平等。法是为了促进社会全体的利益，人人都应当遵守，因此守法是整体性质的“正义”。不过为了整个城邦和全体公民的利益，还应当奉行平等的分配原则和补偿原则，即个人的付出与所得应该对等，人与人之间的交换在价值上应该对等，那是特定性质的“正义”。② 从表面上看，对正义的这种解释并没有服从等级制安排的意思，但是，这里所说的“守法”是指维护奴隶制的法律，这里所说的利益“平等”分配的依据，则是“自由身份”“财富”“高贵的出身”或“德性”，即根据个人的能力、财产条件、出身和自由方面的差别来有区别地对待个人。③ 所以，亚里士多德的正义理论与柏拉图的伦理学并无本质上的区别，都主张通过对身份和等级制的确认来维护社会的有序运行。

根据以上论述可以看出，西方古代社会伦理面对的是自然经济社会，其功能在于维护其不平等的等级制，使其基本生产合作方式有序化，因此必然强调社会成员在等级社会中的位置或者身份，要求个人服从共同体权威的安排，各司其职，各守本分。因此，其本质特征是，强调个人依赖于身份的责任和义务，强调服从共同体权威的自我牺牲。柏拉图和亚里士多德伦理学之所以成为古代西方伦理的代表，正是因为其理论证明了等级制身份的合理性；其伦理论证方式虽然是人的完善或人的本质的实现，其基础却是用上帝性质的自然目的论或人对完美自我的理想，来论证权威的神圣性和服从的合理性。

三 现代社会的契约伦理

西方社会从 14~15 世纪开始向现代社会转型，16 世纪后半期的尼德兰资产阶级革命和 17 世纪的英国革命标志着西欧社会转型的初步成功。与此相应，西方社会的伦理也开始从古代社会伦理向现代社会伦理转型，表现为 14~17 世纪的文艺复兴和 16 世纪的宗教改革。不过，这种转型从中世纪中期就已萌芽，正如汤普逊所言：“近代社会的根源是深深地扎根于中世纪时

① 亚里士多德：《尼可马各伦理学》，廖申白译，商务印书馆，2003，第 130 页。

② 参见亚里士多德《尼可马各伦理学》，廖申白译，商务印书馆，2003，第 128~129、134~140 页。

③ 参见亚里士多德《尼可马各伦理学》，廖申白译，商务印书馆，2003，第 135 页。

代的历史里。中世纪历史是近代所承袭的遗产”。①

中世纪的欧洲社会等级森严，却蕴藏着革命的因素，那就是潜伏在农村庄园经济中的城镇工商业和市民阶级的胚胎。欧洲的工商业在中世纪发展缓慢，特别是随着伊斯兰教在欧亚的扩张，其商业贸易一度在 9 世纪衰落，恶劣的商业环境阻碍了商品的流通，使中世纪的欧洲逐渐走向了封闭的领地制度，自加洛林时代开始的城镇和堡垒，“只是筑垒之地和行政中枢”。② 11 世纪商业复兴的策源地主要在南欧，到了 12 世纪，经济渗透逐步改变了西欧的面貌，商业和城市规模都进一步扩大，资本的威力逐步发挥出来，城市与农村出现了互动，经济中心渐渐地从农村移向城市，直到马克思说的“农村屈服了城市”。城市大规模的出现还改变了社会等级结构：“在此以前，社会只有两个积极的等级：教士和贵族。市民阶级在他们旁边取得了自己的位置……按着市民阶级的想法，自由是一种专利品”。③ 市民阶级逐步取得了优势，改变了欧洲的历史，在皮雷纳看来，中世纪的市民为两个伟大的运动做了思想准备，“这两个运动是：作为世俗精神产物的文艺复兴和宗教神秘主义所导致的宗教改革”。④

到了中世纪后期，欧洲的商品经济有了很大的发展，使资本主义萌芽在多种条件的促生下于欧洲的意大利首先出现，逐渐扩展到整个西欧。商品经济是市场经济，而市场上择优选购、讨价还价、成交签约的交易行为，却要依赖于一些基本的先决条件：交易者的自主自愿的决策、平等地位以及交易双方的诚信。换言之，个人的自由平等是市场经济的前提和必然要求。

为了反抗中世纪欧洲等级制和古代社会伦理对个人自由平等的压制，欧洲中世纪晚期出现了由意大利的市民阶级发动并迅速遍及整个西欧地区的文艺复兴和宗教改革运动。文艺复兴的主要思想是人文主义：主张个性解放，反对中世纪的禁欲主义和宗教观；提倡科学文化，反对蒙昧主义，摆脱教会对人们思想的束缚；肯定人权，反对神权，摒弃作为神学和经院哲学基础的一切权威和传统教条。宗教改革的主要思想是：否定教皇和教会作为上帝代言人的特权地位，奉圣经为信仰的唯一源泉；每个信徒都可以以自己的方式自由解释圣经，凭借自己的虔诚信仰得到拯救。两者的共同精神是：破除封

---

① 汤普逊：《中世纪经济社会史》下册，耿淡如译，商务印书馆，1997，第 459 页。

② 皮雷纳：《中世纪的城市：经济和社会史评论》，陈国梁译，商务印书馆，2006，第 48 页。

③ 皮雷纳：《中世纪的城市：经济和社会史评论》，陈国梁译，商务印书馆，2006，第 134 页。

④ 皮雷纳：《中世纪的城市：经济和社会史评论》，陈国梁译，商务印书馆，2006，第 146 页。

建等级制和身份的束缚，破除对权威的迷信；提倡个人的独立自主和权利平等，提倡思想解放和科学民主。

正是在这样的社会转型和思想背景下，西欧在17～18世纪的启蒙运动中完成了传统社会伦理向现代社会伦理的转型。现代社会伦理面对的，已不是古代伦理所面对的自然经济生产方式和等级制社会，而是商品经济对自由平等的呼吁，对个人利益的肯定，以及由此而来的对传统等级制的合法性的怀疑。因此，现代社会伦理对能够显示其特征的公平正义的探讨是直接从“自由”“平等”的合理性和社会政治制度的合法性出发的，其论证也不再基于凌驾于个人之上的自然目的论，而基于个人之间订立的契约。这种契约论可分为两类：一类诉诸唯理论的先验理性，其代表人物是洛克、康德、罗尔斯等人，另一类则诉诸经验论的自利心与同情心或“公正的旁观者”，其代表人物是休谟、斯密和功利主义者。

古典自由主义政治哲学家洛克以人人平等为前提，试图根据天启理性证明国家和政治制度的合法性在于人民彼此之间订立的契约，而人民之所以一致同意放弃自己的某些自然权利而服从政治权威，其目的是更好地保护自己的生命、自由和财产等基本权利。因此，一切政治制度的合法性便在于个人基本权利的保护，而所谓的公平正义，乃是不侵害他人的基本权利。具体来说，社会公平或正义的原则只有两条，一是不侵害他人的基本人权，二是按劳分配财富：“理性，也就是自然法，教导着有意遵从理性的全人类：人们既然都是平等和独立的，任何人就不得侵害他人的生命、健康、自由和财产”；“既然劳动是劳动者的无可争议的所有物，那么对于这一有所增益的东西，除他以外就没有人能够享有权利”。[①] 这两条原则，按洛克的理解还可以简化为财产的所有权问题，因为没有私有财产权，其他的基本人权都是空话。所以洛克说，“在还不明白财产的意义、不知道人们是怎样获得他们的财产的时候，是不可能很好地理解不公正的真正含义的”。[②]

当代著名政治哲学家罗尔斯继承洛克、卢梭和康德所代表的传统社会契约理论，通过引入“无知之幕”（the veil of ignorance）所构造的原初状态并引入“最低待遇最大化原则”（maximin principle）所构造的社会契约论，提出了一个远比洛克和康德等人诉诸先验理性的理论精致得多的正义论，但这

① 洛克：《政府论》下篇，叶启芳等译，商务印书馆，1964，第6、27节。

② 洛克：《教育漫话》，徐大建译，上海人民出版社，2005，第110节。

一正义论在本质上并没有超越洛克的理论。一方面，罗尔斯主张政治权利的“自由平等”分配原则具有绝对的优先性，强化了古典自由主义的“人的基本权利神圣不可侵犯”原则。另一方面，罗尔斯提出的社会经济利益分配原则实质上是与“按劳分配”原则完全一致的，因为在他看来，除了个人的努力造成的社会经济不平等可以得到道德上的辩护之外，无论是社会出身还是自然禀赋造成的社会经济不平等都并不能得到道德上的辩护。因此就需要通过“机会均等”原则和“差异”原则分别消除由于社会出身和自然禀赋造成的不平等，乃至消除由于市场经济本身含有的不确定性及天灾人祸造成的不平等，由此保证“按劳分配”，来限制社会经济分配的不平等。

与诉诸唯理论相反，18 世纪苏格兰启蒙运动的代表人物休谟和斯密根据彻底的英国经验论，从风俗习惯、社会利益和人类情感等现实的角度，而不是从先验的理性，提出了对契约伦理的经验解释。在休谟看来，自然法学派为了追求绝对真的法则所诉诸的先验“理性”，除了其第一种含义是指对观念之间必然联系的认知、因此与经验无关而具有绝对真的性质之外，其后两种含义，即对事物的经验性因果关系的认识与对正确的人类行为规则的把握，其实都不存在必然性，只不过反映了人的心理习惯和趣味情感。[①] 所以，自然法学派所宣称的诸如天赋人权、自由正义之类的自明真理，都根本不是出自理性的普遍必然的神圣真理，而必须从人们的经验中寻求根据。

就正义的具体所指和社会协议性质而言，休谟与洛克并无本质上的意见分歧。休谟认为，人们日常所谓的正义，就是指不侵害他人的财产权，具体表现为私有财产不受侵犯、根据契约转移财产，以及履行许诺三项具体法则[②]；并且他也认为，“正义起源于社会协议”。[③] 两者分歧之处在于，休谟否认这种社会协议是出于人类先验理性的一致同意。在他看来，洛克等人的社会契约论和他们所谓的“自然状态”都缺乏历史依据[④]。真实的情况是，正义作为一种协议或约定来自人们的相互交往和“共同利益感觉”。人们为了自身的利益在交往并发生冲突的过程中，逐渐都会意识到，彼此不侵犯对方的财物对双方都有利，那就是人们对社会安全稳定的“共同利益感觉”。继而这种感觉会引导双方以某些规则来参照和调整各自的行为，并通过这样

① 参见休谟《人类理智研究》，吕大吉译，商务印书馆，1999，第 151 ~ 153 页。

② 参见休谟《道德原则研究》，曾晓平译，商务印书馆，2001，第 48 ~ 49 页。

③ 休谟：《人性论》下，关文运译，商务印书馆，1996，第 534 页。

④ 休谟：《人性论》下，关文运译，商务印书馆，1996，第 533 ~ 534 页。

的博弈和不断试错，缓慢地形成关于财产权的社会协议，同时正义观念也由此而生。[①] 因此，休谟认为正义作为社会协议其实是社会习俗和传统自发形成的过程，而绝不是出于先验理性的一锤定音。

休谟否认人类理性在正义观念的形成中具有任何建构作用，而把正义的人性基础归于人类情感的考虑。这种基于情感的考虑在两个层面上起作用。第一个层面即正义观念的形成，是源于人的自利本性这种情感或基于自我长远利益的考虑，这种考虑促使人们在交往过程中产生了“共同利益感觉”并逐渐形成了产权规则。第二个层面是正义感或对正义的敬重和道德赞许的形成，则来自人们对产权规则所导致的社会公共利益和效用的共同感受。“自私是建立正义的原始动机；而对于公益的同情是那种美德所引起的道德赞许的来源”。[②]

在休谟正义理论的基础上，斯密提出了“想象中的公正的旁观者”这一概念，完善了苏格兰学派的正义理论。首先，斯密在休谟区分“自然之德”和“人为之德”的基础上将人的基本德性明确地区分为三种：“对自己幸福的关心，要求我们具有谨慎的美德；对别人幸福的关心，要求我们具有正义和仁慈的美德”，并且将正义视为维持社会安全稳定的最重要的美德。[③] 其次，斯密将正义更加简要地定义为，不直接伤害他人的人身、财产或名誉，自愿地做按礼节必须做的一切事情。[④] 更重要的是，斯密发展并完善了苏格兰学派情感主义正义理论的“同情”学说。

在休谟看来，道德评价的依据是人的情感而不是理性。但情感是私人的，不同的人对同一个行为可能产生不同的情感，从而会得出不同的道德判断。为了克服这种相对性，休谟便求助于人的同情心或对他人情感的共鸣，它在现实中表现为“公正的旁观者”，从中发展出“共同利益感觉”作为正义的情感基础并发展出对社会公益的同感作为正义感的情感基础。不过，这种同情的根源仍然在于人的利己本性。而斯密则认为，利己心与同情心是人性的两个方面，利己心使我们谋求自己的利益，同情心才是道德行为的原动力。正是通过同情心，即“想象中的公正的旁观者”，我们才学会了理解他人的情感，注重他人的感受，才学会了控制自身的情感，抑制自私的行为。

① 休谟：《人性论》下，关文运译，商务印书馆，1996，第 530 ~ 531 页。
② 休谟：《人性论》下，关文运译，商务印书馆，1996，第 540 页。
③ 斯密：《道德情操论》，蒋自强等译，商务印书馆，1997，第 342、391 页。
④ 参见斯密《道德情操论》，蒋自强等译，商务印书馆，1997，第 355 页。

人类谨慎、仁慈、正义的美德，都是在同情心的基础上形成的，同情心实现了利己与利他的统一。① 因此，尽管休谟与斯密都诉诸同情的作用来调节利己与利他、个人与社会的矛盾，但休谟认为，人们通过同情来产生利他行为是基于自身利益的考虑；而斯密则认为，同情心是与利己心并列的人性，而不是建立在利己心之上的人性，人是在同情心的推动下，不是在利己心的作用下，抑制自私、产生利他行为的。

综上所述我们可以看出，现代社会伦理的主流是契约伦理。尽管唯理论和经验论各自从先验理性和经验情感出发，从不同的路径构造了契约伦理，但它们对其核心概念"正义"的含义解释并无本质上的不同。它们所刻画的契约伦理的基本特征都是，强调个人利益性质的权利和基于政治权利平等的正义，实质是对个人基本人权的保护或曰自由。契约伦理之所以能够成为现代社会伦理的主流，是因为它植根于市场经济并适应了市场经济的需要。

四 伦理转型的本质及其问题

如果可以简要地将西方社会的伦理分为古代社会伦理和现代社会伦理，那么也可以简要地说，古代社会伦理关注的核心问题是个人的价值观和德性问题。正义作为根本的道德德性在于，个人应当服从等级制所体现的整体利益，按照其在共同体中的身份各司其职、各尽本分。由于德性依赖于身份，这种伦理可称为身份伦理。现代社会伦理的重心则转移到了制度伦理，关注制度的道德合理性，正义作为根本的制度原则在于，保护个人的自由平等权利。由于正义的制度依赖于自由平等的个人彼此之间订立的契约，这种伦理可称为契约伦理。西方社会伦理转型的本质在于，身份伦理将社会利益理解为等级制共同体的整体利益，个人利益被消解于共同体的整体利益之中；而契约伦理以个人利益为本，将社会利益理解为个人不能侵害其他人的基本权利。

西方伦理学理论作为对社会伦理的反思，其论点和论证的变化反映了社会伦理的转型，这种变化在学理上都是围绕着人的本质及其实现展开的。柏拉图和亚里士多德依据理性认为，"至善"或幸福在于人的本质或理性的完善或实现，而理性的完善或实现表现为理性的运用和遵从理性的命令，由此

① 参见斯密《道德情操论》，蒋自强等译，商务印书馆，1997，第 24 ~25、342 页。

形成人的各种德性或者理性的生活。如果说理性的运用体现为由辩证法达到的一个等级森严的目的论理念世界，那么对理性的遵从就表现为对等级制共同体及其目的论理念世界的遵从。现代契约论伦理学对人的本质的看法产生了较大的分歧。唯理论伦理学虽然也依据理性，但这种理性却表现为对个人自由平等的肯定，它之所以将个人的理性作为社会契约的基础，是因为只有依靠人的理性直观才能达到意见一致。经验论的论证则诉诸个人的情感，将自由平等的合理性建立在个人的情感和对社会利益的同感之上，但基于彼此的“同感”或同情也能达到妥协性质的意见一致。

伦理学研究在讨论伦理变化或转型的合理性时，往往会忽视伦理变化或转型的经济社会基础，而专注于逻辑论证的合理性。但是纯粹的逻辑合理性并不解决立场问题。哲学家或者会基于对人的本质的不同理解陷入先验主义和直觉主义之争而不可自拔，无法解释变化和转型的依据，即便是罗尔斯的“反思的平衡”也不能解决问题；或者会将这种变化或转型视为人类精神自身的变化而陷入谜团，同样无法解释变化和转型的依据，即便是黑格尔的精神现象学也同样无法消除谜团。人类的精神和反思的确具有某种能动性，但这种能动性的根源和合理性只能从人们的生产交往方式和由此决定的经济基础中去寻找。

柏拉图和亚里士多德所构造的德性伦理之所以具有合理性，成为西方古代社会确认的社会伦理，从根本上说并不是由于其逻辑论证的合理性，而是由于它们所蕴含的个人利益服从等级制共同体整体利益的正义理论适应当时的社会经济基础。

如前所述，前市场社会是一个以自给自足的农耕经济为主导、以家庭或家族为基本生产单位、以传统习惯和计划命令为生产合作方式的等级制权威社会。共同体维系社会和谐稳定，迎接共同体内外各种挑战的关键在于，每个人通过在共同体（例如家族、氏族、城邦甚至帝国）的地位来确认自己的身份，从而识别自身的权利与义务、社会责任。柏拉图和亚里士多德的德性论表面上通过对理性的肯定论证了人的完善或人的本质的实现，其基础却是上帝或人对完美自我的理想。个人的幸福生活和理性生活方式所必需的德性，实质上论证了等级制社会的合理性以及个人利益服从共同体整体利益的正义性质，满足了前市场社会的经济基础的需要。

同样，近现代西方各种社会契约论伦理学说之所以具有合理性，成为现代西方社会的主流意识形态，从根本上说也不是由于其逻辑论证的合理性，而是由于它们所主张的个人利益为本的自由平等正义理论适应市场社会的社会经济基础。

近现代以来的市场社会是以市场交易占主导地位的平等社会。随着市场社会的出现，社会出现了深刻转型：农奴和帮工不再受传统身份的约束，变成了自由出卖劳动力的工人；土地领主和行业雇主也各自摆脱了原有的身份，变成了具有浮士德精神的企业家。在市场社会中，“商品是天生的平等派和昔尼克派”①，每个人的价值或者利益都不能凌驾于另一个人的价值和利益之上，“必须容许‘需求’和‘供给’的变化取代领主的指令和习俗，由前者而不是后者来指挥经济活动”②。个人之间的利益冲突必须通过协商和妥协得到解决，市场社会的基本要求就是每个人的自由、平等地位。而各种社会契约论伦理学的自由平等正义理论，恰好满足了市场社会的经济基础的需要。

无疑，西方社会伦理在转型之后形成的契约伦理也面临一些新的问题，其中至少有三个问题值得关注：一是个人利益彼此之间侵权冲突的问题，二是贫富差距悬殊造成的利益冲突问题，三是个人利益与共同体利益的冲突问题。它们同样根源于现代社会的生产交往方式。麦金太尔过分强调了第一个问题，因而得出了悲观的结论；哈耶克则完全忽视了前后两个问题，因而看不到现代社会中存在的严重矛盾。

首先，现代西方社会是摆脱了共同体权威并以个人主义原则为基础组成的社会。马克思指出，“现代的市民社会是实现了的个人主义原则；个人的存在是最终目的；活动、劳动、内容等等都只是手段”③。这是对共同体社会的颠覆，就算是中世纪的商人，也“绝不是个人主义者；他像他的所有同时代人一样，本质上是共同体的成员”④。然而个人主义必然导致价值观的多元，而价值观的多元又必然会造成各种利益冲突。就这种冲突来说，契约伦理虽然肯定个人追求自己的利益，而不是牺牲自己的利益服从共同体的利益，但反对个人侵犯他人的利益。问题在于，如何界定侵权在市场社会中是一个不断冲突、不断协商、不断妥协、并非一次生成终身受用而是不断试错和演化的过程。

---

① 《马克思恩格斯文集》第 5 卷，人民出版社，2009，第 104 页。

② 海尔布罗纳等：《经济社会的起源》，李陈华等译，上海人民出版社，2010，第 35 页。

③ 《马克思恩格斯全集》第 3 卷，人民出版社，2002，第 101 页。

④ 《马克思恩格斯文集》第 7 卷，人民出版社，2009，第 1019 页。

其次，即便不侵害他人产权的问题能够通过不断的协商和妥协得到解决，基于这个正义原则的市场生产交往方式本身也仍然不能克服由于个人之间存在的家庭出身、自然禀赋差异以及天灾人祸等各种不确定因素造成的经济社会后果，因此并不能实现按劳分配的财富分配原则，从而必定会导致严重的贫富差异和社会矛盾。尽管罗尔斯的理论能够在一定程度上克服这个矛盾，但也并不能将其根除。

最后，除了上述两个问题之外，现代社会的契约伦理还面临着与共存的身份伦理的冲突问题。现代社会以市场经济为主导，因而其生产交往方式必然以平等交易为主，但市场社会中仍然存在着各种社会共同体及其计划命令性质的生产交往方式。与此相应，现代社会也就必然存在着契约伦理与身份伦理以及两种不同伦理的冲突。解决这个问题的关键，一是在不同的场合遵循不同的伦理，二是当两者发生不可避免的冲突时，我们只能在契约伦理的基础上用民主集中制的原则来协调两者的冲突。

当前中国正处于传统社会向现代社会、计划经济向市场经济双重转型的历史转折时期，在这个转折期中，传统社会逐步退隐，计划经济也在萎缩，市场社会的基础不断扩大。在这个社会转型的过程中，物质生产力和人民的生活水平得到了极大的提高，但与此同时，也产生了严重的利益冲突和各种不道德的社会现象，尤其是前市场社会中闻所未闻的各种不诚信行为。问题的复杂性在于，一方面，原有的伦理体系已不再适应新的生产交往方式，经济社会转型要求新的伦理体系和法律制度来适应新的生产交往方式，另一方面，如上所说，由于市场社会存在着不同的生产交往方式，原有的伦理体系同样具有很大的合理性，如何协调与解决新的伦理体系和原有的伦理体系之间的矛盾和冲突，也需要人们在实践中加以探索和解决。认识到问题的这种复杂性，是我们解决现有各种利益冲突和不道德现象的前提。

（作者单位：上海财经大学人文学院）

从经济维度本真地还原人类理性

——兼评哈耶克的方法论个人主义

张　彦

就像20世纪30年代大萧条使世人从古典自由主义中警醒一样，现在我们亲历的这场金融危机也造就了我们深刻反思新自由主义的契机。但总的看来，我国理论界、学术界关于新自由主义的研究虽多但很不充分。很大程度表现在新自由主义的本质及其在我国的传播的看法上，理论界、学术界莫衷一是，分歧很大。归纳起来，大致有以下四种观点：①全面否定；②极力鼓吹；③只介绍不分析、不判断；④批判地吸收、借鉴。[①] 而即使第四种观点比较客观也比较具有说服力，也鲜见能够对新自由主义做出直面回应的理论建构。譬如，新自由主义经济学对市场机制和运行逻辑做了精细研究，而凯恩斯主义失灵则在很大程度上说明忽视微观基础的宏观理论是脆弱的[②]，那么如何才能匡正方法论个人主义？

韦伯的“理解社会学”之所以被称为“方法论的个人主义”，是因为他认为，任何社会现象都是由人的行动所构成的。人的社会行动是社会学分析的基本单位，人的社会行动既与周围环境条件相联系，又与人的意愿动机等主观因素相关。因此社会研究既要做因果性分析，又要对驱使人们行动的动机进行理解，使研究方法适合研究对象。韦伯指出，理解的社会学和任务在

---

① 中国社会科学院“新自由主义研究”课题组：《新自由主义研究》，《马克思主义研究》2003年第6期。

② 张彦：《系统自组织概论》，南京大学出版社，1990，第287～295页。

于深入个体的主观理智之中，通过一种对行动者的移情联系，去理解社会行动。[①] 因而“社会学就是这样一门科学，它以解释的方式理解社会行动，并将据此而通过社会行动的过程和结果对这种活动做出因果解释。”[②]

方法论个人主义也是新自由主义的基本架构之一，以“理性的”、追求最高效益的个人作为研究实体分析集体行为，这也被称为“经济人”假设。亚当·斯密 1776 年在他的名著《国富论》中是这样论述的：“他通常既不打算促进公共的利益，也不知道他自己是在什么程度上促进那种利益……他只是盘算他自己的安全……他所盘算的也只是他自己的利益。在这场合，像在其他许多场合一样，他受着一只看不见的手的指导，去尽力达到一个并非他本意想要达到的目的。也并不因为事非出于本意，就对社会有害。他追求自己的利益，往往使他能比真正出于本意的情况下更有效地促进社会的利益。”[③]

无论在经济学还是在社会学中，方法论个人主义都是宏观理论建立其微观基础所不可缺少的，迄今尚无更好替代。所以，即使经济人假设大量存疑，其内部有着无从消解的紧张或矛盾，方法论个人主义也不意味着就可以简单抛弃。“现代社会科学广泛使用的‘方法论个人主义’是大有疑问的……经济学家和政治学家们已经仔细解释了各种困境，诸如囚徒困境、搭便车、公地悲剧和反公地悲剧、不稳定的权力均衡、靠不住的霸权、适得其反的制裁、遏制或干涉、无计可施的国际无政府状态和文明冲突，等等。可是，如果对问题的清楚认识无法推出对问题的有效解决，那又有什么用？显然，认识问题不一定能够解决问题，描述的方法论不等于求解的方法论。”[④]

众所周知，古典自由主义是在遭遇 20 世纪 30 年代经济大萧条后一蹶不振的。哈耶克乃是最早呼吁经济学研究回归到微观基础的经济学家之一。为了拯救和捍卫自由的社会秩序，哈耶克试图用他的真方法论个人主义取代所谓的伪方法论个人主义，并发展出他所谓的社会秩序理论。应该讲，确有其洞见。例如，他批评了对“经济人”充分理性的化约，代之以有限理性，

① 韦伯：《儒教与道教》，洪天富译，江苏人民出版社，2010，第 2 页。

② 韦伯：《社会科学方法论》汉译本序，韩水法、莫茜译，中央编译出版社，1999，第 11 页。

③ 亚当·斯密：《国民财富的性质和原因的研究》下卷，郭大力、王亚南译，商务印书馆，2009，第 30 页。

④ 赵汀阳：《深化启蒙：从方法论的个人主义到方法论的关系主义》，《哲学研究》2011 年第 1 期。

这是正确的。然而他的真方法论个人主义却又把“自由放任”推到了极致。也就是说，否定了“充分理性”“有限理性”非但没有抛弃反而强化了放任主义。哈耶克在《个人主义与经济秩序》一书中是这样说的：“我们发现：第一，人类赖以取得成就的许多制度乃是在心智未加设计和指导的情况下逐渐形成并正在发挥作用的；第二，套用亚当·弗格森的话来说，‘民族或国家乃是因偶然缘故而形成的，但是它们的制度则实实在在是人之行动的结果，而非人之设计的结果’；第三，自由人经由自生自发的合作而创造的成就，往往要比他们个人的心智所能充分理解的东西更伟大。”①

哈耶克真方法论个人主义有这样的内核：个人理性在理解它自身运作的能力方面有着一种逻辑上的局限性，因为它永远无法离开它自身而检视它自身的动作，所以个人理性在认识社会生活的作用方面存在着极大的限度。这样一来，心智或理性对决策从重要一下子就变为无足轻重。因为，尽管人类事实上只在部分上受理性的指导，尽管个人理性是极其有限的而且也是不完全的，但是人类还是达致了他所拥有的一切成就。

那么立基于有限理性，是否“自由放任”因此真的就能站稳脚跟，而使新自由主义成为一种普世化的发展理论了呢？

相比“经济人”假设，哈耶克的确还原了个人有限理性，但是他对理性在人类事务中作用的极度贬低却是荒谬而无法令人接受的。因为，哈耶克在否定“所有的人都始终可以平等且充分地拥有理性”的同时不动声色地从后门塞进了这样的私货：所有的人都始终只有“极其有限”的理性②。因为接下来才有：几乎没有人类所达致的成就可以视作心智或理性之产物。③项庄舞剑，意在沛公。这样一来，哈耶克抛出真个人主义，在反对理性滥用的幌子下，以一种暗度陈仓的方式，把有形的手介入经济事务的理据给彻底切割掉了。

然而在事实面前，哈耶克的逻辑不是真的而是伪的。固然，哈耶克也有“理性乃是人类所拥有的最为珍贵的秉赋”之说，一如称其论辩只不过是

---

① 哈耶克：《个人主义与经济秩序》，邓正来译，三联书店，2003，第 12 页。

② 哈耶克：《个人主义与经济秩序》，邓正来译，三联书店，2003，第 13 页。

③ 哈耶克对个人心智有“结构性限制”之说。他认为，理性的成长就如同“提着自己的鞋带不断上升”一样是不可能的。见哈耶克《科学的反革命：理性滥用之研究》，冯克利译，译林出版社，2012，第 86～92 页。

"旨在表明理性并非万能"。[①] 但问题在于，表明充分理性不可能及理性并非万能，怎么就能得出"几乎没有人类所达致的成就可以视作心智或理性之产物"的结论呢？

事实上，个人拥有的理性依其因受教育等因素所致的素质高低不同，是有很大差异性的，而且人类所拥有的理性无论对个人、对社会还是对国家也绝没有始终不变的道理。例如，哈耶克能够纠偏古典自由主义"完全理性"之说，这本身就是人类理性进步的一个表现。

就像 20 世纪 30 年代经济大萧条使世人从古典自由主义中警醒一样，2007 年夏季以来，由美国次贷危机引发的金融风暴也造就了我们深刻反思新自由主义的契机。其中要匡正方法论个人主义，讨论方法论集体主义固然有意义，但笔者认为，这也不是唯一的进路。新自由主义经济学对市场机制和运行逻辑做了精细研究，而凯恩斯主义失灵则在很大程度上说明忽视微观基础的宏观理论是脆弱的。所以，直面方法论个人主义并深化对其本身的认识，可能来得更重要。

从经济维度本真地还原人类理性，不难发现下述三点是站得住脚的：第一，经济理性是因人而异的，因此有层次之分；第二，经济理性没有一成不变的道理，因此经济理性可以逐步提高进而走向成熟；第三，成熟经济理性较之世俗经济理性可以对情势做出较好预判，因此是有助于当事人获得成功的。

求解问题的方法论之薄弱和不可靠正是现代社会科学的缺陷，它使社会科学具有一种反讽性质：问题都清楚，就是没办法。[②] 要克服这种状况，社会科学研究非有一个从重解构到重建构的转变不可。就此而言，正面回应哈耶克的方法论个人主义，我们还要进一步就成熟理性阐明其特征结构和内容。

应该指出，无论在斯密那里还是在哈耶克那里，经济理性唯有一种，即个体以追求自己利益而行事。但既然哈耶克也否认不了"历史方法乃是人们达致对社会现象进行概括的合理途径"[③]，那么一旦在观察中加入了动态考量，我们也就对经济理性有了新的觉会。"在真实世界中人的行为属性和

---

① 哈耶克：《自由秩序原理》，邓正来译，三联书店，1997，第 80 页。

② 赵汀阳：《深化启蒙：从方法论的个人主义到方法论的关系主义》，《哲学研究》2011 年第 1 期。

③ 哈耶克：《个人主义与经济秩序》，邓正来译，三联书店，2003，第 106 页。

本质，根本不可能用唯一的单极化理性模式予以概括”。[①] 实际上，经济发展实践使各类行为主体在自我的调适中历练，人类文明发展到今天，经济理性已从单调日臻走向成熟，并足以做出如下四点概括：①“趋利”的世俗理性——指人的自然禀赋，即个体以自己利益为出发点而行事；②“共赢”的关系理性——指行动者认识到与他人的依存关系，故谋求在与他人合作中达到自己利益的最优格局。[②] ③“天择”（natural selection）的相容理性——指行动者认识到与外在环境的依存关系，为谋成功顺势而为；④“人择”（human selection）的进取理性——指行动者在与环境保持友好的情况下，还有凭借可靠经验和认知不断优化自身境况的人之能动性。

这样一来，从“完全理性”到“有限理性”再到“成熟理性”，有关经济理性的真知就得到了昭示：首先，成熟理性有对世俗理性很好的包容性，即市场经济鼓励身在其中的个体追求自己的利益。“山不弃土，故能成其高；海不厌水，故能成其深。”其次，成熟理性非曲高和寡，更非超自然，它乃是适应性进化的结果，所以可以为行动者普遍认知并拥有；最后，由于有了对“风险规避和长期回报”这两点的缜密考量[③]，所以行动者拥有成熟理性比单单凭借世俗理性会更容易获得成功。

往深里说，如果文明曾是“经由不断试错、日益积累而艰难获致的结果”，那么现代和历史的一个分野在于，一旦时空在人类事务中对行动构成实实在在的高成本约束，人类过去那种亦步亦趋的从容便不再拥有。这样一来，尽管人类事实上只是部分受理性的指导，尽管完全理性不可能，但因为经由不断试错而摸索前行的人类历史实际上已一去不返，所以在现代文明中，理性对决策绝非如哈耶克所言无关紧要，而在“自发秩序”之外，人类今天所达致的成就越来越多实乃理性日臻成熟之产物。

（作者单位：上海财经大学人文学院）

① 王国成：《西方经济理性主义的嬗变和超越》，《中国社会科学》2012 年第 7 期。

② 张彦、邓业建：《试析市场经济的伦理基础》，《学术月刊》2005 年第 4 期。

③ 赵汀阳：《深化启蒙：从方法论的个人主义到方法论的关系主义》，《哲学研究》2011 年第 1 期。

对西方政治经济学分配正义逻辑的批判

郝　云

研究分配正义问题不能离开政治经济学，正如恩格斯所指出的那样："社会的公平或不公平，只能用一种科学来判断，那就是研究生产和交换的物质事实的科学——政治经济学。"① 西方政治经济学的分配理论正是立足于从生产和再生产过程来论及分配正义问题，从而区别于以往建立在政治和其他目的上的分配正义观，为分配正义的研究提供了新的路径。然而，西方政治经济学也存在一些谬误和局限性，要进行分析和批判。马克思关于分配正义的真知灼见是在对政治经济学的批判中形成的，这为当今我们对分配正义问题的研究提供了诸多启示。

一

西方政治经济学指的是从古典政治经济学开始到新古典主义为止的经济学说思想。② 这一时期的经济学家们大都把自己的经济学叫作"政治经济学"或"国民经济学"。自古典政治经济学开始，分配问题就是其研究的重点，有的甚至把分配确定为政治经济学研究的本题。在研究分配问题上，主要有如下要点。

① 《马克思恩格斯全集》第19卷，人民出版社，1963，第273页。

② 《不列颠百科全书》第13卷（中国大百科全书出版社，2007，第403页）认为，政治经济学这个词出现在17世纪初，亚当·斯密对此提出全面而系统的研究，18世纪末以后的政治经济学著作都更加注重价值和分配问题。20世纪政治经济学发展为经济学。

首先，从生产与分配的关系出发探讨分配正义问题。政治经济学把分配视为再生产过程的一个环节，《政治经济学大辞典》中对分配的解释是“一般指产品的分配，是社会再生产过程的一个环节。社会再生产过程是生产、分配、交换和消费的统一体。”① 可见，政治经济学的分配正义，是从产品的分配入手的，而产品的分配又是从社会再生产过程的诸多环节的关系中，特别是各生产环节的关系中来探讨的。这样，分配并不是像从前那样是政治的要求、法权的规定以及等级制度的产物，而是参与生产过程的市场主体们的利益追求以及财富的分配问题。

从生产和分配的关系出发，首要问题是确定财富从何而来，这是分配的根据和正义的标准，政治经济学的“按应得分配”的标准是按对财富的贡献来确定的。古典政治经济学的代表人物亚当·斯密和大卫·李嘉图对财富的来源进行了较深入的分析，他们从生产要素的生产过程出发探讨了劳动、资本、土地等在生产过程中的地位和关系，揭示了价值的来源和财富的来源，以此来确定分配的原则。斯密从“劳动价值论”出发揭示了价值的源泉和财富的源泉，他认为，商品的价值是由生产商品所耗费的劳动量决定的，从而正确地说明了价值的源泉。但是，他又认为商品的价值是由商品交换中所能购买到的劳动量所决定的，把交换价值与价值相混淆使其劳动价值论具有二元的性质。由此决定了其分配理论的二元性，一方面，认为资本主义工资、利润和地租都是工人在生产过程中创造的价值的一部分，另一方面，认为工人得到了全部的劳动成果，利润是对资本家支出的一种补偿，地租是自然力的一种产物。大卫·李嘉图认为，政治经济学主要是确立分配原则的，提出“确立支配这种分配的法则，乃是政治经济学的主要问题。”② 他继承和发扬了斯密的劳动价值论，从劳动价值论出发，把全部产品价值视为由劳动创造的，它是社会上一切阶级收入的源泉。同时也认为工资、利润和地租是基本收入，他在《政治经济学及赋税原理》中确认社会产品是在地主、资本家、商人之间分配的。

显然，古典政治经济学的劳动价值论认真探讨了生产与分配的问题，尤其是劳动价值论的提出，强调了劳动者在生产和价值创造中的独特地位，揭

① 张卓元主编《政治经济学大辞典》，经济科学出版社，1998，第 20 页。

② 大卫·李嘉图：《政治经济学及赋税原理》，郭大力、王亚南译，商务印书馆，1976，原序第 3 页。

示了价值的创造与收入的分配有不一致的一面，看到了价值创造与财富创造的区别，带有许多科学性。但是，由于没有弄清使用价值与价值的关系，没有从生产方式的本质出发来分析问题，从而不可能真正实现分配公正理论。

亚当·斯密在价值分配和财富分配中的二元的模糊观被马克思所称的庸俗经济学家们从另一个方面所发挥，成了庸俗的“要素价值论”。亚当·斯密认为，利润和地租都是劳动所产生的产品或其价值的扣除部分。而在萨伊的“三位一体”的公式中，资本主义社会的这三种收入是由不同的来源产生的，即工资是劳动的报酬，利息是资本的报酬，地租是土地的报酬，这样剩余价值即超过工人必要劳动时间生产出的价值就完全被抹杀了。他的错误在于：收入是由价值创造而来的，而价值的创造是由三个要素实现的，由于前提错了，结论也就错了，他把产品的分配当作价值的分配。

其次，从生产要素的分配比例来探讨三大阶级间的分配正义问题。在确定按生产要素的贡献来进行财富分配的原则后，接下来就有要素所有者之间如何分配的问题，即要素的贡献如何确认以及他们之间的比例关系如何，这是分配正义的核心问题，站在不同的阶级立场就会有与之相应的正义标准。

亚当·斯密站在自由资本主义立场上认为，按照自由平等竞争的原则最能实现分配公正。通过提倡要素的自由竞争，以这种自然秩序来调节市场的资源配置，从而确定分配的份额，这样，每个阶级都得到了普遍的幸福。“一国君主，对其所属各阶级人民，应给予公正平等的待遇；仅仅为了促进一个阶级的利益，而伤害另一阶级的利益，显然是违反这个原则的。”[①] 他把三者自动调节描绘成一个自然和谐的过程，虽然肯定了劳动的作用，但是在三大阶级的利益分配上还是站在维护资本主义利益的立场来确定的。大卫·李嘉图则揭示了三大阶级的矛盾对立。他认为，全部价值由劳动产生，并在三个阶级间分配：工资由必要的生活资料价值决定，利润是工资以上的余额，地租是工资和利润以上的余额，由此说明了工资与利润、利润与地租的对立，从而揭示了无产阶级、资产阶级以及地主阶级的对立关系。不过，他是站在资产阶级的立场上反对地主阶级的。萨伊则完全站在资产阶级的立场上，为资本家的利益而辩护。他主张，低工资率对全社会都有利。“所谓低的工资率只对雇主有利的见解是不正确的。工资率的降低和跟着而来的竞

① 斯密：《国民财富的性质和原因的研究》下卷，郭大力、王亚南译，商务印书馆，1997，第221页。

争的不断作用，必定使产品价格下降，因此从工资下降得到利益的乃是消费阶级或换句话说整个社会。”①

当然，也有持不同观点的，特别是主张财富分配与人的幸福的关联以及财富的结果公平问题的主张，甚至从维护生产者利益的角度出发反对资产阶级的分配正义。例如，历史学派经济学从宏观的角度，主张国家来平衡市场主体的利益，以求使生产者的利益得到保证，实现结果公平。李斯特在《政治经济学的国民体系》中对魁奈、亚当·斯密、萨伊、马斯·库柏等人信奉的所谓“世界主义经济学”进行了分析和批判。他认为，魁奈最先把研究扩展到全人类，不以国家概念为考虑对象。萨伊则根据普遍自由贸易的概念，马斯·库柏甚至否认国家的存在。在李斯特看来，以亚当·斯密为代表的英国古典经济学的一个主要缺点是，把个人的经济动机的作用无限夸大，而导致一种“支离破碎的狭隘的本位主义和个人主义，对于社会劳动的本质和特征以及力量联合在更大关系中的作用一概不顾，只是把人类想象成处于没有分裂为各个国家的情况下与社会（全人类）进行着自由交换，只是在这样的情况下来考虑自然而然发展起来的私人事业”。② 此外，还有一些调和论的思想。例如，巴斯夏的“和谐经济论”，穆勒的折中主义思想等。虽然，政治经济学家们在要素的分配问题上揭示了矛盾，但都是从各自的利益出发论证最符合本阶级的分配利益，没有从剩余价值的角度揭露资本主义生产方式的秘密。马克思正是从批判政治经济学分配正义角度出发来建构自己的分配正义理论的。

二

马克思对西方政治经济学分配理论的批判既有否定，又有肯定，还有建构。正如西方马克思主义学者艾伦·伍德所说：“马克思并没有把自己主要看作一个政治经济学家，毋宁说，他更加认为自己是一个政治经济学批判者，尝试在一个更完备的社会历史理论中保留古典政治经济学中某些有价值的东西。他批评政治经济学家，是因为他们看待社会现象的方式是片面的，

① 萨伊：《政治经济学概论》，陈福生、陈振骅译，商务印书馆，1997，第383页。

② 李斯特：《政治经济学的国民体系》，陈万煦译，商务印书馆，1961，第152页。

他们未能看到社会生活各要素的内在联系。"[①] 马克思的批判性建构理论具体体现为以下几个方面。

首先，从生产关系决定分配关系的立场出发来讨论分配的定位问题。西方政治经济学虽然谈到了生产和分配的关系，但是是从单一的、平行的、抽象的分配出发来谈分配，没有突出生产的决定作用，甚至还有的认为分配决定生产。针对这些观点，马克思明确指出，生产决定消费，生产关系决定消费关系。"分配的结构完全取决于生产的结构。分配本身是生产的产物，不仅就对象说是如此，而且就形式说也是如此。就对象说，能分配的只是生产的成果，就形式说，参与生产的一定方式决定分配的特殊形式，决定参与分配的形式。"[②] 同时，马克思也指出，分配不仅包括生活资料的分配，也有生产资料的分配，针对政治经济学所认为的分配只是产品的分配，马克思指出这是一种浅薄的认识，分配是与整个生产过程有关的，包括生产资料的分配。他说："照最浅薄的理解，分配表现为产品的分配，因此，它离开生产很远，似乎对生产是独立的。但是，在分配是产品的分配之前，它（1）生产工具的分配，（2）社会成员在各类生产之间的分配（个人从属于一定的生产关系）——这是同一关系的进一步规定。这种分配包含在生产过程本身中并且决定生产的结构，产品的分配显然只是这种分配的结果。"[③]

既然生产资料的分配也是一种分配，且从发生时间上看是先于生产的，生产就必须从生产工具的一定的分配出发，这是否说明分配也可以决定生产呢？马克思认为，生产实际上有它的条件和前提，这些条件和前提构成生产的要素。"在所有的情况下，生产方式，不论是征服民族的，还是两者混合形成的，总是决定新出现的分配。因此，虽然这种分配对于新的生产时期表现为前提，但它本身又是生产的产物，不仅是一般历史生产的产物，而且是一定历史生产的产物。"[④] 显然，马克思从整个生产方式的角度出发认为，生产工具的分配还是在生产中通过生产过程表现和产生出来的。当然，马克思并不否认生产从单方面看决定于其他要素。"作为生产要素的分配，它本身就是生产的一个要素。因此，一定的生产决定一定的消费、分配、交换和这些不同要素相互间的一定关系。当然，生产就其单方面形式来说也决定于

① 李惠斌、李义天主编《马克思与正义理论》，中国人民大学出版社，2010，第8～9页。

② 《马克思恩格斯全集》第30卷，人民出版社，1995，第36页。

③ 《马克思恩格斯全集》第30卷，人民出版社，1995，第37页。

④ 《马克思恩格斯全集》第30卷，人民出版社，1995，第38～39页。

其他要素。”①

总之，按照马克思的观点，政治经济学家们的错误在于，其把生产过程的各个环节割裂开来或并列起来研究问题，且把分配放到首要位置，只看到了分配方式的变化而看不到分配方式背后的生产方式和生产关系的决定作用。

其次，从“劳动价值论”与“按要素分配”理论的关系出发看分配正义。古典政治经济学的“劳动价值论”是马克思主义经济学的重要思想来源，而劳动价值论又是和剩余价值论相联系的。在古典政治经济学那里，虽然提出了劳动价值论，但是由于不了解剩余价值论，在分配理论中，没有突出劳动要素的地位，没有正确处理要素之间的关系，没有从生产关系的角度看待分配关系的不平等。而这恰恰是我们研究马克思的分配正义理论以及马克思看待政治经济学“要素分配理论”是否符合公正分配原则的基石。

单从“按要素分配”的角度看，马克思并不否定其公正性。在某种程度上，马克思是肯定政治经济学的“按生产要素的贡献分配”的。在《资本论》中马克思认为，财富不仅是劳动创造的，“劳动并不是它所生产的使用价值的唯一来源。正像威廉·配第所说，劳动是财富之父，土地是财富之母。”② 马克思在《哥达纲领批判》中也指出：“劳动不是一切财富的源泉。自然界同劳动一样也是使用价值（而物质财富就是由使用价值构成的！）的源泉，劳动本身不过是一种自然力即人的劳动力的表现。”③ 这说明不仅劳动创造使用价值——财富，其他要素也创造财富。

这里可以从三个方面来理解它们的关系：一是财富的源泉不仅仅是劳动，财富的创造是由多种要素构成的。二是“物质财富是由使用价值构成的”表明，既然物质财富的来源是使用价值，那么，财富的分配是使用价值的分配而不是价值的分配，自然也不能按价值即劳动量来分配，只能按提供的生产要素的贡献来分配。三是由于商品的价值是使用价值和价值二重性的统一，价值创造和财富创造也应该是二重性的统一，价值分配与财富分配也是二重性的统一。因此，按劳分配与按要素分配也是二重性的统一，只不过这种统一在不同的社会制度中的形式是不一样的。在要素分配中，劳动要素在不同制度下的待遇是不一样的，在剥削阶级社会里不可能有按劳分配。

---

① 《马克思恩格斯全集》第30卷，人民出版社，1995，第40页。

② 《资本论》第1卷，人民出版社，1975，第56～57页。

③ 《马克思恩格斯选集》第3卷，人民出版社，1995，第298页。

按照这个分析，政治经济学劳动价值论与分配理论的关系在古典政治经济学那里是比较模糊的，虽然提出了“劳动价值论”，但没有搞清这个关系，或混淆了价值分配与财富分配的关系。古典政治经济学把劳动看成商品价值的唯一来源，而财富的来源则是劳动、资本和土地，也就是说，参与分配的不仅仅是劳动者，还有资本所有者和土地所有者。可以看出，他们认为价值的创造与财富的创造是分开的，尽管没有这么表述。马克思通过对商品价值的研究，揭示了资本运行的秘密，在古典政治经济学的基础上提出了劳动价值论和剩余价值理论。从而揭示了资本主义社会按要素分配的不公正性，存在要素的地位和竞争不平等以及资本剥削劳动的情况，证明按资本主义要素分配方式实行分配是不平等的。但另一方面，按要素分配又是平等的。马克思并不否定要素参与分配，他从某种程度上肯定了要素分配的贡献。他认为，消费资料的任何一种分配，都是由生产条件的分配所决定的，而作为生产条件的生产要素就应该作为消费资料的分配标准。马克思在《哥达纲领批判》中指出：“消费资料的任何一种分配，都不过是生产条件本身分配的结果；而生产条件的分配，则表现生产方式本身的性质。例如，资本主义生产方式的基础是：生产的物质条件以资本和地产的形式掌握在非劳动者手中，而人民大众所有的只是生产的人身条件，即劳动力。既然生产的要素是这样分配的，那么自然就产生现在这样的消费资料的分配。”① 这种肯定是从一般意义上讲的，即使是社会主义社会也存在着各种要素的参与。只不过在资本主义社会，资本要素占统治地位导致了要素分配的不合理性。社会主义社会的要素以劳动者作为主导，同时存在着劳动者所拥有的要素资源。

最后，从资本主义制度本身的批判来解决分配正义的前提问题。马克思认为，政治经济学把资本主义制度当作正义的前提。资本主义私人占有方式成了分配正义的基础。政治经济学如果撇开一定的政治制度和经济制度谈公正是没有可能的。

马克思认为，在谈财富公正性时不能离开所有权、分配关系以及其他关系。从所有权来看，人们为什么要对财产进行占有？他认为，财富是以是否真正拥有或占有财产为前提的，离开了财产的所有和占有，一切都是空谈。在资本主义生产方式下，劳动者的地位是被决定的，生产要素的地位、所有

① 《马克思恩格斯选集》第3卷，人民出版社，1995，第306页。

权决定了它的分配地位和状况，“一个除自己的劳动力以外没有任何其他财产的人，在任何社会的和文化的状态中，都不得不为另一些已经成了劳动的物质条件的所有者的人做奴隶，他只有得到他们的允许才能生存。”① 这说明，不同所有制形式决定了不同的分配方式，严格讲，分配不是按要素的贡献分配的，而是按要素所有权分配的。这些观点深刻揭示了资本主义社会自由市场的平等交换体制背后存在着资本对劳动的剥削关系，劳动一旦与生产资料相结合，劳动者就不自由了。剩余价值的生产使资本家的财富在增加，而劳动者却陷入贫困。社会陷入贫富两极分化。这种让资本剥削劳动的分配制度就是一种弱肉强食的非正义法则。

总之，马克思通过对西方政治经济学分配正义论的分析和批判，确立了其分配正义理论，从根本上揭示了分配正义的实质问题，为当今我国确立社会主义分配正义原则，进一步搞好分配体制改革提供了重要的分析方法和路径。

（作者单位：上海财经大学人文学院）

① 《马克思恩格斯选集》第 3 卷，人民出版社，1995，第 298 页。

资本内在否定性框架中的跨国资本和全球治理*

沈　斐

法国学者托马斯·皮凯蒂的《21 世纪资本论》的出版，不仅在主流经济学阵营中引发震动，而且让诸多利益群体为之慌乱。美国经济学家保罗·克鲁格曼幽默地评论说："保守派分子们吓坏了。"美国企业协会的詹姆士·皮索科吉斯在《国家评论》中警告说："皮凯蒂先生的著作必须予以反驳，否则它会在知识阶层中传播开来，未来政策争论所据以进行的整个政治经济学背景将会被重塑。"克鲁格曼进而指出："在这场争论中真正让人惊讶的是右翼不能对皮凯蒂先生的命题提出任何实质性反驳。相反，所能做出的反应就是贴标签。特别是，称皮凯蒂先生是一个'马克思主义者'。"①

皮凯蒂是不是马克思主义者，并不重要。重要的是，他和他的著作让马克思的《资本论》重新回到了世人的视野。人们发现，21 世纪的资本与马克思 100 多年前所揭示的资本在本质上并无二致，皮凯蒂不过是用 300 年的历史数据真实地证实了《资本论》所揭示出的资本内在否定性原理：在资本家们额手称庆的聚宝盆底部，依然是黑暗的另一面——不断恶化的贫困、不平等和权利被剥夺。与此同时，伴随着资本内在否定性逻辑的历史推进，资本与劳动的对立被进一步推向高处，一个世界范围内的新的社会依附（social dependency）关系已经形成。

---

* 本文得到国家留学基金（201408310034）资助，系上海市浦江人才计划"资本积累结构中的政府与市场的关系研究：基于四次经济长波"（13PJC109）的阶段性成果。

① Paul Crugman，"The Piketty Panic，" *New York Times*，April 24，2014. http：//www. nytimes. com/2014/04/25/opinion/krugman－the－piketty－panic. html? _ r＝0.

作为解决方案，皮凯蒂主张在全球范围内征收资本回报累进税和资本惩罚性保有税。虽然我们不知道这在多大程度上能解决问题、又在何种条件下行得通，但是我们知道，只有针对问题形成正确的思路，解决的方案才有可能包含其中。而这又必须以深刻把握我们生存于其中的这个资本主义体系的根本动力和运作方式为基础，马克思的《资本论》为这种研究准备好了方法论。

一　资本内在否定性：资本主义体系的动力学

“资本内在否定性”是马克思政治经济学批判的核心表达。《资本论》及其三大手稿通过对资本内在否定性的展开，揭示了资本主义体系的经济运行规律，阐明了其产生－兴起－发展－衰落－消亡的生命全过程。然而，长久以来，一些马克思主义的研究者习惯于直接套用《资本论》的研究结论，或是墨守原著对资本内在否定性原理的具体描述，而忽略了“资本内在否定性”其实也是马克思《资本论》的研究方法，是其解剖“资本主义生产方式以及和它相适应的生产关系和交换关系”① 的分析工具和研究以资本—劳动的社会互动为轴心的社会生产与变革的一个框架。

澳大利亚学者香农·布瑞凯特指出：马克思认为，“否定性”（negativity）是一种“元辩证法”（meta－dialectics），它提供一种激进见解，帮助人们理解世界政治经济中的社会变革；而且，正是由于资本的否定辩证运动的驱动，经济发展和社会变革才永远是“开放式结局”（open－endedness）的。②

在《资本论》及其手稿中，平均利润率下降，既是“资本内在否定性”展开的结果，也是其在更高层面发展的开端。“货殖”③ 生产是资本主义生产的本质。马克思指出，“资本作为财富一般形式——货币——的代表，是力图超越自己界限的一种无止境的和无限制的欲望”④，但是，在生产过程

① 马克思：《资本论》第 1 卷，人民出版社，2004，第 8 页。

② Shannon Brincat, “Negativity and Open－Endedness in the Dialectic of World Politics,” *Alternatives: Global, Local, Political*, Vol. 34, No. 4, 2009, pp. 455－493.

③ “货殖”一词出自亚里士多德的《政治学》，指从货币出发，以更多货币为目的的无限运动。参见马克思《资本论》第 1 卷，人民出版社，2004，第 178 页。

④ 《马克思恩格斯全集》第 30 卷，人民出版社，1995，第 297 页。

中，资本必然遭遇到“（1）必要劳动是活劳动能力的交换价值的界限；（2）剩余价值是剩余劳动和生产力发展的界限；（3）货币是生产的界限；（4）使用价值的生产受交换价值的限制”①，这些“界限”和“限制”外化为周期性的生产过剩。在以利润最大化为目的的生产中，资本家总是倾向于将工人的工资作为生产成本压到最低；工人有效需求不足，生产出的商品和服务无法在市场上售出，剩余价值得不到实现，资本生产就出现危机。不过，这些“界限”和“限制”同时也向资本提出了任务并准备好了条件——在生产力的更高发展程度上重新开始突破界限的尝试。于是，生产力的提高使资本的有机构成提高，相应的，创造剩余价值的活劳动在总资本中所占的比例减少，导致资本生产出来的利润越来越少。一旦社会平均利润率降低为零，那么资本就不再是资本了，“资本本身就会从交换价值降为使用价值，从财富的一般形式降为财富的某种实体存在”②；作为资本人格化的资本家阶级也就既没有动力、也没有必要再组织这种生产，资本主义体系就此终结。作为这一特定历史阶段的社会内生机制，“资本内在否定性”为社会的发展和变革提供了动力；而作为一种方法论，“资本内在否定性”又提供了一个分析“资本-劳动”之社会互动的框架，一个理解社会如何生成的唯物史观视野。

在研究方法上，相对于主流经济学片面关注经济增长、孤立研究经济现象的做法，皮凯蒂运用庞大的历史数据揭示出“资本—劳动”不平等发展的长期趋势。如克鲁格曼的评论，这是“一种把经济增长分析同收入和财富分配分析整合在一起的方法”，是“一部把宏大的历史视野同精致的数据分析结合在一起的著作”，是“一部将同时改变我们思考社会的方式和如何做经济学的方式的著作”。③ 然而《21世纪资本论》没有告诉我们资本收益率长期高于经济增长率（$r>g$）背后的动力学原理，即：为什么在平均利润率下降的客观规律下，资本积累总是能够高于经济增长？为此，“社会”做出了怎样的贡献？不同历史时期，支撑资本高收益率（$r/g>1$）的是怎样的社会积累结构？这些社会结构何以生成、如何转化？新旧结构之间又具有怎样的复杂关联？换言之，《21世纪资本论》只是部分地揭示了资本主义经

① 《马克思恩格斯全集》第30卷，人民出版社，1995，第397页。

② 《马克思恩格斯全集》第30卷，人民出版社，1995，第297页。

③ Paul Crugman, “Why We're in a New Gilded Age,” *The New York Review of books*, May 8, 2014. http://www.nybooks.com/articles/archives/2014/may/08/thomas-piketty-new-gilded-age/.

济发展的历史真相，却无力解开如其所是的历史之谜。

我们不能苛求皮凯蒂，因为要抓住资本主义体系发展的根本，要预测它的变化、冲突、方向以及世界政治经济新秩序，如美国学者威廉·罗宾逊所言，这需要一个“宏观的－结构的－历史的”（macro－structural－historical）分析框架，需要一种“生成”（generative）的理论。[①] 而这，是历史唯物主义的任务，只有“资本内在否定性”的动力学分析框架才能做到。

二　资本扩张与社会反向运动

如果法国经济史学家卡尔·波兰尼看到了《21 世纪资本论》，他一定乐意指出，该书是 21 世纪“社会反向运动”的一支理论先锋。波兰尼一生致力于解构自律性市场的神话，在他看来，经济是社会的一个物质要素，应“镶嵌”（embededness）于整个社会关系之中而存在；社会体内部始终包含着两种对抗力量：一种是自由放任的倾向以扩张市场，另一种是反向而生的社会自我保护，以预防经济“脱嵌”。在波兰尼看来，市场自由主义是一种乌托邦，通往自由市场的大道根本是依靠大量而持久的干涉主义加以打通并保持通畅的[②]。

而在马克思看来，波兰尼所谓的社会“反向”运动，正是资本内在否定性逻辑的外在表现。无论是经济自由扩张还是社会自我保护，无论是“脱嵌”还是“反脱嵌”，都由资本的内在否定所推动。迄今为止，由于资本的利润生产仍是绝对律令，劳资的对立关系并没有根本改变，所有的社会反向运动，无论是激进的还是保守的，都不过是促进了社会积累结构（social structure of accumulation，SSA）[③] 的新旧更替，其结果都保障了资本生产的顺利进行和资本主义体系的存续。而之所以如此，是因为资本主义所能容纳的全部社会生产力还没有充分发挥。

---

① William I. Robinson，“Globalization as a Macro－Structural－Historical Framework of Analysis：The Case of Central America，” *New Political Economy*，Vol. 7，No. 2，2002，pp. 221－250.

② Karl Polanyi，*The Great Transformation：The Political and Economic Origins of Our Time*，2nd ed.，New York：Rinehart，1957，pp. 3，104.

③ “资本积累的社会结构”是指一套相互促进的社会、经济和政治机构以及文化和意识形态规范，它在特定的历史阶段与成功的资本积累模式相融合并促进其发展。参见 David M. Kotz，Terrence McDonough，and Michael Reich，eds.，*Social Structures of Accumulation：The Political Economy of Growth and Crisis*，Cambridge：Cambridge University Press，1994。

1. 资本扩张进程：物理空间、社会空间、时空压缩

为对抗周期性的生产过剩和消费不足，资本生产唯有不断向广度、深度挺进。如马克思所说，“夺取新的市场，更加彻底地利用旧的市场”[①] 是资产阶级克服危机的权宜之计。

早期资本扩张的“方便法门”是帝国主义殖民，这是一种赤裸裸的地理空间扩张：既掠夺新的廉价劳动、土地和原料，也获得新的消费市场；同时，对内加强工业化进程，整合国内市场。蒸汽机革命大大推动了生产力的发展，资本生产日渐集中，垄断资本、金融寡头开始出现，由此获取高额利润，甚至“豢养”起工人阶级贵族（可视为福利社会调和资本－劳动关系的前身）。伴随着这一过程崛起的，是民族国家。国家主权和国家间体系的概念被大大神圣化，资本主义通过民族国家和国家间体系的框架在世界范围内迅猛发展，为争夺市场，不惜发动世界大战。可以说，从第一次工业革命到19世纪末，是资本大规模扩张的第一阶段，它的重点在于“夺取新的市场”。

如果说资本扩张的第一步主要表现在地理空间，那么随着地理空间瓜分完毕，它的下一步扩张只能向社会空间寻求。两次世界大战的硝烟和废墟所带来的市场空间，使美国一跃成为世界资本主义霸主，它建立起国际货币基金组织（IMF）、关贸总协定（GATT）、世界银行等国际组织，为资本主义国家的资本融合提供了条件，而欧共体的成立和发展也进一步加强了西方资本的融合。更重要的是，在民族国家的主导下，多样化的再分配制度得以发展，福利社会广泛建立，阶级矛盾大大缓解，与之配套的“消费社会”也应运而生。加之生产力的电气化革命、金融工业集团的诞生，资本主义在民族国家的框架内被高效地组织起来，单一世界市场得以巩固，世界资本主义步入“黄金年代”。可见，从19世纪末到20世纪70年代，是资本扩张的第二阶段，这一次的重点在于“更加彻底地利用旧的市场”。

在资本内在否定性的推动下，资本扩张的脚步并未停止。曾经，民族国家是资本主义体系发展的必要条件，但到了20世纪的后30年，国家的空间和制度已经渐渐成为资本积累的桎梏。高就业、高工资、高福利、高税收的国家政策与石油危机、美国滥用铸币权叠加在一起，导致了前所未有的资本

① 《马克思恩格斯选集》第1卷，人民出版社，1995，第278页。这里的“市场”均泛指经济空间。

主义“滞胀”危机，社会平均利润率持续下降，资本以“外逃”方式对抗福利国家：一方面，资本出走海外组织生产，拉开跨国生产的序幕；另一方面，不受国家监管的欧洲美元市场备受青睐。离岸金融中心的出现以及金融业务的创新，使跨国金融资本迅速壮大。与此同时，实施“进口替代”战略的发展中国家和社会主义转型国家自 20 世纪 80 年代起融入世界资本主义市场，洞开了资本纵深挺进的大门，一张前所未有的跨国生产网成功铺就。随着信息技术革命的成就，传统生产的物理时空被大大压缩，而全球金融一体化发展及其金融衍生品的不断出现，又频频搅起资本风暴，扭曲着社会生产的时空。不难看出，从 20 世纪 70 年代至今，是资本扩张的第三阶段，这一次，无论是夺取新市场，还是改造旧市场，资本在两方面均取得了成功，将资本的扩张推向了新的高潮。

2. 社会反向运动：从“嵌入式自由主义”到“全球化的新凯恩斯主义”

如果说 19 世纪资本主义的繁荣和秩序依赖于波兰尼所说的四个制度——“均势”“金本位”“自由市场”和“自由国家”①，那么到了 20 世纪，作为对“自律市场乌托邦”的社会反向运动——“嵌入式自由主义（embedded liberalism）”②，则无形中促成了一种新的资本积累社会结构，为战后世界资本主义的黄金年代做出了贡献。

“嵌入式自由主义”的核心是凯恩斯－福特主义的积累模式，其基本特征为：国家监管生产、财富重新分配，以及一整套由国家主导的资本－劳动的“阶级妥协”，其中包括政府采取措施规范资本间的竞争和阶级斗争。受战后社会主义阵营以及亚非拉民族解放运动的影响，凯恩斯经济学在政府、大学、企业、工会和其他机构被广泛接受，人们笃信凯恩斯的如下观点：政府有必要干预生产和分配过程，通过税收、信用系统和其他机制获取并重新分配剩余价值，从而确保经济增长和稳定就业，维持资本主义社会的长治久安。福特主义则要求：一方面对劳动力实行严格的控制和管理，另一方面提高工资和福利使工人融入新的社会。

自 19 世纪末到 20 世纪 70 年代，世界资本主义围绕凯恩斯－福特主义

① Karl Polanyi, *The Great Transformation: The Political and Economic Origins of Our Time*, 2nd ed., New York: Rinehart, 1957, p. 3.

② “嵌入式自由主义”是指既维护资本自由、个人主义，又兼顾社会公正和社会凝聚力。See John Ruggie, “International Regimes, Transactions and Change: Embedded Liberalism in the Postwar Economic Order,” *International Organization*, Vol. 36, No. 2 (Spring 1982), p. 393.

重新组织起来：在核心地区，推行凯恩斯主义和罗斯福“新政”，实施福特制生产；在边缘地区，建立各种“发展主义”国家和采取多种民粹主义计划。总之，无论是核心的发达国家还是边缘的发展型国家，均通过干涉主义机制重新分配了剩余价值，缓解了社会两极分化的矛盾，大大促进了资本的积累。然而，资本生产总是不可避免地陷入困境。即便凯恩斯－福特主义组织起了有史以来最为“科学”的生产，社会平均利润率下降的阴影仍步步紧逼①。为克服“滞胀”危机，以放松管制、削减福利、金融自由化为特征的新自由主义横空出世，虽然短期内“反胀”有效，但付出的代价却是社会两极分化加剧、资本－劳动对立尖锐和严重的金融危机。

“全球化的新凯恩斯主义”（globalized neo－Keynesian）是20世纪90年代对新自由主义经济“脱嵌”的又一次社会反向运动，它所面对的，不仅是全球金融危机后的社会动荡，更有资本全球化扩张所造成的生产过程的重构、碎片化以及世界范围内的分散化。

在理论主张上，它以新制度经济学为基础，主张由一个跨国政府协调各市场主体之间的关系，为资本提供最佳的制度环境和基础设施，而非削弱对资本的控制。例如，美国经济学家约瑟夫·斯蒂格利茨、乔治·索罗斯等认为，市场主体之间的不均衡将导致更大范围内的经济失衡，这一问题只有通过建立积极的全球范围内的管理型政府才能得到解决，比如架设通信网络和信息高速公路，这些“商品”是奉行新自由主义的自由放任型政府所不能提供的；管理型政府应对分散和各自独立的生产工序加以管理和协调，提供更为规范和成熟的基础设施环境②。美国学者肯·科尔则主张，应由政府中的“专家型”官员来管理解决自由市场中的经济协调问题；政府有权发行货币、影响利率，通过教育政策和地区政策来推动研究和技术发展；政府应通过创造更透明、更规范的经济环境，而不是直接干预市场来影响经济活动。③

在经济生产中，它基本采纳了新自由主义的“后凯恩斯－福特制”弹性

① 值得注意的是，平均利润率持续下降的研究结论与皮凯蒂的研究结论“资本收益率长期高于经济增长率”并不矛盾，因为后者的结论中不排除资本为保持利润率而牺牲经济增长率的可能性，以及将劳动收入的增长率持续压低在经济增长率之下的可能性。

② See Joseph Stiglitz, *Globalization and Its Discontents*, New York: W. W. Newton, 2002; George Soros, *The Crisis of Global Capitalism: Open Society Endangered*, New York: PublicAffairs ™, 1998.

③ See Ken Cole, *Economy, Environment, Development, Knowledge*, London: Routledge, 1999.

积累（flexible accumulation）模式，主张以网络结构的新颖连接将分散的生产重组起来。新技术和新的生产组织形式的广泛运用，颠覆了传统生产中权力与控制垂直一体化的等级结构，使水平交错的网络结构成为可能，从而使生产进一步细分、专业化乃至拆分和重组。新技术包括计算机信息技术、互联网以及新的运输技术、机器人技术和其他自动化技术等；新的生产组织形式包括新管理技术、垂直非一体化、“准时化”和小批量生产、转包和外包以及各种正式和非正式的跨国商业联盟、专利使用协议、地方代理机构等。这些创新，将生产拆解成不同阶段和各种“分离 - 组合”工序，遍布全世界，形成巨大的跨国生产链以及复杂的全球一体化的“垂直 - 水平”分工的网络。这一全新的生产方式，带来了全新的资本 - 劳动关系和社会权力结构。

在政治规划上，它倡导“第三条道路”①，即“右翼”资本主义正统的新自由主义模式和“左翼”资本主义的旧凯恩斯主义福利社会模式之间的一条道路，既主张资本主义全球化和劳动市场的“灵活性”（自由放任），也主张重新通过经济政策解决失业、贫困和不平等问题；既提倡市场个人主义，也呼吁“个人的责任感”②。

总的说来，“全球化的新凯恩斯主义”还无力将一个资本积累的新蓝图制度化，它的纲领主张仍取决于各种社会力量之间的斗争，但它代表了一种“反新自由主义”的社会自我保护倾向：全球的资产阶级精英阶层，包括克林顿政府、奥巴马政府、联合国和世界经济论坛在内，都在寻求一种新的全球治理战略，一种“后华盛顿共识”③。构建一个新的世界范围内的社会治理结构，已经成为跨国资本统治世界的内在要求。

三　资本“脱嵌”：跨国阶级与跨国国家机器

跨国资本创生出一个跨越国界的“资本帝国”，它在地球的每一个角落

① “第三条道路”亦称“新中间路线”，在 20 世纪 90 年代中期由美国克林顿政府和英国布莱尔首相及其顾问安东尼·吉登斯提出，在巴西、新西兰、南非、西班牙、阿根廷、日本等多国有所实践。参见威廉·I. 罗宾逊《全球资本主义论——跨国世界中的生产、阶级与国家》，高明秀译，社会科学文献出版社，2009，第 210 ~ 218 页。

② C. G. A. Bryant, “Review: The Promise of the Third Way: Globalization and Social Justice by Otto Newman, Richard de Zoysa,” *Sociology*, Vol. 36, No. 4 (November 2002), pp. 1023 - 1024.

③ See Mark Rupert, *Ideologies of Globalization: Contending Visions of a New World Order*, London: Routledge, 2000, chapter 7。

布下生产的网络，无论是民族国家还是公民组织，都自觉、不自觉地受控于跨国资本。无论是战争还是和平，都客观上为跨国资本的生产服务。处在这一体系边缘的几十亿人被牢牢束缚其中，不管甘愿与否，每一个人都与这种“生产”利害相关。如果说在马克思的年代，只有英国才具备资本主义生产方式的完全形态，才是《资本论》研究的典型样本，那么在21世纪的今天，随着跨国资本建立起遍布全球的跨国生产和跨国资本－劳动关系，全世界都步入了《资本论》的语境，成了马克思“资本内在否定性”的分析对象。

1. 跨国生产对资本－劳动的重构

资本－劳动的社会互动是资本内在否定性动力系统的引擎。“生产是一切社会存在形成的物质性基础”，谁控制生产、如何生产，决定着社会的性质和变革的方向①。在此意义上，跨国生产是资本主义历史上的崭新篇章。如罗宾逊所指出的，尽管全球化在第一次世界大战前就已出现，但那时只是借助国际贸易和金融流动形成的一体化国际市场；直到20世纪晚期，资本才实现了国家和地区生产的跨国化，这种跨国生产，瓦解了原先民族国家内部的资本生产与积累循环，代之以全球化的资本生产与积累循环，深刻重构了资本－劳动的生产关系②。

首先，促进了跨国资本家阶级的崛起和全球无产阶级的形成。一般认为，跨国资本家阶级主要是指“构成跨国资本内部循环的具有阶级意识的跨国精英，以及服务于跨国资本家阶级的跨国经理、跨国官僚、跨国技术人员和主流思想家和知识分子”③，英国学者莱斯利·斯克莱尔则认为，还应包括媒体和商业领域的“消费主义精英”。④ 这个阶级通过生产被组织起来，拥有或控制全世界最主要的生产资料，不受某一特定国家领土和认同的束缚，利益攫取取决于凌驾于本地和国家之上的全球积累——这就从空间上赋予了它在全球体系中超越任何国家领土和政体的存在认同，赋予了它世界性

① Robert W. Cox, *Production*, *Power and World Order*, New York: Columbia University Press, 1987, p. 1.

② 罗宾逊：《全球资本主义论——跨国世界中的生产、阶级与国家》，高明秀译，社会科学文献出版社，2009，第13～15页。

③ 罗宾逊：《全球资本主义论——跨国世界中的生产、阶级与国家》，高明秀译，社会科学文献出版社，2009，第61页。

④ 参见 Leslie Sklair, *Sociology of the Global System*, 2nd ed., Baltimore: John Hopkins University Press, 1995。

统治阶级的地位。

在这一阶级的对立面，一个全球无产阶级也在形成。根据意大利学者安东尼奥·奈格里和美国学者迈克尔·哈特的界定："从大的范围而言，全球无产阶级包括那些其劳动直接或间接被剥削，并从属于资本主义生产和再生产规则的人。"①跨国生产在某种程度上来说是资本在世界范围内的又一次原始积累。在这一过程中，边缘国家中的农民和自由生产者失去了土地和生产资料，成为无产者，被抛入全球劳动力市场；发达国家的中产阶级，成为"冗员"或失业者，在正规生产的本地结构中找不到位置，也加入产业后备军，一个新的无产阶级不断壮大。奈格里等认为，新的全球无产阶级的出现，是一种潜在而巨大的积极发展趋势，因为它开启了抵御和解放的可能性。

其次，巩固了跨国资本家阶级的绝对统治地位，加剧了"强资-弱劳"的不平等格局。跨国生产对资本家阶级发挥着整合作用，而对无产阶级，恰恰相反，却起着离散作用。新的生产组织形式有利于跨国资本家组织起来，形成跨国的阶级联盟。例如，跨国公司的扩张、对外直接投资的扩展、跨界并购、跨国联合董事会、战略联盟以及各种全球经济活动的安排等，将世界各地的资本家联合起来，在积累过程中产生共同利益的认同。而各种弹性生产的劳动形式，如外包、转包、兼职、家庭劳动、血汗工厂和其他压迫性生产等，却使劳动支离破碎。后福特制积累的核心在于弹性劳动和廉价劳动，与之关联的是各种临时性的劳动分类和劳动控制的替代体系。劳动供给的"专门化"和"准时化"、非正式性和可替代性，造就了劳动者之间的分离隔膜、恶性竞争，形成了一支由临时雇员组成的庞大的劳动后备军，为进一步压低工资、恶化工作条件、去工会化、过度剥削等"廉价生产"提供了条件。

总之，这一新的资本-劳动关系建立在民族国家和跨国空间的裂隙之中，有利于资本家阶级摆脱民族国家和社会的控制，将其新的权力结构制度化，从而在政治和社会环境上巩固"强资-弱劳"的格局。

2. 跨国阶级对国家机器的改造

在资本主义早期，民族国家不但在协调阶级关系方面扮演着重要角色，而且在阶级形成中起决定作用（资产阶级最初就是在绝对王权的支持下战胜封建主阶级的）。民族国家是阶级和社会群体之间围绕财富分配、社会安

---

① Antonio Negri and Michael Hardt, *Empire*, Boston: Harvard University Press, 2000, p. 52.

排和政治目标进行斗争的重要场所。统治阶级和被统治阶级通过民族国家体制就社会剩余的份额进行斗争，劳动阶层依靠民族国家的协调，缓和它与资本的关系，争取社会福利和社会地位。而到了资本的跨国生产时代，“民族国家再也不是资本主义的组织原则，再也不是阶级发展和社会生活的体制‘容器’”。①

民族国家所发挥的协调和控制功能正在改变。一个鲜明的对比是，19世纪晚期，民族资本家阶级是强有力的统治阶级，国家作为劳资双方的中间人和调解者，在法律层面将劳资冲突纳入政治制度，从而形成了所谓的“三方体制”（资方、工会、政府），带来一个公司制资本主义的全新时代。到了20世纪后期，跨国资本家阶级纷纷掌权，民族国家内部开始盛行统治阶级所倡导的新自由主义实践。在去管制化的原则下，国家转换角色，从提供社会补贴（资助公共卫生、教育、福利、交通等）、推动劳动和社会的再生产，转变为服务和直接“注资”私人资本，在其生产和积累过程中发挥作用；同时，着眼于统治阶级的全球利益，民族国家放弃了过去所推行的以单个国家为基础的凯恩斯主义福利和发展主义规划，转而向世界输出新自由主义意识形态，推行自由市场化和经济一体化。在这一过程中，跨国资本越发获得了超越民族国家的新权力。跨国管理精英处于世界经济的制高点，控制全球政策制定的杠杆，运用全球经济的结构性力量，对跨国机构行使职权，使世界各经济体及其政治进程变得全球化和一体化，从而民族国家被改造成了“传送带”和“过滤器”，改造成了推动全球资本主义进程的“前沿工具”。②

跨国生产改变了阶级之间的关系，也改变了民族国家与资本积累之间的关系。随着国家内部生产结构的跨国融合，那些通过民族国家发展起来的“跨国阶级”正经历着与其他国家的“国内阶级”进行超国家融合的过程。如罗宾逊所说，“统治阶级中没落的国家分支和崛起的跨国分支之间的斗争，通常是20世纪晚期政治动力学和意识形态进程的背景图”③。资本积累

① 罗宾逊：《全球资本主义论——跨国世界中的生产、阶级与国家》，高明秀译，社会科学文献出版社，2009，第51页。

② Linda Weiss, “Globalization and the Myth of the Powerless State,” *New Left Review*, Ⅰ/225 (September - October 1997), pp. 3 - 27.

③ 罗宾逊：《全球资本主义论——跨国世界中的生产、阶级与国家》，高明秀译，社会科学文献出版社，2009，第64页。

过程的去地域化，使竞争越来越发生在跨国环境中的垄断集团之间。民族国家之间的冲突，实际上是国家积累与全球积累、国家分支与跨国分支之间矛盾的体现。

一个全球阶级结构凌驾于国家阶级结构之上，内在地要求一个与之相适应的跨国国家机器，于是跨国国家机器从民族国家体系内产生，它包括经济组织（如国际货币基金组织、世界银行、世界贸易组织、国际清算银行等）、政治组织（如联合国、经济合作与发展组织、欧盟等）以及一些通过地区性协定建立起来的超国家的立法、司法和行政机构（如北美自由贸易协定、亚太经合组织等）。

跨国国家机器的兴起并不意味着民族国家退出历史舞台，由于阶级和阶级关系依然存在，在全球化体系中，“国家实践的本质在于通过跨国国家机器来行使跨国经济和政治的权威，从而重现嵌入在全球资本增值和资本循环中的阶级关系”①。

四 全球治理：社会反向运动还是资本内在否定

从资本扩张世界的原始冲动到遍布全球的跨国生产，从跨国阶级对民族国家的改造到跨国国家机器的应运而生，“全球治理”根本就是资本扩张历程的题中应有之义，而非一个新的命题。半个世纪以来，社会的精英阶层孜孜不倦地对此展开研究和实践，从理论上的“后凯恩斯主义经济学”“新制度经济学”，到实践中的“全球化的新凯恩斯主义”“第三条道路”“新中间路线”，无不寄托着跨国资本对于一个稳定、持续、巩固的发展环境的热望。

作为“时代的良心”，皮凯蒂掀起了经济学领域“一场理解不平等发展的长期趋势的革命”②，并提出全球资本累进税的政策主张；美国政治学家约翰·伊肯伯里在《自由国际主义秩序 3.0》中甚至更为激进地表示，应吸纳新兴非西方国家作为核心管理机构的成员，以形成普遍的管理参与；削弱国家主权，建立“后威斯特伐利亚主权”的经济和安全制度，以及由不同

① 罗宾逊：《全球资本主义论——跨国世界中的生产、阶级与国家》，高明秀译，社会科学文献出版社，2009，第 132 页。

② Paul Crugman, “Why We're in a New Gilded Age,” *The New York Review of books*, May 8, 2014. http://www.nybooks.com/articles/archives/2014/may/08/thomas-piketty-new-gilded-age/.

国家占据不同管理机构的"后霸权等级"和全球治理结构①。然而，这些建议却无法在一个资本摆脱了民族束缚、资本-劳动不再扎根于历史上已经制度化的社会和社会团体的相互关系、劳动变得空前分裂和廉价的时代得以实现。

如罗宾逊在研究中指出的："政府对公民的责任或雇主对雇员的责任，即便极其微小，也已经被解除了。在这一摆脱社会束缚的'野蛮资本主义时代'，受竞争性个人主义文化——它的极端形式是社会达尔文主义的复活，集体生活的准则和观念几乎全部消失——的推动，在雇佣劳动中确实存在一种'历史'或'道德'因素的回落。"② 确实如此，在这一新的资本-劳动关系中，一方是全球生产体系的所有者，具有强大的自组织性；另一方是在生产中被肢解的雇佣劳动阶级，陷于个人主义意识形态的控制而无法形成阶级意识。前者对后者的社会权力被高度制度化，这或许就是皮凯蒂所谓"倒退回承袭制资本主义"的社会土壤吧。

皮凯蒂没有意识到，用资本累进税剥夺资本的利润就是革资本家的"命"，"剥夺者被剥夺"意味着"资本主义私有制的丧钟就要响了"。③ 伊肯伯里也没有意识到，"普遍的管理参与"的前提是消解阶级对立，"削弱国家主权"更意味着阶级和阶级结构的存在合法性也将被削弱。这些都大大超出了资本主义自我改良所能容纳的阈值。只有经历一场彻底的资本自我革命，让资本扬弃了"利润"的唯一职能，成为社会公共产品的生产者、组织者和提供者，让主权国家在历史长河中随着阶级的消失而自动消亡，成为通向未来共产主义社会的阶梯，真正意义上的全球治理时代才会到来。

今天的全球治理，只有放置在资本-劳动的现实生产关系中、放置在资本内在否定性的发展坐标上，才能获得理论的基础和实践的方向，否则再良善的愿望也只能是镜花水月。于是，在《21世纪资本论》的研究背后，我们看到，针对问题的正确思路应该是：在一个资本权力不再受民族国家调节和组织的时代，如何重建全球大众阶层的社会权力？我们所需要的全球治

---

① G. John Ikenberry, "Liberal Internationalism 3.0: America and the Dilemmas of Liberal World Order," *Perspectives on Politics*, Vol. 7, No. 1 (March 2009), pp. 71 - 84.

② 罗宾逊：《全球资本主义论——跨国世界中的生产、阶级与国家》，高明秀译，社会科学文献出版社，2009，第137页。

③ 马克思：《资本论》第1卷，人民出版社，2004，第874页。原文是："资本主义私有制的丧钟就要响了。剥夺者就要被剥夺了。"

理，应该是一场唤起阶级自觉的资本内在否定性革命，而不只是又一次自发的社会反向运动；应该是最广泛地凝聚起全球资本主义体系中的边缘国家和全球无产阶级，彻底改造资本－劳动关系，重建大众阶层的社会权力，打造一个全新的“政治互信、经济融合、文化包容的利益共同体、命运共同体和责任共同体”①，而不再是手持资本“福音书”，继续沉溺于资本主义自我改良与进步的幻想之中。与波兰尼所预言的放任市场的自由扩张必然引发经济社会崩溃的结论不同，马克思在资本扩张的行进中看到了曙光：资本的内在否定性决定了在资本扩张形式的顶端，一种新的生产关系和社会关系已经浮现。作为世界上唯一一个能够代表工人阶级利益的社会主义大国，中国必须保持清醒的历史意识——为世界范围内的资本自我否定提供现有国际秩序之外的另一种选择，为全球绝大多数人的生存发展和社会公正而不懈努力，我们责无旁贷。

（作者单位：中国浦东干部学院）

① 《推动共建丝绸之路经济带和 21 世纪海上丝绸之路的愿景与行动》，http：//www. sdpc. gov. cn/gzdt/201503/t20150328_ 669091. html。

资本的伦理效应*

龚天平

当代中国在加快完善社会主义市场经济体制的条件下加强道德建设的过程中，有一个不可回避的问题，即市场经济最基本的前提——资本对道德建设到底起何作用。我认为，资本具有不容忽视的伦理效应，这种伦理效应包括积极的和消极的两个方面。本文试图以马克思在《资本论》中对资本进行历史唯物主义的伦理肯定和辩证唯物主义的道德批判为文献基础，结合他的其他著述，在澄清学界“资本非道德性神话”和“资本纯粹是恶”两种认识误区的基础上，分析资本与道德的联结，仔细考察资本的伦理正负效应，并试图提出资本伦理效应的扬正抑负之对策与措施。

一　资本是非道德的吗

我国许多学者从经济哲学、经济伦理学角度对资本进行过多方面的给人们以深刻启示的探讨，其中有一种观点认为，资本属非道德——不能对其进行道德评价——的领域。这种观点把资本和道德划分为两个不搭界的领域，因而认为资本对道德建设没有任何作用。我认为这种观点是有问题的。如果资本是非道德的，那就是说只要是在市场经济领域，资本导致的所有后果都是合理的，对它也是无法进行伦理规约的，只能任其肆虐，然而事实上人们已对资本的肆虐行为批评有加。

---

* 基金项目：教育部新世纪优秀人才支持计划“经济伦理实现机制研究”（NCET—10—0824）。

资本并不是非道德的。美国著名经济伦理学家德·乔治曾对流行于美国商界的认为企业主要是利润有关、伦理和企业完全是说不到一起的两回事这种“企业非道德性神话”进行过严厉批评。他认为，企业和道德在许多方面息息相关，丑闻的曝光和随之而来的公众反应、环保主义者和消费者权益保护运动、新闻媒体对企业在道德中角色的关注以及有关伦理行为和伦理计划的公司守则大量出现等清楚地表明这种神话的破灭。[①] 我们知道，企业是市场经济活动的主体。资本是市场经济的真正前提，同样也是企业的真正前提。如果说资本非道德，那也就是说企业非道德。可是企业非道德并不成立。因此，资本非道德也不成立。那么资本与伦理到底应如何联结呢？

“资本”一词出现的准确年代已无从考证，大致说来，它出现于 17 世纪 30 年代。随着经济的发展，资本不断进化，到今天，它出现了各种表现形态或类别：一是实物资本，主要包括商品资本、产业资本、金融资本等。因为商品、资产或社会生产资源、资金或货币等直接就是实物，所以许多文献在解释资本时，都把它当作一种实物。如《牛津英语词典》将其解释为：“用于再生产的财富积累”；《现代汉语词典》解释为“用来生产或经营以求牟利的生产资料和货币”和“比喻牟取利益的凭借”像政治资本；政治经济学解释为“能够增殖的价值，即经济活动中表现为生产要素或经营投入的价值，并可以产品形态和货币形态存在”。[②] 二是人力资本。这主要是经济学家舒尔茨和贝克尔于 20 世纪 60 年代把“人力”引入经济学分析而提出的一个新的资本概念，其意是指受过教育和培训的劳动者所具有的知识、才干、技能、资历等被投入生产经营之中，能决定实物资本的利用率，获得价值增值和收益，因而人力也是资本。人力资本概念确证了资本的人学维度。三是社会资本。20 世纪 80 年代初，一些社会学家、哲学家、文化学者，如科尔曼、普特南、布迪厄等，出于人际关系、社会结构、文化传统也对经济活动产生影响的原因，提出了对应于实物资本、人力资本的又一个新的资本概念，即社会资本。社会资本的内涵极为丰富，社会的历史传统、行为规范、价值观念、理想信念、伦理道德、行为范式、制度结构、文化模式、政策选择等都可以影响经济活动，发挥作为资本的提高效率、实现增值的功能和作用。社会资本概念极大地彰显了资本的伦理维度。还有一些学者

① 乔治：《经济伦理学》，李布译，北京大学出版社，2002，第 9 ~ 11 页。

② 张卓元主编《政治经济学大辞典》，经济科学出版社，1998，第 80 页。

提出了文化资本概念，我国学者王小锡教授还提出了道德资本概念，笔者认为它们其实都可以被纳入社会资本概念之中。

不管资本概念如何演化，人类思想史上真正全方位地研究了资本并揭示了其本质的，首推马克思及其《资本论》。他认为，资本是能够带来剩余价值的价值。市场经济下的资本首先是一种商品，但其并不是一个自然物品，而是一种社会关系——物质的社会关系。“资本不是一种物，而是一种以物为中介的人和人之间的社会关系。”[①] 根据马克思的这一论断，我们完全可以推知，与资本这种物质的社会关系相适应的必定会有一种精神的社会关系，而这种精神的社会关系中就必定包含着伦理关系。马克思曾经精辟地揭示过市场经济的伦理特征，即“自由、平等、所有权和边沁”。既然这是市场经济的“普遍伦理”，显然也是资本的“普遍伦理”。因此，资本作为一种特定社会关系的载体，其必然具有相应的伦理属性，与伦理相联结。那么，资本的伦理属性是什么？

唐凯麟教授曾经深入地分析过商品生产的伦理属性，这可以为我们分析资本的伦理属性提供参考。他认为，与自然经济条件下的产品生产不同，商品生产是为了交换而进行的产品生产，即是“一种为满足他人或社会需要（通过市场交换）而进行的生产”，这种“特定的规定性决定了它首先是一种为他性生产、服务性生产”；但是这种为他性、服务性生产的目的又是商品生产者自身的需要和目的，即商品的交换价值和商品生产者的利润，因此，“商品生产同时又是一种为己性的生产、谋利性的生产”。这样，商品生产同时具有为他性和为己性、服务性和谋利性的二重属性。伦理学将这种二重属性判定为“伦理二重性”。[②]

那么，如何理解伦理属性？“伦理”范畴可拆分为“伦”和“理”两个范畴，“伦”本指人与人之间的辈分或上下、先后、大小、老少等秩序，引申为人与人的关系；“理”是指调节“伦”的道理、规则、标准等。因此，伦理本质上就是一种人与人的关系，伦理与伦理关系是同义语。但是，由于人本质上是社会关系的总和，因而伦理关系又是社会关系。

作为社会关系的伦理关系既是客观的，也是主观的。客观的伦理关系是

---

① 《马克思恩格斯文集》第5卷，人民出版社，2009，第877页。

② 唐凯麟：《伦理大思路——当代中国道德和伦理学发展的理论审视》，湖南人民出版社，2000，第51页。

“现实的社会结构中的关系”，具有实体性，这样看来，伦理关系就是全部生活，即“现实的家庭、社会和国家等复杂的组织系统，体现为超出个人主观意见和偏好的规章制度与礼俗伦常，表现为维系和治理社会秩序和个人行为的现实力量”[①]；主观的伦理关系是人们通过理性和思维从现实的社会结构关系中抽象出来的，是思想观念关系，具有主观性。但是，客观的或主观的伦理关系只是思维中的区分，现实中它们是统一的，“是由客观关系和主体意识统一形成的关系”[②]，都是适应于调整人们的利益关系之需要而产生的。恩格斯说：“人们自觉地或不自觉地，归根到底总是从他们阶级地位所依据的实际关系中——从他们进行生产和交换的经济关系中，获得自己的伦理观念。”[③] 其中“生产和交换的经济关系”就是经济领域中客观的伦理关系，“伦理观念”就是调整这种经济关系的主观伦理关系。而“每一既定社会的经济关系首先表现为利益”。[④] 因此，所谓伦理，从本质上看就是调节人与人、人与社会的利益关系的意识、规范和活动。这种利益关系由道德来协调，由法律来控制。凡是存在利益关系需要处理和调整的时候和地方，就会有道德和法律的存在，也就会有相应的伦理属性。因此，所谓伦理属性，就是指需要由道德和法律调整利益关系的属性。

资本同样也是市场经济条件下必不可少的商品，如果说市场经济下商品生产都具有伦理二重性，那么资本也同样具有“为他性和为己性、服务性和谋利性”相统一的“伦理二重性”。如果说伦理关系是实体性关系，家庭、社会、国家、规章制度等是伦理实体，那么资本也是伦理实体。因为它同样是一种社会关系，同样需要道德和法律来调整利益关系。这种利益关系也就是资本的为他与为己、服务与谋利之间的关系。资本的为他性、服务性就是资本有利于他人、有利于社会，或者说对他人和社会具有道德上的好和正向价值的属性；资本的为己性、谋利性就是资本有害于他人、有害于社会，或者说对他人和社会具有道德上的坏和负向价值的属性。通过内在地集为他性和为己性、服务性和谋利性于一身，资本与伦理有机地联系起来。

① 宋希仁：《论伦理秩序》，《伦理学研究》2007 年第 5 期。

② 宋希仁：《马克思恩格斯道德哲学研究》，中国社会科学出版社，2012，第 248 页。

③ 《马克思恩格斯文集》第 9 卷，人民出版社，2009，第 99 页。

④ 《马克思恩格斯文集》第 3 卷，人民出版社，2009，第 320 页。

二　资本的伦理正效应

学界还有一种观点认为，资本属道德领域，但它本性上是不道德的，是一种纯粹的恶。这种观点把资本本性界定为恶，因而认为资本对道德建设只有负效应。笔者认为，这种观点也是有问题的。如果资本本性上就是恶，那就是说它是要被抑制住、被抛弃的，但为何人们仍然要充分利用它以发展市场经济呢？前文已述，资本具有为他性、服务性的属性，这一属性实质上是资本的伦理正效应。思想史上许多思想家都肯定资本的伦理正效应，特别是马克思用“资本的文明化”或“资本的文明面”这一范畴来标识这种伦理正效应。“在资本的简单概念中必然自在地包含着资本的文明化趋势”①。那么，资本到底有哪些文明面？“资本的文明面……是，它……有利于生产力的发展，有利于社会关系的发展，有利于更高级的新形态的各种要素的创造。”② 马克思向我们宣示了资本的三个方面的伦理正效应。

（一）发展生产力，造就富裕社会，为道德建设提供物质基础

“资本一出现，就标志着社会生产过程的一个新时代。”③ 资本的目的是榨取工人的剩余价值，因而它必然要极大地提高和发展生产力。“资本……为了增加相对剩余时间，必然把生产力提高到极限。”④ 资本主义制度下资本榨取剩余价值的方法主要有两种：一是通过绝对延长工作日、提高工人劳动强度的方法来榨取绝对剩余价值；二是通过采用新技术、提高劳动生产率以缩短必要劳动时间而延长剩余劳动时间来榨取相对剩余价值。前一种方法由于极其野蛮而遭到工人阶级的反抗，后一种方法由于赋予生产以科学的性质或者说使科学在工艺上得到应用而具有文明性，极大地推动了生产力的发展。“整个生产过程不是从属于工人的直接技巧，而是表现为科学在工艺上的应用的时候……资本才获得了充分的发展……才造成了与自己相适应的生产方式。”⑤ 因此，通过提高劳动生产力以榨取相对剩余价值是资本成熟的

---

① 《马克思恩格斯文集》第8卷，人民出版社，2009，第95页。

② 《马克思恩格斯文集》第7卷，人民出版社，2009，第927～928页。

③ 《马克思恩格斯文集》第5卷，人民出版社，2009，第198页。

④ 《马克思恩格斯全集》第30卷，人民出版社，1995，第406页。

⑤ 《马克思恩格斯文集》第8卷，人民出版社，2009，第188页。

标志，也是其进步性所在。20世纪70年代以来，以电子、激光、航天和生物工程为代表的新科技革命使发达资本主义国家的生产过程自动化程度显著提高，虽然这没有改变剩余价值的源泉即工人的剩余劳动，但也同时降低了工人劳动强度、改善了工作环境，相较于此前的剩余价值榨取方法，这显得更人道化一些。

以榨取剩余价值为目的的资本一方面导致工人的贫困、没有尊严，但另一方面又的确使资本主义国家经济繁荣、社会富裕。因此，资本确实具有造就富裕社会的伦理正效应。亚当·斯密认为，分工和市场交换是国家财富积累的源泉，而分工和市场交换的可能性则是由资本提供的。企业家利用积累的财富创办专业化的企业，企业生产的产品被他们拿去交换需要的其他物品。资本积累越多，专业化分工越有可能，生产力也就越有可能提高，社会富裕程度也就越高。斯蒂芬·杨认为，资本不仅可以提供自由、萌生民主、抑制封建势力等，而且可以通过如下办法让贫困消失：通过社会向个人尤其是贫困人士提供他们可以获得复合利率的金融机构、为那些在人生起跑线上并不具备物质优势的人配备提高小额信贷和生产力的机制、将教育资本置于贫困人士可以触及的范围之内等①。德·索托也说："资本具有提高劳动生产力、为社会创造财富的力量，它是资本主义制度的生命线，是国家发展和进步的根基。"②

任何社会的道德建设包括经济伦理建设都必须在一定物质基础上进行，管子说："仓廪实而知礼节，衣食足则知荣辱。"（《管子·牧民》）人们不可能饿着肚皮来搞道德建设，在物质匮乏的基础上不可能树立起现代道德生活和道德文明的大厦。恩格斯在总结马克思的伟大贡献时说："马克思发现了人类历史的发展规律，即历来为繁芜丛杂的意识形态所掩盖着的一个简单事实：人们首先必须吃、喝、住、穿，然后才能从事政治、科学、艺术、宗教等等；所以，直接的物质的生活资料的生产，从而一个民族或一个时代的一定的经济发展阶段，便构成基础，人们的国家设施、法的观念、艺术以至宗教观念，就是从这个基础上发展起来的，因而，也必须由这个基础来解释，而不是像过去那样做得相反。"③ 随着资本的发展而带来的社会生产力

---

① 斯蒂芬·杨：《道德资本主义：协调公益与私利》，余彬译，上海三联书店，2010，第74～77页。

② 索托：《资本的秘密》，于海生译，华夏出版社，2012，第5页。

③ 《马克思恩格斯文集》第3卷，人民出版社，2009，第601页。

的极大发展，必然积累更雄厚的社会财富，使人们的生活水平得到极大提高，这也就为社会道德建设和经济伦理的发展提供了更好的物质条件。虽然物质生活水平的提高与道德进步和更优经济伦理之间并非必然是正相关关系，但社会道德和经济伦理的整体进步绝不可能脱离物质生活水平的发展。

（二）发展社会关系，为个人的全面发展提供可能

当资本推动生产发展起来后，流通和交换也就迅速发展起来。“资本的趋势是（1）不断扩大流通范围；（2）在一切地点把生产变成由资本推动的生产。”① 之所以如此，是因为流通和交换环节不创造剩余价值，剩余价值是生产环节创造的。为了获得更多的剩余价值，资本必然要求资本家发展交通运输以缩短流通时间、加快交换，从而扩大生产。“资本按其本性来说，力求超越一切空间界限。因此，创造交换的物质条件——交通运输工具——对资本来说是极其必要的：用时间去消灭空间。”② 而资本的扩大流通、超越空间界限的趋势也就自然地拓展了人们的社会交往，使社会关系得到发展。

为了“推广以资本为基础的生产或与资本相适应的生产方式”③，资本“具有创造越来越多的交换地点的补充趋势”④，它必须到处落户，到处开发，到处建立联系，把交换的范围扩展到整个地球，以创造世界市场。这一过程对人的社会关系有两方面的积极影响：一是从时间维度看，资本破坏并“克服流传下来的、在一定界限内闭关自守地满足于现有需要和重复旧生活方式的状况”⑤ 并使之不断革命化，即迫使不想灭亡的民族选择新的资产阶级的生产生活方式，从而使人类出现崭新的社会交往形式。二是从空间维度看，资本传播了文明，加强了人与人的世界性联系，从而使人类出现崭新的交往空间。“由于开拓了世界市场，使一切国家的生产和消费都成为世界性的了……过去那种地方的和民族的自给自足和闭关自守状态，被各民族的各方面的互相往来和各方面的互相依赖所代替了。”⑥

① 《马克思恩格斯文集》第 8 卷，人民出版社，2009，第 89 页。
② 《马克思恩格斯全集》第 30 卷，人民出版社，1995，第 521 页。
③ 《马克思恩格斯文集》第 8 卷，人民出版社，2009，第 88 页。
④ 《马克思恩格斯文集》第 8 卷，人民出版社，2009，第 88 页。
⑤ 《马克思恩格斯文集》第 8 卷，人民出版社，2009，第 91 页。
⑥ 《马克思恩格斯文集》第 2 卷，人民出版社，2009，第 35 页。

资本发展了社会关系，从而使个人的全面发展成为可能。个人要实现全面发展必须经过“人的依赖关系”“以物的依赖性为基础的人的独立性”、自由个性三个阶段，正是第二阶段创造的“普遍的社会物质变换、全面的关系、多方面的需要以及全面的能力的体系”[①] 为个人的全面发展提供了条件。个人的全面发展是指个人的能力、社会关系、自由个性等的全面发展，它同样也是伦理道德发展的定位和定向仪。同时，道德方面的发展也是个人的全面发展的重要方面。因而，资本为个人的全面发展提供了可能，也就为个人的道德发展提供了可能，它同样创造了个人的全面的道德关系、多方面的道德需要以及全面的道德能力的体系，使个人的道德全面发展成为一个可以期待的事情。

（三）创造高一级的道德形态并为其提供新的精神特质

资本创造出了新的社会形态。“只有资本才创造出资产阶级社会，并创造出社会成员对自然界和社会联系本身的普遍占有。”[②] 资本主义社会相比之前的只表现为人类的地方性发展和对自然的崇拜的社会，是人类社会形态的一次伟大更替，也是一个重大进步。从伦理学上来说，资本主义社会的出现也使人类道德出现了新的形态。

按照马克思在《1857～1858 年经济学手稿》中关于人的发展三阶段的论述，人类伦理道德也可相应地分为三种形态：一是建立在自给自足的自然经济基础之上的依赖伦理或服从伦理，这种伦理是自然发生的，只是在狭小的范围内和孤立的地点上展开，以等级服从为特征；二是建立在市场经济基础之上的“以物的依赖性为基础的人的独立性”伦理，这种伦理是适应得到极大扩展的全面的交往关系的需要而发生的，是以商品、货币特别是资本等物的东西为纽带而建立起来的，以平等交换、公平竞争、遵守契约为特征；三是建立在超越市场经济而出现新经济形式基础之上的自由个性伦理，这种伦理是适应个人全面发展和他们共同的、社会的生产能力成为从属于他们的社会财富的需要而必然出现的，以全面发展、自由联合为特征。其中第二种伦理形态就是资本创造的，同时它也为更高一级的第三种伦理形态创造了条件，虽然它打破了依赖伦理的人情社会，造成了伦理关系的疏离与紧

① 《马克思恩格斯文集》第 8 卷，人民出版社，2009，第 52 页。
② 《马克思恩格斯文集》第 8 卷，人民出版社，2009，第 90 页。

张，但正是由于资本的作用和“商业、奢侈、货币、交换价值的发展”，使“家长制的，古代的（以及封建的）状态……没落下去，现代社会则随着这些东西同步发展起来”①；虽然依赖伦理表现出“原始的丰富性”，但正是由于资本和“建立在交换价值基础上的生产”的作用，“才在产生出个人同自己和同别人相异化的普遍性的同时，也产生出个人关系和个人能力的普遍性和全面性”，使独立伦理发展起来。只有独立伦理发展起来，自由个性伦理才有可能。因为第二个阶段为第三个阶段创造了条件。所以，“留恋那种原始的丰富，是可笑的，相信必须停留在那种完全的空虚化之中，也是可笑的”。②

事实上，资本主义社会及其独立伦理出现后，伦理的确也萌发了许多新的精神特质，而这些精神特质是依赖伦理中所没有的。哈里·宾厄姆曾以赞赏的语气描述了这些精神特质。他认为，通过资本，公司和资本家改变了你我的世界，资本富于创造力、不断推陈出新、活力十足、遵守道德、满怀激情，它从未消失，也永远不会消失。③ 客观来讲，资本提供给独立伦理的新的精神特质主要有三点。

第一，竞争精神。资本具有鼓励竞争的趋势。为了获取剩余价值，资本与资本之间必然要展开竞争，而且鼓励竞争。“竞争一般说来是资本贯彻自己的生产方式的手段。”④ “竞争不过是资本的内在本性，是作为许多资本彼此间的相互作用而表现出来并得到实现的资本的本质规定，不过是作为外在必然性表现出来的内在趋势。”⑤

第二，创新精神。为了在竞争中获胜，资本必然要利用先进的科学技术，所以资本又是创新的推动力量。马克思曾对资本的创新精神进行这样的揭示：为了使自然界的一切领域都服从于生产，资本“就要探索整个自然界，以便发现物的新的有用属性；普遍地交换各种不同气候条件下的产品和各种不同国家的产品；采用新的方式（人工的）加工自然物，以便赋予它们以新的使用价值。要从一切方面去探索地球，以便发现新的有用物体和原有物体的新的使用属性……因此，要把自然科学发展到它的顶点；同样要发

---

① 《马克思恩格斯文集》第 8 卷，人民出版社，2009，第 52 页。
② 《马克思恩格斯文集》第 8 卷，人民出版社，2009，第 56～57 页。
③ 宾厄姆：《资本主义万恶吗?》，王晓鹏译，中信出版社，2012，第 294 页。
④ 《马克思恩格斯全集》第 31 卷，人民出版社，1998，第 128 页。
⑤ 《马克思恩格斯文集》第 8 卷，人民出版社，2009，第 95 页。

现、创造和满足由社会本身产生的新的需要"[①]。

第三，职业精神。马克斯·韦伯认为，现代资本主义是在以新教伦理的天职观念和基督教禁欲主义为主要内容而形成的资本主义精神的推动下发展起来的。新教伦理和基督教禁欲主义认为，世俗中的人勤奋工作、诚实守信、积累财富是对上帝的遵从，是每个人的天职，否则，就要受到上帝的惩罚而不能进入天堂。这样，为了获得上帝赐予的幸福这种终极利益，"在现代经济制度下能挣钱，只要挣得合法，就是长于、精于某种天职的结果和表现"[②]。以合理合法的手段挣钱、谋求最大化利益成了一种神圣的职业美德，成了资本家追求至善和人生终极目的的职业伦理精神。这些精神表现为资本家所追求的、具有实现可能性和合乎自己愿望的价值目标的伦理精神气质。这种伦理精神气质表现为两方面：一是资本家依赖资本的必然本性而对利润的追求精神；二是"为企业而企业"的主体精神——企业精神和企业家精神。马克斯·韦伯在分析清教徒从事谋利活动时，认为他们就是在听从上帝的"自我克制""忠于职守""为上帝勤劳致富""诚实守信"等教导，这种教导构成了他们的一种精神气质，促使他们禁欲，不把积蓄挥霍掉，而是用于企业的发展，即"为企业而企业"的职业精神。

三　资本的伦理负效应

资本具有为己性、谋利性的属性，这一属性实质上是资本的伦理负效应。这种伦理负效应在马克思那里表现为他对资本的道德批判。"资本来到世间，从头到脚，每个毛孔都滴着血和肮脏的东西。"[③] 在马克思看来，以土地和生产资料的分散为前提的生产方式发展到一定的程度，就产生出消灭它自身的物质手段而必然要被消灭。"它的消灭，个人的分散的生产资料转化为社会的积聚的生产资料，从而多数人的小财产转化为少数人的大财产，广大人民群众被剥夺土地、生活资料、劳动工具，——人民群众遭受的这种可怕的残酷的剥夺，形成资本的前史。这种剥夺包含一系列的暴力方法……那些具有划时代意义的资本原始积累的方法"是通过"对直接生产者的剥

① 《马克思恩格斯文集》第 8 卷，人民出版社，2009，第 89 页。

② 马克斯·韦伯：《新教伦理与资本主义精神》，于晓、陈维纲等译，三联书店，1987，第 38 页。

③ 《马克思恩格斯文集》第 5 卷，人民出版社，2009，第 871 页。

夺，是用最残酷无情的野蛮手段，在最下流、最龌龊和最可恶的贪欲的驱使下完成的”[①]。资本的伦理负效应主要有如下表现。

（一）腐蚀公共善

资本是市场经济最重要的前提。如果没有资本，就没有市场经济。从这一意义上看，市场经济就是资本经济，市场和市场价值观就是资本和资本价值观。然而，资本具有一种天然的扩张本性，这种本性会破坏社会公共善。迈克尔·桑德尔说：“我们生活在一个几乎所有的东西都可以拿来买卖的时代……市场和市场价值观渐渐地以一种前所未有的方式主宰了我们的生活。但是……我们深陷此种境地，并不是我们审慎选择的结果，它几乎像是突然降临到我们身上似的。”[②] 当资本向人类非经济生活领域扩张时，会破坏公共善和社会公共生活，导致人类生活意义的丧失和价值观的扭曲。如果社会公共生活中的一些物品如健康、教育、公共安全、国家安保、环境保护、艺术、公民义务、娱乐、生育及其他社会物品等被商品化，那么它们就会被腐蚀，其意义就会被贬低。对价值不加道德判断而只是进行利润衡量是资本和市场逻辑的核心立场，“它逐渐抽空了公共话语的道德含义和公民力量，并且推动了技术官僚政治（亦即管控政治）的盛行，而这种政治正在戕害着当下的很多社会”[③]。

（二）加剧人的异化

资本能够增值，但增值是靠吸附活劳动实现的。马克思说：“劳动是酵母，它被投入资本，使资本发酵。”[④] “资本只有一种生活本能，这就是增殖自身，创造剩余价值，用自己的不变部分即生产资料吮吸尽可能多的剩余劳动。资本是死劳动，它像吸血鬼一样，只有吮吸活劳动才有生命，吮吸的活劳动越多，它的生命就越旺盛。”[⑤] 但这种活劳动并不是工人自由自觉的，而是雇佣关系下的唯一的谋生之途。从形式上看，工人是自由的，但实质上他们“自由得一无所有；他们唯一的活路，或是出卖自己的劳动能力，或

---

① 《马克思恩格斯文集》第5卷，人民出版社，2009，第873页。

② 桑德尔：《金钱不能买什么》，邓正来译，中信出版社，2012，引言第Ⅻ页。

③ 桑德尔：《金钱不能买什么》，邓正来译，中信出版社，2012，引言第XXⅢ页。

④ 《马克思恩格斯全集》第30卷，人民出版社，1995，第256页。

⑤ 《马克思恩格斯文集》第5卷，人民出版社，2009，第269页。

是行乞、流浪和抢劫"①。因而，这种劳动是异化劳动。在《1844 年经济学哲学手稿》中，马克思分析了异化劳动的四种表现，并认为异化劳动是私有财产的直接原因，而在资本主义生产方式下，当私有财产"普遍地以资本的方式出现时，异化劳动的发展便获得了巨大的推动力"②。所以，"只有资本才是现代社会中普遍存在的异化劳动的真正的导演者"，它"试图突破一切可能的界限来加剧劳动的异化性质"③。马克思说："资本由于无限度地盲目追逐剩余劳动，像狼一般地贪求剩余劳动，不仅突破了工作日的道德极限，而且突破了工作日的纯粹身体的极限。"④ 资本加剧了劳动的异化，也就加剧了人的异化。在异化的人中，不仅工人异化了，人格化的资本即资本家也异化了。这些异化的人组成的资本主义社会就是一个异化的社会！

（三）破坏社会和谐

因为要增值，所以资本有一种违法悖德的内在冲动。马克思引证托·约·邓宁所著的《工联和罢工》时说："资本害怕没有利润或利润太少，就像自然界害怕真空一样。一旦有适当的利润，资本就胆大起来。如果有 10% 的利润，它就保证到处被使用；有 20% 的利润，它就活跃起来；有 50% 的利润，它就铤而走险；为了 100% 的利润，它就敢践踏一切人间法律；有 300% 的利润，它就敢犯任何罪行，甚至冒绞首的危险。如果动乱和纷争能带来利润，它就会鼓励动乱和纷争。"⑤ 资本的本质"就是自相排斥，也就是许多彼此完全漠不关心的资本"⑥，它把人物化、把人的尊严变成了交换价值，破坏了一切封建的、宗法的和田园诗般的关系，使人和人之间除了赤裸裸的利害关系和冷酷无情的现金交易外再也没有任何别的联系，整个社会都淹没在利己主义的冰水之中。在资本的肆虐之下，这样的社会显然已无和谐可言，生活于这样的社会中的人也无幸福可言。

（四）造成自然的异化

资本的本性不仅加剧人的异化和人与人的社会关系的紧张与冲突，而且

① 《马克思恩格斯文集》第 8 卷，人民出版社，2009，第 160 页。

② 俞吾金：《实践与自由》，武汉大学出版社，2010，第 348 页。

③ 俞吾金：《实践与自由》，武汉大学出版社，2010，第 349 页。

④ 《马克思恩格斯文集》第 5 卷，人民出版社，2009，第 306 页。

⑤ 《马克思恩格斯文集》第 5 卷，人民出版社，2009，第 871 页，注 250。

⑥ 《马克思恩格斯全集》第 30 卷，人民出版社，2009，第 404 页。

造成“自然的异化”[①] 和人与自然的生态关系的紧张与对抗。马克思曾深入地揭示了资本对自然和生态环境的影响：“如果说以资本为基础的生产，一方面创造出普遍的产业，即剩余劳动，创造价值的劳动，那么，另一方面也创造出一个普遍利用自然属性和人的属性的体系，创造出一个普遍有用性的体系，甚至科学也同一切物质的和精神的属性一样，表现为这个普遍有用性体系的体现者，而在这个社会生产和交换的范围之外，再也没有什么东西表现为自在的更高的东西，表现为自为的合理的东西……只有在资本主义制度下自然界才真正是人的对象，真正是有用物；它不再被认为是自为的力量；而对自然界的独立规律的理论认识本身不过表现为狡猾，其目的是使自然界（不管是作为消费品，还是作为生产资料）服从于人的需要。”[②] 这就是说，资本在无止境追求剩余价值的本性的驱使下，把自然从“自在的更高的东西”“自为的力量”变成“真正是人的对象”“真正是有用物”，变成“普遍有用性的体系”中的一环，而人们对“自然界的独立规律”的探索也不过是为了“服从于人的需要”，资本使自然沦为赚钱的工具。本来，自然应该是“自为的合理的东西”而具有超越性，但资本使其一切领域都服从于生产，失去了这种超越性，其自然异化了。自然的异化是由资本积累带来的，资本主义生产方式把它发展到极致，拼命地盘剥自然，无止境地向自然索取，同时又肆意向自然排放废弃物，但自然是具有生态极限的，当这种索取超过自然的所有，就会导致资源枯竭；当这种排放超过自然的消化和承载能力，就会导致自然退化，从而使整个自然生态系统遭到破坏，出现环境危机。所以，资本无止境地追求剩余价值的本性具有造成自然的异化、破坏生态环境的伦理负效应。

行文至此，笔者有必要申明的是，如同作为一种经济形式的市场经济总是与一定的社会生产方式和制度相结合一样，作为其前提的资本也是如此，因为它不过是发展市场经济的一种手段。上述资本的伦理负效应是它在资本主义市场经济下所造成的道德后果。那么，社会主义市场经济下的资本有没有伦理负效应呢？答案显然是肯定的，但是又不能简单地看待这种负效应。一方面，社会主义市场经济与资本主义市场经济有共性，即都是市场经济，都要依靠资本。既然要依靠资本，那么资本就脱离不了其本性，就一定会有

① 陈学明：《资本逻辑与生态危机》，《中国社会科学》2012 年第 11 期。

② 《马克思恩格斯文集》第 8 卷，人民出版社，2009，第 90 页。

伦理负效应。但另一方面，资本的伦理负效应能否发挥、发挥到何种程度又是受一定生产方式、社会经济和政治制度、意识形态条件决定的，因此在不同条件下其性质和程度都是有区别的。当具备一定的社会条件时，其伦理负效应就会被激发；当缺乏一定的社会条件时，其伦理负效应就能被遏制。资本主义市场经济和资本建立在资本主义生产资料私有制基础之上，以资本主义国家机器和政治制度为保障，有以个人主义为核心的资产阶级意识形态的辩护，这种条件决定了资本主义制度把少部分有产阶级的利益作为价值目标，把资本当作社会的最高力量和处理一切问题的终极原则，资本成为一种任何力量都无法限制的目的性价值，因此其伦理负效应被发挥到极致；社会主义市场经济和资本则建立在社会主义生产资料公有制占主体的经济基础之上，以社会主义国家机器和政治制度为保障，有以马克思主义为指导的、以人为本的科学发展观这一中国特色社会主义意识形态的制约，这种条件决定了社会主义制度把社会和谐、共同富裕、人民福祉作为价值目标，把满足占社会大多数的人民群众不断增长的物质文化生活需要、促进人的全面发展当作处理一切问题的根本原则，资本只是达成这一目标的、受人的全面发展规范指导的工具性价值，因此其伦理负效应即便不可能消除，但至少可以控制在最低限度，而不至于像资本主义社会那样任意泛滥。

四　扬正抑负之途

当今中国发展社会主义市场经济，同样必须依靠资本；在社会主义市场经济条件下进行道德建设，也不能忽视资本的伦理效应。但是，资本的伦理效应既有正效应，也有负效应；社会主义市场经济条件下的道德建设应该激发正效应，抑制负效应。因此，中国社会主义市场经济条件下的资本应该是有限制的资本。“现代工业的全部历史还表明，如果不对资本加以限制，它就会不顾一切和毫不留情地把整个工人阶级投入这种极端退化的境地。”[①] 有限制的资本就是伦理正效应得到发扬、伦理负效应得到抑制的资本。那么，如何对资本的伦理效应进行扬正抑负呢？

第一，坚持以人为本。增进财富是资本的唯一目标，而在实现这一目标的过程中，资本是以牺牲人为代价的。“资本主义生产比其他任何一种生产

① 《马克思恩格斯文集》第 3 卷，人民出版社，2009，第 70 页。

方式都更加浪费人和活劳动，它不仅浪费人的血和肉，而且浪费人的智慧和神经。"[①] 所以，资本可以增进财富、扩大社会交往，为人的全面发展创造条件，但不可能以人的生存和发展为目标。在利用资本发展社会主义市场经济的过程中，我们必须正确处理资本与人的关系，摆正人和资本的位置；我们不能以资本为本，不能以物为本，而必须以人为本，即坚持资本为了人，而不是人为了资本。资本为了人，就是人驾驭资本，资本服务于人。只有这样处理资本与人的关系，社会主义市场经济条件下的道德建设才有可能；如果资本凌驾于人之上，人拜倒于资本之下，那么人就会失去尊严，道德也会荡然无存。

第二，合理定位资本。人们的社会生活大致可以分为经济生活和非经济生活即政治生活、文化生活、社会公共生活、家庭生活等，合理定位资本就是要求我们必须把资本限定在经济领域，严防其向非经济生活领域渗透。也就是说，在经济领域，资本原则、利润原则、竞争原则等市场经济基本原则不能缺位，舍此则市场经济不能发展；但在非经济生活领域则必须缺位，否则市场经济就不是社会主义性质的。如果非经济生活领域也通行这些原则，那么人们的整个社会生活包括道德生活就会经济化、资本化，一旦如此，政治腐败、价值迷失、公共善缺席、家庭解体等就会大量发生。只有合理定位资本，让资本在它应该发挥作用的地方生存和发展，其伦理负效应才能得到抑制，伦理正效应也才能更好地凸显。

第三，明晰所有权。资本创造财富、造就富裕社会的伦理正效应的发挥依赖于人们对财产的所有权。如果人们对于资本带来的财富没有所有权，那么其就缺乏运用资本创造财富的积极性。索托认为，资本为什么只是导致了西方国家的繁荣，却没有为其他贫穷国家带来同样的财富呢？原因在于，贫穷国家没有关于资产的所有权文件表述，因而他们的资产只是一种僵化的资本。所以，所有权是资产转化为资本的动力机制，它具有确定资产的经济潜能、将分散的信息纳入一种制度、建立责任和信用体系、使资产具有可交换性、建立人际关系网络、保护交易等效应[②]。只有建立起完善的所有权表述体系，资产的潜能才能被激发，才能创造资本，而资本一旦被创造，富裕社会才能被造就。同时，历史唯物主义和产权伦理学表明，所有权也是道德产

---

① 《马克思恩格斯全集》第 32 卷，人民出版社，1998，第 405 页。

② 索托：《资本的秘密》，于海生译，华夏出版社，2012，第 37 ~ 49 页。

生的基础，它不仅有利于安定人们的生活心态、规范人们的行为选择，促进良好社会道德秩序的形成；而且因为确立了人们的财产权利而有利于获得人格尊严和自由，也因为这种制度安排体现了社会正义而有利于优化社会道德风气、实现社会公平。所有权的这种伦理效应极有利于资本伦理正效应的发挥和伦理负效应的抑制。

第四，以制度约束资本，发展经济伦理和环境伦理。即便把资本严格限定在经济生活领域，经济生活领域也必须建立起健全的法律制度体系和经济伦理、环境伦理价值规范体系，以便把资本关进制度和伦理价值的笼子里。以制度约束资本，它才不会在经济领域肆意横行；以经济伦理和环境伦理牵引资本，它也才不会到处攻城略地，以至于破坏人与人的社会关系和人与自然的生态关系。亚当·斯密认为，经济人在一只“看不见的手”的指导下，从自利的、谋求利益最大化的理性行为走向利他，增进社会公共利益。但是，这种行为必须建立在良好的法律制度和伦理道德规范的基础上。当代市场经济中，经济人就是资本家或企业家，而他们就是资本，同样受“看不见的手”的指导，因而要使资本的伦理效应得以扬正抑负，就必须夯实市场经济的法律制度和经济伦理、环境伦理基础。

第五，提倡高尚道德。一个社会的伦理价值体系大致可以分为三个等级：一是守规伦理，二是互惠伦理，三是奉献伦理。守规伦理和互惠伦理都属较低层次的道德，奉献伦理则属于高尚道德，因为它不求任何回报。资本的守规伦理就是资本运营必须符合普遍接受的法律制度和伦理原则，互惠伦理就是资本运营必须讲究互利，经济伦理和环境伦理大致就在这两个层面上展开。但是，对于一个社会来说，仅仅发展经济伦理和环境伦理还是不够的，因为它们还不能让社会变得很美好。任何人都不愿意生活在一个不美好的社会。因此，社会还必须在这一基础上大力提倡奉献伦理，通过奉献伦理的引领和道德榜样的示范，带动资本伦理正效应的放大，以使其更好地服务于整个社会的进步和协调发展。

（作者单位：中南财经政法大学哲学院）

基于新古典经济学批判视野下女性主义经济学的家庭生产价值观

朱成全　崔绍忠

女性主义（Feminism）一词，本意是“妇女解放”，起初产生于19世纪末期的法国，后在英美等国与世界范围内逐渐流行起来。在“五四运动”期间，传到中国，被翻译为女权主义。在西方，女性主义最初是指追求男女平等，尤其是指争取选举权平等。在20世纪二三十年代，西方国家的妇女基本上已经争取到了平等的政治权利，但是，在社会生活和人们的观念中，仍与男子不平等，这实际上是性别关系、性别权力不平等的问题。于是，女性主义者开始分析男女为何不平等、男女的权力架构，强调性别分析。中国女性主义者也是一样，认为只讲女权是不行的，必须要进行性别分析。在1995年举办的联合国第四次世界妇女大会前后，根据20世纪西方妇女解放运动的发展，中国学者开始将“女权主义”翻译为“女性主义”。虽然女权主义和女性主义并没有本质的区别，但是，从理论上看，女性主义是一种强调男女平等的信念和意识形态、对女性进行肯定的价值观念或者方法论原则；从实践上看，女性主义是一场争取妇女解放运动的社会运动，反对包括性别歧视在内的一切不平等。女性主义经济学家还对sex和gender进行了关键性的区分，指出：前者是指两性之间的生物差异，即生理性别，后者是指社会在生理性别的基础上构建的社会信念，社会信念在男女两性的经济结果方面起着非常重要的作用。

在新古典经济学面临着重大危机的背景下，主流经济学家内部特别是芝加哥学派的经济学家，如贝克尔也开始研究性别问题。尽管如此，从社会性别角度对主流经济学体系进行批判、改造乃至颠覆却从没有发生过。纵观经济思想演进史，虽然有关女性与经济方面的研究并不缺乏力著，但是大多数论著不是侧重政策上的平等权或者教育权分析，就是侧重对女性生理学、心理学或者社会学的研究，女性作为一个整体一直在经济学体系中居于边缘地位，现代经济学从其基本假设、研究主题到研究方法都体现了一种男性中心主义的思想。

女性主义经济学的发展大致经历了三个阶段：第一个阶段是女性主义经济学的酝酿期。它深受 19 世纪中叶至 20 世纪 20 年代女性主义运动“第一次浪潮”的影响。在这一阶段，英国古典政治经济学家约翰·穆勒（John Stuart Mills）在其《论妇女的屈从地位》（On the Subjection of Women, 1869）中对妇女作为二等公民的经济地位进行了经典论述。恩格斯在其《家庭、私有制和国家的起源》（1884）中对 19 世纪末的工业革命时期家庭中妇女地位低下的现象进行了研究，并将之归结为资本主义制度的弊端。夏洛特·珀金斯·吉尔曼（Charlotte Perkins Gilman）在其《妇女与经济学》（Women and Economics，1898）著作中分析了妇女在家庭中的地位，并指出了市场工作对妇女的重要性。第二个阶段是女性主义经济学的形成期。它深受 20 世纪 60 年代女性主义运动“第二次浪潮”和女性主义学术研究兴起的影响。虽然女性主义“第二次浪潮”的经济学观点早在 1973 年就已经形成，但是“女性主义”和“经济学”的联姻似乎在 1977 年才开始形成。在这一阶段，女性主义经济学试图用其理论和实证研究来改善妇女的经济地位。第三个阶段是女性主义经济学的全面发展期。自 20 世纪 80 年代以来，女性主义经济学不仅关注妇女的经济地位，而且对经济学学科自身的结构进行了研究。女性主义经济学家布劳（Blau）指出，经济学研究不可能是价值无涉的；迈拉·特拉博（Myra H. Strober）对经济学中的价值和情感进行了研究；朱莉·纳尔逊（Julie A. Nelson）也对主流经济学的价值论、本体论和认识论等进行了研究；女性主义经济学家阿玛蒂亚·森在发展哲学方面提出了“以自由看待发展”的理念。女性主义经济学家在这个时期创立了经济学的语境范式，用经济学的语境模型来理解经济活动的实质。

女性主义经济学认为，现行的国民经济核算账户有一个重大的缺失，就是绝大多数家庭生产价值的缺失。按照目前的国民经济核算方案，家庭生产的价值只有在两个层面上被计入国内生产总值（GDP）：一是住房自身提供的各种服务，比如居民支付的租金；另一个是有酬的家政工人提供的各种服务，比如看门人和园艺者的服务。而家庭生产的儿童照护、做饭、洗衣服务、保洁、园艺、家庭资本品（比如汽车和家电设备）等物品的服务价值却没有被计入国内生产总值。据最保守的估计，家庭生产的总价值在美国要占标准国内生产总值的25% ~35%，而不太保守的估计则认为，家庭生产的价值大于或者等于市场生产的价值。家庭生产的价值这一重大的生产领域如何被忽视以及怎么来弥补、计算，女性主义经济学进行了深入的探讨。本文旨在全面概述女性主义经济学关于家庭生产价值的观点，并简要地给予评述。

一　女性主义经济学对新古典经济学研究主题即市场之批判

新古典经济学的核心主题是市场，经济学常被定义为研究物品、服务、金融资产等交换过程的学问。按照这一定义，大部分传统的、由妇女完成的非市场活动——照护家庭、孩子、病人、老人等等，被看作“非经济性的”(non - economic)，即不适合作为经济学研究的主题，家庭也就在主流经济学家的研究视阈之外。在传统经济学教材中，“尽管个人可以形成诸如公司、工会和政府等集体性组织，但是经济学研究的起点还是个人”①。显然，家庭遭到了经济学研究的忽视。

虽然“经济”一词最早在希腊文中的含义是“家庭管理”，在现实中，家庭对于妇女也一直具有非常直接的经济意义，但是，经济学却没有把家庭管理作为考察的内容，除非这种管理涉及市场交换。那些家庭管理的基本工作，除非是在市场上完成的，否则就不被看作真正意义上的工作。从历史上看，许多妇女的经济安全在很大程度上更多地依赖于她们是否有好的婚姻，而不是她们自己的收入。

于是，新古典经济学家喜欢把研究重心放在人类生活的“硬性领域(tough areas）或者公域（public sphere)”，包括生产、交换和政府活动，以及经济资源的有效利用上。与此相反，作为人类的另一个重要活动领域——软性领域（soft areas）或者私域（private sphere)，包括照护劳动和家庭，则完全被忽略了。女性主义经济学进一步指出，新古典经济学把男性与公域

① Julie A. Nelson, “Feminism and Economics,” *Journal of Economic Perspectives* 9: 2, 131 - 148, 1995.

相联系的同时，也就把女性放逐到私域之中。新古典经济学还认为，公域高于私域，与之相联系，公域的活动者同样优越于私域的活动者，其也就被赋予更多的特权和更高的社会等级，这就体现了经济学研究中的男性中心主义特征，即忽视了对家庭经济问题——家庭、妇女、相互合作、非市场化的制度和非自利的行为等的认真考察。而女性主义经济学家认为，许多维系生命的产品和服务不是由企业生产并通过市场交换得来的，而是在家庭和社区范围内生产和分配的，这些产品和服务的供给主要归功于妇女的无酬劳动。相对于市场领域，家庭领域的价值被大大低估了。

有的新古典经济学家认为，在国民经济核算体系中完全不考虑家庭生产的因素，甚至不把家庭劳动看成生产性劳动，比如，在社会安全和失业救济等政府项目中不承认妇女的未付报酬家庭劳动对社会的贡献。而女性主义经济学认为，新古典宏观经济学存在着严重的性别盲区，在很多情况下推出的政策建议使妇女特别是贫困妇女处于劣势地位；由于未付报酬的家庭劳动对于社会再生产，即整个社会的再生产，包括日常的和代际的劳动力再生产，起着至关重要的作用，所以，女性主义经济学认为，新古典宏观经济学应该纳入性别不平等变量，应该意识到未付报酬家庭劳动的重要性并将之纳入宏观经济核算。

女性主义经济学还非常关注儿童的教育资本不足和教育投资的成本由谁来承担等极为重要的问题。女性主义经济学家认为，新古典经济学给人们造成的印象是：似乎经济人在年幼时不需要来自外界的经济帮助。在主流的劳动经济学教材中，关于人力资本的讨论，不是从家庭和公共学校对儿童营养、哺育、正式和非正式教育的投资开始，而是从长大成人的年轻人对高等教育的选择开始，这就遗漏了人在其成长过程中所需要的各种智力投资。实践证明，儿童发展的基础阶段投资对人力资本的积累起着非常关键的作用。由此，新古典经济学认为，很多由妇女完成的生活必需品的供给工作，例如，从原始社会性别分工开始女性就承担的抚养孩子、凝聚家族、赡养老人等工作，就被看作非经济性的。许多旨在改善儿童营养、提升学前和基础教育质量的项目通常被看作分享财政“馅饼”的“社会”项目，而不是旨在增进人力资本投资的经济项目，这就使许多家庭乃至整个社会都把提高儿童看护和培养质量的项目看作消费性的而不是投资性的，进而不能给予充分的重视，从而影响了儿童整体培养质量的提高。

所以，女性主义经济学认为，市场化作为界定经济学科的标准限制了经济学的研究领域，经济学应该把“生活必需品的供给”作为更为宽泛的研究对象，这样才能不带性别偏见地勾画出经济学科的轮廓。正如亚当·斯密所说，经济学不单纯包括选择和交换，还包括商品、劳务、健康、有意义的工作和生活活动等。其中，一些商品和劳务是由成人在市场上自由选择的，而许多是家庭成员或社会（包括政府）为孩子提供的。

女性主义经济学还认为，新古典经济学家把基于理性选择理论和建立在市场之上的模型看作封闭的系统，且这一系统无须其他学科或经验的外生解释。因此，新古典经济学家总是试图用为数有限的几个内生经济变量或者“经济因素”来解释历史事件，这就排斥了制度、政治等方面的研究。这也反映了新古典经济学家重视主体、轻视制度、社会等的男性中心主义思维。女性主义经济学指出，应该注重研究男女社会性别角色是如何在社会制度的演进过程中自发形成的，进而找出使妇女处于劣势地位的文化和社会制度因素。

女性主义指出，西方各种学科的建构都受到西方传统文化的影响，新古典经济学也是如此。西方哲学一直就有这样的思想，即把妇女、自然、物质、被动性和肉体看作男人、理性和主动性等的附庸，且前者受后者控制和支配。这种思想可以追溯到西方哲学思想的源头——古希腊哲学，例如，亚里士多德认为，虽然肉体来自女人，但是灵魂则来自男人①。柏拉图解释说，灵魂是神圣的、不朽的、理性的，而肉体则是凡人的、腐朽的、非理性的②。柏拉图进一步指出，理性就是要控制情感或肉体，就像古希腊的男人要统治儿童、妇女和奴隶一样③。欧洲中世纪是封建等级特权和宗教盛行的时代，个人和理性是从属于教堂和封建的等级制度的。人类被看作是深深地嵌入在神、社会和自然秩序之中的。启蒙运动和科学革命彻底改变了中世纪的这一信念，认为：会思维的个人和科学家（一般是男性）能够超越自然和控制自然，具有理性、有意识、会选择的人类个体成为世界观的核心，而习惯行为、责任和自然则被边缘化；科学被等同于理性、逻辑、孤立和男性气质。于是，（男）人的价值高于一切，（男）人为自然界立法，从而使占据支配地位的男性中心主义的传统观念成为衡量万物的标准。特别是，笛卡

① Keller, Catherine. *From a Broken Web: Separation, Sexism, and Self*, Beacon Press, 1986. p. 49.

② Plumwood, Val. *Feminism and the Mastery of Nature.* Routledge, 1993. p. 88.

③ Plumwood, Val. *Feminism and the Mastery of Nature.* Routledge, 1993. p. 87.

尔—牛顿哲学认为，自然界就是一台机器，一台由各种零部件组装而成并按照一定的逻辑和方程式规则、朝着特定方向运转的机器。上帝设计出一套原理，把它放进自然界并操纵自然界运动，而自然界本身完全是被动的、受控的、附属的。还试图用牛顿力学定律解释一切社会现象，把社会中各类不同质的事物、现象、过程都看成是机械的。机械论世界观的经典描述是笛卡尔的二元论。笛卡尔认为，自然中同时存在两个实体，即会思维的认识主体与客观事物本身，两者是彻底分离的，作为两个平行的实体互不依赖、互不决定、互不派生。自然中存在的两个实体都是由上帝创造的，上帝由此进而创造了自然宇宙。在这种主客体分离、机械论世界观的指导下，在人类社会中，（男）人成了社会的中心，女人也就必然受其控制和支配。

二 女性主义经济学对新古典经济学的家庭生产价值缺失原因之揭示

女性主义经济学认为，新古典经济学不把家庭生产活动的价值计入国内生产总值，主要有以下几点原因。

第一，家庭是非生产性的组织。新古典经济学长期以来一直认为，只有在工厂、农场、办公建筑等场所中的行为主体才构成了“经济”。家庭不生产经济品，也就不是经济的组成部分。从维多利亚时代起，家庭就被看作“非经济”的实体。实际上，家庭一直沿着较为原始的路线沿袭下来，更加贴近自然，是自我再生的。所以，女性主义经济学认为，这一现象有着深刻的性别原因，即：在整个 19 世纪以及 20 世纪的大部分时期内，“经济”一直属于男性世界，而“家庭”则被分派给了妇女，也就不属于“经济”。

女性主义经济学认为，国民经济账户中家庭生产的缺失也造成了决策者认知上的偏见。由于家庭劳动不计入国民经济账户，所以，人们很容易认为家庭劳动不重要，或者根本就不属于“经济”问题。例如，美国社会保障退休系统，仅仅按照人们的劳动力市场工资和有酬劳动的年限来发放定期生活津贴。而女性主义经济学家认为，妇女照护孩子也应该得到社会保障系统的资助，从而使这些未付报酬工作的家庭劳动得到认可，把家庭生产计入国内生产总值也会使决策者意识到家庭生产的贡献和重要性。

第二，家庭生产和家庭消费区分太难。新古典经济学认为，由于区分家庭中的生产活动和消费活动难度太大，所以，将家庭生产计入国民收入和生产账户不是很方便的。但是，区分家庭生产与家庭消费一直是女性主义经济学家讨论最多的一个问题，女性主义经济学也给出了一个较为合理的区分标准。女性主义经济学家经常使用的标准是“第三人标准（the Third Person Criterion）”，即：一项活动如果在理论上能够被市场或者第三人的服务替代的话，那么就应该被看作家庭生产活动。有些家庭生产活动，例如做饭和照护孩子等，虽然对人们来说可能是内在快乐的源泉，但是，不足以成为划分家庭生产和家庭消费的理由。如果有人坚持认为，只有被看作“中性”或者令人不快的工作才应该被看作工作的话，那么有酬工作中这方面的劳动也应该被删除掉。女性主义经济学家在这一问题上逐渐达成如下共识：工作是“以生产有价值[①]的物品或服务的活动”的理念为核心，如健康的孩子，而不是以活动是否令人不快或者是否得到了货币报酬为标准。

第三，国内生产总值只测量市场生产的价值，将家庭生产排除于国内生产总值是理所当然的。新古典经济学家认为，国内生产总值的目标只是测量市场的生产活动，因为家庭产出不是用于销售目的。但是，女性主义经济学家指出，这种观点是有问题的，这是因为国内生产总值中一部分已经反映出了非市场生产，世界各国政府生产的一些物品和服务从来都不是在市场上销售的，比如，拥有房产的业主居民不会付给自己房租，但房租却被计入了国内生产总值；随着时间的推移，传统上由家庭生产的物品和服务的市场替代品越来越多，如托儿所替代家庭对儿童的照护、熟食品替代家庭烹饪等等。所以，把家庭界定于经济之外的做法越来越站不住脚。对家庭中未付酬的劳动，不赋予任何价值的做法必然会遭到有社会责任感的经济学家的唾弃。所以，女性主义经济学家认为，家庭是从事生产活动的，很多家庭活动是经济意义上的生产活动。受到女性主义经济学研究的影响，1993 年联合国国民经济账户体系就体现了这一观点。

第四，计入家庭生产使国民经济账户的变化太大。传统的联合国国民经济账户体系起初是由一些统计学家设计出来的。这些统计学家虽然承认家庭生产着很多物品和服务，且这些物品和服务的货币价值也非常大，但是，把这些非货币化和货币化的物品和服务同时纳入国民经济账户体系，就会使市场交易活动非常模糊，进而会降低数据分析对于理解和解决通货膨胀和经济波动等问题的有效性。女性主义经济学家对此做出了回应，认为当前的国内

① 这里的价值不仅仅是新古典经济学家所推崇的市场价值。

生产总值是极其不准确的，它忽视了家庭生产的价值。所以，国内生产总值显然是被低估了，生产的真实增长率可能不真实。

特别是，20 世纪之前妇女主要是作为全职的家庭主妇从事无酬工作，而 20 世纪之后大量的妇女进入市场而从事有酬工作，这是人类步入 20 世纪后一个重大的经济变化。在 1870 年，美国有 40% 的全职的家庭主妇或持家者，而到了 2000 年，这一比例降到了 16%。市场工作的增加，伴随着家庭生产替代品的购买量增加，此二者均被计入国内生产总值，国内生产总值也就增加了。如果把这一时期家庭劳动时间生产率的变化考虑在内，那么这一现象就更加复杂。1870 年的家庭主妇的工作量不是很多，或许仅仅需要的是清洁的煤炉子、洗浴桶、晒衣绳、清理冰盒等等，而不是 20 世纪以来的火炉、洗衣机或者冰箱等高技术产品的使用或维护。有证据表明，人们对家政技术的生产投资已经使人们享受到更加干净的衣服、更加美味和多样化的食品等服务。虽然人们在家庭的劳动时间投入在下降，但是人们对产品的价值，至少在某些领域，如做饭和保洁等方面的要求，却不一定在减少。由家庭生产率的变化带来的实际国民产出的增加，在现行的国民经济核算中处于完全的缺失状态。

女性主义经济学认为，计算家庭生产价值可能会改变人们对经济周期的看法。有完全的理由相信家庭生产的水平是逆市场经济周期（counter cyclically）的，这也就是说，当经济萎缩（即衰退）时，人们的自助活动（do – it – yourself）就会上升。虽然由经济萎缩所导致的有酬工作机会的缺乏造成了人们生活水平下降和精神创伤，但是，许多失业的人会利用其额外时间来照护儿童、做些家务。当资金紧张时，人们也倾向于用家庭生产的物品、服务来替代市场购买活动，以节约资金。

国内生产总值中家庭生产核算的缺失也使国家之间的比较更为困难。在南半球的很多国家，家庭活动占国民总产出的比例很高，如果计算家庭生产价值，那么国内生产总值作为国民生产的衡量指标更显得不足了。

三　女性主义经济学关于测算家庭生产价值的观点

（一）计算人们对无酬生产活动所投入的时间

过去对美国公民时间使用分配的调查都是零星的、规模较小的。在女性主义经济学研究的推动之下，很多工业化国家都进行了全国范围内的时间使用调查。2003 年，美国劳动统计局（the U. S. Bureau of Labor Statistics）开始收集数据，进行了首次全国性的时间使用调查。美国时间使用研究（American Time Use Study）是对美国 16 周岁及以上的人在一天内如何使用时间进行的全国范围的代表性抽样调查。

2005 年的调查结果显示：84% 的妇女和 65% 的男性平均每天都会花一定时间来从事家政活动，包括做饭，清理、修剪草坪以及维护花园，进行家庭管理等等。包括那些不从事任何家政活动的人在内，对调查得出的全部结果，进行平均，得出的结论是：妇女平均每天花费 2.3 个小时从事家政活动，而男性则只花费 1.4 个小时；19% 的男性平均每天都会做一些家务，如保洁或洗衣服等，而女性则是 53%；花费时间最多的是个人照护（包括睡觉）、休闲和运动（包括平均每天 2.6 个小时看电视的时间），和有酬工作及其相关的活动（包括乘车时间）。美国劳动统计局的其他数据显示：在陪伴和照护 13 岁以下的儿童方面，妇女平均所花费的时间是 6.4 个小时，而男性平均花费的时间则是 4.2 个小时。

测算家庭生产最保守的方法就是把基本的家庭和照护活动算作生产性活动。每天 2.59 个小时的家庭生产的价值，相当于有酬劳动和相关活动的 3.69 个小时形成的价值。即便是这种最保守的核算方法，家庭生产也会占总生产时间的 41%。不太保守的方法至少会把购物所花费的时间算作生产时间，这与商业企业中采购人员的工作时间是不谋而合的；花费在教育活动，即人力资本投资的时间，相当于花费在照护活动方面的时间。按照这些计算方法，就会发现家庭生产的时间占到总生产时间的一半以上。

（二）对家庭时间用途给予货币价值的方法

政府生产、家庭生产的物品和服务都需要劳动和人造资本品，一般都不需要通过市场来进行销售，因此，如同政府生产一样，可以通过对家庭生产活动所投入的劳动和资本价值进行加总来计算出家庭生产的准市场价值。

与政府生产相比，家庭劳动的最大不同之处在于它是没有报酬的。如果时间的用途是按照花费在各种活动上的时间来计算的，那么，不管是通过市场价格还是准市场价格，国民经济核算程序就必然要求给家庭劳动所花费的时间赋予一定的货币价值。女性主义经济学对家庭时间用途给予货币价值的方法进行了探索，提出了两种可行的方法：替代成本方法（Replacement Cost Method）和机会成本方法（Opportunity Cost Method）。

按照替代成本方法，家庭劳动所花费的时间的价值等于雇用其他人完成同一工作所支付的成本。根据最通行的方法，或者说最保守的估计方法，用一般的“家政人员”的工资报酬来估算家庭劳动的货币价值。如果对这种方法稍加变动，对每一项家庭劳动进行不同的估算，就会产生不同的家庭劳动的估值：照护孩子的时间价值可以根据专业的儿童保育员的工资来估算，在保洁方面所花费的时间价值可以根据专业保洁员的工资来核算，管道修理等家庭修缮活动的价值可以根据管道工的工资来计算等。

机会成本方法从传统微观经济学关于边际思维的视角出发，按照边际思维，假如有人要减少其有酬工作的时间来从事家庭生产，他就一定会把花费在家庭生产上的时间的边际收益至少等于其花费在有酬劳动的时间的工资率。比如，选择放弃通过加班工作获得 30 美元收入来陪伴孩子，就必须假定陪伴孩子所花费的时间价值至少是 30 美元。这样，就可以用家庭生产者在市场中的工资率来计算家庭工作时间的价值。在这种情况下，对非市场生产活动之价值的估算可能会高些，这是因为有些家庭劳动时间的价值是可以通过医生、律师和管理人员等较高的工资率来估算的。

当然，这两种方法并不是完美无缺的。退一步说，国民经济账户中衡量其他生产性活动价值的方法也没有达到完美的程度。但是，很多学者认为对家庭劳动时间赋予价值，即使是使用最低额度的替代成本来估算，也比无价值要精确些。

（三）赋予资本服务（如家电、家庭汽车等服务）以合理的价值

家庭在消费耐用品上的货币支出，可以称为家庭投资支出，而不是消费。要把这些资本品的服务流量计入国内生产总值就必须进行新的核算。

令人非常惊奇的是，对美国家庭服务价值的初次估算要早于国民收入与产出账户（NIPA）的构思及编制。1921 年美国国家经济研究局（National Bureau of Economic Research）的一些经济学家对家庭服务的价值进行了估算，认为家庭生产的价值相当于市场国民收入的 25% ~30% 之多。数十年之后，女性主义经济学家罗伯特·埃斯纳（Robert Eisner）在 1988 年对国民收入与产出账户（NIPA）所提出的 6 次修订进行了评定，指出这 6 次修

订囊括了家庭生产的很多价值。虽然自 80 多年前对把家庭生产纳入国民收入与产出账户（NIPA）的可行性进行了很多次的论证，但是，把家庭生产纳入国民收入与产出账户却仍然是世界各国在 21 世纪所面临的一项艰巨工程。

在国际上，至少有很多国家对家庭生产收集数据有着浓厚的兴趣。澳大利亚、加拿大、印度、日本、墨西哥、泰国、英国等国家已经完成或者正在进行国民时间使用的调查，来帮助理解未付酬的生产活动。联合国统计委员会和欧盟统计局正在鼓励其成员国来建立类似环境卫星账户的家庭生产卫星账户，通过把家庭生产纳入国民经济核算，而在不改变国内生产总值定义的基础上，来为调整国内生产总值的测算提供必要的信息。

四　对女性主义经济学关于家庭生产价值的简要评析

女性主义经济学的第一要务就是对家庭中照护劳动的分析。由于照护劳动传统上主要是由妇女完成的，所以，女性主义经济学指出，主流经济学把效用等同于福利，把市场活动当作福利的唯一源泉，不仅忽略了传统上主要由妇女完成的照护劳动的价值，而且否定了照护劳动为人类福利做出的贡献。

女性主义经济学对照护劳动的重要性以及照护劳动对人类发展的贡献进行了非常深刻的分析，指出照护劳动是一种旨在为他人创造可行能力（capabilities）的劳动，照护劳动在人类可行能力的培养以及人类发展方面起着根本性的作用。没有高质量的照护劳动，儿童就无法茁壮地成长，成人的生活质量也会受到影响。照护劳动绝不仅仅是人类发展的投入品，而且是一种产出，是个人、家庭、社会的无形财富，是影响人类福利的关键因素之一。照护劳动具有非常大的正外部性，不仅使受到照护的个人受益，而且为社会培养了有涵养、高素质的劳动者，从而使整个社会受益。

但是，照护劳动传统上主要是由家庭主妇提供的，照护劳动的成本在男、女两性之间的分配上是不平等的，妇女的经济地位和福利由此蒙受了很大的损失。特别是，现代经济的发展彻底改变了男人和女人使用时间的方式，全球化市场竞争也在影响着人们花费在照护上的时间。私有化、经济结构调整等政策都对照护劳动产生了一定程度的不利影响，也带来了照护劳动供给的危机，人类福利和人类发展也因此受到了威胁。在全球竞争的劳动市场中，人们怎样才能找到照护自己、家庭、亲朋好友时间的最佳分配比例？人们怎样才能找到资源来照护那些需要帮助的人？社会应该怎样把照护劳动的负担公平地在男人和女人、国家、家庭、商业部门之间进行分配？这些问题都是女性主义经济学在照护劳动研究方面所面临的挑战。

（作者单位：东北财经大学人文学院　外交学院国际经济系）

资本逻辑批判与生态文明建设*

毛勒堂

一 “自然之死”：生态文明话语凸显的存在论境遇

建设生态文明，是实现人地和解、构建人际和谐的现实要求，也是关系人民福祉、关乎民族未来、关涉人类命运的长远大计。今天，从世界范围到国内层面，如何建设生态文明、营建和谐的人地关系，成为当代人面临的存在难题。因此，党的十八大报告指出，切实“把生态文明建设放在突出地位，融入经济建设、政治建设、文化建设、社会建设各方面和全过程”，着力“从源头上扭转生态环境恶化趋势，为人民创造良好生产生活环境”，从而“努力建设美丽中国，实现中华民族永续发展”，并“为全球生态安全做出贡献。”①

切实建设生态文明，需要以把握生态文明的核心要义及其价值旨趣为前提。对于何谓生态文明，人们的理解存在着一定的差异和不同的侧重点。譬如，有的从人类文明形态发展的历史角度来理解生态文明，认为生态文明是继工业文明之后的人类文明新形态，是人类文明发展的一个阶段，此所谓广义的生态文明。有的则从社会的横向面来看待生态文明，认为生态文明是人

* 基金项目：上海高校一流学科（B类）建设计划上海师范大学“哲学”规划项目；国家社科基金一般项目“经济哲学视野下的资本逻辑与经济正义研究”（11BZX013）；教育部人文社科规划一般项目“资本逻辑与经济正义”（10YJA720024）

① 胡锦涛：《坚定不移沿着中国特色社会主义道路前进，为全面建成小康社会而奋斗》，人民出版社，2012，第39页。

类在处理与自然的关系时所达到的文明性状，是相对于物质文明、精神文明、政治文明和社会文明而言的，此所谓狭义的生态文明。然而，无论在从广义上还是狭义上，生态文明概念都内含着生态平衡、人地和解以及人与自然和谐发展的核心要义，诉求诗意栖居的生态环境是建设生态文明的价值旨趣。因此，切实加强生态文明建设，意涵着人类在社会生产和生活中，要以人与自然和谐相处为核心目标，树立尊重自然、顺应自然、保护自然的生态理念，合理利用自然资源，积极克服人类改造自然实践活动中的负面效应，改善和优化人与自然、人与人的关系，建立人地和谐、人际和美的人类存在方式，成就新型的人类文明形态。今天，有关生态文明的话语为人们所普遍关注，生态文明的价值理念渐入人心，社会对生态文明建设的实践要求也与日俱增。而人们对生态文明话语的渴求倾听、对生态文明建设实践的迫切要求，并非空穴来风，亦非人们一时表现出来的理论热情，而是具有深刻的存在论背景。

伴随工业文明而来的现代“自然之死”是生态文明话语逐渐兴起并日益凸显的存在论境遇。迄今为止，人类文明先后经历了原始文明、农业文明、工业文明三个阶段，今天正处于从工业文明向生态文明的转折时期。在原始文明时期，人类与自然的关系是一种完全依赖和服从的关系：一方面人类犹如婴儿依赖母亲一样依赖自然，另一方面，人类如奴隶般遭遇自然的暴虐，像牲畜一样慑服于自然，并因此充满了对自然的原始的敬畏感。到了农业文明时期，尽管人类对自然的对抗和驾驭能力不断增强，但是农耕文明基本上还是在自然秩序的范围内进行生产和生活，因而在总体上与生态环境处于平衡状态。然而，伴随着“知识就是力量”的口号以及近代自然科学的突飞猛进，人类的主体意识得以不断彰显，“人是自然的主人”观念逐渐深入人心，机械论、对自然的征服和统治成为现代世界的核心观念，而且伴随17世纪西方文化的越来越机械化，“机器征服了女性地球和圣女地球的精神”①，人类步入了工业文明时期。与农耕文明相比，工业文明最大的特征是以机械化、电气化和自动化为标志的工业生产。而工业生产方式的最显著特点就是“制造”“摆置”，即通过对自然秩序和自然联系的人为“切割”，再按照人之目的和欲望加以“组装”，其实质在于用“人工秩序”代替“自然秩序”。在工业社会中，因商业利益主导着人们的行为和价值观，从而工

① 麦茜特：《自然之死》，吴国盛等译，吉林人民出版社，1999，第2页。

业生产方式“仅仅以取得劳动的最近的、最直接的效益为目的。那些只是在晚些时候才显现出来的、通过逐渐的重复和积累才产生效应的较远的结果，则完全被忽视了”,[①] 自然也因此被迫屈从于现代科学的拷问和实验技术的“摆置”，以奴隶般的服役来满足现代人畸形异化的心理需求。所以，工业文明是一种具有强烈“反自然”性格的文明样式，工业社会也因此成为“反自然的社会”。今天，我们仍然身处这样的社会。工业文明的“制造”“摆置”性格，致使其凭借强大的现代科技力量不断入侵自然生态圈，以蛮横的态度割裂自然秩序之链，人们“侵入她的体内挖掘黄金，将她的身体肢解得残缺不全”。[②] 所以，工业文明一路走来，尽管也获得了巨大的生产力和丰富的物质成果，但身后却留下了一片片破碎的环境，扯断了人类赖以生息的生态之链，造成了现代人难以消解的环境之苦和存在之痛。对此，敏感的思想家们曾以诸如“寂静的春天”“人类只有一个地球”“增长的极限”“濒临失衡的地球”“地球危机”“文明的危机”等警示性的话语，道出了人类自然生态根基危机四伏的存在消息，并对此作了有力的指证和揭示。

被誉为“现代环保运动之母”的美国海洋生物学家蕾切尔·卡逊在其 1962 年发表的《寂静的春天》中，以深切的感受、全面的研究和深入的思考，指证了人类在工业文明时期遭遇的生态窘境，认为人类冒着极大的危险试图把大自然改造成适合自己心意的存在物之时，其结果却是令人痛心的讽刺画面：曾经鸟语花香、繁花遍野的春天如今却成为死神笼罩、没有声息的寂静春天，“神秘莫测的疾病袭击了成群的小鸡，牛羊病倒和死亡。到处是死神的幽灵，农夫们述说着他们家庭的多病，城里的医生也愈来愈为他们的病人中出现的新病感到困惑莫解”。[③] 之所以出现如此死寂虚无的存在场景，乃是由于从事工业生产的人们以商业利益挂帅，无情地宰制着“人类无机的身体”，而无视人类只有一个地球的事实——“在这个太空中，只有一个地球在独自养育着全部生命体系”。[④] 正是在利润至上价值观的支配下，现代人盲目地侵略和剥夺生态资源，肆无忌惮地把大地、天空和海洋当作倾倒

① 《马克思恩格斯选集》第 4 卷，人民出版社，1995，第 385 页。

② 卡逊：《寂静的春天》，吕瑞兰、李长生译，吉林人民出版社，1997，第 4 页。

③ 卡逊：《寂静的春天》，吕瑞兰、李长生译，吉林人民出版社，1997，第 2 页。

④ 沃德、杜博斯：《只有一个地球》，《国外公害丛书》编委会译，吉林人民出版社，1997，第 260 页。

工业文明污秽之物的阴沟，并把自身也逼入充满秽气的“文明的阴沟”。然而，面对如此污秽的文明阴沟和破碎环境，我们每一个人都很难置之度外、独善其身，因为“我们全都坐在同一艘环境之舟上，当这艘船一处接着一处地出现渗漏时，我们将全部遇难”。① 因此，生态危机既是工业文明危机的集中表现，也是现代人存在危机的显著体现。然而，哪里有危险，哪里就有拯救！正是现代社会日趋紧张的人地冲突，促使现代人的生态意识不断觉醒，并因此深入反思工业文明的本质及其历史边界。正是在对“自然之死”的深度追问以及对工业文明的深刻批判和力求超越的思想努力中，生态文明作为一种全新的生态理念、社会建构和文明样式被历史地加以课题化，成为当代人难以回避的思想主题和实践要求。

二　资本逻辑：“自然之死”的罪魁祸首

找出问题的根源是有效解决问题的前提。既然生态文明话语是在现代“自然之死”的历史境遇中逐渐凸显的，那么，建设生态文明就要进一步追问“自然之死”的原因，深究生态危机的根源。事实上，人们对此已展开了多角度、不同层面的分析和追究，代表性的批判视角和主张如下。

其一，“人口论”的批判视角和主张。所谓“人口论”的批判视角，就是从人口因素尤其是从人口数量增长的角度来分析现代“自然之死”。它把现代环境危机和生态灾难的根本原因归结为现代社会人口数量的不断增长和膨胀，认为生态灾难是人口太多导致的后果，人口问题是“自然之死”的首因。“正是快速增长的人口使全球环境陷于危险境地，人口的膨胀看来不仅危及我们自身这一物种的生存，而且会让整个生物圈走向灭绝”②，因此“在我们这个星球上动荡不安的众多原因中，最主要的原因就是人口增长过快及其对生态系统和人类社会这两方面的冲击。这些冲击即是把表面上看来互不相干的种种问题联系起来的线索”③。由此出发，他们认为要解决当代环境难题，就必须抑制生育，减少人口数量，而为达此目的甚至可以不择手段，譬如采取彻底的冷漠主义让饥饿自行其道，甚至必要时扔几颗原子弹也

① 迈尔斯：《最终的安全》，王正平、金辉译，上海译文出版社，2001，第 10 页。

② 科尔曼：《生态政治：建设一个绿色社会》，梅俊杰译，上海译文出版社，2006，第 3 页。

③ 保罗·艾利希、奇安妮·艾利希：《人口爆炸》，张建中等译，新华出版社，2000，第 3 页。

在所不惜。诚然，人口的急剧增长势必会增加自然生态系统的负荷，人口问题也是当今世界具有全球性的问题，环境恶化也的确与人口数量增加相关。但是，将现代生态危机的根本原因无批判地归结于所谓的“人口爆炸”，把现代“自然之死”的首因无反思地归罪于所谓的“人口超载”，乃是一种肤浅的认识。事情的根本并非如此简单。这种“人口论”的批判视野将矛头直指发展中国家的人口现状，指责发展中国家应为当代环境问题埋单，为现代“自然之死”负责，而问题的根本还在于，这种批判视角掩盖了事情的真相。为此，我们需要进一步追问的是哪些具体的人如何在消耗着地球上的多少资源。事实上，占世界人口少数的发达国家却消耗了世界上绝大部分的资源。譬如，美国人口不到世界总人口的5%，却消耗了世界资源的约30%。因此，有学者指出：“人口爆炸多出现于发展中国家，可是多数的环境破坏，尤其是那些具有全球后果的环境破坏，却由人口已相当稳定的工业国一手造成的。”① 可见，“人口论”的环境批判视角和主张，具有明显的意识形态遮蔽功能，错把结果当原因，阻碍着人们正确揭示“自然之死”的根源及其拯救道路。

其二，“技术论”的批判视角和主张。所谓“技术论”的批判视角，就是从现代技术的本质尤其是从技术的现代应用方面追究现代“自然之死”，并把现代环境危机和生态灾难的根源归结为科技因素。持这一批判视角的人认为，相对于人口因素对环境的影响，现代技术对于环境的负面作用更为重大，特别是第二次世界大战以来的现代技术变迁及其对环境的广泛应用是导致当代环境问题和生态灾难的根本原因，指出“把污染和利润联系起来的重要环节似乎是现代技术，它是最近生产率增长——从而也是利润的增长，以及最近关于环境的各种问题的主要根源”②，“环境质量下降的根子在现代生产工具的技术设计中”，“生产技术上的这些变化是现代环境污染的根子所在”③，因此，“生态失败显而易见是现代技术之本质的必然结果”④，现代技术是生态危机的祸水。由此出发，他们认为，要消解由现代技术导致的生态灾难，就必须从技术入手来思考出路，而在此过程中又有两种不同的主张：一种认为既然现代技术是生态灾难的祸水，那么出路就在于彻底拒斥现

① 科尔曼：《生态政治：建设一个绿色社会》，梅俊杰译，上海译文出版社，2006，第7页。
② 康芒纳：《封闭的循环》，侯文蕙译，吉林人民出版社，1997，第215页。
③ 康芒纳：《与地球和平共处》，王喜六译，上海译文出版社，2002，第47页。
④ 康芒纳：《封闭的循环》，侯文蕙译，吉林人民出版社，1997，第148页。

代科技，抵制现代生产方式，退回到“田园牧歌”式的传统生活方式，这其实是一种浪漫主义的一厢情愿。与此相反，另一种观点认为，尽管现代技术的应用导致了当代环境问题，但之所以出现这种情况，乃是由于我们的科技不够发达和存在缺陷，所以解决问题的根本出路还在于不断发展科技，通过技术进步来解决生态问题。然而，无论是“浪漫主义”的伤感，还是“技术拯救论”的盲目自信，都分享了对技术及其应用的形而上学立场，即把技术看作离开社会历史环境而独立自存的实体，进而把技术视为现代环境现象的本体，这在根本上陷入对技术及其本质的形而上学迷思中，从而无力揭示技术的本质及其真理，也无力深入当代环境问题的痼疾所在。

其三，“人性贪婪论”的批判视角和主张。所谓“人性贪婪论”的批判视角，就是从“人性本恶”“人心贪婪”的指认出发，来检讨现代环境问题和生态危机的来历和根由。持这一批判立场的人认为，人性是本恶的，人性中具有人与生俱来的贪婪性，正是这种贪得无厌、人心不足的“贪婪性”，使人类大肆挥霍自然资源，对自然进行无度的索取和剥夺，从而导致生态危机和“自然之死”。由此出发，他们声称对于今天的生态灾难和“自然之死”，我们每一个人都是罪人、是共犯，为此每个人都必须负起自己的责任和义务。然而，仔细审视这种“人性贪婪论”的批判视野和主张，其具有明显的错谬之处。譬如，就人性而言，人有自然属性和社会属性，而人的本质属性在于其社会属性，“人的本质不是单个人所固有的抽象物，在其现实性上，它是一切社会关系的总和。”① 就人的本性而言，不存在所谓的“先天善”或“先天恶”，人性乃是由后天的社会历史实践所塑造的。唯物史观认为，社会生活在本质上是实践的，因而作为社会历史实践主体的人也是一种社会历史性的存在，因而那种超历史的抽象的人性是不存在的，那只是形而上学的迷思。

其四，“基督教误导论”的批判视角和主张。所谓“基督教误导论”的批判视角，是指从基督教的传统观念及其对人们的价值观影响方面来思考现代“自然之死”的根源，它把现代环境危机和生态灾难归罪于基督教所包含的传统观念及其对人们的价值误导。持这一批判视角的人认为，基督教观念中隐含着漠视自然、抵制环境伦理的传统，譬如《圣经》不仅直接教导人征服自然，而且基督教传统中存在的拒斥万物有灵论和东方的灵魂轮回观

① 《马克思恩格斯选集》第 1 卷，人民出版社，1995，第 56 页。

念，罢黜了自然物的神性，从而解除了人类对自然的道德约束，为剥削自然大开方便之门，不仅如此，基督教传统还把“荒野”（wild）视为一种道德上的恶之象征，使其对地球漠不关心。① 因此，基督教“不仅建立了人类与自然的二元论，还强调人类为自己的正当目的开发自然是上帝的意志”②。正是基督教在关于人类和自然关系上诸如此类的观念导致了当代环境危机，因而基督教罪孽深重，对现代生态灾难应负主要责任。由此出发，在如何摆脱危机问题上，他们也提出了相应的主张，即既然环境危机的根源来源于基督教的传统观念及其误导，那么“在我们拒绝基督教公理——大自然除了为人类服务外没有任何存在的价值——之前，生态危机将继续恶化”③，所以生态危机救赎的出路在于，寻求一种新的宗教或者展开对传统宗教的再反思。然而，将生态危机的首因归结为基督教的传统观念，直接将宗教观念视为社会历史发展的决定力量，是一种典型的唯心史观之表现，不符合历史的真相，况且现实中我们也可以看到，即使没有基督教传统的地方也在发生严重的环境危机。

其五，“人类绝对中心论”的批判视角和主张。所谓“人类绝对中心论”批判视角，是指从人类绝对中心主义价值观出发来审视现代“自然之死”的根由，将现代环境危机和生态灾难归因于“人类绝对中心主义”的价值观。持这一批判立场的人认为，由于人类绝对中心主义把人看作宇宙的中心，机械地强调人类的至上性，突出人在世界中的“主人”地位，把人的利益和价值作为衡量一切事物存在合法性的唯一根据和根本尺度，结果导致了人对自然的野蛮征服和残酷宰制，从而造成了现代环境危机和生态灾难。由此出发，他们认为要化解现代环境危机和生态灾难，就必须超越“人类绝对中心主义”的价值立场，倡导“非人类中心主义”的价值理念和环境伦理。其中与“人类绝对中心主义”鲜明相对的是“生态中心主义”的价值观，它主张把道德关怀的范围从人类扩展到整个生态系统，认为人是自然的有机组成部分，人不应当把自己置于自然之上；强调自然具有内在的生命和存在价值，其存在的依据并非奠基于人类的利益和兴趣。然而，正如把生态环境问题的根源归结为“人类中心主义”是找

① 参见王正平《环境哲学》，上海人民出版社，2004，第316~317页。

② 怀特：《生态危机的历史根源》，《网络社会与城市环境》，上海三联书店，2010，第87页。

③ 怀特：《生态危机的历史根源》，《网络社会与城市环境》，上海三联书店，2010，第90页。

错对象一样，把“生态中心主义”作为拯救生态危机的药方也是不得要领的，因为问题的根本还在于要深入揭示这类生态价值观念得以生成的存在论基础。

由上所述，尽管人口、技术、人的欲望、宗教和价值观对当代环境问题的产生具有重要影响，但这并不是问题的根本所在，因为这些因素只有在一定的社会建制中被历史地加以规定和应用时，才会成为引发现代环境问题的重要因素。因此，我们必须超出人口统计学、技术、人性、宗教、价值观等方面的批判视野，深入人类社会的本身尤其是从生产方式方面揭示生态危机的深层根源。我们认为，由资本逻辑主导的现代生产方式和社会建制才是现代生态危机的深层原因，资本及其逻辑是导致现代“自然之死”的罪魁祸首。

资本是能够带来剩余价值的价值。而资本逻辑，则是指在资本的增值本质强制下展开的“G—W—G′……”的无限运动过程，是资本不遗余力、不择手段、永无满足地追逐利润以实现自我增值的存在逻辑。追逐利润是资本之存在方式，实现自我增值是资本之存在目的，利润至上是资本之存在哲学，贪婪无度是资本之心理样式。所以，马克思指出：“资本只有一种本能，这就是增值自身，创造剩余价值，用自己的不变部分即生产资料吮吸尽可能多的剩余劳动。资本是死劳动，它像吸血鬼一样，只有吮吸活劳动才有生命，吮吸的活劳动越多，它的生命就越旺盛。”① 由于对活劳动和自然力的无限剥夺是资本及其逻辑得以生存和演绎的前提，决定了资本具有内在的反生态性和殖民性，它使自然界的一切领域都服务于资本的生产，服从于资本的抽象增值。因此，“如果说以资本为基础的生产，一方面创造出普遍的产业劳动，即剩余劳动，创造价值的劳动，那么，另一方面也创造出一个普遍利用自然属性和人的属性的体系，创造出一个普遍有用性的体系，甚至科学也同一切物质的和精神的属性一样，表现为这个普遍有用性体系的体现者，而在这个社会生产和交换的范围之外，再也没有什么东西表现为自在的更高的东西，表现为自为的合理的东西”。② 可见，以资本为原则的现代生产体系，把自然界视为其实现自我增值的抽象物料，从而对自然采取肆意掠夺的态度，扯断了自然界内部的生态之链，导致现代环境危机和“自然之

① 马克思：《资本论》第 1 卷，人民出版社，2004，第 269 页。

② 《马克思恩格斯全集》第 30 卷，人民出版社，1995，第 389 ~ 390 页。

死”，也正因为如此，才使生态文明的话语和实践要求在资本文明的地平线上历史地凸显出来。

三 资本逻辑批判：建设生态文明不可缺失的思想环节和实践自觉

如上所述，资本逻辑乃是现代环境危机和生态灾难的深层根由，当代生态文明的话语是在由资本逻辑奠基的工业文明发展背景中加以凸显和课题化的。因此，深入追问资本的本质，深度展开资本逻辑批判，是建设生态文明不可或缺的思想环节和实践要求，而其中重要的问题之一是如何深入社会历史的深处，合理揭示生态文明与资本逻辑之间的辩证张力关系。

然而，在对资本及其与生态文明关系的理解和把握上，现实中却不乏存在着诸如抽象的道德浪漫主义、无批判的国民经济学立场等主观抽象的认识和态度。

抽象的道德浪漫主义，往往是在看到现代社会遭遇资本逻辑的强制裹挟及其负面效应后，本能地从先验的道德“应当”出发，对资本进行抽象的道德控告和激愤声讨，并将资本逻辑和以其为根据的资本文明视为人类的十足堕落和社会的伤风败俗。在其看来，资本及其逻辑不是恶的一种，而是恶本身。因此，他们的策略是对资本采取全面棒杀的“大拒斥”态度，开出的药方是：或全面拒斥资本文明，主张回到前资本文明时代所谓“田园牧歌”的传统生活方式，或诉诸所谓的“道德革命”，企图凭借主观地改变生态道德观念来拯救生态灾难，实现生态文明建设。然而，这种带有些许伤感情怀的道德浪漫主义诉求尽管在一定程度上博得了人们的同情，“但是它由于完全不能理解现代历史的进程而总是令人感到可笑”①。这种试图通过回到前资本文明时代来克服资本文明以建设生态文明的路数，由于其缺失对历史本质的深入理解而陷于空幻和浪漫性质，因而“令人感到可笑”。同样，试图简单地立足主观想象以非历史的“生态道德观”或“绿色思维”来应对资本的负面效应以期建构生态文明的努力，也是不切实际的道德幻想，因为这种道德浪漫主义在根本上缺失了对社会历史本质维度的深刻自觉，因而是与现实历史处在抽象对立的“主观思想”而无力触动现实。

① 《马克思恩格斯选集》第1卷，人民出版社，1995，第295页。

无批判的国民经济学立场，则是基于经济学的视角来应对生态环境问题和思考生态文明建设方案，实质上是在资本的范围内思考应对环境问题之策，从资本的视角考量生态文明建设之路径。在无批判的国民经济学立场看来，环境污染和生态灾难之所以大量出现和普遍存在，就是因为没有把自然环境充分地商品化和市场化，因此克服生态环境污染和建设生态文明的根本出路就是要充分赋予自然以经济价值，给地球估算成本，将生态资产转化成可以销售的商品并使之全面纳入市场体系，从而在市场中内化外部成本。① 然而，在以资本逻辑为主导的现代市场体系中，单纯地把自然商品化，而后将其纳入市场体系，这不仅无法消除因资本逻辑导致的现代生态危机，而且还会产生一个凌驾于生态之上的资本帝国。这是由资本主义市场体系固有的自我扩展本质决定的。因此，这种基于国民经济学的视角把自然生态环境经济化和商品化、在经济中内化环境的策略，只具有短期的意义，况且自然不仅具有经济的价值，还有道德和美学的意义。所以，任何试图把自然商品化并让其全面从属于市场规律的行为都是非理性的，其后果必然是生物圈的全面破碎。可见，基于国民经济学的立场，试图以自然环境商品化和市场化的方式来克服生态环境问题，从而建设生态文明的途径具有显而易见的非现实性，最终会陷于更大的生态灾难。

由此可见，无论是先验的道德浪漫主义，还是无批判的国民经济学立场，尽管二者对资本的态度迥然不同，但对资本及其逻辑作了形而上学的理解，缺少对资本及其逻辑的历史生成本质的自觉把握，从而对资本文明与生态文明的关系采取了抽象的态度。因此，对资本及其逻辑进行深度的历史唯物主义揭示，是今天我们在建设生态文明的历史实践中不可或缺的思想环节和实践自觉。

在对资本及其逻辑本质的揭示方面，马克思作了迄今为止最为深入的批判，为我们提供了丰富的关于资本及其逻辑的深刻洞见。

其一，资本的生成是一个历史过程，其产生乃是社会生产方式发展的后果。马克思认为，资本及其逻辑不是天生就存在的，而是随着生产方式的发展历史地孕育于封建社会后期的经济结构中的，“资本的发展不是始于创世之初，不是开天辟地就有。这种发展作为凌驾于世界之上和影响整个社会经济形态的某种力量，实际上最先出现于十六世纪和十七世纪”，资本是随同

① 福斯特：《生态危机与资本主义》，耿建新、宋兴无译，上海译文出版社，2006，第19页。

大工业一起才得到充分发展的。[①] “商品生产和发达的商品流通，即贸易，是资本产生的历史前提。世界贸易和世界市场在16世纪揭开了资本的现代生活史”[②]，但资本的这一历史起源是通过“对直接生产者的剥夺，是用最残酷无情的野蛮手段，在最下流、最龌龊、最卑鄙和最可恶的贪欲的驱使下完成的”[③]，因此这一“历史是用血与火的文字载入人类编年史的。”[④] 如此可见，资本来到世界，不是某个人的主观臆想之结果，而是社会历史运动的后果，其生成具有历史的现实根据。同样，资本的现实存在及其历史发展也是一个现实的社会历史运动过程，其不以某个人的主观好恶而忽生忽灭。

其二，资本在本质上是一种社会生产关系。尽管资本表现为一定的物，但其本质却是一种社会生产关系。对此，马克思曾有深刻论述，认为“单纯从资本的物质方面来理解资本，把资本看成生产工具，完全抛开使生产工具变为资本的经济形式，这就使经济学家们纠缠在种种困难之中”，[⑤] 在本质上，“资本不是一种物，而是一种以物为中介的人与人之间的社会关系”，因为“生产资料和社会资料，作为直接生产者的财产，不是资本。他们只有在同时还充当剥削和统治工人的手段的条件下，才成为资本”[⑥]，可见“黑人就是黑人。只有在一定的关系下，它才成为奴隶。纺纱机是纺棉花的机器。只有在一定的关系下，它才成为资本。脱离了这种关系，它也就不是资本了，就像黄金本身并不是货币，砂糖并不是砂糖的价格一样。”[⑦] 所以，资本的本质在于以雇佣劳动为基础的资本和劳动的社会生产关系，因而是一种由一定的社会生产方式决定和制约下的人与人的社会生产关系。

其三，资本具有“文明面”和“邪恶面”的双重效应。一方面，由于资本是能够带来剩余价值的价值，无偿占有剩余价值是其核心所在，因而，资本为了实现自己的无限增值，就会无限度地使用工人的劳动力和强力宰制自然界的自然力，却根本不会关心工人的健康和生态的限度，从而造成尖锐的人际冲突和紧张的人地对峙，将人逼入异化的生存场景和破碎的生态环境，由此呈现出资本的“邪恶面”。资本在本性上是不文明的，然而资本在

① 《马克思恩格斯全集》第48卷，人民出版社，1985，第20页。
② 《马克思恩格斯选集》第2卷，人民出版社，1995，第166页。
③ 《马克思恩格斯选集》第2卷，人民出版社，1995，第268页。
④ 《马克思恩格斯选集》第2卷，人民出版社，1995，第261页。
⑤ 《马克思恩格斯全集》第30卷，人民出版社，1995，第594页。
⑥ 马克思：《资本论》第1卷，人民出版社，2004，第877～878页。
⑦ 《马克思恩格斯选集》第1卷，人民出版社，1995，第344页。

无限追逐自我增值的过程中，却极大地促进了社会生产力的发展、社会交往的普遍扩大和社会文明的广泛传播，从而又深刻造成资本的“文明”一面。这诚如马克思所言：“资本的文明面之一是，它榨取这种剩余劳动的方式和条件，同以前的奴隶制、农奴制等形式相比，都更有利于生产力的发展，有利于社会关系的发展，有利于更高级的新形态的各种要素的创造。”①

其四，资本逻辑的运行为扬弃和超越资本创造了条件。摆脱资本的抽象统治，实现无产阶级和人类的解放，是马克思主义的价值诉求和实践目标。然而，在如何超越资本的道路思考中，马克思主义具有深刻的历史意识和生存论的视野，认为资本的超越力量不是由外部导入的，而是历史地生长于资本内部。这与资本主义生产关系是历史地孕育于封建社会后期的生产关系中一样，扬弃资本的力量也是历史地生长于资本的生产关系中的。马克思主义认为，由于利润率是资本主义生产的推动力，因而“发展社会劳动的生产力，是资本的历史任务和存在理由。资本正是以此不自觉地创造着一种更高级的生产形式的物质条件”②。马克思进一步指出：“人的依赖关系（起初完全是自然发生的），是最初的社会形式，在这种形式下，人的生产能力只是在狭小的范围内和孤立的地点上发展着。以物的依赖性为基础的人的独立性，是第二大形式，在这种形式下，才形成普遍的社会物质变换、全面的关系、多方面的需要以及全面的能力的体系。建立在个人全面发展和他们共同的、社会的生产能力成为从属于他们的社会财富这一基础上的自由个性，是第三个阶段。第二个阶段为第三个阶段创造条件。”③ 以资本为建制的现代商品经济社会，为未来的产品经济社会创造物质条件。在此意义上，资本的发展为超越资本提供了现实的基础。

由上述可知，资本及其逻辑乃是一个社会历史范畴，在资本及其逻辑规范下的资本文明与生态文明建设之间也存在着深刻的社会历史辩证法，其间充满着辩证的张力。一方面，生态文明建设的话语是在资本逻辑现实运动的历史后果背景中得以凸显和课题化的，若离开这一具体的历史背景而去抽象地思考生态文明的价值理念，主观地设想生态文明建设的路径和方案，无疑会陷入不切实际的主观主义。另一方面，资本文明为生态文明建设创造了必

---

① 马克思：《资本论》第3卷，人民出版社，2004，第927～928页。
② 马克思：《资本论》第3卷，人民出版社，2004，第927～928页。
③ 《马克思恩格斯文集》第8卷，人民出版社，2009，第52页。

要的社会物质前提，生态文明的建设只有在扬弃资本文明的基础上才有现实可能性。因此，在建设生态文明的思考和实践中，我们需要具有自觉的资本批判视野，在此过程中，我们不能对资本采取简单的拒斥态度，因为资本及其逻辑运动中内含着推动生产力发展的动力，其存在具有一定的现实合理性。诚如恩格斯所言，一种生产关系，“在它所能容纳的全部生产力发挥出来以前，是决不会灭亡的；而新的更高的生产关系，在它的物质存在条件在旧社会的胎胞里成熟以前，是决不会产生的”①。但是，我们也必须清楚地认识到，资本是不会以人为本的，而是利润至上的，所以不能对资本采取听之任之的放纵态度，更不能对资本采取无批判的拥抱态度，而是需要为资本的运行筑起必要的边界和规范。在此方面，特别需要政府的高度自觉和有力作为。首先，政府不能沦为资本的附庸，与资本结成“共谋”关系，形成权贵资本主义。其次，政府要对资本运动提供足够有力的规范，从而为资本运行提供必要的合理边界和范围，从而与资本形成必要的张力。最后，需要在全社会广泛倡导和树立资本批判意识，深刻认识资本的本质，从而在建设生态文明中自觉保持资本批判意识，逐步实现从工业文明到生态文明的历史转身。总之，在建设社会主义生态文明的历史实践中，不能缺失资本逻辑批判的理论自觉和实践自觉。

（作者单位：上海师范大学哲学学院）

① 《马克思恩格斯选集》第2卷，人民出版社，1995，第33页。

生态人理念和生态化生存

——马克思《1844年经济学哲学手稿》的再解读

郭忠义　侯亚楠

一　“生态人”：时代精神自觉的人格憧憬

21世纪是生态的世纪，生态文明是当代世界精神文明一大主流。正如著名的后现代主义思想家托马斯·伯里所预言的那样，我们已经进入了“一个追求生态文明的‘生态时代’”①。克服工业文明的历史局限，追求人与生态环境的平衡，强调人性的生态化成为现今时代人类的现实追求。

生态问题是20世纪后半期以来人类普遍关注的全球性问题，也是人类精神关注的理论焦点。哲学总是以反思的形式把握自己时代的精神，必然对之上升到“我是谁”的终极性拷问。于是，人以何种方式生存、以何种时代本性展现自己的自由本质，就成为哲学思考的时代主题。笔者认为，生态时代的来临已经赋予人的本质以新的现实性规定——“生态人”规定，其生存样态就是“生态化生存”。也就是说“生态人”是在人性的自我反思和应对人类面临的生态困境中产生的人的社会性自觉。生态化生存是融生态意识、生态智慧、生态行为于一体的，以人与自然的和谐生存为准则，以人的生态性存在为目标的一种新的人类生存范式。

“生态人”是当代世界人类精神自我反思所形成的人格憧憬，是全球发展时代潮流所隐含的内在逻辑。从“罗马俱乐部的报告”对经济增长方式和人类增长极限的拷问，到《寂静的春天》对我们周围自然的细微观察和

① 格里芬：《后现代精神》，王成兵译，中央编译出版社，1998，第81页。

深度思考；从《启蒙辩证法》对人引以为傲的启蒙理性的自我迷失的激烈批判，到《单向度的人》对人的现实华丽包装下真实面目的自我描摹……学者们从360度的学科视角反思现代性及现代性的人类自我，汇成了浩浩荡荡的生态文明的思想潮流。正是在对工业文明的批判性反思中，后工业化现实与后现代哲学相映成趣，构成了生态文明的洋洋大观。

以时代精神精华为特征的马克思主义哲学在20世纪的西方也被赋予了生态性内涵，诸多学者在马克思思想宝库中寻求走出生态困局的济世良方，形成了独具特色的思想流派，走出了从生态马克思主义、生态社会主义到马克思生态学的逻辑轨迹，体现了从意识形态理论构想到现实制度追求再到哲学回归的理论进路。国内哲学界对这一理论进路进行了适时的跟进，并形成了生态哲学的研究热点和学术阵容。今天，在对马克思的生态学的理论寻根中，形而上学的存在论观照成为必须回应的迫切的思想质询。

在笔者陋见所及的国外现有的研究成果中，尚未明确见到“生态人”的哲学概念。这并不排除有与“生态人”相似的理论描述。例如，一些学者提出了“生态公民”概念并做出了比较详尽的理论研究。在一定程度上，我们可以认为“生态公民”有着与“生态人”相近的含义。英国学者巴特·范·斯廷伯根对生态公民的研究颇有影响力。他在《迈向全球生态公民身份》中对马歇尔区分公民身份的三个维度（公民的、政治的和社会的）进行了补充，把生态公民身份的概念指代为增补并修正公民身份三种已经存在的形式：公民的、政治的和社会的。在该文中，斯廷伯根分析了他所理解的生态公民概念的三种模式。第一种模式是扩展自由主义的公民身份理论，第二种模式是扩展共和主义的公民身份理论，第三种模式是扩展世界主义的公民身份理论。第三种模式强调的是生态公民身份的全球维度。斯廷伯根在其所著的《公民身份的条件》中指出：“一个全球生态公民的概念作为取代全球公民身份的标准概念而得以发展。在这种意义上，近年来的环境运动已经越来越成为一种全球运动”。[①] 基于这样的理论，有些西方国家已经开始了对“生态公民”培育的实践，并取得了相当可观的效果，也获得了一定的经验。

国内的生态学研究率先提出了“生态人”的概念并形成了相应的理论规模。“生态人”概念最早见诸中国科学院学者徐嵩龄《环境伦理学进展：

---

① 斯廷伯根编《公民身份的条件》，郭台辉译，吉林出版集团，2007，第164页。

评论与阐释》一书中所载的《论理性生态人：一种生态伦理学意义上的人类行为模式》。他的研究认为，生态人不单纯追求经济利益最大化，人对他人或其他生命物应尽生态道德责任和义务的“生态人”形象，由此成为人类人格塑造的重要依据。① 现有的关于“生态人”问题的研究成果，有从生态伦理、生态人价值观的角度去研究的，比如李承宗教授的《“生态人”的价值观评述》；有从法学的角度，特别是环境资源法的角度去研究的，比如蔡守秋教授的《论生态人的要点与意义》；有从经济学的角度去研究的，比如罗丽艳教授的《“生态人”假设——生态经济学的逻辑起点》；有从美学角度去研究的，比如丁来先教授的《美学生态人与新浪漫精神》。另外，从生态文明、生态危机的角度去研究“生态人”的有葛刚、黄平槐合作编写的《生态人：一种协调进化的社会化行为模式》（江西科学技术出版社）；张国壮所著的《生态人：人类困境中的希望》（中国社会科学出版社）；杜吉泽、李维香等著的《生态人论纲》（群众出版社）等。综上所述，关于“生态人”问题，虽然学界从各个不同的专业侧面做了比较仔细的研究，但是，国内学界对“生态人”的概念论说也存在着比较明显的缺陷，一是缺少哲学高度的理论抽象和现实把握，缺少西方现代哲学视域与中国发展视域交汇的理论反思，二是缺少人学视角的历史考察和基于马克思原典的理论挖掘，造成相关研究的一定程度的马克思哲学缺场。

其实，由当代人类工业文明到后工业化生态文明的历史性转向，在马克思的《1844年经济学哲学手稿》（以下简称为《手稿》）中已经有了前瞻性的思想表达，其典型表现就是它在对历史的宏观描述和共产主义世界的理想描摹中的“生态人”内涵和“生态化生存”的哲学意蕴。

20世纪末中国马克思主义哲学研究的重大理论成果之一，是马克思“人化自然”思想的开显，并形成国内学术共识。它的重大意义之一是提升了《手稿》在马克思主义哲学史上的理论价值。早期观点认为，《手稿》是马克思哲学尚未成熟时的著作，关于人与自然的关系的论述还带着费尔巴哈旧唯物主义世界观的印记。随着对马克思早期著作研究的深入，《手稿》作为马克思思想成熟期的著作渐成主流观点。中央编译局2009年版《马克思恩格斯文集》第1卷的出版说明明确指出，在先于《手稿》的《〈黑格尔法哲学批判〉导言》等三篇著作中马克思恩格斯已经实现了由唯心主义向现

① 徐嵩龄：《环境伦理学进展：评论与阐释》，社会科学文献出版社，1999。

代唯物主义、由革命民主主义者向共产主义者的转变。那么，相对晚出的《手稿》显然也就成为成熟期的重要著作。以往人们更多关注从所有制关系上理解异化劳动理论与共产主义理论的内在关联，结果，从生产力和产业革命角度解读自然观与人的异化、从世界的人本化生态化意蕴解读共产主义的理路却被有意无意地忽略了。笔者认为，《手稿》在自然观上实现了对黑格尔唯心主义和费尔巴哈唯物主义的批判性改造和创造性整合，开启了共产主义理想的人本学、生态学向度。这一向度影响了现代哲学的生存论转向，但与现代生存论哲学又有不同的旨趣。《手稿》中关于人与自然关系的论述超越了西方传统哲学的机械论自然观，也超越了近代基于牛顿力学的主客对立的知性思维模式，开启了现代哲学主客一体的思想先河。在书中马克思对人与自然新型关系的创造性表达的重要表现之一就是提出了“生态人”概念的基本规定。这种规定既是当代“生态人”观念之重要的思想渊源，也是当下人类自我反思的人格憧憬的理论前瞻。

二 “生态人”与人的本质完成的历史进程

与近代哲学从主客二分角度探讨人与自然关系的基本理路不同，马克思在《手稿》中以人与自然的一体化为前提考察人与自然之间的关系问题。于是“生态人”意蕴也就悄然而生。

所谓生态人就是人与自然生态一体化的人，自然界是人无机的身体，人是自然界有机的灵魂，自然界对人而言也成为人。要义就是马克思所说：“自然界，就它自身不是人的身体而言，是人的无机的身体。人靠自然界生活。这就是说，自然界是人为了不致死亡而必须与之处于持续不断的交互作用过程的、人的身体。所谓人的肉体生活和精神生活同自然界相联系，不外是说自然界同自身相联系，因为人是自然界的一部分。”①

从《手稿》的描述来看，“生态人”有三个基本含义。

第一，人即自然。马克思反对黑格尔的唯心主义理念论，反对其将人和自然的本质视为“无人身的理性”。在黑格尔看来，绝对观念或绝对精神是世界的本质，自然界不过是绝对观念的外化，或者说自然是绝对观念自在自为的创造旅途中的一个驿站。自然、社会和人类思维不过是上帝的绝对观念

---

① 《马克思恩格斯文集》第1卷，人民出版社，2009，第161页。

自身的不同位格。在马克思看来，“人直接地是自然存在物……人是肉体的、有自然力的、有生命的、现实的、感性的、对象性的存在物，这就等于说，人有现实的、感性的对象作为自己本质的即自己生命表现的对象；或者说，人只有凭借现实的、感性的对象才能表现自己的生命。”①

人是有意识有生命活动的自然，其可以表征自然、定义（赋予自然以人类学意义）自然的存在。进入人类历史视野中的自然不过是从事物质活动和意识活动的人的对象化存在，即人化自然。因此，“历史是人的真正的自然史”。②

第二，自然即人。马克思同样反对费尔巴哈的“无理性的人身”，即将人视为生物学意义上的自然人。《手稿》中转述黑格尔关于“被抽象地理解的、自为的、被确定为与人分隔开来的自然界，对人来说也是无”③ 的观点，批判的是黑格尔把思维视作人与自然的本质，但并未否定人与自然界的联系，没否定自然的人化本质。可见，抛开自然的绝对观念前提，马克思是认同这一观点的。这就将自然纳入了人类学视野的意义世界之中。既然自然是人类无机的身体，那么，人与自然的关系就是人与人自身的关系。马克思以宏大的历史尺度，实现了人与人的社会及其自然生态的一体化整合。

第三，共产主义是人与自然关系的理想状态。它“作为完成了的自然主义，等于人道主义，而作为完成了的人道主义，等于自然主义，它是人和自然界之间、人和人之间的矛盾的真正解决”。④ 就人而言，“它是人向自身、也就是向社会的即合乎人性的人的复归”。⑤ 由此可见，生态人是经过了异化和克服异化的历史过程的自然主义和人道主义的统一，是人道精神面对自然的历史敞开，是自然主义向人本身的历史性回归。生态人不是自然主义的自然人，也不是人道主义的主体人，而是自然主义与人道主义统一的“生态人”。

就当下意义而言，所谓生态人，就是要把对人与自然平衡的向往变成人体自身功能平衡的向往，把对自我生命价值的尊重变成对自然生态的尊重，把对自然的征服视为对自身的奴役和自虐，把生态的美好视为自身的健美。

---

① 《马克思恩格斯文集》第 1 卷，人民出版社，2009，第 209 ~ 210 页。
② 《马克思恩格斯文集》第 1 卷，人民出版社，2009，第 211 页。
③ 《马克思恩格斯文集》第 1 卷，人民出版社，2009，第 220 页。
④ 《马克思恩格斯文集》第 1 卷，人民出版社，2009，第 185 页。
⑤ 《马克思恩格斯文集》第 1 卷，人民出版社，2009，第 185 页。

生态人是自然之子，大地是赋予我们生命的母亲，江河是哺育我们生长的乳汁，绿洲是我们酣睡的绒毯，草原是我们学步的乐园，蓝天白云是我们精神畅游的领地，美丽地球是我们在宇宙星海中的安身立命的诺亚方舟。自然——我们大写的生命，大写的人。

生态人不是纯粹的自然人，而是借助于社会而存在的人。“自然界的人的本质只有对社会的人来说才是存在的；因为只有在社会中，自然界对人来说才是人与人联系的纽带，才是他为别人的存在和别人为他的存在，只有在社会中，人的自然的存在对他来说才是人的合乎人性的存在，并且自然界对他来说才成为人。因此，社会是人同自然界的完成的本质的统一，是自然界的真正复活，是人的实现了的自然主义和自然界的实现的人道主义。”① 以往人们对这段话更多地从政治角度或共产主义理想角度去理解，而忽视了其所隐含的生态人和人本化自然的内在含义。今天，这种意义真谛已经在生态化世纪的时代背景下向我们豁然敞开。

人是一切社会关系的总和。“生态人”不是凭空产生，而是人与自然、人与社会之间关系发展的必然结果，是人的本质的历史性完成，也就是马克思所说“人与自然完成了的本质的统一”。

按照《手稿》中辩证法的历史尺度，“人与自然完成了的本质的统一”，必然包含着由“自然人”到“主体人”再到“生态人”的这一人的发展的宏观进程。与“自然主义”相对应的是“自然人”，与“人道主义”相对应的是“主体人”，与“自然主义和人道主义的统一”相对应的就是“生态人”。

“自然人”是纯粹自然化存在的人，是完全消弭于自然之中的人。人与自然处于原始统一之中，即处于一种“天地与我并生，万物与我同一”的主客未分的混元初始状态。人类社会早期，人作为自然之子还处于孩提时代，自然是天威不可冒犯的神圣性存在，而人是自然的“奴仆”。尽管也有了“女娲补天”“羿射九日”“大禹治水”等征服和改造自然的主观意向和客观努力，但则天法地、敬畏自然是远古时代人们别无选择的精神“选择”。人与自然关系的主要特点是浑然未觉的原始性和谐。

“主体人”就是自我意识觉醒和无限张扬的人。人在“我思”中如巨人之巍然崛起，成为宇宙之精华、万物之灵长，成为代理上帝主宰自然、笑傲万物的“主体”。“主体人”似乎按照上帝的旨意成为自然界的主人，又用

① 《马克思恩格斯文集》第1卷，人民出版社，2009，第187页。

自己的理性取代上帝权威成为奴役自然的“暴君”。人借助近代科学实现了对自然奥秘史诗般的征服，又借助于技术理性，实现了对自然的贪得无厌的掠夺和奴役。然而，劳动异化、科技异化、消费异化使人变成了物化的存在，单向度的存在，貌似的主人变成虚幻的主体，无时无刻不在受着“他者”的呼唤和质询。对自然的征服和无休止的掠夺，导致了自然界的加倍的报复并加速着人类灭顶之灾的来临。这一切促成人的生死轮回般的成长和“生态人”的降生。

“生态人”是体现人与自然新型关系的当代人格的现实形式，是体现人的本质的多样性展开的未来向度，是人的原始生态属性在高级社会发展阶段的自我再认。自然已经不是主体人征服和改造的客体，而是主客体分化后人道化的回归，“是自然界的真正复活”。人与自然已经形成唇齿相依、形神一体的共生性关系。自然即人，人即自然，自然是人体的一部分，关爱自然就是博爱的自爱，破坏自然就是无意识的自残或自杀。生态人不是大地之子衣锦还乡后的炫耀，而是迷失的浪子带着罪感回归大地之母的拥抱。就如马克思所说，自然对人来说成为人，人则成了真正的自然。

由自然人到主体人再到生态人的历史不是逻辑观念的演进，而是现实的人的历史发展进程。当下现实中兴起的生态人格自觉和现实生活样态，就是生态化生存。

三 人的三大生存范式与“生态化生存”

笔者认为，关于人的发展，马克思提出了两大进路，一是从人与生产方式的社会关系角度，在《1857～1858 年经济学手稿》中将人的发展概括为“人的依赖关系”“物的依赖性为基础的人格独立”和“建立在个人全面发展和他们共同的社会生产能力成为他们的社会财富这一基础上的自由个性”三大形态；二是从人与自然关系角度，在《1844 年经济学哲学手稿》中，将人的发展理解为从“自然人”到“主体人”再到“生态人”的否定之否定的辩证进程。虽然后一进程不像前者一样表述明确，但是却异常清晰地表现出肯定、否定、否定之否定的内在逻辑。因此，从“人同自然界的完成的本质的统一……是人的实现了的自然主义和自然界的实现的人道主义”这一否定之否定的合题，必然可以推出“自然人”到“主体人”的肯定与否定形式。

同时，这种自然人——主体人——生态人的宏观历史逻辑，也可以在人的发展的第一进路中得到印证。马克思指出："人的依赖关系（起初完全是自然发生的），是最初的社会形态。"这种形态正是人依附于自然（地缘依附和血缘依附）的"自然人"形态。"以物的依赖性为基础的人的独立性"[①] 形态，恰恰是人借助于市场化和工业化摆脱血缘依附和地缘依附成为"世界历史性的"个人，即"主体人"形态。

由于"只有在社会中，人的自然的存在对他来说才是人的合乎人性的存在，并且自然界对他来说才成为人"，所以，标志人与自然关系的存在形式，本身就是社会化生存方式。那么，从自然人到主体人再到生态人，就是表现人与自然关系的三大人格状态，其社会性实现形式就是"自然化生存""主体化生存"和"生态化生存"。

马克思指出，"在人类历史中即在人类社会的形成过程中生成的自然界，是人的现实的自然界；因此，通过工业——尽管以异化的形式——形成的自然界，是真正的、人本学的自然界"。[②] 那么，这人与自然相关的三大生存范式的现实形态就是经济学意义上的生产方式，即前工业化生产方式、工业化生产方式和后工业化生产方式。它的变迁是"一切社会变迁和政治变革的终极原因"[③]，也是人本学的自然界变化的最终根源。

"自然人"生存范式即自然化生存，从原始社会到以农牧为主要生产方式的封建社会都属于这一生存样态。本质特征是人与自然处于原始统一状态尚未有主体性觉醒，人以屈从于自然为代价实现与自然的原始和谐，自然界的面貌尚未真正面向人类而呈现。例如，"新墨西哥的印第安人拒绝使用钢犁，因为它会伤害母亲（大地）的胸脯。这些印第安人在春天耕作时，从马身上摘下马掌，免得伤害怀孕的大地。"[④] 博尔歇所举的较晚近的例子昭示了人与世界的原初关联无可避免地笼罩着神性与类人性的色彩。人的异化的本质——神成为人的主人。自然以本身节律规定着人的生命节律，以社会性的神的形式实现着对人的统治。

"主体人"的生存范式即"主体化生存"，它是与工业化的生产方式相

---

① 《马克思恩格斯文集》第 8 卷，人民出版社，2009，第 52 页。

② 《马克思恩格斯文集》第 1 卷，人民出版社，2009，第 193 页。

③ 《马克思恩格斯文集》第 3 卷，人民出版社，2009，第 547 页。

④ 博尔歇：《印第安人、悲惨的美国人》，转引自许小委《存在论视域中的人与自然》，《吉首大学学报》2008 年第 7 期。

对应的。因此，是以异化的“机械化生存”的方式实现的。作为工业文明先导的以牛顿力学为基础的近代科学，提供了一种机械化的宇宙观，并在近代先哲那里变成了一种辩证的时代精神，一方面宣布了人是宇宙精华万物灵长的自由“主体”地位，一方面又宣布了“人是机器”的被动客体品格。霍布斯认为人不过是一架时钟，“心脏……不过是发条，神经不过是游丝，关节不过是齿轮。”① 大写的“人”借助于科技理性和机器征服自然万象，借助于市场和资本上帝般地配置和攫取一切自然资源，俨然成为自然界的主宰，沉醉于征服者对自然的胜利并膨胀着自己的无限欲望。同时，具体的个人又不断地异化、物化、单面化为被动的存在，宣告着主体之死。马克思的劳动异化理论说明人的劳动本质的异化，即人的自由本质的丧失。卢卡奇的物化理论说明劳动异化在资本主义生产条件下的物化本质，人的物质化、机械化成为资本统治下的必然现实。阿多诺和霍克海默更是一针见血地指出，一方面，机器和掌握机器的社会集团绝对支配了其他人群，另一方面，“社会对自然的暴力达到了前所未有的程度。”② 人的身体成了“为社会机构、经济机构以及科学机构服务所造就的生产系统”③，生产系统又“通过理性化的劳动方式，消除人的本质”。人的“主体化生存”状态，“从自然中想学到的就是如何利用自然，以便全面地统治自然和他者”④，欲在征服自然中确立人的主体地位，最后却“抹除了其自我意识的一切痕迹”⑤。人们“每一种彻底粉碎自然奴役的尝试都只会在打破自然的过程中，更深地陷入自然的束缚之中。”⑥ 正如恩格斯早就告诫的那样，“我们不要过分陶醉于我们人类对自然界的胜利”。⑦ 20 世纪的历史和生态环境危机，印证了主体人的人性缺陷及其所造成的生态灾难以及可预见的生态末日，也呼唤着生态文

---

① 霍布斯：《利维坦》，黎思复、黎廷弼译，商务印书馆，1985，第 1 页。

② 霍克海默、阿道尔诺著《启蒙辩证法》，渠敬东、曹卫东译，上海人民出版社，2006，第 4（前言 1944/1947）、29、2、9 页。

③ 霍克海默、阿道尔诺著《启蒙辩证法》，渠敬东、曹卫东译，上海人民出版社，2006，第 29 页。

④ 霍克海默、阿道尔诺著《启蒙辩证法》，渠敬东、曹卫东译，上海人民出版社，2006，第 2 页。

⑤ 霍克海默、阿道尔诺著《启蒙辩证法》，渠敬东、曹卫东译，上海人民出版社，2006，第 2 页。

⑥ 霍克海默、阿道尔诺著《启蒙辩证法》，渠敬东、曹卫东译，上海人民出版社，2006，第 9 页。

⑦ 《马克思恩格斯文集》第 9 卷，人民出版社，2009，第 559 页。

明时代的到来和新的人格样态的降生。

这种新的人格样态就是“生态人”。“生态人”取代“主体人”是人的本质实现的历史性飞跃，是人的自由全面发展的当代人格形式，其现实表现就是“生态化生存”。

所谓生态化生存，就是超越以机械论自然观为基础的世界观，视与人一体化的自然为灵动的有机的生命本体和终极性存在，视生命的意义和价值为终极价值，以自然界的生态美好尺度作为人的生命美好尺度，实现人与自然的真正和解和共生性统一。在人与自然的关系上，人既不是自然界的“奴仆”，也不是自然界的“主人”，而是与自然同生共体。自然即人，人即自然，自然是人的一部分，是人无机的身体，人是自然有机的灵魂。人与自然是完成了的本质的统一。

生态化生存就是对主体化生存的积极扬弃，就是人的主体性本质完成后在更高的历史阶段上向自然化生存的历史回归。人与自然的两极对立关系已经变为一损俱损、一荣俱荣的同体关系；人类社会的存在发展必须主动积极地顺应自然的生命节律，与自然界共生共荣，相依为命，共同发展。

生态化生存确立了马克思的新唯物主义的双重前提：一方面将真正地把“有生命的个人的存在”作为“全部人类历史的第一个前提”,① 另一方面则把有生命的自然作为当下社会存在和发展的第一个前提。人在大自然中回归自身的自由本性，在自然发展与合自然节律的社会发展中实现自身的发展。这就是人道主义与自然主义（唯物主义）的同一。《手稿》中马克思的人化自然观和“实现人与自然和解”只有在“生态化生存”的语境中，才能得以正确的理解，自然主义和人道主义的同一也只有在“生态人”的概念中才能得以呈现。可以说，生态化生存是马克思对人与自然关系从存在论高度所做的澄清，不仅颠覆了传统形而上学的自然观，而且开通了达致人与自然本真关系的道路。正是立足于从存在论高度去考察人的自然和人的世界，才能依其本性关注人的生存境况，马克思关于人与自然关系的表述也才拂去意识形态面纱的遮蔽，洞见人的真实存在之生命本相。

马克思早就指出，人类社会发展中异化和克服异化走的是同一条道路，“生态化生存”就是当代社会克服主体化生存之机械化、物化弊端的现实路径。中国正处于社会主义初级阶段的“发展中大国”的现实，决定了当下

① 《马克思恩格斯文集》第1卷，人民出版社，2009，第519页。

国人“自然人”“主体人”和“生态人”的三重人格和三种生存样态的交叠。难免的人格冲突所造成的内在焦虑与行为方式的冲突，呼唤着中华民族古老的天人合一的生存文明的现代再生。中国政府做出履行《21世纪议程》的庄严承诺，意味着中华民族对“生态人”的时代身份认同，科学发展观的提出则标志着我国提出了“生态化生存”的伟大纲领。党的五位一体的社会主义现代化总体布局，在一定意义上说，就是要弥补我们片面的“主体化生存”的人格缺陷。党的十八大明确地把生态文明建设放在突出位置并鲜明地提出努力建设美丽中国的构想，既是中国人对全球生态环境问题的解决理念和美好憧憬，又是中华民族对“生态人”的人格憧憬。

总之，再现《手稿》的“生态人”理念，对于认识作为人的本质展开的当代人格觉醒，确证人的新的生态化生存范式，具有重大的理论价值和实践意义。

（作者单位：郭忠义，辽宁大学哲学与公共管理学院；侯亚楠，鞍山师范学院思想政治理论课教学科研部）

资本扩张逻辑与经济危机的周期律

——当代美国金融危机的现象学透视

郑小霞

2008年9月，以“两房”被政府接管、三大投资银行被收购重组或破产为标志，持续一年多的美国次贷危机升级为金融危机，随后迅速席卷欧盟、日本等世界主要金融市场，并向实体经济扩散蔓延，形成了当今的全球性金融风暴。

对于此次金融危机的形成原因，学术界的讨论可谓众说纷纭。各种说法归结起来大致分属两种分析范式和解释框架。一类是现代西方主流经济学的分析范式，它把金融危机产生的原因归结为华尔街的贪婪，美联储监管缺位，金融衍生品的泛滥，透支消费的过度，新自由主义的盛行等。可以说，这些情况对于引发金融危机都产生了直接或间接的影响，但是，这样的分析范式只是一种就现象论现象的直观解释模式，而掩藏于这些表象背后的本质根源并没能被科学地揭示出来。

另一类是马克思主义政治经济学的分析范式。在马克思主义解释框架下，资本主义生产方式的内在矛盾——生产的社会化与生产资料的私有制之间的矛盾——决定了资本主义社会经济危机的周期性发作。当代金融危机的实质是以美国为主导，由美国实体经济空心化与居民过度消费和虚拟经济过度发展相结合而产生的一次世界性生产过剩危机。这种分析范式通过层层剥离各种表象的包裹，揭示出当代金融危机的制度根源和发生机理。本文继续遵循马克思主义政治经济学的基本分析范式，把经济危机放置于整个资本扩张逻辑的宏大历史洪流之中，借助于资本扩张逻辑与经济危机的内在关联，对当代金融危机的形成原因、运行机制以及未来走向作一个全面的动态式探索，为我国积极应对危机、谋求更快发展提供科学、合理的理论指导。

一 繁荣：资本扩张逻辑的增值空间创新

资本逻辑的扩张力量是现代社会经济发展、社会进步的动力之源，资本逻辑的扩张运动就是资本在不断的自我运动中实现价值的增值和扩张过程。资本之所以拥有扩张能力，源于“资本的合乎目的的活动只能是发财致富，也就是使自身变大或增大。”① 追求无止境的价值增值是资本的本性，也是资本维持自身持续不断运动的生命力之所在。“资本首先是以预付的方式投入社会经济的再生产过程中以实现价值增值为目标的剩余价值。”② 资本源源不断地创造出剩余价值，这些剩余价值再不断转化为新增资本。这些新增资本为了生存必然要寻求新的增值空间，这就要求不断开拓新的市场，创建新的资本流通渠道，以便实现经济体系的不断扩张。可见，资本逻辑的扩张过程也就是不断寻求增值空间的过程。在这个过程中，资本把越来越多的人力、物力资源吸纳到资本运转系统中，由此形成了推动社会生产力发展的强大动力，并导致整个社会系统成为一个追求自我增值、不断扩张的物质世界。当新增出来的资本被再次投放市场时，市场上生产与消费、供给与需求的原有平衡被打破，导致供给量大于需求量。为了改善这个非平衡状态，扩大需求成为关键。社会需求有两大类，分别是消费需求和投资需求。为实现资本逻辑的顺利扩张，保证资本再生产循环的畅通无阻，刺激消费需求和投资需求是新增资本实现自我增值的关键环节。

（一）增值空间的纵向创新：刺激消费需求

在经济全球化时代的大背景下，科学技术被广泛应用，电子传媒和网络获得了突飞猛进的发展，西方发达资本主义国家进入了丰裕社会，但是由于资本主义生产方式的性质没有发生根本性改变，资本主义社会生产过剩、消费不足的问题并没有得到根本解决。为了解决财富供给增长与消费需求不足之间的矛盾，有效缓解生产过剩，西方国家开始采取各种刺激消费的措施，

① 《马克思恩格斯全集》第 30 卷，人民出版社，1995，第 228 页。

② 鲁品越：《资本逻辑与当代现实》，上海财经大学出版社，2006，第 51 页。

保证资本循环和再生产过程得以顺利进行。正如保罗·巴兰和保罗·斯威齐所说："刺激消费——创造和扩充市场——就在日益增大的程度上变成了解垄断资本主义下商业政策和政府政策的主题。"① 整个世界历史进入消费社会时代，消费社会在资本逻辑运行中就是为了保证资本扩大再生产的顺利进行的。

消费时代的一个显著特征就是信贷消费、透支消费。马克思已经意识到"全部信用制度，以及与之相联系的交易过度、投机过度等等，就是建立在扩大和超越流通和交换领域的界限的必然性上的。"② 在马克思看来，信用制度是资本主义发展到一定阶段的必然产物，它可以使流通货币量减少，加速商品形态变化的速度，从而加速货币流通的速度，推动整个资本再生产过程的快速运行。当代美国人的家庭债务在 20 世纪 80 年代举债高峰期占年平均可支配收入的 80%；到了 2000 年，这个比重就上升到 98%。特别是在房地产销售领域，原本一些支付能力较差、信用程度较低的社会群体通过次级贷款的方式同样可以购买到市场上的商品房，以这样的方式提升住房的销售，缓解商品房积压、过剩的压力，带动开发商资金的回流，盘活资本实现价值增值。信用制度和分期付款制度、消费主义文化、福利国家等等已经成为当代资本用来克服生产过剩危机、对资本主义制度自我调整的一个重要手段。

（二）增值空间的横向创新：刺激投资需求

除了消费需求，刺激投资需求的增加也是资本逻辑克服流通阻碍、实现扩张的手段。其中，金融衍生工具的创新是资本逻辑在当代经济条件下拉动投资需求的一种重要途径。

2001 ~ 2004 年，美联储实行了低利率的宽松货币政策，这降低了企业和个人的融资成本，为经济的发展提供了一个有利的投资环境。美国的房地产市场正是在这种宽松的货币政策的刺激下呈现出异常火爆的场面。商品房这一消费品需求的增加，一方面促进了与之相关产业的需求的增长，另一方面还激发了房地产以及相关产业的投资。在经历了这样一个正反馈机制的连

① 巴兰、斯威齐：《垄断资本——论美国的经济和社会秩序》，南开大学政治经济学系译，商务印书馆，1977，第 107 页。

② 《马克思恩格斯全集》第 30 卷，人民出版社，1995，第 228 页。

锁反应之后，整个社会经济体系掀起了一个“投资热”的浪潮，消费和投资需求的增长必然会带动社会资本规模的扩张，整个社会经济系统出现繁荣景象。

在政府监管缺失的状况下，美国贷款发放机构为了追求短期效益、抢占市场份额，纷纷降低住房抵押贷款标准，次级贷款规模急剧膨胀。这些次级抵押贷款机构把贷款协议证券化，再由贷款保险公司担保提高评级，创造出新的金融衍生品信用违约互换出售。购得这些金融衍生品的投资银行继续打包，创造出新的衍生品房屋抵押债券出售给包括商业银行、保险公司、养老金、对冲基金在内的全球投资者。这就是所谓的金融创新。在这一系列层层打包、层层出售的过程中，投资风险被掩盖起来，促使金融资本所有者由于无法认清各种金融衍生品的投资风险，为片面追求高利润而纷纷冒险投资。投资需求就这样在经济泡沫中被激发出来，并在一定程度上创造了金融市场的繁荣，拉动股市节节攀高。在美国，经济已经高度金融化，金融业对其国内生产总值的贡献已经超过制造业，成为经济增长和利润增长的重要来源，金融繁荣对整体国民经济运行有着举足轻重的影响。但是，这种表面的繁荣景象建立在经济泡沫和高风险的基础之上，这就注定了它随时会因投资者的信心不足而时刻处于动荡之中，不稳定性和脆弱性是当代金融市场浮华背后的根本性质。

二 危机：资本扩张逻辑链条的断裂

资本主义生产方式的内在矛盾决定了资本主义经济危机周期性发生的典型特征，它总是受制于这样一个“产品过剩－资本过剩－劳动力过剩－产品过剩”资本逻辑循环的怪圈。① 现代资本主义生产的盲目性与无政府性，往往使社会生产与消费、供给与需求处于不平衡之中，资本无休止的扩张本性必然抑制社会消费，过剩产品形成资本淤积，资本的正常循环受阻，资本循环的中断使价值增值无法实现，资本扩大再生产也就无法持续，资本主义经济危机正是该社会矛盾激化的突出反映。马克思就曾经说过：“正如天体一经投入一定的运动就会不断地重复这种运动一样，社会生产一经进入交替

① 鲁品越：《资本逻辑与当代现实》，上海财经大学出版社，2006，第 51 页。

发生膨胀和收缩的运动，也会不断地重复这种运动。”① 由资本扩张所引发的生产过剩周期性重复导致了社会经济体系的周期性波动，从而形成了资本主义社会经济危机的周期律。

当下的全球资本主义出现了一系列新的变化，但是其固有的基本矛盾并没有从根本上得到解决。虽然这次危机的显著特点不是需求不足，而是有效需求旺盛，只不过这种需求旺盛仅仅是通过“透支消费”“寅吃卯粮”的手段暂时掩盖了有效需求不足而已。而有效需求不足正是生产相对过剩的体现。可见，金融危机根源于市场经济本身固有的内在矛盾，其实质仍旧是生产过剩危机。

美国一方面大力推行信贷消费，另一方面努力发展以房地产为依托的债券及各种金融衍生品。通过发展消费和投资需求带动消费支出，从而缓解因有效需求不足所导致的经济衰退。美国房地产市场的兴旺靠的正是消费者透支未来的购买力和金融衍生品创造出的虚假需求来消化不断扩大的市场供给。然而，俗话说，物极必反。一旦资本扩张过热，超出了社会经济体系可以容纳的范围，投资项目无法继续、甚至于投资成本也无法收回，投资规模必然大幅度萎缩，社会资本就会大量过剩，消费需求锐减，社会经济系统的正常循环无法维持，整个社会陷入萧条时期。可见，在现实经济活动中，消费需求的变化会引起投资的巨大波动，从而使整个社会经济体系呈现为繁荣－危机－复苏－繁荣的周期性交替，这正是现代资本扩张逻辑的显著特点。

马克思认为，资本主义社会化大生产，必须有高度发达的信用制度与之相配合，即在实体经济发展的基础上，必然会有相应的虚拟经济和金融业的发展，因此，经济危机往往会首先从信用危机、金融危机开始。金融市场的开放和由现代信息技术创造的各种金融工具，在降低资本流通成本、提升资本流通效率的同时，也增强了资本的虚拟性和投机性，并提高了社会经济的风险性。这次美国金融危机正是当代资本主义经济危机周期性震荡的真实写照。金融在美国经济运行中发挥着举足轻重的作用。从 1980 年到 1996 年，美国金融资产年均增长率高出 GDP 年均增长率的 3 倍以上，到 2006 年底美国境内的股票、债券、外汇、大宗商品期货和金融衍生品市值约为 400 万亿美元，约为美国当年 13 万亿美元 GDP 的 30 倍。美国金融资本总量迅速膨

① 马克思：《资本论》第 1 卷，人民出版社，2004，第 730 页。

胀起来。但是，当这些金融资本——如股票等有价证券——的价格严重背离其所代表的现实资本的价值，超常规上涨，就会在经济领域产生一种虚假的繁荣现象，掩盖隐藏在其背后的矛盾和危险，经济泡沫由此形成。

为了防止金融泡沫的过度膨胀、抑制投资过热，美联储从 2004 年 6 月起连续 17 次上调联邦基金利率至 5.25%。由此导致投资量锐减、社会经济紧缩，并直接影响了商品房的价格。当房价持续下跌到一定程度时，最初的贷款购房者一方面要承担高昂的贷款利息，并难以通过出售或抵押住房获得融资；另一方面又面临着房屋日益贬值的尴尬，于是，大量购房者无力偿还抵押贷款，甚至是宁可放弃住房也不再还贷。在 2007 年 4 ~ 6 月，美国的贷款违约率上升至 14% 左右。同时，各种金融机构和投资者所持有的次级债及各种金融衍生品，因失去偿付能力而大幅贬值，导致资金链断裂，大量次级贷款发放机构出现财务危机，并引发一连串的金融机构亏损乃至破产。这次美国金融危机反映的正是在房价暴涨泡沫破灭的情况下，许多信用等级不高的贷款购房者赖账而引发的资本扩张逻辑链条的中断。

三　复苏：资本扩张逻辑链条的重新整合

此次发生在美国金融领域的经济危机，反映了美国金融系统内部的紊乱。针对这场波及范围如此之广、破坏力如此之大的金融危机，美国政府制定并实施了一系列救市政策。一方面，倡导扩张性货币政策和财政政策，运用公开市场操作、再贴现率、利率等货币政策工具，提升金融系统的流动性，以便稳定金融市场、恢复市场信心、保障总体经济的平稳运行；另一方面，由美国政府向银行等金融机构直接注入大量资金，如在 2008 年 10 月，美国议会通过了 7000 亿美元的金融救援法案，并将其中的 2500 亿美元注资银行，用以收购包括花旗银行、摩根大通、美国银行等八家大银行的优先股权，以这样“国有化”的方式恢复信贷市场的信心。

美国以国有化作为救市良方，这种国有化从本质上讲是为垄断资本利益服务的，仍旧是资产阶级的经济关系和经济利益的体现，是用国家资本保护私人资本的高额垄断利润。这无非是一种“治标不治本”的暂时的救市措施，甚至为下一次的经济危机埋下了祸根。并且，美国政府在向各大金融机构投入大量资金救助的同时，为了减轻自身所承担的危机损失，借助于美元作为国际货币的特殊历史地位，将金融危机向全球范围转移。储备了大量以美元为主的外汇的国家由于购买了巨额美国国债等金融产品，在金融危机当口被牢牢捆绑于美国危机之中，最早发生在美国一国的金融危机迅速向全世界蔓延，最终演变成全球性经济危机。可见，美国的种种救市措施到目前为止没有达到预期效果，反而是危机持续向全世界实体经济扩散，危机扩散具体到什么时候能够停止，世界经济什么时候能够止跌复苏这都还是一个未知数。

尽管如此，我们仍要看到，资本主义由于其固有的内在矛盾而不可避免地形成一些经济等社会危机，同样其内在的资本扩张动力机制也使它有能力不断突破并超越这些危机。资本的历史极限以资本的充分发展为条件，而对资本极限的超越必须以资本主义生产方式内在矛盾的充分发展为条件。当历史的发展还没能抵达资本的历史极限时，资本仍旧有克服自身危机、重获发展动力的能力。因此，资本在经历了扩张、危机之后，必然有一个复苏期。资本逻辑以自己的方式铲除资本循环中的种种障碍，沿着资本不断增值的方向继续前进。资本主义这种内在的张力结构使其拥有了一种自我调节、自我修复功能，它能有效地缓解社会危机，促进经济繁荣。周期性的经济危机不仅暴露出资本运动的矛盾，而且构成了资本主义发展机制的一个必要的部分。“一个长波下降意味着一个萧条的投资时期。当这替代性投资重新出现、乘数加速器机制在上升方向上再次起作用时，回升就开始了。对投资需求的刺激将改变整个经济面貌，为新的创新高潮提供舞台。”[①] 这些危机的周期性出现和不断被超越正是资本扩张逻辑的生命力之所在，也是人类现代社会快速发展的内在动力之所在。当代的金融危机也不例外，整个世界经济体系在全球各国政府的政策辅助之下，还是能够从经济大萧条的阴霾中走出来，在经历一个必要的复苏期之后重新回到高速发展的轨道上。资本逻辑仍旧是当今时代经济发展、社会进步的强大推动力量，任何时候都不能忽视资本扩张的无限能量。

我国目前实施的是社会主义市场经济制度，它与资本主义市场经济既有相似，又有根本差异。其相似的一面是都要充分发挥市场对社会资源的有效配置作用，推动资本扩张对社会经济发展的积极影响，所不同的是社会制度上的根本差异。我们要坚定不移地坚持公有制，以公有制为主体、多种所有

---

① 杜因：《创新随时间的波动》，《现代国外经济学论文选》第十辑，商务印书馆，1986，第85页。

制经济并存是我国现阶段的基本经济制度，它致力于消灭剥削、消除两极分化，将国家总体利益与个人利益、市场的基础性与国家的宏观调控有机地结合起来。对于资本采取辩证的分析态度，强调社会主义市场经济要资本，但不要资本主义，要以社会主义公有制克服因私有制导致的社会生产的无政府状态，规避风险，并结合中国的实际国情，以广大劳动人民的根本利益为出发点，不断深化社会经济体制和金融体制改革，加强金融监管力度，增强应对全球化金融危机的抗风险能力，建立并完善中国特色的社会主义市场经济体制，充分彰显社会主义制度的优越性。

（作者为上海财经大学人文学院在读博士生）

图书在版编目(CIP)数据

中国经济哲学评论. 2015：政治经济学批判专辑/张雄，鲁品越主编.
—北京：社会科学文献出版社，2016. 1
ISBN 978 - 7 - 5097 - 8709 - 0

Ⅰ. ①中… Ⅱ. ①张… ②鲁… Ⅲ. ①政治经济学 - 研究 Ⅳ. ①F0

中国版本图书馆 CIP 数据核字（2016）第 018091 号

中国经济哲学评论 · 2015 政治经济学批判专辑

主　　编 / 张　雄　鲁品越

出 版 人 / 谢寿光
项目统筹 / 周映希
责任编辑 / 周映希　崔　岩

出　　版 / 社会科学文献出版社 · 皮书出版分社（010）59367127
　　　　　地址：北京市北三环中路甲 29 号院华龙大厦　邮编：100029
　　　　　网址：www. ssap. com. cn
发　　行 / 市场营销中心（010）59367081　59367090
　　　　　读者服务中心（010）59367028
印　　装 / 三河市东方印刷有限公司

规　　格 / 开　本：787mm × 1092mm　1/16
　　　　　印　张：33. 5　字　数：601 千字
版　　次 / 2016 年 1 月第 1 版　2016 年 1 月第 1 次印刷
书　　号 / ISBN 978 - 7 - 5097 - 8709 - 0
定　　价 / 98. 00 元